L'hébreu biblique en 15 leçons

Collection « Études anciennes »

Dirigée par Jean-Michel Fontanier

À paraître en novembre 2008 :

Bernard Allanic, Le chinois… comme en Chine, 2008, 486 p.

Jean-Michel Fontanier,
Le latin en 15 leçons, 2007, 2e éd. corrigée et augmentée, 374 p.

Jean-Michel Fontanier et Michel Menu,
Le grec en 15 leçons. 2e édition corrigée et augmentée, 2007, 534 p.

Jean-Michel Fontanier,
Lexicon. Petit dictionnaire latin-français-grec, 2007, 384 p.

Étienne Wolff,
La poésie funéraire épigraphique à Rome, 2000, 160 p.

Michel Menu,
*Jeunes et vieux chez Lysias. L'*akolasia *de la jeunesse au IVe siècle av. J.-C.*, 2000, 252 p.

Jean-Michel Fontanier,
Lectures des Confessions *I-IV de saint Augustin*, 1999, 130 p.

Sophie KESSLER-MESGUICH

L'hébreu biblique en 15 leçons

Grammaire fondamentale
Exercices corrigés
Textes bibliques commentés
Lexique hébreu-français

Collection « Etudes anciennes »

PRESSES UNIVERSITAIRES DE RENNES

UHB Rennes 2 – Campus La Harpe
2, rue du doyen Denis-Leroy
35044 Rennes Cedex

www.pur-editions.fr

Dépôt légal : 2e semestre 2008
ISBN : 978-2-7535-0494-3

À la mémoire d'Edwine Moatti (1929-2006)

Avant-propos

« J'entends et veux que tu apprennes les langues parfaitement (...) premièrement la Grecque, comme le veut Quintilien, secondement la Latine, et puis l'Hébraïque pour les saintes lettres ». La célèbre lettre de Gargantua à Pantagruel[1] dresse un copieux programme d'études reflétant les aspirations scientifiques et pédagogiques des humanistes. Les Presses universitaires de Rennes ont entrepris une série de publications qui rend hommage à cette érudition trilingue chère au XVIe siècle : après une méthode de latin (2004) et une de grec (2005), la collection « Études anciennes » accueille aujourd'hui une méthode d'hébreu biblique. Celle-ci se veut fidèle aux principes qui ont guidé la rédaction des deux précédentes : quinze leçons, modulables selon le temps dont dispose le lecteur ; des exposés grammaticaux **théoriques (T)** aussi clairs que possible ; une partie **pratique (P)** où sont expliqués en détail les points de grammaire présentés théoriquement ; des **exercices corrigés (E)**. Pour les exemples, on a privilégié autant que possible les mots les plus fréquents de l'hébreu biblique. En donnant au lecteur l'occasion de les réutiliser dans de courtes phrases de thème, on espère l'aider à surmonter la difficulté que constitue la mémorisation de termes pour lesquels, à la différence du latin et du grec, il n'a que peu de points de repère. Les mots à retenir sont repris en fin d'ouvrage dans un lexique qui permet de s'initier au maniement d'un dictionnaire d'hébreu biblique. Le but que nous nous proposons est à la fois ambitieux et modeste : nous voudrions donner à l'étudiant

[1] Rabelais, *Pantagruel*, chapitre 8.

les moyens d'être **autonome**, c'est-à-dire capable d'utiliser des outils de travail – grammaires et dictionnaires – et, muni de ces aides, de se débrouiller seul dans un texte biblique. Une attention toute particulière a été apportée à l'apprentissage de l'alphabet. Nous recommandons de ne pas passer trop vite cette étape du déchiffrage, que nous avons essayé de rendre aussi attrayante que possible, en n'hésitant pas à donner des explications détaillées et pallier ainsi l'absence d'un modèle sonore. Nous transcrivons un grand nombre de mots, mais c'est surtout pour garantir la correction de la lecture : ces transcriptions ne doivent pas devenir un obstacle à la mémorisation des différents signes graphiques propres à l'hébreu. L'impression que certaines lettres se ressemblent – ce que soulignaient déjà les manuels d'hébreu du XVIe siècle ! – est légitime, mais avec un travail un peu régulier, l'obstacle de la lecture disparaît rapidement. De même pour l'apprentissage des conjugaisons : nous avons mis l'accent sur les faits récurrents, de manière à éviter l'impression que le système verbal n'est fait que d'exceptions.

Brève histoire de l'hébreu

Les étudiants qui apprennent l'hébreu biblique se demandent souvent en quoi il diffère de la langue moderne parlée en Israël. Sans entrer dans des détails qui n'ont pas leur place ici[2], nous rappellerons les étapes principales de l'histoire de l'hébreu. Les plus anciens textes épigraphiques datent du Xe siècle avant l'ère chrétienne ; c'est aussi, à peu de chose près, l'époque des plus anciens textes bibliques tels que le Cantique de Deborah (Juges 5). Les écrits bibliques les plus tardifs datent du IIe siècle avant l'ère chrétienne. Ce corpus, qui s'étend donc sur huit siècles environ, est loin d'être homogène ; cependant, la langue des textes en prose antérieurs à l'exil de Babylone (586 avant l'ère chrétienne) présente une relative uniformité grammaticale et stylistique, dont les variantes dialectales – attestées par les inscriptions – ont été pour la plupart gommées. Une seule allusion biblique directe rappelle l'existence de dialectes à l'époque du premier Temple : c'est l'épisode du *shibbolet* (Juges 12, 4-6). Cet hébreu préexilique, que la Bible nomme le **judéen**, est une langue littéraire et soutenue.

[2] On se reportera aux ouvrages de M. HADAS-LEBEL, *L'hébreu : 3000 ans d'histoire*, Paris, Albin Michel, 1992, et A. SÁENZ-BADILLOS, *A History of the Hebrew Language*, Cambridge University Press, 1993.

La langue biblique postérieure à l'exil est encore une langue littéraire, mais elle est beaucoup plus variée : à côté de traits classiques, on y trouve en effet des caractéristiques de la langue parlée, des structures syntaxiques et des éléments lexicaux empruntés à l'araméen, ainsi que des mots perses et quelques très rares mots grecs.

Comme le prouvent les écrits bibliques les plus tardifs (par exemple Néhémie 13, 24), les locuteurs de l'époque du second Temple étaient soumis à l'influence d'autres langues que l'hébreu, en particulier celle de l'araméen. Jusque vers le milieu du IIe siècle de l'ère chrétienne, ils étaient souvent bilingues : hébreu et araméen étaient tous deux parlés, avec des différences tenant au statut social, à l'époque, à la situation géographique, à la matière traitée. Ainsi, les discussions pharisiennes autour de la loi orale qui constituent la **Mishna** se faisaient dans un hébreu où l'on remarque certes une forte influence araméenne, mais qui n'était pas pour autant un jargon scolaire et artificiel : bien au contraire, il s'agissait d'une langue vivante, authentique, et qui continuait la langue parlée de l'époque précédente.

L'échec de la révolte de Bar-Kokhba (+ 135) causa la disparition progressive, mais inéluctable, de l'hébreu **comme langue parlée**. À la fin du IIe siècle, il devint évident que la Mishna ne pouvait plus être transmise oralement, faute de locuteurs capables de la mémoriser : elle fut alors mise par écrit, et constitue le principal corpus de cette époque, d'où le nom d'**hébreu mishnique** souvent donné à la langue postbiblique. Langue parlée devenue langue littéraire, l'hébreu mishnique se situe globalement dans la continuité de l'hébreu biblique pour ce qui est de la morphologie, mais connaît d'importantes transformations syntaxiques et lexicales[3], dont beaucoup se retrouvent en hébreu moderne. À l'époque des Amoraïm (IIIe - Ve s.), seul l'araméen est langue vernaculaire et l'hébreu ne se maintient que comme langue littéraire et liturgique, langue de prestige mais non langue parlée.

Jusqu'à la fin du XIXe siècle, l'hébreu n'a plus été la langue maternelle d'aucun locuteur, même s'il a pu être utilisé **occasionnellement** comme moyen d'échange oral par des juifs originaires de pays différents, qui n'avaient pas d'autre moyen de se comprendre. Pendant toute cette période, les communautés juives se trouvaient pour la plupart dans des situations de **diglossie**, utilisant la langue du pays ou une **langue juive** (yiddish, judéo-espagnol, etc.) comme

---

[3] Cf. S. KESSLER-MESGUICH, *La langue des Sages, matériaux pour une étude linguistique de l'hébreu de la Mishna*, Paris-Louvain, Peeters, 2002.

vernaculaire et **l'hébreu** comme langue liturgique, savante et littéraire. Les auteurs juifs écrivant en hébreu utilisaient en général la syntaxe mishnique, souvent influencée par celle de leur vernaculaire ; la poésie recourait largement à l'hébreu biblique ; les traducteurs forgeaient ou empruntaient les mots absents des sources bibliques ou rabbiniques. Malgré toutes ces variations liées au temps, au lieu, au genre (loi orale, commentaires bibliques, traductions de l'arabe, philosophie, poésie, grammaire, sciences…), l'hébreu écrit, comme **langue littéraire**, était commun à l'ensemble du monde juif, tandis que la récitation des prières et la transmission orale des textes, qui avaient conservé les traces d'anciennes **variantes dialectales** palestiniennes ou babyloniennes, subissaient de plus **l'influence des parlers environnants**. C'est ainsi que se sont constituées des **traditions orales** dissemblables quant à la phonologie, la morphologie et la place de l'accent tonique. On oppose souvent la prononciation ashkénaze (Europe centrale et orientale) à la prononciation séfarade (Espagne, Balkans, Afrique du Nord, Proche-Orient), mais chacune d'elles comporte des traditions variées : la prononciation allemande diffère de la polonaise, la tradition orale de Tétouan n'est pas celle des juifs originaires d'Irak, etc.

Il y a donc eu, **à l'écrit comme à l'oral**, une évolution continue de l'hébreu ; le paradoxe est que cette évolution s'est faite alors qu'il n'était plus la langue maternelle de qui que ce soit. Elle n'était pas complètement naturelle – puisque l'hébreu n'était pas parlé – mais pas non plus complètement artificielle. En effet, la production d'écrits de toute nature et l'habitude d'apprendre par cœur des textes traditionnels ont favorisé l'apparition de ce que les linguistes nomment une **compétence** : les juifs ne s'exprimaient pas oralement en hébreu, mais, devant mémoriser de longs textes d'époques variées, ils en avaient suffisamment intériorisé les structures pour que réussisse le projet un peu fou, linguistiquement parlant, d'en faire à nouveau une langue **parlée** adaptée à toutes les situations de communication. On parle à ce propos de « renaissance de l'hébreu », métaphore commode mais approximative, car l'hébreu, ayant continué à évoluer sous sa forme écrite, n'a jamais été une langue morte. C'est Eliézer Ben Yehuda (1858-1922) qui fut à l'origine de cette entreprise, pour laquelle il rencontra certes l'enthousiasme d'érudits, de professeurs et de journalistes sans le concours desquels elle fût demeurée théorique, mais aussi de nombreux obstacles : lexique incomplet, différences de prononciation entre communautés, concurrence du yiddish, hostilité de certains milieux religieux à un usage profane de la langue sainte. La victoire de l'hébreu comme langue parlée fut définitive dans les années vingt du XXe siècle ; ses traits phonologiques, morphologiques, syntaxiques et lexicaux sont en partie hérités des couches plus anciennes de la langue, en partie nés de l'influence des langues maternelles des locuteurs, mais résultent aussi d'une évolution autonome. Pour la prononciation, on peut dire en gros que la tradition ashkénaze s'est imposée pour les consonnes, la tradition séfarade pour les voyelles. Si, après avoir étudié l'hébreu biblique, vous souhaitez vous mettre à l'hébreu moderne, sachez que tout ce que vous aurez appris en matière de prononciation et de morphologie verbale vous sera utile. La syntaxe en revanche, surtout celle du registre oral, est radicalement différente. Quant au lexique, une bonne proportion de mots bibliques se retrouve en hébreu moderne, selon des modalités diverses :

- Certains mots sont restés identiques dans leur forme et leur emploi, par exemple [**ʔor**], *lumière* (pron. [or]).
- Des verbes nouveaux sont apparus, dérivés de racines bibliques : ainsi, le verbe [**yaṣaʔ**] (pron. [yatsa]) *sortir*, est toujours utilisé, mais l'hébreu moderne a créé parallèlement le verbe [**yiṣṣeʔ**] (pron. [yitsé]), forme théoriquement possible mais inusitée en hébreu biblique, qui signifie en moderne *exporter* (= *faire sortir*).
- D'autres mots ont gardé leur forme, mais leur signification a partiellement ou totalement évolué : par exemple, le verbe [**baʔ**] signifie en hébreu biblique *venir* et *entrer* ; aujourd'hui, il signifie toujours *venir*, mais *entrer* est exprimé par un autre verbe, absent de l'hébreu biblique et apparu en hébreu mishnique.
- Enfin, certains mots ont acquis une signification nouvelle à la suite d'un processus plus ou moins arbitraire ; il s'agit en général d'*hapax legomena*, mots qui n'apparaissent qu'une fois dans le corpus biblique, dont la signification est incertaine, et qui ont complètement disparu de la langue postbiblique. Ils ont souvent été réactivés pour exprimer des *realia* modernes, c'est-à-dire qu'on a décidé qu'ils désigneraient tel ou tel objet pour lequel manquait un mot. Par exemple, le terme **ḥašmal**[4] est employé par Ezéchiel (chap. 1) dans sa description du char divin quittant Jérusalem. Ce terme a sans doute à voir avec la lumière, le feu, mais le sens précis en est inconnu. Certains

---

[4] Prononcez le ḥ comme la jota espagnole et le š comme le ch de *chant*.

proposent de le traduire par *étincelle*, d'autres par *vermeil* ; la Septante, traduction grecque de la Bible, le rend par **ēlektron**, qui signifie *ambre*. Voilà un mot qui semble inutilisable : eh bien, il a été réactivé en hébreu moderne pour signifier... *électricité* ! La motivation est ici l'idée de feu, de brillant, mais aussi et surtout l'association entre ḥašmal et ēlektron.

La relation entre hébreu biblique et moderne ne peut donc être comparée à celle qui existe entre grec ancien et grec moderne, ou entre français du XVIIe s. et français contemporain : en effet, la **discontinuité** entre l'hébreu parlé aujourd'hui et ses couches plus anciennes fait que coexistent en hébreu moderne des mots et des faits de langue appartenant à toutes les époques antérieures. En revanche, depuis qu'il a recommencé à être parlé, l'hébreu moderne évolue naturellement, dans tous ses registres (écrit et oral), comme n'importe quelle autre langue.

Translittérations et transcriptions

Les **graphèmes** consonantiques et vocaliques (= les signes employés pour noter les consonnes et les voyelles) n'ont pas changé depuis l'époque des Massorètes, c'est-à-dire le Xe siècle de l'ère chrétienne ; mais leur prononciation a été très variable selon les lieux et les époques. Nous enseignons dans ce livre la prononciation que ces graphèmes ont en hébreu moderne, d'où une certaine discordance entre les **translittérations**, qui reproduisent rigoureusement l'orthographe biblique, et les **transcriptions** qui, en l'absence de modèles sonores, permettent simplement d'être sûr que la lecture est correcte. Alors que la translittération reflète fidèlement et de manière univoque chaque signe écrit de la langue source, la transcription est plus approximative, car elle varie selon la langue de celui qui transcrit : si l'on veut qu'un francophone prononce correctement le mot qualifiant un aliment conforme aux lois alimentaires du judaïsme, on peut écrire [cachère], mais pour une autre langue ce pourrait être [kasher]. La translittération de ce mot serait, indépendamment de la langue de celui qui prononce, [kåšer]. Pour le nom propre *Jacob*, la transcription pourrait être [ya'akov], la translittération [yaʕ^{a}qōḇ]. Nous utilisons de préférence la translittération – sauf ici, pour le [v], plus facile à lire que [ḇ]. Mais, pour ne pas surcharger le texte de signes diacritiques, nous adoptons pour les termes techniques une transcription approximative : alef et non ʔålep̄.

Méthode de travail

Beaucoup de méthodes d'hébreu biblique sont en même temps des grammaires : elles visent à décrire l'**ensemble** des faits de langue présents dans le corpus. Or, d'une part, il y a de nombreuses exceptions ; d'autre part, certaines formes verbales ou nominales sont peu représentées et on passe donc beaucoup de temps à expliquer des faits qui n'apparaissent qu'en de très rares occasions et dans des textes si difficiles que le débutant a peu de chance de les rencontrer. Nous avons adopté la démarche inverse, et nous partons des textes. Comme votre but n'est pas de parler la langue (l'hébreu biblique ne se parle d'ailleurs pas), vous n'avez pas besoin de **fabriquer** les formes mais seulement de les **reconnaître** et de les **analyser** pour identifier les constituants de la phrase et chercher les mots dans le dictionnaire. Nous donnons donc des « recettes » **empiriques** : telle forme présente un redoublement, donc le verbe n'est pas à la forme simple ; tel mot est précédé de l'article, donc ce n'est pas un nom propre, etc. Cette façon de procéder, en partant des textes et en raisonnant sur les formes qu'ils contiennent, vise avant tout l'efficacité. Elle conduit parfois à laisser de côté certains faits et à faire appel à l'intuition. Ceux qui souhaitent des explications plus approfondies ou une présentation exhaustive pourront se référer aux grammaires de la bibliographie.

Considérant que le lecteur souhaite, dès qu'il maîtrise l'alphabet, goûter le texte biblique dans sa langue originale, nous ne donnons que des exemples authentiques. À partir de la leçon 5, nous terminons la leçon par un chapitre intitulé « pas à pas dans le texte biblique », dans lequel nous étudions systématiquement un texte illustrant les points de grammaire vus dans les leçons précédentes. Ces textes sont donnés dans leur intégralité ; chaque mot est expliqué (ou directement traduit s'il est trop difficile).

Les leçons sont denses, et vous ne pourrez pas retenir tous les éléments grammaticaux et lexicaux, surtout au début : c'est pourquoi, dans les premières leçons, des tableaux rappellent les points essentiels à connaître avant de faire les exercices. Nous donnons aussi, à chaque leçon, une quinzaine de mots à retenir. De même, nous conseillons d'apprendre par cœur les premiers tableaux de conjugaison (leçons 5 et 6) : ils serviront de modèles pour tous les autres.

Les tableaux des pages 9 et 10 (consonnes et voyelles) sont uniquement là pour présenter l'ensemble des graphèmes de l'hébreu ; ils sont repris et explicités dans les deux premières leçons.

Remerciements

Ma gratitude s'adresse d'abord à Pierre Corbel et Jean-Michel Fontanier, qui m'ont confié la rédaction de ce manuel et ont patiemment attendu qu'il soit terminé.

Les participants du séminaire d'hébreu biblique que j'assure au Centre d'études anciennes de l'École normale supérieure, rue d'Ulm, m'ont permis au fil des années d'améliorer mon enseignement grammatical. Je remercie tout particulièrement ceux qui, en 2006-2007 et 2007-2008 (je ne peux les citer tous mais ils se reconnaîtront), ont lu les premières ébauches du livre et m'ont fait de très utiles suggestions.

Emmanuelle et Laurent Alhadef, qui dirigent les éditions Yodéa, m'ont aimablement autorisée à reproduire les caractères cursifs dessinés par Sonia Barzilay pour leurs différentes publications : merci à tous trois, ainsi qu'aux créateurs des fontes Ezra SIL, que j'ai utilisées pour l'hébreu (on peut télécharger facilement ces caractères sur le site http://scripts.sil.org/EzraSIL_Home).

Merci également à Jean-Pierre Rothschild pour sa confiance ; à Catherine Chalier, José Costa, Laurent Héricher, Carole Rosenthal, Laurence Sigal, Marie-Jo Spinosa et Pierre Vial pour l'intérêt qu'ils ont pris à ce travail ; à Letitia Lambert pour sa disponibilité et son exigence pédagogique ; à Lyse Baer et Florence Heymann pour leur présence active et leur aide précieuse au moment de l'achèvement du manuscrit.

Pour leur soutien sans faille et leur complicité dans les moments difficiles, merci à mes proches : David, Martin, Laure et Anna Kessler.

Je voudrais pour terminer exprimer ma gratitude à Agnès Woog, qui a relu l'ouvrage avec une grande patience, à Yishaï Neumann pour ses remarques stimulantes et son œil de lynx, et à Gabriel Lacombe, qui m'a fait profiter de ses compétences en matière de traditions orales. Enfin, merci infiniment à Marie-Laure Catta qui a su, avec intelligence, humour et générosité, endosser le rôle du débutant et traquer impitoyablement toutes les explications manquant de clarté. Ce livre lui doit beaucoup.

Consonnes

Valeur numérique	Translit-tération	Prononciation	Nom	Écriture cursive	Alphabet carré
1	ʔ	« coup de glotte », non prononcé en début de mot	alef	א	א
2	b ḇ, v	b v	bet	בּ ב	בּ ב
3	g ḡ, g	g (de *garder*)	gimel	גּ ג	גּ ג
4	d ḏ, d	d	dalet	דּ ד	דּ ד
5	h	h légèrement aspiré	hé	ה	ה
6	w	v	waw	ו	ו
7	z	z	zayin	ז	ז
8	ḥ	Pharyngale sourde à prononcer soit comme l'arabe ح soit comme le *ḵ*	ḥet	ח	ח
9	ṭ	t	ṭet	ט	ט
10	y	y	yod	י	י
20	k ḵ	k *ch* allemand (*nacht*) ou jota espagnole	kaf	כּ ךְ כ	כּ ךְ כ
30	l	l	lamed	ל	ל
40	m	m	mem	ם מ	ם מ
50	n	n	nun	ן נ	ן נ
60	s	s	samek̲	ס	ס
70	ʕ	pharyngale sonore à prononcer soit comme l'arabe ع soit comme alef	ʕayin	ע	ע
80	p p̄, f	p f	pé	פּ ף פ	פּ ף פ
90	ṣ	ts	ṣadé	ץ צ	ץ צ
100	q	k	qof	ק	ק
200	r	r	reš	ר	ר
300	š	[ch] de **chant**	šin	שׁ	שׁ
	ś	s	śin	שׂ	שׂ
400	t ṯ, t	t	taw	תּ ת	תּ ת

Voyelles[5]

Translit-tération	Prononciation	Signes vocaliques				Nom
		Illustration	Avec mère de lecture[6]	Illustration	Sans mère de lecture	
å	a	אָה	ָה[7]	אָ	ָ	qameṣ
a	a			אַ	ַ	pataḥ
i	i	אִי	ִי	אִ	ִ	ḥireq
e	e[8]	אֵי אֵה[7]	ֵי ֵה[7]	אֵ	ֵ	ṣéré
ɛ	e	אֶי אֶה[7]	ֶי ֶה[7]	אֶ	ֶ	ségol
o	o	אוֹ	וֹ	אֹ	ֹ	ḥolem
ǫ	o			אָ	ָ	qameṣ ḥaṭuf
u	u[9]			אֻ	ֻ	qibbuṣ
u	u	אוּ	וּ			shureq
e (en exposant)	e muet[10]			אְ	ְ	shewa
a (en exposant)	a			אֲ	ֲ	ḥaṭef pataḥ
ɛ (en exposant)	e			אֱ	ֱ	ḥaṭef ségol
o (en exposant)	o			אֳ	ֳ	ḥaṭef qameṣ

[5] Dans ce tableau, la consonne א permet de **visualiser** la place de la voyelle et le cas échéant de la « mère de lecture ». Elle ne se prononce pas : אַ se lit [a].
[6] Une mère de lecture est une consonne utilisée pour noter une voyelle. Voir les explications des p. 16-17.
[7] Seulement à la fin du mot.
[8] Pron. comme dans *met.* Ṣéré et ségol ont aujourd'hui la même prononciation.
[9] Prononcer *ou,* comme dans *chou.* Idem pour le shureq. Le son [u] du français (*sur*) n'existe pas en hébreu.
[10] Prononcer comme le [e] de *calmement.*

Leçon 1

LIRE ET ÉCRIRE L'HÉBREU (I)

T1. Racine et schème

L'hébreu est une **langue sémitique**. Ce terme a été inventé à la fin du XVIIIe siècle pour remplacer l'appellation trop vague de « langues orientales ». C'est une étiquette commode, mais nullement scientifique : elle repose sur les généalogies bibliques de Gen 10, 1-29, où apparaissent entre autres les noms d'Aram, Assur, Eber. Ancêtres éponymes supposés des peuples parlant respectivement l'araméen, l'assyrien, l'hébreu, ils descendent tous de **Sem**, fils de Noé, d'où l'appellation de « langues sémitiques ». Une fois ce terme adopté, on a procédé de la même manière pour désigner des langues présentant des similitudes avec le sémitique : puisque le second fils de Noé se nommait Cham, on a nommé « chamitiques »[11] l'égyptien ancien et le copte, le libyco-berbère, les parlers couchitiques. De là est née l'appellation de famille **chamito-sémitique**, que l'on trouve plutôt chez les spécialistes francophones, tandis que ceux qui s'expriment en anglais préfèrent le moins arbitraire *afro-asiatic*[12]. L'hébreu est un dialecte cananéen ; il appartient au sémitique du nord-ouest.

[11] Prononcer le *ch* comme dans *chlore*.

[12] Pour une présentation plus complète, voir J. HUEHNERGARD, « Afro-asiatic », WOODARD R. D. (ed.), *The Cambridge Encyclopedia of the World's Ancient Languages*, Cambridge University Press, 2004, p. 138-159 et J.-C. HAELEWYCK, *Grammaire comparée des langues sémitiques*, Bruxelles, Éditions Safran, 2006.

L'une des grandes différences entre les langues sémitiques et indo-européennes (le latin, le grec, les langues romanes, etc.), est la façon dont les mots sont formés. On peut, dans un mot, distinguer des **morphèmes,** qui sont les **plus petites unités de la langue pourvues de sens**. Ainsi, en français, on décomposera la forme verbale *écrivez* en deux morphèmes : écriv||ez. Le premier de ces morphèmes, *écriv-*, est porteur d'un sens lexical : c'est un **morphème lexical**, ou **lexème**. Le second (*-ez*) est un **morphème grammatical,** qui fournit des indications de temps, de personne, de nombre.

Chaque morphème peut être remplacé par un morphème équivalent. Par exemple, les lexèmes *chant-* ou *pens-* peuvent se substituer à *écriv-* : le **sens** du verbe sera autre mais on aura toujours une forme signifiante (*chantez, pensez*), ce qui ne serait pas le cas si nous remplacions *écriv-* par *latin* ou *seul*, qui sont aussi des morphèmes. Le morphème *-ez* peut, quant à lui, être remplacé par *–ons* (écriv||ons). Une analyse morphologique qui segmenterait é||cri||vez, en isolant des syllabes, ou éie||crvz, en séparant les voyelles des consonnes, n'aurait aucun sens, comme tout locuteur du français en a l'intuition et comme on peut le vérifier au moyen des mêmes tests.

Le mot français apparaît donc comme une combinaison de morphèmes **qui se suivent** : d'abord le morphème lexical (*écriv-*), puis le morphème grammatical (*-ez*). Vous pouvez vous livrer au même exercice avec un adjectif, par ex. *incassable* : les trois morphèmes qui composent ce mot (le préfixe *in-* indiquant la négation ; le radical *cass-* ; le suffixe *-able* exprimant « la capacité à ») sont, là encore, disposés linéairement, l'un après l'autre. Vous pouvez remplacer *cass-* par un autre radical (*vari-, imagin-*) : vous aurez toujours un adjectif exprimant l'impossibilité – d'être varié (*invariable*) ou imaginé (*inimaginable*). Mais si vous divisez *inva* || *riable*, cela ne vous donne pas deux éléments qui aient du sens et qui soient remplaçables par des éléments équivalents.

La morphologie des langues sémitiques, en revanche, se caractérise par le fait que les morphèmes ne sont pas disposés les uns derrière les autres, mais **entrecroisés**. Soumettons au même type d'analyse le mot ***talmud*** (pron. *talmoud*). Pour isoler des éléments signifiants, il ne sert à rien d'essayer un découpage linéaire comme nous venons de le faire. Le découpage correct est **taLMuD** ou, plus lisiblement, **ta□□u□** et **LMD**. Pour le mot *écrivez*, votre intuition de locuteur du français vous interdit de séparer *é-* de *-criv* parce que vous savez que *criv* n'a aucun sens, ce qui n'est pas le cas du morphème *écriv-*, même si ce dernier n'est pas **autonome** dans la langue. De même, en hébreu, la série de consonnes LMD n'existe pas de manière autonome, mais elle a un sens : celui d'*étudier*. Non pas « étudier » à l'infinitif, ni « il a étudié », ni « enseignement », mais l'idée abstraite d'étudier. Ces trois consonnes, dans cet ordre, véhiculent toujours un sens ayant plus ou moins à voir avec l'étude. Comme *écriv-*, LMD est donc un lexème, que l'on nomme **racine**. En hébreu biblique, presque toutes les racines comportent trois éléments, consonnes ou semi-consonnes : on parle de racines trilitères ou triconsonantiques.

La racine est une abstraction sémantique, relevant d'une analyse morphologique et non utilisable de manière autonome : LMD[13] (idée abstraite d'*étude*), GDL (idée abstraite de *grandeur*), NHG (idée abstraite de *conduire*) **ne peuvent pas plus former un mot** que le *cass-* de *incassable* lorsqu'il est isolé. Il faut, pour que la racine s'actualise dans des mots, l'associer à un morphème grammatical, nommé **schème**, que nous avons représenté ci-dessus en indiquant par un carré la place de chacune des trois consonnes radicales. Il est ainsi facile de constater que racine et schème ne sont pas placés l'un à la suite de l'autre comme les morphèmes du mot *in*||*cass*||*able,* mais **entrecroisés**. Dans **taLMuD**, on trouve d'abord un élément du schème (*ta-*) puis 2 consonnes de la racine (*LM*) puis à nouveau un élément du schème (*u*) et enfin la dernière consonne radicale (*D*). Si nous voulons, à partir de la racine **ŠLM**[14] – idée abstraite d'*être entier* – forger le mot *compensation* (= *action de rendre entier*), nous la croiserons avec le schème **ta□□u□**, en remplaçant chacune des cases vides par les consonnes de la racine dans l'ordre ; ce qui donne **taŠLuM** (pron. *tashloum*) *compensation, paiement,* mot de même schème que **taLMuD**.

Ce schème est **nominal**, c'est-à-dire qu'il sert à former des noms. Il existe aussi des **schèmes verbaux**. Par ex., à l'accompli[15] de la forme simple, 3ème personne du masculin singulier, le schème est **□å□a□**. Pour dire *il a étudié*, il faut croiser avec ce schème la racine LMD, c'est-à-dire remplacer les cases vides par les consonnes dans l'ordre, ce qui donne **LåMaD**[16]. Pour *il a conduit*, ce sera **NåHaG**. Le schème du participe est, pour cette même forme verbale, **□o□e□**. Il

---

[13] Lorsque vous connaîtrez les noms des consonnes, il vaudra mieux dire « la racine lamed, mem, dalet » : on se rend bien compte, ainsi, qu'il s'agit d'un élément non autonome qu'il ne faut pas essayer de prononcer comme un mot.

[14] Prononcer [š] comme le [ch] de *chocolat.* Cette racine est aussi celle de **šalom**, *paix*, dont le sens premier est *plénitude, bien-être.*

[15] Dans cette présentation simplifiée, accompli = passé non duratif.

[16] [å] et [a] se prononcent exactement de la même manière. V. ci-dessous p. 23.

suffira donc, pour obtenir le participe, de croiser la racine et le schème □o□e□ : *conduisant* se dira **NoHeG**, *apprenant* **LoMeD**. Les schèmes peuvent être composés de voyelles (c'est le cas de □**å**□**a**□), ou bien de consonnes et de voyelles (c'est le cas de **ta**□□**u**□). La connaissance des schèmes les plus courants est indispensable, car si vous rencontrez **YoReD**, il y a de fortes chances pour qu'il s'agisse d'un participe : YoReD est en effet le participe du verbe *descendre*. Pour obtenir la 3ème pers. masc. sing. de l'accompli, vous croiserez la racine YRD avec le schème □**å**□**a**□ : **YåRaD** *il est descendu.*

Le tableau ci-dessous présente trois racines et quatre schèmes : deux schèmes nominaux (N) et deux schèmes verbaux (V). Prononcez [å] comme [a], [š] comme [ch] de *chant* et [^{e}] comme dans *je* ou *calmement.*

racine / schème	GDL *être grand*	MŠL *dominer*	QDŠ *être saint*
mi□□å□ (N)	**migdål** *(une) tour*	**mimšål** *(un) pouvoir*	**miqdåš** *sanctuaire*
□^{e}□u□□å[17] (N)	**g^{e}dullå** *grandeur*		**q^{e}duššå** *sainteté*
□å□a□ (V)	**gådal** *il était grand*	**måšal** *il a dominé*	**qådaš** *il était saint, consacré*
hi□□i□ (V)	**higdil** *il a agrandi*	**himšil** *il a fait dominer, il a donné le pouvoir*	**hiqdiš** *il a consacré*

L'une des cases est vide. En effet, le croisement de **MŠL** *dominer* et □^{e}□**u**□□**a** (schème formant des noms féminins), théoriquement possible, n'est pas attesté : ***m^{e}šullå** *pourrait* exister en hébreu, mais il n'existe pas. Si le tableau ne présentait que des mots bibliques, **q^{e}duššå** *sainteté* n'y figurerait pas non plus : la racine **QDŠ** et le schème □^{e}□**u**□□**å** sont l'un et l'autre attestés en hébreu biblique, mais le mot résultant du croisement des deux morphèmes n'apparaît qu'à l'époque mishnique (ce qui ne signifie pas forcément qu'il n'existait pas avant). L'hébreu moderne a tiré parti de cette souplesse du système pour créer des néologismes. Ainsi, on peut extraire de **ṣɛlɛm**[18] *image* (Gen 1, 27 : « faisons l'homme à notre image ») une racine **ṢLM** qui, combinée avec le schème verbal □**i**□□**e**□, donne **ṢiLLeM** ([tsilem]), *il a photographié.*

[17] Les deux carrés collés indiquent que la consonne qui se trouve à cette place doit être redoublée.

[18] [ṣ] doit être prononcé [ts] comme dans *tsunami*, [ɛ] comme le <e> de *met.*

Au lieu de petits carrés, les grammairiens utilisent une **racine-type,** ce qui permet de prononcer les différents schèmes et de les comparer les uns aux autres. Les grammairiens juifs du moyen âge, qui ont emprunté une partie de leur appareil théorique et de leur terminologie aux grammairiens arabes, ont comme ces derniers choisi pour racine-type celle qui signifie *agir, faire* : PʕL (vous verrez plus loin comment prononcer la consonne ʕ). Les verbes du tableau (gådal *il était grand*, måšal *il a dominé*, låmad *il a étudié*) ont un schème □å□a□. Remplaçons chaque carré par les consonnes de la racine PʕL, dans l'ordre :

L **å** M **a** D	*il a étudié*. Racine : LMD
□ **å** □ **a** □	(transcription imprononçable du schème)
P **å** ʕ **a** L	(transcription prononçable du schème)

On dira donc que les verbes gådal (*il était grand*), måšal (*il a dominé*), låmad (*il a étudié*) ont pour schème **påʕal**. Pour ʕ, marquez simplement un hiatus : pa-al. Dans de nombreuses grammaires, vous le trouverez écrit **pa'al** : simple différence de transcription.

Cependant, la racine PʕL ne se prête qu'imparfaitement à la reproduction de **tous** les schèmes. Examinez le verbe signifiant *il a photographié*, **ṢiLLeM** : sa 2ème consonne doit être redoublée. Ce redoublement fait partie du schème (□i□□e□). Or, en hébreu, la consonne ʕ ne peut, pour des raisons phonétiques, être redoublée.

Ṣ i L L e M	(*il a photographié*, pron. [tsilem]). Racine : ṢLM
□ i □□ e □	(transcription imprononçable du schème)
*P i ʕ ʕ e L	(mais le ʕ ne se redouble pas en hébreu)

Vers la fin du XVIIIe siècle, les sémitisants ont donc essayé de remplacer PʕL par une autre racine-type, plus adéquate à la notation de n'importe quel schème. Cette racine devait remplir plusieurs conditions : être attestée dans les principales langues sémitiques, posséder trois consonnes stables qui supportent le redoublement, etc. Celle qu'ils ont trouvée, QTL[19], possède toutes ces qualités, mais aussi un petit inconvénient d'ordre sémantique : elle signifie *tuer* ! Voici comment on note les schèmes à l'aide de QTL :

	Schème 1	**Schème 2**
	□å□a□	□i□□e□
	QåTaL	QiTTeL
exemples :	LåMaD, *il a étudié*	ṢiLLeM, *il a photographié*

[19] La 2ème consonne est *ṭ* en hébreu, mais nous la notons par *t* pour simplifier.

Dans cet ouvrage, nous utilisons QTL pour noter les schèmes nominaux. Les deux premiers schèmes du tableau de la p. 14 seront donc nommés **miqtål** et **q^{e}tulå**, ce qui est plus facile à dire que **mi□□å□** et **□^{e}□u□å** ! En revanche, nous conserverons la racine PʕL pour la désignation des schèmes verbaux. L'usage de PʕL est en effet bien ancré dans la tradition grammaticale : pour le schème numéro 2 ci-dessus, l'appellation **piʕel** est beaucoup plus fréquente que **qittel,** que peu de grammaires emploient. Pour le schème de la forme simple (numéroté 1 ci-dessus), et toujours dans un souci d'harmonie avec les ouvrages de référence, nous n'utiliserons ni paʕal ni qatal, mais **qal**, qui signifie « le [schème] léger ». On expliquera pourquoi par la suite.

——— E1

• *Donner la racine des participes suivants, puis croiser ces racines avec le schème d'accompli de la forme simple, 3ème personne du masculin singulier.*

exemple : MoReD, *se révoltant* → MRD → MåRaD, *il s'est révolté*

Pour plus de lisibilité, les consonnes qui devraient être soulignées ne le sont pas ici.

GoZeL, *arrachant* → →
BoGeD, *trahissant* → →
HoReG, *tuant* → →
NoTeN, *donnant* → →

• *Dans la liste ci-dessous, il y a cinq schèmes nominaux différents : qåtål, qåtel, qåtil, qåtul, miqtål. Lisez les mots à haute voix et regroupez-les selon le schème :*

Pour prononcer les mots de cet exercice : **å** = a ; **ḥ** = la jota espagnole ou le [ch] de l'allemand *nacht* ; **k̲** = la même chose ; **d̲** = d ; **ś** = s.

dåvår, *parole* ; ḥåsid̲, *pieux* ; kålil, *total* ; zåqen, *vieux* ; śåk̲år, *salaire* ; mid̲bår, *désert* ; båśår, *chair* ; miḡdål, *(une) tour* ; båruk̲, *béni* ; zåhåv, *or* ; kåved̲, *lourd* ; kåšer, *apte* ; mispår, *nombre* ; påqid̲, *préposé, surveillant.*

——— T2. La graphie de l'hébreu : les « mères de lecture »

Si l'on n'écrit que les consonnes, NTN est susceptible de deux lectures, correspondant à deux schèmes : **NåTaN** *il a donné* et **NoTeN** *donnant*[20]. Et pourtant il n'est pas obligatoire, en hébreu,

[20] Il y en a d'autres, mais nous simplifions pour la clarté de la démonstration.

d'écrire tous les sons vocaliques. À partir du moment où vous savez que seule la succession □å□a□ correspond à un verbe au passé, 3ème pers. du masc. sing., c'est le choix que vous ferez puisqu'il n'y a pas d'alternative. Ne pensez pas que c'est infaisable, ou même difficile : en français, lorsque vous rencontrez le mot *portions*, deux lectures sont possibles, mais dès qu'il y a un contexte, vous n'avez aucune hésitation : « nous portions nos valises »/« ces portions sont insuffisantes »[21]. Soit la phrase : *hier, Gad a donné un cadeau à Myriam.* « Gad a donné » sera écrit en hébreu moderne GD NTN. C'est parfaitement lisible pour qui connaît le prénom Gad (l'un des douze fils de Jacob) : il sait qu'il ne doit lire ni Ged ni Gid parce que ces noms n'existent pas, et il sait qu'il doit lire NåTaN parce que *hier* implique un verbe au passé et que seule la lecture NåTaN correspond à ce schème.

Comme le phénicien, auquel il a emprunté son alphabet, l'hébreu a d'abord été noté de manière purement consonantique, ce que l'on nomme **graphie défective**. Peu à peu, le besoin s'est fait sentir d'une notation plus précise de certains sons vocaliques à certaines places du mot : on a pour cela utilisé des consonnes. La semi-consonne [W] (comme dans *kiwi*) se prêtait bien à la notation du son [u], dont elle est proche, et par extension à celle du son [o]. La semi-consonne *Y* (comme dans *yaourt*) a servi à noter [i] et dans certains cas [e] (comme dans *met*). On nomme **mères de lecture** ces consonnes utilisées pour noter des voyelles. Ainsi, **gid**, *nerf*, s'écrit GYD, ce qui suffit à le distinguer du prénom GD (= **Gad**). Vous pourriez objecter que vous n'avez aucun moyen de savoir si *Y* note dans ce cas la voyelle [i] ou la semi-consonne [y], et qu'au lieu de **gid** vous considérez que GYD représente GåYaD, verbe de même schème que NåTaN *il a donné*, noté NTN. Vous auriez raison en théorie, mais en théorie seulement, car ***gåyad** n'existe pas. Pour lire un texte dans lequel les voyelles ne sont pas notées, il est donc indispensable de parler la langue, de bien connaître la grammaire… ou de savoir le texte par cœur, ce qui a longtemps été le cas pour la Bible hébraïque : pendant plusieurs siècles, on s'est contenté d'une notation partielle des voyelles puisqu'il existait une tradition orale de lecture connue des lettrés et transmise fidèlement. Outre *W* et *Y*, *H* (qui, lorsqu'il est consonne, se prononce [h] légèrement aspiré) sert aussi de mère de lecture, mais seulement en fin de mot : il y indique, presque toujours, la voyelle [a].

---

21 Sans parler de l'écriture phonétique des sms, parfois réduite aux consonnes, qui fait hurler les puristes mais est parfaitement lisible pour les utilisateurs !

« Rive » se dit en hébreu **gada** et s'écrit **GDH**. Le premier [a] de **gada** n'est pas représenté ; le second est indiqué par *H*, ce qui permet de faire la différence avec le prénom Gad (GD) et avec le mot **gid**, *tendon*, noté GYD. Voici ces mots (l'hébreu se lit de droite à gauche) :

גדה	GDH	se lit gada	(= *rive*)
גד	GD	se lit gad	(= *Gad*, prénom)
גיד	GYD	se lit gid	(= *tendon, nerf*)

Autre exemple : si l'on n'écrivait que les consonnes du mot ***tora***, on aurait TR, qui en graphie défective pourrait se lire *tor, tur, tara*... Avec les mères de lecture (**TWRH**), il y a beaucoup moins de choix possibles : *W* représente soit [u] (pron. *ou*) soit [o], et *H* garantit une voyelle finale qui est presque toujours [a], parfois [e], rarement [o]. Le locuteur qui connaît l'hébreu identifie donc TWRH et lit **tora** (et non *tura ou *turé, théoriquement possibles mais qui n'existent pas). C'est en fonction de ce principe que les textes en hébreu moderne ou en arabe moderne ne sont pas munis de signes vocaliques : les lecteurs, qui sont aussi des locuteurs de la langue, identifient les mots parce qu'ils en reconnaissent les schèmes ou que le contexte leur permet de lever les ambiguïtés résultant de cette notation incomplète. Le fait d'utiliser les mères de lecture s'appelle **graphie pleine**. Avant l'époque moderne, l'orthographe n'a jamais été fixée officiellement : dans les manuscrits de la mer Morte, par exemple, on constate un large recours aux mères de lecture, mais dans les manuscrits médiévaux de la Mishna, leur usage varie d'un scribe à l'autre. En hébreu moderne, on écrit en général le plus « plein » possible : ainsi, le participe **noten**, *donnant*, qui sert de présent, est systématiquement écrit **NWTN** ; en hébreu biblique, en revanche, les deux graphies **NTN** et **NWTN** coexistent pour ce participe, la première étant beaucoup plus répandue que la seconde (84 occurrences contre 5 !).

T3. La graphie de l'hébreu : la notation des voyelles

Pendant des siècles, le texte biblique a été transmis ainsi : un texte écrit, comportant les consonnes, et une tradition orale connue par cœur et fidèlement reproduite. Cependant, les conditions d'apprentissage du texte se sont peu à peu dégradées. À partir du IIIe s. de l'ère chrétienne, les juifs ont eu pour langue vernaculaire l'araméen ; ensuite, au fur et à mesure que la diaspora s'est étendue, les juifs ne vivant pas dans des pays arabophones se sont trouvés coupés de toute langue sémitique et ont donc eu moins de points de repère pour mémoriser le texte ; enfin, le nombre de lettrés capables de transmettre la tradition orale a diminué. Quelque temps après la clôture du Talmud de Babylone, on s'est rendu compte que la notation réduite aux consonnes et aux mères de lecture était insuffisante : ainsi, NTN peut se lire NåTaN (*il a donné*), NoTeN (*donnant*), NiTTeN (*nous donnerons*), NiTTaN (*il a été donné*). Ces diverses formes peuvent être interverties si la tradition orale vacille : la transmission exacte du texte sacré est alors en danger. Il faut noter avec précision les timbres vocaliques, distinguer [u] de [o] et [i] de [e], noter les [a] en fin de mot, indiquer les redoublements, etc. Trois systèmes voient le jour entre le VIIe et le Xe s., mais c'est celui des **Massorètes de Tibériade**, achevé au Xe s., qui s'est imposé à toutes les communautés juives. Les Massorètes[22] ont définitivement fixé par écrit une tradition orale en munissant le texte de nombreux signes et notes. Le **texte massorétique** a peu à peu fait disparaître tous les autres : il faudra des découvertes archéologiques (Geniza du Caire, manuscrits de Qumrân) pour que soient connus des textes bibliques non massorétiques. Jusqu'à la découverte des rouleaux de la mer Morte en 1947, les manuscrits bibliques complets les plus anciens (Codex d'Alep, manuscrit de Saint-Pétersbourg) dataient du Xe s. de l'ère chrétienne.

Nous reviendrons sur l'ensemble du travail massorétique (leçon 4) ; pour le moment, il ne sera question que des voyelles. Les Massorètes ne pouvaient ajouter de nouvelles mères de lecture, par respect du texte consonantique : en effet, la Bible se proclame intangible dans sa lettre, selon l'interprétation traditionnelle de Deut 13, 1 : « tu n'y ajouteras rien et tu n'en retrancheras rien ». Il fallait donc trouver un moyen d'inscrire les voyelles parmi les consonnes sans toucher à ces dernières. La solution retenue est un ensemble de signes constitués de points ou de traits placés en dessous (plus rarement au-dessus) des consonnes : les **points-voyelles**. Pour savoir à quel son correspondait chaque signe du système de Tibériade, il faudrait une tradition orale remontant à ses auteurs, car ils ont noté ce qu'ils entendaient, c'est-à-dire la tradition de lecture de la Bible en usage dans la région de Tibériade au VIIIe et au IXe siècles. Or, curieusement, tandis que leur système graphique était accepté par **la plupart** des communautés (aujourd'hui, par toutes), la prononciation allant avec ce système

22 On rapporte souvent ce mot à la racine MSR, *transmettre*, mais une autre étymologie, qui rattache le mot à une racine signifiant *compter*, est possible.

graphique n'a été adoptée par **aucune**. Ainsi, la voyelle qameṣ note un son réalisé [a] dans certaines traditions, [o] dans d'autres. La prononciation enseignée dans cet ouvrage est celle de l'hébreu moderne, qui constitue un compromis entre les diverses prononciations traditionnelles. Mais si vous avez l'occasion d'assister à la récitation du texte biblique dans une synagogue, vous entendrez des choses bien différentes selon que vous vous rendrez dans une synagogue de rite marocain, lituanien ou alsacien ! Par exemple, le syntagme qui apparaît dans la bénédiction précédant la lecture du Pentateuque, et dont vous connaissez déjà une partie des mots, NWTN HTWRH, *donnant [= qui donne] la Tora*, pourra être prononcé *notène hattora* ou *noyssène hatoro* selon la tradition orale de la communauté en question.

——— T4

Comment lire un mot hébreu ?

(ג = g) 2ème consonne ← דָג → 1ère consonne (ד = d)

ָ = voyelle [å], placée **sous** la consonne [d]

L'hébreu se lit de droite à gauche. Ce mot se lira donc *dag*.

****

De alef à hé, les cinq premières consonnes de l'alphabet

Valeur numérique	Trans-littération	Prononciation ou description	Nom	Écriture cursive	Alphabet carré
1	ʔ	« Coup de glotte » non prononcé lorsqu'il ne porte pas de voyelle.	alef	א	א
2	b ḇ, v	b v	bet	בּ ב	בּ ב
3	g ḡ, g	g (comme dans *garder*)	gimel	גּ ג	גּ ג
4	d ḏ, d	d	dalet	דּ ד	דּ ד
5	h	h légèrement aspiré	hé	ה	ה

- L'hébreu se lit et s'écrit de droite à gauche.

- L'alphabet est **acrophonique** : chaque consonne se prononce comme la première lettre de son nom. Ainsi, bet est prononcé [b] et dalet [d]. Nous vous conseillons d'apprendre l'alphabet par cœur, au fur et à mesure, de façon à manier plus rapidement le dictionnaire et à identifier les chiffres. En effet, les lettres ont été employées comme chiffres dès l'époque hellénistique ; dans certaines éditions de la Bible, les chapitres et les versets ne sont pas numérotés 1, 2, 3 mais א (= 1), ב (= 2), ג (= 3), etc. D'où la colonne « valeur numérique » du tableau.

- L'écriture carrée, d'origine araméenne, a remplacé l'écriture paléo-hébraïque, très proche de la phénicienne. Elle a été employée dans les manuscrits bibliques dès le IIIe s. avant l'è. c. C'est l'écriture d'imprimerie. Il n'y a pas de majuscules et les lettres ne sont pas liées.

- Il a toujours existé, à côté de l'écriture carrée, des formes d'écriture **cursive** variant selon les époques et les régions. Nous enseignons dans ce livre celle de l'hébreu moderne, d'origine ashkénaze. Vous n'êtes pas obligés de l'apprendre : vous pouvez aussi tracer approximativement les caractères carrés.

- Trois consonnes (bet, gimel et dalet) apparaissent à la fois avec un point diacritique et sans point diacritique[23]. Ce dernier, appelé **dagesh** (pron. *daguèche*) **léger** a été utilisé par les Massorètes pour noter la différence entre une prononciation occlusive (air bloqué au niveau des lèvres, des dents ou du palais) et une prononciation spirante ou fricative (la consonne est articulée au même endroit, mais l'air passe en frottant). Dans le cas de ב, la prononciation occlusive, notée par בּ, est [b] ; la prononciation spirante, notée par ב, est [v]. Si un même signe alphabétique est utilisé pour noter les deux sons, c'est parce que la spirantisation est postérieure à l'adoption de l'alphabet et qu'elle ne se produit qu'en certaines positions : à l'intérieur d'un mot après voyelle, à la fin du mot. À l'initiale, on a toujours l'occlusive. ב est donc une **variante** de בּ, et l'apparition de cette variante est **conditionnée** par sa position dans le mot : ב et בּ ne peuvent occuper les mêmes places.

Pour gimel (pron. *guimel*) et dalet, nous n'avons indiqué qu'une seule prononciation : en effet, la réalisation spirante a disparu dans certaines traditions orales et n'existe pas en hébreu moderne. La différence n'est

[23] Un signe diacritique est un symbole graphique qu'on ajoute à une lettre pour indiquer une prononciation différente. Par ex., la cédille est un signe diacritique qui permet de distinguer, en français, *ç* prononcé [s] (*ça*) de *c* prononcé [k] (*cas*).

donc marquée que dans la graphie (גּ/ג) et dans la translittération [g/ḡ], mais non dans la prononciation. Lorsqu'on récite l'alphabet, on ne mentionne que l'occlusive : alef, bet, gimel, dalet, hé...

- Lorsque deux transcriptions sont indiquées, elles correspondent, respectivement, à une translittération précise – par ex., ḇ pour ב – et à une transcription plus approximative, utilisée pour faciliter votre lecture et pour éviter de surcharger le texte de signes diacritiques.

- **Alef** note un son que l'on peut décrire comme un « coup de glotte » : on bloque très brièvement l'air au niveau du larynx avant de prononcer la voyelle qui suit. Ce coup de glotte, que nous transcrivons [ʔ] mais que nombre d'ouvrages notent par ['], s'entend occasionnellement en français, avec une fonction démarcative : c'est la prononciation, par ex., du *h* dans « une légère hausse » : on ne dit pas [un(e) légèr-ausse] comme [un(e) légèr-odeur], mais [un(e) légèr[e]-ʔauss(e)]. Cependant, en hébreu, alef n'est plus prononcé à l'initiale. אָב [ʔåv] *père*, אֵד [ʔeḏ] *vapeur*, sont prononcés *av* et *ed*. Alef **initial** n'est donc prononcé que comme la voyelle qui l'accompagne, mais attention : **il s'agit bien d'une consonne**, contrairement à ce que pourrait vous faire croire une trop rapide comparaison avec l'alphabet grec, lui aussi emprunté aux Phéniciens. **Alef, bet, gimel, dalet, hé** et **alpha, bêta, gamma, delta, epsilon** ont certes la même origine graphique mais ne désignent pas toujours les mêmes réalités phonétiques ! Les Grecs n'avaient pas besoin du coup de glotte, mais ils devaient transcrire la voyelle A, qu'ils ne trouvaient pas dans l'alphabet phénicien, entièrement consonantique : c'est pourquoi ils ont « recyclé » le signe phénicien pour alef (𐤀, **consonne**) en alpha (A, **voyelle**) : dans l'écriture grecque il a simplement fait un quart de tour.

- Le **hé** a une double fonction : soit il est consonne – et dans ce cas il porte lui-même une voyelle et se prononce [h] légèrement aspiré – soit il est mère de lecture. Il ne peut remplir cette fonction **qu'en fin de mot** : il y est occasionnellement employé pour [e] et [o], mais le plus souvent il indique que la voyelle placée sous la consonne précédente est [å]. Ainsi, בה se lit **ba**. Lorsque les Massorètes ont ajouté les points-voyelles, ils ont placé le dagesh léger à l'intérieur du bet pour garantir la prononciation occlusive ([b] et non [v]), et sous le bet la voyelle qameṣ (pron. *kamets*) qui se lit [a] : בָּה. Vous pouvez avoir l'impression d'une redondance entre la voyelle et la mère de lecture : mais, de même que les Massorètes n'ont pas ajouté de consonnes, ils n'en ont pas non plus enlevé lorsqu'ils ont mis les voyelles. Ce hé **mère de lecture** a une pure fonction orthographique : indiquer que la voyelle précédente est [a]. Il nous paraît donc inutile de le transcrire, et nous écrivons **torå** et **Sårå** là où d'autres transcriptions ont **torah** et **Sarah**. Comme pour alef, les Grecs ont recyclé en voyelle (E, epsilon) ce *h* aspiré dont ils n'avaient que faire puisqu'il ne figurait pas dans leur système phonologique. On voit bien comment le caractère phénicien 𐤄 a pu, compte tenu du sens de l'écriture et des simplifications de tracé, évoluer à la fois vers ה et vers E.

Voyelles

Translittération	Prononciation	Signes vocaliques				Nom
		Illustration	**Avec mère de lecture**	Illustration	**Sans mère de lecture**	
å	a	אָה	ָה	אָ	ָ	**qameṣ**
a	a			אַ	ַ	**pataḥ**
a (*en exposant*)	a			אֲ	ֲ	**ḥaṭef pataḥ**
i	i	אִי	ִי	אִ	ִ	**ḥireq**

- Tous ces points-voyelles se placent sous les consonnes. Les communautés juives ont adopté le **système graphique** de Tibériade, reproduisant une tradition orale dans laquelle **qameṣ, pataḥ,** et **ḥaṭef pataḥ** étaient différenciés ; mais, en même temps, ces communautés ont conservé **leurs propres systèmes phonologiques**, qui ne comportaient pas les mêmes différences ; or, la prononciation actuelle est l'héritière de ces traditions, et non de celle de Tibériade. C'est ce qui explique la non-concordance entre la graphie – trois signes différents – et la prononciation unique par [a]. En revanche, la distribution (= le positionnement à telle ou telle place, selon l'environnement) de ces trois points-voyelles n'est pas le fait du hasard : elle correspond à la fois à ce que les Massorètes entendaient et à des lois phonologiques rigoureuses. Nous verrons au fur et à mesure pourquoi on a, à telle place, qameṣ et non pataḥ, ḥaṭef pataḥ et non qameṣ. Pour l'instant, vous apprenez à lire, et ces trois signes se lisent [a]. Il existe plusieurs manières de transcrire le qameṣ : ā, â, å... Nous avons choisi la dernière, qui rappelle que dans certains cas il peut être prononcé [o].
- La voyelle [i], **ḥireq**, est indiquée par un point sous la consonne ; elle peut être accompagnée de la mère de lecture י (consonne *yod*), qui joue pour [i] le même rôle que le hé pour [a], à cette dif-

férence près que yod peut aussi noter [i] en milieu de mot. Ainsi, בִּי se lit **bi,** גִּיד **gi<u>d</u>**. Vous pouvez avoir là encore l'impression d'une redondance, puisque yod signale que la voyelle précédente est *i*, et que ḥireq note cette voyelle. Le système mère de lecture + point-voyelle est en effet, de par son histoire, redondant : on s'y habitue vite.

• Nous utilisons les mots **vocalisation** et **vocalisé** pour indiquer l'ajout d'une voyelle à une consonne. Ainsi, « bet est vocalisé ḥireq » signifie que bet forme avec ḥireq la syllabe [bi].

———— P4.1

☞ Lisez les mots suivants.

Nous vous conseillons de n'utiliser les translittérations que pour vérifier vos lectures, sinon vous risquez d'en rester « dépendants » et de ne pas mémoriser les caractères hébraïques. L'accent tonique est le plus souvent sur la syllabe finale du mot ; dans les translittérations, la syllabe accentuée est en gras.

1. אָב 2. בָּא 3. בָּאָה 4. גַּב 5. גַּג

1. אָב [**ʔåv**], *père*. D'abord alef avec qameṣ. Alef n'étant pas prononcé en début de mot, vous n'articulez que le qameṣ : [a]. Puis bet, prononcé [v] puisque placé derrière une voyelle (ci-dessus p. 21). Il ne porte pas lui-même de voyelle : cette absence n'est quasiment jamais notée en fin de mot (c'est logique : si le mot se terminait par une voyelle, il y aurait une mère de lecture pour la noter). Résultat : [av]. C'est l'un des éléments qui composent le nom d'Avraham (Abraham). En cursive : אָב.

2. בָּא [**båʔ**], *il est venu.* D'abord, bet accompagné de qameṣ. Puis alef, non prononcé : il est présent dans la graphie parce qu'il fait partie de la racine et qu'on ne la reconnaîtrait pas s'il était absent, mais on ne l'entend pas puisqu'il n'a pas de voyelle. Vous prononcez [ba]. Ce verbe a perdu l'une de ses 3 consonnes radicales : il a le même schème que **låma<u>d</u>**, *il a étudié* (accompli de la forme simple, **paʕal** ou **qal**). Dans le cas de בָּא, la disparition de la seconde consonne de la racine fait que l'on n'a qu'une syllabe : **båʔ**, et non deux comme dans [lå**ma<u>d</u>**]. En cursive : בָּא.

3. בָּאָה [**bå**ʔå], *elle est venue*. Fém. du précédent. Deux syllabes, dont la 1ère (bet vocalisé qameṣ) est accentuée. 2ème syll. : alef vocalisé qameṣ et mère de lecture hé. Cette fois, comme alef porte une voyelle, il est prononcé : on ne lit pas [baa] mais ba-a, en détachant légèrement le second [a]. Ce suffixe [**-å**], orthographié qameṣ + hé, est un morphème utilisé pour **former le féminin** des noms, des adjectifs, des verbes à l'accompli, etc.

Tous les mots hébreux terminés par cette finale sont féminins. En cursive : בָּאָה.

4. גַּב [**gav**], *dos*. Gimel accompagné de pataḥ ; bet normalement spirantisé (= prononcé [v]) après voyelle, cf. p. 21. En cursive : גַּב.

5. גַּג [**gag̃**], *toit*. Gimel + pataḥ ; comme gimel est placé en début de mot, il reçoit le dagesh léger indiquant la prononciation occlusive, mais le second gimel, qui se trouve après voyelle, ne prend pas de dagesh. L'occlusive et la spirante étant confondues dans la prononciation, ne tenez pas compte de cette différence qui fut phonologique, mais qui n'est plus que graphique : on prononce [gag]. En cursive : גַּג.

E4.1

• *Écrivez en cursive une ligne de chaque consonne. Attention : vous écrivez de droite à gauche, donc formez les lettres « logiquement » : commencez au point indiqué par la flèche. À la dernière ligne, dites le nom de chaque lettre avant de l'écrire.*

א   א ____________________

בּ ב   בּ ב ____________________

גּ ג   גּ ג ____________________

אבּבג   א בּ ב ג ____________________

• *Les signes vocaliques s'écrivent en cursive comme en carrée. Recopiez les syllabes suivantes en les prononçant à haute voix :*

1. בָּ   2. בַּ   3. אַ   4. גִּ   5. בַ   6. אִ

P4.2

☞ Lisez les mots suivants :

1. דָּג   2. דָּגָה   3. גִּיד   4. בָּגַד   5. דָּאַג   6. דָּאֲגָה   7. אָבִי   8. דָּגִי

1. דָּג [**dåg̃**], *poisson*. Dalet + qameṣ ; étant au début du mot, dalet reçoit le dagesh qui indique la prononciation occlusive, même s'il n'y a plus aujourd'hui d'opposition entre occlusive [d] et spirante [d̲]. Le gimel, se trouvant après voyelle, ne prend pas ce dagesh. En cursive : דָּג.

2. דָּגָה [dåg̃å], *poisson*. Mot féminin (notez la finale). En cursive : דָּגָה.

3. גִּיד [**gid̲**], *nerf*. Le י est mère de lecture de la voyelle [i]. En cursive : גִּיד.

4. **בָּגַד** [**båḡad̲**], *il a trahi.* Vous reconnaissez le schème paʕal (ou qal) à l'accompli, déjà vu dans [gåd̲al] *il était grand,* [låmad̲] *il a étudié,* etc. Les signes diacritiques employés dans la translittération ne doivent donc pas vous empêcher de lire *bagad.* En cursive : בָּגַד.

5. **דָּאַג** [dåʔa**ḡ**]. 2 syllabes. Dalet avec qameṣ ; alef avec pataḥ puis gimel. Comme pour le mot 3 de la série précédente, il faut prononcer [da-ag] en détachant le second [a]. Vous ne savez pas ce que ce mot **signifie**, mais vous savez **ce que c'est** car vous en reconnaissez la vocalisation, toujours associée à l'accompli (= passé) de la forme simple, 3ème pers. du masculin singulier. Le dictionnaire vous indique que la racine **ד.א.ג** signifie *se soucier* : **דָּאַג** = *il a été soucieux.* En cursive : דָּאַג.

6. **דָּאֲגָה** [dåʔ^{a}**ḡå**]. La même forme verbale, au féminin = *elle a été soucieuse.* Le changement de la voyelle sous alef (ḥaṭef pataḥ au lieu de qameṣ) sera expliqué aux p. 47-48. Trois syllabes : [da-a-ga]. En cursive : דָּאֲגָה.

7. **אָבִי** [ʔå**vi**], *mon père.* Deux syllabes : alef vocalisé qameṣ, puis bet, spirantisé après voyelle et vocalisé ḥireq. Le י est mère de lecture : la seconde syllabe doit être lue [vi]. Cette finale –i, toujours orthographiée ainsi (ḥireq suivi de י) est un morphème qui, accolé à un nom, exprime le possessif de la 1ère pers. du sing. : ʔåv = *père,* ʔåvi = *mon père.* Nous ne parlerons pas dans ce cas de suffixe mais d'**affixe**. En cursive : אָבִי.

8. **דָּגִי** [da**ḡi**], *mon poisson.* Même explication. En cursive : דָּגִי.

______ **E4.2**

• *Écrivez en cursive une ligne de chaque consonne. À la dernière ligne, dites le nom de chaque lettre avant de l'écrire.*

ד ד   ד ד ______________________

ה   ה ______________________

א ב ג ד ה   א ב ג ד ה ______________________

• *Recopiez les syllabes suivantes en les prononçant à haute voix :*

1. דָ   2. הִ   3. דָּה   4. גִּיד   5. בַ   6. אָ   7. הֵ

• *Transcrivez en hébreu, sans les voyelles :* Gad – Dov – Bagdad – gada (v. p. 18)

• *Reliez les mots en carrée et en cursive :*

אָבִי	דָּג
גִּיד	גַּב
דָּג	גִּיד
גַּב	אָבִי
בָּגַד	בָּגַד

• *Lisez les mots suivants et repérez : un mot féminin, un mot comportant le possessif de la 1ère personne, un verbe à l'accompli du qal. Attention aux vocalisations !*

אָבַד גָּדָה גַּג דָּגִי גַּב הָאָב

T5

De waw à yod

Valeur numérique	Trans-littération	Prononciation ou description	Nom	Écriture cursive	Alphabet carré
6	w	v	waw	ו	ו
7	z	z	zayin	ז	ז
8	ḥ	pharyngale sourde voir ci-dessous	ḥet	ח	ח
9	ṭ	t	ṭet	ט	ט
10	y	y (yaourt)	yod	י	י

• Le **waw** a, comme le hé, une double fonction : consonne et mère de lecture. Lorsqu'il est consonne, il se prononce [v], comme bet sans dagesh (ב). Mais cette prononciation est tardive. Dans les langues sémitiques, [w] est une semi-consonne labiale, c'est-à-dire qu'il est prononcé comme en anglais : *will*, *kiwi*. C'est pourquoi ce signe a été utilisé comme mère de lecture pour [u], très proche de [w], et pour [o], qui provient parfois de la réduction d'une diphtongue **aw*.

• **Zayin** ne présente aucune difficulté de prononciation. Vous pouvez avoir l'impression qu'il ressemble au waw : mais voyez la barre supérieure, qui dépasse légèrement des deux côtés. En cursive : ז, qu'il ne faut pas confondre avec le gimel ג. Pour cela, un moyen mnémotechnique : la boucle du gimel a la même orientation que le G majuscule. Ce n'est pas très scientifique, mais facile à mémoriser !

• Pour **ḥet,** deux prononciations sont possibles. Pour la première, nous partirons de l'articulation sourde de *r* dans *yaourt* ou *trop*, telle qu'on l'entend en français standard parisien, à comparer avec le *r* sonore de *drap*. Dans *trop*, le [r] s'assourdit au voisinage du [t], et l'on entend un son proche de la jota espagnole ou du *ch* allemand de *nacht* : une spirante uvulaire sourde (= articulée au fond du palais), notée [χ] dans l'alphabet phonétique international et [ḵ] dans notre transcription. Vous pouvez articuler le ḥet ainsi, c'est-à-dire comme une vélaire ou une uvulaire[24] : c'est la prononciation la plus répandue parmi les locuteurs natifs de l'hébreu moderne. Mais on peut aussi le prononcer comme une **pharyngale,** en faisant obstacle à l'air un peu plus bas dans la gorge, au niveau du pharynx. Cette prononciation, identique à celle du ح arabe, est celle des juifs originaires de pays arabophones. Pour la réaliser, faites comme si vous vouliez prononcer le [χ] de *trop* mais articulez-le plus bas dans la gorge.

À la fin du XIXe s., les premiers locuteurs de l'hébreu (cf. l'avant-propos) étaient pour la plupart originaires d'Europe centrale et orientale : leur système phonologique comportait le *ch* allemand, mais non le *ḥ* arabe. C'est pourquoi la prononciation [ḵ] l'a emporté sur [ḥ], sauf chez les juifs arabophones[25]. Par ailleurs, l'articulation [ḥ] a laissé des traces dans la vocalisation biblique et dans la morphologie.

• Le **ṭet** correspond aujourd'hui à un [t]. Là encore, ce n'est pas la valeur originelle de la consonne, d'où un écart entre ce qui est indiqué comme prononciation (*t*) et comme translittération (*ṭ*).

• Le **yod** (י) que nous avons vu comme mère de lecture de [i], est une semi-consonne prononcée [y]. Sa valeur numérique est 10 : le chiffre 11 s'écrit donc יא, 12 יב et ainsi de suite, à deux exceptions près : 15, qui devrait s'écrire יה et 16, qui devrait s'écrire יו. En effet, ces groupes sont des formes abrégées de יהוה *YHWH*, nom de Dieu en quatre lettres ou Tétragramme. יה peut être lu **yah** (cf. **hallelu-yah,** *louez Yah = louez YHWH*) et יו peut être lu **yo**- (on l'a dans des prénoms comme Yonaṯan *Jonathan*, litt. *YHWH a donné*). Pour éviter cet emploi « profane » d'une syllabe du nom de Dieu, 15 est écrit non pas יה (10 + 5) mais טו (9 + 6), et 16 est écrit טז (9 + 7) au lieu de יו.

[24] *Vélaire* se réfère au *voile* du palais, qui en est la partie arrière molle ; *uvulaire* à la luette (*uvula* en latin).

[25] Cependant, des anecdotes talmudiques attestent que, **dès le IIIe siècle**, dans certains dialectes, *ḥ* n'était plus distingué d'autres gutturales.

Voyelles

Translittération	Prononciation	Signes vocaliques				Nom
		Illustration	Avec mère de lecture	Illustration	Sans mère de lecture	
o	o	אוֹ	וֹ	אֹ	ֹ	**ḥolem**
ǫ	o			אָ	ָ	**qameṣ ḥaṭuf**
u	u[26]			אֻ	ֻ	**qibbuṣ**
u	u	אוּ	וּ			**shureq**
o (exposant)	o			אֳ	ֳ	**ḥaṭef qameṣ**

- Waw (ו) est utilisé comme mère de lecture pour [o] et [u], mais l'usage des mères de lecture n'obéissait pas à des règles fixes. Par ex., **dod̠**, *bien-aimé*, pouvait aussi bien s'écrire DWD (דוד) que DD (דד). Les Massorètes respectent ces graphies : quand ils trouvent דוד, ils placent le **ḥolem** au-dessus de la mère de lecture (דוֹד) et quand ils trouvent דד, ils le placent en haut à gauche de la consonne (דֹד).

- Idem pour **shureq** et **qibbuṣ** : חוּט [ḥuṭ] *fil*, הֻגַּד [huggad̠] *il a été raconté*. Au départ, le waw, pour [u] comme pour [o], était employé de préférence pour une voyelle étymologiquement longue[27] ; mais l'orthographe biblique n'a pas systématisé l'usage des mères de lecture, et on trouve des voyelles **originellement longues** notées **sans** mère de lecture, et des voyelles **originellement brèves** notées **avec** une mère de lecture.

---

[26] Prononcer *ou*, comme dans *chou*. Idem pour shureq.

[27] Nous laissons de côté la question de la relation entre le système vocalique de l'hébreu ancien et celui du proto-sémitique - qui ne distinguait que trois voyelles brèves (*a, i, u*) et trois longues (*ā ,ī, ū*) - ainsi que le problème de l'existence d'oppositions de quantité à l'époque des Massorètes. Celles-ci existaient encore à l'époque d'Origène (IIIe s.) et de Jérôme (IVe s.). Soulignons simplement que les manuels d'hébreu qui évoquent une **opposition de quantité** des voyelles (longues et brèves) s'inspirent de la présentation de Joseph Qimḥi (XIIe s.), commode pour comprendre les règles de la vocalisation mais non conforme au système reflété par la notation massorétique. En tout cas, il n'y a pas **d'opposition phonémique entre longues et brèves**, à la différence, par ex., de l'anglais : ship (i bref) = *bateau* / sheep (i long) = *mouton*.

• Les points-voyelles représentent des timbres : dans l'ensemble, ils ne notent ni la quantité (longueur) des voyelles, ni leur provenance historique. Cependant, lorsqu'un [o] hébraïque provenant d'un [u] bref du proto-sémitique se trouve en **syllabe fermée** (= terminée par une consonne) **et non accentuée**, il n'est pas noté par un **ḥolem**, mais par un **qameṣ** qualifié de **ḥaṭuf** *rapide,* également appelé **qameṣ qaṭan** (*petit qameṣ*). Nous donnerons une explication complète de ce phénomène un peu plus loin. Pour le moment, continuez à considérer tous les qameṣ comme devant être réalisés [a].

• Nous avons placé dans ce tableau le **ḥaṭef qameṣ,** parce qu'il se prononce aussi [o], mais nous y reviendrons dans une autre leçon.

P5.1

☞ Lisez les mots suivants

1. גַּאֲוָה 2. זָהָב 3. דָּוִד 4. אָח 5. חַג 6. בָּטַח 7. יָד 8. בִּי

1. גַּאֲוָה [gaʔ^{a}**wå**], *orgueil.* 1ère syll., gimel + pataḥ ; 2ème syll., alef + ḥaṭef pataḥ ; 3ème syll., waw (consonne puisqu'il porte une voyelle) et mère de lecture hé. C'est un nom féminin, car terminé par ָה. En cursive : גַּאֲוָה.

2. זָהָב [zå**håv**], *[de l']or.* 1ère syllabe, zayin + qameṣ ; 2ème syllabe, hé consonne vocalisé qameṣ (on est en milieu de mot, hé ne peut donc être mère de lecture), et bet, prononcé [v] après voyelle. En cursive : זָהָב.

3. דָּוִד [då**wid**], *David.* Dalet + qameṣ, suivi de waw + ḥireq et encore dalet, sans dagesh léger puisque suivi d'une voyelle. En cursive : דָּוִד.

4. אָח [ʔ**åḥ**], *frère.* Une seule syllabe : alef avec qameṣ, ḥet. En cursive : אָח.

5. חַג [**ḥag̱**], *pèlerinage, fête.* Une seule syllabe : ḥet vocalisé pataḥ, puis gimel. Ce mot peut être rapproché de l'arabe **ḥajj**, *hadj, pèlerinage à la Mecque* : ils ont la même racine. En cursive : חַג.

6. בָּטַח [bå**ṭaḥ**], *il a eu confiance.* Schème paʕal (ou qal, voir ci-dessus p. 16), accompli, 3ème personne du masculin singulier. En cursive : בָּטַח.

7. יָד [**yåd̲**], *main.* Le yod étant accompagné d'une voyelle, il ne peut être que la semi-consonne [y] et non la mère de lecture de [i]. En cursive : יָד.

8. בִּי [**bi**], *en moi.* 2 morphèmes dans ce bref mot : d'abord la préposition -בּ [b-] qui signifie *dans, en,* et ensuite le morphème ִי- [–i], qui renvoie à la 1ère pers. du sing. (cf. p. 26). Nous l'avons vu accolé à un substantif, avec la valeur d'un possessif ; ici, il est le régime de la préposition. En cursive : בִּי.

E5.1

• *Écrivez en cursive une ligne de chaque consonne. À la dernière ligne, dites le nom de chaque lettre avant de l'écrire.*

• *Lisez les mots suivants :*

1. בָּז 2. בּוֹ 3. הָנָה 4. חַד 5. יָבֹא 6. זִיו 7. אָבָה 8. זָבַח
9. יָדוֹ 10. יָדִי 11. חָטָא 12. אַט

• *Parmi les consonnes suivantes, entourez celles qui peuvent prendre le dagesh léger :*

1. ג 2. ד 3. ז 4. א 5. ב 6. י

P5.2

☞ Lisez les mots suivants

1. טוֹב 2. טוֹבָה 3. אֲגֻדָּה 4. אָהַב 5. אָהוּב 6. אֲהוּבָה
7. הֶגֵּד 8. בּוֹאִי 9. בֹּאִי 10. יוֹאָב

1. טוֹב [ṭov], *bon.* Ṭet, waw, bet (spirantisé) : le waw est la mère de lecture du [o], il vous permettrait de lire le mot même sans points voyelles (טוב) ; les Massorètes ont ajouté le ḥolem au-dessus du waw. En cursive : טוב.

2. טוֹבָה [ṭovå], *bonne.* Morphème –å marquant le fém. sing. En cursive : טובָה.

3. אֲגֻדָּה [ʔᵃguddå], *groupe.* En déchiffrant ce mot, et avant même de le chercher dans un dictionnaire, vous savez qu'il est féminin, à cause de sa finale, et vous savez que sa racine est א.ג.ד. puisque la 4ème consonne est une mère de lecture, simple marque orthographique. En revanche, vous devez vous interroger sur le dagesh du dalet : nous avons vu que la prononciation occlusive était **impossible** à l'intérieur du mot après voyelle. En fait, ce dagesh **n'est pas** un dagesh léger : il ne marque pas l'occlusive par opposition à la spirante. Les Massorètes ont **aussi** utilisé le dagesh pour marquer qu'une consonne était **redoublée**, d'où notre transcription ʔªgu[dd]å. Ce signe marquant le redoublement est appelé **dagesh fort**. Il ne peut pas y avoir de redoublement en tête de mot : donc, si un bet, un gimel, un dalet placés en tête de mot ont un dagesh, il est forcément léger. Mais si le dagesh est **à l'intérieur du mot après une voyelle**, comme ici, il est **fort** et marque le redoublement. Vous pouvez ne pas prononcer ce redoublement et lire [aguda], mais vous devez en tenir compte dans votre analyse du mot, car un redoublement peut vous donner des indications morphologiques (on l'a vu ci-dessus p. 15, à propos du schème piʕel). Ici, il n'a pas de valeur particulière : on constate qu'il se produit parfois dans ce type de nom. En cursive : אֲגֻדָּה.

4. אָהַב [ʔå**hav**], *il a aimé.* Vous identifiez désormais facilement le paʕal (ou qal) à l'accompli. Racine triconsonantique : **א.ה.ב**. En cursive : אָהַב.

5. אָהוּב [ʔå**huv**], *aimé.* 1ère syllabe, un alef accompagné de qameṣ ; 2ème syllabe, un hé vocalisé šureq et un bet spirantisé. Même racine que le mot précédent, seul le schème est différent : ici, c'est un schème **qåtul** (ou **påʕul**, si l'on prend PʕL comme racine-type), utilisé pour former les participes passifs de la forme simple. En cursive : אָהוּב.

6. אֲהוּבָה [ʔªhuv**å**], *aimée.* Ce mot est le féminin du précédent. Le passage de qameṣ à ḥaṭef pataḥ sera expliqué plus loin. En cursive : אֲהוּבָה.

7. הֻגַּד [hug**gad̲**], *il a été raconté.* Même remarque que pour le mot ʔªguddå : le dagesh du gimel ne marque pas une occlusive, impossible après voyelle, mais bien un redoublement, [hu[gg]**ad̲**]. En cursive : הֻגַּד.

8. בּוֹאִי [boʔi], *ma venue.* Deux éléments déjà connus. Le morphème **–i** peut accompagner un nom ou une préposition ; il peut également, comme ici, s'affixer à un **infinitif** dont il est le sujet. **בוא** est l'infinitif du verbe dont nous avons vu l'accompli **בָּא** à la p. 24. La forme signifie donc, littéralement, *mon venir.* L'hébreu biblique préfère l'infinitif au nom d'action : *mon venir, mon sortir*, au lieu de *ma venue, ma sortie.* Cf. l'origine de substantifs français tels que *le dîner, le lever, le sourire.* En cursive : בּוֹאִי.

9. בֹּאִי [boʔi], *ma venue.* Le même mot, orthographié différemment : la mère de lecture waw n'apparaît pas (= graphie défective) les Massorètes ont donc inséré le ḥolem au-dessus du bet. En cursive : בֹּאִי.

10. יוֹאָב [yoʔåv), *Joab.* Le nom de ce chef d'armée de David signifie *YHWH [est] père* (cf. ci-dessus Yo-naṯan). En cursive : יוֹאָב.

——— E5.2

- *Écrivez les mots suivants en cursive et traduisez-les :*

יָדִי   אָחִי   טוֹבָה   זָהָב

- *Lisez et recopiez les mots suivants. Indiquez ceux qui comportent un dagesh fort, ceux qui sont féminins, ceux qui comportent un possessif.*

1. חִטָּה 2. אָבִי 3. בּוּז 4. זָבָה 5. דּוֹדִי 6. הֲגָּדָה 7. הַטַּבָּח

Au terme de cette 1ère leçon, vous connaissez 10 consonnes sur 22 ; pour les voyelles, il ne vous manque que celles de timbre *e* et le shewa. Nous avons également abordé quelques points de grammaire :

- La **formation du mot** hébraïque : une **racine** comportant le plus souvent **trois consonnes**, croisée avec un **schème**.
- Le **schème verbal** paʕal ou qal, à l'**accompli** (אָהַב *il a aimé*) ; au **participe** actif ([ʔohev] *aimant*) ; au **participe passif** (אָהוּב, *aimé*).
- Le **dagesh léger,** point diacritique marquant la prononciation occlusive obligatoire à certaines places de la chaîne parlée (בָּא) et le **dagesh fort**, indiquant le redoublement (אֲגָדָּה).
- L'adjonction d'un **suffixe –å** (ָה–), presque toujours accentué, pour marquer le **féminin** des noms (גַאֲוָה, *orgueil*), des adjectifs (טוֹבָה, *bonne*), des accomplis 3ème pers. du sing. (בָּאָה, *elle est venue*), des participes passifs (אֲהוּבָה, *aimée*).
- L'usage d'**affixes** personnels qui marquent,

accolés à un nom	→	le possessif
יָד, *main*		יָדִי *ma main*
à une préposition	→	son régime
בּ, *dans, en*		בִּי *en moi*
à un infinitif	→	son sujet
בּוֹא, *venir*		בּוֹאִי *mon venir (= ma venue)*

VOCABULAIRE A RETENIR

or	*m.* זָהָב	père	*m.* אָב
bon, bonne	טוֹב, טוֹבָה	frère	*m.* אָח
main	*f.* יָד	dans, en, avec	–בּ
		il est venu	בָּא

Exercices corrigés

E1

- *Donnez la racine de ces participes, puis l'accompli de la forme simple (paʕal) :*

GoZeL, *arrachant* → GZL → GåZaL
BoGeD, *trahissant* → BGD → BåGaD
HoReG, *tuant* → HRG → HåRaG
NoTeN, *donnant* → NTN → NåTaN

- *Schèmes :* *qåtål* : dåvår, *parole* ; śåk̲år, *salaire* ; båśår, *chair* ; zåhåv, *or.*
qåtel : zåqen, *vieux* ; kåved̲, *lourd* ; kåšer, *apte.*
qåtil : ḥåsid̲, *pieux* ; kålil, *total* ; påqid̲, *préposé.*
qåtul : båruk̲, *béni.*
miqtål : mid̲bår, *désert* ; miḡdål, *(une) tour* ; mispår, *nombre.*

E4.2

- *Transcrivez en hébreu, sans les voyelles :* גד דב בגדד גדה
- *Lisez les mots suivants et repérez un mot fém., un mot avec possessif, un verbe à l'acc.*

1. ʔåvad̲ 2. gåd̲å 3. gaḡ 4. dåḡi 5. gav 6. håʔåv

Mot féminin : גָּדָה *; avec possessif de 1ère personne :* דָּגִי *; verbe à l'accompli :* אָבַד.

E5.1

- *Lisez les mots suivants.*

Hé mère de lecture et alef quiescent (écrit mais non prononcé) sont entre parenthèses et en exposant.

1. båz 2. bo 3. håḡå(h) 4. ḥad̲ 5. yåvo(ʔ) 6. ziw 7. ʔåvå(h) 8. zåvaḥ 9. yåd̲o 10. yåd̲i 11. ḥåṭå(ʔ) 12. ʔaṭ

- *Consonnes pouvant prendre le dagesh léger* 1. ג 2. ד 5. ב

E5.2

- *Écrivez les mots suivants en cursive et traduisez-les :*

bonne טוֹבָה טוֹבָה *ma main* יָדִי יָדִי
or זָהָב זָהָב *mon frère* אָחִי אָחִי

- *Mots avec un dagesh marquant le redoublement :* חִטָּה, הַגָּדָה, הַשַּׁבָּת

Mots féminins : הַגָּדָה, נָבָה, חִטָּה *Mots contenant un possessif :* דּוֹדִי, אָבִי.

Leçon 2

LIRE ET ÉCRIRE L'HÉBREU (II)

T1

De kaf à ʕayin

Valeur numérique	Trans-littération	Prononciation ou description	Nom	Écriture cursive	Alphabet carré
20	k	k	kaf	כּ	כּ
	k̲	comme le *ch* allemand de *nacht* ou la jota espagnole		כ ךְ	כ ךְ
30	l	l	lamed	ל	ל
40	m	m	mem	מ ם	מ ם
50	n	n	nun	נ ן	נ ן
60	s	s	samek̲	ס	ס
70	ʕ	pharyngale sonore voir ci-dessous	ʕayin	ע	ע

• **Kaf** ne présente pas de difficulté de prononciation : [k]. Cette occlusive est **spirantisée** après voyelle : comme pour [b]/[v], la différence entre l'occlusive et la spirante est encore marquée dans la prononciation moderne. Le [k̲], [k] spirantisé, se prononce comme le *ch* allemand de *nacht* ou la jota espagnole. Cette consonne présente une autre caractéristique, que nous retrouverons pour quatre lettres : une **forme finale**. Cette variante graphique n'existe qu'en **finale absolue** : si [k̲] est suivi d'une voyelle, celle-ci est représentée par une mère de lecture, ex. בָּכָה [båk̲å] *il a pleuré*, זָכוּ [zåk̲u] *ils ont mérité*. Une exception : le possessif de 2ème masc. sing., **-k̲å**, est presque toujours en graphie défective (= **sans** mère de lecture pour noter le -å), et les Massorètes ont placé le qameṣ **à l'intérieur** du kaf, ךָ- ; la graphie כָה- est rare. Par ex., [yåd^ek̲å] *ta main*, est écrit plus de 180 fois יָדְךָ et une seule fois יָדְכָה. Pour les mots terminés par [–k̲], l'absence de voyelle est indiquée par un signe diacritique, le shewa : ךְ-, ex. אַךְ [ʔåk̲] *seulement*.

• **Lamed** est la seule consonne, en carrée, dont la partie supérieure dépasse au-dessus de la ligne. **Mem** et **nun** (pron. *noun*) ont des formes finales. Rien de particulier à signaler pour **samek̲**.

• Avec **ʕayin**, nous retrouvons un son sans équivalent dans les langues indo-européennes. C'est une pharyngale, qui est à [ḥ] ce que [z] est à [s] : une *sonore*. En d'autres termes, elle s'articule comme [ḥ] au niveau du pharynx, mais avec une vibration des cordes vocales – d'où l'impression encore plus forte de raclement de gorge. Et, comme pour le ḥet, vous avez une solution de repli, car l'hébreu moderne a aussi perdu le ʕayin, que seuls les juifs originaires des pays arabophones ont dans leur système phonologique. Pour les autres, le ʕayin est traité comme un alef : à l'initiale, non prononcé, et en milieu de mot, prononcé s'il porte une voyelle. Cependant, de même que pour [ḥ], des règles liées à l'articulation originelle du ʕayin se sont maintenues. Nous le transcrivons par [ʕ], mais vous trouverez aussi [ʿ] : ʿayin.

Voyelles

Translittération	Prononciation	Signes vocaliques				Nom
		Illustration	Avec mère de lecture	Illustration	Sans mère de lecture	
e	e	אֵי אֵה	ֵי ֵה	אֵ	ֵ	ṣéré
ɛ	e	אֶי אֶה	ֶי ֶה	אֶ	ֶ	ségol
ɛ (en exposant)	e			אֱ	ֱ	ḥaṭef ségol

• Les remarques faites à propos de qameṣ, pataḥ et ḥaṭef pataḥ sont valables pour les voyelles de timbre *e*. Les Massorètes ont distingué des timbres (ṣéré/ségol) et des quantités (ségol/ḥaṭef ségol), mais actuellement les trois se prononcent de la même façon. Le yod mère de lecture ne s'entend pas : בֵּין *entre*, ne se prononce pas [beyn], mais *benn*. Le hé n'est mère de lecture de [e] et [ɛ] qu'à la fin du mot.

———— P1.1

☞ Lisez les mots suivants (le symbole ʿ indique l'accent tonique quand celui-ci n'est pas sur la syllabe finale).

1. כֹּל 2. בָּכָה 3. בֹּכֶה 4. כָּבֵד 5. אָבִ֫יךָ 6. לִי 7. לֹא
8. הָלַךְ 9. הֹלֵךְ 10. לֵךְ 11. כֶּ֫לֶב

1. כֹּל **[kol]**, *tout.* Kaf avec ḥolem ; lamed. En cursive : כֹּל. Une seule syllabe, **fermée**, c'est-à-dire terminée par une consonne (C) et non par une voyelle (V). Une succession **CV** constitue une **syllabe ouverte** et une succession **CVC** une **syllabe fermée**. En français par ex., *mastic* est composé de 2 syllabes fermées (*mas-tic*), *barbu* d'une syllabe fermée (*bar*) et d'une syllabe ouverte (*bu*). La structure de la syllabe est d'une grande importance pour comprendre la vocalisation, car certaines voyelles ne se trouvent jamais dans certaines syllabes. Le ḥolem peut figurer : 1) en syllabe ouverte, accentuée ou non ; 2) en syllabe fermée accentuée, ce qui est le cas de כֹּל quand il est employé seul. En revanche, lorsque כֹּל est suivi d'un nom (*toute la terre*), un trait d'union le relie à ce nom et כֹּל devient **proclitique** : il perd son accent. Dans ce cas, la syllabe est **fermée** (kol = CVC) **et non accentuée** : le ḥolem est alors impossible et le timbre [o] de la voyelle est noté par qameṣ : כָּל־יָד [kǫl-yad], *toute main.* On nomme cette voyelle **qameṣ ḥaṭuf,** *qameṣ rapide*, ou **qameṣ qaṭan**, *petit qameṣ*, par opposition au qameṣ « normal », réalisé [a] dans la prononciation séfarade et en hébreu moderne. Le **signe** qameṣ notait pour les Massorètes, en toute position, une voyelle de timbre [o], mais sa prononciation actuelle reflète une autre tradition, dans laquelle le qames « normal » était réalisé [a] : cela complique la tâche du débutant qui ne sait pas toujours devant quel type de qameṣ il se trouve. Pour vous y aider, nous utilisons un caractère un peu plus grand pour le qameṣ ḥaṭuf, prononcé [o], que pour le qameṣ normal, prononcé [a] ; mais, dans les Bibles imprimées, il n'y a pas de différence typographique entre les deux.

2. בָּכָה [bå**k̲å**], *il a pleuré.* Deux syllabes : bet avec qameṣ ; kaf (prononcé [k̲] après voyelle) avec qameṣ et mère de lecture hé. Bet et kaf se ressemblent, mais en les voyant côte à côte vous constatez que kaf est plus arrondi. D'autre part, nous avons traduit par un passé et à l'oreille on entend bien une succession de syllabes similaire à celle de דָּאַג ou בָּטַח. En revanche, la vocalisation n'est pas la même : en effet, dans בָּכָה, le ה final n'est qu'une mère de lecture, un accessoire orthographique qui note le [a] et ne ferme pas la syllabe. Or, dans cette forme verbale, c'est qameṣ qui est employé en syllabe **ouverte accentuée** et non pataḥ que vous trouvez en syllabe **fermée accentuée** : דָּאַג. En cursive : בָּכָה.

3. בֹּכֶה [bokɛ], *pleurant.* Deux syllabes : bet accompagné de ḥolem, puis kaf vocalisé ségol et mère de lecture. Vous connaissez ce schème, vu dans la 1ère leçon : c'est celui du participe de la forme simple, qui sera désormais désignée par **qal** de préférence à paʕal (ci-dessus p. 16). En syllabe ouverte accentuée, [e] est représenté par ségol. En cursive : בֹּכֶה.

4. כָּבֵד [kåved], *lourd.* Kaf et bet côte à côte, kaf plus arrondi. En cursive : כָּבֵד.

5. אָבִיךָ [ʔåvikå], *ton père.* Deux morphèmes dans ce mot. À la fin, le morphème grammatical ךָ– ([-kå]), affixe de 2ème pers. renvoyant à un possesseur de genre masculin. La graphie défective a obligé les Massorètes à placer le qameṣ directement dans le kaf final, alors que dans la syllabe finale de בָּכָה on a la mère de lecture hé. Le lexème est -אָבִי, à mettre en relation avec le 1er mot de la 1ère leçon : אָב, *père.* Ce mot est irrégulier : on adjoint les affixes personnels à une base -אָבִי [ʔåvi-], et non אָב [ʔåv-]. Avec l'affixe de 2ème pers. du masc. sing. : אָבִיךָ = [åvi-] + [-kå]. En cursive : אָבִיךָ.

6. לִי [li], *pour moi.* Deux morphèmes dans ce mot. La préposition ל signifie *vers, à, pour.* Lui est adjoint l'affixe de 1ère pers. En cursive : לִי.

7. לֹא [lo(ʔ)], *ne...pas, non.* Alef est ici **quiescent**, c'est-à-dire sans aucune valeur phonétique. Il est mère de lecture pour [o]. La négation לֹא se place toujours avant le verbe : לֹא בָּכָה, *il n'a pas pleuré.* En cursive : לֹא.

8. הָלַךְ [hålak], *il a marché, il est allé.* Qal, accompli, 3ème personne du masc. sing. ; pataḥ en syllabe fermée accentuée. Rien de nouveau donc, si ce n'est le lexème (la racine) : ה.ל.ך. En cursive : הָלַךְ.

9. הֹלֵךְ [holek], *marchant, allant.* Participe masculin singulier, que vous connaissez « à l'oreille » depuis la 1ère leçon et que vous pouvez maintenant lire et écrire. Remarquez le ṣéré en syllabe accentuée fermée : il y aurait ségol en syllabe ouverte (ci-dessus : בֹּכֶה). En cursive : הֹלֵךְ.

10. לֵךְ [lek], *va.* Impératif masculin singulier du même verbe. La 1ère consonne de la racine, ה, a disparu. Nous avons déjà rencontré un phénomène similaire à la 1ère leçon, avec l'accompli בָּא *il est venu*, qui n'avait plus que 2 consonnes. Vous êtes en présence de ce qui fait l'une des difficultés de la morphologie verbale en hébreu biblique : l'existence de consonnes dites faibles, qui disparaissent dans certaines formes. Cela peut vous gêner pour identifier la racine et trouver le mot dans le dictionnaire. D'un autre côté, il y a une grande régularité dans le comportement des consonnes faibles, et l'apprentissage de quelques règles simples vous permettra de retrouver les racines. En cursive : לֵךְ.

11. כֶּלֶב [kɛlɛv], *chien*. Pour une fois, ce mot peut vous rappeler quelque chose, car *clebs* a été emprunté à l'arabe algérien *klab* (*chiens*). Remarquez l'accent tonique sur la 1ère syllabe : presque tous les mots vus jusqu'ici avaient l'accent sur la syllabe finale. Cela est lié à l'étymologie : **kɛlɛv** vient du sémitique *kalb-, dont la phonétique hébraïque n'admet pas le groupe de consonnes [lb] en finale. Ce groupe [lb] est donc disjoint par l'insertion d'un ségol, après lequel [b] est prononcé [v]. Ce type de noms reçoit d'ailleurs le nom de **ségolés**. En d'autres termes, les noms de structure CVCC en proto-sémitique deviennent en hébreu CVCVC. Mais l'accent tonique reste sur la **syllabe unique d'origine** (***kalb**) devenue en hébreu la **première syllabe** du mot (**kɛlɛv**). En cursive : כֶּלֶב.

——— E1.1

- *Écrivez en cursive une ligne de chaque consonne.*

כּ　　כּ ____________________

דּ　　דּ ____________________

ל　　ל ____________________

א ב כ ל ג ל ח ד ז ט　　א ב כ ל ג ל ח ד ז ט

- *Traduisez en français :*

1. אָבִי בָּכָה　2. דָּוִד בָּא　3. אָבִיךָ לֹא בָטַח בִּי.　4. אָחִי הָלַךְ.

——— P1.2

☞ Lisez les mots suivants.

1. לָמַד　2. לֹמֵד　3. מַזָּל　4. מֶלֶךְ　5. מָלַךְ　6. אָדָם　7. אֲדָמָה

8. אָחִים　9. טוֹבִים　10. אֱלֹהִים　11. נָבִיא　12. אֲנִי　13. כֹּהֵן

14. גַּן　15. נֹחַ

1. **לָמַד** [låma**d̲**], *il a appris, étudié.* Vous en connaissez déjà la racine (למד), le schème (qal) et la personne (3ème masc. sing.). En cursive : לָמַד.

2. **לֹמֵד** [lome**d̲**], *apprenant.* En cursive : לֹמֵד.

3. **מַזָּל** [maz**zål**], *constellation.* Cet *hapax legomenon* emprunté à l'akkadien connaît une belle fortune en hébreu postbiblique avec le sens de *destin*, en hébreu moderne avec le sens de *chance.* Au moyen âge apparaît l'expression **מַזָּל טוֹב** *succès,* qui devient ensuite une formule de félicitations [*mazal tov* !] pour les naissances, les mariages, etc. En cursive : מַזָּל.

4. **מֶלֶךְ** [**m**ɛlɛ**k̲**], *roi.* Même schème (ségolé) que le mot *chien*, n°11 p. 39. La racine de ce mot est מ.ל.ך. En cursive : מֶלֶךְ.

5. **מָלַךְ** [måla**k̲**], *il a régné.* La même racine que le mot *roi.* Qal, accompli, 3ème personne du masculin singulier. En cursive : מָלַךְ.

6. **אָדָם** [ʔå**d̲åm**], *homme, être humain, Adam.* En cursive : אָדָם.

7. **אֲדָמָה** [ʔa**d̲åmå**], *sol, terre.* La Genèse (2, 7) souligne l'étymologie du nom d'Adam [ʔåd̲åm], fabriqué à partir de la poussière du sol, [ʔad̲åmå]. Le mot est féminin (finale -å). En cursive : אֲדָמָה.

8. **אַחִים** [ʔå**ḥim**], *frères.* La finale [–im] est une désinence (= terminaison) de pluriel. Elle marque le pluriel **masculin** des participes et des adjectifs ; pour les noms, elle s'adjoint le plus souvent à des masculins, mais aussi à un certain nombre de noms féminins. En cursive : אַחִים.

9. **טוֹבִים** [ṭo**vim**], *bons.* L'adj. **טוֹב**, *bon*, au masc. plur. En cursive : טוֹבִים.

10. **אֱלֹהִים** [ʔelo**him**], *Dieu.* La 1ère voyelle, ḥaṭef ségol, se prononce [e]. Ce mot terminé par la finale de pluriel [–im] peut s'employer au sens de **dieux** (Ex 20, 3 : « tu n'auras pas d'**autres dieux** en face de moi »), mais dans la très grande majorité des cas il désigne le Dieu unique (**pluriel de majesté**) et les verbes ou adjectifs accordés avec lui sont au sing. L'étymon **ʔl** désigne la divinité dans de nombreuses langues sémitiques, cf. arabe **Allāh** ou akkadien **ilu** que l'on retrouve dans l'étymologie, réelle ou fantaisiste, du nom de Babylone (**bāb ilānī**, *porte des dieux*). En cursive : אֱלֹהִים.

11. **נָבִיא** [nå**vi**(ʔ)], *prophète.* Nom masc., que l'on retrouve en français, au XIXe s., dans le nom du mouvement pictural *les nabis.* En cursive : נָבִיא.

12. **אֲנִי** [ʔa**ni**], *je, moi.* Pronom personnel **séparé** (à opposer à **affixe**) de la 1ère pers. du sing. Remarquez la finale [–i], à mettre en relation avec l'affixe de 1ère pers. du sing. Le pronom personnel séparé s'emploie le plus souvent comme sujet d'une **phrase nominale**, c'est-à-dire une phrase dont le prédicat (= ce qui n'est pas le sujet) est autre chose qu'un verbe conjugué : **אֲנִי נָבִיא** *je [suis] prophète.* Le verbe que nous restituons entre crochets **n'est pas sous-entendu** dans la phrase hébraïque, dont la structure normale est : sujet + prédicat nominal. En cursive : אֲנִי.

13. כֹּהֵן [co**hen**], *prêtre.* En cursive : כֹּהֵן.

14. גַּן [gan], *jardin.* En cursive : גַּן.

15. נֹחַ [**no**ªḥ), *Noé.* En cursive : נֹחַ. Il faut prononcer **noa**ḥ. En effet, le schème de ce mot ne comporte qu'**une seule voyelle**, le [o] marqué par le ḥolem : on devrait avoir ***noḥ**, syllabe unique **fermée** par le ḥet. Mais la nature phonétique de ce dernier ne lui permet que difficilement d'être articulé sans aucun appui vocalique : si vous le prononcez comme nous l'avons expliqué p. 28, c'est-à-dire comme une pharyngale et non comme une vélaire, vous entendrez un très bref élément vocalique [a] se glisser « furtivement » entre le [o] et le ḥet qui ferme la syllabe. Les Massorètes ont noté ce [a], mais comme ils n'avaient pas de consonne à laquelle l'« accrocher » ils l'ont écrit **sous** le ḥe<u>t</u>. Ce pataḥ automatique, appelé **pataḥ furtif,** apparaît avant ḥet et ʕayin chaque fois qu'ils sont en finale absolue et précédés d'une voyelle autre que [a]. Le nom se lit donc bien **noa**ḥ et pas *noḥa : si l'on a besoin de noter une syllabe finale **ḥa**, on utilise la mère de lecture hé. Le nom propre Noḥa existe d'ailleurs (I Chron. 8, 2) et présente pour la syllabe finale la graphie attendue : **נוֹחָה**.

——— E1.2

• *Même exercice que d'habitude. Attention au* מ *en cursive* (N) *:le résultat ressemble à un N, mais vous écrivez de droite à gauche, donc partez du bon côté !*

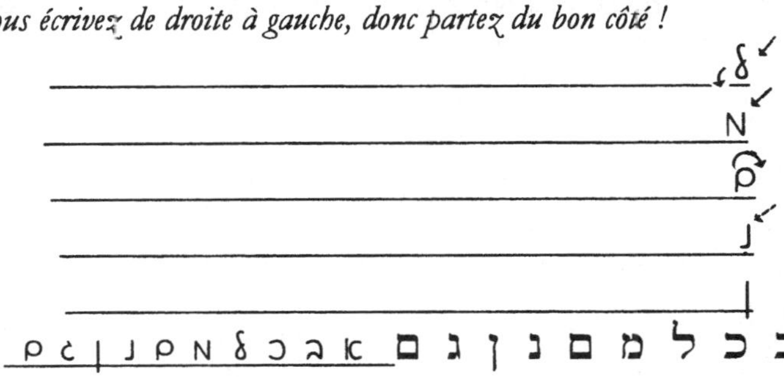

ל
מ
ם
נ
ן

א ב כ ל מ ם נ ן ג ם

• *Parmi les mots suivants, repérez les féminins et les pluriels :*

1. יָמִים 2. יוֹם 3. בָּנִים 4. מִלָּה 5. חֲנֻכָּה 6. כּוֹכָב

• *Traduisez en français :*

1. אֲנִי נָבִיא. 2. אָחִי לָמַד. 3. אֲנִי נַח. 4. אָבִ֫יךָ לֹא בָא.

P1.3

☞ Lisez les mots suivants :

1. סוּס 2. סוּסִים 3. סוּסִי 4. סוּסוֹ 5. סוּסֵ֫נוּ 6. סִינַי
7. עוֹלָם 8. עָלָה 9. עֹלֶה 10. עֲלִיָּה 11. עִם 12. עִמָּנוּאֵל
13. בַּ֫עַל 14. יָדַע 15. יֹדֵ֫עַ

1. סוּס [**sus**], *cheval.* Le samek̲ ressemble au mem final, mais il est plus arrondi. La question ne se pose qu'en fin de mot : ailleurs, vous pouvez avoir la certitude qu'il ne s'agit pas d'un mem final ! En cursive : סוּס.

2. סוּסִים [su**sim**], *chevaux.* Le même mot, avec le suffixe de pluriel [–im]. Vous voyez ici samek̲ et mem final côte à côte. En cursive : סוּסִים.

3. סוּסִי [su**si**], *mon cheval.* Avec affixe de 1ère pers. sing. En cursive : סוּסִי.

4. סוּסוֹ [su**so**], *son cheval (à lui).* Un nouvel affixe à apprendre : **–o**, qui renvoie à une 3ème pers. du masc. sing. En cursive : סוּסוֹ.

5. סוּסֵ֫נוּ [su**se**nu], *notre cheval.* Autre affixe : **–nu**, 1ère pers. du plur. Entre le lexème **sus**– et le possessif **–nu** apparaît une voyelle de liaison [e] (ṣéré), qui porte l'accent tonique. En cursive : סוּסֵנוּ.

6. סִינַי [si**nay**], *Sinaï.* Le yod final se prononce lorsqu'il suit une voyelle à laquelle il ne peut servir de mère de lecture : [a], [o], [u]. Lisez bien [sinay], avec deux syllabes et non trois comme pourrait vous y inciter le tréma du français Sinaï. En cursive : סִינַי.

7. עוֹלָם [ʕo**låm**], *temps très long, éternité.* En cursive : עוֹלָם.

8. עָלָה [ʕå**lå**], *il est monté.* Qal, accompli, 3ème pers. du masc. sing. Vocalisation qameṣ de la dernière syllabe puisque celle-ci est ouverte (ci-dessus p. 38). Le hé final est la mère de lecture du [å] En cursive : עָלָה.

9. עֹלֶה [ʕolɛ], *montant.* Participe qal, que vous devez maintenant savoir fabriquer automatiquement à partir de l'accompli. Le hé final est la mère de lecture du [ɛ]. En cursive : עֹלֶה.

10. **עֲלִיָּה** [ʕaliyyå], *chambre haute.* Nom fém. (finale –å), qui signifie dans la Bible *chambre haute* [dans une maison, dans le Temple]. La racine est celle du verbe *monter.* Ses trois consonnes (.ע.ל.י) sont présentes, alors que dans les formes d'accompli et de participe on n'a plus que les deux premières. En hébreu postbiblique, le mot prend le sens d'*action de monter, montée* ; lorsque le verbe se met à signifier *se rendre en Israël pour y habiter,* le substantif prend le sens d'*installation en Israël* (« alya »). En cursive : עֲלִיָּה.

11. **עִם** [ʕim], *avec.* Vous connaissez déjà les prépositions **ב** *dans* et **ל** *pour* : **עִם** se comporte de la même façon : *avec moi* se dit **עִמִּי**, *avec lui* **עִמּוֹ** (notez le redoublement du mem, marqué par le dagesh fort). En cursive : עם.

12. **עִמָּנוּאֵל** [ʕimmånuʔel], *Dieu [est] avec nous = Emmanuel.* Ce prénom apparaît en Isaïe 7, 14 : **עִמָּנוּ אֵל**. C'est une phrase nominale : **אֵל** *Dieu* en est le sujet, **עִמָּנוּ** *avec nous* le prédicat. Remarquez la voyelle de liaison entre la préposition et l'affixe : [ʕimm**å**nu]. En cursive : עִמָּנוּאֵל.

13. **בַּעַל** [baʕal], *propriétaire, maître, Baal.* Le nom de ce dieu du panthéon sémitique (on le trouve en akkadien, en ougaritique, etc.) signifie *maître,* mais aussi *mari*... Dans Osée 2, 18, Israël idolâtre est comparé à une épouse adultère, puisqu'il a rompu l'alliance, mais le prophète exprime l'espoir que l'épouse infidèle, adoratrice de Baal, reviendra vers Dieu, qu'elle nommera alors **ʔiši**, *mon homme* et non plus **בַּעְלִי** [**baʕali**] – *mon mari,* mais aussi *mon Baal.* Jeu de mots intraduisible ! L'hébreu moderne emploie toujours **בַּעַל** avec le sens de mari... En cursive : בַּעַל.

14. **יָדַע** [yå**d**aʕ], *il a su, connu.* Signifie aussi *avoir des relations sexuelles,* cf. Gen 4, 17 : « Caïn connut sa femme ». Qal, accompli. En cursive : יָדַע.

15. **יֹדֵעַ** [yo**d**eaʕ], *sachant, connaissant.* Schème de participe, mais ici ʕayin se comporte comme ḥet : en finale absolue, il ne peut fermer la syllabe si la voyelle qui précède est autre que [a]. La voyelle étant [e], un **pataḥ furtif** est inséré. Prononcez [yo**de**a]. En cursive : יֹדֵעַ.

E1.3

- *Même exercice que d'habitude.*

ס ______________________ ס

ע ______________________ ע

סעסםנדטהחי ______ סעסםנדטהחי

- *Mettez au participe ces verbes qui sont à l'accompli, en les vocalisant :*

1. עָמַד 2. אָמַר 3. בָּנָה 4. חָלַם 5. בָּטַח

- *Reliez les singuliers aux pluriels qui leur correspondent :*

עֲבָדִים	*serviteurs*	כֹּהֵן
עוֹלָמִים	*éternités*	אָח
אַחִים	*frères*	עָם
כֹּהֲנִים	*prêtres*	עוֹלָם
עַמִּים	*peuples*	עֶבֶד

- *Traduisez en français :*

1. לוֹ 2. לָ֫נוּ 3. עֹלָמִי 4. אָחִ֫יךָ 5. אָבִ֫ינוּ 6. בּוֹ 7. אָחִי

———— **T2**

De pé à taw

Valeur numérique	Trans-littération	Prononciation ou description	Nom	Écriture cursive	Alphabet carré
80	p	p	pé	פּ	פּ
	p̄, f	f		ף פ	ף פ
90	ṣ	ts	ṣadé	ץ צ	ץ צ
100	q	k	qof	ק	ק
200	r	r	reš	ר	ר
300	š	ch français de **ch**ant	šin	שׁ	שׁ
	ś	s	śin	שׂ	שׂ
400	t	t	taw	תּ	תּ
	ṯ, t			ת	ת

- **Pé, fé, fé final** constituent le même ensemble que **kaf, k̲af et k̲af final** : une alternance entre l'occlusive [p] et la spirante [f], indiquée par la présence ou l'absence du dagesh léger ; une forme finale, qui de par sa place dans le mot ne peut être que spirante. En d'autres termes, aucun mot ne peut en hébreu biblique se terminer par [p] ni commencer par [f].

• **Ṣadé** possède une forme finale. La prononciation [ts] est secondaire et tardive. En effet, les dentales /ṣ/ (= hébr. ṣadé) et /ṭ/ (= hébr. ṭet) étaient en sémitique ancien des consonnes emphatiques, c'est-à-dire vélarisées : articulées non pas à l'avant mais à l'arrière de la bouche, au niveau du voile du palais – articulation conservée en arabe, mais non en hébreu moderne. En carrée, le ṣadé ressemble un peu au ʕayin, mais sa partie droite forme un petit coude tout à fait identifiable. En cursive, il ressemble au dalet, mais attention : il a plus ou moins la forme d'un 3, alors que la partie inférieure du dalet doit rester verticale.

• De même, **qof** peut être considéré comme l'emphatique de [k] ; il est d'ailleurs parfois transcrit [ḳ] au lieu de [q] comme ici. Si vous prononcez à haute voix les mots français *cuve* et *couve*, vous vous apercevez que le son **initial** n'est pas tout à fait le même : le point d'articulation du [k] de *couve* est situé plus en arrière (= vélarisé). Cette distinction n'est pas signifiante en français, il s'agit d'une **variante automatique** liée à la proximité de [u] (= *ou*), voyelle d'arrière. Dans les langues sémitiques, en revanche, cette différence est signifiante, pertinente, c'est-à-dire qu'il ne s'agit pas d'une simple variante indépendante de la volonté du locuteur et imposée par le voisinage de la voyelle, mais bien de 2 phonèmes, /k/ vélaire et /q/ uvulaire, dont l'interversion provoquerait des confusions : ainsi, **kol**, *tout* (avec le [k] d'avant, celui de *cuve*) était nettement différencié de **qol**, *voix* (avec le [k] d'arrière, un peu plus vélarisé encore que celui de *couve*). Là encore, la prononciation de l'hébreu moderne s'est « désémitisée » : **qof** se prononce comme **kaf**, d'où un écart entre ce qui est indiqué dans la colonne « translittération » (*q*) et dans la colonne « prononciation » (*k*).

• **Reš** a plusieurs prononciations possibles en hébreu moderne, selon l'origine des locuteurs. Vous pouvez le prononcer comme le [r] sonore du français standard parisien (*riz*), mais veillez à ne pas l'assourdir (*yaourt, trop*), sinon vous prononcerez <u>k</u>af au lieu de reš. En carrée, il ressemble au dalet mais la partie horizontale et la partie verticale de ce dernier forment un angle alors que le reš est plus rond.

• **Šin** (pron. *chine*) se prononce comme dans *chou*. Il est identique au **śin**, à part le point diacritique : à droite pour le **šin**, à gauche pour le **śin**. Le proto-sémitique les distinguait l'un de l'autre, distinction maintenue en hébreu biblique mais perdue en phénicien. L'alphabet phénicien n'avait donc qu'un seul graphème puisqu'il n'avait qu'un seul son. Ayant emprunté l'alphabet phénicien, l'hébreu a été obligé de rendre **deux** sons différents, [š] et [ś], par **le même** graphème : 𐤔 dans l'alphabet phénicien, ש dans l'écriture carrée. En hébreu mishnique, la sifflante représentée par **śin** s'est confondue avec la sifflante représentée par same<u>k</u> et a été prononcée exactement comme elle : en témoignent des « fautes d'orthographe », c'est-à-dire des mots écrits avec ש dans la Bible et avec ס dans les textes mishniques et les documents épigraphiques. Lorsque les Massorètes ont vocalisé le texte biblique, ils ont restitué la différence **šin/śin** au moyen du point diacritique, mais ils prononçaient certainement śin comme same<u>k</u>. Il en est de même aujourd'hui, d'où un écart entre la prononciation [s] et la translittération [ś]. Cela explique également que le śin ne soit pas compté dans la liste des consonnes (si on le compte, on a 23 consonnes et non 22) et qu'il n'ait pas de valeur numérique.

- **Taw** se prononce [t], donc exactement comme ṭet ; à l'époque biblique, les 2 graphèmes ת et ט représentaient 2 phonèmes distincts, un [t] « normal » (taw, ת) et un [ṭ] « emphatique » (= vélarisé : ṭet, ט), aujourd'hui confondus. Par ailleurs, taw est la 6ème et dernière consonne pour laquelle existe l'alternance occlusive/spirante, mais comme pour gimel et dalet il n'est plus fait en hébreu moderne de distinction entre le [t] de début de mot (occlusive) et le [t] après voyelle (spirante, prononcée *s* dans certaines traditions orales). Que le taw ait ou non un dagesh léger, vous prononcerez donc [t] en toute position.

Voyelles

Translittération	Prononciation	Illustration	Signes vocaliques	Nom
e (en exposant)	e (*calmement*)	אְ	ְ	**shewa**
a (en exposant)	a	אֲ	ֲ	**ḥaṭef pataḥ**
ɛ (en exposant)	e (*met*)	אֱ	ֱ	**ḥaṭef ségol**
o (en exposant)	o	אֳ	ֳ	**ḥaṭef qameṣ**

- Vous avez déjà vu trois de ces quatre signes. Ils sont repris dans ce tableau parce qu'ils constituent des variantes du **shewa**, signe utilisé par les Massorètes pour noter la voyelle ultra-brève résultant de la réduction d'une autre voyelle. Soit par ex. un verbe à l'accompli, 3ème personne du masculin singulier : lå**mad** *il a étudié*, לָמַד. C'est la syllabe finale qui porte l'accent. Pour mettre ce verbe au féminin, on ajoute –å : vous vous attendriez donc à [låmådå]. Mais cette forme n'est attestée en hébreu biblique que lorsque le mot se trouve à la pause (par exemple, en fin de verset) : l'accent tonique reste alors sur le radical du verbe, et on a [lå**må**då]. Ailleurs qu'à la pause, l'accent tonique passe sur la syllabe finale (–**då**) et du coup, automatiquement, la voyelle précédente se réduit à une voyelle très brève, prononcée aujourd'hui comme le *e* « muet » que vous trouvez dans *debout* ou *calmement*[1]. La forme est donc **låm^{e}då**, לָמְדָה. Ce shewa qui résulte de la réduction d'une autre voyelle est nommé par les grammairiens **shewa mobile**. Mobile, parce sa présence est liée au déplacement de l'accent tonique ; si une syllabe comportant un tel shewa doit, pour une raison ou une autre, être accentuée, le shewa redevient automatiquement une voyelle « pleine ». Autre exemple : lo**med** *apprenant*, fait au pluriel lom^{e}**dim**. La voyelle [e], notée par ṣéré, que l'on a dans לֹמֵד, devient shewa lorsque l'on ajoute le suffixe de plur. [–im], parce que l'accent se déplace alors sur la syllabe finale : lom^{e}**dim**, לֹמְדִים.

Supposons à présent qu'au lieu de **lomed** on doive mettre au pluriel le participe **doʔeg** *s'inquiétant*. On devrait avoir, sur le modèle précédent, *doʔ^{e}gim. La syllabe qui résulte de cette transformation semble bien fragile : une consonne non prononcée (alef) accompagnée d'une voyelle ultra-brève (shewa mobile) – notre syllabe risque fort de ressembler au célèbre couteau de Lichtenberg, « le couteau sans lame auquel il manque le manche ». Dans ce cas, le shewa est « coloré », c'est-à-dire qu'un timbre vocalique lui est ajouté et qu'ainsi la syllabe est préservée[2]. Ḥaṭef pataḥ, ḥaṭef ségol, ḥaṭef qameṣ sont donc des **variantes automatiques du shewa**, présentes lorsque la consonne qui doit le porter formerait avec lui une syllabe trop instable. C'est le cas pour les consonnes א, ה, ח et ע, réunies par

---

[1] Cette prononciation est relativement récente. Les sources médiévales et la tradition orale des juifs yéménites en indiquent d'autres, en particulier [a].

[2] Cette présentation imagée est destinée à faire comprendre ce qu'est un ḥaṭef, elle ne prétend rien dire du statut et de la prononciation du shewa et des différentes sortes de ḥaṭef à l'époque des Massorètes, question dont la complexité apparaîtra à la lecture, entre autres, de P. JOÜON, T. MURAOKA, *A Grammar of Biblical Hebrew*, Rome, Pontificio Istituto Biblico, 1993, §8, p. 50-52.

commodité sous le nom de gutturales[3]. Pour reprendre notre exemple, le pluriel de [**doʔeḡ**] est [**doʔᵃḡim**] (prononcer [do-a-**gim**]), דֹּאֲגִים. Le signe vocalique est ici composé : on a à la fois le shewa exigé par le déplacement de l'accent et le pataḥ indiquant le timbre de la voyelle. Celui-ci peut être [a], [ɛ] ou [o], en fonction de la voyelle d'origine. Exemple 1, אֱלֹהִים, avec ḥaṭef ségol [ʔᵉlo**him**] à rapprocher de אֵל [**ʔel**], *dieu*, avec ṣéré. Exemple 2, le pluriel du mot חֹדֶשׁ, *mois*, qui a la forme חֳדָשִׁים [ḥᵒ**ḏåšim**] : le déplacement de l'accent de la 1ère syllabe [**ḥo**ḏeš] vers la dernière [**–šim**] entraîne une réduction, mais le timbre de la voyelle est maintenu ([ḥᵒ**ḏåšim**], *des mois*), et noté par ḥaṭef qameṣ[4].

Le symbole **shewa** a une seconde fonction : il indique **l'absence totale de voyelle** après une consonne, c'est-à-dire qu'il marque la syllabe fermée. Dans ce cas, c'est un simple signe orthographique qui n'est ni prononcé ni transcrit. Les grammairiens qualifient ce shewa de **quiescent**. Ainsi, **migdål** (*une tour*) est composé de 2 syllabes fermées : miḡ-dål. Le mem est vocalisé ḥireq, le dalet est vocalisé qameṣ, mais les Massorètes ont aussi indiqué l'absence de voyelle sous le gimel : מִגְדָּל. En revanche, comme les mots terminés par une voyelle ont presque toujours une mère de lecture pour indiquer cette voyelle, il n'est pas nécessaire de noter l'absence de voyelle finale : c'est pourquoi il n'y a rien sous la dernière consonne du mot, ל.

Comme pour le dagesh, les Massorètes ont donc utilisé un même signe pour noter deux réalités différentes :

- d'une part, le **shewa mobile**, voyelle très brève prononcée comme le [e] de *calmement* et résultant de la réduction d'une voyelle pleine ;
- d'autre part, le **shewa quiescent**, symbole graphique indiquant que la consonne qui le porte n'est suivie d'aucune voyelle ; il ne doit en aucun cas être prononcé.

Nous reviendrons sur les règles permettant de les distinguer.

---

[3] Il existe aussi quelques cas de ḥaṭef sous d'autres consonnes, mais il est difficile de donner des règles car les données varient d'un manuscrit à l'autre.

[4] Il serait plus exact, si l'on se situe sur un plan historique, de dire que le timbre du ḥaṭef est lié à celui de la voyelle **primitive** du proto-sémitique : [i] pour ḥaṭef ségol, [u] pour ḥaṭef qameṣ.

P2.1

☞ Lisez les mots suivants.

1. כִּפָּה 2. פָּגַע 3. פָּעַל 4. נָפַל 5. נֹפֵל 6. נֹפְלִים 7. יָפֶה
8. יוֹסֵף 9. עוֹף 10. יָצָא 11. יֹצֵא 12. יֹצְאִים 13. עֵצָה
14. צִוָּה 15. חֵץ 16. אָמוֹץ

1. כִּפָּה [**kippå**], *feuille de palmier, kippa.* Le dagesh du kaf est léger (début de mot), celui du pé est fort et correspond à un redoublement puisqu'il est placé après voyelle. Mot féminin (finale –å). Dans la Bible, il désigne une feuille de palmier ; c'est beaucoup plus tard qu'il désignera la calotte dont les hommes se couvrent la tête en signe de piété. En cursive : כִּפָּה.

2. פָּגַע [**påḡaʕ**], *il a rencontré.* Prononcer [paga]. En cursive : פָּגַע.

3. פָּעַל [**påʕal**], *il a agi, il a fait.* Comme le précédent, verbe à l'accompli. Ici, le ʕayin porte une voyelle, il faut donc qu'il soit articulé : [**påʕal**], ou bien, si vous prononcez le ʕayin comme un alef, [**pa-al**]. En cursive : פָּעַל.

4. נָפַל [**nåfal**], *il est tombé.* À l'intérieur du mot après voyelle, on a la spirante, [p̄], transcrite [f] pour plus de lisibilité. En cursive : נָפַל.

5. נֹפֵל [**nofel**], *tombant* : participe masculin singulier. En cursive : נֹפֵל.

6. נֹפְלִים [**nofᵉlim**], *tombant.* Pluriel du précédent. L'ajout de la finale [–im] provoque la réduction du ṣéré à shewa mobile. En hébreu moderne, on prononce [noflim], car il se passe la même chose qu'en français standard pour le *e* muet ou caduc (en français oral on dit [*lent'ment*] et non [*lentement*]). Mais en hébreu biblique il faut lire [nofᵉlim]. En cursive : נֹפְלִים.

7. יָפֶה [**yåfɛ**], *beau.* Remarquez le hé, mère de lecture de la voyelle [ɛ]. Le nom de la ville de Jaffa (hébr. יָפוֹ) signifie *la belle* [*ville*]. En cursive : יָפֶה.

8. יוֹסֵף [**yosef**], *Joseph.* Les noms propres commençant par yod en hébreu ont en français [j] et non [y]. En effet, c'est par la Vulgate, traduction latine de la Bible, que ces noms nous sont parvenus. La forme latine de ce prénom est *Ioseph.* Le [i] consonne du latin ayant évolué en français vers [ʒ] (= *j*), on a Joseph, Jacob, Jérémie, etc. En cursive : יוֹסֵף.

9. עוֹף [**ʕof**], *volatile, oiseaux.* En cursive : עוֹף.

10. יָצָא [**yåṣå⁽ʔ⁾**], *il est sorti.* Le alef est quiescent (= non prononcé), il ne ferme pas la syllabe, c'est pourquoi sa voyelle est qameṣ. En cursive : יָצָא.

11. **יֹצֵא** [yoṣeʔ], *sortant*. En cursive : יֹצֵא

12. **יֹצְאִים** [yoṣeʔim], *sortant* (masc. plur.). Comme pour **נֹפְלִים**, l'ajout de la désinence de pluriel a fait passer le ṣéré à shewa mobile. Le alef porte une voyelle, il n'est donc pas quiescent : prononcez bien [yo-tṣe-im] et non [yotsim], sinon le verbe n'est plus identifiable. En cursive : יֹצְאִים.

13. **עֵצָה** [ʕeṣå], *conseil, projet*. L'occasion de voir côte à côte ʕayin et ṣadé. Mot féminin. En cursive : עֵצָה.

14. **צִוָּה** [ṣiwwå], *il a ordonné*. À première vue, le waw avec un point au centre pourrait être pris pour le graphème notant la voyelle [u], mais c'est impossible puisque ce waw est **vocalisé** qameṣ. Portant une voyelle, il ne peut être que consonne et non mère de lecture. Le point diacritique est un dagesh fort marquant le redoublement. Par ailleurs, le verbe est à l'accompli, mais pas au schème auquel vous êtes maintenant habitués (qal). La racine est ici croisée avec un autre schème, le **piʕel**, caractérisé par le redoublement de la 2ème consonne radicale. En cursive : צִוָּה.

15. **חֵץ** [ḥeṣ], *flèche*. En cursive : חֵץ.

16. **אָמוֹץ** [ʔåmoṣ], *Amots*. Nom du père d'Isaïe. En cursive : אָמוֹץ.

——— E2.1

• *Même exercice que d'habitude. Pour les formes finales de pé et ṣadé, commencez par l'élément inférieur (une boucle qui ressemble au ʕayin en cursive), puis remontez.*

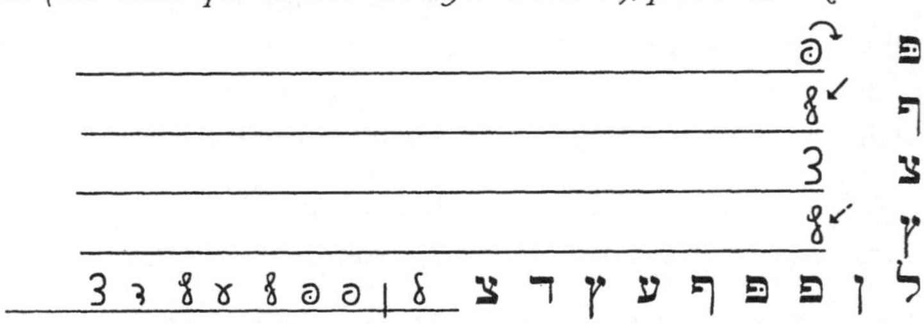

• *Mettez les participes au pluriel. Attention à la vocalisation de la seconde lettre de la racine : shewa ou ḥaṭef pataḥ. Exemples* עֹמֵד > עֹמְדִים

דֹּאֵג > דֹּאֲגִים

1. אֹבֵד 2. נֹתֵן 3. פֹּעֵל 4. נֹהֵג 5. נֹשֵׂא

• *Traduisez en français :*

1. נְבִיאִים 2. נְבִיאֵי 3. סוּסְךָ 4. עוֹלָמוֹ 5. עוֹלָמֵנוּ

P2.2

☞ Lisez les mots suivants.

1. קַל 2. קָטָן 3. מִצְוָה 4. צָחַק 5. צֹחֵק 6. יִצְחָק 7. יַעֲקֹב
8. יָקוּם 9. קַיִץ 10. קֵץ 11. יָרַד 12. רִבְקָה 13. רָחֵל
14. אָמַר 15. אֹמֵר 16. אֹמְרִים 17. יֹאמַר 18. רָצוֹן
19. רְצוֹנוֹ 20. אֶרֶץ 21. אַרְצִי 22. קָרָא 23. מִקְרָא

1. קַל **[qal]**, *léger*. En cursive : קַל.

2. קָטָן [qå**ṭån**], *petit*. En cursive : קָטָן.

3. מִצְוָה [miṣ**wå**], *commandement, précepte*. Ce substantif a la même racine que le verbe צִוָּה, vu dans la liste précédente. Le shewa placé sous le ṣadé est quiescent, il marque la syllabe fermée : מִצְ|וָה En cursive : מִצְוָה.

4. צָחַק [ṣå**ḥaq**], *il a ri*. En cursive : צָחַק.

5. צֹחֵק [ṣo**ḥeq**], *riant*. En cursive : צֹחֵק.

6. יִצְחָק [yiṣ**ḥåq**], *Isaac*. En cursive : יִצְחָק. 2 syllabes fermées. Dans la 1ère, le yod, semi-consonne, est vocalisé ḥireq : prononcez bien yi– et non i–. En grec, le yod est rendu par un iota : lorsqu'il se trouvait devant un [i] voyelle (iota également), seule la voyelle est restée : [yi] > [i]. Le ṣadé, phonème inexistant en grec, a été rendu par la sifflante simple (sigma, [s]) ; le ḥet, lui aussi inexistant en grec, est tombé, mais a laissé une trace (aa au lieu de [ḥå]). C'est ainsi que יִצְחָק [yiṣḥåq] est devenu Isaac[5].

Comme souvent dans le Pentateuque, le nom du personnage est motivé : en Gen 18, 12, lorsque Sarah apprend qu'elle va être mère à l'âge de 90 ans, elle se montre incrédule et dit « quiconque l'apprendra **rira** de moi » [**yiṣḥaq**-li]. Dans ce verset, [**yiṣḥaq**] est traduit par un futur. Jusqu'à présent, tous les verbes proposés étaient des **accomplis qal**, et nous les avons traduits systématiquement par des passés. Le verbe [**yiṣḥaq**] est aussi au qal, mais c'est un **inaccompli**. L'inaccompli n'exprime pas d'abord le **temps** – passé, présent, futur – mais l'**aspect**

---

[5] Nous donnons ces indications pour que l'on comprenne comment on est passé de Yiṣḥåq à Isaac. Bien entendu, il est impossible de savoir exactement comment l'hébreu était prononcé à l'époque des traducteurs de la Septante, ni même comment certaines lettres grecques étaient prononcées. Cf. M. HARL (dir.), *La Bible d'Alexandrie*, 1. La Genèse, Paris, Cerf, 1986, p. 321.

de l'action : il se réfère à une action inachevée, ou qui dure, ou qui se répète. Il peut aussi exprimer une modalité : *pouvoir* ou *devoir* faire l'action, etc. Lorsqu'il est employé avec une valeur temporelle, il exprime en général le futur. Du point de vue morphologique, l'inaccompli est marqué par des **préfixes** indiquant la personne. Le préfixe [y–] de [**yiṣḥaq**] est celui de la 3ème personne du masculin.

7. **יַעֲקֹב** [yaʕaqov], *Jacob.* La Bible propose pour ce nom une étymologie qui le rapproche du mot **עָקֵב** [ʕå**qev**] *talon.* En effet, en Gen 25, 26, Jacob naît en tenant le talon de son jumeau Esaü. Vous reconnaissez dans **יַעֲקֹב** le préfixe marquant un verbe à l'inaccompli, 3ème personne du masculin singulier : on pourrait donc traduire *il talonne.* En cursive : יַעֲקֹב.

8. **יָקוּם** [yå**qum**], *il se lèvera*[6]. Bien qu'il n'ait pas la même vocalisation que les deux précédents, vous identifiez un verbe à l'inaccompli, 3ème personne du masculin, à cause du y- initial. En cursive : יָקוּם.

9. **קַ֫יִץ** [**qa**yĭṣ], *été, fruits d'été.* La translittération [yĭṣ] ne doit pas vous induire en erreur : le mot est accentué sur la première syllabe, et de ce fait on entend peu le [i] auxiliaire qui accompagne le yod, mais il ne faut pas non plus prononcer comme une diphtongue puisque le *y* est accompagné d'une voyelle. Ni [qa-yĭṣ] (comme dans *bailli*) ni [qaɪṣ] (comme dans l'anglais *night*), mais entre les deux. En cursive : קַיִץ.

10. **קֵץ** [**qeṣ**], *fin.* Sans rapport étymologique avec le précédent, mais le prophète Amos utilise leur ressemblance dans un jeu de mots. Au chap. 8, Dieu lui montre une corbeille de fruits d'été (קַיִץ), et annonce : « la fin (קֵץ) est arrivée pour mon peuple ». En cursive : קֵץ.

11. **יָרַד** [yå**ra**d̲], *il est descendu.* Reš et dalet côte à côte. En cursive : יָרַד.

12. **רִבְקָה** [riv**qå**], *Rébecca.* En cursive : רִבְקָה.

13. **רָחֵל** [rå**ḥel**], *Rachel.* Attention : les francophones, en particulier parisiens, ayant tendance à prononcer *r* comme le [χ] de *trop*, ils ont parfois du mal à articuler distinctement le reš lorsque celui-ci est proche d'un k̲af ou d'un ḥet. Prononcez bien [**råk̲el**], non [*k̲åk̲el] ! En cursive : רָחֵל.

14. **אָמַר** [ʔå**mar**], *il a dit.* En cursive : אָמַר.

15. **אֹמֵר** [ʔo**mer**], *disant.* En cursive : אֹמֵר.

---

[6] En l'absence de contexte, nous traduisons les inaccomplis par des futurs.

16. אֹמְרִים [ʔomᵉ**rim**], *disant* (masculin pluriel). En cursive : אֹמְרִים.

17. יֹאמַר [yo⁽ʔ⁾**mar**], *il dira.* Qal, inaccompli, 3ème pers. du masc. sing. La vocalisation n'est pas celle des inaccomplis précédents, mais vous repérez le y- indiquant la 3ème pers. du masc. sing. de l'inaccompli, ainsi que la racine du verbe *dire.* En d'autres termes, vous ne pourriez pas encore fabriquer cette forme, mais vous pouvez en identifier les morphèmes et la chercher dans le dictionnaire. En cursive : יֹאמַר.

18. רָצוֹן [rå**ṣon**], *faveur, volonté.* En cursive : רָצוֹן.

19. רְצוֹנוֹ [rᵉṣo**no**], *sa faveur.* L'ajout de l'affixe a provoqué la réduction du qameṣ, qui devient shewa mobile. En cursive : רְצוֹנוֹ.

20. אֶרֶץ [ʔɛrɛṣ], *terre, pays.* Fém., mais sans marque de genre. En cursive : אֶרֶץ.

21. אַרְצִי [ʔar**ṣi**], *mon pays.* Les modifications de voyelles seront expliquées plus tard. Shewa quiescent (= la 1ère syllabe est fermée). En cursive : אַרְצִי.

22. קָרָא [qå**ra**⁽ʔ⁾], *il a appelé, lu.* La racine QRʔ existe aussi en arabe avec le sens de *lire, réciter,* cf. **al-qurʔān**, *le Coran.* En cursive : קָרָא.

23. מִקְרָא [miq**ra**⁽ʔ⁾], *assemblée, lecture.* À partir du sens *appeler* (v. le verbe précédent) on a celui d'*assemblée*, qui est le sens usuel du mot. En hébreu biblique tardif, il prend celui *de lecture à haute voix de la Loi.* En hébreu postbiblique, il signifie *texte scripturaire, texte biblique.* En cursive : מִקְרָא.

——— **E2.2**

- *Écrivez en cursive une ligne de chaque consonne :*

ק ק ______

ר ר ______

ק ר ד ב כ ף ץ ק ר ד ב כ ץ ץ

- *Reliez le verbe à l'accompli à sa forme d'inaccompli :*

1. גָּדַל .2 לָעַג .3 לָמַד .4 קָרָא .5 אָכַל .6 מָאַס

1. יֹאכַל .2 יִלְעַג .3 יִמְאַס .4 יִגְדַּל .5 יִלְמַד .6 יִקְרָא

- *Traduisez en français les syntagmes (= groupes de mots) suivants :*

1. אֶרֶץ טוֹבָה. .2 אֶרֶץ יָפָה. .3 כִּפָּה קְטַנָּה. .4 עֵצָה טוֹבָה.

- *Traduisez en français les phrases suivantes*[7] :

1. רִבְקָה יָרְדָה עִם יַעֲקֹב. 2. אַבְרָהָם לֹא צָחַק. 3. יִצְחָק נָפַל.

________ **P2.3**

☞ Lisez les mots suivants :

1. אִישׁ 2. אִשָּׁה 3. שָׁלוֹם 4. שֶׁמֶשׁ 5. שֶׁבַע 6. שָׁבוּעַ
7. שָׁמַיִם 8. רֹאשׁ 9. קָדוֹשׁ 10. קְדוֹשָׁה 11. שָׁמַע
12. שֹׁמֵעַ 13. שֹׁמְעִים 14. יִשְׁמַע 15. יִשְׁמָעֵאל 16. מֹשֶׁה
17. שִׂמְחָה 18. שָׂכָר 19. שָׂרָה 20. כָּתַב 21. כָּתוּב
22. כְּתוּבִים 23. אַתָּה 24. תִּקְוָה 25. בַּיִת

1. אִישׁ [**ʔiš**], *homme*. Nous avons déjà vu le mot אָדָם, qui signifie *homme en général, humanité* (quand il ne désigne pas Adam, il est d'ailleurs presque toujours employé dans un sens collectif). אִישׁ s'emploie plutôt pour signifier *homme* par opposition à *femme*, ou l'indéfini *on*. En cursive : אִישׁ.

2. אִשָּׁה [ʔiš**šå**], *femme*. Cf. Gen 2, 23 : « celle-ci sera nommée *femme* [**ʔiššå**] car elle a été prise d'un *homme* [**ʔiš**] ». Jeu de mots difficile à conserver dans les traductions, car dans bien des langues *homme* et *femme* ne sont pas tirés du même radical. En cursive : אִשָּׁה .

3. שָׁלוֹם [šå**lom**], *prospérité, bien-être, paix*. En cursive : שָׁלוֹם.

4. שֶׁמֶשׁ [**šɛ**mɛš], *soleil*. En cursive : שֶׁמֶשׁ.

5. שֶׁבַע [**šɛ**vaʕ], *sept*. En cursive : שֶׁבַע.

6. שָׁבוּעַ [šå**vu**ªʕ], *semaine*. Même racine, schème **qåtul**. Mais, alors que dans שֶׁבַע *sept*, le ʕayin suit un [a], il est ici placé derrière un [u], d'où l'insertion du pataḥ furtif. On entend donc bien [sha-vu-a], mais grammaticalement le mot ne comporte que 2 syllabes. Il est masculin : il semble terminé par [a], mais il est en fait terminé par [ʕ] : voyez où est le [a] dans la translittération. En cursive : שָׁבוּעַ.

[7] Comme dans les exercices précédents, ces phrases sont simplement destinées à vous faire revoir le vocabulaire. Les mots sont bibliques, mais leur syntaxe (emploi des formes verbales, ordre des mots) est plutôt moderne.

7. שָׁמַ֫יִם [šå**may**ĭm], *ciel.* Ce mot n'a pas de sing., d'où la traduction fréquente par *cieux*. L'accent étant sur l'avant-dernière syllabe, il se produit la même chose que pour קַיִץ *été* (cf. p. 52) : le ḥireq est une voyelle auxiliaire très brève, entraînée par le yod consonne. En cursive : שָׁמַיִם.

8. רֹאשׁ [**ro**(ʾ)**š**], *tête.* Alef, **quiescent**, est ici mère de lecture pour [o], comme dans la négation לֹא (ci-dessus p. 38). En cursive : רֹאשׁ.

9. קָדוֹשׁ [qå**d̲oš**], *saint* (adjectif et substantif). En cursive : קָדוֹשׁ.

10. קְדוֹשָׁה [qᵉd̲o**šå**], *sainte.* L'ajout de la marque de fém. [-å] provoque le déplacement de l'accent et la réduction du qameṣ de [qå**d̲oš**] à shewa mobile : [qᵉd̲o**šå**]. En cursive : קְדוֹשָׁה.

11. שָׁמַע [šå**maʕ**], *il a entendu, écouté.* En cursive : שָׁמַע.

12. שֹׁמֵעַ [šo**meᵃʕ**], *entendant, écoutant.* Dans la forme précédente (qal, accompli, 3ème masc. sing.), le ʕayin est placé derrière un [a] ; ici, au participe, il suit [e], d'où l'insertion du pataḥ furtif. En cursive : שֹׁמֵעַ.

13. שֹׁמְעִים [šomᵉ**ʕim**], *entendant, écoutant* (masculin pluriel). Ici, le ʕayin n'est pas en finale absolue, il porte une voyelle (ḥireq), la question du pataḥ furtif ne se pose donc plus. En cursive : שֹׁמְעִים.

14. יִשְׁמַע [yiš**maʕ**], *il entendra.* Toujours le même verbe, à l'inaccompli 3ème pers. du masculin singulier. En cursive : יִשְׁמַע.

15. יִשְׁמָעֵאל [yišmåʕ**el**], *Ismaël = Dieu entend[ra].* Nom propre constitué d'une phrase verbale, qui a pour sujet le substantif אֵל et pour prédicat le verbe יִשְׁמַע, à l'inaccompli. Alef quiescent. En cursive : יִשְׁמָעֵאל.

16. מֹשֶׁה [mo**šɛ**], *Moïse.* Le ḥolem, à gauche du mem, et le point du šin, à droite, sont ici distingués ; dans certaines éditions bibliques, ils peuvent être confondus (משֶׁה). En cursive : מֹשֶׁה.

17. שִׂמְחָה [śim**ḥå**], *joie.* Le shewa du mem est quiescent (= il marque la syllabe fermée), le mot comporte 2 syllabes : śim-ḥå. En cursive : שִׂמְחָה.

18. שָׂכָר [śå**k̲år**], *récompense, salaire.* En cursive : שָׂכָר.

19. שָׂרָה [śå**rå**], *Sara.* Signifie également *princesse.* En cursive : שָׂרָה.

20. כָּתַב [kå**t̲av**], *il a écrit.* Qal, accompli, 3ème masc. sing. En cursive : כָּתַב.

21. כָּתוּב [kå<u>t</u>uv], *écrit.* Même racine que le mot précédent ; le schème est un schème **qåtul,** utilisé pour former des participes passifs à partir du qal (même schème que אָהוּב, *aimé*, ci-dessus p. 32). En cursive : כָּתוּב.

22. כְּתוּבִים [k^{e}<u>t</u>uvim], *écrits.* Pluriel du mot précédent, désigne aussi la 3ème partie de la Bible hébraïque, les Hagiographes. En cursive : כְּתוּבִים.

23. אַתָּה [ʔattå], *tu.* Pronom personnel **séparé** de la 2ème pers. du masc. sing. En cursive : אַתָּה.

24. תִּקְוָה [tiqwå], *espoir.* Remarquez le waw consonne. Le mot est féminin (finale [–å]) En cursive : תִּקְוָה.

25. בַּיִת [bayĭt], *maison.* En cursive : בַּיִת.

——— E2.3

• *Écrivez en cursive une ligne de chaque consonne. Attention au šin/sin : commencez à le tracer par la droite et non comme un e, à cause du sens de l'écriture.*

ש ש ש ______

ת ת ת ______

ש א ק ל ד ר ש ת ש א ק ל ד ר ש ת ______

• *Identifiez et écrivez en cursive ces noms de lieux bibliques :*

1. תֵּל אָבִיב 2. אַשְׁכְּנָז 3. סְפָרַד 4. צִיּוֹן 5. סִינַי 6. כְּנַעַן

7. כַּרְמֶל 8. בֵּית לֶחֶם 9. יִשְׂרָאֵל

• *Retrouvez les noms des personnages ou auteurs bibliques :*

1. שְׁלֹמֹה 2. לֵאָה 3. שִׁמְשׁוֹן 4. מִרְיָם 5. שְׁמוּאֵל 6. לוֹט

7. יוֹנָה 8. רוּת 9. דָּנִיֵּאל 10. זְכַרְיָה

Loth, Daniel, Jonas, Salomon, Samson, Ruth, Léa, Zacharie, Samuel, Myriam.

• *Mettez au féminin les adjectifs suivants, en n'oubliant pas que la voyelle qameṣ passe à shewa lorsqu'elle s'éloigne de l'accent (exemple : קָדוֹשׁ > קְדוֹשָׁה) :*

1. גָּדוֹל *grand* 2. קָרוֹב *proche* 3. רָחוֹק *éloigné* 4. טָהוֹר *pur*

• *Classez les formes verbales suivantes en accomplis, inaccomplis, participes :*

1. יָבוֹא 2. שָׁמַר 3. יַחֲלֹם 4. יְדַבֵּר 5. שֹׁמֵר 6. יִסַּע 7. נָתַן 8. סָגַר 9. סָמַךְ 10. יִשְׁתֶּה 11. פָּתַח 12. פֹּתֵחַ 13. יִפְתַּח 14. יַעֲנֶה

• *Traduisez en français :*

1. רֹאשׁוֹ .2 שְׂכָרְךָ .3 אִישִׁי .4 שְׁלוֹמֵנוּ .5 עִמּוֹ .6 בֵּיתוֹ .7 רְצוֹנְךָ

• *Traduisez en français ces phrases nominales :*

1. אֲנִי אָבִיךָ .2 אַתָּה קָדוֹשׁ .3 בֵּיתְךָ יָפֶה .4 אַתָּה אֱלֹהִים.

• *En utilisant les valeurs numériques indiquées dans le tableau, écrivez en chiffres arabes (les guillemets sont là pour indiquer qu'il s'agit de chiffres et non de mots) :*

1. י"ח .2 ל"ה .3 מ"ג .4 קי"ט

Vous connaissez à présent tous les signes consonantiques et vocaliques. Votre lecture n'est sans doute pas encore fluide, elle le deviendra à force d'entraînement. N'hésitez pas à reprendre les mots déjà vus en cachant la translittération. Nous avons également abordé :

- La notion de **syllabe ouverte** (CV) et **fermée** (CVC), cette dernière marquée par la présence d'un **shewa quiescent** (ex. מִצְוָה [miṣwå] *commandement*), sauf à la fin du mot.
- L'utilisation de **qameṣ** au lieu de **ḥolem** pour noter [o] en syllabe fermée et non accentuée (כָּל-יָד [kǫl-yåḏ], *toute main*).
- Le **shewa mobile**, qui remplace une voyelle éloignée de l'accent tonique, קָדוֹשׁ > קְדוֹשָׁה.
- Le **ḥaṭef**, qui vient souvent prendre la place d'un shewa lorsque celui-ci devrait être placé sous les consonnes א, ה, ח, ע.
- Le **pataḥ furtif**, systématiquement présent sous un ח ou un ע en finale absolue, quand ils ne sont pas précédés de [a].
- Les ségolés, accentués sur la 1ère syllabe (מֶ֫לֶךְ *roi*, כֶּ֫לֶב *chien*).
- L'adjonction d'un **suffixe** [–im] (ִים-) pour marquer le **pluriel** des noms (אַחִים, *frères*), des adjectifs masc. (טוֹבִים, *bons*), des participes masc. actifs (אֹמְרִים, *disant*) et passifs (כְּתוּבִים, *écrits*).
- Les **affixes personnels** renvoyant à une 2ème pers. du masc. sing. (נְבִיאֲךָ, *ton prophète*), une 3ème pers. du masc. sing. (רֹאשׁוֹ, *sa tête*) et une 1ère pers. du plur. (סוּסֵ֫נוּ, *notre cheval*).
- Le schème verbal de la forme simple, **qal**, à l'**inaccompli** (יִשְׁמַע, *il entend/ entendra*) et sa valeur aspectuelle.
- La phrase nominale, constituée d'un sujet, nom ou pronom, et d'un prédicat qui n'est pas un verbe conjugué : אֲנִי נָבִיא *je [suis] prophète.*

Exercices corrigés

E1.1

- *Traduisez en français :*

1. אָבִי בָּכָה *Mon père a pleuré.*
2. דָּוִד בָּא *David est venu.*
3. אָבִ֫יךָ לֹא בָּטַח בִּי *Ton père n'a pas eu confiance en moi.*
1. אָחִי הָלַךְ *Mon frère est parti.*

E1.2

- *Lisez les mots suivants et repérez les féminins et les pluriels.*
  1. yåmim 2. yom 3. bånim 4. millå 5. ḥªnukkå 6. ko<u>k</u>åv

Mots au féminin : מִלָּה, חֲנֻכָּה *Mots au pluriel :* יָמִים, בָּנִים

- *Traduisez en français :*

1. אֲנִי נָבִיא. *Je suis prophète* 2. אָחִי לָמַד. *Mon frère a étudié*
3. אֲנִי נֹחַ. *Je suis Noé* 4. אָבִ֫יךָ לֹא בָּא. *Ton père n'est pas venu*

E1.3

- *Mettez au participe ces verbes à l'accompli, en les vocalisant :*
  1. עֹמֵד 2. אֹמֵר 3. בֹּנֶה 4. חֹלֵם 5. בֹּטֵ֫חַ [boṭeªḥ]

- *Reliez les singuliers aux pluriels qui leur correspondent :*

עֲבָדִים	*serviteurs*	עֶבֶד
עוֹלָמִים	*éternités*	עוֹלָם
אָחִים	*frères*	אָח
כֹּהֲנִים	*prêtres*	כֹּהֵן
עַמִּים	*peuples*	עָם

- *Traduisez en français :*

1. לוֹ *Pour lui* 2. לָנוּ *Pour nous* 3. עֹלָמִי *Mon éternité* 4. אָחִ֫יךָ *Ton frère*
5. אָבִ֫ינוּ *Notre père* 6. בּוֹ *En lui* 7. אָחִי *Mon frère*

E2.1

• *Mettez les participes au pluriel. Attention à la vocalisation de la seconde lettre de la racine, shewa ou ḥaṭef pataḥ :*

1. אֹבְדִים 2. נֹתְנִים 3. פֹּעֲלִים 4. נֹהֲגִים 5. נֹשְׂאִים

• *Traduisez en français :*

1. נְבִיאִים *(Des) prophètes* 2. נְבִיאִי *Mon prophète* 3. סוּסְךָ *Ton cheval*
4. עוֹלָמוֹ *Son éternité* 5. עוֹלָמֵנוּ *Notre éternité*

E2.2

• *Reliez le verbe à l'accompli à sa forme d'inaccompli :*

1. גָּדַל ← 4. יִגְדַּל
2. לָעַג ← 2. יִלְעַג
3. לָמַד ← 5. יִלְמַד
4. קָרָא ← 6. יִקְרָא
5. אָכַל ← 1. יֹאכַל
6. מָאַס ← 3. יִמְאַס

• *Traduisez en français les syntagmes suivants :*

1. אֶרֶץ טוֹבָה *Une bonne terre* 2. אֶרֶץ יָפָה *Une belle terre, un beau pays*
3. כִּפָּה קְטַנָּה *Une petite feuille de palmier* 4. עֵצָה טוֹבָה *Un bon conseil*

• *Traduisez en français les phrases suivantes :*

1. רִבְקָה יָרְדָה עִם יַעֲקֹב *Rébecca est descendue avec Jacob* 2. אַבְרָהָם לֹא צָחַק *Abraham n'a pas ri*
3. יִצְחָק נָפַל *Isaac est tombé*

E2.3

• *Identifiez et écrivez en cursive ces noms de lieux bibliques :*

1. Tel Aviv תֵּל אָבִיב 2. Ashkenaz אַשְׁכְּנַז 3. Sefarad סְפָרַד 4. Sion צִיּוֹן 5. Sinaï סִינַי 6. Canaan כְּנַעַן 7. Carmel כַּרְמֶל 8. Bethléem בֵּית לֶחֶם 9. Israël יִשְׂרָאֵל

• *Retrouvez les noms de personnages ou auteurs bibliques :*

Myriam←מִרְיָם Samson ←שִׁמְשׁוֹן Léa←לֵאָה Salomon←שְׁלֹמֹה
Ruth ←רוּת Jonas← יוֹנָה Loth ←לוֹט Samuel ←שְׁמוּאֵל
. Zacharie← זְכַרְיָה Daniel ← דָּנִיֵּאל

• *Mettez au féminin les adjectifs suivants, en n'oubliant pas que la voyelle qameṣ passe à shewa lorsqu'elle s'éloigne de l'accent (exemple :* קָדוֹשׁ > קְדוֹשָׁה*) :*

1. גְּדוֹלָה 2. קְרוֹבָה 3. רְחוֹקָה 4. טְהוֹרָה

- *Classez les formes verbales suivantes*

accomplis 2. שָׁמַר 7. נָתַן 8. סָגַר 9. סָמַךְ 11. פָּתַח

inaccomplis

1. יָבוֹא 3. יַחֲלֹם 4. יְדַבֵּר 6. יִסַּע 10. יִשְׁתֶּה 13. יִפְתַּח 14. יַעֲנֶה

participes 5. שֹׁמֵר 12. פֹּתֵחַ

- *Traduisez en français :*

1, רֹאשׁוֹ 2. שְׂכָרְךָ 3. אִישִׁי 4, שְׁלוֹמֵנוּ 5, עִמּוֹ 6, בֵּיתוֹ 7. רְצוֹנְךָ

1. Sa (masc.) tête 2. Ta (masc.) récompense 3. Mon homme 4. Notre paix 5. Avec lui 6. Sa (masc.) maison 7. Ta (masc.) faveur

- *Traduisez en français ces phrases nominales :*

1, אֲנִי אָבִיךָ 2. אַתָּה קָדוֹשׁ 3. בֵּיתְךָ יָפֶה 4, אַתָּה אֱלֹהִים.

1. Je suis ton père. 2. Tu es saint. 3. Ta maison est belle. 4. Tu es Dieu.

- *Écrivez en chiffres arabes (les guillemets sont là pour indiquer qu'il s'agit de chiffres et non de mots) :*

1. י"ח	18
2. ל"ה	35
3. מ"ג	43
4, קי"ט	119

****

VOCABULAIRE

אָמַר	il a dit
כֹּל, כָּל־	tout
לֹא	non, ne…pas
מֶלֶךְ, מְלָכִים *m.*	roi
נָבִיא, נְבִיאִים *m.*	prophète
עִם	avec
שָׁמַיִם *m.*	ciel

Leçon 3

LE NOM ET LE GROUPE NOMINAL (I)
GENRE ET NOMBRE, ARTICLE, PRÉPOSITIONS, FLEXION

DAGESH ET MAPPIQ

Cette leçon peut vous paraître un peu difficile, puisque vous venez seulement de terminer l'apprentissage de l'alphabet. Ne cherchez pas à tout retenir. Vous n'aurez jamais à fabriquer un pluriel, ni à fléchir un mot, mais à reconnaître un pluriel ou un mot fléchi pour pouvoir chercher dans le dictionnaire. Retenez que tel suffixe marque un pluriel, tel redoublement signale la présence de l'article, etc. Lorsque vous serez plus avancé(e), vous reviendrez à cette leçon comme si vous consultiez une grammaire.

T1. Genre et nombre

Il existe deux genres en hébreu : le masculin et le féminin. Le **féminin singulier** des adjectifs, des participes, et d'un grand nombre de substantifs est **marqué par un suffixe** ; le **masculin singulier**, au contraire, **n'est pas marqué**. Il existe des noms sans suffixe, donc sans marque morphologique, mais qui sont tout de même féminins parce qu'ils désignent des êtres animés de sexe féminin, comme en français *mère* (à comparer avec *père*). Si le genre d'un nom n'est repérable ni morphologiquement – parce qu'il n'y a pas de suffixe – ni sémantiquement – parce que le nom ne désigne pas un être sexué – il peut se déduire de l'accord avec un autre mot de la phrase : verbe, adjectif, démonstratif. Mais s'il ne se trouve pas dans un tel contexte syntaxique, on ne peut pas en connaître le genre avec certitude. Par exemple, כֶּ֫תֶר [**kɛ**ṯɛr] *diadème*, attesté trois fois dans Esther, n'est jamais accompagné d'un adjectif ou d'un verbe. Dans de tels cas, on ne peut savoir si le mot est masculin ou féminin, mais les textes plus tardifs apportent souvent une indication : ainsi, en hébreu postbiblique, כֶּ֫תֶר est du masculin.

Quelques termes ont les deux genres. Par exemple, שֶׁ֫מֶשׁ [šɛmɛš] *soleil* présente 31 occurrences dans des contextes syntaxiques avec accord : elles se répartissent également entre masc. (16) et fém. (15).

➢ L'hébreu possède trois nombres : le **singulier**, le **pluriel** et le **duel**. Le duel est une forme spécifique prise par les noms désignant des objets qui vont par paires. C'est une survivance en hébreu : il n'existe ni pour les adjectifs, ni pour les pronoms, et pour les noms, il n'est pas automatique et ne concerne que certaines catégories sémantiques (parties du corps, noms de mesure). Pluriel et duel sont marqués par l'adjonction de **suffixes**.

Certains noms ne se trouvent jamais au singulier, ex. פָּנִים [pånim] *visage*, ou מַ֫יִם [**ma**yim] *eau.*

———— **P1.**

1. Genre

• Au singulier, pour les **adjectifs** et les **participes**, les formes de masculin et de féminin s'opposent systématiquement : le masculin est non marqué et le féminin est marqué soit par un suffixe **–å** (ָה-), qui porte l'accent tonique, soit par un suffixe **–ṯ** (ת–). Exemples :

	masculin			**féminin**	
bon	[ṭov]	טוֹב	*bonne*	[ṭovå]	טוֹבָה
pur	[ṭåhor]	טָהוֹר	*pure*	[ṭᵉhorå]	טְהוֹרָה
cananéen	[kᵉnaʕᵃni]	כְּנַעֲנִי	*cananéenne*	[kᵉnaʕᵃniṯ]	כְּנַעֲנִית
descendant (masc.)	[yoreḏ]	יֹרֵד	*descendant (fém.)*	[yorɛḏɛṯ]	יֹרֶ֫דֶת

• Concernant le genre des **noms**, deux cas sont possibles au singulier :

A. Les noms terminés par **–å** (ָה–) ou **–ṯ** (ת–) sont féminins. Ex. : אִשָּׁה [ʔiššå] *femme*, תּוֹרָה [torå] *loi, enseignement*, עֲבֹדָה [ʕ^{a}voḏå] *travail*, אֱמֶת [ʔ^{e}mɛṯ] *vérité*, בְּרִית [b^{e}riṯ] *alliance*, מַלְכוּת [malḵuṯ] *royauté*.

Les exceptions apparentes n'en sont pas :

- לַיְלָה [**lay**lå] *nuit*, **masc.**, semble identique à מַלְכָּה [mal**kå**] *reine*, **fém,** mais il n'en est rien : quand il est désinence (= terminaison) de fém., **-å** est **toujours accentué** (mal**kå**); or, **lay**lå est accentué sur sa 1ère syllabe[1]. C'est d'ailleurs le seul nom terminé par [–å] qui soit masculin.

- un mot qui n'a pas de raison **sémantique** d'être féminin (voir ci-dessous), et qui se termine par un [a] orthographié autrement que ָה–, est **masculin** : ex. זֶרַע [zɛraʕ] *semence*, שָׁבוּעַ [šå**vu**^{a}ʕ] *semaine*.

- dans des mots tels que בַּיִת [**ba**yiṯ] *maison*, זַיִת [**za**yiṯ] *olive*, מָוֶת [**må**wɛṯ] *la mort*, le ת fait partie **de la racine** et n'est donc pas une finale de féminin : ces mots sont masculins. Bien sûr, il n'est pas toujours possible de savoir, surtout lorsqu'on commence à étudier l'hébreu, si un ת final fait partie de la racine ou si c'est la marque du féminin : le dictionnaire vous l'indiquera.

B. Les noms qui ne sont marqués ni par **–å** ni par **–ṯ** sont majoritairement masculins. Ex. : מָקוֹם [måqom] *lieu* ; שֵׁבֶט [šɛvɛṯ] *tribu* ; מַרְאֶה [marʔɛ] *vision*.

Cependant, il existe aussi des **noms féminins non marqués par un suffixe.** Ces noms renvoient à des êtres animés de sexe féminin, ou appartiennent à des champs sémantiques où il semble qu'il y ait une majorité de féminins : parties du corps doubles, instruments.

➢ Pour les animés : le nom non marqué est féminin s'il s'inscrit dans une opposition mâle/femelle. Dans ce cas, il n'y a aucune correspondance étymologique entre le nom féminin et le nom masculin (cf. en français *cerf / biche*) :

masculin			**féminin**		
père	[ʔåv]	אָב	*mère*	[ʔem]	אֵם
âne	[ḥ^{a}mor]	חֲמוֹר	*ânesse*	[ʔåṯon]	אָתוֹן
lion	[ʔarye]	אַרְיֵה	*lionne*	[laviʔ]	לָבִיא

[1] Le –å final de לַיְלָה n'est pas une marque de féminin : il provient soit d'une ancienne finale d'accusatif qui s'est figée, soit de la réduction d'une diphtongue –ay.

➢ Pour les noms désignant des inanimés : leur genre est arbitraire, avec une majorité de masculins. Sont cependant féminins des mots comme אֶרֶץ [ʔɛrɛṣ] *pays*, עִיר [ʕir] *ville*, certains noms d'instruments tels que חֶרֶב [ḥɛrɛv] *épée*, כּוֹס [kos] *coupe* et les noms de nombreuses parties du corps, ex. אֹזֶן [ʔozɛn] *oreille*, אֶצְבַּע [ʔɛṣbaʕ] *doigt*, יָד [yåḏ] *main*, עַיִן [ʕayin] *œil*. Ce n'est pas une règle absolue : ainsi שַׁד [šad] *sein* et אַף [ʔaf] *nez*, sont masculins.

2. Nombre

➢ Pluriel

Il existe deux suffixes de pluriel : **–im** (־ִים) et **–oṯ** (־וֹת).

• Pour **les adjectifs et les participes**, ces finales s'opposent l'une à l'autre : ־ִים marque le **masculin** pluriel, ־וֹת le **féminin** pluriel. Exemples :

	masculin			féminin	
bons	[ṭovim]	טוֹבִים	*bonnes*	[ṭovoṯ]	טוֹבוֹת
grands	[g^{e}ḏolim]	גְּדֹלִים	*grandes*	[g^{e}ḏoloṯ]	גְּדֹלוֹת
descendant (pl.)	[yor^{e}ḏim]	יֹרְדִים	*descendant (pl.)*	[yor^{e}ḏoṯ]	יֹרְדוֹת

• Pour **les noms**, en revanche, la relation entre le genre et la terminaison **n'est pas automatique**. La finale n'est donc pas toujours prévisible ; le dictionnaire vous l'indiquera. ־ִים est la finale de pluriel pour de très nombreux noms masculins, mais aussi pour un nombre assez important de féminins, dont beaucoup de mots fréquents.

Exemples de mots **masculins** formant leur pluriel en ־ִים :

	singulier		pluriel	
frère	[ʔåḥ]	אָח	אַחִים	[ʔåḥim]
chant	[šir]	שִׁיר	שִׁירִים	[širim]
peuple	[ʕam]	עַם	עַמִּים	[ʕammim]
roi	[mɛlɛḵ]	מֶלֶךְ	מְלָכִים	[m^{e}laḵim]

Exemples de mots **féminins** formant leur pluriel en ־ִים :

	singulier		pluriel	
année	[šånå]	שָׁנָה	שָׁנִים	[šånim]
blé	[ḥiṭṭå]	חִטָּה	חִטִּים	[ḥiṭṭim]
ville	[ʕir]	עִיר	עָרִים	[ʕårim]

• Inversement, וֹת- est la finale de pluriel pour de très nombreux substantifs féminins – en particulier ceux dont le singulier est terminé par **-å** – mais aussi pour beaucoup de masculins.

Exemples de mots **féminins** formant leur plur. en וֹת- :

	singulier			**pluriel**
vache	[pårå]	פָּרָה	פָּרוֹת	[påroṯ]
loi, enseignement	[torå]	תּוֹרָה	תּוֹרוֹת	[toroṯ]
commandement	[miṣwå]	מִצְוָה	מִצְוֹת	[miṣwoṯ][2]
pays	[ʔɛrɛṣ]	אֶרֶץ	אֲרָצוֹת	[ʔ^{a}råṣoṯ]

Exemples de mots **masculins** formant leur plur. en וֹת- :

	singulier			**pluriel**
père	[ʔåv]	אָב	אָבוֹת	[ʔåvoṯ]
nom	[šem]	שֵׁם	שֵׁמוֹת	[šemoṯ]
lieu	[måqom]	מָקוֹם	מְקוֹמוֹת	[m^{e}qomoṯ]

• **Concrètement, vous identifierez un mot pluriel par sa finale** ִים- **(–im) ou** וֹת- **(–oṯ)**, puis vous le chercherez dans le dictionnaire. Or, en comparant dans les tableaux précédents les pluriels des mots signifiant *frère* (ʔåḥ, ʔåḥim), *lieu* (måqom, m^{e}qomoṯ) et *roi* (**mɛlɛḵ**, m^{e}låḵim), vous constatez que :

- **dans le 1er cas**, il suffit d'enlever le suffixe de pluriel pour trouver le singulier : אָחִים [ʔåḥim] > אָח [ʔåḥ]. Ces mots sont faciles à trouver dans le dictionnaire.
- **dans le 2ème cas**, la forme obtenue en ôtant la marque de pluriel, [m^{e}qom-], est très légèrement différente de la forme de singulier [måqom] : à la voyelle qameṣ du singulier correspond, au pluriel, un shewa mobile. Ici s'applique la règle vue p. 47 : une voyelle qui n'est plus dans la syllabe accentuée peut se réduire en shewa mobile. Or, c'est toujours le suffixe de pluriel qui porte l'accent tonique ; la 1ère voyelle du mot, se trouvant éloignée de l'accent, se réduit souvent :

	singulier			**pluriel**
parole, chose	[dåvår]	דָּבָר	דְּבָרִים	[d^{e}vårim]
lieu	[måqom]	מָקוֹם	מְקוֹמוֹת	[m^{e}qomoṯ]
grand	[gådol]	גָּדֹל	גְּדֹלִים	[g^{e}dolim]

---

[2] La graphie de ce mot est toujours défective (מִצְוֹת), on ne trouve que rarement מִצְווֹת. Le shewa qui est sous le ṣadé vous oblige à voir dans le waw une consonne, vocalisée [o] (ḥolem), et vous empêche de lire **miṣoṯ* - qui par ailleurs n'existe pas.

- **dans le 3ème cas**, la base servant à former le pluriel est différente de celle du singulier : ce n'est pas à מֶלֶךְ [**m**ɛlɛk] qu'on ajoute le suffixe ־ִים, mais à מְלָכ- [m^e^låk-]. Il existe pour ces mots des règles de formation que nous étudierons.

- Enfin, il y a des pluriels irréguliers, comme עִיר *ville* > עָרִים.

➢ Duel

Le duel, qui s'emploie pour les noms allant par paires, est caractérisé par une finale –**a**yim (־ַיִם). Notez la place de l'accent tonique, sur le [a] et non sur la syllabe finale : יָד *main* > יָדַיִם [yå**d**ayim] *mains*. Dans les noms terminés par **–å** (־ָה), **–å** est remplacé par –at (־ַת) devant la terminaison –**a**yim.

Le duel n'est pas **productif** (= on ne peut pas le fabriquer pour n'importe quel mot), mais **limité** à certains noms : ceux qui désignent des paires naturelles, comme les parties du corps de l'homme et de l'animal, des objets doubles tels que les outils à deux branches ou encore des mesures de longueur ou de temps : *deux coudées, deux ans*.

Les noms de parties du corps qui prennent le duel n'ont en général pas de forme de pluriel : כָּנָף [kånåf] *une aile*, כְּנָפַיִם [k^e^nå**fa**yim] *(deux) ailes*, שֵׁשׁ כְּנָפַיִם [šeš k^e^nå**fa**yim] *six ailes*. Exemples :

singulier			duel		
main	[yåd]	יָד	*mains*	[yå**da**yim]	יָדַיִם
œil	[ʕ**a**yin]	עַיִן	*yeux*	[ʕeʸ**na**yim]	עֵינַיִם
pied	[**re**gɛl]	רֶגֶל	*pieds*	[rag**la**yim]	רַגְלַיִם
lèvre	[såfå]	שָׂפָה	*lèvres*	[s^e^få**ta**yim]	שְׂפָתַיִם

En revanche, pour les noms exprimant des mesures, les formes de duel et de pluriel s'opposent (deux / plusieurs) :

singulier	duel	pluriel
יוֹם *un jour*	יוֹמַיִם [yo**ma**yim] *deux jours*	יָמִים [yåmim] *jours*
אַמָּה *une coudée*	אַמָּתַיִם [ʔammå**ta**yim] *2 coudées*	אַמּוֹת [ʔammot] *coudées*
אֶלֶף *mille*	אַלְפַּיִם [ʔal**pa**yim] *deux mille*	אֲלָפִים [ʔ^a^låfim] *milliers*

Enfin, certains mots sont **morphologiquement** au duel, mais n'ont rien à voir avec lui du point de vue sémantique ; dans ce cas, ils n'existent pas au singulier. Les plus fréquents sont מַיִם *eau*, שָׁמַיִם *ciel*, et des toponymes comme מִצְרַיִם *Égypte*, יְרוּשָׁלַיִם [y^e^rušå**la**yim] *Jérusalem* (presque toujours orthographié sans yod : יְרוּשָׁלַםִ).

À RETENIR AVANT DE FAIRE LES EXERCICES

- Les noms terminés par **–å** (ָה–) ou par **–t̲** (ת–) sont, dans la très grande majorité des cas, féminins.
- Les noms terminés par **–im** (ִים–) ou **–ot̲** (וֹת–) sont des pluriels ; il faut enlever ce suffixe avant de chercher le mot dans le dictionnaire. Ce que l'on obtient en enlevant le suffixe n'est pas toujours identique au mot tel qu'il apparaît au singulier, mais ces petites différences n'empêchent pas de le trouver dans le dictionnaire.
- Les noms terminés par –**a**yim (ַיִם–) sont au duel, une forme employée pour les substantifs désignant des paires.
- Pour les adjectifs et les participes, l'absence de terminaison signale un masc. sing. ; la terminaison **–å** (ָה–) ou **–t̲** (ת–) un fém. sing. ; la terminaison **–im** (ִים–) un masc. plur. ; la terminaison **–ot̲** (וֹת–) un fém. plur. Les adjectifs épithètes s'accordent avec les noms qu'ils qualifient : on peut donc, par l'adjectif, connaître le genre du nom.

E1

• *Classez les mots suivants en trois listes : singuliers, pluriels, duels. Ensuite, parmi les mots au singulier, dites quels sont ceux qui sont sûrement féminins.*

1. בָּנִים 2. סֵ֫פֶר 3. רֵאשִׁית 4. זִכָּרוֹן 5. בְּתוּלָה 6. נְעָרוֹת
7. מֶלְקָחַ֫יִם 8. דְּלָתוֹת 9. דְּלָתַ֫יִם 10. מְלָאכָה 11. צְבָאוֹת
12. עֵינַ֫יִם 13. נְחֹ֫שֶׁת

• *Dans cette série de syntagmes nom + adjectif, indiquez le genre du nom (attention : l'adjectif est toujours placé après le nom avec lequel il s'accorde).*

1. דֶּ֫רֶךְ רְחוֹקָה *Une route lointaine* 2. חֲלוֹם אַחֵר *Un autre rêve* 3. בְּאֵר אַחֶ֫רֶת *Un autre puits* 4. אֶ֫בֶן גְּדוֹלָה *Une grande pierre* 5. אֵשׁ מִתְלַקַּ֫חַת *Un feu fulgurant* 6. אִישׁ יְהוּדִי *Un homme de la tribu de Juda.* 7. שִׁפְחָה מִצְרִית *Une servante égyptienne* 8. נָשִׁים מוֹאֲבִיּוֹת *Des femmes moabites* 9. לַ֫יְלָה טוֹב *Une bonne nuit*

T2. Article et prépositions

1. L'article

Il n'y a pas d'article indéfini. L'article défini, -הַ, invariable, se place avant le mot qu'il détermine. Comme tous les éléments constitués d'une seule consonne, il ne s'écrit pas séparément mais se lie au nom qui suit : הַתּוֹרָה [hattorå] *la loi.* Pour une raison étymologique, il entraîne dans la consonne suivante un redoublement marqué par le dagesh fort ; si cette consonne ne peut être redoublée, la voyelle de l'article est modifiée.

2. Les éléments monoconsonantiques

La conjonction de coordination et les prépositions constituées d'une seule consonne s'accolent au mot qui les suit. Leur shewa est mobile et prononcé.

et	-וְ	*et Abraham*	וְאַבְרָהָם	[w^{e}ʔavråhåm]
dans, à, avec	-בְּ	*au commencement*	בְּרֵאשִׁית	[b^{e}re$^{(ʔ)}$šiṯ]
vers, pour, à	-לְ	*pour David*	לְדָוִד	[l^{e}ḏåwiḏ]
comme	-כְּ	*comme un lion*	כְּאַרְיֵה	[k^{e}ʔarye]

Quant à la préposition מִן, *de*, qui exprime l'origine ou la provenance (anglais *from*), son nun s'assimile souvent à la consonne suivante. De ce fait, la préposition devient elle aussi monoconsonantique et se lie au mot qui suit ; le nun s'assimile à la consonne suivante (= devient identique à elle), ce qui entraîne un redoublement marqué par le dagesh fort. Exemple, [min sinay] > [missinay] : מִסִּינַי, *du Sinaï.*

3. L'ordre des éléments dans le groupe nominal

L'article se place **avant** le nom qu'il détermine, mais tous les autres éléments qui accompagnent un nom (adjectif ou participe épithète, démonstratif, complément) se placent obligatoirement **après** lui.

———— P2

1. L'article

- L'article défini -הַ s'accole au nom qu'il détermine et entraîne dans la consonne qui suit un redoublement marqué par le dagesh fort :

(un) roi	מֶלֶךְ	הַמֶּלֶךְ	*le roi*
(une) main	יָד	הַיָּד	*la main*
(des) prophètes	נְבִיאִים	הַנְּבִיאִים	*les prophètes*
(des) commandements	מִצְוֹת	הַמִּצְוֹת	*les commandements*

- Dans la tradition orale des Massorètes de Tibériade, cinq consonnes ne pouvaient être redoublées : ר, ע, ח, ה, א. Lorsque l'article se trouve devant l'une d'elles, sa vocalisation peut être modifiée – ou non : les variations tiennent à la nature de la consonne et la place de l'accent tonique. Il n'est pas nécessaire pour le moment de mémoriser toutes les variations possibles. L'important est de repérer la présence de l'article, pour pouvoir chercher le mot dans le dictionnaire :

(un) homme	אִישׁ	הָאִישׁ	*l'homme*
(des) montagnes	הָרִים	הֶהָרִים	*les montagnes*
(un) sage	חָכָם	הֶחָכָם	*le sage*
(un) mois	חֹדֶשׁ	הַחֹדֶשׁ	*le mois*
(une) ville	עִיר	הָעִיר	*la ville*
(une) tête	רֹאשׁ	הָרֹאשׁ	*la tête*

• Certains mots ont une forme différente lorsqu'ils sont précédés de l'article : אֶ֫רֶץ [ʔɛrɛṣ] *terre, pays* > הָאָ֫רֶץ [håʔårɛṣ].

• Lorsqu'un nom est précédé de l'article, les adjectifs et participes épithètes le prennent aussi :

אֶ֫רֶץ טוֹבָה, *un bon pays* > הָאָ֫רֶץ הַטּוֹבָה, *le bon pays.*

2. Les prépositions et la recherche dans le dictionnaire

• La syntaxe des prépositions ne présente guère de difficulté ; mais, devant un mot **commençant** par –בְּ, –לְ, –כְּ, –מִ, il faut avoir le réflexe de se demander si cette consonne fait partie du nom ou si c'est une préposition. Ainsi, le mot *bénédiction*, בְּרָכָה [b^{e}råḵå] (cf. *baraka*), provient d'une racine ברך et doit être cherché dans le dictionnaire à sa première consonne, ב ; en revanche, le premier mot de la Bible, בְּרֵאשִׁית [b^{e}re$^{(ʔ)}$šiṯ] *au commencement*, est un nom (רֵאשִׁית = *commencement*) **précédé** de la préposition -בְּ ; il faut donc ouvrir le dictionnaire à ר.

• La prép. –מִ entraînant un redoublement marqué par le dagesh fort, il est aisé de faire la différence entre un mot **précédé de la préposition** –מִ et un mot **commençant par la syllabe** מִ. Dans מִצִּיּוֹן, [miṣṣiyon] le redoublement du צ indique qu'il faut analyser מִן + צִיּוֹן, *de Sion* ; mais dans מִדְבָּר [miḏbår] *désert*, l'absence de redoublement dans le ד prouve que le מ initial fait partie du mot : il faut ouvrir le dictionnaire à la lettre מ. Comme pour l'article, l'impossibilité d'un dagesh fort dans א, ה, ח, ע, ר entraîne une modification de la voyelle du מ, qui devient automatiquement ṣéré :

Ephraïm	אֶפְרַ֫יִם	מֵאֶפְרַ֫יִם	*d'Ephraïm*
ils, eux	הֵם	מֵהֶם	*d'eux*
mois	חֹ֫דֶשׁ	מֵחֹ֫דֶשׁ לְחֹ֫דֶשׁ	*de mois en mois*
côté opposé	עֵ֫בֶר	מֵעֵ֫בֶר	*en-deçà, au-delà*
mal	רָע	סוּר [מֵ]רָע	*écarte-toi du mal*

- Il n'y a quasiment pas, en dehors de quelques noms propres, de mot commençant par waw en hébreu biblique. Un waw en début de mot est donc forcément la conjonction de coordination.

- Lorsque l'article suit les prépositions כְּ–, בְּ–, לְ–, la consonne ה est élidée ; seule subsiste la voyelle, et c'est elle qui indique la présence de l'article. En d'autres termes, on n'écrit pas לְהַמֶּ֫לֶךְ* [*l^{e}ham**me**lek̲], *pour le roi*, mais לַמֶּ֫לֶךְ [lam**me**lek̲] ; לְמֶ֫לֶךְ [l^{e}**me**lek̲] signifie *pour (un) roi.* En revanche, avec la préposition מִן, l'élision ne se produit pas : on a מִן הַמֶּ֫לֶךְ *du roi*, ou, plus rarement, מֵהַמֶּ֫לֶךְ. Elle ne se produit pas non plus avec la conjonction de coordination : וְהַמֶּ֫לֶךְ [w^{e}ham**me**lek̲], *et le roi.*

À RETENIR AVANT DE FAIRE LES EXERCICES

- Un « **mot** » (un bloc de lettres séparé de ce qui précède et de ce qui suit par un espace) est souvent, en hébreu, constitué de différents **morphèmes** qu'il faut repérer et isoler avant de chercher dans le dictionnaire : à la fin, les marques de pluriel ou les affixes possessifs ; au début, les prépositions monoconsonantiques et/ou l'article défini.
- L'article entraîne un redoublement dans la consonne suivante, sauf s'il s'agit de ר, ע, ח, ה, א. L'article peut alors changer de vocalisation.
- Si un substantif prend l'article, l'épithète qui l'accompagne (adjectif, participe) le prend aussi.
- Quand une préposition monoconsonantique est suivie de l'article, la consonne ה s'élide et seule la voyelle de l'article apparaît sous la préposition (à la place du shewa).
- La préposition מִ– entraîne un redoublement marqué par le dagesh fort, sauf dans les consonnes ר, ע, ח, ה, א.

——— E2

- *Dans cette série de syntagmes nom + adjectif, ajoutez l'article défini.*

1. מָאוֹר גָּדֹל *Un grand luminaire*
2. יָד חֲזָקָה *Une main forte*
3. פָּרוֹת דַּקּוֹת *Des vaches maigres*
4. כֹּהֵן גָּדֹל *Un grand prêtre*

• *Analysez les syntagmes nominaux suivants : repérez s'il y a lieu les prépositions, l'article, la conj. de coordination, les suffixes de pluriel, et donnez la forme qui est l'entrée du dictionnaire. Ensuite, traduisez-les à l'aide du vocabulaire ci-dessous.*

Exemple : לַשִּׁירִים

Le mot à chercher dans le dictionnaire est שִׁיר

ל + הַ + **שִׁיר** + ִים

préposition — article — **שִׁיר** — suffixe de pluriel

שִׁיר = *chant ;* donc לַשִּׁירִים = *pour les chants.*

1. הַגַּן 2. בַּגַּנִּים 3. וְהַקּוֹלוֹת 4. בַּיּוֹם הַשְּׁלִישִׁי 5. לְיִצְחָק
6. לַמַּלְאָכִים 7. כָּאַרְיֵה 8. כַּמִּשְׁפָּט 9. מִמִּשְׁפָּחָה 10. מִשָּׁם
11. מֵהַמִּדְבָּר 12. וְהָאָרֶץ.

1. גַּן	*jardin*	5. יִצְחָק	*Isaac*	9. מִשְׁפָּחָה	*famille*
3. קוֹל	*voix*	6. מַלְאָךְ	*envoyé*	10. שָׁם	*là-bas*
4. יוֹם	*jour*	7. אַרְיֵה	*lion*	11. מִדְבָּר	*désert*
שְׁלִישִׁי	*troisième*	8. מִשְׁפָּט	*usage*		

T3. L'état construit

Un état construit est un syntagme (= groupe de mots) dans lequel se succèdent deux noms – plus rarement, un adjectif et un nom. Cette juxtaposition crée entre eux une étroite liaison. Le second élément est le complément du premier ; en latin ou en grec, il serait au génitif. Du point de vue sémantique, l'état construit exprime divers types de relations, et ses emplois recouvrent plus ou moins ceux de la préposition *de* : il peut signifier l'appartenance (*le bétail de Jéthro*), la matière (*des tables de pierre*), la qualité (*des paroles de vérité = des paroles vraies*), l'identité référentielle (*le pays d'Égypte*), la cause (*malade d'amour*). Lorsque le premier élément est un adjectif, le second apporte une précision : *raide de nuque = à la nuque raide.* Enfin, lorsque les deux termes sont identiques, le premier au singulier et le second au pluriel, l'état construit exprime le superlatif : le *Saint des saints* est la partie la plus sainte du Temple, le *Cantique des cantiques* le plus beau chant, et l'Ecclésiaste commence son livre par *vanité des vanités.*

P3

1. Exemples d'états construits

homme = אָדָם [ʔåḏåm]	*fils* = בֵּן [ben]	בֶּן אָדָם *fils d'homme*
Égypte = מִצְרַיִם [miṣ**ra**yim]	*pays* = אֶרֶץ [**ʔ**ɛrɛṣ]	אֶרֶץ מִצְרַיִם *pays d'Égypte*
nuque = עֹרֶף [**ʕo**rɛf]	*dur* = קָשֶׁה [qåšɛ]	קְשֵׁה עֹרֶף *dur de la nuque, à la nuque raide*

Les termes de l'état construit sont étroitement liés. Du point de vue morphologique, le premier terme, qui s'appuie phonétiquement sur le second, se trouve souvent modifié, allant parfois jusqu'à perdre son accent tonique, ce qui retentit sur sa vocalisation. Exemples :

parole [dåvår] דָּבָר	דְּבַר אֱלֹהִים [d^{e}var] *parole de Dieu*
maison [**ba**yiṯ] בַּיִת	בֵּית עֲבָדִים [be$^{(y)}$ṯ] *maison d'esclaves*
fils (plur.) [bånim] בָּנִים	בְּנֵי יִשְׂרָאֵל [b^{e}ne$^{(y)}$] *fils d'Israël, Israélites*

2. Formation des états construits

Les substantifs en ־ָה (–å) ont un état construit en ־ַת (–aṯ), plus rarement en ־ֶת (–ɛṯ). Les noms terminés par ־ִים (–im), pluriels et duels, ont presque tous un état construit en ־ֵי (–e^{y}) : le yod sert de mère de lecture à la voyelle [e] et ne doit pas être prononcé. Les noms pluriels terminés par ־וֹת (**–oṯ**) conservent leur finale. Exemples :

loi	תּוֹרָה [torå]	תּוֹרַת מֹשֶׁה [toraṯ mošɛ]	*la loi de Moïse*
terre	אֲדָמָה [ʔ^{a}ḏåmå]	אַדְמַת קֹדֶשׁ [ʔ^{a}ḏmaṯ **qo**ḏɛš]	*une terre de sainteté, une terre sainte*
royaume	מַמְלָכָה [mamlåḵå]	מַמְלֶכֶת כֹּהֲנִים [maml**ɛ**ḵɛṯ kohanim]	*un royaume de prêtres*
mains	יָדַיִם [yå**da**yim]	יְדֵי אָדָם [yeḏe$^{(y)}$ ʔåḏåm]	*des mains d'homme*
filles	בָּנוֹת [bånoṯ]	בְּנוֹת לוֹט [b^{e}noṯ loṭ]	*les filles de Loth*

Les modifications de l'état construit (par ex. [ʔ^{a}ḏåmå] > [ʔaḏmaṯ]) obéissent à des règles qu'il serait fastidieux d'énumérer, et que les grammaires vous indiqueront. Ce qu'il faut retenir, parce que cela conditionne votre recherche dans le dictionnaire, est qu'**un nom**

finissant par [-aṯ] est l'état construit d'un nom terminé par [–å], et qu'un nom finissant par [–e^{y}] est l'état construit d'un nom terminé par [–im].

3. Syntaxe de l'état construit

- On ne peut **rien** insérer entre les deux éléments de l'état construit – sauf l'article, qui se place devant le dernier terme et donne un caractère défini à l'ensemble du syntagme. Ainsi, à partir de אֵם *mère* et מֶ֫לֶךְ *roi*, on peut fabriquer un état construit indéfini, אֵם מֶ֫לֶךְ *une mère de roi*, ou défini, אֵם הַמֶּ֫לֶךְ *la mère du roi.*

Shabbat = שַׁבָּת	*jour* = יוֹם	יוֹם הַשַּׁבָּת **le** *jour du Shabbat* [yom haššabbåṯ]
terre = אֲדָמָה	*fruit* = פְּרִי	פְּרִי הָאֲדָמָה **le** *fruit de la terre* [p^{e}ri håʔ^{a}d̲åmå]
ville = עִיר	*anciens* = זְקֵנִים	זִקְנֵי הָעִיר **les** *anciens de la ville* [ziqne$^{(y)}$ håʕir]

- Un nom propre ou muni d'un affixe possessif ne peut pas être le premier terme d'un état construit. Il peut en revanche occuper la seconde place, mais comme il équivaut syntaxiquement à un nom avec article, un état construit dont le second terme est un nom propre ou un nom avec affixe est automatiquement **défini**. On ne peut donc pas l'utiliser pour dire « **une** fille de Laban » (= *une des filles de Laban*), « **un** fils de **mon** voisin », ou « **le** fils d'**un** prophète » : sans article, on comprend « **un** fils **de** prophète », avec article, « **le** fils **du** prophète ».

Pharaon = פַּרְעֹה	*fille* = בַּת	בַּת פַּרְעֹה **la** *fille de Pharaon* [baṯ parʕo]
Isaac = יִצְחָק	*Dieu* = אֱלֹהִים	אֱלֹהֵי יִצְחָק **le** *Dieu d'Isaac* [ʔ^{e}lohe$^{(y)}$ yiṣḥåq]
Sinaï = סִינַי	*montagne* = הַר	הַר סִינַי **le** *mont Sinaï* [har sinay]

- Le second terme d'un état construit peut être un état construit :

[ʕeṣ] *arbre* = עֵץ [gan] *jardin* = גַּן [p^{e}ri] *fruit* = פְּרִי	עֵץ הַגַּן *l'arbre du jardin* פְּרִי עֵץ הַגַּן *le fruit de l'arbre du jardin*
[bånim] *fils* = בָּנִים [Yiśråʔel] *Israël* = יִשְׂרָאֵל [šemoṯ] *noms* = שְׁמוֹת	בְּנֵי יִשְׂרָאֵל *les fils d'Israël* שְׁמוֹת בְּנֵי יִשְׂרָאֵל *les noms des fils d'Israël*

——— E3

- *Reliez le mot à l'état absolu (colonne de droite) à son état construit (col. de gauche)*

יֹשְׁבֵי הָאָרֶץ	שָׂפָה
מַלְכַּת שְׁבָא	יֹשְׁבִים
מִשְׁפְּחוֹת הַלְוִיִּם	פָּנִים
יְדֵי הַמֶּלֶךְ	מַלְכָּה
שְׂפַת הַיְאֹר	יָדַיִם
פְּנֵי הָאֲדָמָה	מִשְׁפָּחוֹת

- *Traduisez les états construits. La plupart des mots ont été vus dans cette leçon et les précédentes ; vous les retrouverez dans la liste du vocabulaire à retenir, p. 82.*

1. בְּנֵי יַעֲקֹב (*Jacob*) 2. מִדְבַּר סִינַי 3. אַדְמַת הַכֹּהֲנִים 4. אֱלֹהֵי אַבְרָהָם 5. עִיר דָּוִד 6. מֶלֶךְ מִצְרַיִם 7. מִצְוַת הַמֶּלֶךְ 8. שֵׁם אֱלֹהִים 9. שִׁיר הַשִּׁירִים

- *Traduisez en hébreu (même remarque)*

1. Le fils (בֵּן) du roi. 2. Un fils de prophète. 3. La mère de Jacob. 4. La loi de Moïse. 5. La maison de Pharaon. 6. Le serviteur du prêtre. 7. Une fille de roi.

——— T4. La flexion du nom et des prépositions

La **flexion nominale** est assez proche de l'état construit : mais le second élément est cette fois un **affixe**, c'est-à-dire un pronom personnel non autonome **qui s'accole au nom** et exprime la possession. Nous en avons vu des exemples dans les leçons 1 et 2.

une maison	בַּיִת	[**bay**iṯ], état absolu
la maison du roi	בֵּית הַמֶּלֶךְ	[be⁽ʸ⁾ṯ ham**me**lɛḵ], état construit
ma maison	בֵּיתִי	[be⁽ʸ⁾**ṯi**], avec affixe 1ère sing.

un vêtement	שִׂמְלָה	[śim**lå**], état absolu
un vêtement de femme	שִׂמְלַת אִשָּׁה	[śim**laṯ** ʔiš**šå**], état construit
son vêtement (à lui)	שִׂמְלָתוֹ	[śimlå**ṯo**], affixe 3ème masc. sing.

Les **prépositions** peuvent aussi se fléchir.

pour David	לְדָוִד	[l^{e}d̲åwid̲]
pour lui	לוֹ	[lo], affixe 3ème masc. sing.

———— P4

1. Flexion du nom singulier

Notre modèle de flexion du nom singulier sans marque de genre sera, comme dans la plupart des grammaires, le mot סוּס *cheval* :

possesseur	singulier	pluriel
1ère masc. et fém.	סוּסִי [susi] *mon cheval*	סוּסֵנוּ [susenu] *notre cheval*
2ème masc.	סוּסְךָ [sus^{e}k̲å] *ton cheval*	סוּסְכֶם [sus^{e}k̲em] *votre cheval*
2ème fém.	סוּסֵךְ [susek̲] *ton cheval*	סוּסְכֶן [sus^{e}k̲en] *votre cheval*
3ème masc.	סוּסוֹ [suso] *son cheval*	סוּסָם [susåm] *leur cheval*
3ème fém.	סוּסָהּ [susåh] *son cheval*	סוּסָן [susån] *leur cheval*

Nous vous conseillons d'apprendre par cœur ce tableau, car les affixes sont extrêmement fréquents en hébreu biblique. À noter que :

- Au singulier et au pluriel, la 1ère personne est indifférenciée ; en revanche, à partir de la 2ème personne, on oppose le masculin au féminin : סוּסְךָ, *ton cheval* (le possesseur est un homme) ≠ סוּסֵךְ, *ton cheval* (le possesseur est une femme) ; סוּסוֹ, *son cheval* (*à lui*) ≠ סוּסָהּ, *son cheval* (*à elle*) ; idem au pluriel.
- L'accent est sur la dernière syllabe (= sur l'affixe), sauf à la 1ère personne du pluriel.
- Le point dans le הּ de סוּסָהּ, qui n'est pas un dagesh mais un mappiq, sera expliqué ci-dessous p. 81.

Voici à présent la flexion du mot singulier à finale féminine ָה. Les affixes sont les mêmes, mais ils se lient à la forme d'état construit : pour תּוֹרָה, *loi*, on part de la base -תּוֹרַת. Le pataḥ se maintient à la 2ème pers. du pluriel, devant כֶם- et כֶן- ; partout ailleurs il passe à qameṣ.

possesseur	singulier	pluriel
1ère masc. et fém.	תּוֹרָתִי [toråṯi] *ma loi*	תּוֹרָתֵנוּ [toråṯenu] *notre loi*
2ème masc.	תּוֹרָתְךָ [toråṯ^{e}ḵå] *ta loi*	תּוֹרַתְכֶם [toråṯ(^{e})ḵɛm] *votre loi*
2ème fém.	תּוֹרָתֵךְ [toråṯeḵ] *ta loi*	תּוֹרַתְכֶן [toråṯ(^{e})ḵɛn] *votre loi*
3ème masc.	תּוֹרָתוֹ [toråṯo] *sa loi*	תּוֹרָתָם [toråṯåm] *leur loi*
3ème fém.	תּוֹרָתָהּ [toråṯåh] *sa loi*	תּוֹרָתָן [toråṯån] *leur loi*

2. Syntaxe du nom fléchi

Du point de vue **syntaxique**, un nom fléchi est l'équivalent d'un nom avec article et se construit comme lui. Ainsi, lorsqu'un nom fléchi est suivi d'un adjectif, cet adjectif doit prendre l'article, comme s'il accompagnait un nom précédé de l'article (ci-dessus p. 69) : en effet, le nom fléchi est considéré comme déterminé et l'adjectif s'accorde avec lui en genre, en nombre, **et en détermination** :

יָד חֲזָקָה = *une main forte* [yåḏ ḥ^{a}zåqå]
הַיָּד הַחֲזָקָה = *la main forte* [hayyåḏ haḥ^{a}zåqå]
יָדוֹ הַחֲזָקָה = *sa main forte* [yåḏo haḥ^{a}zåqå]

Un nom fléchi ne peut jamais prendre l'article défini : en effet, il y a incompatibilité entre flexion et présence de l'article (cf. le français : vous ne pouvez pas dire **le mon chien*). Le nom fléchi ne peut pas non plus, pour la même raison, être le premier terme d'un état construit. Il peut en revanche occuper la seconde place : פְּרִי אַדְמָתְךָ, *le fruit de ta terre.*

3. Flexion des prépositions

Le tableau ci-dessous est valable pour לְ־, בְּ־, et quelques autres prépositions que vous ne connaissez pas encore. Au singulier, les affixes sont les mêmes que pour les noms, mais il y a une différence de voyelle à la 2ème pers. du fém. : לָךְ, avec qameṣ (comparez סוּסֵךְ, avec ṣéré). Au pluriel, on retrouve ce qameṣ à toutes les personnes. Les affixes de 3ème personne du pluriel sont différents de ceux du nom, mais on conserve l'opposition entre -**m** (masc.) et -**n** (fém.). Flexion de לְ־ :

	singulier	pluriel
1ère masc. et fém.	לִי [li] *pour moi*	לָ֫נוּ [lånu] *pour nous*
2ème masc.	לְךָ [lᵉkå] *pour toi*	לָכֶם [låkem] *pour vous*
2ème fém.	לָךְ [låk] *pour toi*	לָכֶן [låkɛn] *pour vous*
3ème masc.	לוֹ [lo] *pour lui*	לָהֶם [låhɛm] *pour eux*
3ème fém.	לָהּ [låh] *pour elle*	לָהֶן [låhɛn] *pour elles*

——— E4

• *Donnez la flexion complète de* קוֹל, *voix ;* רֹאשׁ, *tête ;* מַלְכָּה, *reine* (base de flexion : -מַלְכַּת) ; צְדָקָה, *justice* (base de flexion : -צִדְקַת) *;* -בְּ , *dans*.

• *Traduisez :*

1. בְּנוֹ 2. יָדֵ֫נוּ 3. דְּבָרְךָ 4. מְקוֹמְכֶן 5. עִירְכֶם 6. עַמָּהּ 7. מִצְוָתוֹ
8. בֵּיתֵךְ 9. בְּנָם 10. שְׁמָם 11. יוֹמוֹ 12. בְּךָ 13. בָּהֶם 14. דְּבָרֵ֫נוּ.

• *Analysez les mots comme dans l'exercice E2 de la p. 71 et traduisez-les :*

1. לְתוֹרָתוֹ 2. בְּיָדִי 3. לְבֵיתֵ֫נוּ 4. מִמְּקוֹמוֹ 5. מֵעִירְךָ

——— T5. Dagesh et mappiq

Nous avons vu jusqu'ici le dagesh de manière empirique ; nous présenterons maintenant les règles phonologiques qui en régissent l'usage. On distingue deux types de dagesh : le **dagesh léger**, qui se place dans **six consonnes** seulement (בּ, גּ, דּ, כּ, פּ, תּ) et en marque la prononciation occlusive, et le **dagesh fort**, qui note un redoublement et peut affecter **toutes les consonnes** sauf א, ה, ח, ע, ר.

Comme le dagesh, le mappiq est un point diacritique, mais son usage est réservé au ה final : il permet de distinguer un « vrai » הּ, 3ème consonne d'une racine ou morphème de possessif, prononcé, du ה mère de lecture, non prononcé, qui a une simple fonction orthographique, à savoir indiquer que le mot est terminé par une voyelle.

P5

1. Le dagesh léger

Le graphème בּ est réalisé [b] s'il est accompagné du dagesh (בּ) et [v] si ce n'est pas le cas (ב). La présence du dagesh léger est régie par une loi phonologique. Avant de l'exposer, nous prendrons 2 exemples.

- En français, /b/ et /v/ sont des **phonèmes** distincts, car ils peuvent occuper les mêmes positions : bol/vol, libre/livre, cube/cuve. Le remplacement de l'un par l'autre fait qu'on a un tout autre mot. Le locuteur **choisit** de dire *cube* ou *cuve*, en fonction de ce dont il veut parler : il dispose dans ce cas de deux phonèmes différents et opposables. Il n'y a pas en français de règle phonologique qui empêche d'avoir /b/ou /v/ à toute place du mot.

- Inversement, le [l] qu'on entend dans *peuple* est différent de celui qu'on entend dans *libre* (prononcez-les à haute voix : la position de la langue dans la bouche n'est pas la même). Pourtant, il n'y a pas là deux phonèmes distincts : en effet, le [l] de *peuple* n'est jamais réalisé en début de mot ; d'autre part, si un locuteur étranger prononce *libre* avec le [l] de peuple, cela n'empêchera nullement son interlocuteur *d'identifier* le mot, alors que s'il prononce *des cubes* avec [v] au lieu de [b], l'interlocuteur se méprendra sur le sens du message. Le choix entre les deux prononciations de /l/ n'est donc pas libre, mais **conditionné** par sa place dans le mot. Ces deux sortes de [l] sont des **allophones**, c'est-à-dire des **variantes** d'un même phonème /l/.

Le phonème /b/, attesté dans toutes les langues sémitiques, existe aussi en hébreu biblique, mais, dans certaines positions, il s'est **spirantisé**, c'est-à-dire qu'il a été accompagné d'une légère aspiration aboutissant à une prononciation [v]. Ainsi, *il a écrit* se dit en arabe *kataba*, et en hébreu כָּתַב [kåṯav]. Cette spirantisation s'est produite assez tard, et uniquement à certaines places : à l'intérieur du mot après voyelle, en fin de mot après voyelle. À l'initiale, en revanche, on a toujours l'occlusive /b/. Un mot ne peut donc commencer que par בּ, jamais par ב ; mais si, pour une raison quelconque, ce בּ se trouve placé après une voyelle, il passe automatiquement à ב. Ex. : בַּת [baṯ], *une fille* ; כְּבַת [kᵉvaṯ], *comme une fille*. L'alternance entre une consonne **avec** dagesh léger et la même consonne **sans** dagesh léger est donc une alternance **automatique, conditionnée par la place de cette consonne dans le mot**. Conclusion : /בּ/ et /ב/ ne constituent pas des **phonèmes** distincts, mais, comme les deux réalisations du /l/ français, des **allophones,** c'est-à-dire des variantes complémentaires dépendant de leur place dans le mot. C'est la même chose pour פּ et פ ; un mot biblique ne peut donc pas commencer par [f]. *Pharaon* se dit פַּרְעֹה [parʕo], mais *pour Pharaon* לְפַרְעֹה [l^{e}farʕo] : פּ, n'étant plus à l'initiale et étant précédé d'une voyelle, passe automatiquement à la spirante פ, prononcée [f].

Le dagesh léger affecte six consonnes, pour lesquelles on constate les mêmes alternances que pour /בּ/ et /ב/ ou /פּ/ et /פ/ :

b בּ g גּ d דּ k כּ p פּ t תּ

Les grammairiens ont proposé un acronyme pour mémoriser cette liste : BeGaDKeFaT. **Ces six consonnes prennent le dagesh léger :**

1) à l'initiale (= en début de mot) ;

2) après syllabe fermée (= après une consonne affectée d'un shewa quiescent).

	à l'initiale	**après voyelle ou shewa mobile (= après syllabe ouverte)**	**après shewa quiescent (= après syllabe fermée)**
dagesh léger	**oui**	**non**	**oui**
Exemples → בּ	בֵּן [ben] *fils* בּ à l'initiale	לְבֵן [l^{e}ḇen], pron. [l^{e}ven] *pour un fils* בּ, n'étant plus à l'initiale, passe automatiquement à ב	מִדְבָּר [miḏbår] *désert* בּ, occlusive, obligatoire après la syllabe fermée miḏ-
Exemples → פּ	פָּרָה [pårå] *vache* פּ à l'initiale	שָׁפַט [šåp̄aṭ], pron. [šåfaṭ] *il a jugé* Accompli 3ème pers. du masc. sing : פ suit la voyelle, donc pas de dagesh léger	יִשְׁפֹּט [yišpoṭ], *il jugera* Même verbe à l'inaccompli : le פ se trouvant placé après syllabe fermée (yiš-) passe automatiquement à פּ, avec dagesh léger

Comme nous l'avons vu dans les premières leçons, l'alternance entre prononciation occlusive et prononciation spirante ne s'est maintenue **à l'oral** que pour trois des six consonnes : /b/, /k/ et /p/. En hébreu moderne, les trois autres, /g/, /d/ et /t/, sont systématiquement prononcées comme des occlusives, **qu'elles aient ou non le dagesh léger**. En revanche, certaines traditions orales ont conservé dans l'usage liturgique et la lecture de la Bible l'alternance [d]/[ḏ] (prononcé comme le *th* anglais de *that*). De même pour /t/: aujourd'hui, תּ et ת sont prononcés de manière identique ([t], occlusive), mais la tradition orale ashkénaze a maintenu l'alternance [t] / [t̲], ce dernier étant réalisé *s* : ainsi, en yiddish, le mot *shabbat* (שַׁבָּת) est prononcé [shabbes]. Seule la communauté juive yéménite a maintenu jusqu'à aujourd'hui, **dans la lecture des textes traditionnels**, l'opposition occlusive/spirante pour les six consonnes.

2. Le dagesh fort

Il indique que la consonne est redoublée. Il peut se placer dans toutes les consonnes sauf א, ה, ח, ע, ר. Ce redoublement a diverses causes :

- L'assimilation de la consonne précédente – presque toujours, un נ. Nous avons vu ci-dessus (p. 68) le cas de la préposition מִן. Autre exemple : le verbe נָסַע, *partir, voyager*, fait à l'inaccompli יִסַּע. En effet, nasaʕ → *yinsaʕ > yissaʕ. L'assimilation du [n] au [s] produit une géminée [ss] que l'on écrit avec le dagesh fort. Ce processus peut être rapproché de ce qui se passe en français dans *irrégulier* (*in–* + *régulier*), où le [n] s'assimile au [r]. En hébreu biblique, ce redoublement est prononcé.
- La présence de l'article : מֶלֶךְ, *roi* > הַמֶּלֶךְ, *le roi* [hammɛlɛk̲].
- Une raison morphologique : certains schèmes nominaux et verbaux comportent des redoublements. Au piʕel par exemple (ci-dessus p. 15) la 2ème consonne de la racine prend un dagesh fort : לִמֵּד, *il a enseigné* [limmed̲], à opposer à לָמַד, *il a étudié* [låmad̲].
- Il existe également des cas de dagesh euphoniques.

La question de savoir si le dagesh est fort ou léger ne se pose que pour les BeGaDKeFaT, puisque, dans toutes les autres consonnes, le dagesh est nécessairement fort.

Pour les BeGaDKeFaT, le dagesh léger indique une réalisation occlusive ; mais s'il est fort, il marque obligatoirement le doublement de **l'occlusive** (et non de la spirante). En d'autres termes :

פּ se lit soit **[p]** (dagesh léger) soit **[pp]** (dagesh fort), **mais jamais [ff]**
בּ se lit soit **[b]** (dagesh léger) soit **[bb]** (dagesh fort), **mais jamais [vv]**
כּ se lit soit **[k]** (dagesh léger) soit **[kk]** (dagesh fort), **mais jamais [k̲k̲]**.

☞ Règles concernant les deux dagesh

- Il n'y a pas de redoublement en tête de mot ; donc un dagesh à l'initiale est nécessairement léger.

- En **début de mot**, les BeGaDKeFaT sont réalisées comme des occlusives, c'est-à-dire qu'elles prennent le dagesh léger, mais attention à la notion de « début de mot » : lorsqu'un accent conjonctif unit étroitement deux mots, c'est comme s'ils n'en formaient plus qu'un du point de vue prosodique. Dans ce cas, si le premier mot est terminé par une syllabe ouverte, c'est **comme si on était en milieu de mot après voyelle** et le dagesh léger est omis. Exemple : *maison* = בַּ֫יִת [**ba**yit̲], mais *il a construit une maison* = בָּ֥נָה בַ֫יִת [bånå **va**yit̲], et non בָּנָה בַּיִת [bånå **ba**yit̲], à cause de l'accent conjonctif ֥ dans [bånå].
- Un dagesh qui **suit** une consonne vocalisée shewa quiescent est nécessairement léger, mais à l'inverse un shewa **quiescent** n'entraîne pas **forcément** le dagesh léger dans la consonne qui suit. Cf. שַׁרְבִיט *sceptre* (šarviṭ, et non *šarbiṭ), מַלְכוּת *royauté* (malk̲ut, non *malkut̲).
- À l'intérieur du mot après voyelle, le dagesh ne peut être que fort : un dagesh léger est impossible dans cette position.
- Un dagesh fort qui devrait être placé dans une consonne est la plupart du temps omis si cette consonne est finale.

3. Le mappiq

Dans le mot מַלְכָּה [mal**kå**] *reine*, le ה final sert juste, en l'absence d'un système de vocalisation, à indiquer que le mot se termine par une voyelle : avant que n'existent les points-voyelles et les formes finales des consonnes, on distinguait ainsi מלכה, [MLKH] pour [malkå], *reine,* de מלכ, [MLK] pour [**me**lek̲], *roi.* Mais si, sur le modèle de סוּסָהּ [susåh] *son cheval (à elle)*, on veut dire *son roi (à elle)*, on obtient [malkåh]. Pour différencier מלכה *reine* de מלכה *son roi (à elle)*, ou plus exactement pour marquer que le ה final est dans le second cas un **véritable morphème** (l'affixe de 3ème pers. du fém. sing.), et non une mère de lecture, les Massorètes y ont placé un **mappiq** : מַלְכָּהּ*, son roi.* De même, סוּסָהּ *son cheval*, et non *jument* qui serait orthographié סוּסָה.

——— E5

- *Dans les mots suivants, dites si les dagesh sont légers ou forts ; indiquez les mots qui comportent un mappiq.*

1. יִשְׁפֹּט 2. מִגְדָּל 3. יְסַפֵּר 4. וַיִּ֫עַן 5. וַתִּגְדַּל 6. כְּדַבֵּר
7. נִסָּה 8. בְּנָהּ 9. בִּקַּ֫שְׁתִּי 10. מַכּוֹת 11. הַנֶּ֫גְבָּה
12. אֲחוֹתָהּ 13. אִישָׁהּ 14. אִשָּׁה. 15. הַגַּן.

VOCABULAIRE

bon	טוֹב, טוֹבָה טוֹבִים, טוֹבוֹת	dans, à (sans mvt.), avec	בְּ-
désert	*m.* מִדְבָּר	comme, selon, environ	כְּ-
commandement	*f.* מִצְוָה, מִצְוֹת	vers, à (avec mvt.), pour	לְ-
lieu, place, endroit	*m.* מָקוֹם, מְקוֹמוֹת	de, hors de, depuis	מִן (מִ-)
Moïse	מֹשֶׁה	et	וְ-
serviteur, esclave	*m.* עֶבֶד, עֲבָדִים	pays, terre	*f.* אֶרֶץ, אֲרָצוֹת
ville	*f.* עִיר, עָרִים	maison	*m.* בַּיִת, בָּתִּים
peuple	*m.* עַם, עַמִּים	fils	*m.* בֵּן, בָּנִים
chant, psaume	*m.* שִׁיר, שִׁירִים	grand	גָּדֹל, גְּדֹלָה גְּדֹלִים, גְּדֹלוֹת
nom	*m.* שֵׁם, שֵׁמוֹת	parole, chose	*m.* דָּבָר, דְּבָרִים

Exercices corrigés

E1

• *Classez les mots suivants en 3 listes : singuliers, pluriels, duels. Ensuite, parmi les mots au singulier, dites quels sont ceux qui sont sûrement féminins.*

Mots au singulier		Mots au pluriel	Mots au duel
Sûrement féminins (ils ont un suffixe de fém.)	**Sans doute masculins (non marqués)**		
רֵאשִׁית	סֵ֫פֶר	בָּנִים	מֶלְקָחַ֫יִם
בְּתוּלָה	זִכָּרוֹן	נְעָרוֹת	דְּלָתַ֫יִם
מְלָאכָה		דְּלָתוֹת	עֵינַ֫יִם
נְח֫שֶׁת		צְבָאוֹת	

Pour סֵ֫פֶר et זִכָּרוֹן, vous ne pouvez être sûr(e) de leur genre qu'en vérifiant dans le dictionnaire. Les autres singuliers sont marqués par –å ou –ṯ.

• *Dans cette série de syntagmes nom + adjectif, indiquez le genre du nom.*

C'est l'accord qui ir.dique le genre : si l'adjectif a une marque de féminin, le nom est féminin, et s'il est non marqué, le nom est masculin.

1. דֶּ֫רֶךְ *Fém* 2. חֲלוֹם *Masc* 3. בְּאֵר *Fém.* 4. אֶ֫בֶן *Fém* 5. אֵשׁ *Fém.*

6. אִישׁ *Masc* 7. שִׁפְחָה *Fém* 8. נָשִׁים *Fém* 9. לַ֫יְלָה *Masc.*

E2

• *Dans cette série de syntagmes nom + adjectif, ajoutez l'article défini.*

1. הַמָּאוֹר הַגָּדֹל *Le grand luminaire* 2. הַיָּד הַחֲזָקָה *La main forte* 3. הַפָּרוֹת הַדַּקּוֹת *Les vaches maigres* 4. הַכֹּהֵן הַגָּדֹל *Le grand prêtre*

• *Analysez les syntagmes (entre crochets, le mot tel qu'il apparaît dans le dictionnaire) :*

Le jardin	הַ (artıcle) + [גַּן]	הַגַּן
Dans les jardins	בְּ (prép.) + הַ (art.) + [גַּן] + ־ִים (pl:ur.)	בַּגַּנִּים
Et les voix	וְ (coord.) + הַ (art.) + [קוֹל] + ־וֹת (plur.)	וְהַקּוֹלוֹת

Au troisième jour	[יוֹם] + (art.) הַ + (prép.) בְּ [שְׁלִישִׁי] + (article) הַ Le substantif ayant l'article, l'adj. le prend aussi.	בַּיּוֹם הַשְּׁלִישִׁי
Pour Isaac	[יִצְחָק] + (prép.) לְ	לְיִצְחָק
Pour les envoyés	־ִים + [מַלְאָךְ] + (art.) הַ + (prép.) לְ (plur.)	לַמַּלְאָכִים
Comme un lion	[אַרְיֵה] + (prép.) כְּ	כְּאַרְיֵה
Comme (= selon) l'usage	[מִשְׁפָּט] + (art.) הַ + (prép.) כְּ	כַּמִּשְׁפָּט
(Une) famille	[מִשְׁפָּחָה]	מִשְׁפָּחָה
De là-bas	[שָׁם] + (prép.) מִ(ן)	מִשָּׁם
Du désert	[מִדְבָּר] + (art.) הַ + (prép.) מִ(ן)	מֵהַמִּדְבָּר
Et la terre	[אֶרֶץ] + (art.) הַ + (coord.) וְ	וְהָאָרֶץ

E3

- *Reliez le mot à l'état absolu (colonne de droite) à son état construit (col. de gauche)*

שְׂפַת הַיְאֹר	שָׂפָה
יֹשְׁבֵי הָאָרֶץ	יֹשְׁבִים
פְּנֵי הָאֲדָמָה	פָּנִים
מַלְכַּת שְׁבָא	מַלְכָּה
יְדֵי הַמֶּלֶךְ	יָדַיִם
מִשְׁפְּחוֹת הַלְוִיִּם	מִשְׁפָּחוֹת

- *Traduisez les états construits (le tableau se lit de droite à gauche) :*

Le roi d'Égypte	מֶלֶךְ מִצְרַיִם	*Les fils de Jacob*	בְּנֵי יַעֲקֹב
L'ordre du roi	מִצְוַת הַמֶּלֶךְ	*Le désert du Sinaï*	מִדְבַּר סִינַי
Le Dieu d'Abraham	אֱלֹהֵי אַבְרָהָם	*La terre des prêtres*	אַדְמַת הַכֹּהֲנִים
Le Chant des Chants = Cantique des Cantiques	שִׁיר הַשִּׁירִים	*Le nom de Dieu*	שֵׁם אֱלֹהִים
		La ville de David	עִיר דָּוִד

- *Traduisez en hébreu (le tableau se lit de gauche à droite) :*

Le fils du roi	בֶּן הַמֶּ֫לֶךְ	*La maison de Pharaon*	בֵּית פַּרְעֹה
Un fils de prophète	בֶּן נָבִיא	*Le serviteur du prêtre*	עֶ֫בֶד הַכֹּהֵן
La mère de Jacob	אֵם יַעֲקֹב	*Une fille de roi*	בַּת מֶ֫לֶךְ
La loi de Moïse	תּוֹרַת מֹשֶׁה		

E4

- *Donnez les flexions complètes :*

קוֹלִי, קוֹלְךָ, קוֹלֵךְ, קוֹלוֹ, קוֹלָהּ, קוֹלֵ֫נוּ, קוֹלְכֶם, קוֹלְכֶן, קוֹלָם, קוֹלָן

רֹאשִׁי, רֹאשְׁךָ, רֹאשֵׁךְ, רֹאשׁוֹ, רֹאשָׁהּ, רֹאשֵׁ֫נוּ, רֹאשְׁכֶם, רֹאשְׁכֶן, רֹאשָׁם, רֹאשָׁן

מַלְכָּתִי, מַלְכָּתְךָ, מַלְכָּתֵךְ, מַלְכָּתוֹ, מַלְכָּתָהּ, מַלְכָּתֵ֫נוּ, מַלְכַּתְכֶם, מַלְכַּתְכֶן, מַלְכָּתָם, מַלְכָּתָן

צִדְקָתִי, צִדְקָתְךָ, צִדְקָתֵךְ, צִדְקָתוֹ, צִדְקָתָהּ, צִדְקָתֵ֫נוּ, צִדְקַתְכֶם, צִדְקַתְכֶן, צִדְקָתָם, צִדְקָתָן

בִּי, בְּךָ, בָּךְ, בּוֹ, בָּהּ, בָּ֫נוּ, בָּכֶם, בָּכֶן, בָּהֶם, בָּהֶן

- *Traduisez :*

Le genre du possesseur est indiqué entre parenthèses.

Ta maison (fém.)	בֵּיתֵךְ	*Son fils (masc.)*	בְּנוֹ
Leur fils (masc.)	בְּנָם	*Notre main*	יָדֵ֫נוּ
Leur nom (masc.)	שְׁמָם	*Ta parole (masc.)*	דְּבָרְךָ
Son jour (masc.)	יוֹמוֹ	*Votre lieu (fém.)*	מְקוֹמְכֶן
En toi (masc.)	בְּךָ	*Votre ville (masc.)*	עִירְכֶם
En eux	בָּהֶם	*Son peuple (fém.)*	עַמָּהּ
Notre parole	דְּבָרֵ֫נוּ	*Son précepte (masc.)*	מִצְוָתוֹ

- *Analysez les mots comme dans l'exercice l'exercice E2 de la p. 71, et traduisez*

Notez que l'état construit du mot n'est pas toujours identique à sa forme non construite (qui est l'entrée du dictionnaire), donnée ici entre crochets :

Pour sa loi	(poss. 3è. masc. sg) וֹ- + [תּוֹרָה] תּוֹרַת- + (prép.) לְ	לְתוֹרָתוֹ
Dans ma main	(poss. 1ère sing.) ־ִי + [יָד] + (prép.) בְּ	בְּיָדִי
Pour notre maison	(poss. 1ère plur.) נוּ- + [בַּ֫יִת] בֵּית- + (prép.) לְ	לְבֵיתֵ֫נוּ
Da sa place	(3è. masc. sg.)וֹ- + [מָקוֹם] מְקוֹמ- + (prép.) מִ(ן)	מִמְּקוֹמוֹ
De ta ville	(poss. 2è. masc. sg.) ךָ- + [עִיר] + (prép.) מִ(ן)	מֵעִירְךָ

E5

- *Dagesh légers et forts, mappiq.*

  Les dagesh forts qui ne sont pas précédés de l'article apparaissent pour des raisons morphologiques que vous ne connaissez pas encore.

Dagesh léger	*Dagesh fort*	*Mappiq*	
פּ après syllabe fermée			יִשְׁפֹּט
דּ après syllabe fermée			מִגְדָּל
	פּ après voyelle		יְסַפֵּר
	יּ après voyelle		וַיַּ֫עַן
דּ après syllabe fermée	תּ après voyelle		וַתִּגְדַּל
כּ en tête de mot	בּ après voyelle		כְּדַבֵּר
	סּ après voyelle		נִסָּה
בּ en tête de mot		oui	בְּנָהּ
בּ en tête de mot תּ après syllabe fermée	קּ après voyelle		בִּקַּ֫שְׁתִּי
	כּ après voyelle		מַכּוֹת
בּ après syllabe fermée	גּ après voyelle		הַנֶּ֫גְבָּה
		oui	אֲחוֹתָהּ
		oui	אִישָׁהּ
	שּׁ après voyelle		אִשָּׁה
	גּ après voyelle (article)		הַגַּן

Leçon 4

LE VERBE (I)

APERÇU SUR LE SYSTÈME VERBAL – INACCOMPLI PIʕEL – FORMES CONVERTIES – ORDRE DES MOTS

LA BIBLE HÉBRAÏQUE

T1. Aperçu sur le système verbal

1. Catégories du verbe

➢ Aspects et temps

À l'**indicatif**, l'hébreu oppose deux formes conjuguées qui diffèrent par leur valeur aspectuelle et, selon le contexte, leur valeur temporelle : l'**accompli** ou **qatal**
l'**inaccompli** ou **yiqtol**.

Si, le 30 août 2008, je dis *Marc a téléphoné*, mes interlocuteurs comprendront que cet événement a eu lieu avant le moment où j'ai énoncé la phrase puisque j'ai employé un passé. Dans ce cas, l'action exprimée par le verbe est envisagée chronologiquement par rapport au moment où la phrase est prononcée : avant (passé), simultanément (présent), après (futur). Mais on peut aussi envisager l'action exprimée par le verbe sous l'angle de son **déroulement**, sans prendre en compte **le moment** où elle se produit. Ainsi, entre *Marc chantera* et *Marc se mettra à* *chanter*, il n'y a pas de différence de temps puisque les deux phrases sont au futur, mais dans le second cas on insiste sur le **début** du procès (= de l'action). La distinction entre *je crois avoir compris* et *je crois comprendre*[1] n'est pas non plus temporelle : dans la première phrase, l'emploi de la forme composée marque que l'on considère l'action comme achevée (*j'ai compris*) ; dans la seconde, on envisage l'action dans son déroulement (*je suis en train de comprendre*, et ce n'est pas terminé au moment où je parle). Si on met ces phrases au passé (*je croyais avoir compris/je croyais comprendre*), l'opposition entre *avoir compris* et *comprendre* demeure celle d'un procès achevé ou accompli, et d'un procès inachevé ou inaccompli. Ces catégories relèvent, non du temps, mais de l'**aspect**. En hébreu, elles s'opposent ainsi :

- à l'**accompli** (également appelé **qatal**, on verra pourquoi ci-dessous) l'action est envisagée comme unique, ou terminée, ou accomplie en un moment précis. L'accompli se trouve surtout dans le discours direct avec, en général, une valeur temporelle de passé : *j'ai appelé, vous avez vu, il créa*... Comme il marque l'antériorité, il peut parfois se traduire par un plus-que-parfait ou un futur antérieur.
- à l'**inaccompli** ou **yiqtol**, l'action est envisagée comme non ponctuelle, non unique (elle dure ou se répète), non terminée, voire non commencée. L'inaccompli s'utilise donc pour exprimer :
  - dans le discours direct, le **futur** ou certaines **modalités** (obligation, interdiction, probabilité, possibilité...).
  - la **répétition dans le présent** : il se prête alors à l'expression de l'habitude, des vérités générales. Par exemple, dans le proverbe *ce qui est tordu ne* **peut** *être redressé* (Eccl 1, 15), le verbe *pouvoir* est à l'inaccompli.
  - la **durée ou la répétition dans le passé**, comme l'imparfait en français : ainsi, dans la phrase *tant que la nuée ne s'élevait pas, ils ne partaient pas* (Ex 40, 37), les verbes sont à l'inaccompli.
- Le contexte a donc une grande importance pour savoir quelle valeur donner aux formes verbales. Par ailleurs, en prose, accompli et inaccompli peuvent prendre des valeurs temporelles plus précises en étant précédés de la conjonction -ו (voir ci-dessous).

[1] Cet exemple est emprunté à M. Riegel et al., *Grammaire méthodique du français*, Paris, PUF, 1994, p. 293.

➢ Personne, genre et nombre

3 personnes au sing. ; 3 personnes au plur. Aux 2èmes et 3èmes pers., masc. et fém. sont distingués. À l'accompli, les marques de pers. **suivent** le radical : דִּבַּרְתָּ [dibbartå], *tu as parlé*. À l'inaccompli, elles le **précèdent** : תְּדַבֵּר [tᵉdabber], *tu parleras*. L'impératif se forme comme l'inaccompli, mais sans le préfixe de personne : דַּבֵּר [dabber], *parle*.

➢ Modes

Il existe des modes exprimant la volonté : l'**impératif** (2ème pers.) est le plus fréquent, mais deux autres formes modales permettent de donner un ordre à la 1ère pers. (*allons !*) et à la 3ème (*qu'il vive !*).

➢ Autres formes

L'hébreu possède un **participe** et deux formes d'**infinitif**. Sans valeur temporelle ni modale, ils tiennent à la fois du verbe et du nom.

➢ Schèmes

Comparons יִלְמַד [yilmad̲] *il étudiera* et יְלַמֵּד [yᵉlammed̲] *il enseignera* :

verbe	racine	forme	pers.	genre	nombre	schème	traduction
יִלְמַד [yilmad̲]	למד	inaccompli	3ème	masc.	sing.	**qal**	*il étudiera*
יְלַמֵּד [yᵉlammed̲]	למד	inaccompli	3ème	masc.	sing.	**piʕel**	*il enseignera*

Ces formes ont en commun leur racine triconsonantique למד, le fait d'être à l'inaccompli et la marque de 3ème personne du masculin -י, mais elles diffèrent par le **schème** : [yᵉlammed̲] n'a pas les mêmes voyelles que [yilmad̲] et présente un redoublement de la 2ème consonne radicale marqué par le dagesh fort. Cette variation morphologique va de pair avec une différence dans la signification : le premier schème (appelé qal) exprime une action simple, *étudier*, et le second (appelé piʕel) a un sens factitif, *faire étudier* > *enseigner*. Un schème est donc **l'association de caractéristiques morphologiques** – dans notre exemple, le redoublement de la seconde consonne radicale – **et de traits sémantiques**, dans notre ex. le sens factitif : *faire faire l'action exprimée par le verbe qal*. Ainsi, si l'on combine **QDŠ**, racine correspondant à l'idée abstraite de « sainteté », avec le schème **qal**, le verbe obtenu sera *être saint*, **QåD̲aŠ** à l'accompli ; mais si on croise cette même racine avec le schème **piʕel**, on obtient le verbe **QiDDeŠ**, *sanctifier* (= *faire que quelque chose devienne saint*). En français, il existe une relation sémantique entre *manger* et *nourrir* (= *donner à manger*), entre *aimer* et *adorer* (= *aimer passionnément*), mais dans un cas comme dans l'autre, le second verbe n'a aucune relation **étymologique** avec le premier et n'en est pas dérivé. En hébreu, le sens factitif (*nourrir*) ou intensif (*adorer*) s'obtiendrait en utilisant **la même racine** que pour l'action simple (*manger*, *aimer*), mais **avec un autre schème**.

La plupart des verbes vus jusqu'à présent étaient au qal. Ce schème n'est pas marqué morphologiquement, puisqu'il ne comporte aucun redoublement ni ajout de consonne : c'est la raison pour laquelle les grammairiens l'ont nommé **qal**, *le léger*. Il est employé pour exprimer des actions simples : nous avons vu plus haut des verbes qal tels que *venir, tomber, aimer, marcher, se lever*, toutes actions que l'on peut qualifier de « simples ». Les verbes signifiant *apporter* et *abattre* ont les mêmes racines, respectivement, que ceux qui signifient *venir* et *tomber*, mais ils ne sont pas au qal : ils ont un schème factitif (*apporter* = *faire venir ; abattre* = *faire tomber*). De même, *être aimé* a la même racine qu'*aimer*, mais avec un schème de passif ; enfin, des verbes signifiant *circuler (= marcher en tous sens)* et *se révolter (= se lever avec une intention agressive)* ont les **mêmes racines** que *marcher* et *se lever*, mais avec **d'autres schèmes**, caractérisés par l'ajout et/ou le redoublement de consonnes et par des différences dans la vocalisation.

Les schèmes expriment des oppositions de voix (active, passive, réfléchie/moyenne, causative, intensive/factitive) et de constructions (transitif/intransitif). Les grammairiens médiévaux les ont nommés **בִּנְיָנִים** (**binyanim**, *constructions*) et **en ont dénombré sept**. Pour les désigner, ils ont pris modèle sur la tradition arabe, en utilisant la racine-type **פעל** [**PʕL**] qui signifie *agir* : si l'on croise cette racine avec chaque schème d'accompli, 3ème personne du masculin singulier, on fait apparaître les traits morphologiques qui caractérisent ce schème. Ainsi, un verbe ayant pour accompli **סִפֵּר** [**SiPPeR**, *il a raconté*], est à la forme **פִּעֵל** (**PiʕʕeL,** que l'on écrit piʕel car le [ʕ] ne se redouble pas). Cette manière de procéder évite de recourir à des circonlocutions telles que « la forme marquée par un redoublement de la 2ème consonne de la racine ». Si l'on suit cette logique, on doit désigner le verbe à la forme simple **לָמַד** [**LåMaD̲**] *il a étudié*, comme une forme **פָּעַל** [**PåʕaL**], mais cette appellation utilisée dans certains manuels est fortement concurrencée par le terme de **qal**, qui oppose cette forme « légère » (c'est-à-dire simple) aux six autres, lesquelles comportent toutes des ajouts et/ou des redoublements de consonnes.

Voici un tableau des sept schèmes possibles pour la racine קדשׁ [QDŠ]. Les verbes sont donnés à l'accompli, 3ème personne du masculin singulier. La colonne centrale vous indique, en même temps que le nom du schème, ses caractéristiques morphologiques : un préfixe [**n**-] au nifʕal, [**hit**-] au hitpaʕel, etc. Cependant, le choix de **פעל** comme racine-type ne permet pas de faire apparaître toutes les caractéristiques des différents schèmes : par exemple, comme **ע** ne se redouble pas en hébreu, on écrit **piʕel** plutôt que **piʕʕel**[2].

Nom du schème	Forme verbale	Signification
פָּעַל [paʕal] ou קַל [qal]	קָדַשׁ [qådaš]	*il est / était saint* (forme simple, active)
נִפְעַל [nifʕal]	נִקְדַּשׁ [niqdaš]	*il s'est manifesté comme saint* (forme réfléchie/passive)
פִּעֵל [piʕel]	קִדֵּשׁ [qiddeš]	*il a sanctifié* (forme tantôt factitive tantôt intensive)
פֻּעַל [puʕal]	קֻדַּשׁ [quddaš]	*il a été sanctifié* (passif de la précédente)
הִתְפַּעֵל [hitpaʕel]	הִתְקַדֵּשׁ [hiṯqaddeš]	*il s'est sanctifié* (forme réfléchie ou réciproque)
הִפְעִיל [hifʕil]	הִקְדִּישׁ [hiqdiš]	*il a consacré* ou *il a déclaré saint* (forme causative)
הָפְעַל [hofʕal]	הָקְדַּשׁ [hǫqdaš]	*il a été consacré, déclaré saint* (passif de la précédente)

———— P1

La morphologie verbale de l'hébreu, en elle-même assez simple, est compliquée par diverses variations phonétiques (assimilation ou chute de consonnes faibles, changements vocaliques), qui introduisent dans le système une diversité **apparente** et peuvent donner une

---

[2] C'est pourquoi certains grammairiens (tel J. Blau, *A Grammar of Biblical Hebrew*, Harrassowitz 1993), préfèrent QTL à PʕL comme racine-type et parlent donc de **qittel** au lieu de **piʕel**, de **hiqtil** au lieu de **hifʕil**, etc. L'intérêt pratique de ce choix est de faire ressortir à la fois les caractéristiques morphologiques de chaque forme et l'unité du système. Ainsi, qittel/hiqtil a l'avantage de montrer que la 1ère consonne de la racine reste la même, alors que piʕel/hifʕil est moins explicite, à cause du passage /p/ > /f/ après voyelle ; de plus, qittel et hitqattel font mieux apparaître le redoublement que piʕel et hitpaʕel. Cependant, la lecture de grammaires hébraïques de diverses époques témoigne de la force de la tradition. Nous utilisons donc *piʕel, hitpaʕel*, etc., et *qal* au lieu de *paʕal.*

impression de difficulté, d'autant plus que ce sont les verbes les plus fréquents qui présentent ces irrégularités. Peut-être est-ce cette multiplicité de formes qui a donné à l'hébreu sa réputation proverbiale de langue incompréhensible ? Nous commencerons notre présentation du système verbal par le schème piʕel, à cause de sa régularité.

À l'inaccompli ou yiqtol, les personnes sont marquées par des **préfixes** consonantiques. Au piʕel, ces préfixes sont vocalisés shewa mobile, sauf pour la 1ère personne du sing. dont le préfixe א, ne pouvant pas prendre de shewa, est en conséquence vocalisé par son équivalent, le ḥaṭef pataḥ. Voici l'inaccompli du verbe signifiant *parler* :

	singulier		pluriel	
1ère masc. et fém.	אֲדַבֵּר	ʔ^{a}d̲abber	נְדַבֵּר	n^{e}d̲abber
2ème masc.	תְּדַבֵּר	t^{e}d̲abber	תְּדַבְּרוּ	t^{e}d̲abb^{e}ru
2ème fém.	תְּדַבְּרִי	t^{e}d̲abb^{e}ri	תְּדַבֵּרְנָה	t^{e}d̲ab**ber**na
3ème masc.	יְדַבֵּר	y^{e}d̲abber	יְדַבְּרוּ	y^{e}d̲abb^{e}ru
3ème fém.	תְּדַבֵּר	t^{e}d̲abber	תְּדַבֵּרְנָה	t^{e}d̲ab**ber**na

Remarques :

- La 1ère personne n'est pas marquée du point de vue du genre ; le préfixe en est -א pour le singulier, -נ pour le pluriel.
- Le préfixe pour la 2ème personne est -תּ.
- Le préfixe pour la 3ème pers. est -י pour le masc., -תּ pour le fém.
- La 3ème personne du féminin singulier est toujours identique à la 2ème personne du masculin singulier.
- À la 2ème sing. et à toutes les personnes du pluriel sauf la 1ère, des désinences (terminaisons) marquent le féminin et/ou le pluriel.
- La forme verbale inaccomplie se compose donc :
  - d'un préfixe marquant la personne ;
  - éventuellement, d'un suffixe marquant le genre ou le nombre ;
  - entre les deux, on a un thème qui se présente sous deux aspects : soit [-dabb[e]r] soit [-dabb[^{e}]r-]. La distribution de ces deux thèmes dépend de l'accent tonique.

En syllabe accentuée, la voyelle [e] du thème se maintient ; mais s'il y a une désinence, c'est elle qui est accentuée, et non le thème. Dans ce cas, la voyelle du thème passe à shewa mobile. Donc, toutes les formes possédant des marques de genre et de nombre (2ème fém. sing., 2ème et 3ème masc. plur.), ont un thème

[-dabb^{e}r-] et non [-dabb[e]r]. Aux 2ème et 3ème pers. du fém. plur., le thème garde l'accent tonique et donc la voyelle [e] : t^{e}dab**ber**nå.

• La traduction de l'inaccompli dépend du contexte : dans un discours direct, יְדַבֵּר peut signifier *il parlera, il parle (habituellement), il peut/doit parler, qu'il parle !* ; dans un récit au passé, *il parlait.* Par convention, nous utilisons le futur quand la forme est hors contexte.

E1

• *Conjuguez à toutes les personnes les verbes suivants.*
1. אֲקַדֵּשׁ *Je sanctifierai* 2. אֲסַפֵּר *Je raconterai* 3. אֲלַמֵּד *J'enseignerai*

• *Mettez au pluriel, en gardant la même personne.*
1. אֲגַדֵּל 2. יְדַבֵּר 3. תְּשַׁלֵּם (2ème masc.) 4. יְהַלֵּךְ 5. תְּבַקֵּשׁ (2ème masc.)
6. תְּחַזֵּק (3ème fém.)

• *Vocalisez les formes suivantes, qui sont toutes des inaccomplis piʕel.*
1. יקבל 2. תשלם 3. יקבצו 4. נהלל 5. תספרנה 6. אנתק 7. תספרי

• *Traduisez (le sens des verbes est indiqué dans le premier exercice de cette série).*
1. תְּקַדְּשׁוּ 2. נְלַמֵּד 3. תְּלַמֵּדְנָה 4. יְסַפְּרוּ 5. תְּסַפְּרִי 6. יְקַדֵּשׁ

T2. Les formes converties

Nous avons évoqué les deux formes conjuguées de l'hébreu :
- l'**inaccompli** (marque de personne au début, action inachevée, temps futur ou valeur modale)
- l'**accompli** (marque de personne à la fin, action achevée, temps passé).

Exemples, avec le verbe דִּבֵּר *parler* :

- **inaccompli** = תְּדַבֵּר [[t^{e}]dabber]. Le préfixe **t^{e}-** marque la 2ème pers. du masculin singulier. Selon le contexte, on traduira par *: tu parleras, tu parles (habituellement), tu parlais,* etc.

- **accompli** = דִּבַּרְתָּ [dibbar[tå]]. Le suffixe **-tå** marque la 2ème pers. du masculin singulier. On traduira généralement par *tu as parlé.*

Ces termes d'inaccompli et accompli, quoique traditionnels, ne sont pas parfaitement adéquats, car ils mettent l'accent sur la valeur **aspectuelle** des formes, alors que celles-ci expriment aussi des

temps. Mais il serait tout aussi inadéquat de parler de « passé » ou de « futur », car l'accent serait cette fois mis exclusivement sur le temps au détriment de l'aspect. Or, la valeur aspectuelle ou temporelle dépend largement du genre littéraire : la prose narrative, la poésie n'emploient pas les formes de la même manière. C'est pourquoi nous recourrons désormais à des appellations « neutres », purement morphologiques, **qui ne présupposent rien de l'emploi syntaxique des formes**. Comme elles ont été inventées par des grammairiens modernes, c'est la racine-type QTL qui est utilisée, et non PʕL comme pour les noms des schèmes verbaux. La 3ème pers. du masculin singulier de l'inaccompli étant caractérisée par un préfixe **y-** (י-), on pourrait utiliser « **yqtl** » au lieu d'« inaccompli ». Mais cette forme étant imprononçable, on choisit par convention de lui donner les voyelles caractéristiques du qal (que nous n'avons pas encore étudié) : on substitue donc « **yiqtol** » à « inaccompli ». C'est une manière plus rapide de nommer la « forme pour laquelle les marques de personnes sont des préfixes » (l'accompli étant « la forme pour laquelle les marques de personnes sont des suffixes »). Bien sûr, un inaccompli piʕel – qui a, nous l'avons vu p. 92, la vocalisation y^{e}qattel – sera aussi appelé yiqtol, de même qu'un verbe à la 1ère ou à la 2ème pers., dont les préfixes ne sont pas **y-**. Il s'agit simplement de désigner la conjugaison à préfixes à l'aide d'une appellation neutre et économique, en évitant toute équivoque entre **le nom de la forme** et **l'idée temporelle ou aspectuelle** qu'elle véhicule. De même, on utilise « **qatal** » au lieu d' « **accompli** », quel que soit le schème. À la différence de *yiqtol*, où le préfixe est visible, l'appellation « qatal » ne fait pas apparaître qu'elle désigne une conjugaison à suffixes : en effet, la 3ème pers. du masc. sing. se caractérise par un suffixe zéro, c'est-à-dire qu'elle n'a pas de suffixe apparent (toutes les autres pers. en ont).

Qatal et yiqtol peuvent être précédés d'un w- (-ו) « énergique », exprimant la succession, qui **n'est pas dans ce cas une simple conjonction de coordination** mais qui donne à chacune des deux formes une valeur temporelle précise. On obtient ainsi :

- *wayyiqtol* (= inaccompli ou yiqtol précédé de la conjonction -ו)
- *w^{e}qatal* (= accompli ou qatal précédé de la conjonction -ו).

Notez que la vocalisation de ce waw n'est pas la même lorsqu'il est suivi d'un yiqtol (wayyiqtol) et lorsqu'il est suivi d'un qatal (w^{e}qatal).

Ce -ו qui ajoute une nuance de succession est parfois appelé **waw conversif**, car il donne à chacune des formes **la valeur temporelle**

ou aspectuelle qui est celle de l'autre forme quand cette dernière n'est pas précédée de waw. Les formes précédées de ce waw sont appelées **formes converties.** Ce trait syntaxique et stylistique, un peu surprenant pour le débutant[3], est caractéristique de la langue littéraire biblique.

Du point de vue morpho-phonétique, la présence du waw a des conséquences, notamment sur la place de l'accent et donc sur la vocalisation de la forme qui le suit ; de plus, au wayyiqtol, le waw entraîne en général un redoublement de la consonne placée immédiatement après lui. C'est pourquoi wayyiqtol est écrit avec 2 *y*.

——— P2

La forme convertie wayyiqtol a les mêmes valeurs temporelles et aspectuelles que la forme simple qatal, avec, en plus, une nuance de succession : *au commencement Dieu créa* (בָּרָא [bårå(ʔ)], qatal) *le ciel et la terre…* [*puis*] *il dit* (וַיֹּאמֶר [wayyo(ʔ)mɛr], wayyiqtol) *« que la lumière soit ».*

En revanche, la forme **convertie** wayyiqtol est totalement différente de la forme **simple** yiqtol : la première est l'équivalent du passé simple en français et constitue la forme habituelle de la narration, la seconde exprime le futur ou une modalité, et dans un contexte passé la durée dans le passé (équivalent de notre imparfait). De façon symétrique, la forme convertie wᵉqatal a des valeurs similaires à celles de la forme simple yiqtol, et peut presque toujours la remplacer : comme futur (avec nuance de succession), ou, moins souvent, pour exprimer l'action qui dure ou se répète.

Les formes ne sont pas employées de la même manière en prose et en poésie, et leur valeur temporelle dépend du genre littéraire : récit ou discours direct, texte au passé, etc. Dans le tableau ci-dessous, les majuscules indiquent l'emploi le plus fréquent en prose classique. Les exemples sont donnés à la 3ème pers., mais bien entendu ces divers emplois concernent toutes les personnes. La comparaison entre les lignes grisées d'une part, blanches d'autre part, permet de se rendre compte des similitudes entre les formes simples et les formes converties qui leur correspondent.

---

3 Nous n'essaierons pas ici de proposer une explication des formes converties, ni d'en retracer l'origine, car il faudrait remonter au système verbal du proto-sémitique. Pour en savoir plus, vous pouvez vous référer aux ouvrages de la bibliographie.

		Valeurs aspectuelles	Valeurs temporelles
FORMES SIMPLES	**qatal ou accompli**	▸ action terminée, ponctuelle, unique	▸ PASSÉ ▸ plus-que-parfait, futur antérieur (action antérieure à une autre) ▸ pour les verbes exprimant un état : présent
	Exemple : דִּבֵּר [dibber], *il parla, il a parlé, il avait/ aura parlé.*		
	yiqtol ou inaccompli	▸ action non terminée, qui dure ou se répète ▸ emplois modaux (ordre, possibilité, etc…)	▸ FUTUR (dans le discours direct) ▸ présent (habitude, vérités générales) ▸ imparfait (dans le récit)
	Exemple : יְדַבֵּר [y^{e}dabber] : *il parlera, il peut/ doit parler, qu'il parle !, il parle (= il a l'habitude de parler), il parlait.*		
FORMES CONVERTIES	**wayyiqtol (inaccompli précédé du waw conversif)**	▸ action terminée, ponctuelle, unique	▸ PASSÉ, avec nuance de succession
	Exemple : וַיְדַבֵּר [way^{e}dabber] : *(puis) il parla/ a parlé*		
	w^{e}qatal (accompli précédé du waw conversif)	▸ action qui dure ou se répète (dans le passé)	▸ FUTUR, avec nuance de succession
	Exemple : וְדִבֵּר [w^{e}dibber] : *(puis) il parlera.*		

E2

• *Voici des verbes qal et piʕel à la 3ème pers. Dites s'ils sont au qatal, au yiqtol, au w^{e}qatal ou au wayyiqtol. Ne tenez pas compte des voyelles, mais seulement de la présence du préfixe y- (pour yiqtol) et du w- (pour les formes converties).*

1. לָמַד 2. יִשְׁמַע 3. קָרָא 4. וְקָרָא 5. אָמַר 6. וַיֹּאמֶר 7. וַיִּכְתֹּב 8. וְכָתַב 9. יִמְלֹךְ 10. וַיִּמְלֹךְ 11. וַיְסַפֵּר 12, סִפֵּר 13. דִּבֵּר 14. וַיְדַבֵּר

• *Traduisez les formes de l'exercice précédent à l'aide du vocabulaire p. 97. Comme dans un dictionnaire, les verbes sont donnés au qatal et traduits par des infinitifs. Traduisez qatal et wayyiqtol par le passé simple, yiqtol et w^{e}qatal par le futur.*

(piʕel) raconter	סִפֵּר	*dire*	אָמַר	*apprendre*	לָמַד
(piʕel) parler	דִּבֶּר	*écrire*	כָּתַב	*entendre*	שָׁמַע
		régner	מָלַךְ	*appeler*	קָרָא

T3. L'ordre des mots

Dans la mesure où les marques de personne, qui équivalent aux pronoms sujets du français, sont incluses dans les formes verbales, ces dernières peuvent constituer des phrases à elles seules ; mais on peut aussi y ajouter un sujet. Dans les exemples qui suivent, les phrases 1 et 2 sont au yiqtol, les phrases 3 et 4 au qatal.

Il envisagea	חָשַׁב .3	*Il régnera*	יִמְלֹךְ .1
Saül envisagea	שָׁאוּל חָשַׁב .4	*Saül régnera*	שָׁאוּל יִמְלֹךְ .2

Dans ces exemples, le sujet, [šåʔul], précède le verbe ; mais **l'ordre standard** en hébreu biblique est majoritairement **verbe + sujet.** On a obligatoirement verbe + sujet lorsque la forme verbale est précédée du waw conversif. En d'autres termes, **une phrase contenant wayyiqtol ou wᵉqatal commence toujours par le verbe** :

Il dit (passé simple)	וַיֹּאמֶר .1
Moïse dit	וַיֹּאמֶר מֹשֶׁה .2
Moïse dit à Pharaon	וַיֹּאמֶר מֹשֶׁה לְפַרְעֹה .3
Il dira	וְאָמַר .4
Le prêtre dira	וְאָמַר הַכֹּהֵן .5
Le prêtre dira à la femme	וְאָמַר הַכֹּהֵן לְאִשָּׁה .6

P3

Dans une phrase de ce type, vous devez donc repérer le sujet lorsqu'il est exprimé : il est toujours placé au plus près du verbe, en général juste après. Viennent ensuite, le cas échéant, les compléments :

- Complément d'objet direct (COD) : s'il est déterminé, il est souvent, mais pas obligatoirement, relié au verbe par la particule אֶת suivie d'un trait d'union. Par COD déterminé, on entend :

a) un nom propre :

Il appela Joseph	וַיִּקְרָא אֶת־יוֹסֵף .1
Dieu bénit Noé	וַיְבָרֶךְ אֱלֹהִים אֶת־נֹחַ .2
Vous bénirez les enfants d'Israël	תְּבָרְכוּ אֶת־בְּנֵי יִשְׂרָאֵל .3

Dans les **phrases 1 et 2**, le verbe [wayyiqraʔ, wayᵉvårɛk̲] est en tête, suivi du sujet s'il est exprimé et du COD précédé de אֶת־.
Dans la **phrase 2**, le sujet *Elohim* est repérable par sa place, juste après le verbe, et le COD [noᵃḥ] par la présence de אֶת־. Dans la **phrase 3**, le verbe [tᵉvårᵉk̲u] a pour COD un état construit dont le 2ème terme est un nom propre [bᵉne⁽ʸ⁾ yiśraʔel], ce qui entraîne la présence de אֶת־.

b) un nom précédé de l'article défini :

Il bénit le peuple 1. וַיְבָרֶךְ אֶת־הָעָם

Ils bénirent le roi 2. וַיְבָרְכוּ אֶת־הַמֶּלֶךְ

Il créa l'homme à son image 3. וַיִּבְרָא אֶת־הָאָדָם בְּצַלְמוֹ

4. בְּרֵאשִׁית בָּרָא אֱלֹהִים אֵת הַשָּׁמַיִם וְאֵת הָאָרֶץ

Au commencement, Dieu créa le ciel et la terre

Josué entendit la voix du peuple 5. וַיִּשְׁמַע יְהוֹשֻׁעַ אֶת־קוֹל הָעָם

Phrases 1 à 3 : le verbe wayyiqtol [wayᵉvårek̲, wayᵉvårᵉk̲u, wayyivråʔ] est en tête, aucun sujet n'est exprimé et le COD [håʕam, hammɛlɛk̲, håʔåd̲am] est un nom avec article précédé de -אֶת.
Phrase 4 : le verbe est au qatal (notez que בָּרָא [bårå⁽ʔ⁾] est traduit comme le wayyiqtol correspondant, וַיִּבְרָא, de l'ex. 3). Un qatal à la 3ème pers. n'occupe presque jamais la première place : ici, il est précédé de בְּרֵאשִׁית *au commencement.* L'ordre des mots est conforme aux habitudes de l'hébreu biblique : d'abord le sujet *Elohim* puis les deux COD.
Phrase 5, le COD est un état construit avec article (קוֹל הָעָם, *la voix du peuple*), d'où la présence de -אֶת.

c) un nom muni d'un affixe possessif :

Abraham tendit sa main 1. וַיִּשְׁלַח אַבְרָהָם אֶת־יָדוֹ

- Le COD **non déterminé** est placé directement après le verbe (ou le sujet), sans mot introducteur :

Il prit du pain 1. וַיִּקַּח לֶחֶם

Abraham prit du petit bétail 2. וַיִּקַּח אַבְרָהָם צֹאן

- Autres compléments, introduits par des **prépositions** :

Dieu parla à Moïse 1. וַיְדַבֵּר אֱלֹהִים אֶל־מֹשֶׁה

Le serviteur raconta à Isaac 2. וַיְסַפֵּר הָעֶבֶד לְיִצְחָק

Et Jacob donna à Esaü du pain 3. וְיַעֲקֹב נָתַן לְעֵשָׂו לֶחֶם
Mon peuple n'a pas écouté ma voix 4. לֹא שָׁמַע עַמִּי לְקוֹלִי

Phrases 1 et 2 : les wayyiqtol [wayᵉdabber, wayᵉsapper] sont en tête, suivis immédiatement de leur sujet [ʔᵉlohim, håʕɛvɛḏ] puis d'un complément introduit par les prépositions אֶל ou -לְ.
Phrases 3 et 4 : les verbes sont au qatal : [nåṯan, šåmaʕ]. Notez la souplesse de l'ordre des mots en comparant les deux exemples ; en 3, le sujet יַעֲקֹב *Jacob* précède le verbe, tandis qu'en 4 le sujet עַמִּי [ʕammi] *mon peuple* est placé juste après lui. Notez aussi la construction du verbe שָׁמַע : nous l'avons vu plus haut avec un COD (וַיִּשְׁמַע יְהוֹשֻׁעַ אֶת־קוֹל הָעָם, *Josué entendit la voix du peuple*), mais ici le complément est introduit par la prép. -לְ. Les deux constructions sont possibles. *Écouter la voix de = obéir à.*

Remarquez que, ni dans ces exemples, ni dans la présentation générale, le waw conversif n'est traduit comme une conjonction de coordination : *Dieu parla à Moïse*, non ***Et** Dieu* ou ***Puis** Dieu parla à Moïse*, ce qui alourdirait inutilement le texte biblique en français (cf. cependant le titre pseudo-biblique du film *Et Dieu créa la femme*).

——— E3

- *Remettez les mots dans l'ordre :*

Moïse parla aux enfants d'Israël. 1. מֹשֶׁה / וַיְדַבֵּר / בְּנֵי יִשְׂרָאֵל / אֶל־
Il envoya des messagers à Achab, roi d'Israël. 2. מַלְאָכִים / מֶלֶךְ־יִשְׂרָאֵל / וַיִּשְׁלַח / אֶל־אַחְאָב
Dieu bénit Isaac. 3. וַיְבָרֶךְ / אֶת־יִצְחָק / אֱלֹהִים
Tout le peuple dira amen. 4. אָמֵן / כָּל־הָעָם / וְאָמַר

- *Traduisez, à l'aide du vocabulaire ci-dessus et p. suivante :*

1. וַיִּקַּח אַבְרָהָם אֶת־יִשְׁמָעֵאל בְּנוֹ
2. וַיְדַבֵּר פַּרְעֹה אֶל־יוֹסֵף
3. לֹא שָׁמַע הַמֶּלֶךְ אֶל־הָעָם
4. וַיִּשְׁמַע פַּרְעֹה אֶת־הַדָּבָר
5. יְבָרֵךְ אֶת-בֵּית יִשְׂרָאֵל
6. וַיְקַדֵּשׁ אֶת־הָעָם

- *Traduisez, en utilisant des wayyiqtol :*

1. Dieu créa une femme. 2. David régna dans sa ville. 3. Abraham entendit la voix d'Isaac. 4. Pharaon envoya le peuple vers la montagne.

VOCABULAIRE

Cette liste rassemble les mots nouveaux de la leçon, nécessaires pour lire les exemples et faire les exercices. Ne vous laissez pas arrêter par les différences de vocalisation entre certains verbes qal, elles seront expliquées plus loin.

NOMS

femme	*f.* אִשָּׁה, נָשִׁים
montagne	*m.* הַר, הָרִים
pain	*m.* לֶחֶם
messager, envoyé, ange	*m.* מַלְאָךְ, מַלְאָכִים
Pharaon (nom propre en hébreu)	פַּרְעֹה
petit bétail	*m.* צֹאן,
voix	*m.* קוֹל, קוֹלוֹת

PRÉPOSITION

vers, en direction de, à (emplois proches de ceux de -לְ)	אֶל

VERBES

dire (qal) wayyiqtol : וַיֹּאמֶר	אָמַר
créer (qal) wayyiqtol : וַיִּבְרָא	בָּרָא
bénir (piʕel) wayyiqtol : וַיְבָרֶךְ	בֵּרֵךְ
parler (piʕel) wayyiqtol : וַיְדַבֵּר	דִּבֵּר
prendre (qal) wayyiqtol : וַיִּקַּח	לָקַח
régner (qal) wayyiqtol : וַיִּמְלֹךְ	מָלַךְ
donner (qal) wayyiqtol : וַיִּתֵּן	נָתַן
raconter (piʕel) wayyiqtol : וַיְסַפֵּר	סִפֵּר
sanctifier, consacrer (piʕel) wayyiqtol : וַיְקַדֵּשׁ	קִדֵּשׁ
appeler, nommer, lire (qal) wayyiqtol : וַיִּקְרָא	קָרָא
envoyer (qal) wayyiqtol : וַיִּשְׁלַח	שָׁלַח
entendre, écouter (qal) wayyiqtol : וַיִּשְׁמַע	שָׁמַע

T4. La Bible hébraïque : canon et massora

La Bible hébraïque est constituée de 24 livres regroupés en 3 parties : Tora ou Pentateuque (תּוֹרָה), Prophètes (נְבִיאִים), Écrits (כְּתוּבִים). En prenant la 1ère lettre de chacun de ces mots, on obtient תנ"ךְ (pron. **tanak**)[4] : c'est ainsi qu'on nomme la Bible en hébreu moderne. La **Tora** ou **Pentateuque** comporte les **cinq** livres que la tradition juive considère comme rédigés par Moïse[5] et qui racontent, après un prologue consacré à la création du monde et aux premières générations humaines, l'histoire du peuple hébreu depuis Abraham jusqu'à la mort de Moïse. Les noms grecs de ces cinq livres – Genèse, Exode, Lévitique, Nombres, Deutéronome – ne correspondent pas à leurs titres hébraïques, qui sont constitués du premier mot significatif du premier verset : ainsi l'Exode, qui commence par « et voici les **noms** des fils d'Israël », s'appelle en hébreu « **Noms** », שְׁמוֹת. La seconde partie (**Prophètes**) se divise en deux ensembles de genre littéraire différent : des textes *historiques* (Josué, Juges, I et II Samuel, I et II Rois), couvrant la période qui s'étend de l'entrée des Hébreux en Canaan à la chute de Jérusalem en -587 et dans lesquels les prophètes apparaissent comme des personnages du récit, chargés de transmettre au roi la parole divine ; et des livres se présentant comme la mise par écrit de *discours* prophétiques (Isaïe, Jérémie, Ezéchiel, les 12 petits prophètes). Enfin, la troisième partie, les **Écrits**, rassemble les Psaumes, les Proverbes, Job, le Cantique des Cantiques, Ruth, les Lamentations, l'Ecclésiaste, Esther, Daniel, Ezra-Néhémie et les Chroniques[6]. Tous ces livres sont écrits en hébreu ; quelques chapitres de Daniel et d'Ezra sont en araméen. Le canon de la Bible hébraïque ne correspond pas exactement à celui de l'Ancien Testament catholique, qui comporte sept livres supplémentaires – par ex., les Maccabées – et a adopté un classement par genre littéraire : Pentateuque, livres historiques, livres poétiques, livres prophétiques.

---

[4] Les guillemets indiquent qu'il s'agit d'un acronyme.

[5] Signalons au lecteur qui s'intéresse à la critique biblique et à la relation entre Bible, archéologie et histoire, deux ouvrages accessibles aux non spécialistes : T. Römer *et al.* (éd.), *Introduction à l'Ancien Testament*, Genève, Labor et Fides, 2004 ; P. Bordreuil, F. Briquel-Chatonnet, *Le temps de la Bible*, Paris, Fayard, 2000.

[6] Les douze petits prophètes, ainsi nommés en raison de leur brièveté – entre 1 et 15 chapitres, alors qu'Isaïe en compte 66, Jérémie 52 et Ezéchiel 48 – sont considérés comme un seul livre, de même qu'Ezra-Néhémie ; on arrive ainsi au total de 24 livres.

Les divisions du texte

Pour les besoins de la lecture synagogale, qui se fait sur une année, le Pentateuque est divisé en cinquante-quatre **péricopes** portant chacune un titre constitué par leur premier mot significatif. Chaque péricope ou parasha (פָּרָשָׁה) correspond à une semaine. Les péricopes sont elles-mêmes divisées en **sections**. Lorsque le scribe doit laisser un espace de quelques caractères et commencer l'alinéa suivant sur la même ligne, on parle de section fermée (סְתוּמָה), matérialisée dans certaines éditions de la Bible par un ס ; lorsqu'il va à la ligne, la section est ouverte (פְּתוּחָה) et représentée par un פ. Ces divisions sont antérieures à l'époque talmudique, de même que le découpage de l'ensemble du texte en **versets** (פְּסוּקִים). La division en chapitres est beaucoup plus tardive : apparue dans les Bibles latines du XIIIe siècle, elle a été introduite au XVIe dans les Bibles hébraïques imprimées.

Les versets sont de longueur inégale : les plus brefs comportent trois mots, mais on trouve en Isaïe 39, 2 un verset de plus de trente mots. Ils constituent généralement des unités syntaxiques, mais il arrive qu'une phrase longue soit découpée en plusieurs versets.

Le travail des Massorètes

Les Massorètes se sont attachés à fixer définitivement sous forme écrite le texte de la Bible et sa tradition orale. La vocalisation, dont nous avons parlé dans les leçons précédentes, n'est qu'un des aspects de leur travail. Ils ont également transmis :

➢ des **formes particulières pour certaines lettres**, plus grandes (Lév 11, 42, pour marquer le milieu du Pentateuque), plus petites (Gen 2, 4), ou suspendues.

➢ des « **corrections de scribes** » : les Massorètes donnent une liste de 18 occurrences pour lesquelles leurs prédécesseurs, les Scribes, ont corrigé le texte. Ces corrections avaient pour but d'éliminer des expressions qui auraient amené un blasphème – par ex., le contact direct entre un verbe exprimant une malédiction et le nom de Dieu.

➢ le **qeré-ketiv**. Il s'agit d'indiquer que le mot ne doit pas être lu (**qeré**) comme il est écrit (**ketiv**). Guidés par le souci de ne pas toucher au texte qu'ils devaient transmettre, les Massorètes se sont parfois heurtés à des erreurs manifestes dans les graphies, à des archaïsmes, à des variantes dialectales incompréhensibles. Dans ce cas, ils n'ont pas corrigé le texte, mais ont placé un petit cercle au-dessus du mot écrit (כְּתִיב) et ont indiqué en marge la lecture correcte (קְרֵי). Par ex., en II

Rois 4, 16, le pronom sujet, 2ème pers. du fém. sing., est orthographié **אתי** (ʔTY = **ʔatti**), qui en est la forme archaïque ; en marge, les Massorètes indiquent qu'il faut lire אַתְּ (ʔatt), forme usuelle de ce pronom en hébreu classique. Lorsqu'un mot est systématiquement écrit d'une manière qui ne correspond pas à sa prononciation, on ne trouve pas de note marginale : le mot est alors vocalisé comme il doit être prononcé. Dans ce cas, on parle de **qᵉré perpétuel**. Ainsi, le nom de Jérusalem présente un kᵉtiv ירושלם (YRWŠLM) qui ne comporte presque jamais le yod correspondant à la prononciation devenue usuelle [yᵉrušå**la**yim]. Les Massorètes ont donc ajouté le ḥireq à côté du pataḥ : יְרוּשָׁלַםִ. Le qᵉré perpétuel que vous rencontrerez le plus souvent est celui du nom de Dieu en quatre lettres ou tétragramme, יהוה. La prononciation exacte de ce nom est inconnue, et a fait l'objet de nombreuses conjectures, parmi lesquelles Yahweh. Dès avant l'époque talmudique, l'usage juif est de ne pas prononcer ce nom tel qu'il est écrit, mais d'y substituer אֲדֹנָי (ʔᵃdonay), *mon Seigneur*[7].

➢ les **notes massorétiques**. Les Massorètes ont compilé des observations touchant aux graphies, à la vocalisation, à la fréquence des mots, à leur ordre, etc. Ces observations figurent dans les marges gauche et droite des manuscrits, sous une forme extrêmement brève – en général, une seule lettre indiquant par exemple que tel mot se trouve trois fois avec telle orthographe dans toute la Bible. Elles ont reçu le nom de *massora qᵉṭanna*, « petite massora ». Lorsqu'elles sont plus développées, elles constituent alors la *massora gᵉdola* ou « grande massora », placée sous le texte ou rassemblée à la fin de chaque livre.

➢ les **ṭᵉʕamim** ou **ṭaʕame(y) ha-miqra(ʔ)** (טַעֲמֵי הַמִּקְרָא). Ce système d'accents, qui comme celui des points-voyelles est constitué de signes placés au-dessus ou en dessous des consonnes, a une triple fonction : musicale, prosodique et syntaxique. La fonction musicale, qui a trait à la récitation synagogale du texte, ne nous concerne pas ici.

---

7 Cette lecture est celle que les juifs utilisent dans la liturgie et la récitation synagogale de la Bible. Dans le Talmud et les commentaires, on s'abstient d'employer ce nom, considéré comme aussi sacré que le Tétragramme, et on le remplace par des substituts : « le Saint, béni soit-Il », « le Lieu », etc. Aujourd'hui encore, les juifs pratiquants réservent Adonaï à l'usage liturgique et, dans les autres circonstances (étude, conversation courante en hébreu moderne), emploient le substitut הַשֵּׁם [haššem] *le Nom*. La prononciation Jéhovah résulte du croisement artificiel entre les consonnes du tétragramme YHWH et les voyelles de ʔᵃdonay : YᵉHoWaH (le ḥaṭef pataḥ devient shewa « normal » sous yod).

Le **ṭaʕam** indique la syllabe qui porte l'accent tonique. De plus, les accents se répartissent en « conjonctifs » et « disjonctifs » et jouent le rôle habituellement dévolu à la ponctuation (absente du texte biblique) car ils permettent de repérer les unités syntaxiques et sémantiques. À l'exception des notes massorétiques, tous ces éléments sont présents dans les éditions courantes de la Bible hébraïque[8].

——— P4

Trois cas peuvent se présenter :

a) le mot est affecté d'un **ṭaʕam** (= accent) **disjonctif** indiquant qu'il n'est pas lié au mot suivant, et qui marque donc une **pause** plus ou moins forte ;

b) le mot est affecté d'un accent **conjonctif** indiquant au contraire qu'il forme une **unité** syntaxique et sémantique avec le mot suivant ;

c) le mot – en général, un monosyllabe – est suivi d'un trait d'union ou *maqqef*, qui lui fait **perdre** son propre accent tonique. Il est dit proclitique et forme une **unité accentuelle avec le mot suivant**.

Ce système est complexe, et vous n'avez besoin d'en connaître que ce qui vous est utile pour l'analyse des versets et les effets des accents sur la phonétique et la morphologie. Pour illustrer la fonction des ṭ^{e}ʕamim, voici un verset (I Rois 18, 8) dont presque tous les mots ont été vus dans les trois premières leçons. D'abord **sans** les ṭ^{e}ʕamim :

׃ אֵלִיָּהוּ	הִנֵּה	לַאדֹנֶיךָ	אֱמֹר	לֵךְ	אָנִי	לוֹ	וַיֹּאמֶר
Elie	voici	à ton maître	dis	va	moi	à lui	il dit

Sans ṭ^{e}ʕamim, on aurait donc : *il dit à lui moi va dis à ton maître voici Elie*. De plus, sans ṭ^{e}ʕamim, on ne sait pas où est la syllabe accentuée : [ʔeli**yya**hu] ou [ʔeliyya**hu**] ? Voici le verset **avec** les ṭ^{e}ʕamim :

וַיֹּ֥אמֶר ל֖וֹ אָ֑נִי לֵ֛ךְ אֱמֹ֥ר לַֽאדֹנֶ֖יךָ הִנֵּ֥ה אֵלִיָּֽהוּ׃

La syllabe accentuée est celle qui porte le ṭaʕam : le premier mot se lit donc [wa**yyo**$^{(ʔ)}$mɛr] et non *[wayyo$^{(ʔ)}$**mɛr**], le nom d'Élie se prononce [ʔeli**yya**hu], etc. Quant à leur valeur syntaxique et sémantique, si nous matérialisons par des tirets les ṭ^{e}ʕamim conjonctifs et par des séparations verticales les ṭ^{e}ʕamim disjonctifs – pour

---

[8] La seule édition courante avec notes massorétiques est la Bible de Stuttgart, *Biblia hebraica Stuttgartensia*, éd. R. Kittel, Deutsche Bibelgesellschaft, 1997 (5e éd).

ces derniers, l'importance relative de chacun d'eux est indiquée par le nombre de barres – nous obtenons la lecture suivante :

Il lui-dit | moi || va-dis-à ton maître | voici-Élie |||

En effet, en réponse à la question « est-ce bien **toi**, mon seigneur Élie ? », posée au verset précédent, Élie répond : **אֲנִי**, ***moi*** = *c'est moi.* Le pronom est séparé par une pause légère de ce qui précède (*il lui dit*) et par une pause plus forte de ce qui suit (*va, dis*). La traduction définitive devra remplacer les ṭᵉʕamim par une ponctuation : *il lui dit : « c'est moi ! Va dire à ton maître : voici Élie ».* Le symbole qui se trouve sous le **א** de **אָ֑נִי** est un atnaḥ (֑), pause forte qui marque la séparation du verset en deux parties. C'est le seul ṭaʕam que vous ayez besoin de connaître pour le moment, avec le silluq (ֽ) qui marque à la fois la syllabe accentuée du dernier mot (אֵלִיָּֽהוּ) et la fin du verset. Celle-ci est aussi matérialisée par le symbole **:** placé après le dernier mot.

———— E4

• *Dans ce texte, dites combien il y a de versets ; recopiez les mots munis d'un atnaḥ et ceux munis d'un silluq. Chacun figure une seule fois dans chaque verset.*

וַיְכַל אֱלֹהִים בַּיּוֹם הַשְּׁבִיעִי מְלַאכְתּוֹ אֲשֶׁר עָשָׂה וַיִּשְׁבֹּת בַּיּוֹם
הַשְּׁבִיעִי מִכָּל־מְלַאכְתּוֹ אֲשֶׁר עָשָׂה׃ וַיְבָרֶךְ אֱלֹהִים אֶת־יוֹם
הַשְּׁבִיעִי וַיְקַדֵּשׁ אֹתוֹ כִּי בוֹ שָׁבַת מִכָּל־מְלַאכְתּוֹ אֲשֶׁר־בָּרָא
אֱלֹהִים לַעֲשׂוֹת ׃ אֵלֶּה תוֹלְדוֹת הַשָּׁמַיִם וְהָאָרֶץ בְּהִבָּרְאָם בְּיוֹם
עֲשׂוֹת יְהוָה אֱלֹהִים אֶרֶץ וְשָׁמָיִם׃

Exercices de révision

• *Regroupez ces syntagmes nominaux en 3 ensembles différents, selon qu'il s'agit : (1) d'états construits, (2) de noms fléchis, (3) de mots précédés de prépositions monoconsonantiques. Chaque élément appartient à une seule catégorie.*

1. קוֹל הָעָם 2. בַּשָּׁמַיִם 3. לְאַבְרָהָם 4. תּוֹלְדוֹת הַשָּׁמַיִם
5. קוֹלִי 6. עַמֵּנוּ 7. בְּרֵאשִׁית 8. יָדְךָ 9. מְלַאכְתּוֹ
10. בְּנֵי יִשְׂרָאֵל 11. בְּצֶלֶם 12. בֵּית לֶחֶם

• *Traduisez en hébreu :*

1. La voix de Pharaon. 2. Le petit bétail du prêtre. 3. Les paroles. 4. Vers le ciel. 5. Le nom de Dieu. 6. Son (masc.) petit bétail. 7. Leur (masc.) voix.

Exercices corrigés

E1

- *Conjuguez à toutes les personnes les verbes suivants.*

1. אֲקַדֵּשׁ *Je sanctifierai*

	singulier		pluriel	
1ère masc. et fém.	אֲקַדֵּשׁ	ʔ^{a}qaddeš	נְקַדֵּשׁ	n^{e}qaddeš
2ème masc.	תְּקַדֵּשׁ	t^{e}qaddeš	תְּקַדְּשׁוּ	t^{e}qadd^{e}šu
2ème fém.	תְּקַדְּשִׁי	t^{e}qadd^{e}ši	תְּקַדֵּשְׁנָה	t^{e}qadd**eš**nå
3ème masc.	יְקַדֵּשׁ	y^{e}qaddeš	יְקַדְּשׁוּ	y^{e}qadd^{e}šu
3ème fém.	תְּקַדֵּשׁ	t^{e}qaddeš	תְּקַדֵּשְׁנָה	t^{e}qadd**eš**nå

2. אֲסַפֵּר *Je raconterai*

	singulier		pluriel	
1ère masc. et fém.	אֲסַפֵּר	ʔ^{a}sapper	נְסַפֵּר	n^{e}sapper
2ème masc.	תְּסַפֵּר	t^{e}sapper	תְּסַפְּרוּ	t^{e}sapp^{e}ru
2ème fém.	תְּסַפְּרִי	t^{e}sapp^{e}ri	תְּסַפֵּרְנָה	t^{e}sapp**er**nå
3ème masc.	יְסַפֵּר	y^{e}sapper	יְסַפְּרוּ	y^{e}sapp^{e}ru
3ème fém.	תְּסַפֵּר	t^{e}sapper	תְּסַפֵּרְנָה	t^{e}sapp**er**nå

3. אֲלַמֵּד *J'enseignerai*

	singulier		pluriel	
1ère masc. et fém.	אֲלַמֵּד	ʔ^{a}lammeḏ	נְלַמֵּד	n^{e}lammeḏ
2ème masc.	תְּלַמֵּד	t^{e}lammeḏ	תְּלַמְּדוּ	t^{e}lamm^{e}ḏu
2ème fém.	תְּלַמְּדִי	t^{e}lamm^{e}ḏi	תְּלַמֵּדְנָה	t^{e}lamm**eḏ**nå
3ème masc.	יְלַמֵּד	y^{e}lammeḏ	יְלַמְּדוּ	y^{e}lamm^{e}ḏu
3ème fém.	תְּלַמֵּד	t^{e}lammeḏ	תְּלַמֵּדְנָה	t^{e}lamm**eḏ**nå

- *Mettez au pluriel, en gardant la même personne.*

1. אֲגַדֵּל > נְגַדֵּל 2. יְדַבֵּר > יְדַבְּרוּ 3. תְּשַׁלֵּם > תְּשַׁלְּמוּ 4. יְהַלֵּךְ > יְהַלְּכוּ 5. תְּבַקֵּשׁ > תְּבַקְּשׁוּ 6. תְּחַזֵּק > תְּחַזֵּקְנָה.

- *Vocalisez les formes suivantes, qui sont toutes des inaccomplis piʕel.*

1. יְקַבֵּל 2. תְּשַׁלֵּם 3. יְקַבְּצוּ 4. נְהַלֵּל 5. תְּסַפֵּרְנָה 6. אֲנַתֵּק 7. תְּסַפְּרִי

- *Traduisez (le sens des verbes est indiqué dans le premier exercice de cette série).*

1. תְּקַדְּשׁוּ *Vous (m.) sanctifierez* 2. נְלַמֵּד *Nous enseignerons* 3. תְּלַמֵּדְנָה *Vous (fém.) enseignerez / elles enseigneront* 4. יְסַפְּרוּ *Ils raconteront* 5. תְּסַפְּרִי *Tu (f.) raconteras* 6. יְקַדֵּשׁ *Il sanctifiera*

E2

- *Voici une liste de verbes à la 3ème personne (qal et piʿel). Dites s'ils sont au qatal, au yiqtol, au wᵉqatal ou au wayyiqtol. Puis, traduisez ces formes*

Il écrira	8. וְכָתַב *wᵉqatal*	*Il apprit*	1. לָמַד *qatal*
Il règnera	9. יִמְלֹךְ *yiqtol*	*Il entendra*	2. יִשְׁמַע *yiqtol*
Il règna	10. וַיִּמְלֹךְ *wayyiqtol*	*Il appela*	3. קָרָא *qatal*
Il raconta	11. וַיְסַפֵּר *wayyiqtol*	*Il appellera*	4. וְקָרָא *wᵉqatal*
Il raconta	12. סִפֵּר *qatal*	*Il dit*	5. אָמַר *qatal*
Il parla	13. דִּבֵּר *qatal*	*Il dit*	6. וַיֹּאמֶר *wayyiqtol*
Il parla	14. וַיְדַבֵּר *wayyiqtol*	*Il écrivit*	7. וַיִּכְתֹּב *wayyiqtol*

E3

- *Remettez les mots dans l'ordre.*

Moïse parla aux enfants d'Israël. 1. וַיְדַבֵּר מֹשֶׁה אֶל־בְּנֵי יִשְׂרָאֵל

Il envoya des messagers à Achab, roi d'Israël. 2. וַיִּשְׁלַח מַלְאָכִים אֶל־אַחְאָב מֶלֶךְ־יִשְׂרָאֵל

Dieu bénit Isaac. 3. וַיְבָרֶךְ אֱלֹהִים אֶת־יִצְחָק

Tout le peuple dira amen. 4. וְאָמַר כָּל־הָעָם אָמֵן

- *Traduisez :*

Abraham prit Ismaël son fils 1. וַיִּקַּח אַבְרָהָם אֶת־יִשְׁמָעֵאל בְּנוֹ

Pharaon parla à Joseph 2. וַיְדַבֵּר פַּרְעֹה אֶל יוֹסֵף

Le roi n'écouta pas le peuple 3. לֹא שָׁמַע הַמֶּלֶךְ אֶל־הָעָם

Pharaon entendit la chose 4. וַיִּשְׁמַע פַּרְעֹה אֶת־הַדָּבָר

Il bénira la maison d'Israël 5. יְבָרֵךְ אֶת־בֵּית יִשְׂרָאֵל

Il sanctifia le peuple 6. וַיְקַדֵּשׁ אֶת־הָעָם

- *Traduisez, en utilisant des wayyiqtol :*
  1. Dieu créa une femme. וַיִּבְרָא אֱלֹהִים אִשָּׁה
  2. David régna dans sa ville. וַיִּמְלֹךְ דָּוִד בְּעִירוֹ
  3. Abraham entendit la voix d'Isaac. וַיִּשְׁמַע אַבְרָהָם אֶת־קוֹל יִצְחָק
  4. Pharaon envoya le peuple vers la montagne. וַיִּשְׁלַח פַּרְעֹה אֶת־הָעָם אֶל הָהָר

_______ E4

- *Dans le texte suivant, dites combien il y a de versets ; recopiez les mots munis d'un atnaḥ et ceux munis d'un silluq.*
  1. Trois. Le 1er se termine à la 2ème ligne, le second à l'avant-dernière ligne.
  2. Mots avec atnaḥ : עָשָׂה (en partant de la droite, 1ère ligne, 7ème mot), אֹתוֹ (3ème ligne, 3ème mot), בְּהִבָּרְאָם (avant-dernier mot de l'avant-dernière ligne).
  3. Mots avec silluq : עָשָׂה (2ème ligne, 5ème mot), לַעֲשׂוֹת (avant-dernière ligne, 2ème mot), וְשָׁמָיִם.

Exercices de révision sur les leçons précédentes

- *Dans la liste suivante apparaissent plusieurs syntagmes nominaux. Regroupez-les en trois ensembles différents.*

États construits	Noms fléchis	Avec préposition
1. קוֹל הָעָם	5. קוֹלִי	2. בַּשָּׁמַיִם
4. תּוֹלְדוֹת הַשָּׁמַיִם	6. עִמָּנוּ	3. לְאַבְרָהָם
10. בְּנֵי יִשְׂרָאֵל	8. יָדְךָ	7. בְּרֵאשִׁית
12. בֵּית לֶחֶם	9. מְלַאכְתּוֹ	11. בְּצֶלֶם

- *Traduisez en hébreu :*
  1. La voix de Pharaon. קוֹל פַּרְעֹה
  2. Le petit bétail du prêtre. צֹאן הַכֹּהֵן
  3. Les paroles. הַדְּבָרִים
  4. Vers le ciel. אֶל הַשָּׁמַיִם
  5. Le nom de Dieu. שֵׁם אֱלֹהִים
  6. Son (masc.) petit bétail. צֹאנוֹ
  7. Leur (masc.) voix. קוֹלָם

Leçon 5

LE VERBE (II)

LE PIʕEL, SUITE ET FIN

LES PRONOMS PERSONNELS INDÉPENDANTS

LA PHRASE NOMINALE

T1. Valeur sémantique du piʕel. Impératif, infinitif, participe et accompli piʕel

Dans la leçon précédente, nous avons décrit le schème verbal comme l'association de caractéristiques morphologiques et de traits sémantiques, dont la combinaison exprime des oppositions de voix (active, passive, réfléchie/moyenne, causative, intensive/factitive) et de constructions (transitif/intransitif). **Morphologiquement**, le schème piʕel se caractérise, entre autres, par un redoublement de la 2ème consonne de la racine. Quant à la **valeur sémantique**, les verbes piʕel possèdent des significations divergentes qu'il est difficile de synthétiser. De nombreuses grammaires hébraïques présentent ce schème comme un intensif (on fait l'action plus « fortement » qu'au qal), mais cette signification, certes attestée en hébreu, concerne en réalité assez peu de verbes bibliques et ne reflète pas correctement les données d'autres langues sémitiques. La relation entre un verbe qal et un verbe piʕel de la même racine peut être rapprochée de l'usage des prépositions en anglais (comparer *to break*, « casser » et *to break up*, « démanteler »), ou de la préfixation/suffixation en français : *lier/relier, couper/découper, être laid/enlaidir [quelqu'un], chercher/rechercher, pur/purifier...* Les verbes piʕel sont, dans leur très grande majorité, transitifs.

Principales valeurs du piʕel

➢ À partir de **l'état** exprimé par la racine (*être grand, être saint, être cassé, être dans le droit*...), le piʕel fournit des verbes actifs exprimant qu'on **fait en sorte que quelqu'un ou quelque chose se trouve dans cet état** : « faire être grand » > *faire grandir*, « faire être saint » > *sanctifier*, « faire être cassé » > *briser*, « déclarer que quelqu'un est dans le droit » > *déclarer juste*. Il s'agit d'un sens **factitif**.

➢ Pour certains verbes, le piʕel a la valeur d'un **fréquentatif** ou d'un **itératif** : on fait plusieurs fois l'action ou on la répète sur plusieurs objets. On retrouve ici la valeur **intensive** : par ex., le verbe *casser* est au qal lorsqu'il s'agit d'une chose fragile, mais au piʕel pour un objet plus résistant (Œx 32, 19 : les tables de la loi *brisées* par Moïse).

➢ Certains verbes piʕel sont dénominatifs (= tirés d'un nom) et impliquent que l'on réalise, ou au contraire que l'on fait cesser, l'état exprimé par ce nom. Par exemple, on dérive du mot *prêtre* un verbe piʕel signifiant *exercer la fonction de prêtre*.

➢ Il existe quelques verbes piʕel sans correspondant qal, ex. בִּקֵּשׁ, *il a cherché* : *בָּקַשׁ, théoriquement possible, n'est pas attesté.

Étant donné ces multiples possibilités, il est préférable de toujours vérifier le sens dans le dictionnaire. Voici des exemples de verbes piʕel. La racine est la même dans la colonne de gauche et celle de droite, seul le schème change : dans le premier tableau, verbe qal/verbe piʕel, et dans le second tableau, substantif/verbe piʕel.

Verbe qal	Verbe piʕel
גָּדַל [gå<u>d</u>al] *il était grand, il est devenu grand*	גִּדֵּל [giddel] *il a fait grandir, il a élevé (des enfants)*
אָבַד [ʔåva<u>d</u>] *il a péri*	אִבֵּד [ʔibbe<u>d</u>] *il a fait périr, il a détruit*
שָׁבַר [šåvar] *il a cassé (un bâton, de la poterie)*	שִׁבֵּר [šibber] *il a cassé (des pierres, du métal)*
צָחַק [ṣåḥaq] *il a ri*	צִחֵק [ṣiḥeq] *il s'est amusé, il s'est moqué*
הָלַךְ [håla<u>k</u>] *il a marché*	הִלֵּךְ [hille<u>k</u>] *il a circulé*

Verbe qal	Verbe piʕel
כֹּהֵן [kohen] *prêtre*	כִּהֵן [kihen] *il a exercé la fonction de prêtre*
חֵטְא [ḥeṭ(ʾ)] *péché*	חִטֵּא [ḥiṭṭe(ʾ)] *il a ôté le péché, il a purifié du péché*

——— **P1**

1. Impératif, infinitif, participe piʕel

Ils ont le même thème que le yiqtol (cf. p. 92). Pour le verbe *parler*, vous allez donc retrouver l'élément [–dab**ber**], qui devient [-dabbᵉr–] si l'accent se déplace. Nous n'exposons ici que la conjugaison ; les emplois syntaxiques des différentes formes seront vus plus loin.

➢ L'impératif

Il s'emploie pour donner un ordre à la 2ème personne. Pour former l'impératif, on ôte au yiqtol le préfixe marquant la personne.

	singulier		pluriel	
2ème masc.	דַּבֵּר	dabber	דַּבְּרוּ	dabbᵉru
2ème fém.	דַּבְּרִי	dabbᵉri	דַּבֵּרְנָה	dab**ber**na

➢ L'infinitif

L'infinitif a le même thème que le yiqtol : pour le verbe *parler*, on aura donc דַּבֵּר [dabber], même forme que l'impératif masc. sing.

➢ Le participe

Le participe piʕel se caractérise par un préfixe –מְ (mᵉ–) suivi du thème, qui est identique à celui du yiqtol/impératif/infinitif. Le participe varie en genre et en nombre. Les marques de fém. et de plur. sont celles vues à la leçon 3 pour les noms et les adjectifs : au fém. sing., [-ṯ] (plus rarement **-a**) ; au masc. plur., [–**im**] ; au fém. plur, [–**oṯ**]. Au fém. sing., la voyelle [e] du thème garde l'accent et se maintient (avec segol au lieu de ṣéré) ; au pluriel, elle devient shewa mobile.

	singulier		pluriel	
masc.	מְדַבֵּר	mᵉḏabber	מְדַבְּרִים	mᵉḏabbᵉrim
fém.	מְדַבֶּ֫רֶת	mᵉḏab**be**reṯ	מְדַבְּרוֹת	mᵉḏabbᵉroṯ

2. Le qatal (= accompli) des verbes piʕel

Du qatal, appellation que nous emploierons désormais de préférence à « accompli », vous ne connaissez que la 3ème personne du masculin singulier, pour des verbes qal et piʕel. Les autres personnes sont marquées par l'adjonction de **suffixes** indiquant le genre et/ou le nombre. Voici le paradigme complet pour le piʕel (bien sûr, les suffixes de personnes seront les mêmes pour tous les autres schèmes).

<table>
<tr><th></th><th colspan="2">singulier</th><th colspan="2">pluriel</th></tr>
<tr><td>1ère masc. et fém.</td><td>דִּבַּ֫רְתִּי</td><td>dibbarti</td><td>דִּבַּ֫רְנוּ</td><td>dibbarnu</td></tr>
<tr><td>2ème masc.</td><td>דִּבַּ֫רְתָּ</td><td>dibbartå</td><td>דִּבַּרְתֶּם</td><td>dibbartɛm</td></tr>
<tr><td>2ème fém.</td><td>דִּבַּרְתְּ</td><td>dibbart</td><td>דִּבַּרְתֶּן</td><td>dibbartɛn</td></tr>
<tr><td>3ème masc.</td><td>דִּבֵּר</td><td>dibber</td><td rowspan="2">דִּבְּרוּ</td><td rowspan="2">dibbᵉru</td></tr>
<tr><td>3ème fém.</td><td>דִּבְּרָה</td><td>dibbᵉrå</td></tr>
</table>

Remarques :

- La 1ère personne (singulier et pluriel) et la 3ème personne du pluriel sont communes aux deux genres.
- Les formes sont majoritairement accentuées sur la syllabe finale. Comme cette accentuation est normale, nous ne l'indiquons pas. Nous soulignons en revanche la remontée de l'accent sur l'avant-dernière syllabe à la 1ère personne du singulier et du pluriel (dib**bar**ti, dib**bar**nu) et à la 2ème personne du masculin singulier (dib**bar**tå).
- On retrouve ici une règle importante : l'alternance entre un thème à 2ème voyelle « pleine », [dibbar–], et un thème à 2ème voyelle réduite en shewa mobile, [dibb^{e}r-]. Ce thème réduit se trouve exclusivement devant les suffixes constitués d'une voyelle : 3ème pers. du fém. sing. (suffixe **-å**) et 3ème pers. du pluriel (suffixe **–u**). Concernant la **prononciation** des formes telles que דִּבְּרָה ou דִּבְּרוּ, il faut, pour des raisons grammaticales, adopter celle qui respecte le redoublement et le shewa mobile, [dib-b^{e}**rå**, dib-b^{e}**ru**]. Le [^{e}] est alors réalisé comme le *e* muet du français : le son bref, noté par *e*, de *calmement*. Vous pouvez être tentés de prononcer comme en hébreu moderne : [dibra, dibru]. La différence est la même que pour le *e* muet en français, qu'on omet si on peut en faire l'économie : à l'oral, dans une conversation à débit normal, on prononce [*viv'ment*] et non [*vivement*], et l'on ne prononce [*calmement*] que parce qu'on ne peut pas faire autrement [*autrement* !]. En revanche, dans une chanson ou un alexandrin (« *c'était l'heure*

tranquille où les lions vont boire »), le *e* muet ne doit pas être omis sous peine de perdre une syllabe et, dans le cas de l'alexandrin, de rompre avec la norme – qui est justement d'avoir douze syllabes. Lisant de l'hébreu biblique, il faut distinguer le shewa mobile, prononcé, du shewa quiescent, non prononcé. De même, le participe מְדַבְּרִים doit être lu [m^{e}-d̲ab-b^{e}-rim] et non [medabrim] ou même [mdabrim] comme on le fait à l'oral en hébreu moderne.

- Aux personnes où l'on a le thème à 2ème voyelle « pleine » (c'est-à-dire autre que shewa mobile), cette voyelle est partout [a] : [dib**bar**ti], [dib**bar**tå], etc. On s'attendrait donc, pour la 3ère pers. du masc. sing., à trouver *[dibbar] et non [dibber]. Dans quelques verbes, on a effectivement ce [a] : c'est toujours le cas à proximité d'un ח ou d'un ע, ex. שִׂמַּח, [śimmaḥ] *il a rendu joyeux*, בִּקַּע, *il a fendu*, נִחַם, *il a consolé*. C'est aussi le cas pour quelques autres verbes, parmi lesquels *bénir* : celui-ci a les deux formes (בֵּרֵךְ [berek̲][1], et בֵּרַךְ [berak̲], plus fréquent). Mais la plupart des verbes présentent la voyelle [e] : סִפֵּר, בִּקֵּשׁ, טִהֵר.

- דִּבַּרְתִּי (1ère personne du sing.) contient 3 dagesh. Ceux du ד et du ת sont **légers**, puisque ces consonnes font partie des BeGaDKeFaT et se trouvent respectivement en tête de mot et après syllabe fermée (cf p. 79). C'est une règle **phonologique** qui s'applique dans ce cas, et elle n'a rien à voir avec le piʕel ! Seul le dagesh du ב, 2ème consonne radicale, est **fort** et marque le redoublement **morphologique** qui caractérise le piʕel, comme le montre la transcription [dibbarti].

- Le qatal correspond le plus souvent à un passé non duratif, à traduire par un passé simple ou composé. Cela n'est évidemment pas propre au piʕel, mais concerne tous les autres schèmes verbaux.

- De même, comme nous l'avons vu à la leçon 4, le w^{e}qatal équivaut à un futur : וְדִבַּרְתָּ [w^{e}d̲ibbartå], *tu parleras.* Il a donc la même signification que תְּדַבֵּר [t^{e}d̲abber], mais le remplace presque systématiquement lorsqu'il suit une autre forme verbale. Comparez ces deux versets :
  - Ex 30, 31 : וְאֶל־בְּנֵי יִשְׂרָאֵל תְּדַבֵּר, *et aux fils d'Israël* ***tu parleras.***
  - I Chron 21, 10 : לֵךְ וְדִבַּרְתָּ אֶל־דָּוִיד, *va* ***et tu parleras*** *à David.*

La phrase des Chroniques commence par un verbe à l'impératif (לֵךְ, *va*). L'hébreu biblique, qui coordonne plus qu'il ne subordonne, dit *va*

[1] Voir p. suivante pourquoi on a [e] au lieu de [i] dans la 1ère syllabe.

et tu diras, va et tu te coucheras, là où le français préfère *va dire, va te coucher.* Le verbe coordonné est ici au w^e^qatal, et non au yiqtol : c'est de loin la construction la plus fréquente pour ce type d'énoncé.

3. Que se passe-t-il lorsque la seconde consonne ne peut pas être redoublée ?

Cette question n'est pas propre au piʕel : il s'agit d'un problème général d'ordre **phonétique** concernant les 5 consonnes א ,ה ,ח ,ע ,ר. Dans la tradition orale des Massorètes de Tibériade, elles ne pouvaient prendre le dagesh fort. Nous avons déjà abordé ce point à propos de l'article défini -הַ (cf. p 69), et mentionné le fait que l'impossibilité de redoubler ces consonnes pouvait parfois rejaillir sur la voyelle qui les précède. Les verbes concernés sont peu nombreux, il peut donc sembler inutile d'y consacrer un paragraphe. Cependant, identifier le piʕel est indispensable pour trouver dans le dictionnaire la signification adéquate ; or, l'un des critères de cette identification est précisément le redoublement. Si la consonne n'est pas redoublée, il convient de s'assurer par un autre moyen qu'on est bien en présence d'un piʕel, et les changements de voyelles constituent ce moyen.

- Lorsque la 2ème consonne de la racine est ה ,ח ,ע, il n'y a pas de dagesh, mais les voyelles caractéristiques **ne sont pas modifiées** : c'est donc grâce à la vocalisation qu'on identifie le piʕel. Ex :
  יְמַהֵר [y^e^maher], *il se dépêchera* (cf. יְדַבֵּר [y^e^d̲abber])
  מְנַחֵם, [m^e^naḥem], *consolant* (cf. מְדַבֵּר [m^e^d̲abber])
  בִּעֵר [biʕer], *il fit brûler* (cf. דִּבֵּר [dibber]).
- Lorsque la 2ème consonne de la racine est א ou ר, il n'y a pas de dagesh, et la voyelle précédente **est modifiée** :
  - au yiqtol, impératif, infinitif et participe, le [a] (= pataḥ) passe à [å] (=qameṣ), modification **visible** mais non **audible** puisque qameṣ et pataḥ se prononcent de la même manière (ce qui, bien entendu, n'était pas le cas à Tibériade).
  - au qatal, la voyelle [i] passe à [e], noté par ṣéré.

Dans le tableau ci-dessous, comparez les formes à redoublement normal (colonne de gauche) et les formes sans redoublement (colonne de droite). La correspondance est toujours la même : *absence de redoublement ⟶ modification de la voyelle précédente.*

Cas général			Verbe avec א ou ר comme 2ème consonne radicale		
תְּדַבֵּר	[tedabber]	*tu parleras*	תְּקָרֵב	[teqårev]	*tu feras approcher*
דַּבְּרוּ	[dabberu]	*parlez !*	בָּרְכוּ	[bårek̲u]	*bénissez !*
דַּבֵּר	[dabber]	*parler*	מָאֵן	[måʔen]	*refuser*
מְדַבֵּר	[medabber]	*parlant*	מְשָׁרֵת	[mešåret̲]	*servant*
דִּבַּ֫רְתָּ	[dib**bar**tå]	*tu as parlé*	בֵּרַ֫כְתָּ	[be**rak̲**tå]	*tu as béni*

4. Concrètement, comment reconnaître un verbe au piʕel ?

Avant d'ouvrir votre dictionnaire, vous devez vous demander quel est le schème : qal, piʕel, ou l'un des autres schèmes verbaux possibles.

a. Si le verbe est au **yiqtol**, regardez la voyelle du **préfixe** : si c'est un shewa (à la 1ère sing., un ḥaṭef pataḥ), il y a de très grandes chances pour que le verbe soit au piʕel. Pour en être absolument certain, regardez si la seconde consonne est redoublée, ou si c'est l'une des cinq consonnes ne prenant pas le dagesh fort.

b. Le **participe** est aisément identifiable grâce à son préfixe -מְ. Si le verbe est à l'**impératif** ou à l'**infinitif**, c'est – outre le redoublement caractéristique – la 1ère voyelle qu'il faut regarder. Si c'est pataḥ ou qameṣ, votre verbe est très probablement au piʕel.

c. Au **qatal**, outre le redoublement, c'est encore la 1ère voyelle qui est déterminante : [i] (cas général), [e] si la 2ème consonne est א ou ר.

——— E1

• *Voici une série de verbes piʕel au yiqtol, 2ème pers. Mettez-les à l'impératif, en gardant la personne, le genre et le nombre.*

1.תְּסַפֵּר 2.תְּחַלְּלִי 3.תְּקַדְּשׁוּ 4.תְּקַדְּמוּ 5.תְּטַהֵר 6.תְּנַחֲמוּ 7. תְּקַבֵּץ

• *Mettez ces participes piʕel au singulier, en conservant le même genre :*

1.מְבַקְשִׁים 2.מְבָרְכִים 3.מְחַלְלוֹת 4.מְיַלְּדוֹת 5.מְכַפְּרִים 6. מְכַבְּדוֹת

• *Conjuguez au qatal :*

1. קִדַּ֫שְׁתִּי *j'ai sanctifié* 2. סִפַּ֫רְתִּי *j'ai raconté* 3. בִּקַּ֫שְׁתִּי *j'ai cherché*
4. בֵּרַ֫כְתִּי *j'ai béni*

• *Mettez au singulier ces formes de qatal, en gardant la même personne :*

1. אִבַּדְתֶּם 2. נִחַמְנוּ 3. חִלַּלְתֶּם 4. קִדְּמוּ (m.) 5. גִּדַּלְתֶּן 6. חִלְּקוּ (f.)

- *Reliez les qatal (à droite) aux wayyiqtol correspondants (à gauche).*

וַיְכַפֵּר	דִּבַּרְתָּ
וַיְבַקַּע	קִבַּצְתִּי
וַתְּרַחֵם	כִּפֵּר
וַיְנַחֵם	בִּקַּע
וַיְמָאֵן	מֵאֵן
וַתְּדַבֵּר	נִחַם
וָאֲקַבֵּץ	רִחַמְתָּ

- *Parmi ces verbes, lesquels sont au piʿel ? Regardez d'abord le redoublement (vérifiez que le dagesh est fort), puis éventuellement les voyelles caractéristiques.*

- yiqtol et wayyiqtol

1. יְשַׁלַּח 2. יִשְׁלַח 3. וַיְנַתֵּק 4. תְּקַנֵּא 5. נִשְׁכַּב 6. נְקַדֵּם 7. וַיְקַדֵּשׁ
8. יִפָּתַח

- qatal et w^{e}qatal

1. אָמַרְתִּי 2. טִמְּאָה 3. זִבַּח 4. וְשָׁמְרוּ 5. מִהַרְתֶּן 6. לִמְּדוּ 7. קָרְאוּ
8. וְשֵׁרֵת

- participe

1.מְנַגֵּן 2.מוֹכֵר 3.מְאַבְּדִים 4.מְשַׂמֵּחַ 5.מְזַבְּחִים 6.יוֹשְׁבוֹת 7.מְיַלְּדוֹת

- impératif

1. כַּבֵּד 2. שְׁכַב 3.לֵךְ 4. קַבְּצוּ 5. קִבְצוּ 6. בָּרְכוּ 7. עֲשֵׂה

T2. Les pronoms personnels indépendants

Pour les deux formes conjuguées, qatal et yiqtol, les marques équivalant aux pronoms personnels du français sont contenues dans le verbe : dibbartâ *tu as parlé* / t^{e}dabber *tu parleras*. Mais si l'on veut énoncer des phrases telles que ***je** suis prophète*, ***tu** es ma sœur,* il est nécessaire d'utiliser des **pronoms personnels** dits **indépendants** ou **séparés**, formes autonomes et déplaçables, par opposition aux **pronoms affixes**, non autonomes, non déplaçables, qui s'accolent au verbe exactement comme les affixes du nom exprimant la possession. Ces pronoms affixes seront vus à la leçon 10.

Les pronoms personnels indépendants sont surtout utilisés comme **sujets de la phrase nominale**. Comme nous l'avons vu à la 2ème leçon, la phrase hébraïque אֲנִי נָבִיא *je [suis] prophète* comporte un sujet (אֲנִי, *je*) et un prédicat (נָבִיא, *prophète*). Elle est complète : le verbe attributif que nous restituons entre crochets n'est pas sous-entendu en hébreu. La juxtaposition des deux mots suffit pour que l'on comprenne que le second fait fonction de prédicat.

Les pronoms peuvent aussi figurer à côté d'une forme conjuguée du verbe, mais dans ce cas il y a toujours insistance : comparez דִּבַּרְתִּי, *j'ai parlé* et אֲנִי דִּבַּרְתִּי, *c'est* ***moi*** *qui ai parlé* (Ez 23, 34) ; אֲדַבֵּר, *je parlerai* et שְׁמַע לִי וְאָנֹכִי אֲדַבֵּר, *écoute-moi et* ***moi,*** *je parlerai* (Job 33, 31).

———— **P2**

1. Les pronoms personnels

	singulier		pluriel	
1ère masc. et fém.	אָנֹכִי אֲנִי	ʔånoḵi ʔᵃni	אֲנַחְנוּ, נַחְנוּ	ʔᵃ**naḥ**nu
2ème masc.	אַתָּה	ʔattå	אַתֶּם	ʔattem
2ème fém.	אַתְּ	ʔatt	אַתֵּנָה, אַתֶּן	ʔa**tte(n)**nå, atten
3ème masc.	הוּא	hu(ʔ)	הֵמָּה, הֵם	**hem**må, hem
3ème fém.	הִיא	hi(ʔ)	הֵנָּה	**hen**nå

Remarques :

- Au sing. comme au plur., la 1ère et la 2ème personnes ont la même étymologie : un élément **ʔan-** + un élément marquant la personne. Devant voyelle, le [n] de **ʔan-** se maintient : ʔånoḵi, ʔᵃnaḥnu. Devant –t, il s'assimile : *ʔan+ta > ʔatta, *ʔan+tem > ʔattem, etc. Les 3èmes pers., anciens démonstratifs, ont en commun un ה initial.
- À la 1ère pers. du sing., 2 formes coexistent. La forme longue אָנֹכִי est la plus ancienne ; dans les textes bibliques plus tardifs, elle tend à être remplacée par la forme brève אֲנִי. Au pluriel, נַחְנוּ est très rare.
- Les formes de 2ème fém. plur. et 3ème masc. plur. présentent deux variantes : l'une avec voyelle –å finale, l'autre sans voyelle.
- Dans le Pentateuque, le pronom de 3ème fém. sing. הִיא [hi(ʔ)] est presque toujours écrit avec la mère de lecture waw au lieu de yod. Il fait donc l'objet d'un qᵉré perpétuel (v. ci-dessus p. 103) : הִוא.
- Notez la ressemblance entre certaines formes du pronom et les formes de qatal aux mêmes pers. Cette ressemblance n'est pas fortuite, mais liée à l'origine même du qatal. Sans vous préoccuper de ces questions d'étymologie, sur lesquelles nous reviendrons à la leçon 10, exploitez cette ressemblance pour faciliter la mémorisation :

	pronom sujet		verbe qatal	
2ème masc. sing.	אַתָּה	?attå	דִּבַּרְתָּ	dib**bar**tå
2ème fém. sing.	אַתְּ	?att	דִּבַּרְתְּ	dibbart
1ère plur.	אֲנַחְנוּ	?a**nah**nu	דִּבַּרְנוּ	dib**bar**nu
2ème masc. plur.	אַתֶּם	?attem	דִּבַּרְתֶּם	dibbartem
2ème fém. plur	אַתֶּן	?atten	דִּבַּרְתֶּן	dibbarten

2. Le pronom personnel sujet d'une phrase nominale

À lui seul, un pronom sujet ne peut constituer une phrase. Un second élément, le prédicat, est nécessaire pour que l'énoncé soit complet syntaxiquement et sémantiquement. Ainsi, on analyse la phrase אֲנִי יוֹסֵף [?ᵃni yosef], comme composée d'un **sujet** (אֲנִי, *je*) et d'un **prédicat** (יוֹסֵף, *Joseph*). En français, une telle phrase nécessite l'insertion d'un verbe attributif – *être, devenir, rester*, etc. En revanche, dans les langues sémitiques, **une phrase composée d'un sujet et d'un prédicat non verbal est une phrase complète**, dans laquelle il n'y a aucune ellipse. Un tel énoncé est appelé **phrase nominale**[2].

Lorsqu'un pronom personnel est le sujet d'une phrase nominale, le prédicat peut être :

1. un nom propre : אֲנִי יוֹסֵף (Gen 45, 3), *je suis Joseph.*
2. un nom commun, précédé ou non de l'article : אַתָּה הָאִישׁ (I Sam 12, 7), *tu es l'homme* ; אֲנִי נָבִיא (I Rois 13, 18), *je suis prophète.*
3. un nom fléchi : עַמִּי הֵמָּה (Is 63, 8), *ils sont mon peuple.*
4. un nom suivi d'un adjectif : וְאָנֹכִי אִישׁ חָלָק (Gen 27, 11), *et moi, je suis un homme glabre.*
5. un adjectif : יָפָה הִוא (Gen 12, 14), *elle était belle* (pour la traduction par l'imparfait, v. ci-dessous le § 3)
6. un syntagme prépositionnel (= une préposition suivie d'un affixe ou d'un nom) : אֲנִי לוֹ (Ct 2, 16), *je suis à lui.*
7. un pronom interrogatif : מִי אַתָּה (Gen 27, 32), *qui es-tu ?*
8. un participe : הִיא מְדַבֶּרֶת (I Sam 1, 13), *elle parlait* (pour la traduction par l'imparfait, v. le § 3 ci-dessous).

Lorsque le sujet de la phrase nominale est un pronom, ce dernier peut se placer avant le prédicat (ex. 2, אֲנִי נָבִיא) ou après lui (ex. 3, עַמִּי

[2] Certains auteurs préfèrent « phrase non verbale » à « phrase nominale », le prédicat non verbal pouvant être autre chose qu'un nom : des adjectifs, des participes, des adverbes, des noms précédés d'une préposition, peuvent aussi être prédicats.

הֵ֫מָּה). Que ce soit le pronom sujet ou le prédicat, le mot qui occupe la première place est souvent senti comme mis en relief. Ainsi, en I Sam 12, le prophète Nathan expose à David le cas d'un homme riche qui s'est approprié l'unique brebis de son voisin pauvre. David, furieux, déclare que l'homme mérite la mort. À ce moment, Nathan prononce la phrase אַתָּה הָאִישׁ, qu'on pourrait traduire, pour marquer l'insistance, par *c'est toi, l'homme !* David, qui a fait assassiner l'un de ses soldats pour pouvoir en épouser la femme (Bethsabée), est ainsi assimilé à l'homme riche de la parabole racontée par Nathan.

3. La phrase nominale et l'expression du temps

Seules les formes verbales conjuguées, yiqtol et qatal, peuvent exprimer le temps. La phrase nominale, qui ne comporte pas de forme conjuguée, n'exprime aucun temps par elle-même. Sa valeur temporelle dépend du contexte, le point de référence étant le moment où la phrase est énoncée. Si, dans un discours direct, quelqu'un affirme que son interlocuteur est Joseph, il lui dira *tu es Joseph*, au présent, à quoi correspond אַתָּה יוֹסֵף. Même chose dans le discours indirect, *je pense que tu es Joseph*, אַתָּה יוֹסֵף. Si on met la phrase au passé : *j'ai pensé que tu étais Joseph.* En français, l'imparfait remplace le présent pour marquer la simultanéité entre le procès exprimé par le verbe principal et celui de la subordonnée, mais en hébreu, on aura toujours אַתָּה יוֹסֵף car ce qui compte n'est pas le temps – qui de toute façon n'est pas exprimé – mais la **simultanéité** entre le verbe principal (*j'ai pensé*) et la phrase nominale qui en dépend (*toi = Joseph*).

À l'exception des n°s 5 et 8, tous les ex. ci-dessus apparaissent dans du discours direct : c'est pourquoi ils sont traduits par des présents. S'il en était de même pour l'ex. 5 (יָפָה הִוא), on devrait aussi traduire par *elle est belle.* Mais il s'agit dans ce verset d'une subordonnée, car le texte complet est *: les Égyptiens virent qu'**elle était belle.***

De même pour l'ex. 8, הִיא מְדַבֶּ֫רֶת. Le sujet est le pronom de 3ème pers. du féminin singulier et le prédicat un participe. Rappelons que **le participe, n'étant pas une forme conjuguée, est atemporel.** Dans un discours direct, la proposition הִיא מְדַבֶּ֫רֶת [hi(?) mᵉdabbɛrɛṯ] se traduirait donc par un présent, *elle parle* ; dans un récit au passé, l'emploi du participe marque la simultanéité entre quelque chose qui dure (I Sam, 1, 13 : Hannah prie à voix basse) et l'action principale (Éli croit qu'elle est ivre) : *Hannah **parlant** en son cœur et ses lèvres seules **remuant**, Éli **la prit** pour une femme ivre* (on pourrait traduire, bien sûr, *comme Hannah* ***parlait,*** etc.) De même, en Gen 18, 1 : *l'Éternel* ***apparut*** *[à Abraham] alors qu'il* ***était assis*** *à l'entrée de la tente* ; le verbe traduit par *apparut* est au wayyiqtol, et c'est un participe qui exprime *il était assis.* La conjonction *alors que* n'est pas exprimée en hébreu, car l'opposition entre le verbe conjugué et le participe précédé de la conjonction de coordination w^{e}- suffit à marquer la simultanéité que le traducteur français a rendue par *alors que* + imparfait.

Si on veut marquer le temps dans une phrase nominale, il faut insérer le verbe *être* au temps voulu. Mais comme ce verbe est considéré comme une simple copule, la phrase reste nominale.

——— E2

• *Traduisez, à l'aide du vocabulaire des leçons précédentes et ci-dessous p. 124.*

1. אָנֹכִי בֶּן אַבְרָהָם 2. אַתְּ אִשָּׁה יָפָה 3. עֲבָדִים אַתֶּם 4. מַעֲשֵׂה אֱלֹהִים הֵמָּה. 5. אֲנַחְנוּ עַמְּךָ 6. אַתָּה מֹשֶׁה 7. הוּא מְבָרֵךְ אֶת הָעִיר.

• *Traduisez, à l'aide du vocabulaire des leçons précédentes et ci-dessous p. 124.*

1. Tu es Pharaon. 2. Nous sommes des esclaves. 3. Vous (m.) racontez. 4. Je suis belle. 5. Elle bénit le peuple 6. Ils sont bons. 7. Il est prêtre.

• *Dites quels sont les verbes qui seraient au wayyiqtol et ceux qui seraient au participe dans les phrases suivantes.*

1. Éli comprit que Dieu appelait le jeune homme. 2. Ils virent des chameaux qui passaient. 3. Joseph rêva que le soleil se prosternait devant lui.

——— T3. La phrase nominale (suite)

Nous avons envisagé jusqu'à présent des phrases nominales ayant pour sujets des pronoms indépendants. Mais le sujet peut être aussi un nom ou un démonstratif, plus rarement un infinitif.

L'hébreu n'a pas de verbe signifiant *avoir, posséder.* Pour dire *Rébecca a un frère*, on utilise une phrase nominale, litt. *à Rébecca [est] un frère* :

לְרִבְקָה אָח

un frère [est] à Rébecca = Rébecca a un frère (Gen 24, 29)

Cette structure peut être renforcée par les mots יֵשׁ *il y a* ou אֵין *il n'y a pas.* Dans ce dernier cas, la phrase est négative.

Enfin, il existe des phrases nominales à **trois** constituants :

sujet + prédicat + copule.

——— P3

1. Le sujet est un nom ou un démonstratif

Tout ce que nous avons dit à propos de la phrase nominale avec pronom sujet (temps, ordre des mots) reste valable lorsque le sujet n'est pas un pronom personnel. Donc, lorsque nous traduisons par un imparfait, c'est que le contexte l'exige. Le sujet peut être :

1. Un pronom démonstratif (זֶה [zɛ]= *celui-ci, ceci*)
   זֶה שְּׁמִי (Ex 3, 15), *ceci [est] mon nom.*
   זֶה הוּא (I Sam 16, 12), *c'[est] lui* (le prédicat est le pronom).
2. Un nom fléchi : שְׁמוֹ שָׁאוּל (I Sam 9, 2), *son nom [est] Saül.*
3. Un nom propre : וְאַבְרָהָם וְשָׂרָה זְקֵנִים (Gen 18, 11), *et Abraham et Sarah [étaient] vieux.*
4. Un nom commun, précédé ou non de l'article :
   הַיָּדַיִם יְדֵי עֵשָׂו (Gen 27, 22) : *les mains [sont] les mains d'Esaü.*
   דּוֹר הֹלֵךְ (Eccl 1, 4) : *une génération s'en va* (le prédicat est un participe).
   פֶּה לָהֶם (Ps 115, 5) : litt. *une bouche [est] à eux > ils ont une bouche.*
   לִי הָאָרֶץ (Lév 25, 23) : litt. *à moi [est] la terre >la terre m'appartient / c'est à moi que la terre appartient.*

Notez la souplesse de l'ordre des mots : les deux derniers ex. ont la même structure, sujet nominal + prédicat constitué de -לְ fléchi. Or dans un cas, le sujet occupe la première place ; dans l'autre, la seconde.

2. Phrases nominales avec יֵשׁ et אֵין

Dans des phrases dont le prédicat est constitué de la préposition -לְ fléchie, on peut insérer les mots יֵשׁ et אֵין. יֵשׁ signifie *ce qui existe, il y a.* אֵין en est le contraire (*il n'y a pas*). Exemples :

כֹּל	לִי	יֶשׁ		
tout	*à moi*	*il y a*		*= j'ai tout* (Gen 33, 11)
זָקֵן	אָב	לָנוּ	יֶשׁ	
vieux	*un père*	*à nous*	*il y a*	*= nous avons un vieux père* (Gen 44, 20)
אַחִים	לוֹ	אֵין		
des frères	*à lui*	*il n'y a pas*		*= il n'a pas de frères* (Nb 27, 10)
וְזָהָב	כֶּסֶף	לָנוּ	אֵין	(II Sam 21, 4)
et or	*argent*	*à nous*	*il n'y a pas*	*= nous n'avons ni argent ni or*

יֵשׁ et אֵין peuvent aussi être insérés dans une phrase nominale n'exprimant pas la possession. Exemples :

יֵשׁ דָּבָר (Eccl 1, 10) : *Il y a une chose*
אֵין שָׁלוֹם (Jér 6, 14) : *Il n'y a pas de paix*
אֵין מֶלֶךְ בְּיִשְׂרָאֵל (Juges 18, 1) : *Il n'y avait pas de roi en Israël*
אֵין יוֹסֵף בַּבּוֹר (Gen 37, 29) : *Il n'y avait pas Joseph dans la citerne*
> Joseph n'était pas dans la citerne.

אֵין est donc la négation privilégiée de la phrase nominale. Cependant, on peut y trouver aussi la négation לֹא, surtout lorsqu'il y a emphase :

לֹא בַשָּׁמַיִם הִוא (Deut 30, 12) : *elle n'est pas dans le ciel.*

Le sujet est le pronom הִוא *elle*, le prédicat un nom avec article précédé de la préposition -בְּ (בַּשָּׁמַיִם, *dans le ciel*). Le discours adressé par Dieu aux Hébreux en Deut 30, 11-14 explique que la loi n'est pas inaccessible : **ce n'est pas au ciel**, ni au-delà des mers qu'on la trouve, mais dans la bouche et le cœur de ceux qui la pratiquent. La mise en relief du prédicat a conduit au choix de la négation לֹא, qui porte sur lui.

3. Phrases nominales à trois constituants

Les phrases nominales étudiées au paragraphe 1 comportent deux constituants : sujet + prédicat. On trouve aussi, en hébreu biblique, des phrases nominales à trois constituants : sujet + prédicat + copule. En français, le rôle de la copule est tenu par le verbe *être*. En hébreu, trois éléments peuvent servir de copule :

- Les mots יֵשׁ et אֵין (cf. paragraphe 2 ci-dessus). Exemple :

כֹּל	לִי	יֵשׁ	
sujet	**prédicat**	**copule**	
tout	*à moi*	*il y a*	*= j'ai tout*

- Le verbe *être*, copule qui permet d'introduire **le temps** dans la phrase nominale. Exemple :

בֵּן	לוֹ	הָיָה	
sujet	**prédicat**	**copule**	
un fils	*à lui*	*fut/était*	*= il eut/avait un fils*

- Le pronom personnel séparé de 3ème personne.

Ce pronom ayant une origine démonstrative, il est un peu plus qu'une simple copule et permet de **mettre en relief** l'un des deux autres constituants. Il s'accorde presque toujours avec le **sujet** de la phrase. L'ordre des trois constituants peut varier. Exemples :

1. I Sam 17, 14

הַקָּטָן	הוּא	דָּוִד	
prédicat	**copule**	**sujet**	
le petit		*David*	= *David était le plus petit.*

Nous traduisons הַקָּטָן par un superlatif à cause du contexte, qui évoque trois frères de David plus âgés que lui. La fonction de la copule (le pronom הוּא) est ici de marquer que הַקָּטָן est bien le prédicat. Sans הוּא, הַקָּטָן pourrait être compris comme l'épithète de דָּוִד : דָּוִד הַקָּטָן *le petit David*, comme דָּוִד הַמֶּלֶךְ *le roi David.*

2. Ps 44, 5

אֱלֹהִים	מַלְכִּי	הוּא	אַתָּה	
	prédicat	**copule**	**sujet**	
Dieu	*mon roi*		*Toi*	= *Tu es mon roi, ô Dieu !*

À la différence de l'exemple précédent, le pronom copule הוּא a une fonction non pas syntaxique (l'énoncé אַתָּה מַלְכִּי ne présente aucune ambiguïté) mais rhétorique : il met l'accent sur le sujet qui le précède. Il faudrait traduire : *toi, tu es mon roi* ou *c'est toi mon roi, ô Dieu !*

3. I Chron 1, 31

בְּנֵי יִשְׁמָעֵאל	הֵם	אֵלֶּה	
prédicat	**copule**	**sujet**	
les fils d'Ismaël		*Ceux-ci*	= *Ce sont eux les fils d'Ismaël.*

Le pronom s'accorde avec le sujet, qui est ici le pluriel du démonstratif, [**ʔell**ɛ] *ceux-ci* (v. leçon 7). Ce type d'énoncé est fréquent dans les textes à caractère juridique ou historique.

4. Gen 45, 20

הוּא	לָכֶם	טוּב כָּל־אֶרֶץ מִצְרַיִם
copule	**prédicat**	**sujet**
	pour vous	*le meilleur de tout le pays d'Égypte*

= *Le meilleur de tout le pays d'Égypte est pour vous.*

טוּב est un substantif : *le bon, le meilleur* (cf. l'adjectif טוֹב *bon*).

——— E3

• *Traduisez. En l'absence de contexte, vous pouvez traduire par des présents.*

1.טוּב הַדָּבָר. 2.אַף לָהֶם 3.לוֹ אַחִים. 4.הַקּוֹל קוֹל יִצְחָק וְהַיָּדַיִם יְדֵי עֵשָׂו. 5.יֵשׁ אָדָם. 6.יֵשׁ נָבִיא בְּיִשְׂרָאֵל. 7.אֵין לִי בַּיִת. 8.זֶה הַמָּקוֹם.

• *Traduisez en hébreu. Pour les phrases négatives, utilisez* אֵין.

1. Le prophète est vieux. 2. Le petit bétail est mon petit bétail. 3. Le père bénit le fils. 4. Nous avons des yeux. 5. Ils sont dans le ciel. 6. Il y a du pain. 7. La femme est dans la maison. 8. Il n'y a pas de ville dans le désert.

****

VOCABULAIRE

qui ?		מִי	frère	*m.*	אָח, אַחִים
roi	*m.*	מֶ֫לֶךְ, מְלָכִים	oreille	*f.*	אֹ֫זֶן, אָזְנַ֫יִם
action, œuvre	*m.*	מַעֲשֶׂה, מַעֲשִׂים	nez, narine	*m.*	אַף, אַפַּ֫יִם
œil	*f.*	עַ֫יִן, עֵינַ֫יִם	fils	*m.*	בֵּן, בָּנִים
faire		עָשָׂה	génération	*m.*	דּוֹר, דּוֹרוֹת
Esaü, frère de Jacob		עֵשָׂו (pron. *esav*)	or	*m.*	זָהָב
bouche	*m.*	פֶּה	vieux, âgé, ancien		זָקֵן, זְקֵנָה, זְקֵנִים, זְקֵנוֹת
petit		קָטָן, קְטַנָּה, קְטַנִּים, קְטַנּוֹת	bon		טוֹב, טוֹבָה, טוֹבִים, טוֹבוֹת
paix	*m.*	שָׁלוֹם	main	*f.*	יָד, יָדַ֫יִם
ciel	*m.*	שָׁמַ֫יִם	beau		יָפֶה, יָפָה, יָפִים, יָפוֹת
			argent	*m.*	כֶּ֫סֶף

Exercices corrigés

E1

• *Voici une série de verbes piʕel au yiqtol, 2ème pers. Mettez-les à l'impératif, en gardant la personne, le genre et le nombre.*

1. סַפֵּר 2. חַלְּקִי 3. קַדְּשׁוּ 4. קַדְּמוּ 5. טַהֵר 6. נַחֲמוּ 7. קַבֵּץ

• *Mettez ces participes piʕel au singulier, en conservant le même genre :*

1. מְבַקֵּשׁ 2. מְבָרֵךְ 3. מְחַלֶּלֶת 4. מְיַלֶּדֶת 5. מְכַפֵּר 6. מְכַבֶּדֶת

• *Conjuguez à l'accompli :*

1. קִדַּשְׁתִּי, קִדַּשְׁתָּ, קִדַּשְׁתְּ, קִדֵּשׁ, קִדְּשָׁה, קִדַּשְׁנוּ, קִדַּשְׁתֶּם, קִדַּשְׁתֶּן, קִדְּשׁוּ.
2. סִפַּרְתִּי, סִפַּרְתָּ, סִפַּרְתְּ, סִפֵּר, סִפְּרָה, סִפַּרְנוּ, סִפַּרְתֶּם, סִפַּרְתֶּן, סִפְּרוּ.
3. בִּקַּשְׁתִּי, בִּקַּשְׁתָּ, בִּקַּשְׁתְּ, בִּקֵּשׁ, בִּקְּשָׁה, בִּקַּשְׁנוּ, בִּקַּשְׁתֶּם, בִּקַּשְׁתֶּן, בִּקְּשׁוּ.
4. בֵּרַכְתִּי, בֵּרַכְתָּ, בֵּרַכְתְּ, בֵּרֵךְ/בֵּרַךְ, בֵּרְכָה, בֵּרַכְנוּ, בֵּרַכְתֶּם, בֵּרַכְתֶּן, בֵּרְכוּ

• *Mettez au singulier ces formes d'accompli, en gardant la même personne :*

1. אִבַּדְתָּ 2. נִחַמְתִּי 3. חִלַּלְתָּ 4. קִדֵּם 5. גִּדַּלְתְּ 6. חִלְּקָה

• *Reliez les qatal de la colonne de droite aux wayyiqtol correspondants de la colonne de gauche*

וַתְּדַבֵּר	דִּבַּרְתָּ
קִבַּצְתִּי	וָאֲקַבֵּץ
כִּפֵּר	וַיְכַפֵּר
בִּקַּע	וַיְבַקַּע
מֵאֵן	וַיְמָאֵן
נִחַם	וַיְנַחֵם
רִחַמְתָּ	וַתְּרַחֵם

• *Parmi ces verbes, lesquels sont au piʕel ? Regardez d'abord le redoublement (vérifiez que le dagesh est fort), puis éventuellement les voyelles caractéristiques.*

- yiqtol et wayyiqtol

1. יְשַׁלַּח 3. וַיְנַתֵּק 4. תְּקַנֵּא 6. נְקַדֵּם 7. וַיְקַדֵּשׁ

Le verbe 5, נִשְׁכַּב, comporte un dagesh dans sa deuxième consonne radicale, mais attention : c'est un dagesh **léger**, qui se place normalement dans le כ après syllabe fermée. La vocalisation [i] du préfixe de personne vous indique à coup sûr qu'il ne s'agit pas d'un piʕel.

Le verbe 8, יִפָּתַח, comporte bien un dagesh fort, mais celui-ci est dans la **première** radicale. De plus, la vocalisation [i] du préfixe de personne vous indique à coup sûr qu'il ne s'agit pas d'un piʕel (mais ce n'est pas non plus un qal, puisque ce schème ne comporte aucun dagesh fort).

- *qatal et wᵉqatal*

2. טִמְּאָה 3. זִבַּח . 5. מִהַרְתֶּן 6. לִמְּדוּ 8. וְשֵׁרֵת

Le verbe 7, קָרְאוּ, n'est pas identifiable par le dagesh (la 2ème radicale est un ר), mais la vocalisation du ק vous indique à coup sûr qu'il ne s'agit pas d'un piʕel, dont la première voyelle serait [e] (ṣéré), comme à la forme 8, pour « compenser » l'absence de dagesh dans la consonne qui suit.

- *participe* 1. מְנַגֵּן 3. מְאַבְּדִים 4. מְשַׂמֵּחַ 5. מְזַבְּחִים 7. מְיַלְּדוֹת

- *impératif* 1. כַּבֵּד 4. קַבְּצוּ 6. בָּרְכוּ

E2

• *Traduisez, à l'aide du vocabulaire des leçons précédentes et ci-dessus p. 124.*

1. אָנֹכִי בֶּן אַבְרָהָם 2. אַתְּ אִשָּׁה יָפָה. 3. עֲבָדִים אַתֶּם. 4. מַעֲשֵׂה אֱלֹהִים הֵמָּה. 5. אֲנַחְנוּ עַמְּךָ, 6. אַתָּה מֹשֶׁה 7. הוּא מְבָרֵךְ אֶת הָעִיר.

1. Je suis le fils d'Abraham. 2. Tu es une belle femme. 3. Vous êtes des esclaves. 4. Ils sont l'œuvre de Dieu [*les 2 premiers noms forment un état construit*]. 5. Nous sommes ton peuple. 6. Tu es Moïse 7. Il bénit la ville.

• *Traduisez, à l'aide du vocabulaire des leçons précédentes et ci-dessus p. 124.*

1. Tu es Pharaon. 2. Nous sommes des esclaves. 3. Vous (m) racontez. 4. Je suis belle. 5. Elle bénit le peuple 6. Ils sont bons. 7. Il est prêtre.

1. אַתָּה פַּרְעֹה. 2. אֲנַחְנוּ עֲבָדִים / עֲבָדִים אֲנַחְנוּ. 3. אַתֶּם מְסַפְּרִים.
4. אָנֹכִי / אֲנִי יָפָה. 5. הִיא מְבָרֶכֶת אֶת הָעָם, 6. הֵמָּה / הֵם טוֹבִים.
8. הוּא כֹּהֵן.

• *Dites quels sont les verbes qui seraient au wayyiqtol et ceux qui seraient au participe dans les phrases suivantes.*

Au wayyiqtol : Elie comprit, ils virent, Joseph rêva.

Au participe : appelait, passaient, se prosternait.

E3

• *Traduire (en l'absence de contexte, traduisez par des présents).*

1.טוֹב הַדָּבָר. 2.אַף לָהֶם 3.לוֹ אַחִים. 4.הַקּוֹל קוֹל יִצְחָק וְהַיָּדַיִם יְדֵי עֵשָׂו. 5.יֵשׁ אָדָם. 6.יֵשׁ נָבִיא בְּיִשְׂרָאֵל. 7.אֵין לִי בַּיִת. 8.זֶה הַמָּקוֹם.

1. La chose est bonne. 2. Ils ont un nez. 3. Il a des frères. 4. La voix est la voix d'Isaac et les mains sont les mains d'Esaü (Gen 27,22). 5. Il y a un homme. 7. Il y a un prophète en Israël. 8. Je n'ai pas de maison. 9. C'est l'endroit.

• *Traduisez en hébreu. Pour les phrases négatives, utilisez* אֵין.

1. Le prophète est vieux. 2. Le petit bétail est mon petit bétail. 3. Le père bénit le fils. 4. Nous avons des yeux. 5. Ils sont dans le ciel. 7. Il y a du pain. 8. La femme est dans la maison. 9. Il n'y a pas de ville dans le désert.

1. הַנָּבִיא זָקֵן. 2. הַצֹּאן צֹאנִי. 3. הָאָב מְבָרֵךְ אֶת הַבֵּן. 4. עֵינַיִם לָנוּ. 5. הֵמָּה / הֵם בַּשָּׁמַיִם . 6. יֵשׁ לֶחֶם 7. הָאִשָּׁה בַּבַּיִת. 8. אֵין עִיר בַּמִּדְבָּר.

Dans la phrase 2, on pourrait insérer une copule : הַצֹּאן הוּא צֹאנִי, mais l'auteur biblique ne l'a pas fait (cette phrase figure en Gen 31, 43).

****

Vous trouverez, à la fin de cette leçon et de toutes les suivantes, un texte biblique commenté, illustrant les points de grammaire abordés. Nous avons choisi des textes de genres variés : psaumes, textes narratifs, lois, discours prophétiques, etc. Le texte est donné avec les ṭᵉʕamim, *car lorsque vous lirez la Bible, ceux-ci seront présents quelle que soit l'édition que vous choisirez. Il vaut donc mieux vous habituer à leur présence. Vous pouvez les utiliser pour savoir où est l'accent tonique, mais, sauf exception que nous signalerons, vous n'avez pas besoin, à ce stade, d'en connaître les noms et les fonctions : entraînez-vous simplement à les distinguer des points-voyelles.*

Les textes bibliques n'ayant pas été écrits pour illustrer la progression grammaticale et lexicale d'un manuel, nos extraits contiendront parfois des mots non encore vus, des points de grammaire non encore élucidés, des difficultés diverses. Dans ce cas, nous avons préféré ne pas couper les textes et traduire sans commenter.

Lorsque vous aurez fini de lire toutes les explications et que vous aurez bien décortiqué le texte, nous vous invitons à le relire en hébreu et à le retraduire pour vous-même.

Pas à pas dans le texte biblique

Psaume 115, v. 2-6

Ce psaume, qui constitue dans la Vulgate la seconde partie du ps. 113, affirme la toute puissance de Dieu et l'oppose à l'inconsistance des idoles.

2. לָמָּה יֹאמְרוּ הַגּוֹיִם֑ אַיֵּה־נָא אֱלֹהֵיהֶם :
3. וֵאלֹהֵינוּ בַשָּׁמָיִם֑ כֹּל אֲשֶׁר־חָפֵץ עָשָׂה :
4. עֲצַבֵּיהֶם כֶּסֶף וְזָהָב֑ מַעֲשֵׂה יְדֵי אָדָם :
5. פֶּה־לָהֶם וְלֹא יְדַבֵּרוּ֑ עֵינַיִם לָהֶם וְלֹא יִרְאוּ :
6. אָזְנַיִם לָהֶם וְלֹא יִשְׁמָעוּ֑ אַף לָהֶם וְלֹא יְרִיחוּן :

➢ **Verset 2**

לָמָּה יֹאמְרוּ הַגּוֹיִם֑ אַיֵּה־נָא אֱלֹהֵיהֶם :

- Regardez d'abord les ṭᵉʕamim : הַגּוֹיִ֑ם est pourvu d'un atnaḥ, [֑]. Ce ṭaʕam vient en second (après le silluq [ֽ] qui marque la fin du verset) dans l'ordre décroissant des accents disjonctifs indiquant une pause : c'est l'équivalent d'un point-virgule ou d'une virgule. Les trois premiers mots de ce verset constituent donc une unité syntaxique.
- Nous vous conseillons de toujours commencer par repérer les éléments connus. Le 2ème mot du v. est facilement identifiable : יֹאמְרוּ. Le préfixe י signale un yiqtol à la 3ème pers. du masc., le וּ- final un plur. Entre les deux, 3 consonnes qui constituent la racine. Inutile d'ouvrir le dictionnaire, vous connaissez déjà le verbe אָמַר, *dire*. Le yiqtol est ici un présent d'habitude (*ils disent = ils ont coutume de dire*).

- Juste après ce verbe, le sujet : הַגּוֹיִם. Il commence par l'article, comme le prouve le dagesh fort dans le גּ. À la fin, le suffixe de plur. [-im]. Il reste à chercher גּוֹי dans le dictionnaire, ainsi que le 1er mot du verset.

גּוֹי signifie *peuple, nation*. Il est synonyme de עַם, mais tandis que ce dernier désigne plutôt le peuple comme une réalité ethnique, un groupe ayant une origine commune, גּוֹי tend à désigner des personnes vivant sur un même territoire. Dans la Bible, גּוֹי n'est pas employé en opposition à Israël, lui-même qualifié de גּוֹי קָדוֹשׁ, *peuple saint* (Ex 19, 6). L'évolution *goy > gentil, non-juif*, est propre à l'hébreu plus tardif. Cela dit, on voit bien, dans ce texte, comment cette signification a pu se développer.

לָמָּה signifie *pourquoi ?*

• Dans la 2ème partie du v., אֱלֹהֵיהֶם est facile à analyser, même si nous n'avons pas encore étudié la flexion des pluriels. En effet, les deux morphèmes qui le composent vous sont connus : –אֱלֹהֵי est le nom de Dieu, *Elohim*, à l'état construit (ci-dessus p. 73), et vous avez rencontré הֶם- comme marque de 3ème pers du masc. plur dans la flexion des prépositions : לָהֶם, *à eux*. אֱלֹהֵיהֶם signifie donc *leur Dieu* (ou *leurs dieux*, si l'on considère que ce sont des païens qui parlent…).

אַיֵּה est un interrogatif (*où ?*) et נָא souligne souvent les questions ou les ordres, comme *donc* en français (*entrez donc, où donc ?*). Nous avons ici une phrase nominale, dont le sujet est אֱלֹהֵיהֶם et le prédicat אַיֵּה־נָא.

TRADUCTION : *Pourquoi les nations disent-elles « où est donc leur Dieu ? ».*

➢ Verset 3

וֵאלֹהֵינוּ בַשָּׁמָיִם כֹּל אֲשֶׁר־חָפֵץ עָשָׂה

• Là encore, l'atnaḥ vous indique l'unité syntaxique à analyser. Dans la 1ère partie du verset, tous les éléments vous sont connus. Il s'agit d'une phrase nominale. Le prédicat בַשָּׁמָיִם est constitué de trois morphèmes : la prép. -בְּ, l'article -הַ (le ה est élidé), et le substantif שָׁמַיִם, *ciel*. Pour l'absence de dagesh léger dans le -בַ, alors qu'il est **apparemment** en position initiale, cf. ci-dessus p. 81 : [we(ʾ)lo**he**(y)nu] est terminé par une syllabe ouverte et porte un accent conjonctif (le ֥ sous la syllabe -הֵי-). Le ב de בַשָּׁמָיִם n'est donc pas considéré comme étant à **l'initiale**, mais **à l'intérieur du mot après voyelle** : c'est pourquoi on a, au lieu de l'occlusive [b], la spirante [b̲] (prononcée [v]) : [we(ʾ)lo**he**(y)n[u-v]aššå**ma**yim]

Le sujet וֵאלֹהֵינוּ est constitué de la conj. de coordination -וְ suivie de אֱלֹהֵינוּ, qui fait écho au אֱלֹהֵיהֶם du v. 2 et s'analyse comme lui : –אֱלֹהֵי suivi de l'affixe de 1ère pers. du plur., –נוּ. La conjonction -וְ a ici une valeur d'insistance : en réponse à la question *où est leur Dieu ?*, le v. 3 exprime une vive réaction : ***mais** notre Dieu est dans le ciel !* Seule la vocalisation peut vous surprendre (pourquoi [וֵאלֹ]הֵינוּ et non [וְאֱלֹ]הֵינוּ* ?), mais elle ne doit pas vous empêcher de reconnaître les éléments qui constituent le mot. Nous expliquerons cette vocalisation p. 195.

• Dans la seconde partie, commencez par noter les éléments de lexique déjà connus : כֹּל, pronom, *tout* et עָשָׂה, *faire*, au qatal 3ème masc. sing.

אֲשֶׁר est le pronom relatif, *qui* ou *que* ; חָפֵץ est un verbe qal, au qatal, 3ème pers. du masc. sing., qui signifie *désirer, vouloir*. Il n'a pas la vocalisation habituelle du qatal (חָפֵץ et non חָפַץ) : ceci sera expliqué à la leçon 10.

Si nous traduisons littéralement, cela donne *tout [ce] qu'il a voulu, il [l']a fait.* En rendant les qatal par des passés (c'est ce que font, par exemple, la TOB et H. Meschonnic[3]), on évoque une sorte de bilan des actions passées de Dieu, telles que la création du monde : *tout ce qu'il a voulu, il l'a toujours fait.* Mais on peut aussi, comme É. Dhorme dans l'édition de la Pléiade, comprendre que l'action, posée dans le passé, continue d'une certaine façon jusqu'au présent : *il a fait, et il continue de faire.* Dhorme traduit en effet : *tout ce qu'il veut, il le fait,* insistant ainsi sur l'expression d'une vérité générale à mettre en parallèle avec l'affirmation contenue dans la phrase nominale qui précède. C'est possible, car cette valeur du qatal est attestée dans d'autres passages. Nous voyons ici (et ce ne sera pas la seule fois !) que la traduction est aussi affaire d'interprétation.

TRADUCTION : *Mais notre Dieu est dans le ciel ! Tout ce qu'il a voulu, il l'a fait.*

➢ **Verset 4**

עֲצַבֵּיהֶם כֶּסֶף וְזָהָב מַעֲשֵׂה יְדֵי אָדָם׃

• Seul le premier mot vous est inconnu. Les deux suivants ont été vus dans cette leçon : כֶּסֶף *argent,* זָהָב *or,* unis par la conjonction de coordination וְ-. Ils constituent le prédicat de la phrase nominale dont עֲצַבֵּיהֶם est le sujet. Dans la 2ème partie du v., un état construit : יְדֵי אָדָם, *mains d'homme.* Cet état construit est lui-même le second terme d'un état construit (cf. p. 73). Le nom מַעֲשֶׂה, *action, œuvre,* a la même racine que le verbe עָשָׂה *faire.* מַעֲשֵׂה יְדֵי אָדָם signifie donc : *œuvre de mains d'homme.*

עֲצַבֵּיהֶם ressemble à אֱלֹהֵיהֶם (v. 2) et s'analyse exactement comme lui : עֲצַבֵּי– suivi de l'affixe de 3ère masc. plur. –הֶם. Vous pouvez poursuivre l'analyse avant d'ouvrir le dictionnaire : עֲצַבֵּי– est l'état construit d'un mot qui ne peut être que עֲצַבִּים (ci-dessus p. 73). Pour trouver l'entrée du dictionnaire, vous devez ôter le suffixe de pluriel. La seule chose que vous ne puissiez encore prévoir, c'est la forme du mot au sing. : [ʕaṣav] ou [ʕeṣev] ? Exceptionnellement, le dictionnaire ne vous renseignera pas pour ce mot précis car il n'est attesté qu'au pluriel : il signifie *idoles* et est de genre masculin.

TRADUCTION : *Leurs idoles sont [d']argent et [d']or, œuvre de mains d'homme.*

---

[3] TOB= *La Bible, traduction œcuménique*, Paris, Cerf/Société biblique française ; H. Meschonnic, *Gloires, traduction des Psaumes*, Paris, Desclée de Brouwer, 2001 ; É. Dhorme (dir.), *La Bible, Ancien Testament*, Paris, Gallimard (coll. Pléiade), 1959.

➢ Versets 5 et 6

פֶּה־לָהֶם וְלֹא יְדַבֵּרוּ   עֵינַיִם לָהֶם וְלֹא יִרְאוּ׃

אָזְנַיִם לָהֶם וְלֹא יִשְׁמָעוּ   אַף לָהֶם וְלֹא יְרִיחוּן׃

• Nous prenons ces deux versets ensemble, car ils ont la même structure, répétée quatre fois : une phrase nominale dont le prédicat est לָהֶם, *à eux*, suivie d'une phase verbale commençant par וְלֹא, *et ne pas*.

• Les sujets des quatre phrases nominales sont des noms de parties du corps. פֶּה et אַף sont au singulier, עֵינַיִם et אָזְנַיִם au duel, forme de pluriel usuelle pour les parties du corps doubles (voir la leçon 3).

• אָזְנַיִם doit être lu [ʔoz**na**yim]. Au singulier, on a אֹזֶן [**ʔo**zen] : en syllabe ouverte accentuée, [o] est noté par un ḥolem. En revanche, l'ajout de la finale –ayim provoque un déplacement de l'accent : **ʔo**zen > ʔoz**na**yim. La syllabe [ʔoz-] est donc **fermée** (terminée par une consonne, le shewa du zayin est quiescent) **et non accentuée**. Dans ce cas, le ḥolem est remplacé par un qameṣ ḥaṭuf, prononcé [o] que nous notons par un qameṣ un peu plus grand que d'habitude.

• Traduction des quatre phrases nominales : *ils ont une bouche* (litt. *une bouche est à eux*), *ils ont des yeux*, *ils ont des oreilles*, *ils ont un nez*. Le masculin renvoie à עֲצַבִּים, masc.; comme on traduit par *idoles*, les phrases françaises auront des féminins.

• Les quatre verbes conjugués sont au yiqtol, masc. plur. Seul le dernier a une finale inattendue en ן–; n'en tenez pas compte pour l'instant. Analysez chaque verbe avant de le chercher dans le dictionnaire. יְדַבֵּרוּ a déjà été vu p. 92. Remarquez la petite différence de vocalisation, [y^{e}ḏab**be**ru] au lieu de [y^{e}ḏabb^{e}**ru**]. Ceci est lié à la place du mot, qui se trouve à la **pause**. La pause implique un léger ralentissement : il y a donc incompatibilité entre l'atnaḥ, qui accentue et ralentit la prononciation de la syllabe, et le shewa mobile imposé par le déplacement de l'accent. Lorsque l'on passe du singulier au pluriel, le déplacement de l'accent réduit la voyelle : יְדַבֵּר [y^{e}ḏab**ber**] > יְדַבְּרוּ [y^{e}ḏabb^{e}**ru**]. Mais la présence de l'atnaḥ produit l'effet inverse : l'accent **revient** sur la syllabe [b^{e}], et avec lui, au lieu de [^{e}], la voyelle pleine [e] caractéristique de l'inaccompli piʕel. Vous rencontrerez souvent, en milieu et en fin de verset, ces **formes pausales** légèrement différentes des formes situées ailleurs qu'à la pause (et dites **formes contextuelles**).

Comparons ce verbe aux suivants, en récapitulant les éléments connus. Les éléments non connus sont représentés par un point d'interrogation.

verbe	transcription	racine	schème	pers.	genre	nombre	forme
יְדַבֵּרוּ	[yᵉdabberu]	דבר	**piʕel**	3ème	masc.	plur.	yiqtol
יִרְאוּ	[yirʔu]	?	?	3ème	masc.	plur.	yiqtol
יִשְׁמָעוּ	[yišmåʕu]	שמע	**qal**	3ème	masc.	plur.	yiqtol
יְרִיחוּן	[yᵉriḥun]	?	?	3ème	masc.	plur.	yiqtol

Les trois verbes autres que יְדַבֵּרוּ ne sont pas au piʕel. Pour יִשְׁמָעוּ vous savez que c'est un qal (bien que nous n'ayons pas encore vu la conjugaison yiqtol ailleurs qu'au piʕel), puisque c'est le pluriel de יִשְׁמַע, déjà rencontré à plusieurs reprises. יִרְאוּ commence comme lui par [yi-], c'est donc aussi un qal, mais la racine pose problème puisqu'il n'en subsiste que deux consonnes, רא. Le dictionnaire vous donne l'accompli de ce verbe : רָאָה, *voir*. Enfin, le dernier verbe n'est ni au qal ni au piʕel, mais vous n'avez même pas besoin d'ouvrir le dictionnaire pour en trouver le sens, si vous le mettez en parallèle avec ce qui précède : *elles (les idoles) ont une bouche et ne parlent pas, elles ont des yeux et ne voient pas, elles ont des oreilles et n'entendent pas, elles ont un nez et ne ... pas.*

- Ces quatre verbes au yiqtol se traduisent par des présents, car il s'agit d'une **vérité d'expérience** : les idoles ne parlent pas, etc. וְלֹא est traduit par *et ne... pas* mais, comme au verset 3, la conjonction a aussi une valeur adversative : *elles ont une bouche,* **mais** *ne parlent pas.*

TRADUCTION DU PSAUME 115, 2-6

2. *Pourquoi les nations disent-elles « où est donc leur Dieu ? » ?*
3. *Mais notre Dieu est dans le ciel ! Tout ce qu'il a voulu, il l'a fait.*
4. *Leurs idoles sont d'argent et d'or, œuvre des mains de l'homme.*
5. *Elles ont une bouche, et ne parlent pas ; elles ont des yeux, et ne voient pas ;*
6. *Elles ont des oreilles, et n'entendent pas ; elles ont un nez, et ne sentent pas.*

Leçon 6

SHEWA ET ḤAṬEF

LE VERBE (III)

LA FORME SIMPLE (QAL) : YIQTOL DU VERBE ENTIER

LA PROPOSITION RELATIVE

T1. Shewa mobile et quiescent

Le shewa note deux réalités différentes : soit une voyelle très brève, provenant de la réduction d'une voyelle « pleine », transcrite [^{e}] et prononcée comme le *e* de *calmement*, ; soit l'absence totale de voyelle, le shewa n'étant alors qu'un signe orthographique indiquant que la syllabe est fermée (= terminée par une consonne). Le débutant en hébreu que vous n'êtes plus tout à fait est parfois embarrassé pour les distinguer l'un de l'autre et savoir s'il faut ou non **prononcer** le shewa. Sur ce point, les traditions orales des différentes communautés ne concordent pas totalement. Les principes que nous indiquons font l'objet d'un consensus à peu près général parmi les grammairiens de l'hébreu biblique ; nous y ajoutons des indications sur la prononciation de l'hébreu israélien. Il n'est pas nécessaire de mémoriser toutes les règles données ci-dessous ; il vous suffit de vous y reporter si vous avez un doute concernant la nature de tel ou tel shewa.

———— P1

➢ Un shewa est **mobile,** et donc **prononcé,** dans les cas suivants :

1. Lorsqu'il est placé sous la première consonne d'un mot. Exemple : מְלָכִים *rois*, [m^{e}låḵim] et non [*mlåḵim] ;

2. Lorsqu'il se trouve sous une consonne redoublée par un dagesh fort. Exemple : דִּבְּרוּ *ils ont parlé*, [dib-b^{e}ru] et non [dibru] comme en hébreu moderne ;

3. Lorsqu'il est placé sous la première de 2 consonnes identiques. Exemple : הַלְלוּ יָהּ [hal^{e}lu-yah], *louez Yah (= YHWH)*, *alléluya* : [ha-l^{e}lu] et non [*hallu] qu'on aurait écrit הַלּוּ*;

4. À l'intérieur d'un mot, lorsque deux consonnes vocalisées shewa se suivent, c'est **toujours le second** qui est mobile et prononcé. Exemple, יִלְמְדוּ *ils apprendront* = [yilm^{e}ḏu], **jamais** [*yil^{e}m^{e}du] ou [*yil^{e}mdu].

➢ Un shewa est **quiescent,** et donc **non prononcé** :

1. À l'intérieur d'un mot, si la consonne suivante est une BeGaDKeFaT affectée d'un dagesh léger : ex. מִגְדָּל [migdål], *une tour*. **Un shewa suivi d'une BeGaDKeFaT avec dagesh léger est forcément quiescent**, mais attention, la règle n'est pas réversible : un shewa quiescent **n'entraîne pas toujours** un dagesh léger dans la BeGaDKeFaT qui suit, ex. מַלְכוּת [malḵuṯ] *royauté*, non [*mal^{e}ḵuṯ] ni [*malkuṯ]. Dans ce cas, c'est la connaissance du schème qui vous indique qu'il s'agit bien d'un shewa quiescent.

2. À l'intérieur d'un mot, lorsque deux consonnes vocalisées par un shewa se suivent, le **premier** est **toujours quiescent**, ex. יִלְמְדוּ [yilm^{e}ḏu], *ils apprendront* (cf. ci-dessus n° 4).

3. À la fin d'un mot. Il est assez rare que deux shewas se suivent à la fin d'un mot : on le constate au qatal, 2ème pers. du fém. sing. (דִּבַּרְתְּ [dibbart] *tu as parlé*), ainsi que dans quelques formes dites apocopées (וַיַּשְׁקְ [wayyašq] *il abreuva*). Certaines grammaires et traditions orales considèrent cependant le shewa final comme mobile (en raison de la règle 4 ci-dessus), et lisent [wayyašq^{e}].

➢ Un **dagesh fort** dans une consonne implique la présence d'un **shewa quiescent**, qui n'apparaît **jamais** dans la graphie.

Ainsi, le mot בִּקֵּשׁ, *il a cherché,* doit être analysé comme la succession de deux syllabes **dont la 1ère est nécessairement fermée** :

בִּקֵּשׁ = בִּקְ-קֵשׁ* (biq+qeš)
2 1 2 1 2 1

La forme hébraïque précédée de l'astérisque n'est évidemment jamais attestée ; nous l'avons écrite ainsi pour souligner qu'une consonne avec dagesh fort doit toujours être considérée comme étant à la lisière de deux syllabes, représentées ci-dessus par les chiffres 1 et 2, **dont la première est fermée par une consonne et dont la seconde commence par la même consonne**. Vous pouvez vous représenter ce découpage comme celui que vous pratiquez **à l'écrit** en français, lorsqu'un mot comportant deux consonnes identiques commence au bout d'une ligne et continue à la ligne suivante : vous coupez [car-rosse], [gram-maire], non [*ca-rrosse] ou [*gramm-aire].

La voyelle de la syllabe 2 peut être « pleine » :

בִּקֵּשׁ [biq-qeš], *il a cherché* (= בִּקְ-קֵשׁ*)
בִּקַּשְׁתִּי [biq-**qa**š-ti], *j'ai cherché* (= בִּקְ-קַשְׁ-תִּי*)

Mais si, pour une raison quelconque, cette voyelle passe à shewa mobile, nous nous retrouvons en présence de la règle énoncée ci-dessus : **lorsque deux shewas se suivent, le second est obligatoirement mobile et prononcé**. Dans בִּקְשׁוּ [biq-q^{e}šu], *ils ont cherché* (= בִּקְ-קְשׁוּ*), on a donc la même structure syllabique que dans [yil-m^{e}d̲u]. C'est pourquoi il faut prononcer [biqq^{e}šu] pour respecter la structure syllabique, et non [biqšu], forme usuelle en hébreu moderne.

——— E1

• *Dans les mots suivants, dites si les shewas sont mobiles ou quiescents :*

1. מִלְּבַד 2. עַבְדֵי 3. סִפְּרָה 4. מְקוֹמוֹ 5. מִשְׁתֶּה 6. לִזְכֹּר
7. בְּרֵאשִׁית 8. הַדְּבָרִים 9. יְדֵי 10. אָמַרְתְּ 11. יִבְכֶּה
12. מִסְפָּר 13. מִנְהָג 14. יִשְׁמְעוּ 15. נִמְצְאוּ 16. הִנְנִי

• *Découpez les mots suivants en syllabes et dites si elles sont ouvertes (= terminées par une voyelle) ou fermées (= terminées par une consonne). Comptez la consonne vocalisée shewa mobile avec la syllabe qui suit.*

Exemple : מְלָכִים = [m^{e}lå-k̲im] מְלָ-כִים
O F F O

1. מְשָׁרֵת 2. יִקְרְבוּ 3. מִגְדָּל 4. שְׁלִישִׁי 5. שִׁלַּמְתִּי

_______ T2. Shewa isolé en milieu de mot

Dans les exercices ci-dessus, il n'y a pas d'ambiguïté : le shewa qui est sous la 1ère consonne d'un mot ou sous une consonne redoublée par le dagesh fort est forcément mobile et prononcé, de même que celui qui se trouve à l'intérieur du mot après un autre shewa. Mais comment connaître le statut du shewa présent **à l'intérieur d'un mot** et qui n'est ni précédé d'un autre shewa ni suivi d'un dagesh léger ?

_______ P2

1. Pour savoir si un shewa situé à l'intérieur d'un mot et non précédé d'un autre shewa est mobile ou quiescent, vous pouvez faire appel à vos connaissances grammaticales et raisonner par analogie.

▶ **Exemple 1** : le schème miqtål, pour lequel vous connaissez déjà מִגְדָּל *tour* et מִדְבָּר *désert*, commence par une syllabe **fermée** marquée par un **shewa quiescent** sous la 2ème consonne. C'est la présence du dagesh léger dans le ד de מִגְדָּל et dans le ב de מִדְבָּר qui prouve que le shewa est quiescent ; si vous rencontrez un autre mot formé sur ce schème, par ex. מִשְׁמָר, *(la) garde*, où il ne peut évidemment pas y avoir de dagesh léger dans le second מ, vous saurez **par analogie** avec les mots déjà connus que le shewa du שׁ est **quiescent** et donc **non prononcé** : [mišmår] et non [*miš^{e}mår].

▶ **Exemple 2 :** pour le participe piʕel, vous savez que le ṣéré du singulier מְקַדֵּשׁ [m^{e}qaddeš] devient au pluriel shewa mobile : מְקַדְּשִׁים [m^{e}qadd^{e}šim]. Les mêmes causes produisant les mêmes effets, vous n'aurez aucun mal à identifier un **shewa mobile** sous le mem du mot לֹמְדִים [lom^{e}d̲im], pluriel du participe qal לֹמֵד [lomed̲].

2. Les grammairiens anciens ont édicté une règle pratique pour reconnaître le shewa mobile en milieu de mot : tout dépend de la voyelle de la syllabe précédente. Il n'est pas nécessaire de mémoriser le tableau ci-dessous, vous pourrez vous y référer en cas de doute[1].

---

1 Dans les vingt dernières années, des chercheurs ont émis l'hypothèse que les Massorètes ne faisaient pas de différence entre shewa mobile et quiescent. Cette hypothèse est intéressante, mais nous nous en tenons à la doctrine grammaticale traditionnelle, que vous retrouverez dans les grammaires de référence.

La voyelle précédant le shewa est :	Le shewa est :
un ḥolem (**avec** ou **sans** la mère de lecture waw) ex. : לֹמְדִים [lo-m^{e}d̲im] *apprenant (masc. plur.)*	
un ṣéré (**avec** ou **sans** la mère de lecture yod) ex. : יֵלְכוּ [ye-l^{e}k̲u] *ils iront* בֵּיתְךָ [be$^{(y)}$-t̲^{e}k̲å] *ta maison*	
un ḥireq **avec** la mère de lecture yod ex. : עִירְךָ [ʕi-r^{e}k̲å] *ta ville*	**MOBILE** **prononcé [^{e}]**
un qameṣ prononcé [a] ex. : לָמְדָה [lå-m^{e}d̲å] *elle a appris* לָמְדוּ [lå-m^{e}d̲u] *ils ont appris*	
un šureq ex. : סוּסְךָ [su-s^{e}k̲å] *ton cheval*	

La voyelle précédant le shewa est :	Le shewa est
un qameṣ ḥaṭuf, c'est-à-dire prononcé [o] ex. : חָכְמָה [ḥǫk̲-må] *sagesse*	
un ségol ex. : יֶדְכֶן [yɛd̲-k̲ɛn] *votre main*	
un ḥireq **sans** la mère de lecture yod ex. : יִשְׁמַע [yiš-maʕ] *il entendra.*	**QUIESCENT** **(non prononcé)**
un pataḥ ex. : מַלְכָּה [mal-kå] *reine*	
un qibbuṣ ex. : הֻשְׁלַךְ [huš-lak̲] *il a été jeté*	

Le tiret qui sépare les syllabes dans nos transcriptions montre bien que, dans le premier tableau, le shewa suit une syllabe **ouverte** (= terminée par une voyelle), et que dans le second il suit une syllabe **fermée** (= terminée par une consonne).

Vous retrouverez toutes ces règles et d'autres exemples dans les grammaires de la bibliographie. La vocalisation massorétique, quoique très logique, est aussi très complexe, avec beaucoup de cas particuliers décourageants pour le débutant. De plus, il ne faut pas oublier que cette vocalisation a été mise au point **à Tibériade** mais décrite ensuite par des grammairiens de tradition orale **séfarade**, d'où une certaine confusion dans la description des faits, en particulier pour le qameṣ.

Dans certains cas, pour indiquer la nature exacte (et, partant, la prononciation) de la voyelle précédant le shewa, les Massorètes ont utilisé un signe nommé **meteg**. Quoique ce signe puisse parfois indiquer un accent secondaire dans un mot un peu long, ce n'est pas un ṭaʕam, c'est pourquoi il n'en a pas été question à la leçon 4. Nous n'envisagerons ici que le cas où le meteg vous renseigne sur la nature du shewa. Reprenons deux lignes du tableau ci-dessus :

La voyelle précédant le shewa est :	Le shewa est
un qameṣ prononcé [a] ex. : לָמְדָה [lå-mᵉd̲å], *elle a appris*	**MOBILE**
un qameṣ ḥaṭuf, c'est-à-dire prononcé [o] ex. : חָכְמָה [ḥo̩k̲-må], *sagesse.*	**QUIESCENT**

Ces deux indications constituent un raisonnement circulaire : le shewa est quiescent si le qameṣ est ḥaṭuf (prononcé [o]), mais comment sait-on que le qameṣ est ḥaṭuf ? Parce qu'il est suivi d'un shewa quiescent... Dans ce cas, pour indiquer que le qameṣ est « normal », les Massorètes placent à sa gauche un petit trait vertical appelé **meteg**.

Avec meteg לָֽמְדָה [lå-mᵉ**d̲å**], *elle a appris*
חָֽכְמָה [ḥå-k̲ᵉ**må**], *elle était / est sage*

Sans meteg : חָכְמָה [ḥo̩k̲-**må**], *sagesse* (pour vous faciliter sa reconnaissance, nous écrivons חָכְמָה, avec un qameṣ un peu plus grand, mais ce n'est pas le cas dans les Bibles imprimées).

Le meteg indique à coup sûr la prononciation [a], mais son absence n'indique pas **forcément** une prononciation [o̩], car les Massorètes ne l'utilisent que dans les cas ambigus. Là encore, vos connaissances grammaticales vous permettront de ne pas vous tromper. Le meteg est identique au silluq (ci-dessus p. 105), mais ne craignez pas de les confondre puisque le silluq se trouve obligatoirement sous le dernier mot du verset, dont il marque la fin.

——— E2

- *Dites si le shewa est mobile ou quiescent.*

1. חֹתְנוֹ 2. יוֹשְׁבִים 3. יֵֽשְׁבוּ 4. יִפְתַּח 5. יִלְמַד 6. אָֽכְלָה
7. אֶסְתֵּר 8. מַלְכָּה 9. יָֽלְדָה 10. עָרְלָה 11. טֻמְאָה

- *Transcrivez les mots suivants (ici nous n'avons pas utilisé de signe différent pour le qameṣ ḥaṭuf). Pour savoir de quel qameṣ il s'agit, regardez 1) s'il y a un meteg ; 2) s'il y a un dagesh léger, auquel cas le shewa précédent est quiescent.*

1. נָֽגְפוּ 2. גָּֽלְתָה 3. אָרְכּוֹ 4. חָרְבָּה 5. זָֽכְרָה

T3. Quand le shewa est impossible

Dans certains cas, la morphologie exige un shewa à des places où, pour des raisons phonétiques, ce dernier est impossible. Nous réunissons ici, par commodité pédagogique, trois situations dans lesquelles le shewa doit être remplacé par autre chose, mais attention : ces trois situations n'ont rien à voir entre elles et doivent être bien distinguées.

1. La consonne qui devrait être vocalisée shewa est une **gutturale**.
2. La consonne qui devrait être vocalisée shewa se trouve **à l'initiale du mot devant une autre consonne vocalisée shewa ou équivalent.**
3. La syllabe contenant le shewa mobile doit recevoir l'**accent tonique**.

Les points 2 et 3 concernent exclusivement le shewa mobile ; le point 1 concerne le shewa mobile et le shewa quiescent.

P3

1. La consonne qui devrait être vocalisée shewa est une gutturale

Lorsque la consonne qui devrait être vocalisée shewa est une « gutturale » (א, ה, ח, ע), le **shewa mobile est systématiquement remplacé par un ḥaṭef,** comme nous l'avons vu lors de l'apprentissage de l'alphabet (ci-dessus p. 47-48). Phonologiquement, ce ḥaṭef est l'exact équivalent du shewa (une voyelle très brève) mais il comporte en plus un **timbre** vocalique : [a], [ɛ], ou [o]. On le voit dans sa graphie même, puisqu'il est constitué du shewa exigé par la morphologie et d'un signe vocalique que l'on prononce. Comme le shewa, le ḥaṭef était certainement réalisé très bref : dans cet ouvrage, où nous ne marquons pas de différence de quantité entre les voyelles, ḥaṭef pataḥ doit être lu [a] ; ḥaṭef ségol [ɛ], c'est-à-dire [e] ; et ḥaṭef qameṣ [o], avec la même longueur que les voyelles « normales » ayant ces timbres.

Le **shewa quiescent** est quant à lui **admis** par les gutturales, surtout ה et ח, mais il **est très fréquemment remplacé par un ḥaṭef**.

Dans les exemples suivants, nous n'expliquons pas pourquoi un on a un ḥaṭef de timbre [a] plutôt qu'un ḥaṭef de timbre [ɛ] : en effet, il faudrait pour cela remonter aux voyelles primitives (celles du protosémitique), ce qui alourdirait inutilement la présentation. Notez simplement que le ḥaṭef pataḥ est de loin le plus fréquent des trois.

▸ Exemple 1

Cas général : מֶ֫לֶךְ *roi* > pluriel מְלָכִים [m^e^lākim], avec réduction de la 1ère voyelle à **shewa mobile.**

Avec gutturale : עֶ֫בֶד, [ʕɛvɛd] *esclave*, devrait donner [*ʕ^e^vådim], mais le shewa mobile est remplacé automatiquement par un ḥaṭef pataḥ. On a donc עֲבָדִים [ʕ^a^vådim], pron. [avadim].

אֶ֫רֶץ [ʔɛrɛṣ] *terre* devrait donner [*ʔ^e^råṣot] mais, impossible sous alef initial, le shewa mobile est remplacé par un ḥaṭef pataḥ : אֲרָצוֹת [ʔ^a^råṣot], pron. [aratsot].

▸ Exemple 2

Cas général : יְקַדֵּשׁ [y^e^qaddeš] *il sanctifiera* > plur. יְקַדְּשׁוּ [y^e^qadd^e^šu] avec réduction du ṣéré à **shewa mobile.**

Avec gutturale : יְמַהֵר [y^e^maher] *il se hâtera* devrait donner au plur. [*y^e^mah^e^ru] mais là encore le shewa est remplacé automatiquement par un ḥaṭef pataḥ : יְמַהֲרוּ [y^e^mah^a^**ru**], prononcé [y^e^maha**ru**].

▸ Exemple 3

Cas général : מַלְאָךְ *envoyé, ange* [malʔåk] substantif formé sur le schème maqtål, première syllabe fermée, avec shewa **quiescent** sous la deuxième consonne (ici, le lamed).

Avec gutturale : מַעֲרָב *occident,* même schème que [malʔåk], n'est pas vocalisé מַעְרָב* [*maʕråv], car ici le ʕayin ne ferme pas la 1ère syllabe : on a donc [maʕ^a^råv], que vous prononcez [maʕarav], ou [ma-arav] si vous réalisez le ʕayin comme un alef. En revanche, מַחְמָד, *chose désirable,* est vocalisé comme מַלְאָךְ, car le ḥet admet le shewa quiescent et peut donc fermer la syllabe : on a [maḥmåd] comme [malʔåk], et non [maḥ^a^måd]. Il n'y a pas là de règle absolue : dans d'autres mots, le ח peut très bien être vocalisé ḥaṭef. Il l'est d'ailleurs au pluriel de ce même mot : מַחֲמַדִּים [maḥ^a^maddim] !

2. La consonne qui devrait être vocalisée shewa se trouve à l'initiale du mot devant une autre consonne vocalisée d'un shewa ou de l'un de ses équivalents.

Premier cas : deux shewas se suivent à l'initiale

Rappelons la règle vue p. 134 : lorsque deux shewas se suivent à l'intérieur d'un mot, le premier est **quiescent** (il ferme la syllabe) et le second **mobile** et prononcé, ex. יִלְמְדוּ [yilm^e^du]. Nous avons aussi vu qu'un shewa est **forcément mobile** lorsqu'il apparaît sous la 1ère consonne d'un mot. Donc, si deux shewas doivent se succéder **au début du mot**, les deux règles sont en conflit : selon l'une, le premier shewa est nécessairement quiescent et selon l'autre, il est obligatoirement mobile ! **La succession de deux shewas en début de mot est donc impossible.** Si un tel cas se présente, le 1er shewa doit devenir différent du second (= se dissimiler) : il passe à [i]. Cette situation apparaît notamment lorsqu'un mot dont la première syllabe contient un shewa se trouve précédé des prépositions -בְּ, -כְּ, -לְ.

▸ Exemple 1

La première voyelle du mot שְׁלֹמֹה [šᵉlomo] *Salomon* est un shewa mobile. Si l'on fait précéder ce nom de la préposition -לְ, également vocalisée d'un shewa mobile, on aura deux shewas à l'initiale :

[*lᵉ-šᵉlomo] *pour Salomon*

Pour éviter cette succession, le 1er shewa se dissimile en ḥireq :

[*lᵉ-šᵉlomo] > [lišlomo] = לִשְׁלֹמֹה

▸ Exemple 2

Soit le mot דָּבָר [dåvår], *parole.* À l'état construit, sa première voyelle devient shewa mobile, דְּבַר הַמֶּלֶךְ [dᵉvar hammɛlɛk̲], *parole (= ordre) du roi.* Si l'on fait précéder cet état construit de la préposition -בְּ [bᵉ-], on aura deux shewas de suite à l'initiale. Le premier des deux shewas se dissimile alors en hireq :

[*bᵉ-dᵉvar] > [bidvar] = בִּדְבַר

Le second shewa devient quant à lui quiescent (non prononcé), mais **sans entraîner de dagesh léger** dans le ב suivant : בִּדְבַר הַמֶּלֶךְ [bidvar hammɛlɛk̲], *par ordre du roi.*

▸ Exemple 3

C'est le cas particulier des mots commençant par yod. Par exemple יְהוּדָה [yᵉhudå], *Juda.*

[*lᵉ-yᵉhudå] > [*liyhudå] *לִיְהוּדָה *pour Juda*

Jusque là, le processus est le même. Mais le groupe [iy] se réduit à [i], et le yod devient quiescent. Il demeure dans l'orthographe, mais n'est plus prononcé : *לִיְהוּדָה > לִיהוּדָה

[*liyhudå] > [li⁽ʸ⁾hudå], pron. [lihudå]

Second cas : un shewa initial est suivi d'un ḥaṭef

Un shewa initial suivi d'un ḥaṭef doit également se modifier. Cette règle est la conséquence logique des précédentes. En effet, nous avons vu que le ḥaṭef est une variante automatique du shewa, puisqu'on ne le trouve qu'aux endroits où l'on devrait avoir ce dernier : donc, pour l'analyse grammaticale, le ḥaṭef **est** un shewa. La règle stipulant que deux shewas ne peuvent se suivre à l'initiale est donc valable ici : c'est pourquoi un shewa suivi d'un ḥaṭef doit être modifié. Mais, cette fois, le shewa initial prend **le même timbre** que le ḥaṭef qui le suit.

▸ Exemple 1

Soit le mot עֲבָדִים [ʕᵃvå̱dim] *esclaves*. Sa première voyelle est un ḥaṭef pataḥ. Si l'on fait précéder ce mot de la préposition -לְ [lᵉ-], on n'aura pas *לְעֲבָדִים [*lᵉʕᵃvå̱dim], mais לַעֲבָדִים [laʕᵃvå̱dim] : le shewa du -לְ prend le timbre du ḥaṭef pataḥ, et devient pataḥ. Dans ce cas, il y a ambiguïté, puisque la vocalisation pataḥ de la préposition peut aussi indiquer la présence de l'article défini élidé (ci-dessus p. 70). Pour un mot **ne commençant pas** par ḥaṭef pataḥ, il y a **opposition** entre לִמְלָכִים [limlå̱kim], *pour* **des** *rois*, et לַמְּלָכִים [lammᵉlå̱kim], *pour* **les** *rois*. En revanche, cette opposition n'existe pas pour la forme לַעֲבָדִים, qui peut aussi bien recouvrir *pour* **des** *esclaves* que *pour* **les** *esclaves* : en effet, le ḥaṭef amène sous la préposition la voyelle [a], qui peut aussi être celle de l'article, et le ʕayin ne peut être redoublé (souvenez-vous que le redoublement constitue aussi un indice de la présence de l'article).

▸ Exemple 2

Soit le mot אֱמֶת [ʔᵉmɛṯ] *fidélité, vérité* (même racine que אָמֵן, *amen*). Sa première voyelle est un ḥaṭef ségol. Si l'on fait précéder ce mot de la préposition -בְּ [bᵉ-], on n'a pas *בְּאֱמֶת [*bᵉʔᵉmɛṯ], *avec fidélité*, mais בֶּאֱמֶת [bɛʔᵉmɛṯ] : à côté du ḥaṭef ségol, le shewa du -בְּ passe à ségol.

3. La syllabe contenant le shewa doit prendre l'accent tonique

Seul le shewa mobile est concerné. Il provient de la réduction d'une voyelle plus ou moins éloignée de l'accent tonique : or, lorsqu'un mot se trouve à la pause, l'accent peut remonter de la syllabe finale vers la précédente. Si l'accent revient sur une syllabe contenant un shewa mobile, la voyelle primitive réapparaît. Cf. ci-dessus Ps 114, 5 : יְדַבֵּרוּ [yᵉḏab**be**ru] au lieu de יְדַבְּרוּ [yᵉḏabbᵉ**ru**].

——— E3

• *Sachant qu'un shewa initial est toujours mobile et que les gutturales ne prennent pas le shewa mobile, repérez dans la liste suivante les mots mal vocalisés.*

1.אְבָנִים 2. אֱלֹהִים 3. חֲכָמִים 4. אְנָשִׁים 5. עְבָדִים 6. חֲזָקִים

• *Vocalisez les prépositions. Elles ne sont pas suivies de l'article défini.*

1. לנְבִיאִים 2. בצְדָקָה 3. בכְתָב 4. בירוּשָׁלַםִ 5. לחֲכָמִים
5. באֱמוּנָה

——— T4. La forme simple (qal) : yiqtol du verbe entier

Le qal, ou forme simple, ne présente aucun ajout ni redoublement de consonnes. C'est lui que vous avez le plus de probabilités statistiques de rencontrer, puisque les deux tiers des verbes attestés dans la Bible sont au qal. En même temps, c'est au qal que l'on rencontre le plus de modifications d'ordre phono-morphologique : il y a donc une grande variété **apparente** de formes. Se pose en particulier un problème presque inexistant au piʕel : celui des **racines à consonnes dites faibles**. Ces consonnes faibles sont susceptibles de s'assimiler ou de disparaître, ce qui provoque aussi des changements dans la vocalisation. C'est pourquoi, s'il est facile – préfixes et suffixes étant les mêmes pour tous les schèmes verbaux – de conjuguer à toutes les personnes un verbe dont on vous donne une seule forme, il peut s'avérer un peu plus complexe d'en retrouver la racine s'il a perdu une, voire deux, de ses consonnes radicales ; et pourtant, repérer la racine est indispensable pour trouver le verbe dans le dictionnaire. Les verbes dont les trois consonnes sont stables sont nommés **verbes entiers** : par ex., שָׁמַר *garder,* qui ne comporte aucune consonne susceptible de s'assimiler ou de disparaître. Au contraire, רָאָה *voir,* peut dans certains cas apparaître avec les seules consonnes רא : ce n'est donc pas un verbe entier. Il vous suffira de connaître quelques règles simples pour restituer les consonnes manquantes des racines « faibles ». Dans cette leçon, nous n'aborderons que les verbes à trois consonnes stables.

Une large part de ce que vous avez appris pour le piʕel dans les deux leçons précédentes est valable pour le qal des verbes entiers, notamment ce qui concerne les préfixes, les suffixes et l'accent tonique.

——— P4

Voici la conjugaison yiqtol de deux verbes entiers. Avec un thème à voyelle [o], שָׁמַר *garder* ; avec un thème à voyelle [a], קָרַב *s'approcher.*

שָׁמַר *garder*

	singulier		pluriel	
1ère masc. et fém.	אֶשְׁמֹר	ʔɛšmor	נִשְׁמֹר	nišmor
2ème masc.	תִּשְׁמֹר	tišmor	תִּשְׁמְרוּ	tišm^{e}ru
2ème fém.	תִּשְׁמְרִי	tišm^{e}ri	תִּשְׁמֹרְנָה	tiš**mor**nå
3ème masc.	יִשְׁמֹר	yišmor	יִשְׁמְרוּ	yišm^{e}ru
3ème fém.	תִּשְׁמֹר	tišmor	תִּשְׁמֹרְנָה	tiš**mor**nå

קָרַב *s'approcher*

	singulier		pluriel	
1ère masc. et fém.	אֶקְרַב	ʔɛqrav	נִקְרַב	niqrav
2ème masc.	תִּקְרַב	tiqrav	תִּקְרְבוּ	tiqr^{e}vu
2ème fém.	תִּקְרְבִי	tiqr^{e}vi	תִּקְרַבְנָה	tiq**rav**nå
3ème masc.	יִקְרַב	yiqrav	יִקְרְבוּ	yiqr^{e}vu
3ème fém.	תִּקְרַב	tiqrav	תִּקְרַבְנָה	tiq**rav**nå

Nous vous conseillons d'apprendre par cœur ces conjugaisons. En effet, c'est toujours par rapport à elles que seront envisagées et expliquées les modifications amenées par la présence de gutturales ou de consonnes faibles dans la racine. Quelques remarques :

- Les préfixes de personne sont les mêmes qu'au piʕel. Seule leur vocalisation change. Au qal du verbe entier, **tous les préfixes sont vocalisés [i], sauf la 1ère sing. où l'on a [ɛ] (ségol).**
- Les préfixes de pers. sont suivis d'un thème CCVC dont la voyelle (V) peut être soit [o], soit [a] :

תִּשְׁמֹר [tišmor] *tu garderas* (masc.)
תִּקְרַב [tiqrav] *tu t'approcheras* (masc.)

Mais, que la voyelle thématique soit [o] ou [a], **elle devient shewa mobile** lorsque le thème n'est plus accentué :

תִּשְׁמְרִי [tišm^{e}ri] *tu garderas* (fém.)
תִּקְרְבוּ [tiqr^{e}vu] *vous vous approcherez* (masc.)

- **Ont [a] comme voyelle thématique :**

a. Les verbes dont la **seconde** consonne radicale est une gutturale (א, ה, ח, ע). Ex. : יִדְאַג [yiḏʔaḡ] *il s'inquiétera* ; יִנְהַג [yinhaḡ] *il conduira* ; יִצְחַק [yiṣḥaq] *il rira* ; יִפְעַל [yifʕal] *il agira.*

b. Les verbes dont la **troisième** consonne radicale est une gutturale. Ex. : יִקְרָא [yiqrå(ʔ)] *il appellera* ; יִגְבַּהּ [yigbah] *il sera haut placé* ; יִשְׁלַח [yišlaḥ] *il enverra* ; יִשְׁמַע [yišmaʕ] *il entendra.* Attention : pour le hé, il ne s'agit pas des verbes type עָשָׂה *faire,* dans lesquels le ה n'est qu'une mère de lecture notant la voyelle [å], mais bien du ה consonne, comme le prouve le mappiq qui y est placé. Il y a très peu de racines terminées par ce « vrai » hé.

c. Les verbes intransitifs, en particulier les verbes qui expriment un état (*être vieux, être lourd, dormir...*) : ex. יִגְדַּל [yiḡdal] *il sera grand/il grandira ;* יִשְׁכַּב [yiškav] *il sera couché/il se couchera,* יִקְרַב [yiqrav] *il sera proche/il s'approchera.*

d. D'autres verbes, sans raison apparente si on ne se réfère pas à l'histoire de la langue, ex. יִלְמַד [yilmaḏ] *il apprendra,* verbe transitif en hébreu biblique, mais qui à l'origine signifiait *s'habituer à* et était intransitif.

- En dehors de ces cas, **la voyelle thématique du verbe entier est [o],** ex. יִשְׁמֹר [yišmor] *il gardera* ; יִמְלֹךְ [yimloḵ] *il régnera* ; יִזְכֹּר [yizkor] *il se souviendra.*

- Dans תִּשְׁמֹר, la 1ère consonne radicale, שׁ, porte un shewa quiescent car elle forme avec le préfixe une syllabe fermée [tiŠ-] tandis que la 2ème consonne, מ, **commence** la syllabe suivante, [-MoR]. Le découpage syllabique se fait donc ainsi (en gras, la syllabe accentuée) :

tiŠ ‖ **MoR** (et non ti ‖ ŠMoR)	תִּשְׁ ‖ מֹר
tiŠ ‖ Mᵉ**Ri** (et non ti ‖ ŠMᵉRi)	תִּשְׁ ‖ מְרִי

Conséquence de ce découpage syllabique : si la 2ème consonne de la racine fait partie des BeGaDKeFaT, elle prend un dagesh léger, puisqu'elle se trouve après syllabe fermée. Exemples :

qatal (3ème masc. sing.)	[šåvar] שָׁבַר *il a cassé*	[zåḵar] זָכַר *il s'est souvenu*	[šåfaṭ] שָׁפַט *il a jugé*	[kåṯav] כָּתַב *il a écrit*
yiqtol (3ème masc. sing.)	[yišbor] יִשְׁבֹּר *il cassera*	[yizkor] יִזְכֹּר *il se souviendra*	[yišpoṭ] יִשְׁפֹּט *il jugera*	[yiḵtov] יִכְתֹּב *il écrira*

Ce dagesh **léger** ne doit pas vous induire en erreur au moment de déterminer si le verbe est au qal ou au piʕel. Vous identifiez le piʕel au moyen du dagesh **fort** de la seconde radicale, dagesh qui marque le redoublement caractéristique de ce schème et qui est toujours présent, que ce soit au qatal, au yiqtol, au participe, etc. Il s'agit d'un **dagesh morphologique caractérisant le piʕel**. En revanche, dans les verbes du tableau ci-dessus, la présence du dagesh léger est **conditionnée** non seulement par la nature de la consonne (BeGaDKeFaT), mais encore par sa position après shewa quiescent : c'est une question de phonétique, qui **n'a rien à voir avec le schème qal**. Si la deuxième consonne radicale n'est pas une BeGaDKeFaT, il n'y a pas de dagesh : מָלַךְ [må▯ak] *il a régné* > יִמְלֹךְ [yim▯ok] *il régnera.* Et dès qu'on n'est plus après shewa quiescent, mais après voyelle, le dagesh léger disparaît : יִזְכֹּר [yizkor] *il se souviendra* > זָכַר [zakar] *il s'est souvenu.*

- Le shewa mobile n'est pas possible sous une gutturale : donc, si la deuxième consonne est une gutturale, le shewa mobile passe automatiquement à ḥaṭef pataḥ. Comparons les formes concernées :

	racine קרב (*s'approcher*)		racine נהג (*conduire*)	
2ème fém. sing.	תִּקְרְבִי	tiqr^{e}vi	תִּנְהֲגִי	tinh^{a}ḡi
2ème masc. plur.	תִּקְרְבוּ	tiqr^{e}vu	תִּנְהֲגוּ	tinh^{a}ḡu
3ème masc. plur.	יִקְרְבוּ	yiqr^{e}vu	יִנְהֲגוּ	yinh^{a}ḡu

——— E4

- *Conjuguez à toutes les personnes les verbes suivants. Dans les verbes 3 et 4, la gutturale se comporte comme une consonne normale et prend le shewa quiescent.*

1. אֶזְכֹּר *Je me souviendrai* 2. אֶמְלֹךְ *Je règnerai* 3. אֶשְׁלַח *J'enverrai*
4. אֶשְׁמַע *J'entendrai*

- *Mettez au pluriel, en gardant la même personne :*

1. תִּגְנֹב (2ème masc.) 2. אֶכְתֹּב 3. תִּרְדֹּף (2ème masc.) 4. תִּכְתֹּב (3ème fém.)
5. יִקְבֹּר 6. אֶקְרָא 7. יִפְתַּח 8. תִּשְׁכַּח (2ème masc.) 9. יִלְמַד

- *Traduisez (tous les verbes sont donnés en P4) :*

1. תִּשְׁכְּבוּ 2. יִגְדְּלוּ 3. תִּקְרָא (2ème masc.) 4. תִּצְחֲקִי 5. אֶלְמַד

- *Ces verbes sont-ils au qal ou au piʕel ? Observez la vocalisation du préfixe.*

1. נְסַפֵּר 2. תְּרַצַּח 3. יִבְרָא 4. נִסְפֹּר 5. תִּשְׁמְעִי 6. יְנַקֶּה 7. יִמְכֹּר 8. יְשַׁלְּחוּ

T5. Yiqtol de la forme simple : verbes à 1ère consonne gutturale

Le yiqtol d'un verbe entier commence par une syllabe fermée, composée du préfixe de personne avec sa voyelle et de la première consonne de la racine pourvue d'un shewa quiescent : מֹר || תִּשְׁ.

Dans la première partie de cette leçon, nous avons vu que les gutturales pouvaient admettre le shewa quiescent mais que, la plupart du temps, elles « préféraient » le ḥaṭef, en particulier le ḥaṭef pataḥ.

Conclusion : un verbe dont la racine commence par l'une des consonnes א ,ה ,ח ,ע présente une vocalisation différente de celle que vous venez d'apprendre, mais ce phénomène, qui relève de la phonétique plus que de la morphologie, ne vous empêche pas de reconnaître le qal.

P5

Comparons le verbe *garder*, dont la syllabe initiale est fermée (אֶשְׁמֹר [ʔɛšmor]), et des verbes à 1ère consonne gutturale : עָמַד *se tenir debout*, הָרַג *tuer*, חָסֵר *manquer de*, חָלַם *rêver*, אָסַף *rassembler*.

1ère sing.		2ème masc. sing.		2ème fém. sing.	
אֶשְׁמֹר	ʔɛšmor	תִּשְׁמֹר	tišmor	תִּשְׁמְרִי	tišm^{e}ri
אֶעֱמֹד	ʔɛʕ^{e}mod̲	תַּעֲמֹד	taʕ^{a}mod̲	תַּעַמְדִי	taʕam^{e}d̲i
אֶהֱרֹג	ʔɛh^{e}rog̃	תַּהֲרֹג	tah^{a}rog̃	תַּהַרְגִי	tahar^{e}g̃i
אֶחְסַר	ʔɛḥsar	תֶּחְסַר	tɛḥsar	תַּחְסְרִי	taḥs^{e}ri
אֶחֱלֹם	ʔɛḥ^{e}lom	תַּחֲלֹם	taḥ^{a}lom	תַּחַלְמִי	taḥal^{e}mi
אֶאֱסֹף	ʔɛʔ^{e}sof	תֶּאֱסֹף	tɛʔ^{e}sof	תַּאַסְפִי	taʔas^{e}fi

Il n'est pas utile de vous donner les paradigmes complets : à partir du moment où vous connaissez תַּעֲמֹד [taʕ^{a}mod̲] *tu te tiendras debout*, il vous est facile d'identifier יַעֲמֹד [yaʕ^{a}mod̲], 3ème masc. sing. ou נַעֲמֹד [naʕ^{a}mod̲], 1ère plur. Pour les 2èmes et 3èmes pers. du masculin pluriel, c'est la forme de 2ème fém. sing. qui vous sert de modèle, parce qu'elle est accentuée de la même façon. De תַּעַמְדִי [taʕam^{e}**d̲i**] *tu te tiendras debout* (fém.), vous déduisez תַּעַמְדוּ [taʕam^{e}**d̲u**] et יַעַמְדוּ [yaʕam^{e}**d̲u**], avec pataḥ et non ḥaṭef pataḥ comme au singulier.

Remarquez qu'il n'y a pas une totale cohérence dans le comportement des gutturales. Pourquoi, par exemple, le ח **ferme-t-il la**

syllabe en étant vocalisé shewa quiescent (et non ḥaṭef ségol) dans le verbe תֶּחְסַר [tεḥsar] *tu manqueras [de]*, alors qu'à la ligne du dessous, dans le verbe תַּחֲלֹם [taḥ^{a}lom], le ח **ne ferme pas la syllabe** et est vocalisé ḥaṭef pataḥ (et non shewa quiescent) ? Nous ne parlons pas ici de la différence du timbre ([ε] au lieu de [a]), mais bien de la présence de shewa dans un cas, de ḥaṭef dans l'autre. Cette absence d'uniformité vient des Massorètes, et sans doute de la langue elle-même. Ces variations peuvent aussi se présenter pour un même verbe, d'un livre biblique à l'autre (cf. le cas de מַחְמָד, plur. מַחֲמַדִּים, ci-dessus p. 140).

Cette variété du comportement des gutturales constituerait une difficulté si vous deviez **produire** les formes. Il existe d'ailleurs pour cela des instruments de travail appelés « tableaux de verbes » que vous pourrez consulter si vous souhaitez savoir comment se comporte chacun des verbes rencontrés[2]. Mais, puisque vous apprenez l'hébreu biblique, vous n'avez besoin que de **reconnaître** le qal pour être sûr du sens du verbe. Il vous suffit donc d'utiliser le raisonnement suivant :

1. Au qal, pour le verbe entier, la **voyelle du préfixe** est ségol pour la 1ère personne, ḥireq pour toutes les autres ; la **voyelle du thème** est [o] ou [a], pour le verbe entier comme pour celui qui commence par une gutturale[3].
2. Si la **voyelle du préfixe** n'est pas celle que vous attendez (par ex., si c'est un pataḥ), regardez la première consonne de la racine et la voyelle du thème : si le verbe commence par une gutturale, s'il présente la voyelle thématique attendue, vous savez que c'est un qal. Vous n'auriez pas pu **prévoir** la forme, mais vous pouvez la **reconnaître**, l'analyser et la chercher dans le dictionnaire.

☞ Un cas particulier : les verbes אמר et אכל

À la dernière ligne du tableau ci-dessus figure un verbe commençant par **א** : אָסַף *rassembler.* Or, cinq verbes ayant **א** pour première consonne radicale sont irréguliers. Parmi ces verbes, deux sont

---

[2] Le plus complet et le plus fidèle aux formes bibliques est celui de S. Barkali. Mais sa présentation serrée le rend peu agréable à consulter pour les débutants. Le tableau de verbes de Tarmon et Uval est beaucoup plus lisible, mais il a été fait pour l'hébreu moderne et un certain nombre de formes bibliques disparues de la langue postérieure en sont absentes. Voir la bibliographie.

[3] Ce raisonnement est valable dans l'état actuel de vos connaissances. Les autres cas seront abordés quand nous étudierons les racines à consonnes faibles.

fréquents : il s'agit de אָמַר *dire* et אָכַל *manger*. Ils sont complètement atypiques par rapport aux formes que vous venez d'apprendre :

- tous les préfixes de personne sont vocalisés [o] (ḥolem) ;
- le א est totalement quiescent (= non prononcé) ;
- la voyelle thématique est [a], alors que ces deux verbes sont transitifs.

Une fois ces particularités connues, le paradigme ne présente aucune difficulté puisque les préfixes de personne et les marques de genre et nombre sont les mêmes que pour les verbes réguliers. À la 1ère personne du singulier, le préfixe א se confond avec le א de la racine.

	singulier		**pluriel**	
1ère masc. et fém.	אֹמַר	ʔomar	נֹאמַר	no$^{(ʔ)}$mar
2ème masc.	תֹּאמַר	to$^{(ʔ)}$mar	תֹּאמְרוּ	to$^{(ʔ)}$m^{e}ru
2ème fém.	תֹּאמְרִי	to$^{(ʔ)}$m^{e}ri	תֹּאמַ֫רְנָה	to$^{(ʔ)}$**mar**nå
3ème masc.	יֹאמַר	yo$^{(ʔ)}$mar	יֹאמְרוּ	yo$^{(ʔ)}$m^{e}ru
3ème fém.	תֹּאמַר	to$^{(ʔ)}$mar	תֹּאמַ֫רְנָה	to$^{(ʔ)}$**mar**nå

——— E5

- *Mettez au pluriel, en gardant la même personne.*

1. תַּעֲבֹד (2ème masc) 2. יַחְפֹּר 3. תַּעֲמֹד (3ème fém.) 4. יֶחֱרַד 5. תֹּאכַל
6. יֹאכַל (3ème fém.)

- *Les verbes suivants sont-ils au qal ? Ici, la vocalisation du préfixe pourrait vous induire en erreur, mais la présence (ou l'absence) d'une gutturale et la voyelle du thème vous donnent des indices sûrs.*

1. יַהֲרֹס 2. יַשְׁכִּ֫יבוּ 3. תַּחְמֹד 4. יֶאֱהַב 5. נַעֲבֹר 6. יַסְתִּיר

- *Entraînement à la recherche dans le dictionnaire : mettez ces verbes au qatal, 3ème pers. du masc. sing. Exemples :* אֶזְכֹּר > זָכַר ; תַּעֲבֹד > עָבַד

1. תַּעֲמֹד 2. יִגְנֹב 3. נִשְׁמַע 4. תִּרְצַח 5. תִּשְׁאֲלִי 6. יִשְׁחֲטוּ 7. יִלְכְּדוּ
8. יֹאכְלוּ 9. תִּמְלֹךְ 10. אֶבְחַר 11. יִמְשֹׁל 12. יַחֲלֹם

T5. La proposition relative

➢ L'hébreu biblique possède un pronom relatif que vous trouverez sous deux formes. La première, et de loin la plus fréquente, est אֲשֶׁר [ʔᵃšɛr]. La seconde, attestée seulement dans les textes tardifs (Ps, Eccl, Ct) est -שֶׁ : c'est une forme plus ancienne, qui constituait une variante dialectale de אֲשֶׁר et qui fut sans doute réservée à l'usage parlé avant d'être admise dans les textes littéraires. Comme tous les éléments monoconsonantiques, -שֶׁ s'accole au mot qui suit ; comme l'article défini, il entraîne un redoublement dans la consonne qui suit, sauf si cette consonne est א, ה, ח, ע, ר.

➢ En français, le relatif change de forme selon qu'il est sujet (*qui*) ou complément (*que, dont*). En hébreu, אֲשֶׁר et -שֶׁ sont les seules formes existantes. Il n'y a pas non plus de relatif composé : pour *la ville dans laquelle j'habite*, l'hébreu dit *la ville que j'habite dans elle.*

➢ אֲשֶׁר et -שֶׁ peuvent être suivis d'une phrase nominale (v. la leçon 5) ou verbale. Placé devant un participe, l'article défini -הַ peut jouer le rôle de relatif.

➢ Dans la langue poétique, le relatif peut être omis : pour *des princes qui ont de l'or*, on pourra trouver une tournure qui se traduirait littéralement par *des princes, de l'or est à eux*. On parle alors de relative asyndétique (asyndète = absence de liaison).

P5

1. Exemples de propositions relatives avec אֲשֶׁר et -שֶׁ

- הָעָם אֲשֶׁר עִמּוֹ (Juges 9, 48) : *le peuple* **qui** *est/ était avec lui.*

  La proposition relative est ici une **phrase nominale**. Celle-ci n'exprime pas le temps (cf. ci-dessus p. 119) : selon le contexte, on traduira donc par un présent ou un imparfait.

- שַׁרְבִיט הַזָּהָב אֲשֶׁר בְּיָדוֹ (Esther 5, 2) : *le sceptre d'or* **qui** *est / était dans sa main.*

  שַׁרְבִיט signifie *sceptre.* שַׁרְבִיט הַזָּהָב est un état construit : l'article figure comme nous l'avons vu (p. 73) avant le dernier terme.

- שִׁיר הַשִּׁירִים אֲשֶׁר לִשְׁלֹמֹה (Ct 1, 1) : *Le chant des chants,* ***qui*** *est de Salomon.*

  Vous retrouvez ici l'état construit exprimant le superlatif (ci-dessus p. 71) : *chant des chants* = « le plus beau chant ». Nous avons traduit la phrase nominale comme on le fait habituellement : *qui est* **de** *Salomon.* Mais on peut comprendre aussi : *pour Salomon* ou *au sujet de Salomon.* Ce titre, qui constitue pour la tradition juive la preuve que Salomon est l'auteur du Cantique des Cantiques, est considéré par la critique biblique comme un ajout tardif. Et de fait, c'est la seule occurrence de אֲשֶׁר dans tout le poème, où seul -שֶׁ est employé.

- הַמֶּלֶךְ אֲשֶׁר יִמְלֹךְ (I Sam 8, 9) : *le roi* ***qui*** *régnera.*

  Ici, la proposition relative contient un prédicat verbal (יִמְלֹךְ).

- לֹא טוֹב הַדָּבָר אֲשֶׁר אַתָּה עֹשֶׂה (Ex 18, 17) : *La chose* ***que*** *tu fais n'est pas bonne* (litt. *pas bonne* [*est*] *la chose* ***que*** *tu fais*).

  Remarquez l'ordre des mots dans la principale, לֹא טוֹב הַדָּבָר : le sujet הַדָּבָר est placé après le prédicat, qui est ainsi mis en relief. C'est une phrase nominale. La proposition relative est elle aussi constituée d'une phrase nominale : son sujet est le pronom personnel de 2ème masc. sing., אַתָּה, et son prédicat le participe עֹשֶׂה.

- וַיִּזְכֹּר יוֹסֵף אֵת הַחֲלֹמוֹת אֲשֶׁר חָלַם (Gen 42, 9) : *Joseph se souvint des rêves* ***qu****'il avait rêvés.*

  Ordre des mots normal dans la principale : d'abord le wayyiqtol וַיִּזְכֹּר, puis le sujet, puis le COD, introduit par אֵת puisqu'il a l'article. Le verbe de la relative (חָלַם, *rêver*) est au qatal. Du fait de sa valeur d'**accompli**, celui-ci marque l'**antériorité** de l'action de la subordonnée par rapport à celle de la principale. Joseph a rêvé ; c'est terminé ; après qu'il a eu fini de rêver, il s'est souvenu de ses rêves. Le verbe principal est donc au wayyiqtol, temps de la narration (traduit par un passé simple) ; le verbe de la relative au qatal correspond ici à notre plus-que-parfait, passé par rapport à un passé. Remarquez la tournure *les rêves qu'il avait rêvés.* L'hébreu utilise fréquemment la **figure étymologique** : on dit *rêver des rêves, parler des paroles, crier des cris, pleurer des pleurs*, etc. (cf. en français *vivre sa vie*).

- אֱלֹהִים עִמְּךָ בְּכֹל אֲשֶׁר אַתָּה עֹשֶׂה (Gen 21, 22) : *Dieu* [*est*] *avec toi dans tout ce que tu fais.*

  La principale est une phrase nominale : אֱלֹהִים עִמְּךָ. La relative aussi, avec comme prédicat un participe. La tournure כֹּל אֲשֶׁר, *tout ce que,* est extrêmement fréquente.

- הָאִישׁ אֲשֶׁר אֶבְחַר בּוֹ (Nb 17, 20) : *L'homme* ***que*** *je choisirai.*

  Vous reconnaissez dans אֶבְחַר un verbe qal, grâce à la vocalisation ségol du préfixe de 1ère pers. La voyelle [a] du thème est causée par la présence du ח. Dans le dictionnaire, le verbe figurera au qatal : בָּחַר. Ce verbe se construit avec la préposition -בְּ. Donc, *je choisirai l'homme* se dira אֶבְחַר בָּאִישׁ. La transformation de cette phrase en subordonnée relative entraîne l'affixe de personne après la préposition : בּוֹ. Cet affixe (3ème pers. du masc. sing.) renvoie à הָאִישׁ *l'homme.* Cf. en français *je pense à un ami > l'ami* ***auquel*** *je pense* (et non ***que*** *je pense).*

- אִישׁ אֲשֶׁר רוּחַ אֱלֹהִים בּוֹ (Gen 41, 38) : *Un homme en qui est l'esprit de Dieu* (litt. *: un homme* ***que*** *l'esprit de Dieu [est] en lui).*

  רוּחַ : attention au pataḥ furtif (prononcez ruaḥ). La relative est une phrase nominale (רוּחַ אֱלֹהִים בּוֹ, *le souffle de Dieu est en lui*). Le וֹ- de בּוֹ renvoie à אִישׁ.

- אֵין בַּיִת אֲשֶׁר אֵין שָׁם מֵת (Ex 12, 30) : *Pas une maison où il n'y eût un mort* (litt. *: il n'y avait pas de maison* ***que*** *là il n'y avait pas un mort).*

  מֵת = *mort* ; l'adverbe שָׁם (*là, là-bas*) a la même fonction que בּוֹ dans l'exemple précédent : il renvoie à בַּיִת, *maison.*

- הַכְּנַעֲנִי אֲשֶׁר אָנֹכִי יֹשֵׁב בְּאַרְצוֹ (Gen 24, 37) : *Le Cananéen dans le pays duquel je réside* (litt. *: le Cananéen* ***que*** *je réside dans son pays).*

  אַרְצוֹ : -אַרְצ est la base de flexion de אֶרֶץ. La proposition relative est constituée d'une phrase nominale dont le sujet est le pronom personnel de 1ère sing., אָנֹכִי, et le prédicat un participe. Le וֹ- de אַרְצוֹ renvoie à הַכְּנַעֲנִי.

2. L'article -הַ comme relatif

Nous avons vu (ci-dessus p. 69) que si un nom avec article était accompagné d'un adjectif qualificatif, ce dernier devait aussi prendre l'article : הָאָרֶץ הַטּוֹבָה *le bon pays.* Il en est de même si le nom est accompagné d'un participe : dans ce cas, l'article fait fonction de relatif. Exemple : הָעָם הַיֹּשֵׁב בָּאָרֶץ (Nb 13, 28), *le peuple qui réside dans le pays.*

Dans ce cas, אֲשֶׁר ou -שֶׁ ne peuvent pas être employés. Inversement, l'article n'est jamais employé comme relatif devant une forme conjuguée du verbe (quelques rares exemples dans la langue tardive). L'article ne peut faire fonction de relatif que devant un participe.

3. La relative asyndétique

Caractéristique de la langue poétique, plus rare en prose. Exemples :

- שָׂרִים זָהָב לָהֶם (Job 3, 15) : *Des princes qui ont de l'or (*litt. : *des princes de l'or est à eux).*

  Si le relatif était exprimé, on aurait שָׂרִים אֲשֶׁר זָהָב לָהֶם (litt. : *des princes* **que** *de l'or [est] à eux*).
- אֶרֶץ לֹא לָהֶם (Gen 24, 37) : *Une terre [***qui** *n'est] pas à eux.*

———— E6

• *Traduisez. Les mots qui ne figurent pas dans le vocabulaire ci-dessous ont été donnés dans les leçons précédentes.*

1. וַיְסַפֵּר הָעֶבֶד לְיִצְחָק אֵת כָּל אֲשֶׁר עָשָׂה. (Gen 24, 66)
2. לָקַח יַעֲקֹב אֵת כָּל אֲשֶׁר לְאָבִינוּ. (Gen 31, 1)
3. וְלֹא תְטַמֵּא אֶת־הָאָרֶץ אֲשֶׁר אַתֶּם יֹשְׁבִים בָּהּ. (Nb 35, 34)
4. הַבַּיִת אֲשֶׁר־אֲנִי בוֹנֶה גָּדוֹל. (II Chron 2, 4)

• *Traduisez en hébreu. Le futur se traduit par un yiqtol, le passé simple par un wayyiqtol. N'oubliez pas* אֵת *devant le COD avec article défini.*

1. J'entendrai tout ce que tu me diras.
2. Jacob raconta les rêves qu'il avait faits (= rêvés).
3. Tu ne voleras pas (תִּגְנֹב) l'or qui est dans la maison.
4. Tu te souviendras du peuple qui réside à Jérusalem.

VOCABULAIRE

Nous donnons les verbes qal avec leur yiqtol, ce qui vous permet de savoir si la voyelle thématique est [o] ou [a]. Pour le wayyiqtol, il suffit de rajouter le waw conversif. Pour les noms, nous indiquons la base de flexion si elle est irrégulière. Lorsque nous n'indiquons pas de forme de pluriel pour un nom, c'est qu'elle est rare ou inexistante.

mère base de flexion : אִמּ־	אֵם *f.*
servante	אָמָה *f.*
sagesse	חָכְמָה *f.* חָכְמוֹת
âne	חֲמוֹר, *m.* חֲמוֹרִים
Juda	יְהוּדָה
jour	יוֹם, *m.* יָמִים
Jérusalem La graphie pleine, avec yod, est très rare.	יְרוּשָׁלַםִ יְרוּשָׁלַיִם
témoin	עֵד, *m.* עֵדִים
souffle, vent, esprit	רוּחַ, *m/f.* רוּחוֹת
voisin, ami, prochain, autrui	רֵעַ, *m.* רֵעִים
prince, chef	שַׂר, *m.* שָׂרִים
bœuf	שׁוֹר
Salomon	שְׁלֹמֹה
suivi d'un nom : *pour* suivi d'un yiqtol : *pour que*	לְמַעַן

manger yiqtol : יֹאכַל	אָכַל
choisir yiqtol : יִבְחַר	בָּחַר בְּ
construire yiqtol : יִבְנֶה	בָּנָה
voler, dérober yiqtol : יִגְנֹב	גָּנַב
se souvenir yiqtol : יִזְכֹּר	זָכַר
rêver yiqtol : יַחֲלֹם	חָלַם
désirer, convoiter yiqtol : יַחְמֹד	חָמַד
rendre impur (piʕel)	טִמֵּא
s'asseoir, être assis, résider yiqtol : יֵשֵׁב	יָשַׁב
honorer (piʕel)	כִּבֵּד
se tenir debout yiqtol : יַעֲמֹד	עָמַד
prendre la parole, répondre, témoigner yiqtol : יַעֲנֶה	עָנָה
garder yiqtol : יִשְׁמֹר	שָׁמַר

Exercices corrigés

E1

- *Dites si le shewa est mobile ou quiescent :*

sous une consonne redoublée par un dagesh fort	mobile	מִלְּבַד
suivi d'une BeGaDKeFaT avec dagesh léger	quiescent	עַבְדֵּי
sous une consonne redoublée par un dagesh fort	mobile	סִפְּרָה
sous la 1ère consonne	mobile	מְקוֹמוֹ
suivi d'une BeGaDKeFaT avec dagesh léger	quiescent	מִשְׁתֶּה
idem	quiescent	לִזְכֹּר
sous la 1ère consonne	mobile	בְּרֵאשִׁית
sous une consonne redoublée par un dagesh fort	mobile	הַדְּבָרִים
sous la 1ère consonne	mobile	יְדֵי
suivi d'une BeGaDKeFaT avec dagesh léger	quiescent	אָמַרְתְּ
idem	quiescent	יִבְכֶּה
idem	quiescent	מִסְפָּר
même schème que le mot précédent	quiescent	מִנְהָג
premier de 2 shewas qui se suivent *second de 2 shewas qui se suivent*	שְׁ = quiescent מְ = mobile	יִשְׁמְעוּ
premier de 2 shewas qui se suivent *second de 2 shewas qui se suivent*	מְ = quiescent צְ = mobile	נִמְצְאוּ
sous la 1ère de 2 consonnes identiques	mobile	הִנְנִי

- *Découpez les mots suivants en syllabes et dites si elles sont ouvertes (= terminées par une voyelle) ou fermées (= terminées par une consonne). Comptez la consonne avec shewa mobile avec la syllabe qui suit.*

1. מְשָׁרֵת 2. יִקְרְבוּ 3. מִגְדָּל 4. שְׁלִישִׁי 5. שִׁלַּמְתִּי

מְשָׁרֵת = [meša-ret] מְשָׁ-רֵת
O F — F O

יִקְרְבוּ = [yiq-revu] יִקְ-רְבוּ
F O — O F

מִגְדָּל = [mig-dål] מִגְ-דָּל
F F — F F

שְׁלִישִׁי = [šeli-ši] שְׁלִי-שִׁי
O O — O O

שִׁלַּמְתִּי = [šil-lam-ti] שִׁל-לַמְ-תִּי
F F O — O F F

——— E2

- *Dites si le shewa est mobile ou quiescent.*

Shewa mobile :

1.חִתְנוּ 2. יוֹשְׁבִים 3. יֵשְׁבוּ 6. אָֽכְלָה [ʔåḵ^{e}lå] 9. יָֽלְדָה [yål^{e}ḏå]

Shewa quiescent :

4. יִפְתַּח 5. יִלְמַד 7. אֶסְתֵּר 8. מַלְכָּה 10. עָרְלָה [ʕọrlå] 11. טֻמְאָה

- *Transcrivez les mots suivants (ici, nous n'avons pas utilisé de signe différent pour le qameṣ ḥaṭuf). Pour savoir de quel qameṣ il s'agit, regardez 1) s'il y a un meteg, indiquant que c'est un qameṣ normal ; 2) s'il y a un dagesh léger, auquel cas le shewa précédent est quiescent.*

1.נָגְפּוּ [nọḡpo] 2.גָּֽלְתָה [gål^{e}ṯå] 3.אָרְכּוֹ [ʔọrko] 4.חָרְבָּה [ḥọrbå] 5.זָֽכְרָה [zår^{e}kå]

——— E3

- *Sachant qu'un shewa initial est toujours mobile et que les gutturales ne prennent pas le shewa mobile, repérez dans la liste suivante les mots mal vocalisés.*

Vocalisations erronées : 1.אְבָנִים 4. אְנָשִׁים 5. עְבָדִים

Il faudrait : 1.אֲבָנִים 4. אֲנָשִׁים 5. עֲבָדִים

- *Vocalisez les prépositions. Elles ne sont pas suivies de l'article défini.*

1. לִנְבִיאִים 2. בִּצְדָקָה 3. בִּכְתָב 4. בִּירוּשָׁלַםִ 5. לַחֲכָמִים

5. בֶּאֱמוּנָה

——— E4

- *Conjuguez à toutes les personnes les verbes suivants. Dans les verbes 3 et 4, la gutturale se comporte comme une consonne normale, et prend le shewa quiescent.*

Je me souviendrai אֶזְכֹּר .1

	singulier		pluriel	
1ère masc. et fém.	אֶזְכֹּר	ʔɛzkor	נִזְכֹּר	nizkor
2ème masc.	תִּזְכֹּר	tizkor	תִּזְכְּרוּ	tizk^{e}ru
2ème fém.	תִּזְכְּרִי	tizk^{e}ri	תִּזְכֹּרְנָה	tiz**kor**nå
3ème masc.	יִזְכֹּר	yizkor	יִזְכְּרוּ	yizk^{e}ru
3ème fém.	תִּזְכֹּר	tizkor	תִּזְכֹּרְנָה	tiz**kor**nå

2. אֶמְלֹךְ *Je règnerai*

	singulier		pluriel	
1ère masc. et fém.	אֶמְלֹךְ	ʔεmlok̲	נִמְלֹךְ	nimlok̲
2ème masc.	תִּמְלֹךְ	timlok̲	תִּמְלְכוּ	timlᵉk̲u
2ème fém.	תִּמְלְכִי	timlᵉk̲i	תִּמְלֹכְנָה	timl**ok̲**nå
3ème masc.	יִמְלֹךְ	yimlok̲	יִמְלְכוּ	yimlᵉk̲u
3ème fém.	תִּמְלֹךְ	timlok̲	תִּמְלֹכְנָה	timl**ok̲**nå

3. אֶשְׁלַח *J'enverrai*

	singulier		pluriel	
1ère masc. et fém.	אֶשְׁלַח	ʔεšlaḥ	נִשְׁלַח	nišlaḥ
2ème masc.	תִּשְׁלַח	tišlaḥ	תִּשְׁלְחוּ	tišlᵉḥu
2ème fém.	תִּשְׁלְחִי	tišlᵉḥi	תִּשְׁלַחְנָה	tiš**laḥ**nå
3ème masc.	יִשְׁלַח	yišlaḥ	יִשְׁלְחוּ	yišlᵉḥu
3ème fém.	תִּשְׁלַח	tišlaḥ	תִּשְׁלַחְנָה	tiš**laḥ**nå

4. אֶשְׁמַע *J'entendrai*

	singulier		pluriel	
1ère masc. et fém.	אֶשְׁמַע	ʔεšmaʕ	נִשְׁמַע	nišmaʕ
2ème masc.	תִּשְׁמַע	tišmaʕ	תִּשְׁמְעוּ	tišmᵉʕu
2ème fém.	תִּשְׁמְעִי	tišmᵉʕi	תִּשְׁמַעְנָה	tiš**maʕ**nå
3ème masc.	יִשְׁמַע	yišmaʕ	יִשְׁמְעוּ	yišmᵉʕu
3ème fém.	תִּשְׁמַע	tišmaʕ	תִּשְׁמַעְנָה	tiš**maʕ**nå

- *Mettez au pluriel, en gardant la même personne.*

1. תִּגְנֹב (2ème masc) > תִּגְנְבוּ 2. אֶכְתֹּב > נִכְתֹּב 3. תִּרְדֹּף (2ème masc.) > תִּרְדְּפוּ 4. תִּכְתֹּב (3ème fém.) > תִּכְתֹּבְנָה 5. יִקְבֹּר > יִקְבְּרוּ 6. אֶקְרָא > נִקְרָא 7. יִפְתַּח > יִפְתְּחוּ 8. תִּשְׁכַּח (2ème masc) > תִּשְׁכְּחוּ 9. יִלְמַד > יִלְמְדוּ

- *Traduisez (tous les verbes sont donnés en P4).*

1. תִּשְׁכְּבוּ *Vous vous coucherez (masc.)* 2. יִגְדְּלוּ *Ils grandiront* 3. תִּקְרָא *Tu appelleras (masc.)*
4. תִּצְחֲקִי *Tu riras (fém.)* 5. אֶלְמַד *J'apprendrai*

- *Ces verbes sont-ils au qal ou au piʕel ? Observez la vocalisation du préfixe.*

Qal : 2. תִּרְצַח 3. יִבְרָא 4. נִסְפֹּר 5. תִּשְׁמְעִי 7. יִמְכֹּר
Piʕel : 1. נְסַפֵּר 6. יְנַקֶּה 8. יְשַׁלְּחוּ

E5

• *Mettez au pluriel, en gardant la même personne.*

1.תַּעֲבֹד (2ème masc) > תַּעַבְדוּ 2.יַחְפֹּר > יַחְפְּרוּ 3.תַּעֲמֹד (3ème fém.) > תַּעֲמֹדְנָה

4. יֶחֱרַד > יֶחֶרְדוּ 5.תֹּאכַל (3ème fém.) > תֹּאכַלְנָה 6.יֹאכַל > יֹאכְלוּ

• *Les verbes suivants sont-ils au qal ?*

1. יַהֲרֹס 3. תַּחְמֹד 4. יֶאֱהַב 5. נַעֲבֹר : Qal

Les autres verbes ont une voyelle thématique [i] qui ne peut être celle du qal.

• *Mettez ces verbes au qatal, 3ème pers. du masc. sing.*

1.תַּעֲבֹר > עָבַר 2.יִגְנֹב > גָּנַב 3.נִשְׁמַע > שָׁמַע 4.תִּרְצַח > רָצַח

5.תִּשְׁאֲלִי > שָׁאַל 6.יִשְׁחֲטוּ > שָׁחַט 7.יִלְכְּדוּ > לָכַד 8.יֹאכְלוּ > אָכַל

9. תִּמְלֹךְ > מָלַךְ 10.אֶבְחַר > בָּחַר 11.יִמְשֹׁל > מָשַׁל 12.יַחֲלֹם > חָלַם

E6

• *Traduisez :*

1. וַיְסַפֵּר הָעֶ֫בֶד לְיִצְחָק אֵת כֹּל אֲשֶׁר עָשָׂה. (Gen 24, 66)

il a fait que tout OBJ à Isaac le serviteur raconta

= Le serviteur raconta à Isaac tout ce qu'il avait fait.

2. לָקַח יַעֲקֹב אֵת כֹּל אֲשֶׁר לְאָבִ֫ינוּ. (Gen 31, 1)

à notre père [était] qui tout OBJ Jacob a pris

= Jacob a pris tout ce qui était à notre père.

3. וְלֹ֫א תְטַמֵּא אֶת־הָאָ֫רֶץ אֲשֶׁר אַתֶּם יֹשְׁבִים בָּהּ.(Nb 35, 34)

dans elle résidez vous que la terre OBJ tu rendras impure et NEG .

= Et tu ne dois pas rendre impure la terre dans laquelle vous résidez.

4. הַבַּ֫יִת אֲשֶׁר־אֲנִי בוֹנֶה גָּדוֹל. (II Chron. 2, 4)

grand[e] [est] construis je que la maison

= La maison que je construis est grande

• *Traduisez en hébreu.*

1. J'entendrai tout ce que tu me diras.

אֶשְׁמַע אֶת כֹּל אֲשֶׁר תֹּאמַר לִי

2. Jacob raconta les rêves qu'il avait faits (= rêvés).

וַיְסַפֵּר יַעֲקֹב אֶת הַחֲלֹמוֹת אֲשֶׁר חָלַם

3. Tu ne voleras pas (תִּגְנֹב) l'or qui est dans la maison.

לֹא תִגְנֹב אֶת הַזָּהָב אֲשֶׁר בַּבַּ֫יִת

4. Tu te souviendras du peuple qui réside à Jérusalem.

תִּזְכֹּר אֶת הָעָם הַיֹּשֵׁב בִּירוּשָׁלַ֫ם

Pas à pas dans le texte biblique

Exode 20, 12-17

Au chapitre 20 de l'Exode, Dieu se révèle au peuple hébreu sorti d'Égypte (voir Exode, chap. 12) et énonce les Dix commandements, que la tradition juive nomme « Dix paroles ». Nous étudions les cinq derniers. Les mots qui ne sont pas traduits figurent dans le vocabulaire p. 154 ou dans les leçons précédentes.

12. כַּבֵּד אֶת־אָבִיךָ וְאֶת־אִמֶּךָ לְמַעַן יַאֲרִכוּן יָמֶיךָ
עַל הָאֲדָמָה אֲשֶׁר־יְהוָה אֱלֹהֶיךָ נֹתֵן לָךְ׃
13. לֹא תִּרְצָח
14. לֹא תִּנְאָף
15. לֹא תִּגְנֹב
16. לֹא־תַעֲנֶה בְרֵעֲךָ עֵד שָׁקֶר׃
17. לֹא תַחְמֹד בֵּית רֵעֶךָ לֹא־תַחְמֹד אֵשֶׁת רֵעֶךָ
וְעַבְדּוֹ וַאֲמָתוֹ וְשׁוֹרוֹ וַחֲמֹרוֹ וְכֹל אֲשֶׁר לְרֵעֶךָ׃

➢ Verset 12

כַּבֵּד אֶת־אָבִיךָ וְאֶת־אִמֶּךָ לְמַעַן יַאֲרִכוּן יָמֶיךָ עַל הָאֲדָמָה
אֲשֶׁר־יְהוָה אֱלֹהֶיךָ נֹתֵן לָךְ׃

- Cherchez d'abord l'atnaḥ, pour avoir une unité syntaxique à analyser. Il est sous אִמֶּךָ. Nous étudions donc כַּבֵּד אֶת־אָבִיךָ וְאֶת־אִמֶּךָ.
- La présence des deux אֶת vous permet de savoir qu'il y a deux COD coordonnés par -וְ. Le mot qui précède est donc un verbe. La vocalisation de כַּבֵּד vous invite à conclure que c'est un piʕel, à cause du redoublement dans le בּ, à l'impératif masculin singulier (ci-dessus p. 111) ou à l'infinitif avec valeur d'impératif. La racine כבד exprime l'idée de poids, de lourdeur. Au qal, le verbe signifie *être lourd* ; au piʕel, כִּבֵּד, « considérer comme ayant du poids » c'est-à-dire *honorer*. Le premier COD est un mot déjà rencontré : אָבִיךָ, *ton père*.
- Ce verset vous permet de compléter le champ lexical de la famille, puisqu'il vous donne אֵם, *mère*. La base de flexion du mot אֵם est, pour des raisons étymologiques, -אִמּ. Lorsque nous avons étudié la flexion du

mot singulier (ci-dessus p. 75), nous avons vu que la voyelle précédant l'affixe était normalement un shewa mobile. On attendrait donc אִמְּךָ, avec accent sur la syllabe finale. Mais ici, la pause marquée par l'atnaḥ entraîne une remontée de l'accent, d'où le remplacement du shewa par un ségol (ci-dessus p. 142) : אִמֶּךָ [im**me**kå] au lieu de אִמְּךָ [imm^{e}**kå**] qui est la vocalisation normale du mot lorsqu'il ne se trouve pas à la pause.

• La seconde partie du verset contient plusieurs éléments connus. Laissons de côté pour le moment les trois premiers mots. Vous identifiez עַל הָאֲדָמָה, *sur la terre*. Le mot suivant, אֲשֶׁר, indique une proposition relative, mais vous ne savez pas encore s'il faut traduire par *qui* ou *que*.

אֲשֶׁר est relié par un *maqqef* (trait d'union) au mot suivant : יְהוָה. Jusqu'à présent, nous avons rencontré des textes où Dieu était désigné par Elohim. Ici c'est le nom en quatre lettres ou Tétragramme, יְהוָה [YHWH], qui est employé. Remarquez que les Massorètes l'ont vocalisé d'un shewa et d'un qameṣ, première et dernière voyelles d'Adonaï, lecture de substitution (voir ci-dessus p. 103 et la note). On traduit en général par « le Seigneur » ou « l'Éternel » ; Dhorme (éd. de la Pléiade) traduit par Iahvé.

אֱלֹהֶיךָ s'analyse en 2 morphèmes : l'affixe possessif ךָ- et la base de flexion -אֱלֹהֶי. Vous avez déjà rencontré dans le Ps 115 les formes אֱלֹהֵיהֶם *leur Dieu*, et אֱלֹהֵינוּ *notre Dieu*. Ceci vous donne la clef de l'un des 3 mots « inconnus » que nous avons laissés de côté : יָמֶיךָ. En effet,

si אֱלֹהֶיךָ = אֱלֹהֶי + ךָ-, et que אֱלֹהֶי vient de אֱלֹהִים

alors יָמֶיךָ = יָמֶי + ךָ- et יָמֶי vient de יָמִים

יָמִים [yåmim] est le pluriel (irrégulier) de יוֹם *jour*. יוֹמְךָ signifie *ton jour*, יָמֶיךָ *tes jours*.

• Revenons à la relative. Le groupe יְהוָה אֱלֹהֶיךָ est suivi de נֹתֵן, participe du verbe signifiant *donner*. La relative a donc la même structure que אֲשֶׁר אֲנִי בוֹנֶה, *que je construis* (ci-dessus p. 153) : pronom relatif + sujet + participe, à cette différence près que le sujet est ici un nom propre et non un pronom personnel. Cela vous permet d'établir la fonction du relatif : עַל הָאֲדָמָה אֲשֶׁר־יְהוָה אֱלֹהֶיךָ נֹתֵן se traduira par *sur la terre que l'Éternel ton Dieu donne*.

Le dernier mot du verset vous est connu, et pourtant il peut vous surprendre. En effet, les Dix commandements sont donnés au masculin singulier. Or, vous savez que לָךְ = *à toi* au féminin. En réalité, il s'agit bien d'un masculin, mais nous sommes ici à la fin du verset, donc à la pause la plus forte, marquée par le silluq. Comme pour אִמֶּךָ ci-dessus, l'accent remonte de la syllabe finale, [l^{e}**kå**], sur l'avant-dernière, mais celle-ci étant vocalisée shewa et par là « inaccentuable », c'est la forme [lå<u>k</u>] qui est employée. On peut comparer ce phénomène de remplacement à ce qui se passe en français avec *ton assiette* à côté de *ton avis* : le recours au « masculin » *ton*, dans le premier cas, ne fait pas du mot *assiette* un masculin, il est là pour une raison purement phonétique : éviter le hiatus. Il prend **automatiquement** la place de *ta*. De même, à la pause, לָךְ prend automatiquement la place de לָךְ.

• Restent deux mots à élucider. לְמַעַן signifie *pour que* et doit être suivi d'un yiqtol. Le mot qui vient juste après, et qui commence par yod, est bien un yiqtol, mais sa finale est déroutante : étant donné que le sujet יָמֶיךָ est un masc. plur., le verbe devrait être terminé par וּ-; or, il se finit par וּן-. Il est assez fréquent de trouver ce nun dit paragogique (= « ajouté ») après le [–u] marquant le pluriel des 2ème et 3ème masc. plur. : il n'a pas de signification particulière. Quand au schème de ce verbe, vous savez que ce n'est pas un piʕel (parce que le préfixe n'est pas vocalisé shewa) ni un qal (la voyelle thématique est ḥireq). C'est un verbe hifʕil, qui signifie *s'allonger*.

TRADUCTION : *Honore ton père et ta mère, pour que s'allongent tes jours sur la terre que l'Éternel ton Dieu te donne.*

➢ **Versets 13-15**

13. לֹא תִּרְצָח
14. לֹא תִּנְאָף
15. לֹא תִּגְנֹב

Trois versets d'une grande brièveté : deux mots ! Ils ont tous trois la même structure : la négation לֹא suivie d'un yiqtol. Les trois verbes sont au qal. Les deux premiers ont une voyelle thématique [a], parce que leurs racines comportent une gutturale en 2ème position (נאף) ou en 3ème position (רצח). Cette voyelle est orthographiée qameṣ et non pataḥ : encore un effet de la pause. Le troisième verbe a une voyelle thématique [o]. רָצַח signifie *commettre un meurtre* ; נָאַף *commettre l'adultère.*

Nous avons vu que le yiqtol pouvait avoir une valeur temporelle (futur) ou modale (devoir). On peut donc traduire par « tu ne tueras point », ou par « tu ne dois pas tuer ». Nous choisissons cette traduction, pour rester dans la continuité du premier verbe à l'impératif dans le verset précédent.

TRADUCTION : *Tu ne dois pas tuer. Tu ne dois pas commettre l'adultère. Tu ne dois pas voler.*

➢ Verset 16

לֹֽא־תַעֲנֶ֥ה בְרֵעֲךָ֖ עֵ֥ד שָֽׁקֶר׃

- Ce verset, assez bref, ne contient pas d'atnaḥ. Dans les deux premiers mots, vous retrouvez la structure précédente : négation + yiqtol. C'est à peu près tout ce qui vous est connu dans le verset. Le verbe est un qal, et pourtant sa voyelle thématique n'est ni [a] ni [o] : en effet, il s'agit d'une racine faible dont nous étudierons les caractéristiques à la leçon 10.
- L'absence de dagesh léger dans le ת de תַעֲנֶה et dans le ב de בְרֵעֲךָ peut sembler en contradiction avec la règle qui veut qu'on ait un dagesh léger dans une BeGaDKeFaT en position initiale. Mais dans לֹא־תַעֲנֶה, le maqqef (trait d'union) unit étroitement la négation et le mot. Le taw n'est donc pas vraiment en position « initiale ». Du point de vue prosodique, les deux mots n'en forment qu'un : on se retrouve donc dans la situation où une BeGaDKeFaT est à l'intérieur du mot après voyelle, d'où l'absence de dagesh léger. Même chose entre תַעֲנֶה et בְרֵעֲךָ, unis par un ṭaʕam conjonctif (autres exemples ci-dessus, p. 81 et p. 129).

Le mot רֵעַ a pour sens de base *celui auquel on est associé.* Il peut donc signifier *voisin, ami, autre.* La traduction habituelle par *prochain* donne, à cause de la connotation que le terme a en français, une tonalité religieuse à un mot qui en est dépourvu dans la langue hébraïque : il vaudrait mieux traduire par *autrui*, mais dans ce cas on ne peut rendre l'affixe possessif.

רֵעַ a le même schème que עֵד, *témoin.* Mais comme il est terminé par un ʕayin, un pataḥ furtif apparaît. *Ton témoin* se dirait עֵדְךָ [ʕed^e**kå**], *ton prochain* se vocalise רֵעֲךָ [reʕ^a**kå**] avec un ḥaṭef pataḥ remplaçant le shewa mobile, comme nous l'avons vu dans la 1ère partie de la leçon.

עֵד שָׁקֶר est un état construit, qui signifie littéralement « un témoin de mensonge ». Il y a peu d'adjectifs en hébreu biblique : on préfère recourir à la combinaison de deux substantifs. *Des paroles de vérité* sont *des paroles vraies, un témoin de mensonge* est *un témoin menteur.*

TRADUCTION : *Tu ne dois pas prendre la parole contre ton prochain en témoin mensonger = tu ne dois pas faire contre ton prochain de faux témoignage.*

➢ Verset 17

לֹ֥א תַחְמֹ֖ד בֵּ֣ית רֵעֶ֑ךָ לֹֽא־תַחְמֹ֞ד אֵ֣שֶׁת רֵעֶ֗ךָ וְעַבְדּ֤וֹ וַאֲמָתוֹ֙
וְשׁוֹר֣וֹ וַחֲמֹר֔וֹ וְכֹ֖ל אֲשֶׁ֥ר לְרֵעֶֽךָ׃

- Toujours la même structure : la négation לֹא suivie d'un verbe au yiqtol. Ce dernier, תַחְמֹד (pas de dagesh léger dans le taw car le mot est étroitement lié au précédent), a une voyelle thématique [o], donc c'est un qal : la vocalisation [a] du préfixe est entraînée par la présence du ח. חָמַד signifie *convoiter, désirer*, c'est un verbe transitif. Les deux mots qui suivent forment un état construit, puisque בֵּית est la forme d'état construit de בַּ֫יִת, *maison*. Dans la mesure où רֵעֶ֫ךָ contient un affixe, l'ensemble de l'état construit est défini : ***la** maison de ton prochain*. Cependant, il n'est pas introduit par אֶת : ce dernier est fréquent en prose, mais pas obligatoire.

רֵעֶ֫ךָ apparaît trois fois dans le verset, avec une vocalisation légèrement différente du verset précédent, parce qu'il est dans les trois cas à la pause : pause marquée, la première fois, par l'atnaḥ (milieu du verset), la seconde fois par le reviaʕ (pause plus légère), la troisième fois par le silluq (fin de verset). Rappelons à ce sujet qu'il y a une hiérarchie entre les pauses : par ordre décroissant, silluq > atnah > reviaʕ, de même que dans la ponctuation un point est plus fort qu'un point virgule, lui-même plus fort qu'une virgule ; mais les trois entraînent une remontée de l'accent. C'est pourquoi, pour les trois occurrences de רֵעֶ֫ךָ, l'accent est sur l'avant-dernière syllabe, et le ḥaṭef pataḥ (רֵעֲךָ) est automatiquement remplacé par une voyelle « pleine », en l'occurrence un ségol :

רֵעֲךָ֫ > רֵעֶ֫ךָ

[reʕ^a**k̲å**] [reʕɛk̲å]

exactement comme אִמְּךָ֫ [im**mɛ**k̲å] au lieu de [imm^e**k̲å**] au verset 12.

• La seconde partie du verset commence comme la première : לֹא־תַחְמֹד. Cette fois le verbe est suivi de six COD, tous reliés par la conjonction de coordination -וְ. Celle-ci est normalement vocalisée shewa (וְשׁוֹרוֹ), mais devant ḥaṭef pataḥ le shewa se transforme en voyelle de même timbre : וַאֲמָתוֹ ,וַחֲמֹרוֹ (ci-dessus p. 142). Ce pataḥ ne peut être interprété comme la voyelle de l'article défini, d'abord parce que l'article ne s'élide pas après la conjonction de coordination, et ensuite parce que la présence d'un affixe possessif est incompatible avec l'article.

• Le premier des six COD est un état construit : אֵשֶׁת est la forme d'état construit de אִשָּׁה, *femme*.

Les quatre suivants sont tous des mots fléchis. Pour deux d'entre eux, la recherche dans le dictionnaire est facile puisqu'il suffit d'ôter le suffixe : שׁוֹרוֹ, חֲמֹרוֹ. Pas de difficulté non plus pour אֲמָתוֹ : nous avons vu (ci-dessus p. 76) la flexion des mots terminés par –å.

Le seul mot dont la flexion change l'aspect vocalique est עַבְדּוֹ [ʕavdo]. [ʕabd-] est la forme primitive du mot, qu'on retrouve en arabe : **Abd**allah, *serviteur d'Allah*. Nous avons vu que l'hébreu n'admet pas les groupes de consonnes en finale absolue : c'est pourquoi [ʕabd-] est devenu [ʕɛvɛd̲], עֶ֫בֶד. Cf. l'explication des ségolés donnée p. 39.

• Le dernier des COD est une relative : וְכֹל אֲשֶׁר לְרֵעֶךָ, *et tout ce qui [est] à ton prochain.*

TRADUCTION : *Tu ne dois pas convoiter la maison de ton prochain ; tu ne dois pas convoiter la femme de ton prochain, ni son esclave, ni sa servante, ni son bœuf, ni son âne ; ni tout ce qui est à ton prochain.*

TRADUCTION D'EXODE 20, 12-17

12. כַּבֵּד אֶת־אָבִיךָ וְאֶת־אִמֶּךָ לְמַעַן יַאֲרִכוּן יָמֶיךָ עַל
הָאֲדָמָה אֲשֶׁר־יְהוָה אֱלֹהֶיךָ נֹתֵן לָךְ׃
13. לֹא תִּרְצָח
14. לֹא תִּנְאָף
15. לֹא תִּגְנֹב
16. לֹא־תַעֲנֶה בְרֵעֲךָ עֵד שָׁקֶר׃
17. לֹא תַחְמֹד בֵּית רֵעֶךָ לֹא־תַחְמֹד אֵשֶׁת רֵעֶךָ וְעַבְדּוֹ
וַאֲמָתוֹ וְשׁוֹרוֹ וַחֲמֹרוֹ וְכֹל אֲשֶׁר לְרֵעֶךָ׃

12. *Honore ton père et ta mère, pour que s'allongent tes jours sur la terre que l'Éternel ton Dieu te donne* [5ème commandement].
13. *Tu ne dois pas tuer* [6ème commandement].
14. *Tu ne dois pas commettre l'adultère* [7ème commandement]
15. *Tu ne dois pas voler* [8ème commandement].
16. *Tu ne dois pas faire contre ton prochain de faux témoignage* [9ème commandement].
17. *Tu ne dois pas convoiter la maison de ton prochain ; tu ne dois pas convoiter la femme de ton prochain, ni son esclave, ni sa servante, ni son bœuf, ni son âne ; ni tout ce qui est à ton prochain* [10ème commandement].

Leçon 7

LES DÉMONSTRATIFS

LA CONJONCTION DE COORDINATION

LE HÉ DE DIRECTION

LE VERBE (IV)

LA FORME SIMPLE (QAL) : YIQTOL DES RACINES FAIBLES

T1. Les démonstratifs

➢ L'hébreu possède un démonstratif qui peut être employé comme pronom ou comme adjectif :

- masc. sing. זֶה [zɛ]
- fém. sing. זאת [zo(ʔ)t], avec alef quiescent (non prononcé)
- plur. masc. et fém. : אֵלֶּה [ʔellɛ], avec accent sur la 1ère syllabe.

La forme de pluriel est sans rapport étymologique avec celle de singulier.

➢ Le pronom personnel indépendant de 3ème personne, qui a une valeur déictique (= démonstrative), peut aussi servir de démonstratif, mais des contraintes en limitent l'emploi : il doit être précédé de l'article et accompagné d'un nom dont il est l'épithète.

➢ Dans certains cas, l'article défini peut être employé comme démonstratif.

———— P1.

1. Le démonstratif זֶה

➢ זֶה comme pronom

Comme pronom, le démonstratif זֶה peut occuper les mêmes fonctions que le nom : il peut être sujet, COD, second terme d'un état construit, régime d'une préposition.

- Lorsque le pronom est le sujet du verbe ou de la phrase nominale, il occupe normalement la première place (exemples 1, 3-7), mais si l'on veut mettre le prédicat en relief, l'ordre des mots est inversé (ex. 2).

  1. זֶה בְּנִי (I Rois 3, 23) : *celui-ci est mon fils > c'est mon fils.*
  2. אִישׁ טוֹב זֶה (II Sam 18, 27) : *celui-ci est un homme bon.*
  3. זֶה מְדַבֵּר (Job I, 18) : *celui-ci parle.*
  4. זֶה הַדָּבָר אֲשֶׁר דִּבֶּר יְהוָה (Is 16, 13) : *c'est la parole que l'Éternel a dite* (litt. *a parlée*).
  5. זֹאת בְּרִיתִי אֲשֶׁר תִּשְׁמְרוּ (Gen 17, 10) : *voici mon alliance* (litt. *celle-ci [est] mon alliance*) *que vous garderez.*
  6. וְאֵלֶּה הַמְּלָכִים אֲשֶׁר מָלְכוּ בְּאֶרֶץ אֱדוֹם (Gen 36, 31) : *et ceux-ci sont les rois qui ont régné au pays d'Edom.*
  7. אֵלֶּה תּוֹלְדֹת יִצְחָק (Gen 25, 19) : *ceci est l'histoire* (litt. *les engendrements*) *d'Isaac.*

     תּוֹלְדֹת signifie *engendrements, généalogie, histoire.* La formule אֵלֶּה תּוֹלְדֹת, suivie d'un nom, apparaît à plusieurs reprises dans la Genèse, elle introduit en général la liste des descendants d'un personnage ; comme ces listes sont parfois agrémentées de détails biographiques, on peut aussi traduire par *voici l'histoire de.*

- Le pronom est le COD :

  8. אֶת-זֶה תֹּאכְלוּ (Lév 11, 9) : *vous pourrez manger celui-ci.*
  9. אֶת-אֵלֶּה לֹא יִקָּח (Lév 21, 14) : *il ne prendra pas celles-ci.*

- Le pronom est le second terme de l'état construit, ou suit une préposition :

  10. שְׁבֻעַ זֹאת (Gen 29, 27) : *la semaine de celle-ci.*
  11. לֹא-בָחַר יְהוָה בָּאֵלֶּה (I Sam 16, 10) : *l'Éternel n'a pas choisi ceux-ci.*

- La forme de féminin singulier est parfois employée comme neutre : **זֹאת** = *cette (chose)* = *cela.*

12. **הָאִישׁ הָעֹשֶׂה זֹאת** (II Sam 12, 5) *: l'homme qui fait cela.*

➢ **זֶה comme adjectif**

Comme les autres adjectifs, le démonstratif se place obligatoirement **après** le nom sur lequel il porte, et s'accorde avec lui en genre et en nombre. Il est presque toujours précédé de l'article défini (exemples 1-8), sauf si le nom qu'il détermine est accompagné d'un affixe possessif (ex. 9). Il peut qualifier un état construit, et dans ce cas il s'accorde avec le premier terme (ex. 10) ; il peut aussi, plus rarement, qualifier seulement le second terme, et dans ce cas il s'accorde avec lui (ex. 11). Si le nom est accompagné d'un adjectif qualificatif, le démonstratif se place après l'adjectif (ex. 12-14).

1. **הַחֲלוֹם הַזֶּה** : *ce rêve.*
2. **הַיּוֹם הַזֶּה** : *ce jour-ci, aujourd'hui.*
3. **כַּיּוֹם הַזֶּה** : *en ce jour-ci, aujourd'hui.*
4. **יֵשׁ יְהוָה בַּמָּקוֹם הַזֶּה** (Gen 28, 16) : *L'Éternel est présent* (litt. *il y a l'Éternel) dans cet endroit.*
5. **הָאָרֶץ הַזֹּאת** : *ce pays, cette terre.*
6. **לָאִשָּׁה הַזֹּאת** : *pour cette femme.*
7. **הַדְּבָרִים הָאֵלֶּה** : *ces paroles, ces choses, ces événements.*
8. **הַמִּצְוֹת הָאֵלֶּה** : *ces commandements.*
9. **דְּבָרֵנוּ זֶה** (Jos 2, 20) : *cette parole qui est la nôtre* (litt. *cette parole de nous*).
10. **בְּסֵפֶר הַתּוֹרָה הַזֶּה** (Deut 29, 20) : *dans ce livre de la Loi.*
11. **בֶּן הָאָמָה הַזֹּאת** (Gen 21, 10) : *le fils de cette servante.*
12. **הָהָר הַטּוֹב הַזֶּה** (Deut 3, 25) : *cette bonne montagne.*
13. **הָאֲדָמָה הַטּוֹבָה הַזֹּאת אֲשֶׁר נָתַן לָכֶם יְהוָה אֱלֹהֵיכֶם** (Jos 23, 13) : *cette bonne terre que vous a donnée l'Éternel votre Dieu.*
14. **הֶעָרִים הַגְּדֹלוֹת הָאֵלֶּה** : *ces grandes villes.*

2. **זֶה dans les phrases interrogatives**

Les formes de masc. et de fém. sing. sont souvent employées dans les phrases interrogatives avec une valeur d'insistance, pour souligner l'interrogation (cf. en français : *où çà ?*). Nous verrons ce point à la leçon suivante, dans le chapitre sur les propositions interrogatives.

3. Le pronom personnel utilisé comme adjectif démonstratif

Le pronom personnel indépendant de 3ème pers. peut servir de démonstratif à condition d'être précédé de l'article. Il ne peut être qu'adjectif, et s'accorde en genre et en nombre avec le nom qu'il détermine. Le féminin pluriel n'est quasiment pas attesté dans la Bible.

1. הַמָּקוֹם הַהוּא : *ce lieu.*
2. הָאָרֶץ הַהִיא : *ce pays.*
3. הָעַמִּים הָהֵם : *ces peuples.*

Les langues possédant deux séries de démonstratifs opposent en général le proche et le lointain : cf. anglais *this/ that*, français *celui-ci/ celui-là*, latin *hic/ ille.* Il n'en va pas ainsi en hébreu biblique, qui utilise הַזֶּה dans tous les cas. L'opposition entre הַזֶּה et הַהוּא est d'une autre nature, syntaxique (הַהוּא ne peut jamais être pronom) et référentielle : הַהוּא ne peut renvoyer qu'à quelque chose dont on a déjà parlé, tandis que הַזֶּה se réfère indifféremment à ce dont on a parlé ou à ce qui viendra plus tard dans le discours.

הָאָרֶץ הַזֹּאת = *ce pays (que je désigne du geste ; où j'habite).*
הָאָרֶץ הַהִיא = *ce (même) pays, ce pays (dont il a déjà été question).*

Le fait qu'il réfère exclusivement à ce qui a déjà été mentionné fait de הַהוּא le démonstratif favori pour les expressions de temps apparaissant dans les textes narratifs ou les discours : *en ce temps-là, cette année-là* :

1. בַּיּוֹם הַהוּא : *le même jour ; ce jour-là.*

   On a vu ci-dessus que בַּיּוֹם הַזֶּה signifiait *aujourd'hui (= ce jour où nous sommes).* Il se réfère au présent du locuteur, alors que בַּיּוֹם הַהוּא est utilisé pour les événements passés ou futurs. L'expression בַּיּוֹם הַהוּא est très fréquente (plus de 200 occurrences), à la fois dans les textes narratifs, où elle se rapporte au passé (Gen 15, 18 : *ce jour-là, Dieu fit alliance avec Abram*) et dans les textes prophétiques, où elle se réfère aux temps futurs (Is 31, 7 : *ce jour-là, ils rejetteront les idoles*).
2. בָּעֵת הַהִיא : *en ce temps-là.*
3. בַּיָּמִים הָהֵם : *en ces jours-là, à cette époque.*

4. L'article comme démonstratif

L'article -הַ, qui est à l'origine un démonstratif, conserve cette valeur dans les expressions de temps :

1. הַיּוֹם : *ce jour, aujourd'hui.*
2. הַלַּיְלָה : *cette nuit.*

E1

• *Complétez avec* הַזֶּה*,* הַזֹּאת *ou* הָאֵלֶּה*, et traduisez les expressions obtenues.*

1. הַבָּנִים... 2. הַסֵּפֶר... 3. הָעֶבֶד... 4. הָאָמָה... 5. הָעַמִּים...
6. הַמִּצְוָה... 7. הַיָּדַיִם... 8. הַזָּהָב...

• *Complétez avec* הַהוּא*,* הַהִיא *ou* הַהֵם*, et traduisez les expressions obtenues.*

1. הָהָר... 2. הָאָרֶץ... 3. הַמְּלָכִים... 4. הַיּוֹם... 5. הַיָּמִים...
6. הָאִישׁ... 7. הָעֲבָדִים... 8. הַחָכְמָה...

• *Traduisez (les mots qui ne figurent pas dans le vocabulaire ci-dessous ont été vus dans les leçons précédentes).*

1. הַגּוֹי הַגָּדוֹל הַזֶּה. 2. הַשֶּׁמֶשׁ הַיָּפָה הַזֹּאת. 3. הָעִיר הַגְּדֹלָה הַזֹּאת.
4. הַמָּקוֹם הַטּוֹב הַזֶּה. 5. הַמֶּלֶךְ הַזָּקֵן הַזֶּה. 6. הָעֵינַיִם הַיָּפוֹת הָאֵלֶּה.

T2. La conjonction de coordination

Nous avons déjà rencontré la conjonction de coordination [w-], surtout en tant que « waw conversif » – waw énergique qui donne aux formes verbales une valeur temporelle précise. Le waw joue un **rôle syntaxique important** en hébreu biblique. Dans ce chapitre, nous présenterons seulement les différentes manières de le **vocaliser**. Une partie de ces règles vous rappellera ce que nous avons vu pour la vocalisation des prépositions monoconsonantiques et l'impossibilité d'avoir deux shewas consécutifs à l'initiale (p. 140-141).

Rappelons que le waw, que nous vous faisons prononcer [v] comme dans certaines traditions orales et en hébreu moderne, est à l'origine une **semi-consonne labiale**, comme le [w] de *western*. Une semi-consonne, qui est aussi, par la force des choses, une semi-voyelle, perd facilement sa valeur consonantique pour devenir voyelle ; c'est ce qui se produit lorsque la conjonction de coordination se trouve en contact avec une autre labiale.

Comme pour les modifications de la voyelle de l'article devant gutturale, vous n'avez pas besoin de tout mémoriser : l'important est de **repérer** la conjonction de coordination, pour chercher le mot dans le dictionnaire. C'est d'autant plus facile qu'aucun mot, quasiment, à part quelques noms propres, ne commence par la consonne waw.

———— P2

➢ La vocalisation standard du waw conjonction de coordination est **shewa mobile,** -וְ. Exemple : כֶּ֫סֶף וְזָהָב, *argent et or.*

➢ Lorsqu'elle se trouve placée devant une consonne vocalisée ḥaṭef, la conjonction de coordination se comporte comme les prépositions monoconsonantiques : son shewa est remplacé par une voyelle ayant le même timbre que le ḥaṭef. Exemples :

שָׂרִים וַעֲבָדִים, *des chefs et des esclaves.*

חֶ֫סֶד וֶאֱמֶת, *bienveillance et fidélité.*

וָחֳלִי [wọḥ^{o}li], *et une maladie.*

Dans le premier cas (vocalisation pataḥ), il n'y a pas d'ambiguité en ce qui concerne la présence de l'article défini, car la consonne ה ne s'élide pas après la conjonction (comparez avec la p. 142 ci-dessus) :

וַעֲבָדִים, *et des esclaves.*

וְהָעֲבָדִים, *et les esclaves.*

➢ La conjonction de coordination se comporte comme les prépositions monoconsonantiques lorsqu'elle se trouve placée devant un yod **vocalisé shewa**. De même que l'on a

[*liyhudå] > [li$^{(y)}$hudå], pron. [lihudå] לִיהוּדָה, *pour Juda*

on a, avec la conjonction de coordination :

[*wiyhudå] > [wi$^{(y)}$hudå], pron. [wihudå] וִיהוּדָה, *et Juda*

[*wiyrušå**la**yim]>[wi$^{(y)}$rušå**la**yim], pron. [wirušå**la**yim] וִירוּשָׁלַ֫ם, *et Jérusalem*

➢ Lorsque la conjonction -וְ se trouve placée devant une consonne vocalisée shewa, la règle interdisant deux shewas de suite à l'initiale s'applique comme pour les prépositions monoconsonantiques. **Structurellement**, il se passe donc la même chose : **le premier shewa doit être remplacé par une voyelle**. Pour les prépositions que nous avons vues à la leçon précédente, la voyelle était ḥireq :

[*l^{e}-š^{e}lomo] > [l|i|šlomo] לִשְׁלֹמֹה

Pour la conjonction [w-], il se produit la même chose, mais la voyelle de remplacement est [u], très proche phonétiquement de [w-] (qui en hébreu ancien se prononçait comme dans *kiwi*)[1]. Le groupe [wu-] s'est ensuite simplifié en voyelle [u-] :

[*wᵉ-šᵉlomo] > [*wušlomo] > [ušlomo] וּשְׁלֹמֹה *et Salomon*

➤ Il se produit la même chose lorsque la conjonction [w-] se trouve placée devant une consonne de même nature qu'elle, c'est-à-dire une **labiale**. Les consonnes labiales sont celles qui sont articulées au niveau des lèvres, que l'air soit bloqué par elles (ce qui donne des consonnes occlusives : [b], [p], et [m]), ou que l'air passe en frottant (ce qui donne des spirantes : [v], [f]). Les consonnes concernées sont donc, dans l'ordre alphabétique et avec leurs éventuelles variantes spirantisées : [b/v], [w], [m], [p/f]. En hébreu, ב ו מ פ, que les grammairiens anciens ont rassemblées dans un mot mnémonechnique (comme BeGaDKeFaT) : בּוּמַף, BUMaF. Vous pouvez donc retenir la règle sous cette forme : devant BUMaF, -וְ [wᵉ-] passe à -וּ [u-]. En réalité, pour ב et פ, seules les spirantes sont concernées puisque l'on ne peut trouver ni [b] ni [p] après voyelle. Exemples :

בַּשָּׁמַ֫יִם וּבָאָ֫רֶץ, *dans le ciel et sur la terre.*

מֶ֫לֶךְ יִשְׂרָאֵל וּמֶ֫לֶךְ יְהוּדָה, *le roi d'Israël et le roi de Juda.*

וּפַרְעֹה, *et Pharaon.*

➤ Enfin, -וְ peut être vocalisé -וָ lorsque la syllabe qui suit est accentuée. Ce contact entre conjonction de coordination et syllabe accentuée se produit si l'accent tonique est sur la première syllabe du mot, soit parce que le mot est accentué ainsi (c'est le cas dans les ex. ci-dessous), soit parce qu'il est à la pause et que l'accent est remonté.

יוֹם וָלַ֫יְלָה (Gen 8, 22) : *jour et nuit.*

תֹּ֫הוּ וָבֹ֫הוּ (Gen 1, 2) : *désert et vide*

L'accent sur la 1ère syllabe de [**bo**hu] entraîne la vocalisation -וָ, et non le -וּ attendu devant labiale. L'expression, qui décrit la terre au moment de la création du monde, a été empruntée en français, sans la conjonction : *tohu-bohu.*

---

[1] Vous pouvez comparer ce passage [w] > [u] aux emprunts du français à l'arabe : [wad-], *rivière*, donne *oued*. On voit là la proximité entre la semi-consonne [w] et la voyelle [u], notée <ou> en français. D'ailleurs, en français aussi, [w] est une semi-consonne, mais on a tendance à l'écrire <ou> comme la voyelle correspondante, sauf dans les emprunts : comparez <ouest> et <western>.

______ E2

- *Vocalisez la conjonction de coordination et traduisez :*

1. הַשָּׁמַיִם והָאָרֶץ. 2. הָרִים יָפִים וגְדֹלִים. 3. יְהוּדָה וירוּשָׁלַםִ.

4. אַהֲרֹן *(Aharon)* ומֹשֶׁה *(Moïse)*. 5. אִישׁ ואִשָּׁה. 6. אָבוֹת ובָנִים.

7. עֲבָדִים וחֲמוֹרִים. 8. וַיְדַבֵּר הַמֶּלֶךְ לְנָתָן *(Nathan)* ולְדָוִד.

______ T3. Le hé de direction

Vous connaissez deux prépositions, plus ou moins synonymes, signifiant *vers* : אֶל et -לְ. On peut aussi indiquer la direction en adjoignant à un nom **désignant un lieu** une finale -å, notée par la mère de lecture ה. Les grammaires nomment ce ה « hé de direction » ou « hé paragogique » (= « ajouté »). Cette finale -å peut s'accoler à des noms propres ou à des noms communs. Elle ne porte jamais l'accent tonique : on ne peut donc pas la confondre avec l'affixe possessif de 3ème fém. sing., ni la prendre pour une finale normale de féminin : אַרְצָה [**ʔar**ṣå], *vers la terre* ≠ אַרְצָהּ [ʔar**ṣåh**], *sa terre (à elle).*

______ P3

➢ Les **noms propres** peuvent prendre le hé de direction :

חָרָן, *Harran* (nom de ville) → חָרָנָה, *vers Harran.*
מִצְרַיִם, *Égypte* → מִצְרַיְמָה, *vers l'Égypte.*
נֶגֶב, *Néguev, sud* → נֶגְבָּה, *vers le sud.*

➢ De même pour les **noms communs**, avec ou sans article :

הַמִּדְבָּר, *le désert* → הַמִּדְבָּרָה, *vers le désert.*
אֶרֶץ, *terre* → אַרְצָה, *vers la terre, par terre.*
צָפוֹן, *nord* → צָפֹנָה, *vers le nord.*

➢ Lorsque la finale –å indiquant la direction doit s'adjoindre à un nom lui-même terminé par –å, le ת caractéristique de l'état construit (cf. ci-dessus p. 72-73) apparaît entre les deux –å :

הָרָמָה, litt. *la hauteur, Rama* (nom de ville) → הָרָמָתָה, *vers Rama.*
הַגִּבְעָה, litt. *la colline, Guibea* (nom de ville) → הַגִּבְעָתָה, *vers Guibea.*

——— E3

• *Traduisez (les mots qui n'ont pas été vus dans les leçons précédentes figurent dans le vocabulaire, ci-dessous p. 188).*

1. הַשָּׁמַ֫יְמָה. 2. יְרוּשָׁלַ֫מָה. 3. הָעִ֫ירָה. 4. הָהָ֫רָה. 5. יָ֫מָּה 6. הַבַּ֫יְתָה

——— T4. Les racines « faibles »

On nomme verbes **entiers**, ou forts, **ceux dont les trois consonnes sont stables**. Nous avons vu, à la leçon précédente, comment conjuguer le verbe entier au yiqtol de la forme simple ou qal. Nous vous conseillons d'ailleurs, avant d'aborder la partie P4, de réviser le verbe entier au qal, car sa conjugaison vous servira de modèle et de point de repère.

La présence de gutturales à la 1ère ou à la 2ème place de la racine peut amener des modifications vocaliques : en effet, une gutturale « préfère » le ḥaṭef au shewa mobile. C'est un problème purement phonétique, et cela ne change rien à la structure des formes verbales : qu'elles soient vocalisées d'un shewa, d'un ḥaṭef, ou d'une voyelle pleine, les trois consonnes du verbe entier sont toujours apparentes et, pour trouver ce verbe dans le dictionnaire, vous n'avez qu'à enlever le préfixe de pers. et l'éventuel suffixe de genre ou de nombre (cf. l'exercice E5/3 p. 149).

Mais certaines racines comportent des consonnes « faibles », c'est-à-dire susceptibles

1) de s'assimiler à la consonne suivante ;
2) de disparaître purement et simplement ;
3) de présenter des variantes dans la vocalisation ;
4) pour les semi-consonnes [w] et [y], de se présenter sous leurs formes vocaliques, respectivement [u] et [i].

Ces verbes ne comportent pas, en eux-mêmes, de difficultés de conjugaison : les règles qui régissent le verbe entier s'appliquent aussi à eux. La seule difficulté est de trouver, à partir du yiqtol, la racine du verbe et/ou la forme de qatal 3ème pers. du masculin singulier qui constituent l'entrée du dictionnaire. Vous en avez eu un aperçu avec les verbes *dire* (אָמַר, yiqtol יאמַר) et *manger* (אָכַל, yiqtol יאכַל), ci-dessus p. 148-149.

P4

➢ Les consonnes faibles sont : alef, waw, yod, nun. Elles ne sont pas toutes **intrinsèquement** faibles : leur **position** dans la racine joue aussi un rôle dans leur comportement Ainsi, un nun en deuxième position (par ex., le verbe גָּנַב *voler*) ne tombe jamais : ce verbe est parfaitement régulier et se conjugue comme שָׁמַר *garder.*

➢ Sont considérés comme **faibles** les verbes **présentant l'une des trois caractéristiques suivantes :**

1) la première de leurs trois consonnes est un alef, un yod ou un nun ;
2) la seconde de leurs trois consonnes est un waw ou un yod ;
3) la troisième de leurs trois consonnes est un alef ou un yod.

Pour éviter des circonlocutions telles que « les verbes dont la racine a un waw en deuxième position », les grammairiens anciens ont utilisé, comme pour les noms de schèmes verbaux (ci-dessus p. 90), la racine-type פעל. Observez la liste suivante :

ל	ע	פּ	racine-type (*agir*)
lamed	ʕayin	pé	
↓	↓	↓	
ר	מ	א	verbe pé-alef (*dire*)
ן	ת	נ	verbe pé-nun (*donner*)
ם	ו	ק	verbe ʕayin-waw (*se lever*)
א	ר	ק	verbe lamed-alef (*appeler*)
י	א	ר	verbe lamed-yod (*voir*)

Cette liste est à lire à la fois horizontalement (elle vous donne cinq racines en plus de la racine-type) et verticalement. Le premier verbe commence par alef, et vous savez depuis la leçon précédente que la non prononciation du alef entraîne des modifications par rapport au verbe entier, ici représenté par פעל. On classera donc la première racine parmi les verbes qui, à la place du pé de la racine-type, ont un alef. On les nomme « verbes pé-alef », en hébreu פ"א (les guillemets indiquent que ce n'est pas un mot mais un sigle), façon traditionnelle et commode de désigner « les verbes dont la racine a pour première consonne un alef quiescent ».

Le second verbe, נתן, *donner*, est de la même manière un « pé-nun » (פ"נ) : sa consonne initiale tend, dans certaines circonstances, à s'assimiler à la suivante. Pour la troisième racine, en revanche, ce n'est pas le qof qui pose problème : il ne s'assimile ni ne disparaît jamais ! Il n'existe pas de catégorie de verbe faible « pé-qof »... Mais le waw qui occupe la deuxième position dans la racine (correspondant au ʕayin de la racine-type) est soit absent, soit réalisé sous les formes vocaliques [u] ou [o] : les formes verbales provenant de la racine קום [KWM] *se lever*, ne seront pas identiques à celles provenant de racines à trois consonnes stables ; on parlera de racine « ʕayin-waw » (ע"ו). La quatrième racine est, suivant le même raisonnement, « lamed-alef » (ל"א) et la cinquième « lamed-yod » (ל"י).

➢ Quelques racines contiennent deux consonnes faibles, et à ce titre appartiennent à deux catégories : par exemple, אפי *cuire du pain*, est à la fois pé-alef et lamed-yod.

➢ Les irrégularités entraînées par la présence de consonnes faibles ne sont pas constantes. Ainsi, au piʕel, les pé-nun se comportent de façon parfaitement régulière ; au qatal de la forme simple, les pé-yod ne se distinguent en rien des verbes entiers. Il n'est donc pas nécessaire de consacrer un chapitre à chaque catégorie, mais il faut passer en revue les formes pour lesquelles vous risquez d'avoir une difficulté dans l'identification de la racine. Soit par exemple la forme verbale תֵּשְׁבוּ. Son préfixe -ת vous indique que c'est une deuxième personne, son suffixe וּ- qu'il s'agit d'un pluriel. Ce qui vous laisse, comme éléments de la racine, deux consonnes : שׁב. Quelle est la troisième consonne ? Étant donné ce que nous avons dit à la page précédente, plusieurs hypothèses sont possibles, parmi lesquelles :

HYPOTHÈSE **La consonne manquante est**	**CONCLUSION** **Vous ouvrez le dictionnaire à**
Un **yod** en 1ère position. Le verbe est pé-yod	ישׁב
Un **waw** en 2ème position. Le verbe est ʕayin-waw	שׁוב
Un **yod** en 3ème position Le verbe est lamed-yod	שׁבי

Bien sûr, vous pouver vérifier ces différentes hypothèses dans le dictionnaire. Outre que cela vous fait perdre beaucoup de temps, vous courez le risque que ces racines existent toutes (c'est d'ailleurs le cas dans l'exemple que nous avons choisi...) et que vous ne sachiez pas quel est le verbe employé dans le texte que vous étudiez. C'est une étape obligée : tant que vous n'aurez pas mémorisé les différentes modifications propres à chaque catégorie de verbe, vous feuilletterez votre dictionnaire, ce qui est un moyen comme un autre de progresser. Mais la connaissance des quelques traits propres à chaque catégorie vous permettra d'affiner votre recherche, et après quelque temps vous n'hésiterez plus. Dans l'exemple que nous venons de donner, une seule des trois solutions proposées est juste. Ajoutons que beaucoup de ces verbes faibles sont extrêmement fréquents et que vous finirez par les connaître à force de les rencontrer.

Nous verrons dans cette leçon deux types de racines à consonnes faibles : les pé-nun et les pé-yod.

——— E4

• *Voici une série de racines. Dites si elles sont pé-alef, pé-yod, pé-nun, ʕayin waw, ʕayin yod, lamed-alef, lamed-yod.*

1. שׁוב 2. שׂים 3. אבד 4. אכל 5. נדר 6. ידע 7. עשׂי

8. רוץ 9. ירד 10. עלי 11. מלא 12. נסע 13. קום 14. מצא

——— T5. Les verbes pé-nun

➢ Au yiqtol, les verbes dont la première consonne radicale est un nun se conjuguent comme les verbes entiers, mais leur nun **s'assimile** presque toujours à la consonne suivante, qui est alors redoublée. Nous avons expliqué ce phénomène phonétique à propos de la préposition *min* (p. 68) et du dagesh fort (p. 80) ; il est aussi attesté en français (*in+apte > inapte,* mais *in+régulier > irrégulier*).

➢ Lorsque la seconde consonne ne peut pas être redoublée, le nun ne peut pas s'assimiler à elle : dans ce cas, le verbe se conjugue comme n'importe quel verbe entier.

➢ Deux verbes irréguliers fréquents se rattachent à cette catégorie pé-nun : les verbes signifiant *donner* (נָתַן) et *prendre* (לָקַח).

——— P5

• Nous prendrons deux exemples : נָפַל *tomber* et נָגַשׁ *s'avancer*. Comparons-les aux verbes réguliers vus à la leçon précédente :

קָרַב >	יִקְרַב	שָׁמַר >	יִשְׁמֹר
qårav >	**yiqrav**	šåmar	> **yišmor**
il s'est approché	*il s'approchera*	*il a gardé*	*il gardera*
נָגַשׁ >	יִגַּשׁ	נָפַל	> יִפֹּל
nåḡaš > *yingaš >	**yiggaš**	nåfal >*yinpol >	**yippol**
il s'est avancé	*il s'avancera*	*il est tombé*	*il tombera*

Vous constatez que ces verbes sont identiques aux verbes entiers, sauf que leur nun s'assimile à la consonne qui suit. La forme que nous faisons précéder d'un astérisque n'est pas attestée. Voici la conjugaison complète de ces deux verbes, l'un avec voyelle thématique [o], l'autre avec voyelle thématique [a] : elle est en tous points semblable à celle que vous avez apprise pour le verbe entier.

נָפַל *tomber*

	singulier		pluriel	
1ère masc. et fém.	אֶפֹּל	ʔεppol	נִפֹּל	nippol
2ème masc.	תִּפֹּל	tippol	תִּפְּלוּ	tipp^{e}lu
2ème fém.	תִּפְּלִי	tipp^{e}li	תִּפֹּלְנָה	tip**pol**nå
3ème masc.	יִפֹּל	yippol	יִפְּלוּ	yipp^{e}lu
3ème fém.	תִּפֹּל	tippol	תִּפֹּלְנָה	tip**pol**nå

נָגַשׁ *s'avancer*

	singulier		pluriel	
1ère masc. et fém.	אֶגַּשׁ	ʔεggaš	נִגַּשׁ	niggaš
2ème masc.	תִּגַּשׁ	tiggaš	תִּגְּשׁוּ	tigg^{e}šu
2ème fém.	תִּגְּשִׁי	tigg^{e}ši	תִּגַּשְׁנָה	tig**gaš**nå
3ème masc.	יִגַּשׁ	yiggaš	יִגְּשׁוּ	yigg^{e}šu
3ème fém.	תִּגַּשׁ	tiggaš	תִּגַּשְׁנָה	tig**gaš**nå

Vous n'avez pas besoin d'apprendre toutes les formes : si vous savez conjuguer un verbe entier, vous savez conjuguer un pé-nun.

Mais comment faire, face à une forme trouvée dans un texte biblique, pour savoir si c'est bien le nun initial qui est la consonne manquante ?

Supposons que vous vous trouviez face aux formes יֵשְׁבוּ et יִטְּעוּ. Votre raisonnement doit être le suivant :

יֵשְׁבוּ	- le verbe est à la 3ème personne du masculin pluriel. - il manque une consonne à la racine. - la voyelle du préfixe est [e] (ṣéré). - or, les préfixes des verbes pé-nun ont la même vocalisation que ceux du verbe entier (à la 3ème personne, un ḥireq). **La vocalisation ṣéré du préfixe indique que le verbe ne peut pas être un pé-nun.**
יִטְּעוּ	- le verbe est à la 3ème personne du masculin pluriel. - il manque une consonne à la racine. - la voyelle du préfixe est ḥireq. - il y a un dagesh fort dans la consonne qui suit le préfixe ; or le schème qal (le « léger ») ne comporte aucun redoublement ; ce dernier est donc causé par l'assimilation d'un nun. **Le verbe est un pé-nun** : le dictionnaire classe ce verbe à נטע.

Autre exemple. Voici trois formes de wayyiqtol : וַיִּבֶן , וַיֵּלֶךְ et וַיִּתֵּן. Les trois verbes sont au qal, bien qu'ils ne présentent pas la voyelle thématique attendue, [o] ou [a], mais une voyelle [ɛ]. Ils ont tous trois perdu une de leurs consonnes. L'un de ces verbes est-il pé-nun ?

וַיֵּלֶךְ	- le verbe est à la 3ème personne du masculin singulier. - la voyelle du préfixe est [e] (ṣéré). - les préfixes des verbes pé-nun ont la même vocalisation que ceux du verbe entier. **La vocalisation ṣéré du préfixe implique donc que le verbe ne peut pas être un pé-nun.**
וַיִּבֶן	- le verbe est à la 3ème personne du masculin singulier. - la voyelle du préfixe est ḥireq. - il n'y a pas de dagesh fort dans la consonne qui suit le préfixe, donc il n'y a pas eu d'assimilation. **Cette absence de redoublement permet de déduire que le verbe ne peut pas être un pé-nun** : c'est une autre consonne faible qui est manquante (on verra laquelle à la leçon 8).
וַיִּתֵּן	- le verbe est à la 3ème personne du masculin singulier. - la voyelle du préfixe est ḥireq. - il y a un dagesh fort dans la consonne qui suit le préfixe. **Donc : le verbe est un pé-nun**, il a pour racine נתן.

• Il n'y a pas d'assimilation du nun lorsque la consonne qui suit ne peut être redoublée : comparer

נָגַשׁ	>	יִגַּשׁ	נָהַג	>	יִנְהַג
nåḡaš	> *yingaš	> **yiggaš**	nåhaḡ		> **yinhaḡ**
il s'est avancé		*il s'avancera*	*il a conduit*		*il conduira*

Le ה ne pouvant prendre le dagesh fort, le nun ne s'assimile pas. Ce verbe est un pé-nun, mais se comporte comme un verbe entier.

• Deux verbes se rattachent à la catégorie pé-nun mais sont irréguliers : il s'agit des verbes *donner* (נָתַן) et *prendre* (לָקַח).

1. Le verbe נָתַן est un pé-nun dont la voyelle thématique, au yiqtol, n'est ni [o] ni [a] mais [e] (ṣéré, qui devient ségol lorsque la syllabe n'est pas accentuée). À part cette différence de voyelle, le verbe est tout à fait semblable à ceux que nous venons de voir :

נָתַן, *donner*

	singulier		pluriel	
1ère masc. et fém.	אֶתֵּן	ʔɛtten	נִתֵּן	nitten
2ème masc.	תִּתֵּן	titten	תִּתְּנוּ	titt^enu
2ème fém.	תִּתְּנִי	titt^eni	תִּתֵּנָּה	titt**enn**å
3ème masc.	יִתֵּן	yitten	יִתְּנוּ	yitt^enu
3ème fém.	תִּתֵּן	titten	תִּתֵּנָּה	titt**enn**å

Remarques :

- La vocalisation des préfixes est la même que pour les verbes entiers et les autres pé-nun : ḥireq, sauf la 1ère sing. vocalisée ségol.
- On retrouve l'alternance entre les formes à voyelle [e] en syllabe accentuée, et les formes avec shewa mobile lorsque l'accent est sur le suffixe (2ème fém. sing., 2ème et 3ème masc. plur.) : nous l'avons déjà constatée pour le piʕel, pour le verbe entier au qal, et pour les autres pé-nun que le verbe *donner.* Cette alternance est valable quelle que soit la voyelle thématique : [o], [a], ou [e].
- La voyelle thématique est un [e], noté par ṣéré quand la syllabe est accentuée et par ségol quand elle ne l'est pas. Exemples (au wayyiqtol) : וַיִּתֵּן [wayyit**ten**], *il donna,* וַיִּתֶּן־לוֹ [wayyitten-**lo**], *il lui donna.* Dans le second cas, le trait d'union fait des deux mots une seule unité accentuelle, et le verbe perd tout accent tonique.

- Les formes de 2ème et 3ème fém. plur., תִּתֵּנָּה [titte**nn**å], ne sont pas attestées dans la Bible. Le nun prend un dagesh fort, en raison de la règle qui interdit d'écrire côte à côte deux consonnes identiques lorsqu'elles ne sont pas séparées par une voyelle : le nun appartenant à la racine -תִּתֵּנ et le nun du suffixe de fém. plur. נָה- se confondent dans un nun unique avec dagesh fort : תִּתֵּנָּה.

2. Le verbe לָקַח *prendre*, très fréquent lui aussi, n'est pas un pé-nun, mais il se comporte exactement comme נָתַן, *donner*. Il a sans doute subi l'analogie de נָתַן à cause de leur proxi-mité sémantique. De tous les verbes commençant par lamed, il est le seul dont la 1ère consonne s'assimile comme un nun : il n'est donc pas nécessaire de créer pour lui seul une catégorie spécifique « pé-lamed » ! Sa voyelle thématique est [a], puisqu'il est terminé par une gutturale (cf. p. 145).

לָקַח, *prendre*

	singulier		**pluriel**	
1ère masc. et fém.	אֶקַּח	?ɛqqaḥ	נִקַּח	niqqaḥ
2ème masc.	תִּקַּח	tiqqaḥ	תִּקְחוּ	tiq(q)^{e}ḥu
2ème fém.	תִּקְחִי	tiq(q)^{e}ḥi	תִּקַּחְנָה	tiq**qaḥ**nå
3ème masc.	יִקַּח	yiqqaḥ	יִקְחוּ	yiq(q) ^{e}ḥu
3ème fém.	תִּקַּח	tiqqaḥ	תִּקַּחְנָה	tiq**qaḥ**nå

Remarques :

- À la 2ème fém. sing., et aux 2ème et 3ème masc. plur., il n'y a pas de dagesh fort dans le ק. Cette absence du redoublement attendu est due à la présence du shewa : le redoublement de la consonne allonge cette dernière, et il y a **contradiction** entre une **consonne « longue »** (= redoublée) et une **voyelle ultra-brève**. D'ailleurs, à la pause, le dagesh fort revient avec la voyelle : יִקָּחוּ [yiq**qå**ḥu], יִשָּׂאוּ [yiś**śå**?u]. Cependant, le dagesh fort ne disparaît jamais de formes avec shewa comme יִגְּשׁוּ [yigg^{e}šu] *ils s'avanceront* ou תִּפְּלִי [tipp^{e}li] *tu tomberas* (fém.). On constate que certaines consonnes ont plus que d'autres tendance à ne pas prendre le dagesh fort lorsqu'elles sont vocalisées shewa : [q], mais aussi [s].

- S'il en est ainsi, la démarche que nous avons indiquée ci-dessus n'est plus tout à fait adéquate : notre raisonnement bute sur l'absence du dagesh, puisque nous avions fait de sa présence un critère d'identification du verbe pé-nun. Comparons les formes יִטְּעוּ (*ils planteront*) et יִקְחוּ (*ils prendront*).

יִטְּעוּ	- le verbe est à la 3ème personne du masculin pluriel. - il manque une consonne à la racine. - la voyelle du préfixe est ḥireq. - il y a un dagesh fort dans la consonne qui suit le préfixe ; or le schème qal ne comporte aucun redoublement ; ce dernier est donc causé par l'assimilation d'un nun. **Le verbe est un pé-nun** : le dictionnaire classe ce verbe à **נטע**.
יִקְחוּ	- le verbe est à la 3ème personne du masculin pluriel. - il manque une consonne à la racine. - la voyelle du préfixe est ḥireq - il n'y a pas de dagesh fort dans la consonne qui suit le préfixe. **Cette absence de dagesh devrait nous amener à conclure qu'il n'y a pas eu assimilation et donc que le verbe ne peut pas avoir perdu sa première consonne : mais dans ce cas précis, une telle conclusion est erronée.**

Seuls trois verbes, qui sont parmi les plus fréquents en hébreu biblique, sont concernés par cette absence de dagesh fort : les verbes לָקַח *prendre*, נָסַע *se mettre en route, partir*, et נָשָׂא *porter*.

Nous pouvons à présent résumer tout ce qui vient d'être dit sur les verbes pé-nun et préciser les étapes de votre raisonnement face aux formes que vous rencontrerez dans les textes bibliques.

Soit un verbe à la forme simple (qal), yiqtol ou wayyiqtol, dont la racine est réduite à deux consonnes. Le verbe est pé-nun si toutes les conditions suivantes sont remplies :

- la **voyelle du préfixe de personne** est celle du verbe entier : [ɛ] (ségol) à la 1ère pers. sing., [i] (ḥireq) aux autres personnes.
- la consonne venant après le préfixe porte un dagesh fort. Si c'est le cas, **il y a de très grandes chances statistiques pour que le verbe soit un pé-nun** (les autres cas possibles seront vus à la leçon 14).
- à la 2ème pers. du fém. sing., aux 2ème et 3ème pers. du masc. plur., le dagesh fort est absent si le verbe est l'un des trois suivants : לָקַח *prendre* (תִּקְחִי, תִּקְחוּ, יִקְחוּ) ; נָסַע *se mettre en route, partir*, (תִּסְעִי, תִּסְעוּ, יִסְעוּ) ; et נָשָׂא *porter* (תִּשְׂאִי, תִּשְׂאוּ, יִשְׂאוּ). **S'il n'y a pas de dagesh et que le verbe n'est pas un de ces trois-là, ce n'est pas un pé-nun.**

En d'autres termes, une forme comme יִקְנוּ ne peut pas avoir une racine commençant par nun.

E5

- *Voici des formes de yiqtol et de wayyiqtol, à différentes pers. Dites quels sont les verbes pé-nun ; mettez ensuite ces verbes pé-nun au qatal, 3ème pers. masc. sing.*

Exemples : תִּנְאַף = pé-nun > נָאַף   תִּסַּע = pé-nun > נָסַע

1. יֵלְכוּ 2. תִּגַּע 3. יִטְּעוּ 4. יִבְנוּ 5. אֶשָּׂא 6. יִנְחֲלוּ 7. נִשְׁמַע
8. וַיֵּצֵא 9. וַיָּשֶׂם 10. וַיִּדֹּר 11. וַיִּגַּע 12. וַיִּסְעוּ 13. וַתֹּאמֶר

- *Les verbes suivants sont-ils des qal ou des piʕel ? Regardez bien la vocalisation des préfixes, et le cas échéant les voyelles thématiques.*

1. יְנַשֵּׁק 2. יִלְמְדוּ 3. אֶקַּח 4. אֲבַקֵּשׁ 5. תִּתְּנוּ 6. יְבָרֵךְ 7. תִּשְּׂאִי
8. וַיְמָאֵן 9. וַיְסַפֵּר 10. וַיִּדֹּר 11. וַיִּפְגַּע 12. וַתִּתֵּן 13. וַיְקַדְּשׁוּ

T6. Les verbes pé-yod

➤ Il existe trois types de verbes commençant par yod :
1. Des verbes dont la 1ère consonne est un yod **en hébreu et dans les autres langues sémitiques**.
2. Des verbes dont la 1ère consonne est yod et la 2ème ṣadé.
3. Des verbes dont la première consonne est un yod **en hébreu**, mais dont la comparaison avec d'autres langues sémitiques montre que **ce [y] est étymologiquement un [w]**. Ils sont de loin les plus nombreux.

➤ Dans les verbes de la première catégorie, le yod est étymologique, donc solide : en général, il ne disparaît pas. Ces verbes sont peu nombreux (moins de dix racines).

➤ Dans les verbes de la deuxième catégorie, le ṣadé est redoublé dans certaines formes. Ces verbes sont très peu nombreux (4 racines sûres, plus deux qui pourraient tout aussi bien être des pé-nun).

➤ Dans les verbes de la troisième catégorie, le yod est présent dans certaines formes (par ex., au participe), absent dans d'autres (par ex., au yiqtol). Ailleurs qu'au qal, le [w] se maintient parfois.

➤ Bien que commençant par ה, le verbe הָלַךְ *marcher, aller*, se conjugue au yiqtol comme les pé-yod.

➤ Le verbe irrégulier יָכֹל *pouvoir*, sera traité à part.

——— P6

• Pour les verbes dont la 1ère consonne radicale est un « vrai » yod, étymologique, celui-ci est presque toujours présent dans la graphie. Le verbe se repère donc facilement dans le dictionnaire. Exemple :

וַיִּיקַץ	< racine	יקץ	Ce verbe n'est attesté
wayyi(y)qaṣ		YQṢ	qu'au yiqtol et wayyiqtol.
il se réveilla			

• Dans les verbes dont la 1ère consonne est yod et la 2ème ṣadé, ce dernier est parfois redoublé. Devant une forme comme וַיִּצֹּר, vous pourriez, en appliquant la méthode vue en P5, aboutir à la conclusion qu'il s'agit d'un pé-nun. Mais ces formes sont si rares (וַיִּצֹּר est attesté une fois !), que vous avez peu de chances de les rencontrer. Dans le doute, vous pouvez vérifier dans le dictionnaire à nun et à yod. Lorsque ces verbes ne sont pas attestés au qatal et que la comparaison avec d'autres langues sémitiques ne donne pas d'indications, il n'y a d'ailleurs aucun moyen d'être sûr de la racine, puisque celle-ci est alors une pure abstraction. Mais, nous l'avons dit, ces formes sont rares.

• Les verbes dont le yod initial provient d'un ancien waw sont au contraire nombreux (plus d'une trentaine de racines) et usuels. Outre le maintien du waw originel dans certaines formes dérivées du verbe, c'est la comparaison avec d'autres langues sémitiques qui permet d'établir si le verbe appartient ou non à la catégorie des « pé-yod qui sont d'anciens pé-waw ». Ainsi, le verbe יָלַד [yålad̲], *enfanter*, correspond à l'arabe walada ; mais en hébreu ce [w] étymologique n'apparaît jamais au qal.

Pour ce type de racine, deux formations de yiqtol sont possibles. Un certain nombre de verbes conservent leur yod ; d'autres, sans doute refaits à partir de leur impératif, le perdent.

Premier cas : verbes conservant leur yod

Ils se comportent comme les verbes dont le yod est ancien et étymologique : leur yod se maintient, et ils sont donc faciles à trouver dans le dictionnaire. On sait cependant que ce yod n'est pas originel, car c'est un waw qui apparaît à sa place dans les formes dérivées du verbe (hifʕil, nifʕal, voir les leçons 12 et 13). Exemples :

יָרַשׁ, *hériter*, a pour yiqtol יִירַשׁ ; יָשֵׁן *dormir*, a pour yiqtol יִישַׁן. Il est inutile de vous donner la conjugaison complète : vous pouvez la reconstituer facilement (1ère pers. : אִירַשׁ, אִישַׁן, etc.).

Second cas : verbes perdant leur yod

Il s'agit de verbes très courants : יָרַד *descendre*, יָשַׁב *être assis*, יָדַע *savoir*, יָצָא *sortir*, יָלַד *enfanter*. Prenons l'exemple de יָרַד. Il a pour racine WRD, mais le [w] initial passe à [y] au qatal : יָרַד, et au participe : יֹרֵד. À l'impératif, qui est רֵד [red̲] *descends*, il disparaît purement et simplement. Nous avons vu ci-dessus p. 111 que l'impératif correspond presque toujours au yiqtol sans le préfixe de personne (au piʕel : [t^{e}d̲abber], *tu parleras* > [dabber], *parle*). Il est donc logique de penser que les locuteurs ont **refabriqué par analogie**, à partir de l'impératif רֵד, une forme de yiqtol qui respecte la correspondance avec l'impératif [2] : à la 2ème pers. du masc. sing., on a donc תֵּרֵד [tered̲]. Ces verbes présentent les caractéristiques suivantes :

- absence du yod initial ;
- vocalisation [e] (ṣéré) de tous les préfixes de personne ;
- voyelle thématique ṣéré, sauf pour les verbes dont la deuxième ou la troisième consonne est une gutturale (dans ce cas, la voyelle est [a], comme pour les verbes entiers).

יָשַׁב *être assis*

	singulier		pluriel	
1ère masc. et fém.	אֵשֵׁב	ʔešev	נֵשֵׁב	nešev
2ème masc.	תֵּשֵׁב	tešev	תֵּשְׁבוּ	teš^{e}vu
2ème fém.	תֵּשְׁבִי	teš^{e}vi	תֵּשַׁבְנָה	te**šav**nå
3ème masc.	יֵשֵׁב	yešev	יֵשְׁבוּ	yeš^{e}vu
3ème fém.	תֵּשֵׁב	tešev	תֵּשַׁבְנָה	te**šav**nå

יָדַע *savoir*

	singulier		pluriel	
1ère masc. et fém.	אֵדַע	ʔed̲aʕ	נֵדַע	ned̲aʕ
2ème masc.	תֵּדַע	ted̲aʕ	תֵּדְעוּ	ted̲^{e}ʕu
2ème fém.	תֵּדְעִי	ted̲^{e}ʕi	תֵּדַעְנָה	te**d̲a**ʕnå
3ème masc.	יֵדַע	yed̲aʕ	יֵדְעוּ	yed̲^{e}ʕu
3ème fém.	תֵּדַע	ted̲aʕ	תֵּדַעְנָה	te**d̲a**ʕnå

2 Un peu comme les enfants qui, à partir de correspondances du type *il peindra / peindre*, fabriquent par analogie **tiendre* à partir d'*il tiendra*.

Nous pouvons à présent compléter l'analyse de la p. 178 :

יֵשְׁבוּ	- 3ème masc. plur. ; il manque une consonne à la racine. - la voyelle du préfixe est [e] (ṣéré), ce n'est donc pas un pé-nun. **La vocalisation ṣéré du préfixe indique de manière univoque qu'il s'agit d'un pé-yod : racine ישׁב.**

- De même que לָקַח *prendre* se conjugue au yiqtol comme les pé-nun, הָלַךְ *marcher, aller* se conjugue au yiqtol comme les pé-yod.

הָלַךְ *marcher, aller*

	singulier		pluriel	
1ère masc. et fém.	אֵלֵךְ	?eleḵ	נֵלֵךְ	neleḵ
2ème masc.	תֵּלֵךְ	teleḵ	תֵּלְכוּ	tel^{e}ḵu
2ème fém.	תֵּלְכִי	tel^{e}ḵi	תֵּלַכְנָה	te**laḵ**nå
3ème masc.	יֵלֵךְ	yeleḵ	יֵלְכוּ	yel^{e}ḵu
3ème fém.	תֵּלֵךְ	teleḵ	תֵּלַכְנָה	te**laḵ**nå

- Le verbe יָכֹל *pouvoir* est irrégulier. Intransitif, il a comme voyelle thématique [a] ; les préfixes de personne sont tous vocalisés [u].

יָכֹל *pouvoir*

	singulier		pluriel	
1ère masc. et fém.	אוּכַל	?uḵal	נוּכַל	nuḵal
2ème masc.	תוּכַל	tuḵal	תוּכְלוּ	tuḵ^{e}lu
2ème fém.	תוּכְלִי	tuḵ^{e}li	תוּכַלְנָה	tu**ḵal**nå
3ème masc.	יוּכַל	yuḵal	יוּכְלוּ	yuḵ^{e}lu
3ème fém.	תוּכַל	tuḵal	תוּכַלְנָה	tu**ḵal**nå

Les tableaux qui précèdent vous montrent, s'il en était encore besoin, que la structure du yiqtol demeure constante au-delà des modifications phonétiques entraînées par la présence de gutturales ou de consonnes faibles. C'est pourquoi il est utile de connaître par cœur la conjugaison du verbe entier : les autres verbes se conjuguent sur le même modèle. Après avoir vérifié que votre verbe est bien un qal (au moyen de la voyelle des préfixes et de la voyelle thématique), vous n'avez plus qu'à restituer si nécessaire les consonnes manquantes, pour retrouver le verbe dans le dictionnaire. Récapitulons les points à prendre en considération et les conclusions auxquelles vous pouvez aboutir **dans l'état actuel de vos connaissances**[3] :

Devant une forme de yiqtol/wayyiqtol dont la racine est réduite à deux consonnes :

- examinez la voyelle du préfixe de personne.
  - Si elle correspond à celle du verbe entier à la même personne, **le verbe peut être un pé-nun**.
  - Si c'est un ṣéré, **le verbe est un pé-yod**.
- regardez ensuite si la consonne qui suit le préfixe porte un dagesh fort.
  - Si le dagesh est présent, **il y a de très grandes chances statistiques pour que le verbe soit un pé-nun** (les autres cas possibles, beaucoup plus rares, seront vus à la leçon 14).
  - Si le dagesh est absent, ce n'est pas un pé-nun, sauf s'il s'agit des verbes לָקַח *prendre*, נָסַע *se mettre en route* et נָשָׂא *porter*, pour lesquels la consonne n'est pas redoublée si elle est vocalisée shewa.

À titre d'illustration, nous analyserons ci-dessous les formes wayyiqtol et yiqtol de Gen 28, 10-12, qui nous servira de texte d'étude à la fin de cette leçon. Tous les verbes de ce texte sont des verbes qal.

וַיֵּצֵא	- wayyiqtol ; le verbe est à la 3ème personne du masc. sing. - une fois enlevés le waw conversif et le préfixe de personne, il vous reste deux consonnes de la racine : **צא**. - ṣéré est la voyelle du préfixe et la voyelle thématique. - **conclusion** : le verbe est un pé-yod ; au qatal, **יָצָא**.
וַיֵּלֶךְ	- wayyiqtol ; le verbe est à la 3ème personne du masc. sing. - une fois enlevés le waw conversif et le préfixe de personne, il reste deux consonnes de la racine : לך. - la voyelle du préfixe est ṣéré. - **conclusion** : le verbe pourrait être un pé-yod, mais il n'existe pas de racine ילך ; il s'agit du verbe *marcher*, qui se conjugue **comme** les pé-yod. Au qatal, הָלַךְ.
וַיִּפְגַּע	- wayyiqtol ; le verbe est à la 3ème personne du masc. sing. - une fois enlevés le waw conversif et le préfixe de personne, il reste la racine complète : **פגע**. - **conclusion** : verbe entier. Au qatal, **פָּגַע**.

[3] Nous voulons dire par là que des conclusions différentes sont possibles si l'on prend en compte l'**ensemble** des racines faibles. Dans cette leçon, les verbes non entiers que nous vous ferons analyser seront ou pé-nun ou pé-yod.

וַיָּלֶן	- wayyiqtol ; le verbe est à la 3ème personne du masc. sing. - une fois enlevés le waw conversif et le préfixe de personne, il reste deux consonnes de la racine : לן. - la voyelle du préfixe est qameṣ. - **conclusion** : dans l'état actuel de vos connaissances, **vous ne pouvez pas savoir** si ce verbe est au qal ou non. Mais s'il l'est, vous pouvez être sûr que ce n'est ni un pé-nun (car pas de dagesh dans le lamed) ni un pé-yod (car pas de voyelle ṣéré). **Donc** le lamed est forcément la 1ère consonne de la racine.
וַיִּקַּח	- wayyiqtol ; le verbe est à la 3ème personne du masc. sing. - une fois enlevés le waw conversif et le préfixe de personne, il reste deux consonnes de la racine : קח. - - la voyelle du préfixe est ḥireq et il y a un dagesh fort dans la consonne qui suit le préfixe. C'est donc la 1ère consonne qui a été assimilée (sinon il n'y aurait pas de dagesh). - **conclusion** : il s'agit du verbe לָקַח *prendre*, vu plus haut.
וַיָּשֶׂם	- wayyiqtol ; le verbe est à la 3ème personne du masc. sing. - une fois enlevés le waw conversif et le préfixe de personne, il reste deux consonnes de la racine : שׂם. - la voyelle du préfixe est qameṣ. - **conclusion** : la même que pour וַיָּלֶן ci-dessus. Une seule certitude : le שׂ est la première consonne de la racine.
וַיִּשְׁכַּב	- wayyiqtol ; le verbe est à la 3ème personne du masc. sing. - une fois enlevés le waw conversif et le préfixe de personne, il reste trois consonnes de la racine : שׁכב. - **conclusion** : verbe entier. Au qatal, שָׁכַב.
וַיַּחֲלֹם	- wayyiqtol, 3ème masc. sing. Une fois enlevés le waw conversif et le préfixe de pers., vous obtenez la racine complète : חלם. - La voyelle thématique étant [o], c'est forcément un qal : la vocalisation du préfixe est causée par la proximité du ח. - **conclusion** : verbe entier. Au qatal, חָלַם.

E6

• *Dans cette série de formes yiqtol et wayyiqtol, repérez : 1. les verbes entiers, 2. les pé-alef, 3. les pé-nun, 4. les pé-yod.*

1. יִשְׁקוּ 2. יִמְכְּרוּ 3. נֵדַע 4. נִסַּע 5. תִּירָא 6. נֹאמַר 7. יֵרְדוּ
8. וַיִּשָּׂא 9. וַתֵּצֵא 10. וַיִּשְׁמְעוּ 11. וַתֵּלֶד 12. וַתֹּאכַלְנָה 13. וַיִּשְׂאוּ

VOCABULAIRE

pierre	*f.*	אֶבֶן, אֲבָנִים
semence, descendance, postérité	*m.*	זֶרַע
mer	*m.*	יָם, יַמִּים
vers l'ouest		יָמָּה
nuit	*m.*	לַיְלָה, לֵילוֹת
lettre, écrit, livre (rouleau)	*m.*	סֵפֶר, סְפָרִים
tête	*m.*	רֹאשׁ, רָאשִׁים
soleil	*m./f*	שֶׁמֶשׁ
voici		הִנֵּה
assurément, parce que		כִּי
là, là-bas		שָׁם

venir ; se coucher (soleil) yiqtol : יָבוֹא	(racine בוא) בָּא
marcher, aller yiqtol : יֵלֵךְ	הָלַךְ
pouvoir yiqtol : יוּכַל	יָכֹל
sortir yiqtol : יֵצֵא	יָצָא
descendre yiqtol : יֵרֵד	יָרַד
prendre yiqtol : יִקַּח	לָקַח
monter yiqtol : יַעֲלֶה	עָלָה
rencontrer, tomber sur yiqtol : יִפְגַּע	פָּגַע
se coucher, être couché yiqtol : יִשְׁכַּב	שָׁכַב

Exercices corrigés

E1

• *Complétez avec* הַזֶּה, הַזֹּאת, *ou* הָאֵלֶּה, *et traduisez les expressions obtenues.*

1. הַבָּנִים הָאֵלֶּה *ces fils* 2. הַסֵּפֶר הַזֶּה *ce livre* 3. הָעֶבֶד הַזֶּה *cet esclave*
4. הָאָמָה הַזֹּאת *cette servante* 5. הָעַמִּים הָאֵלֶּה *ces peuples* 6. הַמִּצְוָה הַזֹּאת *ce commandement*
7. הַיָּדַיִם הָאֵלֶּה *ces mains* 8. הַזָּהָב הַזֶּה *cet or*

• *Complétez avec* הַהוּא, הַהִיא, *ou* הָהֵם, *et traduisez les expressions obtenues.*

1. הָהָר הַהוּא *cette montagne* 2. הָאָרֶץ הַהִיא *ce pays* 3. הַמְּלָכִים הָהֵם *ces rois*
4. הַיּוֹם הַהוּא *ce jour(-là)* 5. הַיָּמִים הָהֵם *ces jours(-là)* 6. הָאִישׁ הַהוּא *cet homme*
7. הָעֲבָדִים הָהֵם *ces esclaves* 8. הַחָכְמָה הַהִיא *cette sagesse*

• *Traduisez :*

1. הַגּוֹי הַגָּדוֹל הַזֶּה *ce grand peuple* 2. הַשֶּׁמֶשׁ הַיָּפָה הַזֹּאת *ce beau soleil*
3. הָעִיר הַגְּדוֹלָה הַזֹּאת *cette grande ville* 4. הַמָּקוֹם הַטּוֹב הַזֶּה *ce bon endroit*
5. הַמֶּלֶךְ הַזָּקֵן הַזֶּה *ce vieux roi* 6. הָעֵינַיִם הַיָּפוֹת הָאֵלֶּה *ces beaux yeux*

E2

• *Vocalisez la conjonction de coordination et traduisez :*

1. הַשָּׁמַיִם וְהָאָרֶץ *le ciel et la terre* 2. הָרִים יָפִים וּגְדֹלִים *de belles et grandes montagnes*
3. יְהוּדָה וִירוּשָׁלַםִ *Juda et Jérusalem* 4. אַהֲרֹן וּמֹשֶׁה *Aharon et Moïse*
5. אִישׁ וְאִשָּׁה *un homme et une femme* 6. אָבוֹת וּבָנִים *des pères et des fils*
7. עֲבָדִים וַחֲמוֹרִים *des esclaves et des ânes* 8. וַיְדַבֵּר הַמֶּלֶךְ לְנָתָן וּלְדָוִד *le roi parla à Nathan et à David*

E3

• *Traduisez :*

1. הַשָּׁמַיְמָה *vers le ciel* 2. יְרוּשָׁלַיְמָה *vers Jérusalem* 3. הָעִירָה *vers la ville*
4. הָהָרָה *vers la montagne* 5. יָמָּה *vers la mer (= vers l'ouest)* 6. הַבַּיְתָה *vers la maison*

E4

• *Voici une série de racines. Dites si elles sont pé-alef, pé-yod, pé-nun, ʕayin waw, ʕayin yod, lamed-alef, lamed-yod.*

- pé-alef : אבד אכל
- pé-yod : ידע ירד
- pé-nun : נדר נסע
- ʕayin-waw שׁוב רוץ קום
- ʕayin-yod שׂים
- lamed-alef מלא מצא
- lamed-yod עשׂי עלי

E5

• *Voici des formes de yiqtol et de wayyiqtol, à différentes pers. Dites quels sont les verbes pé-nun ; mettez ensuite ces verbes pé-nun au qatal, 3ème pers. masc. sing.*

2. תִּסַּע > נָסַע 3. יִטְּעוּ > נָטַע 5. אֶשָּׂא > נָשָׂא 6. יִנְחֲלוּ > נָחַל
10. וַיִּדֹּר > נָדַר 11. וַיִּגַּע > נָגַע 12. וַיִּסְעוּ > נָסַע

• *Les verbes suivants sont-ils des qal ou des piʕel ? Regardez bien la vocalisation des préfixes, et le cas échéant les voyelles thématiques.*

- qal :
2. יִלְמְדוּ. 3. אֶקַּח. 5. תִּתְּנוּ . 7.תִּשְׂאִי 10. וַיִּדֹּר 11. וַיִּפְגַּע 12. וַתִּתֵּן
- piʕel :
1. יְנַשֵּׁק 4.אֲבַקֵּשׁ. 6. יְבָרֵךְ 8. וַיְמָאֵן 9. וַיְסַפֵּר 13. וַיְקַדְּשׁוּ

E6

• *Dans cette série de formes yiqtol et wayyiqtol, repérez : 1. les verbes entiers, 2. les pé-alef, 3. les pé-nun, 4. les pé-yod.*

- *verbes entiers* 2. יִמְכְּרוּ 10. וַיִּשְׁמְעוּ
- *pé-alef :* 6. נֹאמַר 12. וַתֹּאכַלְנָה
- *pé-nun :* 1. יִשְּׁקוּ 4. נִסַּע 8. וַיִּשָּׂא 13. וַיִּשְׂאוּ
- *pé-yod :* 3. נֵדַע 5. תִּירָא 7. יֵרְדוּ 9. וַתֵּצֵא 11. וַתֵּלֶד

Pas à pas dans le texte biblique

Genèse 28, 10-14

Il s'agit du rêve de l' « échelle de Jacob ». Texte en prose, marqué par l'emploi de la forme wayyiqtol. Le texte comporte quelques traits de langue que nous n'avons pas encore abordés : nous les expliquons très brièvement, ils seront revus dans les leçons ultérieures.

10. וַיֵּצֵא יַעֲקֹב מִבְּאֵר שָׁבַע וַיֵּלֶךְ חָרָנָה׃

11. וַיִּפְגַּע בַּמָּקוֹם וַיָּלֶן שָׁם כִּי־בָא הַשֶּׁמֶשׁ וַיִּקַּח מֵאַבְנֵי
הַמָּקוֹם וַיָּשֶׂם מְרַאֲשֹׁתָיו וַיִּשְׁכַּב בַּמָּקוֹם הַהוּא׃

12. וַיַּחֲלֹם וְהִנֵּה סֻלָּם מֻצָּב אַרְצָה וְרֹאשׁוֹ מַגִּיעַ הַשָּׁמָיְמָה
וְהִנֵּה מַלְאֲכֵי אֱלֹהִים עֹלִים וְיֹרְדִים בּוֹ׃

13. וְהִנֵּה יְהוָה נִצָּב עָלָיו וַיֹּאמַר אֲנִי יְהוָה אֱלֹהֵי אַבְרָהָם
אָבִיךָ וֵאלֹהֵי יִצְחָק הָאָרֶץ אֲשֶׁר אַתָּה שֹׁכֵב עָלֶיהָ לְךָ
אֶתְּנֶנָּה וּלְזַרְעֶךָ׃

14. וְהָיָה זַרְעֲךָ כַּעֲפַר הָאָרֶץ וּפָרַצְתָּ יָמָּה וָקֵדְמָה וְצָפֹנָה
וָנֶגְבָּה [...] ׃

➤ Verset 10

וַיֵּצֵא יַעֲקֹב מִבְּאֵר שָׁבַע וַיֵּלֶךְ חָרָנָה׃

- L'atnaḥ divise le verset en 2 propositions qui commencent toutes deux par un wayyiqtol : c'est l'ordre standard en prose biblique. Le premier verbe (analysé p. 186) est suivi de son sujet : יַעֲקֹב *Jacob*. Vient ensuite un groupe de mots : מִבְּאֵר שָׁבַע. Le מִ est suivi d'un dagesh fort, c'est donc la prép. מִן, dont le nun s'est assimilé. בְּאֵר שֶׁבַע, *Be'er Sheva*, est le nom d'une ville du Néguev, dont la signification n'est pas certaine : « puits du Serment » ou « puits des Sept ». C'est en tout cas un état construit, dont le second terme, שֶׁבַע, est devenu שָׁבַע [šavaʕ] à la pause.

- La seconde proposition est constituée d'un verbe (analysé p. 186) et d'un complément de lieu. Après le verbe הָלַךְ *aller*, il est logique de trouver un nom de lieu pourvu du hé de direction : חָרָנָה. Harran est une ville de Haute-Mésopotamie. Ces mentions de lieux font référence à l'histoire des patriarches : le père d'Abraham était venu s'installer à Harran avec sa famille, et Isaac s'est fixé à Be'er Sheva.

TRADUCTION : *Jacob sortit de Be'er Sheva et alla vers Harran.*

➢ Verset 11

וַיִּפְגַּע בַּמָּקוֹם וַיָּלֶן שָׁם כִּי־בָא הַשֶּׁמֶשׁ וַיִּקַּח מֵאַבְנֵי הַמָּקוֹם וַיָּשֶׂם מְרַאֲשֹׁתָיו וַיִּשְׁכַּב בַּמָּקוֹם הַהוּא׃

- Lisez l'ensemble du verset. Repérez les formes verbales. Elles sont au nombre de six, dont cinq wayyiqtol. Ceux-ci vous servent de points de repère : chacun d'eux commence une nouvelle proposition.

- La première proposition est constituée de deux mots. Le verbe a été vu p. 186. Il est suivi d'un complément de lieu, qui s'analyse en trois morphèmes connus de vous : la préposition בּ, l'article défini (élidé), le mot מָקוֹם. Nous devrions donc traduire *: il atteignit* **le** *lieu*. Mais ce lieu n'a pas encore été mentionné dans le texte. Pourquoi, alors, l'article défini ? Cet emploi est caractéristique de l'hébreu biblique : on met l'article devant des noms d'objets usuels ou locaux : outils, livre, puits, etc... même s'il n'en a jamais été question précédemment dans le texte. On doit en général, dans ce cas, traduire par *un certain*.

- La 2ème proposition commence par un verbe dont vous ne pouvez identifier complètement la racine : votre seule certitude est que ce n'est pas un verbe entier. La vocalisation du préfixe vous garantit aussi que ce n'est ni un pé-nun, ni un pé-yod : donc, ce n'est pas la première consonne qui manque. Ce qui fait que la racine commence forcément par ל. Il s'agit en effet d'une racine ʕayin-yod, לין, signifiant *passer la nuit*.

שָׁם est un adverbe signifiant *là*.

Vient ensuite une subordonnée introduite par un mot que vous trouverez très fréquemment en hébreu biblique (plus de 4600 occurrences !) : כִּי. Il a un emploi adverbial (*assurément*) mais, comme conjonction de subordination, il signifie selon le contexte *parce que, lorsque, si*. Il peut aussi introduire des subordonnées complétives (*dire* ***que****, savoir* ***que***). L'hébreu coordonne plus qu'il ne subordonne : c'est pourquoi ses conjonctions sont peu nombreuses et souvent polysémiques.

Le verbe de cette subordonnée est au qatal : בָּא. Nous l'avons vu à la 1ère leçon : il signifie *venir*, mais aussi *se coucher* (pour le soleil exclusivement). Le qatal a ici sa pleine valeur d'accompli, car l'action de la subordonnée est **terminée** au moment où se produit l'action de la principale : *il* ***passa*** *la nuit là, car le soleil* ***s'était couché.***

Tous les éléments de la proposition suivante (וַיִּקַּח מֵאַבְנֵי הַמָּקוֹם) vous sont connus. Le verbe *prendre* est suivi d'un complément introduit par la préposition מִן. Le nun de מִן ne pouvant être assimilé par alef, la vocalisation du mem change (cf. p. 69-70). Dans אַבְנֵי הַמָּקוֹם, vous reconnaissez un état construit (le 1er mot est terminé par -e(y), c'est donc l'état construit d'un mot en –im). L'article défini est placé comme il se doit entre les deux termes de l'état construit. Au v. 18, il sera question d'une seule pierre, on comprendra donc ici : *il prit* [***une***] *des pierres de l'endroit.*

Vous pouvez faire jouer l'analogie pour le verbe qui ouvre la proposition suivante : וַיָּשֶׂם est semblable à וַיָּלֶן, il y a donc de très grandes chances pour que la racine soit שׂים. Elle signifie *placer, mettre.* Le mot מְרַאֲשֹׁתָיו est un peu compliqué, mais on y trouve le terme רֹאשׁ, *tête* (cf. verset suivant) : c'est un endroit pour poser sa tête, un *chevet.*

La dernière proposition ne présente aucune difficulté. Remarquez le démonstratif הַהוּא : *à cet endroit* (dont on a parlé au début du verset).

TRADUCTION : *Il atteignit un certain endroit, et il y passa la nuit car le soleil s'était couché ; il prit* [*une*] *des pierres de l'endroit,* [*la*] *mit à son chevet et se coucha à cet endroit.*

➢ Verset 12

וַיַּחֲלֹם וְהִנֵּה סֻלָּם מֻצָּב אַרְצָה וְרֹאשׁוֹ מַגִּיעַ הַשָּׁמָיְמָה וְהִנֵּה
מַלְאֲכֵי אֱלֹהִים עֹלִים וְיֹרְדִים בּוֹ׃

- Dans ce texte narratif, les articulations sont marquées par des verbes au wayyiqtol : le v. précédent en contenait cinq, qui indiquaient la **succession** des différentes actions de Jacob : il prit une pierre, [puis] il la mit à son chevet, [puis] il se coucha. Au v. 12, un seul wayyiqtol : וַיַּחֲלֹם *il rêva.* Il est suivi de וְהִנֵּה, que vous décomposez en וְ et הִנֵּה. Le mot הִנֵּה est fréquent en hébreu biblique : c'est un présentatif (*voici*), mais il est aussi utilisé pour introduire les subordonnées complétives qui suivent un verbe signifiant *voir, rêver*, etc. Dans ce cas, les verbes de la subordonnée sont au participe, forme atemporelle qui marque la simultanéité entre le verbe principal (en général, un wayyiqtol) et le spectacle ou le rêve décrit dans la subordonnée. Le participe est ici l'équivalent de l'infinitif en français (*il vit des gens* ***passer*** : l'hébreu dit *il vit des gens* ***passant***). Ces participes se traduisent par des imparfaits, pour respecter la concordance des temps en français (*il vit des gens* ***qui passaient***) et marquer durée et simultanéité.

- Après וַיַּחֲלֹם, beaucoup de mots vous sont inconnus, mais un certain nombre d'entre eux sont analysables. Ainsi,
  - vous repérez deux compléments de lieu avec hé de direction : אַרְצָה, *vers la terre* et הַשָּׁמָיְמָה, *vers le ciel*.
  - vous décomposez en 3 morphèmes le mot וְרֹאשׁוֹ : -וְ (conjonction de coordination) + ראשׁ (*tête*) + -וֹ, affixe possessif de 3ème personne du masculin singulier : *et sa tête, et son sommet.*
  - vous reconnaissez les termes de l'état construit מַלְאֲכֵי אֱלֹהִים, *des anges de Dieu.*
  - Le mot יֹרְדִים est nouveau pour vous du point de vue du lexique, mais vous savez en tout cas qu'il s'agit d'un pluriel.
  - בּוֹ est la préposition fléchie (*en lui, sur lui*).

À part סֻלָּם, *échelle* (masc., ce qui explique l'accord de ראשׁוֹ et de בּוֹ), tous les mots qui restent – מֻצָּב, מַגִּיעַ, יֹרְדִים, עֹלִים – sont les participes requis après הִנֵּה. מֻצָּב, participe passif (hofʕal) signifie *placé, dressé* ; מַגִּיעַ, participe hifʕil, signifie *arriver, atteindre.* יֹרְדִים est le plur. de יֹרֵד, participe qal dont vous trouvez facilement le qatal correspondant, יָרַד . עֹלִים est aussi un participe qal, au pluriel, mais après avoir enlevé le suffixe –im, vous ne trouvez plus que deux consonnes : la racine est עלי, racine lamed-yod (cf. ci-dessous leçon 10). עָלָה signifie *monter.*

TRADUCTION : *Il rêva qu'une échelle était dressée par terre, sa tête atteignant le ciel, et que les anges de Dieu montaient et descendaient sur elle.*

➢ Verset 13

וְהִנֵּה יְהוָה נִצָּב עָלָיו וַיֹּאמַר אֲנִי יְהוָה אֱלֹהֵי אַבְרָהָם אָבִיךָ
וֵאלֹהֵי יִצְחָק הָאָרֶץ אֲשֶׁר אַתָּה שֹׁכֵב עָלֶיהָ לְךָ אֶתְּנֶנָּה וּלְזַרְעֶךָ׃

- C'est la suite du rêve : on retrouve donc הִנֵּה suivi d'un participe, נִצָּב, qui a la même racine que le מֻצָּב du verset précédent, mais avec un autre schème. Le verbe signifie *se tenir debout.* Le mot qui vient juste après, עָלָיו, est la préposition עַל fléchie (nous verrons les particularités de cette flexion à la leçon 8) et signifie « sur lui » ou « à côté de lui ». À quoi renvoie ce pronom masculin ? Ce peut être à l'échelle (c'est ainsi que comprend la Septante : *le Seigneur était appuyé sur elle*[1]), mais aussi à Jacob (traduction de la Pléiade : *Iahvé se tenait debout près de lui*).

[1] Traduction de M. Harl *et al.*, *La Bible d'Alexandrie*, Genèse, Paris, Cerf, 1986.

• Le participe est suivi d'un wayyiqtol, ce qui est tout à fait possible dans le cadre de la narration du rêve : les participes, qui n'expriment pas le temps, décrivent ce que voit le rêveur et équivalent à l'imparfait en français (*l'Éternel se tenait*), mais dès qu'il faut exprimer une action ponctuelle, c'est le wayyiqtol, temps de la narration et équivalent du passé simple, qui est utilisé : וַיֹּאמַר (*et il dit*). Remarquez la vocalisation : וַיֹּאמֶר (wayyo(ʔ)mɛr) lorsque l'accent remonte, et וַיֹּאמַר (wayyo(ʔ)**mar**) lorsqu'il revient comme ici sur la syllabe finale, en pause.

• La promesse divine à Jacob commence, comme souvent, par une affirmation d'identité : phrase nominale dont le sujet est אֲנִי, et dont les prédicats sont le Tétragramme et, en apposition, deux états construits. Observez la vocalisation de la conj. de coordination. Le mot אֱלֹהֵי commence par un ḥaṭef ségol : en vertu de la règle énoncée p. 170, la voyelle du -וְ devrait être un ségol. Mais comme alef n'est pas prononcé, les 2 voyelles brèves (ségol et ḥaṭef ségol) se confondent et aboutissent à la voyelle ṣéré. Le א demeure dans la graphie mais il est quiescent. Cf. ci-dessus, dans le Ps 115, וֵאלֹהֵינוּ (p. 129).

*wɛʔᵉlohim > we(ʔ)lohim, pron. [welohim] וֵאלֹהִים

• La seconde phrase du discours de révélation est la promesse proprement dite. Elle commence par une relative :

עָלֶיהָ	שֹׁכֵב	אַתָּה	אֲשֶׁר	הָאָרֶץ
sur elle	es couché	tu	que	la terre

= *la terre* ***sur laquelle*** *tu es couché*

et se termine par la principale. Le mot לְךָ, *pour toi, à toi* (masc.), est connu de vous. Le dernier mot du verset, וּלְזַרְעֶךָ, doit être analysé. Il n'y a en effet qu'un « mot », mais quatre morphèmes :

ךָ	זַרְעֶ	לְ	וּ
affixe de 2ème masc. sing.	lexème à chercher dans le dictionnaire	préposition	conj. de coordination

Il est important que vous preniez très vite l'habitude de ce découpage, de manière à identifier le lexème dont vous ignorez encore le sens et le chercher dans le dictionnaire (vous l'avez fait à la leçon 3, exercice E2, p. 71). Vous ne pouvez pas encore passer de -זַרְעֶ à la forme qu'a le mot lorsqu'il n'est pas fléchi, mais vous savez qu'il est constitué des consonnes זרע. Cela vous suffit pour repérer le mot dans le dictionnaire. Il s'agit de זֶרַע, *semence, descendance.*

לְךָ, *à toi* et וּלְזַרְעֶךָ, *et à ta descendance* sont séparés par le verbe : c'est parce qu'il y a insistance sur לְךָ qu'il a été placé en tête, avant le verbe, et ainsi séparé du mot auquel le relie la conjonction de coordination.

- Il faut couper ainsi la forme verbale (yiqtol du verbe נתן, 1ère sing.) :

אֶתְּנֶ- נָּה

elle (COD) je donnerai

Le נָּה- est la forme que prend parfois l'affixe de 3ème fém. sing. lorsqu'il est placé derrière un verbe : cf. ci-dessous p. 273. Remarquez un autre effet rhétorique : le COD (***la terre*** *sur laquelle tu es couché*) est détaché, placé en tête de phrase et repris par l'affixe (*je* ***la*** *donnerai*). Comparez avec : ***le café***, *je* ***le*** *bois chaud*. Sauf que cette structure de détachement + pronom de reprise appartient plutôt au registre oral en français, alors qu'en hébreu biblique elle fait partie du registre littéraire.

TRADUCTION : *Et l'Éternel était debout auprès de lui, et dit : « Je suis l'Éternel, Dieu d'Abraham ton père et Dieu d'Isaac ; la terre sur laquelle tu es couché, je la donnerai, à toi et à ta descendance ».*

➢ **Verset 14**

וְהָיָה זַרְעֲךָ כַּעֲפַר הָאָרֶץ וּפָרַצְתָּ יָמָּה וָקֵדְמָה וְצָפֹנָה וָנֶגְבָּה [...]

- C'est la suite du discours de Dieu. Nous ne vous donnons que la 1ère partie du v. 14 (la seconde partie comporte trop d'éléments encore inconnus). Regardons d'abord la structure syntaxique : deux formes verbales commençant par -ו, mais, comme vous pouvez le constater immédiatement en voyant la première d'entre elles, ce ne sont pas des wayyiqtol (il n'y a pas de préfixe de pers. après le waw), mais des w^{e}qatal avec leur valeur normale de futur : וְהָיָה se traduira donc par *sera*. Comme toujours lorsque le verset comporte une forme convertie, le sujet זַרְעֲךָ (déjà vu dans le verset précédent) est rejeté après le verbe.

- Comment analyser l'expression כַּעֲפַר הָאָרֶץ ? Le second mot est connu de vous. Pour le premier, il faut enlever le -כּ initial, dont nous avons vu à la leçon 3 qu'il signifiait *comme*. Il est vocalisé pataḥ, mais attention : ce n'est pas la voyelle de l'article, puisque nous avons un état construit et qu'il ne saurait y avoir d'article **devant** le premier terme d'un état construit. Ce pataḥ est entraîné par le ḥaṭef pataḥ qui vient juste après lui (cf. p. 142). Le mot עָפָר signifie *poussière*, le syntagme כַּעֲפַר הָאָרֶץ *comme la poussière de la terre.*

• Pour וּפָרַצְתָּ, il faut là encore décomposer le mot en différents morphèmes. Tout d'abord, le waw conversif, vocalisé [u] puisque suivi d'une labiale (ci-dessus p. 171). À la fin du mot, la désinence תָּ– dont vous avez appris, lorsque nous avons vu l'accompli piʕel (ci-dessus p. 112), qu'elle était celle de 2ème masc. sing. Une fois ces deux éléments enlevés, il vous reste un verbe entier dont la vocalisation ne vous permet pas d'hésiter : -פָּרַצְ, c'est bien un qal. פָּרַץ signifie au sens littéral *faire une brèche*, d'où *déborder, se répandre*.

• Les quatre derniers mots permettent d'illlustrer deux points de grammaire vus dans cette leçon : 1) le hé de direction et 2) la vocalisation du waw.

Les quatre noms désignent les points cardinaux. Vous constatez que le hé de direction n'est jamais accentué. On s'oriente en ayant l'est, le levant, *devant soi* : le mot קֵ֫דְמָה, qui est à rapprocher de la racine קדם *être devant*, signifie donc *vers l'est*. La Méditerranée étant à l'ouest de Canaan, le mot יָם, *mer*, est employé avec le hé de direction pour signifier *vers l'ouest*. Les deux derniers mots désignent le nord et le sud. Remarquez que le mot נֶ֫גֶב, Néguev, devient נֶ֫גְבָּה : après syllabe fermée, le ב prend le dagesh léger.

Concernant la vocalisation de la conjonction -ו, vous voyez que lorsque la syllabe suivante est accentuée, on vocalise -וָ (cf. p. 171) : וָקֵ֫דְמָה [wå**qed**må], וָנֶ֫גְבָּה [wå**nɛg**bå], à opposer à וְצָפֹ֫נָה [wᵉsåfonå].

TRADUCTION : *« Ta descendance sera comme la poussière de la terre et tu t'étendras vers l'occident et vers l'orient, vers le nord et vers le sud ».*

Leçon 8

LE VERBE (V)
QAL : RACINES ʕAYIN-WAW/ʕAYIN YOD

LA PHRASE INTERROGATIVE

LE NOM ET LE GROUPE NOMINAL (II)
FLEXION DES MOTS PLURIELS

T1. Qal des racines ʕayin-waw / ʕayin-yod

➢ Ces racines se caractérisent par le fait qu'elles contiennent une **semi-consonne [w] ou [y]** qui est, au yiqtol, réalisée comme la voyelle correspondante : [u] pour les ʕayin-waw, [i] pour les ʕayin-yod.

➢ Au yiqtol, pour ce type de verbes, les préfixes de personnes sont **tous** vocalisés qameṣ. D'autre part, l'accent reste toujours, quelle que soit la personne, sur le thème ; il ne se déplace pas vers le suffixe, comme c'était le cas dans toutes les conjugaisons rencontrées jusqu'à présent. **Il n'y a donc pas d'alternance entre thème avec voyelle et thème avec shewa mobile**.

➢ Au wayyiqtol, à la 2ème personne du masculin singulier et à la 3ème personne du masculin et du féminin singulier, la voyelle du thème change : on a [o] au lieu de [u] et [ɛ] (ségol) au lieu de [i].

➢ Le verbe בוא, *venir*, qui est irrégulier, sera traité à part.

P1

- Nos deux verbes types seront
  - pour les ʕayin-waw : קוּם, *se lever* (au qatal : קָם)
  - pour les ʕayin-yod : שִׂים, *placer, poser, mettre* (au qatal : שָׂם)

קָם *se lever*

	singulier		pluriel	
1ère masc. et fém.	אָקוּם	ʔåqum	נָקוּם	nåqum
2ème masc.	תָּקוּם	tåqum	תָּקֻ֫ומוּ	tå**qu**mu
2ème fém.	תָּקֻ֫ומִי	tå**qu**mi	תָּקֹ֫מְנָה	tå**qom**nå
3ème masc.	יָקוּם	yåqum	יָקֻ֫ומוּ	yå**qu**mu
3ème fém.	תָּקוּם	tåqum	תָּקֹ֫מְנָה	tå**qom**nå

שָׂם *placer, poser, mettre*

	singulier		pluriel	
1ère masc. et fém.	אָשִׂים	ʔåśim	נָשִׂים	nåśim
2ème masc.	תָּשִׂים	tåśim	תָּשִׂ֫ימוּ	tå**śi**mu
2ème fém.	תָּשִׂ֫ימִי	tå**śi**mi	תָּשֵׂ֫מְנָה	tå**śem**nå
3ème masc.	יָשִׂים	yåśim	יָשִׂ֫ימוּ	yå**śi**mu
3ème fém.	תָּשִׂים	tåśim	תָּשֵׂ֫מְנָה	tå**śem**nå

- Ces verbes sont faciles à trouver dans les dictionnaires puisque, au yiqtol, leur racine est apparente. Mais comme nous avons choisi de représenter le verbe par son qatal, 3ème masc. sing., pour faire apparaître toutes les caractéristiques du schème, (דִּבֵּר *parler*, שָׁמַר *garder*, נָתַן *donner*, etc.), nous dirons donc : le verbe קָם *se lever*, le verbe שָׂם *placer* (et non קוּם, שִׂים). La conjugaison complète du qatal pour ces verbes sera vue à la leçon 9.

- Au yiqtol, la graphie **pleine**, avec les mères de lecture ו ou י, est de loin la plus fréquente, mais vous pourrez trouver également la graphie **défective** (surtout pour les ʕayin-waw) : יָקֻ֫מוּ, וָאָשִׂם, יָקֻם (au lieu de יָקוּם, יָקֽוּמוּ, וָאָשִׂים). Les graphies défectives ne représentent pas plus d'un quart des occurrences.

- Un verbe terminé par ח ou ע a un pataḥ furtif en finale absolue : יָנוּחַ [yå**nu**^{a}ḥ] *il se reposera,* mais se comporte normalement si la gutturale est suivie d'une voyelle : יָנ֫וּחוּ [yå**nu**ḥu] *ils se reposeront.*

- Les 2ème et 3ème pers. du fém. plur. présentent parfois une forme longue, תְּקוּמֶ֫ינָה [t^{e}qu**mɛ**$^{(y)}$nå] mais la forme תָּקֹ֫מְנָה est plus fréquente.

- Au wayyiqtol, pour la 2ème pers. du masc. sing. et les 3èmes pers. du masc. et du fém. sing., on constate un **changement de la voyelle thématique** : [o] au lieu de [u] et [ɛ] (ségol) au lieu de [i]. Nous avons déjà rencontré un phénomène similaire avec וַיֹּ֫אמֶר [way**yo**$^{(?)}$mɛr] *il a dit,* à comparer avec יֹאמַ֫ר [yo$^{(?)}$**mar**] *il dira* : la remontée de l'accent sur la syllabe qui suit immédiatement le waw conversif s'accompagne d'un changement de timbre de la voyelle thématique (cf. p. 195).

Nous commencerons par les verbes ʕayin-yod, dont nous avons déjà vu 2 occurrences dans le texte de la Genèse étudié à la leçon précédente :

yiqtol	**wayyiqtol**
יָשִׂים, *il placera*	וַיָּ֫שֶׂם, *il plaça*
yåś**im**	wayy**åś**em
יָלִין, *il passera la nuit*	וַיָּ֫לֶן, *il passa la nuit*
yå**lin**	wayy**ål**en

Il se produit exactement la même chose pour les ʕayin-waw, mais avec une particularité de graphie. Voici deux exemples, uniquement en transcription, qui vous permettent de voir que le **processus** de modification de la voyelle est le même que pour les verbes ci-dessus :

yiqtol	**wayyiqtol**
yå**qum**, *il se lèvera*	way**yåq**om, *il se leva*
tå**šuv**, *elle reviendra*	wat**tåš**ov, *elle revint*

Nous avons déjà attiré votre attention sur le **qameṣ ḥaṭuf,** *qameṣ rapide*, prononcé [o] dans la tradition séfarade et en hébreu moderne. Rappelons la règle : dans une syllabe **fermée et non accentuée**, le [o] ne peut être orthographié ḥolem. L'exemple que vous rencontrerez le plus souvent est כֹּל *tout*, vocalisé כָּל par les Massorètes de Tibériade et prononcé [kǫl] lorsqu'il est suivi d'un trait d'union qui lui fait perdre son accent. Nous avons aussi vu חָכְמָה *sagesse* : l'accent étant sur la syllabe finale et le shewa étant quiescent, la première syllabe est fermée et non accentuée, et vous prononcez [ḥo<u>k</u>**ma**] et non [ḥa<u>k</u>**ma**].

Les Massorètes de Tibériade, eux, prononçaient certainement ces deux qameṣ de manière identique : s'ils avaient voulu noter deux voyelles différentes, ils n'auraient pas employé le même graphème.

Ces règles peuvent paraître compliquées, voire arbitraires : elles deviendraient beaucoup plus claires si nous prenions en compte la dimension historique et la comparaison avec d'autres langues sémitiques. En effet, le qameṣ ḥaṭuf note toujours un son **qui était en sémitique un [u] bref** et qui en hébreu est passé à une voyelle que nous prononçons [o]. Lorsque ce [o] venant d'un ancien [u] bref s'allonge en hébreu, il est noté par ḥolem ; mais lorsqu'il reste bref – et c'est le cas en syllabe fermée et non accentuée – il est noté par qameṣ ḥaṭuf.

Revenons à nos verbes ʕayin-waw. Aux formes dont nous parlons, la remontée de l'accent fait que la syllabe finale n'est plus accentuée (way**yå**qom, wat**tå**šov) – alors qu'elle l'est au yiqtol (yå**qum,** tå**šuv**). Comme elle est par ailleurs fermée, nous sommes dans le cas où le ḥolem est impossible. Ces formes seront donc orthographiées ainsi :

way**yå**qọm = וַיָּ֫קָם wat**tå**šọv = וַתָּ֫שָׁב

La plus grande difficulté pour le débutant consiste donc à se rappeler qu'il faut lire [way**yå**qọm] avec [o] dans la syllabe finale, et non [*wayyaqam]… C'est une question d'habitude, car les verbes concernés sont fréquents, en particulier à la 3ème pers. du masc. sing.

Aux autres personnes, rien de tel :

yiqtol	**wayyiqtol**
יָק֫וּמוּ, *ils se lèveront*	וַיָּק֫וּמוּ ou וַיָּ֫קֻמוּ, *ils se levèrent*
אָשׁ֫וּב, *je reviendrai*	וָאָשׁ֫וּב ou וָאָ֫שֻׁב, *je revins*

- Lorsque la 3ème consonne d'un verbe ʕayin-yod ou ʕayin-waw est une gutturale ou un reš, le ségol des ʕayin-yod et le qameṣ ḥaṭuf des ʕayin-waw sont remplacés par une voyelle [a] (pataḥ). Exemples :

yiqtol	**wayyiqtol**
יָנ֫וּחַ [yå**nu**^{a}ḥ] *il se reposera*	וַיָּ֫נַח [way**yå**naḥ] *il se reposa*
יָס֫וּר [yå**sur**] *il s'écartera*	וַיָּ֫סַר [way**yå**sar] *il s'écarta*
תָּשִׁ֫יר [tå**šir**] *elle chantera*	וַתָּ֫שַׁר [wat**tå**šar] *elle chanta*

Cependant le verbe גָּר *habiter*, suit la règle normale des ʕayin-waw :

יָגוּר [yå**gur**] *il habitera*	וַיָּ֫גָר [way**yå**gọr] *il habita*

- Le verbe בָּא, *venir, entrer*, est un ʕayin-waw (racine בוא). Mais **sa voyelle est partout [o]** au lieu de [u]. À noter que, pour lui, la graphie défective (יָבֹא au lieu de יָבוֹא) est de loin la plus fréquente.

בָּא *venir, entrer*

	singulier		pluriel	
1ère masc. et fém.	אָבוֹא	ʔåvo(ʔ)	נָבוֹא	nåvo(ʔ)
2ème masc.	תָּבוֹא	tåvo(ʔ)	תָּבֹ֫אוּ	tåvo**ʔu**
2ème fém.	תָּבֹ֫אִי	tåvo**ʔi**	תָּבֹ֫אנָה	tåvo**(ʔ)nå**
3ème masc.	יָבוֹא	yåvo(ʔ)	יָבֹ֫אוּ	yåvo**ʔu**
3ème fém.	תָּבוֹא	tåvo(ʔ)	תָּבֹ֫אנָה	tåvo**(ʔ)nå**

E1

- *Conjuguer au yiqtol les verbes suivants :*

  1. אָשׁוּב *je reviendrai* 2. אָסוּר *je m'écarterai* 3. אָשִׁיר *je chanterai*

- *Mettez au pluriel, en gardant la même personne :*

  1. תָּגוּר (2ème masc) 2. אָרוּץ 3. תָּתוּר (2ème masc.) 4. תָּשׁוּב (3ème fém.)
  5. יָבוֹא 6. אָמוּת 7. יָלִין 8. תָּשִׂים (2ème masc) 9. יָשִׁיר

- *Lisez à haute voix. Attention : le qameṣ ḥaṭuf n'est pas signalé par la typographie.*

  1. וַיָּ֫שָׁב 2. וַיָּ֫מָת 3. וַיָּ֫רָץ 4. וַתָּ֫קָם 5. וַיָּ֫נָס 6. וַיָּ֫שַׁר 7. וַיָּבֹא

- *Dans la liste suivante, dites quels sont les verbes ʕayin-waw et ʕayin-yod. Attention aux accents, aux dagesh et aux vocalisations !*

  1. יָדִין 2. יִשָּׂא 3. נָמוּת 4. אָרוּץ 5. יָנ֫וּסוּ 6. יֵלְכוּ 7. יָשִׁ֫ירוּ 8. יַפִּ֫ילוּ
  9. וַיִּסְעוּ 10. וַיֵּשְׁבוּ 11. וַיָּ֫שָׁב 12. וַתָּ֫שַׁר 13. וַיִּשְׁפֹּט 14. וַיִּתֵּן 15. וַיָּבֹ֫אוּ

T2. Impératif des verbes ʕayin-waw / ʕayin-yod

➢ Pour former l'impératif, il suffit de prendre le yiqtol de 2ème pers. et d'en ôter le préfixe marquant la personne (cf. leçon 4). Les formes de 2ème pers. du fém. plur. sont rares ; par ex., שֵׂ֫מְנָה, *placez !* (fém.) n'est pas attesté. Et de fait, il y a relativement peu de dialogues bibliques s'adressant à des groupes de femmes ; de plus, il arrive que, même dans ce cas, le masculin soit employé au lieu du féminin.

P2

- Verbes ʕayin-waw :

	singulier	pluriel
2ème masc.	קוּם qum	קוּמוּ **qu**mu
2ème fém.	קוּמִי **qu**mi	קֹמְנָה **qom**nå

À noter que l'impératif féminin singulier figure dans la phrase araméenne que l'Évangile de Marc (5, 41) met dans la bouche de Jésus : *talitha qumi*, « jeune fille, lève-toi ! ».

- Verbes ʕayin-yod :

	singulier	pluriel
2ème masc.	שִׂים śim	שִׂימוּ **śi**mu
2ème fém.	שִׂימִי **śi**mi	שֵׂמְנָה **śem**nå

- Verbe בָּא, *venir, entrer* :

	singulier	pluriel
2ème masc.	בּוֹא ou בֹּא bo(ʔ)	בֹּאוּ **bo**ʔu
2ème fém.	בּוֹאִי ou בֹּאִי **bo**ʔi	בֹּאנָה **bo**(ʔ)nå (non attesté)

Le yiqtol est יָבוֹא : la disparition du préfixe fait que le ב se trouve en première position et prend automatiquement le dagesh léger. Pour la 2ème personne du masculin pluriel, seule la graphie défective est attestée.

E2

- *Traduisez :*
  1. Gen 31, 13 : Dieu s'adresse à Jacob.

קוּם צֵא *(sors)* מִן־הָאָרֶץ הַזֹּאת וְשׁוּב אֶל־אֶרֶץ מוֹלַדְתֶּךָ

(אֶרֶץ מוֹלַדְתֶּךָ = *le pays de ta naissance = ton pays natal).*

  2. Gen 19, 14 : Loth à ses gendres, avant la destruction de Sodome.

קוּמוּ צְאוּ *(sortez)* מִן־הַמָּקוֹם הַזֶּה.

  3. Gen 7, 1 : Dieu à Noé, avant le début du Déluge.

וַיֹּאמֶר יְהוָה לְנֹחַ *(à Noé)* בֹּא אַתָּה וְכָל־בֵּיתְךָ אֶל־הַתֵּבָה *(l'arche)*.

(בַּיִת = *maison = famille. N'oubliez pas que le qameṣ de* כָל־ *est ḥaṭuf).*

T3. La phrase interrogative

➢ Elle peut être introduite par un pronom ou un adverbe ; il arrive parfois qu'il n'y ait aucun mot introducteur et que le sens interrogatif, qui était certainement marqué dans l'intonation, découle du contexte. Aucun signe typographique ne marque l'interrogation.

➢ Certaines tournures interrogatives peuvent être renforcées par l'insertion d'un démonstratif (cf. en français : *où çà ? qui donc ?*).

➢ Pour une réponse affirmative, on répète en général le mot sur lequel porte la question. Il n'existe pas de mot équivalent à « oui ».

P3

- Pronoms interrogatifs (lire le tableau de droite à gauche) :

Qui êtes-vous ?	מִי אַתֶּם	*qui ?* מִי
Qui a fait cela ?	מִי עָשָׂה זֹאת	
Qui enverrai-je et qui ira pour nous ? (Is 6, 8)	אֶת־מִי אֶשְׁלַח וּמִי יֵלֶךְ־לָנוּ	
Quel est-il ? qu'est-ce que c'est ?	מַה־הוּא	*quoi ?* מָה
Qu'est-ce que tu (fém.) *as ?*	מָה לָךְ	(peut être vocalisé aussi
Que sont ces pierres pour vous ? (Jos 4, 6)	מָה הָאֲבָנִים הָאֵלֶּה לָכֶם	מֶה, מַה־)

Quand מָה est suivi du trait d'union, il perd son accent tonique, sa vocalisation passe de pataḥ à qameṣ, et la consonne initiale du mot qui suit le trait d'union prend un dagesh fort euphonique. En Ex 16, 15, מָה a la forme מָן : en voyant la nourriture tombée du ciel, les Hébreux disent מָן הוּא *qu'est-ce que c'est ?*, étymologie populaire du mot מָן, *manne.*

- Adverbes interrogatifs :

Est-ce que vous avez un père ?	הֲיֵשׁ לָכֶם אָב	*est-ce que ?* -הֲ
Suis-je le gardien de mon frère ? (Gen 4, 9)	הֲשֹׁמֵר אָחִי אָנֹכִי	S'accole au mot qui suit.
(Ps. 115, 2)	לָמָּה יֹאמְרוּ הַגּוֹיִם אַיֵּה־נָא אֱלֹהֵיהֶם	*pourquoi ?* לָמָּה
Pourquoi les nations disent-elles : où donc est leur Dieu ?		
	לָמָּה דִּבַּרְתְּ אֶל הָאִישׁ הַזֶּה	Parfois vocalisé
Pourquoi as-tu parlé à cet homme ?		לָמֶּה
Pourquoi ne manges-tu (fém.) *pas ?*	לָמֶּה לֹא תֹאכְלִי	

Où est Abel ton frère ? (Gen 4, 9) אֵי הֶבֶל אָחִיךָ C'est à cette question que Caïn répond « suis-je le gardien de mon frère ? » (cf. ci-dessus) *Ils disent : « où est-il ? » ?* (Job 20, 7) יֹאמְרוּ אַיּוֹ	*où ?* אֵי, אַיֵּה peut prendre un affixe de personne
אֵיךְ יִשְׁמַע אֵלַי פַּרְעֹה *Comment Pharaon m'écoutera-t-il ?* (Ex 6, 30) אֵיךְ נָשִׁיר אֶת־שִׁיר־יְהוָה עַל אַדְמַת נֵכָר *Comment chanterions-nous le chant de l'Éternel sur une terre étrangère ?* (Ps 137,4)	*comment ?* אֵיךְ
Quand te lèveras-tu ? מָתַי תָּקוּם	*quand ?* מָתַי

Remarques sur le tableau ci-dessus :

1. Cette liste n'est pas exhaustive : nous n'avons indiqué que les mots interrogatifs les plus fréquents.

2. Le -הֲ interrogatif ressemble à l'article, mais il est aisé de les distinguer. L'article est vocalisé pataḥ ou qameṣ, et l'adverbe interrogatif ḥaṭef pataḥ (jamais qameṣ). Le hé interrogatif n'est vocalisé pataḥ que si le mot auquel il s'accole commence par une consonne vocalisée shewa (impossibilité des 2 shewas à l'initiale, cf. p. 141) :

הַבְרָכָה אַחַת הִוא לְךָ אָבִי

mon père à toi elle [est] une seule bénédiction est-ce-que

= *Est-ce que tu n'as qu'une seule bénédiction, mon père ?*

Cette question angoissée est posée par Esaü à Isaac (Gen 27, 38) lorsqu'il s'aperçoit que Jacob s'est fait attribuer par ruse la bénédiction de l'aîné. Le hé interrogatif est vocalisé pataḥ parce que le mot בְּרָכָה, *bénédiction*, commence par un shewa, mais l'absence de redoublement dans le bet prouve qu'il ne s'agit pas de l'article : si c'était *la bénédiction*, vous auriez הַבְּרָכָה [habb^{e}rå<u>k</u>å] et non הַבְרָכָה [hav^{e}rå<u>k</u>å]. Il peut arriver que le hé interrogatif soit suivi d'un redoublement, mais c'est très rare et même dans ce cas la syntaxe vous permet de faire la distinction :

הַכְּתֹנֶת בִּנְךָ הִוא אִם לֹא

non ou elle [est] de ton fils tunique est-ce-que

= *Est-ce la tunique de ton fils ou non ?* (Gen 37, 32)

Ici, la vocalisation du hé est ambiguë, mais vous savez qu'il est impossible que l'article soit devant le premier terme d'un état construit. כְּתֹנֶת בִּנְךָ = *la tunique de ton fils*, donc le -ה est forcément interrogatif. De plus, la phrase présente une interrogation alternative : אִם לֹא, *ou non*.

3. Lorsque le -הֲ interrogatif est immédiatement suivi de la négation לֹא, *est-ce que... ne pas* (latin *nonne*), la réponse attendue est positive : il s'agit donc d'une question rhétorique qui est à la limite de l'affirmation. Les deux orthographes הֲלֹא et הֲלוֹא sont possibles.

הֲלֹא אַתָּה תָּשׁוּב

Est-ce que toi, tu ne reviendras pas ? (Ps 85, 7)

Le psalmiste demande ici à Dieu de revenir. Remarquez l'emphase : le pronom personnel n'est nullement nécessaire pour la syntaxe (תָּשׁוּב comporte déjà l'indication de 2ème masc. sing.), mais sa présence rend la question encore plus dramatique.

Autre exemple : הֲלוֹא טוֹב לָנוּ שׁוּב מִצְרָיְמָה

Est-ce qu'il n'[est] pas bon pour nous [de] retourner en Égypte ? (Nb 14, 3)

Question récurrente des Hébreux dans le désert : lorsqu'ils manquent de nourriture ou d'eau, ils se plaignent à Moïse et affirment qu'ils auraient mieux fait de rester en Égypte. טוֹב *bon,* signifie ici *mieux* : *est-ce qu'il ne vaudrait pas mieux que nous retournions en Égypte ?* Le v. suivant apporte la réponse à cette question qui n'en est pas une : « retournons en Égypte ! ».

- Le pronom démonstratif est fréquemment utilisé pour renforcer un interrogatif. Dans ce cas, il le suit immédiatement : מִי זֶה, *qui donc ?* מַה זֹּאת, *quoi donc ?* לָמָּה זֶה, *pourquoi donc* ? etc. Exemples :

מִי הוּא זֶה וְאֵי־זֶה הוּא

Qui est cet [homme] et où **donc** *est-il ?* (Est 7, 5)

מַה זֹּאת עָשָׂה אֱלֹהִים לָנוּ

Qu'est-ce que Dieu nous a fait **là** *?* (Gen 42, 28)

לָמָּה זֶה צָחֲקָה שָׂרָה

Pourquoi **donc** *Sarah a-t-elle ri ?* (Gen 18, 13)

- Il n'y a pas dans la Bible de mot signifiant « oui ». Pour une réponse affirmative, on répète en général le mot sur lequel porte l'interrogation. Exemple :

וַיֹּאמֶר לָהֶם הֲשָׁלוֹם לוֹ וַיֹּאמְרוּ שָׁלוֹם

Il leur dit : « est-ce qu'il va bien ? » et ils dirent : « il va bien » (Gen 29, 6)

Le mot שָׁלוֹם signifie *prospérité, bien-être, bonne santé, paix.* Jacob demande si son père est en bonne santé (litt. : *est-ce que la santé [est] à lui* ») et les bergers lui répondent : « la santé ».

- Comme *quel* ou *combien* en français, certains mots interrogatifs peuvent prendre une valeur exclamative.

E3

• *Traduisez en français :*

1. מַה־תִּתֶּן־לִי 2. מָה עָשָׂה לְךָ הָעָם הַזֶּה 3. מָתַי תָּשׁוּב 4. מָה הַחֲלוֹם הַזֶּה
5. מִי זֶה בָּא *(vient)* מִן הַמִּדְבָּר 6. הַאַתָּה זֶה בְּנִי 7. הֲלֹא הוּא אָבִיךָ

• *Traduisez en hébreu :*

1. Qui prendra cet âne ? 2. Qui es-tu ? 3. Que mangerez-vous (masc.) ? 4. Quand irai-je en Égypte ? 5. Est-ce qu'il chantera ce jour-là ? 6. Comment volerons-nous de l'argent ? 7. Est-ce que nous ne sommes pas frères ? *(mettez le sujet en dernier).*

T4. Flexion des mots pluriels

Nous avons expliqué la **flexion nominale** à la leçon 3, et les textes étudiés vous ont présenté de nombreux noms et prépositions munis d'affixes de personne. Vous devez avoir à présent acquis le réflexe de découper un mot en morphèmes et d'ôter l'affixe avant de chercher le mot dans le dictionnaire.

➢ Pour les mots au pluriel et duel (terminés par -im, -ayim ou -o̱t), les affixes sont quasiment les mêmes que pour les mots au sing., sauf pour les 3èmes pers. du plur. On notera quelques changements dans les voyelles précédant ces affixes, car ils se sont adjoints à une diphtongue –ay qui a évolué tantôt vers [e] et tantôt vers [a].

➢ Certaines prépositions se fléchissent comme si elles étaient des pluriels, soit parce qu'elles sont formées à partir de noms qui sont effectivement au pluriel (ex. לִפְנֵי *devant, avant*), soit parce que leur racine se termine par yod (ex. אֶל *vers*, עַל *sur*), soit par analogie avec d'autres prépositions (ex. תַּחַת *sous*, qui subit l'analogie de עַל *sur*).

P4

1. Flexion du nom terminé par –im ou -ayim

C'est à la finale primitive d'état construit *ay (devenue –e^y en hébreu) que l'on adjoint les affixes.

סוּסִים *chevaux*

possesseur	singulier	pluriel
1ère masc. et fém.	סוּסַי [susay] *mes chevaux*	סוּסֵינוּ [suse(y)nu] *nos chevaux*
2ème masc.	סוּסֶיךָ [susɛ(y)k̲å] *tes chevaux*	סוּסֵיכֶם [suse(y)k̲ɛm] *vos chevaux*
2ème fém.	סוּסַיִךְ [susayik̲] *tes chevaux*	סוּסֵיכֶן [suse(y)k̲ɛn] *vos chevaux*
3ème masc.	סוּסָיו [susåw] *ses chevaux*	סוּסֵיהֶם [suse(y)hɛm] *leurs chevaux*
3ème fém.	סוּסֶיהָ [susɛ(y)hå] *ses chevaux*	סוּסֵיהֶן [suse(y)hɛn] *leurs chevaux*

Remarques

- Le yod de l'état construit est toujours présent. Il est prononcé à la 1ère sing. (סוּסַי) et à la 2ème pers. du fém. sing. (סוּסַיִךְ) ; partout ailleurs, il est quiescent. Il vous permet d'identifier le pluriel : comparer סוּסֵנוּ, *notre cheval*, à סוּסֵינוּ, *nos chevaux*.
- À la 3ème pers. du masc. sing. (סוּסָיו), attention à la finale, qui se prononce [-av]. Le yod ne se prononce pas : il indique que le mot est au pluriel. Il arrive d'ailleurs qu'il soit absent[1], ce qui ne pose aucun problème si le texte est vocalisé (סוּסָו, *ses chevaux* ≠ סוּסוֹ, *son cheval*) mais pourrait entraîner une ambiguité dans un texte non vocalisé : סוסיו est univoque, mais סוסו recouvre aussi bien [susåw] que [suso].
- Les mots au duel, dont l'état construit est identique à celui des pluriels en –im, ont aussi la même flexion : יָדַיִם *mains*, יְדֵי à l'état construit, donne יָדַי *mes mains*, יָדָיו [yadåw] *ses mains*, יְדֵיכֶם *vos mains*.
- אַחִים *frères* a pataḥ ou ḥaṭef pataḥ à toutes les pers. (אַחַי *mes frères*, etc.) mais ségol à la 3ème masc. sing. : אֶחָיו [ʔeḥåw] *ses frères*.

2. Flexion du nom terminé par –ot̲

Entre l'état construit et l'affixe s'intercale le yod que l'on trouve dans les mots en –im : tout se passe comme si le pluriel était marqué deux fois. Cela rend les mots particulièrement faciles à identifier :

[1] Les inscriptions hébraïques de Lakish (début du VIe s. avant l'è. c.) ont la graphie défective, sans yod. Et cf. עֵינָו, *ses yeux*, en I Sam 3, 2, ci-dessous p. 253.

תּוֹרוֹת *lois*

possesseur	singulier	pluriel
1ère masc. et fém.	תּוֹרוֹתַי [toro**t̲ay**] *mes lois*	תּוֹרוֹתֵינוּ [toro**t̲e**$^{(y)}$nu] *nos lois*
2ème masc.	תּוֹרוֹתֶיךָ [toro**t̲e**$^{(y)}$k̲å] *tes lois*	תּוֹרוֹתֵיכֶם [toro**t̲e**$^{(y)}$k̲em] *vos lois*
2ème fém.	תּוֹרוֹתַיִךְ [toro**t̲a**yik̲] *tes lois*	תּוֹרוֹתֵיכֶן [toro**t̲e**$^{(y)}$k̲en] *vos lois*
3ème masc.	תּוֹרוֹתָיו [torot̲åw] *ses lois*	תּוֹרוֹתֵיהֶם [toro**t̲e**$^{(y)}$hem] ou תּוֹרוֹתָם [torot̲åm] *leurs lois*
3ème fém.	תּוֹרוֹתֶיהָ [toro**t̲e**$^{(y)}$hå] *ses lois*	תּוֹרוֹתֵיהֶן [toro**t̲e**$^{(y)}$hen] ou תּוֹרוֹתָן [torot̲ån] *leurs lois*

Remarques :

- N'oubliez pas que, de même qu'un mot formant son pluriel en -im peut être féminin, un mot formant son pluriel en -ot̲ peut être masculin. Cela n'a aucune importance ici : seule compte la finale. Un mot masculin ayant un pluriel en –ot̲ se fléchira exactement comme תּוֹרוֹת. Ainsi, אָבוֹת *pères* : אֲבוֹתַי, אֲבוֹתָיו, אֲבוֹתֵיכֶם etc.
- À la 3ème personne du pluriel, deux formes coexistent pour une vingtaine de mots, avec une préférence pour la forme courte (-åm/-ån) ; une cinquantaine d'autres ont uniquement la forme courte ; enfin, une trentaine ont uniquement la forme longue (-**e**$^{(y)}$hem/-**e**$^{(y)}$hen) et se trouvent surtout dans les livres les plus tardifs.

3. Flexion des prépositions

➤ La préposition לִפְנֵי [lifne$^{(y)}$], *devant, avant,* est composée de -לְ suivi du mot פָּנִים, *face, visage* à l'état construit (פְּנֵי) : cf. *en face de.*

	singulier	pluriel
1ère masc. et fém.	לְפָנַי [l^{e}fånay]	לְפָנֵינוּ [l^{e}få**ne**$^{(y)}$nu]
2ème masc.	לְפָנֶיךָ [l^{e}få**ne**$^{(y)}$k̲å]	לִפְנֵיכֶם [lifne$^{(y)}$k̲em]
2ème fém.	לְפָנַיִךְ [l^{e}få**na**yik̲]	לִפְנֵיכֶן [lifne$^{(y)}$k̲en]
3ème masc.	לְפָנָיו [l^{e}fånåw]	לִפְנֵיהֶם [lifne$^{(y)}$hem]
3ème fém.	לְפָנֶיהָ [l^{e}få**ne**$^{(y)}$hå]	לִפְנֵיהֶן [lifne$^{(y)}$hen]

Remarques :

- Il y a deux bases de flexion : l'une pour les 2èmes et 3èmes plur., l'autre pour les autres personnes. Cela est lié à la forme des suffixes ; nous expliquerons ce point à la leçon 13. Comme cela a déjà été dit, vous n'avez pas à fabriquer les formes mais à les reconnaître : quelle que soit la base de flexion, vous identifiez la préposition et son affixe.

- La prép. אַחַר *derrière, après*, symétrique de לִפְנֵי et ayant comme elle un sens local et un sens temporel, se fléchit au pluriel par analogie avec elle : לְפָנַי *derrière/après moi*, אַחֲרָיו *derrière/après lui*, אַחֲרֵיכֶם *derrière/après vous.*

➢ Les prépositions אֶל *vers*, עַל *sur*, תַּחַת *sous, à la place de*, et quelques autres moins fréquentes ont elles aussi une flexion « pluriel » :

עַל *sur*

	singulier	pluriel
1ère masc. et fém.	עָלַי [ʕalay] *sur moi*	עָלֵינוּ [ʕale$^{(y)}$nu] *sur nous*
2ème masc.	עָלֶיךָ [ʕalɛ$^{(y)}$k̲å] *sur toi*	עֲלֵיכֶם [ʕ^{a}le$^{(y)}$k̲ɛm] *sur vous*
2ème fém.	עָלַיִךְ [ʕalayik̲] *sur toi*	עֲלֵיכֶן [ʕ^{a}le$^{(y)}$k̲ɛn] *sur vous*
3ème masc.	עָלָיו [ʕalåw] *sur lui*	עֲלֵיהֶם [ʕ^{a}le$^{(y)}$hɛm] *sur eux*
3ème fém.	עָלֶיהָ [ʕalɛ$^{(y)}$hå] *sur elle*	עֲלֵיהֶן [ʕ^{a}le$^{(y)}$hɛn] *sur elles*

אֶל *vers*

	singulier	pluriel
1ère masc. et fém.	אֵלַי [ʔelay] *vers moi*	אֵלֵינוּ [ʔele$^{(y)}$nu] *vers nous*
2ème masc.	אֵלֶיךָ [ʔelɛ$^{(y)}$k̲å] *vers toi*	אֲלֵיכֶם [ʔ^{a}le$^{(y)}$k̲ɛm] *vers vous*
2ème fém.	אֵלַיִךְ [ʔelayik̲] *vers toi*	אֲלֵיכֶן [ʔ^{a}le$^{(y)}$k̲ɛn] *vers vous*
3ème masc.	אֵלָיו [ʔelåw] *vers lui*	אֲלֵיהֶם [ʔ^{a}le$^{(y)}$hɛm] *vers eux*
3ème fém.	אֵלֶיהָ [ʔelɛ$^{(y)}$hå] *vers elle*	אֲלֵיהֶן [ʔ^{a}le$^{(y)}$hɛn] *vers elles*

E4

- *Traduisez (attention ! singuliers et pluriels sont mélangés) :*

1. זַרְעֲךָ 2. מְקוֹמוֹתֵינוּ 3. אֲבוֹתֶיךָ 4. אָבִיךָ 5. עֵינָיו 6. שִׁירֵיכֶם
7, מִצְוָתוֹ 8, מִצְוֹתָיו 9. בְּנִי 10. בָּנַי 11. אֱלֹהָיו 12. אֲמָתְךָ
13. דְּבָרוֹ 14. דְּבָרָיו.

- *Traduisez (les prépositions avec flexion singulier et pluriel sont mélangées) :*

1. לָנוּ 2. לְפָנֶיךָ 3. עִמָּנוּ 4. בָּכֶן 5. עֲלֵיכֶם 6. לְפָנָיו
7. לָךְ 8. אַחֲרָיו 9. אֵלָיו 10. עָלֶיהָ 11. עִמּוֹ

****

VOCABULAIRE

après, derrière	אַחֲרֵי	craindre yiqtol : יִירָא	יָרֵא
avant, devant	לִפְנֵי	se lever yiqtol : יָקוּם	(racine קוּם) קָם
est-ce que ?	-הֲ	placer, poser, mettre, instituer yiqtol : יָשִׂים	(racine שִׂים) שָׂם
pourquoi ? à quoi bon ?	לָמָּה	revenir, retourner yiqtol : יָשׁוּב	(racine שׁוּב) שָׁב
d'où ?	מֵאַיִן	chanter yiqtol : יָשִׁיר	(racine שִׁיר) שָׁר
quoi ?	מָה		
qui ?	מִי	homme chacun	*m.* אִישׁ, אֲנָשִׁים
quand ?	מָתַי	malheur, mal, méchanceté	*f.* רָעָה

Exercices corrigés

E1

- *Conjuguer au yiqtol les verbes suivants :*

je chanterai אָשִׁיר .3 *je m'écarterai* אָסוּר .2 *je reviendrai* אָשׁוּב .1

אָשׁוּב *je reviendrai*

	singulier		pluriel	
1ère masc. et fém.	אָשׁוּב	ʔåšuv	נָשׁוּב	nåšuv
2ème masc.	תָּשׁוּב	tåšuv	תָּשׁ֫וּבוּ	tå**šu**vu
2ème fém.	תָּשׁ֫וּבִי	tå**šu**vi	תָּשֹׁ֫בְנָה	tå**šo**vnå
3ème masc.	יָשׁוּב	yåšuv	יָשׁ֫וּבוּ	yå**šu**vu
3ème fém.	תָּשׁוּב	tåšuv	תָּשֹׁ֫בְנָה	tå**šo**vnå

אָסוּר *je m'écarterai*

	singulier		pluriel	
1ère masc. et fém.	אָסוּר	ʔåsur	נָסוּר	nåsur
2ème masc.	תָּסוּר	tåsur	תָּס֫וּרוּ	tå**su**ru
2ème fém.	תָּס֫וּרִי	tå**su**ri	תָּסֹ֫רְנָה	tå**sor**nå
3ème masc.	יָסוּר	yåsur	יָס֫וּרוּ	yå**su**ru
3ème fém.	תָּסוּר	tåsur	תָּסֹ֫רְנָה	tå**sor**nå

אָשִׁיר *je chanterai*

	singulier		pluriel	
1ère masc. et fém.	אָשִׁיר	ʔåšir	נָשִׁיר	nåšir
2ème masc.	תָּשִׁיר	tåšir	תָּשִׁ֫ירוּ	tå**ši**ru
2ème fém.	תָּשִׁ֫ירִי	tå**ši**ri	תָּשֵׁ֫רְנָה	tå**šer**nå
3ème masc.	יָשִׁיר	yåšir	יָשִׁ֫ירוּ	yå**ši**ru
3ème fém.	תָּשִׁיר	tåšir	תָּשֵׁ֫רְנָה	tå**šer**nå

- *Mettez au pluriel, en gardant la même personne :*

1. תָּגוּר (2ème masc) > תָּגוּרוּ 2. אָרוּץ > נָרוּץ 3. תָּתוּר (2ème masc.) > תָּתוּרוּ 4. תָּשׁוּב (3ème fém.) > תָּשֹׁבְנָה 5. יָבוֹא > יָבֹאוּ 6. אָמוּת > נָמוּת 7. יָלִין > יָלִינוּ 8. תָּשִׂים (2ème masc) > תָּשִׂימוּ 9. יָשִׁיר > יָשִׁירוּ

- *Lisez à haute voix les formes suivantes :*

1. וַיֵּשֶׁב wayyåšọv 2. וַיָּמָת wayyåmọṯ 3. וַיָּרָץ wayyårọṣ 4. וַתָּקָם wattåqọm 5. וַיָּנָס wayyånọs 6. וַיָּשַׁר wayyašar 7. וַיָּבֹא wayyåvo(?)

- *Dans la liste suivante, dites quels sont les verbes ʕayin-waw et ʕayin-yod. Attention aux accents, aux dagesh et aux vocalisations !*

Verbes ʕayin-waw : 3. נָמוּת 4. אָרוּץ 5. יָנוּסוּ 11. וַיָּשָׁב 15. וַיָּבֹאוּ
Verbes ʕayin-yod : 1. יָדִין 7. יָשִׁירוּ 12. וַתָּשַׁר

Bien que יַפִּילוּ (n°8) ressemble, à l'oreille, à יָשִׁירוּ, ce ne peut être un ʕayin-yod au qal : en effet, son préfixe est vocalisé pataḥ (et non qameṣ) et le פ contient un dagesh fort.

וַתָּשַׁר (n° 12) : ce verbe a été vu dans la leçon, mais si vous ne le connaissiez pas, vous ne pourriez être sûr que d'une chose : c'est que la seule consonne susceptible d'être absente est la seconde - donc forcément un waw ou un yod. La voyelle thématique, qui vous sert d'habitude de critère pour décider si c'est l'un ou l'autre et trouver ainsi le verbe dans le dictionnaire, est neutralisée puisque les deux cas le reš entraîne un [a].

——— E2

- *Traduisez :*

1. Gen 31, 13 : Dieu s'adresse à Jacob.

קוּם צֵא *(sors)* מִן־הָאָרֶץ הַזֹּאת וְשׁוּב אֶל־אֶרֶץ מוֹלַדְתֶּךָ

Lève-toi, sors de ce pays et retourne vers ton pays natal.

2. Gen 19, 14 : Loth à ses gendres, avant la destruction de Sodome.

קוּמוּ צְּאוּ *(sortez)* מִן־הַמָּקוֹם הַזֶּה.

Levez-vous, sortez de cet endroit.

3. Gen 7, 1 : Dieu à Noé, avant le début du Déluge.

וַיֹּאמֶר יְהוָה לְנֹחַ *(à Noé)* בֹּא אַתָּה וְכָל־בֵּיתְךָ אֶל־הַתֵּבָה *(l'arche)*.

L'Éternel dit à Noé : « entre, toi et toute ta famille, dans l'arche ».

E3

• *Traduisez en français :*

1. מַה־תִּתֶּן־לִי *Que me donneras-tu ?*
2. מָה עָשָׂה לְךָ הָעָם הַזֶּה *Que t'a fait ce peuple ?*
3. מָתַי תָּשׁוּב *Quand reviendras-tu/reviendra-t-elle ?*
4. מָה הַחֲלוֹם הַזֶּה *Qu'est-ce que ce rêve ?*
5. מִי זֶה בָּא מִן הַמִּדְבָּר *Qui donc vient du désert ?*
6. הַאַתָּה זֶה בְּנִי *Est-ce que tu es bien mon fils ?*
7. הֲלֹא הוּא אָבִיךָ *N'est-il pas ton père ?*

• *Traduisez en hébreu :*

1. Qui prendra cet âne ? מִי יִקַּח אֶת הַחֲמוֹר הַזֶּה
2. Qui es-tu ? מִי אַתָּה
3. Que mangerez-vous (masc.) ? מָה תֹּאכְלוּ
4. Quand irai-je en Égypte ? מָתַי אֵלֵךְ מִצְרַיְמָה
5. Est-ce qu'il chantera ce jour-là ? הֲיָשִׁיר בַּיּוֹם הַהוּא
6. Comment volerons-nous de l'argent ? אֵיךְ נִגְנֹב כֶּסֶף
7. Est-ce que nous ne sommes pas frères ? הֲלֹא אַחִים אֲנַחְנוּ

E4

• *Traduisez (attention ! singuliers et pluriels sont mélangés) :*

1. זַרְעֲךָ *Ta* (masc.) *descendance*
2. מְקוֹמוֹתֵינוּ *Nos lieux*
3. אֲבוֹתֶיךָ *Tes* (masc.) *pères*
4. אָבִיךָ *Ton* (masc.) *père*
5. עֵינָיו *Ses* (masc.) *yeux*
6. שִׁירֵיכֶם *Vos* (masc.) *chants*
7. מִצְוָתוֹ *Son* (masc.) *commandement*
8. מִצְוֹתָיו *Ses* (masc.) *commandements*
9. בְּנִי *Mon fils*
10. בָּנַי *Mes fils*
11. אֱלֹהָיו *Son* (masc.) *Dieu*
12. אֲמָתְךָ *Ta* (masc.) *servante*
13. דְּבָרוֹ *Sa* (masc.) *parole*
14. דְּבָרָיו *Ses* (masc.) *paroles*

• *Traduisez (les prépositions avec flexion singulier et pluriel sont mélangées) :*

1. לָנוּ *Pour nous*
2. לְפָנֶיךָ *Devant toi* (masc.)
3. עִמָּנוּ *Avec nous*
4. בָּכֶן *En vous* (fém.)
5. עֲלֵיכֶם *Sur vous* (masc.)
6. לְפָנָיו *Devant lui*
7. לָךְ *Pour toi* (fém.)
8. אַחֲרָיו *Après lui*
9. אֵלָיו *Vers lui*
10. עָלֶיהָ *Sur elle*
11. עִמּוֹ *Avec lui*

Pas à pas dans le texte biblique

Jonas 1, 1-10

À la différence des autres livres prophétiques, qui sont des recueils d'oracles énoncés à diverses époques, le livre de Jonas est un conte à l'humour grinçant. Nombreux sont les prophètes qui commencent par refuser leur mission, mais Jonas est celui qui va le plus loin dans le refus : chargé par Dieu d'annoncer aux habitants de Ninive la destruction de leur ville, il désobéit et s'embarque à Jaffa dans la direction opposée…

1. וַיְהִי֙ דְּבַר־יְהוָ֔ה אֶל־יוֹנָ֥ה בֶן־אֲמִתַּ֖י לֵאמֹֽר :

2. ק֗וּם לֵ֛ךְ אֶל־נִֽינְוֵ֖ה הָעִ֣יר הַגְּדוֹלָ֑ה וּקְרָ֣א עָלֶ֔יהָ כִּֽי־עָלְתָ֥ה
רָעָתָ֖ם לְפָנָֽי :

3. וַיָּ֤קָם יוֹנָה֙ לִבְרֹ֣חַ תַּרְשִׁ֔ישָׁה מִלִּפְנֵ֖י יְהוָ֑ה וַיֵּ֨רֶד יָפ֜וֹ
וַיִּמְצָ֥א אָנִיָּ֣ה ׀ בָּאָ֣ה תַרְשִׁ֗ישׁ וַיִּתֵּ֨ן שְׂכָרָ֜הּ וַיֵּ֤רֶד בָּהּ֙
לָב֤וֹא עִמָּהֶם֙ תַּרְשִׁ֔ישָׁה מִלִּפְנֵ֖י יְהוָֽה :

4. וַֽיהוָ֗ה הֵטִ֤יל רֽוּחַ־גְּדוֹלָה֙ אֶל־הַיָּ֔ם וַיְהִ֥י
סַֽעַר־גָּד֖וֹל בַּיָּ֑ם וְהָ֣אֳנִיָּ֔ה חִשְּׁבָ֖ה לְהִשָּׁבֵֽר :

5. וַיִּֽירְא֣וּ הַמַּלָּחִ֗ים וַֽיִּזְעֲקוּ֮ אִ֣ישׁ אֶל־אֱלֹהָיו֒ וַיָּטִ֨לוּ אֶת־הַכֵּלִ֜ים
אֲשֶׁ֤ר בָּֽאֳנִיָּה֙ אֶל־הַיָּ֔ם לְהָקֵ֖ל מֵֽעֲלֵיהֶ֑ם וְיוֹנָ֗ה יָרַד֙
אֶל־יַרְכְּתֵ֣י הַסְּפִינָ֔ה וַיִּשְׁכַּ֖ב וַיֵּרָדַֽם :

6. וַיִּקְרַ֤ב אֵלָיו֙ רַ֣ב הַחֹבֵ֔ל וַיֹּ֥אמֶר ל֖וֹ מַה־לְּךָ֣ נִרְדָּ֑ם
ק֚וּם קְרָ֣א אֶל־אֱלֹהֶ֔יךָ אוּלַ֞י יִתְעַשֵּׁ֧ת הָאֱלֹהִ֛ים לָ֖נוּ וְלֹ֥א נֹאבֵֽד :

7. וַיֹּאמְר֞וּ אִ֣ישׁ אֶל־רֵעֵ֗הוּ לְכוּ֙ וְנַפִּ֣ילָה גֽוֹרָל֔וֹת וְנֵ֣דְעָ֔ה בְּשֶׁלְּמִ֛י
הָרָעָ֥ה הַזֹּ֖את לָ֑נוּ וַיַּפִּ֙לוּ֙ גּֽוֹרָל֔וֹת וַיִּפֹּ֥ל הַגּוֹרָ֖ל עַל־יוֹנָֽה :

8. וַיֹּאמְר֣וּ אֵלָ֔יו הַגִּֽידָה־נָּ֣א לָ֔נוּ [...] מַה־מְּלַאכְתְּךָ֙
וּמֵאַ֣יִן תָּב֔וֹא מָ֣ה אַרְצֶ֔ךָ וְאֵֽי־מִזֶּ֥ה עַ֖ם אָֽתָּה :

9. וַיֹּ֥אמֶר אֲלֵיהֶ֖ם עִבְרִ֣י אָנֹ֑כִי וְאֶת־יְהוָ֞ה אֱלֹהֵ֤י הַשָּׁמַ֙יִם֙
אֲנִ֣י יָרֵ֔א אֲשֶׁר־עָשָׂ֥ה אֶת־הַיָּ֖ם וְאֶת־הַיַּבָּשָֽׁה :

10. וַיִּֽירְא֤וּ הָֽאֲנָשִׁים֙ יִרְאָ֣ה גְדוֹלָ֔ה וַיֹּאמְר֥וּ אֵלָ֖יו מַה־זֹּ֣את עָשִׂ֑יתָ [...]

➢ **Verset 1**

וַיְהִי֙ דְּבַר־יְהוָ֔ה אֶל־יוֹנָ֥ה בֶן־אֲמִתַּ֖י לֵאמֹֽר׃

- Commencez par les éléments connus, qui peuvent vous servir de points de repère. Par éléments connus, nous entendons les mots déjà vus, ou ceux que vous pouvez décomposer en morphèmes.
  - דְּבַר־יְהוָה : état construit, dont vous connaissez les deux éléments : *la parole de l'Eternel.*
  - אֶל־יוֹנָה : *vers Jonas.* Jonas est la forme hellénisée du nom hébreu יוֹנָה, *colombe.*
  - בֶן־אֲמִתַּי : vous savez que בֵּן signifie *fils.* Le ב n'a pas de dagesh léger car le mot précédent, יוֹנָה, est terminé par une voyelle et qu'un accent conjonctif les unit étroitement. La vocalisation ségol est celle du mot בֶּן à l'état construit. Il y a donc de grandes chances pour que le mot suivant soit un nom propre.

- Il vous reste deux mots inconnus, mais le sont-ils complètement ? Pour וַיְהִי, vous pouvez faire l'hypothèse qu'il s'agit d'un wayyiqtol, à cause de la vocalisation du waw. L'absence du redoublement dans la consonne qui suit n'est pas une objection, car cette consonne est vocalisée shewa et nous avons vu p. 180 que les Massorètes ne redoublaient pas toujours une consonne pourvue d'une voyelle très brève. Le yod est l'indice d'une 3ème pers. du masc. Un coup d'œil à la fin du mot : il n'y a pas de finale de pluriel, donc c'est une 3ème pers. du masc. sing. et il ne reste de la racine que 2 consonnes : הי. Il s'agit du verbe הָיָה *être,* dont nous verrons la conjugaison complète à la leçon 10. L'ordre des mots est standard : le sujet est donc le mot qui vient juste après le verbe au wayyiqtol. Ce qui nous donne : *La parole de l'Eternel s'adressa à* [litt. *fut vers*] *Jonas, fils d'Amittaï.* Cette formule est fréquente pour indiquer une révélation de type prophétique, on la trouve souvent chez Jérémie et Ezéchiel. Vous pourriez vous étonner de ce wayyiqtol : la forme exprime en principe la succession, or c'est le premier mot du texte ! En réalité, le wayyiqtol est tellement associé à la prose narrative qu'il peut parfaitement commencer un chapitre, voire un livre comme c'est le cas ici.

Le dernier mot du verset est, lui aussi, très fréquent : 940 occurrences dans la Bible. Il ne vous est pas complètement inconnu : si vous le découpez en morphèmes, vous trouvez la préposition -לְ et le verbe אָמַר *dire* – ici à l'infinitif. Littéralement, לֵאמֹר [leʾmor] signifie *pour dire* ; en fait, il sert tout simplement à introduire le discours direct, ce qui est commode dans un texte qui ignore la ponctuation et où aucun guillemet ne vient indiquer qu'un discours commence. On le traduit en général par *en disant* ou *en ces termes.*

TRADUCTION : *La parole de l'Éternel s'adressa à Jonas, lui disant :*

➢ **Verset 2**

קוּם לֵךְ אֶל־נִינְוֵה הָעִיר הַגְּדוֹלָה וּקְרָא עָלֶיהָ כִּי־עָלְתָה רָעָתָם לְפָנָי׃

- L'atnaḥ est sous עָלֶיהָ. Dans cette 1ère partie du verset, presque tous les mots vous sont connus.
  - קוּם est l'impératif du verbe *se lever* (ci-dessus p. 204). Dans l'exercice E2, nous avons vu qu'il pouvait être suivi d'un autre impératif. À la leçon 7, vous avez appris le yiqtol תֵּלֵךְ, *tu iras* (verbe הָלַךְ) : si vous en ôtez le préfixe, vous obtenez לֵךְ, *va.*
  - אֶל־נִינְוֵה הָעִיר הַגְּדוֹלָה : *Vers* נִינְוֵה *la grande ville.* Il ne vous reste qu'à chercher נִינְוֵה dans le dictionnaire : c'est Ninive, dernière capitale de l'empire assyrien, détruite à la fin du VIIe s. avant l'è. c.
  - וּקְרָא עָלֶיהָ : devant une consonne vocalisée shewa, la conjonction de coordination est vocalisée וּ (p. 171). Dans קְרָא, vous reconnaissez le verbe קָרָא *crier, appeler, invoquer, lire* : il est lui aussi à l'impératif. Nous n'avons pas encore vu cette forme, mais vous pouvez déduire que c'est un impératif en la comparant au yiqtol תִּקְרָא. La préposition עַל est fléchie et son affixe fém. sing. renvoie à *la grande ville.*

- Dans la seconde partie du verset, כִּי signifie *assurément* ou *parce que.* Il est suivi d'une forme que nous n'avons pas encore vue, mais dont vous savez que c'est un féminin. Il s'agit du verbe עָלָה *monter* (même racine que עַל *sur*) au qatal, 3ème personne du féminin singulier.

Pour trouver רָעָתָם dans le dictionnaire, il vous faut l'analyser en morphèmes. La finale [-åm] est l'affixe de 3ème masc. plur. Une fois que vous l'avez enlevée, vous obtenez רָעַת- : un mot en [-aṯ] étant l'état construit d'un mot en [-å], le mot à chercher ne peut être que רָעָה. Il signifie *malheur, mal, méchanceté.* À quoi renvoie l'affixe ? Il n'y a pas de mot masculin pluriel dans le verset : il s'agit des habitants de Ninive, implicitement contenus dans l'expression *la grande ville.* רָעָתָם est le sujet du verbe qui le précède.

Le dernier mot du verset a été vu dans cette leçon : לְפָנָי, *devant moi.* Il est vocalisé qameṣ et non pataḥ parce qu'il est à la pause.

TRADUCTION : *« Lève-toi, va à Ninive la grande ville et crie contre elle, car leur méchanceté est montée devant moi ».*

➢ **Verset 3**

וַיָּ֣קָם יוֹנָה֙ לִבְרֹ֣חַ תַּרְשִׁ֔ישָׁה מִלִּפְנֵ֖י יְהוָ֑ה
וַיֵּ֨רֶד יָפ֜וֹ וַיִּמְצָ֥א אָנִיָּ֣ה ׀ בָּאָ֣ה תַרְשִׁ֗ישׁ
וַיִּתֵּ֨ן שְׂכָרָ֜הּ וַיֵּ֤רֶד בָּהּ֙ לָב֤וֹא עִמָּהֶם֙ תַּרְשִׁ֔ישָׁה מִלִּפְנֵ֖י יְהוָֽה׃

Comme toujours lorsqu'un verset est un peu long, repérez les wayyiqtol qui marquent les différentes propositions : וַיָּ֣קָם (*il se leva*, attention à la prononciation !), וַיֵּ֨רֶד (*il descendit*), וַיִּמְצָא (vous ne connaissez pas le sens de ce verbe mais vous pouvez l'analyser grammaticalement), וַיִּתֵּן (*il donna*), וַיֵּ֤רֶד (*il descendit*).

• La 1ère proposition va donc de וַיָּ֣קָם à יְהוָה. Les deux premiers mots sont connus. Le suivant est composé de quatre consonnes : il commence par -לְ, qui a donc de très fortes chances d'être la préposition signifiant *à, pour* : sa vocalisation [i] s'explique par le fait que la consonne qui suit est vocalisée shewa. Après une préposition, on ne peut trouver qu'un nom ou une forme nominale du verbe : participe ou infinitif. Vous excluez le participe, qui ne serait pas vocalisé ainsi : c'est donc un infinitif. Le dictionnaire vous indique que בָּרַח veut dire *fuir*. לִבְרֹחַ (avec pataḥ furtif, [livroᵃḥ]) signifie donc *pour fuir*.

Où fuit-il, et que fuit-il ? C'est ce que vous indique la fin de cette proposition : תַּרְשִׁישָׁה est un nom de ville, Tarsis, auquel est adjoint le hé de direction (ci-dessus p. 172). On l'identifie en général avec Tartessos, colonie phénicienne du sud de l'Espagne ; certains ont proposé la Sardaigne ; ce qui est sûr, c'est que Jonas cherche à fuir le plus loin possible. מִלִּפְנֵי יְהוָה : le dagesh dans le lamed vous permet de conclure que le -מִ initial est la préposition מִן : il fuit *de la face de/ de devant l'Éternel.*

Traduction : *Jonas se leva pour fuir vers Tarsis, loin de la face de l'Éternel.*

• La 2ème proposition est beaucoup plus brève : וַיֵּ֨רֶד יָפוֹ. Nous avons évoqué le nom de la ville de Jaffa lorsque nous avons parlé de l'adjectif יָפֶה, *beau.* Ici, aucune préposition n'introduit le complément de lieu : c'est assez fréquent en hébreu (cf. en français : *je vais rue de Rennes*).

Traduction : *et il descendit à Jaffa.*

• La 3ème proposition commence à וַיִּמְצָא et se termine par תַּרְשִׁישׁ.

- וַיִּמְצָא : wayyiqtol. Les 3 consonnes de la racine sont présentes : les modifications subies par les racines lamed-alef par rapport au verbe entier sont assez minimes, et liées pour la plupart au caractère **quiescent** (= non prononcé) du alef. C'est parce que celui-ci ne ferme pas la syllabe que l'on a qameṣ (comparez וַיִּמְצָא au verbe entier וַיִּקְרַב, avec pataḥ en syllabe fermée). מָצָא signifie *trouver.*

- אֳנִיָּה : attention au ḥaṭef qameṣ : [ʔoniyyå] = [oniyya]. C'est un mot féminin. Pas d'affixe, pas de préposition : vous ouvrez votre dictionnaire à la lettre א. אֳנִיָּה = *bateau.*

- בָּאָה est aussi un féminin, qui s'accorde avec אֳנִיָּה : c'est le participe du verbe בָּא, *venir* (employé ici avec le sens d'*aller, partir*).

- תַּרְשִׁישׁ : encore un complément de lieu sans préposition ni hé de direction.

Traduction : *et il trouva un bateau allant à Tarsis.*

- La 4ème proposition est וַיִּתֵּן שְׂכָרָהּ.
  - וַיִּתֵּן a été vu à la leçon 7 : *il donna.*
  - שְׂכָרָהּ : le mappiq indique que le mot est terminé par un affixe de 3ème pers. du fém. sing., qui renvoie donc à אֳנִיָּה. Ce que vous ne pouvez pas anticiper, c'est la vocalisation du mot lorsqu'il n'est pas fléchi : שְׂכָר ou שָׂכָר ? Cela ne vous empêche pas de le trouver dans le dictionnaire. שָׂכָר signifie *salaire, récompense* – ici *prix.*

Traduction : *et il paya son prix :* le prix du bateau, c'est-à-dire le prix du voyage en bateau.

- La 5ème proposition termine le verset.
  - וַיֵּרֶד בָּהּ : *il descendit dans elle = à l'intérieur du bateau.*
  - לָבוֹא עִמָּהֶם : comme toujours devant un mot commençant par ל, penser d'abord à la préposition. Elle est vocalisée qameṣ car la syllabe suivante est accentuée (ci-dessus p. 171). C'est encore un infinitif : *pour venir.* עִמָּהֶם est la préposition עִם fléchie : *avec eux.* De même qu'un masc. plur. suivant le mot « ville » représentait les habitants, implicitement contenus dans la ville, de même ce masc. plur. désigne les marins, puisqu'il vient d'être question du bateau.
  - Les mots suivants ont déjà été vus.

Traduction : *il y descendit pour se rendre avec eux à Tarsis, loin de la face de l'Éternel.*

TRADUCTION DU VERSET 3 : *Jonas se leva pour fuir vers Tarsis, loin de la face de l'Éternel ; il descendit à Jaffa, trouva un bateau allant à Tarsis, paya le prix de son voyage et descendit à l'intérieur pour se rendre avec eux à Tarsis, loin de la face de l'Éternel.*

➢ **Verset 4**

וַיהוָה הֵטִיל רוּחַ-גְּדוֹלָה אֶל-הַיָּם וַיְהִי סַעַר-גָּדוֹל בַּיָּם
וְהָאֳנִיָּה חִשְּׁבָה לְהִשָּׁבֵר :

Ce verset contient des formes verbales que nous n'avons pas encore vues : nous le traduisons sans l'expliquer.

TRADUCTION DU V. 4 : *Et l'Éternel lança un grand vent sur la mer, il y eut une grande tempête et le bateau faillit* [litt. *pensa*] *se briser.*

➢ **Verset 5**

וַיִּירְאוּ הַמַּלָּחִים וַיִּזְעֲקוּ אִישׁ אֶל-אֱלֹהָיו
וַיָּטִלוּ אֶת-הַכֵּלִים אֲשֶׁר בָּאֳנִיָּה אֶל-הַיָּם לְהָקֵל מֵעֲלֵיהֶם
וְיוֹנָה יָרַד אֶל-יַרְכְּתֵי הַסְּפִינָה וַיִּשְׁכַּב וַיֵּרָדַם :

Long verset : repérez les wayyiqtol avant d'en commencer l'analyse.

- Les trois premiers wayyiqtol (וַיִּירְאוּ, וַיִּזְעֲקוּ, וַיָּטִלוּ) sont au masc. plur. Si sujet il y a, vous savez que vous devez le chercher juste après le verbe au wayyiqtol : הַמַּלָּחִים. Le -הַ initial est suivi d'un redoublement, c'est donc l'article défini ; la désinence ִים- marque le pluriel ; le mot à chercher dans le dictionnaire est donc מַלָּח. Il signifie *marin.*

Analysons les trois premiers wayyiqtol selon la méthode habituelle :

וַיִּירְאוּ	- wayyiqtol ; le verbe est à la 3ème pers. du masc. plur. - la vocalisation est caractéristique du qal. - une fois enlevés le waw conversif, le préfixe de personne et la marque de pluriel, il vous reste 3 consonnes de la racine : ירא. - **conclusion** : le verbe est un pé-yod, et ce yod étymologique ne disparaît pas dans la conjugaison ; vous cherchez ירא dans le dictionnaire. Le qatal est יָרֵא (cf. ci-dessous leçon 10), *craindre.*
וַיִּזְעֲקוּ	- wayyiqtol ; le verbe est à la 3ème pers. du masc. plur. - la vocalisation est caractéristique du qal. - une fois enlevés le waw conversif, le préfixe de personne et la marque de pluriel, il vous reste 3 consonnes de la racine : זעק. - **conclusion** : verbe entier. זָעַק signifie *crier.*
וַיָּטִלוּ	- wayyiqtol ; le verbe est à la 3ème pers. du masculin pluriel. - vocalisation qameṣ du préfixe, voyelle thématique [i], accent tonique sur le thème : si le verbe est au qal, la racine ne peut être QUE pé-yod. Vous cherchez טיל dans le dictionnaire : vous ne le trouvez pas. **Conclusion** : le verbe n'est pas au qal.

Dans l'état actuel de vos connaissances, vous ne pouvez pas identifier le schème de ce verbe (c'est un hifʕil). Il signifie *jeter, lancer.*

Les mots suivants, אִישׁ אֶל־אֱלֹהָיו, vous sont tous connus : *un homme vers son dieu.* Le mot אִישׁ doit être ici pris avec une valeur distributive : non pas *un homme*, mais *chaque homme.* Vous pouvez maintenant traduire les 2 premières phrases : *les marins prirent peur et crièrent chacun vers son dieu.*

- Le verbe וַיָּטִלוּ, *ils jetèrent*, est suivi de אֶת : le mot suivant est donc le COD. Vous savez qu'il est au pluriel, et précédé de l'article défini. Vous ne pouvez pas (pour le moment) en déduire le singulier, qui est כְּלִי. Ce mot désigne un ustensile, un objet utilitaire quelconque : en hébreu biblique il peut désigner des récipients, des armes, des instruments de musique, etc. Ici, on traduira de la manière la plus vague possible : *objets.*

Ensuite une relative, enchâssée entre l'antécédent כֵּלִים et le complément de lieu אֶל־הַיָּם :

אֶל־הַיָּם	בָּאֳנִיָּה	אֲשֶׁר	אֶת־הַכֵּלִים	וַיָּטִלוּ
la mer vers	*dans le bateau*	*qui*	*les objets* OBJ	*ils jetèrent*

= *ils jetèrent à la mer les objets qui étaient dans le bateau.*

Mais la phrase n'est pas tout à fait terminée, elle va jusqu'à l'atnaḥ. Que faire de לְהָקֵל מֵעֲלֵיהֶם ? Le dernier mot est reconnaissable : עֲלֵיהֶם, *sur eux*, précédé de מֵ. Le nun de מִן ne pouvant s'assimiler à la consonne suivante si cette dernière est une gutturale ou un ר, la voyelle devient alors [e] au lieu de [i]. מֵעֲלֵיהֶם = *de sur eux.* Reste לְהָקֵל : comme tous les mots précédés d'un lamed vus jusqu'à présent dans ce texte, c'est un infinitif, mais vous n'en connaissez pas le schème (c'est encore un hifʕil). לְהָקֵל signifie *pour alléger, pour enlever du poids.*

Traduction : *ils jetèrent à la mer les objets qui étaient dans le bateau, pour enlever du poids de sur eux > pour s'alléger.*

- Dans la seconde partie du verset, vous avez un premier verbe au qatal (יָרַד) suivi de deux wayyiqtol (וַיֵּרָדַם ,וַיִּשְׁכַּב). Si le premier verbe, au lieu d'être au qatal, avait été au wayyiqtol (וַיֵּרֶד), le sens aurait été le même, *il descendit.* Mais le qatal marque ici l'accompli : au moment où les marins crient et lâchent du lest, Jonas est déjà descendu dans les profondeurs du navire. De plus, un wayyiqtol se met nécessairement en tête de la phrase. Si l'on veut mettre le sujet en premier pour le mettre en relief, il n'y a plus de choix libre entre les deux formes : le qatal s'impose. C'est pourquoi nous traduirons וְיוֹנָה par *quant à Jonas* plutôt que *et Jonas*, pour marquer cette mise en relief du sujet.

Le verbe יָרַד est suivi d'un complément introduit par la préposition אֶל ; ce complément est un état construit (finale e(y) du 1er terme, article défini devant le second). סְפִינָה est un synonyme de אֳנִיָּה, emprunté à l'araméen ; יַרְכְּתֵי signifie *la partie la plus reculée de, le fond de.*

Il vous reste à analyser les deux derniers mots. Après le qatal יָרַד, les verbes qui expriment la succession des actions sont, comme on s'y attend, au wayyiqtol : וַיִּשְׁכַּב, וַיֵּרָדַם.

וַיִּשְׁכַּב	- wayyiqtol ; le verbe est à la 3ème pers. du masc. sing. - la vocalisation est caractéristique du qal. - conclusion : verbe entier. שָׁכַב = *se coucher, être couché.*
וַיֵּרָדַם	- wayyiqtol ; le verbe est à la 3ème pers. du masc. sing. - une fois enlevés le waw conversif et le préfixe de personne, il vous reste 3 consonnes de la racine : רדם. C'est donc un verbe entier : or, si ce verbe était au qal, vous auriez וַיִּרְדַּם comme וַיִּשְׁכַּב, juste avant. - ce verbe n'est pas non plus au piʕel : si c'était le cas, le yod serait vocalisé shewa et il y aurait un dagesh fort dans le ד. - **conclusion** : le schème du verbe n'est ni le qal ni le piʕel.

וַיֵּרָדַם est à un schème que nous n'avons encore jamais rencontré, le nifʕal ; il apparaîtra au participe au verset suivant. Il signifie *s'endormir.*

TRADUCTION DU V. 5 : *Les marins prirent peur et crièrent chacun vers son dieu ; ils jetèrent à la mer les objets qui étaient dans le bateau, pour s'alléger. Quant à Jonas, il était descendu tout au fond du bateau, s'était couché et endormi.*

➢ **Verset 6**

וַיִּקְרַב אֵלָיו רַב הַחֹבֵל וַיֹּאמֶר לוֹ מַה-לְּךָ נִרְדָּם
קוּם קְרָא אֶל-אֱלֹהֶיךָ אוּלַי יִתְעַשֵּׁת הָאֱלֹהִים לָנוּ וְלֹא נֹאבֵד :

- Ce verset contient deux verbes au wayyiqtol, déjà vus dans les leçons précédentes : וַיִּקְרַב, *il s'approcha* et וַיֹּאמֶר, *il dit.*

Vous avez pris l'habitude de chercher le sujet du verbe wayyiqtol juste après celui-ci. Cependant, si le verbe est comme ici suivi d'une préposition fléchie, elle se place elle aussi au plus près du verbe. Ici, l'ordre est verbe + préposition fléchie + sujet. רַב חֹבֵל est un hapax et signifie *capitaine.*

Traduction : *le capitaine s'approcha de lui et lui dit :*

À partir de là et jusqu'à la fin du verset, ce sont les paroles du capitaine.

• Le discours du capitaine commence par une question rhétorique : מַה־לְּךָ נִרְדָּם, *qu'as-tu à dormir ?* נִרְדָּם est le participe du verbe vu au verset précédent : c'est un nifʕal. Il se continue par une phrase dont vous connaissez tous les mots. Nous avons déjà vu au début du texte la tournure syntaxique fréquente qui consiste à juxtaposer deux impératifs.

Traduction : *lève-toi, invoque* [litt. *crie vers*] *ton dieu !*

• Nous n'expliquons pas la fin du verset, qui comporte encore une forme verbale non vue.

TRADUCTION DU V. 6 : *Le capitaine s'approcha de lui et lui dit : « Qu'as-tu à dormir ? Lève-toi, invoque ton dieu ! Peut-être qu'il pensera à nous et que nous ne périrons pas ».*

➢ **Verset 7**

וַיֹּאמְרוּ אִישׁ אֶל־רֵעֵהוּ לְכוּ וְנַפִּילָה גוֹרָלוֹת וְנֵדְעָה בְּשֶׁלְּמִי
הָרָעָה הַזֹּאת לָנוּ וַיַּפִּלוּ גּוֹרָלוֹת וַיִּפֹּל הַגּוֹרָל עַל־יוֹנָה :

• La première forme verbale ne pose pas de problème. Elle est suivie de l'expression אִישׁ אֶל רֵעֵהוּ, à rapprocher de אִישׁ אֶל אֱלֹהָיו (v. 5). Dans רֵעֵהוּ, vous retrouvez le mot רֵעַ, vu à la leçon 6. L'affixe n'a pas la forme habituelle : pour « son compagnon », vous attendriez רֵעוֹ, qui est d'ailleurs attesté une fois dans le texte biblique et que l'on trouve aussi (sans les voyelles bien entendu) dans une inscription ancienne.

Lorsqu'ils sont employés ensemble, אִישׁ et רֵעֵהוּ signifient *l'un... l'autre.*

Nous ne donnons pas d'explication de la suite du verset, que nous traduisons directement (trop de formes inconnues). Cependant, vous pouvez reprendre la traduction à partir de וַיִּפֹּל, sachant que גּוֹרָל signifie *sort* (on tirait au sort pour découvrir un coupable, cf. I Sam 14, 42).

TRADUCTION DU V. 7 : *Ils se dirent l'un à l'autre : « allez, faisons tomber les sorts pour savoir à cause de qui ce malheur nous frappe ». Ils firent tomber les sorts, et le sort tomba sur Jonas.*

➢ **Verset 8**

וַיֹּאמְרוּ אֵלָיו הַגִּידָה־נָּא לָנוּ [...]
מַה־מְּלַאכְתְּךָ וּמֵאַיִן תָּבוֹא
מָה אַרְצֶךָ וְאֵי־מִזֶּה עַם אָתָּה :

• Les deux premiers mots vous sont maintenant familiers : וַיֹּאמְרוּ אֵלָיו, *ils lui dirent* (flexion de la préposition אֶל, ci-dessus p. 211).

הַגִּידָה־נָּא est un impératif hif'il suivi d'une particule dont nous avons vu (p. 129) qu'elle peut renforcer une question ou un ordre : *fais donc savoir*. Ce verbe est suivi de plusieurs interrogatives indirectes. Nous avons omis la première d'entre elles, qui est sans doute une interpolation.

- מַה־מְּלַאכְתְּךָ : vous enlevez l'affixe ; la base de flexion est terminée par ת, donc il y a de grandes chances pour que ce soit un mot terminé par –å. Le dictionnaire vous donne מְלָאכָה *travail, métier*.

וּמֵאַיִן תָּבוֹא : réalisation normale de la conjonction de coordination devant labiale : [u]. מֵאַיִן, interrogatif, signifie *d'où ?* Notez que le yiqtol תָּבוֹא est employé ici avec sa valeur **aspectuelle** de durée (et non avec sa valeur **temporelle** de futur). Les marins s'informent auprès de Jonas (*d'où viens-tu ?*), et ne lui demandent évidemment pas d'où il viendra ! C'est presque toujours dans ce type de question qu'on trouve le yiqtol employé ainsi (cf. p. 205, לָמָּה לֹא תֹאכְלִי *pourquoi ne manges-tu pas ?*).

מָה אַרְצֶךָ : après avoir enlevé l'affixe possessif, vous n'avez pas de mal à reconnaître, derrière la base de flexion -אַרְצ, le mot אֶרֶץ.

וְאֵי־מִזֶּה עַם אָתָּה : l'ordre des mots peut vous paraître surprenant. Vous avez d'abord l'interrogatif אֵי, *où*, parfois employé comme ici avec le sens de *quoi, quel* ; ensuite la préposition מִן, accolée au démonstratif זֶה qui renforce la question. Ce qui donne, si nous traduisons par une interrogation directe : *et de quel peuple es-tu donc ?*

TRADUCTION DU V. 8 : *Ils lui dirent : « fais-nous donc savoir quel est ton métier et d'où tu viens, quel est ton pays et de quel peuple tu es ».*

➢ **Verset 9**

וַיֹּאמֶר אֲלֵיהֶם עִבְרִי אָנֹכִי וְאֶת־יְהוָה אֱלֹהֵי הַשָּׁמַיִם אֲנִי יָרֵא
אֲשֶׁר־עָשָׂה אֶת־הַיָּם וְאֶת־הַיַּבָּשָׁה :

- Le verbe וַיֹּאמֶר est encore suivi de la préposition אֶל fléchie, cette fois au masculin pluriel : *il leur dit*.

- עִבְרִי אָנֹכִי est une phrase nominale dont le sujet est le pronom personnel אָנֹכִי et le prédicat, mis en relief par sa position en tête de phrase, עִבְרִי, *hébreu*. Arrêtons-nous un instant sur ce mot. Le suffixe –i sert entre autres, en hébreu biblique, à former des noms de peuples et de tribus : כְּנַעֲנִי = *Cananéen* (descendant ou habitant de כְּנַעַן, *Canaan*), מִצְרִי = *Égyptien* (habitant de מִצְרַיִם), יְהוּדִי = *membre de la tribu de Juda,* puis *habitant du royaume de Juda* ; c'est ce mot qui, par l'intermédiaire du latin *judaeus*, a donné *juif*. Quant à עִבְרִי, c'est ici une résurgence : seuls les textes pré-exiliques l'emploient (par exemple dans l'Exode, pour désigner les Hébreux par rapport aux Égyptiens), et il n'est plus usité au moment où le livre de Jonas est rédigé, vers le Ve siècle avant l'è. c. Il a donc une valeur **symbolique** importante.

- וְאֶת־יְהוָה אֱלֹהֵי הַשָּׁמַיִם אֲנִי יָרֵא : là encore, l'ordre des mots n'est pas l'ordre standard puisque le COD occupe la première place. Vous connaissez tous les mots sauf le dernier, qui est le participe du verbe signifiant *craindre* (ici au sens de *vénérer*). Jonas, qui dans sa déclaration solennelle « je suis hébreu » a employé la forme ancienne, longue, du pronom de 1ère pers. (אָנֹכִי), emploie cette fois la forme courte אֲנִי.

- אֲשֶׁר־עָשָׂה אֶת־הַיָּם וְאֶת־הַיַּבָּשָׁה : la relative ne suit pas immédiatement son antécédent (יְהוָה). Il vous manque le dernier mot, יַבָּשָׁה, *terre ferme* (litt. *la sèche*). En général (cf. Ps. 115), Dieu est caractérisé comme le créateur du ciel et de la terre. Mais comme notre histoire se déroule sur un bateau, il n'est pas étonnant que Jonas évoque la mer et la terre !

TRADUCTION DU V. 9 : *Il leur dit : « je suis hébreu, et c'est l'Eternel, Dieu du ciel, que je crains, [celui] qui a fait la mer et la terre ferme ».*

➢ Verset 10 (début)

וַיִּירְאוּ הָאֲנָשִׁים יִרְאָה גְדוֹלָה
וַיֹּאמְרוּ אֵלָיו מַה־זֹּאת עָשִׂיתָ

- Deux wayyiqtol, donc deux phrases. Le premier a déjà été vu au v. 5. Son sujet, אֲנָשִׁים, est le pluriel (irrégulier) de אִישׁ. Le mot qui suit est un mot féminin, accompagné de l'adjectif גְּדוֹלָה, *grande* : si vous faites abstrac-tion du suffixe de fém., vous retrouvez la racine du verbe *craindre*. יִרְאָה signifie *crainte*, et nous revoyons ici la figure étymologique (cf. p. 151). L'hébreu ne dit pas *éprouver une crainte*, mais *craindre une crainte*.

- עָשִׂיתָ : sa finale -tâ indique un verbe au qatal, 2ème pers. du masc. sing. (cf. דִּבַּרְתָּ, *tu as parlé*). De ce verbe, nous avons rencontré la 3ème personne du masculin singulier (עָשָׂה) et le participe (עֹשֶׂה) : c'est le verbe *faire*. L'interrogatif est renforcé par le démonstratif זֹאת.

TRADUCTION : *Les hommes furent saisis d'une grande crainte et lui dirent : « qu'as-tu fait là ? »*

Leçon 9

LE VERBE (VI)
LE QAL : IMPÉRATIF, QATAL, PARTICIPE

SYNTAXE DU PARTICIPE

LA PROPOSITION CONDITIONNELLE

T1. Le qal : impératif du verbe entier et de certaines racines faibles

➢ Vous connaissez depuis la leçon 4 la méthode empirique permettant d'obtenir l'impératif à partir du yiqtol : on ôte le préfixe de personne. Pour le qal du verbe entier, ceci aboutit, à la 2ème pers. du fém. sing. et à la 2ème pers. du masc. plur., à la présence de deux shewas de suite à l'initiale. Le 1er shewa passe alors à [i] (cf. p. 141)[1] :

תִּשְׁמְרוּ [tišm^{e}ru] > [*š^{e}m^{e}ru] > שִׁמְרוּ [šimru]

vous garderez — *gardez*

➢ Pour les pé-yod et assimilés, aucun problème. Nous en avons d'ailleurs vu des exemples dans le texte de Jonas.

תֵּשְׁבוּ [teš^{e}vu] > שְׁבוּ [š^{e}vu]

vous vous assiérez — *asseyez-vous*

---

[1] Attention, il s'agit bien d'une méthode **empirique** pour reconnaître et éventuellement former l'impératif ; nous ne sommes pas en train de dire que les formes d'impératif viennent **historiquement** du yiqtol.

➢ Les pé-nun et assimilés subissent, à l'impératif, l'influence des pé-yod : le nun, qu'il ait ou non causé un redoublement au yiqtol, disparaît purement et simplement. À partir du verbe נָגַשׁ, on aura :

[tigg^{e}šu] תִּגְּשׁוּ > גְּשׁוּ [g^{e}šu]

vous avancerez *avancez*

——— P1

• L'impératif du verbe entier a la même voyelle thématique que le yiqtol : pour les verbes vus jusqu'ici, [o] ou [a]. Lorsqu'elle n'est plus accentuée (2ème f. s., 2ème m. pl.), cette voyelle disparaît. Exemples :

שָׁמַר *garder*

	singulier		pluriel	
masc.	שְׁמֹר	š^{e}mor	שִׁמְרוּ	šimru
fém.	שִׁמְרִי	šimri	שְׁמֹ֫רְנָה	š^{e}**mor**nå

קָרַב *s'approcher*

	singulier		pluriel	
masc.	קְרַב	q^{e}rav	קִרְבוּ	qirvu
fém.	קִרְבִי	qirvi	קְרַ֫בְנָה	q^{e}**rav**nå

• Lorsque la **1ère consonne** du verbe est une gutturale, elle est vocalisée d'un ḥaṭef. Pour ח ,ה, et ע, ḥaṭef pataḥ ; pour א, ḥaṭef ségol.

עָמַד *se tenir debout*

	singulier		pluriel	
masc.	עֲמֹד	ʕ^{a}mod	עִמְדוּ	ʕimdu
fém.	עִמְדִי	ʕimdi	עֲמֹ֫דְנָה	ʕ^{a}modnå

אָמַר *dire*

	singulier		pluriel	
masc.	אֱמֹר	ʔ^{e}mor	אִמְרוּ	ʔimru
fém.	אִמְרִי	ʔimri	אֱמֹ֫רְנָה	ʔ^{e}**mor**nå

Dans ce dernier cas (verbes pé-alef), et à la différence de tous les verbes vus jusqu'à présent, il y a divergence entre la vocalisation du yiqtol (תֹּאמַר) et celle de l'impératif (אֱמֹר).

• Lorsque la 2ème **consonne** du verbe est une **gutturale**, le ḥaṭef pataḥ du yiqtol (תִּנְהֲגוּ, ci-dessus p. 146) se maintient à l'impératif ; le shewa initial prend le même timbre que le ḥaṭef (cf. p. 142). Exemple :

בָּחַר *choisir*

	singulier		pluriel	
masc.	בְּחַר	bᵉḥar	בַּחֲרוּ	baḥᵃru
fém.	בַּחֲרִי	baḥᵃri	בְּחַ֫רְנָה	bᵉ**ḥa**rnå

Dans ce cas (et dans ce cas seulement), il peut y avoir confusion avec l'impératif piʕel, puisque vos deux critères de reconnaissance, le redoublement propre au piʕel et la voyelle initiale [a], sont neutralisés : la gutturale ne peut être redoublée et la voyelle initiale est [a] à cause du ḥaṭef pataḥ. Les verbes concernés sont peu nombreux, et il est rare qu'ils soient attestés aux deux schèmes. Ainsi en Is 40, 1 :

נַחֲמוּ נַחֲמוּ עַמִּי יֹאמַר אֱלֹהֵיכֶם

« Consolez, consolez mon peuple » dit votre Dieu

la racine du verbe qui apparaît deux fois à l'impératif est נחם, mais si vous n'avez encore jamais rencontré le verbe, vous ne pouvez savoir si c'est un qal (נָחַם) ou un piʕel (נִחַם) qu'au moyen du dictionnaire. Seul le piʕel est attesté pour cette racine : נִחַם *consoler, réconforter.*

• Pour les **pé-yod** et assimilés, l'impératif est facile à former à partir du yiqtol :

יָשַׁב, *s'asseoir*

	singulier		pluriel	
masc.	שֵׁב	šev	שְׁבוּ	šᵉvu
fém.	שְׁבִי	šᵉvi	שֵׁ֫בְנָה	**še**vnå

• Les **pé-nun** et assimilés subissent, à l'impératif, l'influence des pé-yod : le nun disparaît purement et simplement. La voyelle thématique est la même que celle du yiqtol. Exemples :

נָשָׂא, *lever, porter*

	singulier		pluriel	
masc.	שָׂא	så(ʔ)	שְׂאוּ	sᵉʔu
fém.	שְׂאִי	sᵉʔi	*non attesté*	

נָתַן, *donner*

	singulier	pluriel
masc.	תֵּן ten	תְּנוּ t^e^nu
fém.	תְּנִי t^e^ni	*non attesté*

Remarques :

▸ Le dagesh dans le taw de תֵּן est un dagesh léger de début de mot : ce n'est pas le dagesh fort produit par l'assimilation du nun (celui que vous trouvez dans תִּתֵּן, *tu donneras*) : en effet, il n'y a pas de dagesh fort dans une consonne initiale.

▸ En comparant les deux tableaux ci-dessus avec celui des pé-yod, on voit que les formes d'impératif où ne subsistent que deux consonnes peuvent renvoyer à une racine pé-yod ou pé-nun. Devant un verbe que vous n'avez jamais vu, les deux hypothèses sont possibles : il faut vérifier dans le dictionnaire. Par ex., דַּע *sache*, pourrait venir de נדע ou de ידע ; la 2ème solution est la bonne. Les racines pé-yod sont de loin les plus nombreuses.

- Impératif avec –å « **paragogique** » (= ajouté)

Au masc. sing., l'impératif est assez souvent « augmenté » d'une finale –å, orthographiée ָה. Elle avait sans doute à l'origine une valeur énergique, qui n'est plus sentie en hébreu biblique : en effet, l'emploi des formes augmentées semble davantage dicté par des considérations prosodiques que sémantiques. On trouve ainsi 24 occurrences de תְּנָה *donne*, contre 14 pour la forme standard תֵּן. Cette finale –å peut s'adjoindre aux impératifs d'autres schèmes, en particulier le hifʕil ; on en trouvera des ex. dans le texte de la Genèse qui illustre la leçon 10.

______ E1

- *À partir de ces verbes au yiqtol, formez un impératif masc. sing. et traduisez-le.*

1. תִּשְׁמַע 2. תִּקְרָא 3. תַּעֲבֹד 4. תֵּצֵא 5. תִּקַּח 6. תֵּלֵךְ 7. תֵּרֵד

- *Donnez la racine des impératifs suivants (toutes les racines faibles déjà étudiées sont représentées) ; pour les pé-yod et les pé-nun, tous les verbes ont déjà été vus. Attention à la place de l'accent.*

1. קוּ֫מוּ 2. שׁ֫וּבוּ 3. שְׁבוּ 4. צְאוּ 5. בֹּ֫אוּ 6. תְּנוּ 7. שִׁמְעוּ 8. שִׂ֫ימוּ

- *Traduisez :*

  1. Gen 45, 4 : Joseph se fait reconnaître de ses frères

  וַיֹּ֫אמֶר יוֹסֵף אֶל־אֶחָיו גְּשׁוּ־נָא אֵלַי וַיִּגָּ֫שׁוּ וַיֹּ֫אמֶר אֲנִי יוֹסֵף אֲחִיכֶם

  וַיִּגָּ֫שׁוּ est une forme pausale pour וַיִּגְּשׁוּ.

  נָא renforce l'impératif qui précède, traduisez par *donc.*

  2. Ex 10, 8 : Pharaon accepte que les Hébreux quittent l'Egypte

  וַיֹּ֫אמֶר אֲלֵיהֶם פַּרְעֹה לְכוּ עִבְדוּ אֶת־יְהוָה אֱלֹהֵיכֶם

  3. Am 3, 1 : Amos s'adresse aux fils d'Israël

  שִׁמְעוּ אֶת־הַדָּבָר הַזֶּה אֲשֶׁר דִּבֶּר יְהוָה עֲלֵיכֶם בְּנֵי יִשְׂרָאֵל

  עַל signifie ici *contre.*

T2. Le qal (suite) : qatal du verbe entier et de certaines racines faibles

Nous avons vu à la leçon 5, en étudiant le piʕel, les suffixes de personne caractérisant le qatal. Au qal, comme à tous les autres schèmes verbaux, vous retrouverez ces suffixes qui indiquent la personne, le genre et le nombre.

Vous connaissez déjà, pour les verbes entiers et les verbes à racines faibles, la 3ème pers. du masculin singulier du qatal, puisque c'est sous cette forme que le verbe figure dans les listes de vocabulaire. Elle constitue la base à laquelle s'adjoignent les différents suffixes.

Les pé-nun et pé-yod se comportent au qatal comme les verbes entiers.

P2

➢ Qatal du verbe entier au qal

שָׁמַר *garder*

	singulier		pluriel	
1ère masc. et fém.	שָׁמַ֫רְתִּי	šå**mar**ti	שָׁמַ֫רְנוּ	šå**mar**nu
2ème masc.	שָׁמַ֫רְתָּ	šå**mar**tå	שְׁמַרְתֶּם	šemartem
2ème fém.	שָׁמַרְתְּ	šåmart	שְׁמַרְתֶּן	šemarten
3ème masc.	שָׁמַר	šåmar	שָׁמְרוּ	šåmeru
3ème fém.	שָׁמְרָה	šåmerå		

Remarques :

- Vous retrouvez ici tous les traits vus pour le piʕel :
  - **remontée de l'accent** sur l'avant-dernière syllabe à la 1ère pers. du sing. et du plur. (šå**mar**ti, šå**mar**nu) et à la 2ème pers. du masculin singulier (šå**mar**tå) ;
  - **alternance entre un thème à 2ème voyelle « pleine » [a]**, et, devant les suffixes constitués par une voyelle, **un thème à 2ème voyelle réduite à shewa mobile** - ou ḥaṭef pataḥ si la 2ème consonne est une gutturale.

- À la 2ème pers. du masc. et du fém. plur., les suffixes sont plus « lourds » (car constitués de 2 consonnes). De ce fait, le **qameṣ initial se réduit à shewa**. Si le verbe commence par une gutturale, on a ḥaṭef pataḥ au lieu de shewa : אֲמַרְתֶּם, הֲלַכְתֶּם, חֲלַמְתֶּם, עֲבַדְתֶּם....

- Que leur voyelle thématique au yiqtol soit [o] ou [a], les verbes entiers ont tous, au qatal, la même vocalisation que le verbe-type.

- Les verbes lamed-alef ont une conjugaison normale ; seule différence par rapport au verbe entier, le alef qui devrait être vocalisé shewa est **quiescent**. Exemple : יָצָא *sortir* : יָצָאתִי, יָצָאתָ, יָצָאנוּ. Dans יָצְאוּ [yåṣ^{e}ʔu], en revanche, le alef est **prononcé** puisqu'il est vocalisé (= si vous prononcez *[yåṣu], le verbe n'est plus identifiable).

- Le verbe נָתַן, *donner*, présente une particularité : devant les suffixes commençant par une consonne, le nun s'assimile, et on a נָתַתִּי [nå**tat**ti] et non *[nå**tan**ti]. Ce n'est pas le cas pour les autres verbes terminés par nun, ex. יָשַׁנְתִּי [yå**šan**ti], *j'ai dormi.*

➢ Qatal des verbes ʕayin-waw/ʕayin-yod

קָם *se lever* (racine קום)

	singulier		pluriel	
1ère masc. et fém.	קַמְתִּי	**qam**ti	קַמְנוּ	**qam**nu
2ème masc.	קַמְתָּ	**qam**tå	קַמְתֶּם	qamtem
2ème fém.	קַמְתְּ	qamt	קַמְתֶּן	qamten
3ème masc.	קָם	qåm	קָמוּ	**qå**mu
3ème fém.	קָמָה	**qå**må		

Remarques :

- Les verbes ʕayin-yod se conjuguent comme les verbes ʕayin-waw : pour שָׂם *placer,* (racine שׂים), on a שַׂמְתִּי, שַׂמְתָּ, שַׂמְתְּ, etc.

• Le verbe מֵת *mourir,* n'est pas attesté à toutes les personnes. Sa voyelle thématique est [a] : מַ֫תְנוּ *nous sommes morts,* mais [e] aux 3èmes pers. : מֵת [met], מֵ֫תָה [metå], מֵ֫תוּ [metu].

______ E2

• *Conjuguez les verbes suivants.*

1. זָכַ֫רְתִּי *je me suis souvenu* 2. יָשַׁ֫בְתִּי *je me suis assis* 3. הָלַ֫כְתִּי *je suis allé*
4. רַ֫צְתִּי *j'ai couru*

• *Mettez au singulier, en gardant la même personne.*

1. אֲכַלְתֶּם 2. שָׁמַ֫עְנוּ 3. כְּתַבְתֶּן 4. נָתַנּוּ (f.) 5. שָׁ֫רוּ (m.)

• *Reliez les qatal (à droite) aux yiqtol correspondants (à gauche).*

נֵצֵא	קַ֫מְתָּ
יָשִׂים	הָלַכְתְּ
יִשְׁכְּבוּ	יָצָ֫אנוּ
תָּקוּם	אָכְלוּ
נַעֲמֹד	שָׂם
יֹאכְלוּ	עָמַ֫דְנוּ
תֵּלְכִי	שָׁכְבוּ

• *Parmi ces formes de qatal, distinguez les verbes qal des verbes piʕel.*

1. קְרָאתֶם 2. שָׁלְחוּ 3. שִׁלְּחוּ 4. יָדַ֫עְתְּ 5. מָצָ֫אנוּ 6. לִמְּדוּ
8. בִּקַּ֫שְׁתִּי 9. אֲמַרְתֶּם 10. פִּתְּחוּ 11. פָּתְחוּ

______ T3. Le participe qal

Nous avons vu, dans les deux premières leçons, comment former le participe qal du verbe entier : sur un schème qotel (נָפַל, *il est tombé* > נֹפֵל, *tombant*)[2].

Parmi les verbes à racines faibles que nous avons présentés, seuls les ʕayin-waw/ʕayin-yod forment leur participe sur un autre schème : קָם *il s'est levé* > קָם *se levant.*

---

[2] Le participe hébraïque n'a pas la même syntaxe que le participe présent du français. Traduire l'un par l'autre est donc une convention à but pédagogique.

P3

• Au qal, le schème de participe est **purement vocalique**, il ne comporte pas de préfixe, à la différence du participe piʕel (ci-dessus p. 111). Les marques de féminin et de pluriel sont les mêmes que pour les noms et les adjectifs (leçon 3) : au féminin singulier, [**-t**] (plus rarement **-å**) ; au masculin pluriel, [**–im**] ; au féminin pluriel, [**–ot̲**]. Voici le participe du verbe נָפַל *tomber* :

	singulier		**pluriel**	
masc.	נֹפֵל	nofel	נֹפְלִים	nof^{e}lim
fém.	נֹפֶלֶת	nofɛlɛt̲	נֹפְלוֹת	nof^{e}lot̲

Remarques :

‣ Le fait que nous ayons choisi comme verbe-type un pé-nun vous montre qu'au participe, cette catégorie se comporte comme un verbe entier. Il en est de même pour les pé-yod : יֹשֵׁב [yošev] *s'asseyant*, יֹשֶׁבֶת, יֹשְׁבִים, יֹשְׁבוֹת.

‣ La voyelle [e] du thème garde l'accent au féminin singulier et se maintient (avec segol au lieu de ṣéré : נֹפֶלֶת), alors qu'au pluriel elle devient shewa mobile : נֹפְלִים, נֹפְלוֹת.

‣ La graphie défective du [o] est la plus fréquente, mais la graphie pleine, avec la mère de lecture waw, est aussi attestée : on trouve נֹפֵל et נוֹפֵל , נֹפֶלֶת et נוֹפֶלֶת, etc.

‣ Il existe aussi une forme de féminin singulier plus rare, avec finale –å. Dans ce cas, ou bien la voyelle du thème passe à shewa mobile, ou bien elle demeure [e]. Ainsi, à côté de אֵשׁ אֹכֶלֶת, *un feu dévorant*, on trouve אֵשׁ אֹכְלָה et אֵשׁ אוֹכֵלָה.

• Les verbes dont la racine se termine par alef (= lamed-alef) présentent une particularité phonétique au féminin singulier. Alef étant quiescent (= non prononcé), les deux ségol se confondent en un ṣéré, ex. קֹרֵאת [qore$^{(?)}$t̲] et non קֹרֶאֶת* [*qorɛʔɛt̲] comme [nofɛlɛt̲]. Nous avons déjà rencontré ce trait phonétique pour וֵאלֹהִים, ci-dessus p. 195. Les autres formes sont identiques à celles du verbe entier. Au masc. plur., on a la forme attendue : קֹרְאִים [qor^{e}ʔim] comme [nof^{e}lim]. Marquez bien la prononciation du alef par un léger hiatus : [qorim] viendrait d'un autre verbe.

• Les verbes dont la racine se termine par ח ou ע présentent au singulier une particularité phonétique liée à la présence de ces gutturales. Au masculin, le ח ou le ע, se trouvant en finale absolue après voyelle autre que [a], prennent un pataḥ furtif ; au féminin, on a deux fois pataḥ au lieu de deux fois ségol. Au pluriel, ces verbes se comportent normalement. Ex. : שָׁלַח, *envoyer*, fait au masc. sing. שֹׁלֵחַ [šoleªḥ], au fém. sing. שֹׁלַחַת [šo**la**ḥat̲], au masc. plur. שֹׁלְחִים [šolᵉḥim], au fém. plur. שֹׁלְחוֹת [šolᵉḥot̲]. De la même manière, יָדַע, *savoir*, donne יֹדֵעַ [yodeªʕ], יֹדַעַת [yo**da**ʕat̲], יֹדְעִים [yodᵉʕim], יֹדְעוֹת [yodᵉʕot̲].

• Les verbes ʕayin-waw/ʕayin-yod ont une forme de participe radicalement différente, puisqu'ils perdent leur semi-consonne centrale. Le suffixe de fém. **est toujours [-å]** et porte l'accent tonique.

קָם, *se lever* (racine קוּם)

	singulier		pluriel	
masc.	קָם	qåm	קָמִים	qåmim
fém.	קָמָה	qåmå	קָמוֹת	qåmot̲

שָׂם, *mettre, placer* (racine שִׂים)

	singulier		pluriel	
masc.	שָׂם	śåm	שָׂמִים	śåmim
fém.	שָׂמָה	śåmå	שָׂמוֹת	śåmot̲

Contrairement à ce qui se passe pour le yiqtol, les formes de participe ne vous permettent pas de savoir si la racine est ʕayin-waw ou ʕayin-yod : vous devez vérifier les deux possibilités dans le dictionnaire.

Au singulier, les formes sont identiques à celles du qatal, 3ème personne (ci-dessus p. 232). La forme de féminin, cependant, se distingue par la place de l'accent tonique : sur la dernière syllabe au participe (qå**må**), sur la 1ère syllabe au qatal (**qå**må).

Le verbe מֵת, *mourir*, a une voyelle [e] au lieu de [å] : מֵת, מֵתָה, מֵתִים.

——— E3

• *Mettez ces participes au féminin singulier :*

1. הֹלֵךְ 2. יֹשְׁבִים 3. שֹׁכֵב 4. נֹתְנוֹת 5. שֹׁמֵעַ 6. פֹּתֵחַ 7. יֹצְאִים
8. שָׁרִים 9. בָּאוֹת 10. שָׁבוֹת

- *Les participes suivants sont-ils au qal ou au piʿel ?*

1.מְבַקְשִׁים 2.כֹּתְבִים 3. מֹכֵר 4. מְכַבֵּד 5. מְשַׂמֵּחַ 6. שֹׁפְטִים

- *Reliez les wayyiqtol (à droite) aux participes correspondants (à gauche). Attention, un même verbe peut figurer à plusieurs personnes.*

מוֹצֵא	וַיֵּלֶךְ
בָּאִים	וַיִּמְצָא
נֹתְנִים	וַיִּפְגַּע
הֹלֵךְ	וַיֵּלְכוּ
הֹלְכִים	וַיָּבֹאוּ
מֹצְאִים	וַתֹּאכַלְנָה
פֹּגֵעַ	וַתִּתְּנוּ
אֹכְלוֹת	וַיִּמְצְאוּ

T4. Syntaxe du participe

Comme nous venons de voir la morphologie du participe qal, nous avons donné la préférence, pour illustrer le chapitre syntaxique qui va suivre, à des exemples contenant des participes de ce schème. Mais il est évident que les éléments de **syntaxe** exposés ici concernent les participes de **tous les schèmes verbaux**.

➢ Le participe varie **en genre** (masculin, féminin) et **en nombre** (singulier, pluriel) ; il n'y a pas de variation de personne. En effet, le participe est autant une forme nominale qu'une forme verbale.

➢ Le participe est une forme **atemporelle** : il peut donc être employé dans la sphère du présent, du passé ou du futur. Il exprime fondamentalement **la durée** (comme le yiqtol), mais aussi la simultanéité par rapport à l'action principale ou, dans le discours direct, par rapport à l'énonciation. La traduction d'un participe varie donc selon son contexte ; il n'y a pas de concordance des temps en hébreu.

➢ Le participe peut être le prédicat d'une phrase nominale : dans ce cas, le sujet est nécessairement exprimé, puisqu'à la différence du yiqtol et du qatal, le participe ne contient pas de marque de personne. Ce sujet peut être un nom ou un pronom personnel indépendant. Si on est dans un récit au passé, un tel participe se traduira par un imparfait (durée dans le passé) ; si c'est du discours direct, par un présent ou un futur.

➢ Pour préciser le temps de l'action (passé ou futur) exprimée par le participe, on peut ajouter le verbe *être*, הָיָה, au qatal ou au yiqtol.

➢ Le participe peut aussi être employé comme un adjectif. Enfin, il peut être substantivé : שֹׁמֵר = *gardien*, רֹעֶה = *berger*. Cf. en français des mots comme *commerçant, militant, sympathisant*, etc.

——— **P4**

- **Le participe dans le discours direct**

Il exprime le présent (exemples 1-4) ou le futur proche (exemple 5).

1. **Gen 37, 13** וַיֹּאמֶר אֶת־אַחַי אָנֹכִי מְבַקֵּשׁ

Il dit : « ce sont mes frères que ***je cherche*** *».*

Le COD est mis en relief, en tête de phrase. Joseph répond à la question מַה־תְּבַקֵּשׁ, *que cherches-tu ?* On voit dans cet exemple que le participe a la même valeur que le yiqtol, mais en général l'hébreu biblique préfère, comme ici, le yiqtol dans la question (מַה־תְּבַקֵּשׁ) et le participe dans la réponse (אָנֹכִי מְבַקֵּשׁ). Le verbe est au piʕel ; les exemples suivants contiennent des participes qal.

2. **II Chron 24, 20** לָמָה אַתֶּם עֹבְרִים אֶת־מִצְוֹת יְהוָה.

Pourquoi ***transgressez-vous*** *les commandements de l'Éternel ?*

3. **Josué 1, 2** קוּם עֲבֹר אֶת־הַיַּרְדֵּן הַזֶּה אַתָּה וְכָל־הָעָם הַזֶּה
אֶל־הָאָרֶץ אֲשֶׁר אָנֹכִי נֹתֵן לָהֶם

Lève-toi, passe ce Jourdain, toi et tout ce peuple, vers le pays que je leur ***donne.***

4. **Eccl. 1, 7** כָּל־הַנְּחָלִים הֹלְכִים אֶל־הַיָּם

Tous les fleuves ***vont*** *à la mer.*

5. **Gen 48, 21** וַיֹּאמֶר יִשְׂרָאֵל אֶל־יוֹסֵף הִנֵּה אָנֹכִי מֵת

Israël dit à Joseph : « Voici que ***je vais mourir*** *».*

- **Le participe dans la sphère du passé**

Il se traduit en général par un imparfait (voir les explications sur la phrase nominale, ci-dessus p. 119). Exemples :

1. **II Rois 2, 18** וַיָּשֻׁבוּ אֵלָיו וְהוּא יֹשֵׁב בִּירִיחוֹ וַיֹּאמֶר אֲלֵיהֶם [...]

Les trois phrases sont coordonnées. Les wayyiqtol (וַיָּשֻׁבוּ et וַיֹּאמֶר) expriment la succession des actions : *ils revinrent, [puis] il dit.* Le participe יֹשֵׁב n'est pas sur le même plan temporel, il s'agit d'une **description** de la situation dans laquelle se trouve le personnage. On pourrait imaginer le même texte avec trois wayyiqtol coordonnés, וַיָּשֻׁבוּ אֵלָיו וַיֵּשֶׁב בִּירִיחוֹ וַיֹּאמֶר אֲלֵיהֶם. On comprendrait alors *ils revinrent vers lui, [ensuite]* ***il séjourna*** *à Jéricho et il leur dit…*
C'est par ailleurs l'occasion de revoir le wayyiqtol d'un verbe ʕayin-waw (וַיָּשֻׁבוּ) et la vocalisation de -בְּ devant un mot commençant par יְ (יְרִיחוֹ *Jéricho*).

2. II Sam 13, 8

וַתֵּלֶךְ תָּמָר בֵּית אַמְנוֹן אָחִיהָ וְהוּא שֹׁכֵב וַתִּקַּח אֶת־הַבָּצֵק

Tamar alla à la maison d'Amnon son frère. ***Il était couché****. Elle prit la pâte.*

Même structure. Le participe שֹׁכֵב exprime la durée, mais aussi l'arrière-plan ; comme on est dans un récit au passé, on traduit par l'imparfait. En revanche, dans un contexte au présent, un discours direct, la phrase הוּא שֹׁכֵב se traduirait par *il* ***est*** *couché.* Le participe est encadré par deux wayyiqtol וַתֵּלֶךְ (*elle alla*) et וַתִּקַּח (*elle prit*).

3. Jg 4, 22

וְהִנֵּה בָרָק רֹדֵף אֶת־סִיסְרָא וַתֵּצֵא יָעֵל וַתֹּאמֶר לוֹ לֵךְ

Tandis que [litt. *et voici*] *Baraq* ***poursuivait*** *Sisera, Yaël sortit et lui dit : « va ! »*

Le participe (רֹדֵף) pose l'arrière-plan sur lequel se déroulent les actions ponctuelles exprimées par les wayyiqtol.

4. Jg 1, 24

וַיִּרְאוּ הַשֹּׁמְרִים אִישׁ יוֹצֵא מִן־הָעִיר

Les gardiens virent un homme ***qui sortait*** *de la ville.*

Le participe suit très souvent des verbes de vision (*voir, rêver*). Il peut être introduit par וְהִנֵּה (voir l'exemple suivant) mais aussi, comme ici, suivre directement le verbe. Remarquez le sujet, qui est un participe substantivé : הַשֹּׁמְרִים *ceux qui gardent = les gardiens.*

5. Gen 33, 1

Il vit qu'Esaü ***venait****.* — וַיַּרְא וְהִנֵּה עֵשָׂו בָּא

וַיַּרְא [wayyar(ʾ)] est le wayyiqtol de רָאָה, *voir.* Il est très souvent suivi de וְהִנֵּה + participe. La traduction littérale *il vit, et voici Esaü venait*, serait évidemment inappropriée.

• Le participe accompagné du verbe *être*

Pour préciser le temps d'une phrase participiale, on peut ajouter le verbe *être* au qatal ou au yiqtol. Dans ce cas, le participe exprime la durée, et le temps (passé ou futur) est indiqué par le verbe *être* :

1. Ex 3, 1

וּמֹשֶׁה הָיָה רֹעֶה אֶת־צֹאן יִתְרוֹ [...] וַיִּנְהַג אֶת־הַצֹּאן אַחַר הַמִּדְבָּר וַיָּבֹא אֶל־הַר הָאֱלֹהִים

Or, Moïse **faisait paître** *le petit bétail de Jéthro (...) et il conduisit le bétail au-delà du désert, et il vint vers la montagne de Dieu.*

L'action principale est, comme d'habitude, au wayyiqtol : וַיִּנְהַג, *et il conduisit.* Dans l'ex. de Jg 4, 22 ci-dessus, le participe ouvrant la phrase était clairement dans la sphère du passé, car nous étions en plein milieu du récit. Ici au contraire, on est au début du récit : la fin du chap. 2 de l'Exode ne parle pas de Moïse. À lui seul, le participe רֹעֶה *faisant paître,* ne suffirait pas en début de récit à indiquer le temps : c'est pourquoi on a ajouté le verbe הָיָה.

• Le participe employé comme adjectif

Le participe employé comme adjectif n'exprime par lui-même ni temps ni aspect. הָאִישׁ הַבָּא peut signifier *l'homme qui est venu, l'homme qui viendra, l'homme qui vient (maintenant* ou *en général).* Exemples :

1. Ex 1, 1 וְאֵלֶּה שְׁמוֹת בְּנֵי יִשְׂרָאֵל הַבָּאִים מִצְרָיְמָה

Et voici les noms des fils d'Israël **venus** (litt. *venant*) *en Égypte.*

On traduit par un participe passé car cette première phrase du livre de l'Exode fait référence à l'arrivée en Égypte des fils de Jacob/Israël, arrivée qui a eu lieu précédemment, à la fin du livre de la Genèse.

2. Jér 44, 26

שִׁמְעוּ דְבַר־יְהוָה כָּל יְהוּדָה הַיֹּשְׁבִים בְּאֶרֶץ מִצְרָיִם

Écoutez la parole de l'Éternel, tous les Judéens (litt. *tout Juda)* **qui habitez** *le pays d'Égypte.*

• Le participe comme équivalent d'une relative

Nous avons vu, ci-dessus p. 152, que le participe précédé de l'article défini était l'équivalent d'une proposition relative : הָעָם הַיֹּשֵׁב בָּאָרֶץ, *le peuple qui réside dans le pays.* Nous donnons ci-dessous des exemples dans lesquels le participe n'est pas précédé d'un antécédent. Accompagné - ou non - de l'article défini ou de כל *tout*, il signifie *celui qui, quiconque.* Ce type d'énoncé se trouve principalement dans les bénédictions et les malédictions, ainsi que dans les énoncés à caractère juridique. Exemples :

1. Ps 118, 26

Béni [soit] ***celui qui vient*** *au nom de l'Éternel !* בָּרוּךְ הַבָּא בְּשֵׁם יְהוָה

2. Jg 21, 18 אָרוּר נֹתֵן אִשָּׁה לְבִנְיָמִין

Maudit [soit] ***celui qui donne/donnera*** *une femme à Benjamin !*

Dans ces deux phrases nominales, le sujet est le participe, avec article dans le premier exemple, sans article dans le second.

3. Ex 30, 29 כָּל־הַנֹּגֵעַ בָּהֶם יִקְדָּשׁ

Quiconque (litt. *tout celui qui*) *les* ***touchera*** *sera saint.*

Au passage, notez le pataḥ furtif : נֹגֵעַ, normal après voyelle autre que [a] (ci-dessus p. 235). Ce verbe se construit avec la préposition -בְּ. Attention à la prononciation de -כָּל.

- **Le participe substantivé**

Quelques participes, surtout au qal, sont employés avec la valeur de substantifs.

רָאָה, *voir* > part. רֹאֶה, *voyant* = ***prophète, voyant***

שָׁמַר, *garder* > part. שֹׁמֵר, *gardant* = ***gardien***

שָׁפַט, *juger* > part. שֹׁפֵט, *jugeant* = ***juge*** (cf. *suffète*, emprunté par le latin au punique, langue sémitique).

——— E4

- *Traduisez :*

1. וַיֵּרֶד הַכְּנַעֲנִי הַיֹּשֵׁב בָּהָר הַהוּא. (כְּנַעֲנִי = *Cananéen.*)

2. וַיַּרְא וְהִנֵּה הָעָם יֹצֵא מִן הָעִיר. (*comparer le n° 4 p. 238*)

3. וַתֹּאמֶר שָׂרָה כָּל־הַשֹּׁמֵעַ יִצְחַק־לִי.

Attention, יִצְחַק n'est pas le prénom Isaac mais le yiqtol du verbe צָחַק, *rire.* Ce verset (Gen 21, 6) donne l'étymologie du nom d'Isaac.

4. וַיָּבֹאוּ אֵלָיו וְהוּא שֹׁכֵב בִּמְקוֹמוֹ וַיֹּאמְרוּ לוֹ הָאַתָּה אַבְרָהָם וַיֹּאמֶר אָנִי.

T5. La proposition conditionnelle

➢ Si l'hypothèse est considérée comme réalisée ou réalisable, la subordonnée conditionnelle est introduite par אִם [ʔim] *si*, (à ne pas confondre avec la préposition עִם [ʕim] *avec*), plus rarement par כִּי.

Si l'hypothèse est envisagée comme non réalisable ou contraire à l'état des choses tel qu'il est au moment où la phrase est prononcée (l'irréel de la grammaire latine), la subordonnée est introduite par לוּ [lu] si elle est positive et par לוּלֵי [lule(y)] si elle est négative.

➢ Le temps du verbe varie selon le sens de la subordonnée : on peut y trouver le qatal, le yiqtol ou le participe.

➢ Dans certains cas, moins fréquents, il n'y a pas de subordination formelle : la simple juxtaposition, ou la coordination par waw, suffisent à exprimer l'hypothèse.

P5

- **Type 1 : L'hypothèse est considérée comme réalisée ou réalisable dans le présent ou le passé**

- conjonction אִם = *si, dans la mesure où, chaque fois que…*
- la subordonnée est soit une phrase nominale, soit une phrase verbale, au qatal pour un fait passé unique, achevé, plus rarement au yiqtol pour un fait qui se répète dans le passé.
- la principale est une phrase nominale ou verbale.

Exemples :

1. **Mal I, 6** בֵּן יְכַבֵּד אָב [...] וְאִם־אָב אָנִי אַיֵּה כְבוֹדִי

Un fils honore [son] père (…) ***et si je suis un père****, où est mon honneur ?*

C'est Dieu qui parle. La subordonnée et la principale sont des phrases nominales. Notez l'ordre des mots dans la subordonnée. Le substantif כָּבוֹד, *gloire, honneur, respect*, a la même racine que le verbe כִּבֵּד (allusion au 5ème commandement, cf. ci-dessus p. 159-161). On pourrait traduire כְּבוֹדִי par *le respect qui m'est dû.*

2. **I Rois 18, 21**

אִם־יְהוָה הָאֱלֹהִים לְכוּ אַחֲרָיו וְאִם־הַבַּעַל לְכוּ אַחֲרָיו

Si l'Éternel est Dieu*, suivez-le* [litt. *marchez après lui*] ***et si [c'est] Baal****, suivez-le !*

Ces paroles sont celles du prophète Elie au moment de sa confrontation avec les 450 prophètes de Baal. La première conditionnelle est une phrase nominale dont le sujet est יְהוָה et le prédicat הָאֱלֹהִים ; la seconde, elliptique, ne comporte que le sujet. Le verbe de la principale est à l'impératif. Attention à la prononciation de אַחֲרָיו [ʔaḥ^{a}råw], cf. p. 210-211.

3. II Rois 10, 6

אִם־לִי אַתֶּם וּלְקֹלִי אַתֶּם שֹׁמְעִים [...] בֹּאוּ אֵלַי יִזְרְעֶאלָה

***Si vous êtes pour moi** et [si] **vous écoutez ma voix** (...) venez vers moi à Jizréel.*

Le roi Jéhu s'adresse aux anciens de Samarie. אִם est suivi de deux phrases nominales coordonnées ; la seconde a un participe comme prédicat. Le verbe de la principale est à l'impératif.

4. Gen 33, 10 אִם־נָא מָצָאתִי חֵן בְּעֵינֶיךָ וְלָקַחְתָּ מִנְחָתִי מִיָּדִי

***Si donc j'ai trouvé grâce à tes yeux**, tu prendras mon offrande de ma main.*

Jacob prononce ces paroles au moment de sa réconciliation avec Esaü. L'expression « trouver grâce aux yeux de » est fréquente. Le verbe de la subordonnée, מָצָאתִי, est au qatal ; le verbe de la principale, וְלָקַחְתָּ, est au w^{e}qatal (beaucoup plus fréquent que le yiqtol pour exprimer le futur dans ce type de phrase). L'emploi de la forme convertie fait que la principale commence par un waw, qui n'est pas ici la conjonction de coordination mais bien le waw conversif. Les grammairiens le nomment *waw d'apodose* (apodose = principale) : en effet, outre son rôle de waw conversif, il sert également à relier la principale à la subordonnée.

5. Ex 40, 37 וְאִם־לֹא יֵעָלֶה הֶעָנָן וְלֹא יִסְעוּ

***Et si la nuée ne s'élevait pas**, alors ils ne se mettaient pas en route.*

Structure assez rare. On est à la limite de la circonstancielle de temps (*tant que la nuée ne s'élevait pas...*). Le verbe de la subordonnée (יֵעָלֶה > עָלָה *monter*) a déjà été rencontré, mais la vocalisation du préfixe vous indique que son schème n'est ni le qal ni le piʕel. Les deux verbes sont au yiqtol, qui exprime ici la durée et la répétition dans le passé. Remarquez à nouveau le waw d'apodose (וְלֹא יִסְעוּ), qui n'est pas conversif ici.

יִסְעוּ, racine נסע : pour l'absence de dagesh fort dans le ס, cf. ci-dessus p. 181.

- **Type 2 : l'hypothèse est considérée comme réalisable dans le futur**
  - conjonction אִם = *si* ; dans les énoncés à caractère juridique, כִּי = *quand, si.*
  - la subordonnée est une phrase verbale au yiqtol.
  - le verbe de la principale est au yiqtol ou au w^e^qatal.

Exemples :

1. **Jér 26, 4-6**

אִם־לֹא תִשְׁמְעוּ אֵלַי [...] אֶת הָעִיר הַזֹּאת אֶתֵּן לִקְלָלָה לְכֹל גּוֹיֵי הָאָרֶץ

***Si vous ne m'écoutez pas** (...) je ferai de cette ville un objet de malédiction* [litt. *je donnerai cette ville à la malédiction*] *pour tous les peuples de la terre.*

Le verbe de la subordonnée (תִשְׁמְעוּ) et celui de la principale (אֶתֵּן) sont tous deux au yiqtol.

2. **Deut 28, 15**

אִם־לֹא תִשְׁמַע בְּקוֹל יְהוָה אֱלֹהֶיךָ [...] וּבָאוּ עָלֶיךָ כָּל־הַקְּלָלוֹת הָאֵלֶּה

***Si tu n'écoutes pas la voix de l'Éternel ton Dieu** (...) toutes ces malédictions viendront sur toi.*

Le verbe de la subordonnée (תִשְׁמַע) est au yiqtol ; le verbe de la principale (וּבָאוּ) est au w^e^qatal, exact équivalent du yiqtol de l'ex. précédent. On aurait aussi pu écrire : תָּבֹאנָה. Dans וּבָאוּ, notez la vocalisation du waw, [u-] devant labiale (ci-dessus p. 171).

3. **Jg 4, 8**

וַיֹּאמֶר אֵלֶיהָ בָּרָק אִם־תֵּלְכִי עִמִּי וְהָלָכְתִּי וְאִם־לֹא תֵלְכִי עִמִּי לֹא אֵלֵךְ

*Baraq lui dit : « **Si tu** (fém.) **marches avec moi,** je marcherai, et **si tu ne marches pas avec moi,** je ne marcherai pas ».*

Bon exercice de révision du verbe הָלַךְ (4 occurrences). Le parallélisme entre les 2 principales permet de voir que le verbe peut aussi bien être au yiqtol (אֵלֵךְ) qu'au w^e^qatal (וְהָלָכְתִּי) ; cependant, dans la seconde partie de la phrase, seul le yiqtol est possible car on ne peut mettre une négation devant un w^e^qatal (une forme convertie doit toujours être en tête de l'énoncé).

4. **Deut 24, 5** כִּי־יִקַּח אִישׁ אִשָּׁה חֲדָשָׁה לֹא יֵצֵא בַּצָּבָא

Si un homme est nouvellement marié [litt. *si un homme prend une nouvelle femme*], *il ne devra pas partir à l'armée.*

Type de structure fréquent dans l'Exode et le Deutéronome, lorsqu'il s'agit d'énoncés à caractère juridique.

- **Type 3 : l'hypothèse est considérée comme non réalisée ou non réalisable**
  - conjonction לוּ si la subordonnée est positive, לוּלֵי (parfois orthographié לוּלֵא) si elle est négative.
  - la subordonnée est une phrase verbale avec qatal (plus rarement yiqtol), parfois une phrase nominale (rare).
  - la principale est généralement au qatal, plus rarement au yiqtol ou au w^{e}qatal.

Exemples :

1. **Deut 32, 29**

S'ils étaient sages, *ils comprendraient cela* — לוּ חָכְמוּ יַשְׂכִּילוּ זֹאת.

Le verbe de la subordonnée, חָכְמוּ, est au qatal. De יַשְׂכִּילוּ, vous savez que c'est un yiqtol, qu'il est à la 3ème pers. du masc. plur. et que sa racine est שׂכל, ce qui suffit pour le chercher dans le dictionnaire, mais son schème n'est pas encore connu de vous.

2. **Jg 14, 18** — לוּלֵא חֲרַשְׁתֶּם בְּעֶגְלָתִי לֹא מְצָאתֶם חִידָתִי

Si vous n'aviez pas labouré avec ma génisse, *vous n'auriez pas trouvé mon énigme.*

Presque tous les mots de cet exemple vous sont inconnus, mais ils sont facilement analysables. Les deux verbes sont au qatal, ce qui est la structure habituelle avec לוּלֵי. Pour comprendre cette phrase, il faut la replacer dans son contexte : Samson a proposé une énigme à ses compagnons. Ceux-ci interrogent la femme de Samson, qui harcèle son mari jusqu'à ce qu'il lui révèle la solution, qu'elle s'empresse de répéter aux compagnons de Samson. C'est alors qu'il utilise cette métaphore. Notez l'emploi instrumental de la préposition בְּ, *au moyen de.*

- **Type 4 : l'hypothèse n'est pas exprimée par une subordonnée**

1. **Prov 18, 22** — מָצָא אִשָּׁה מָצָא טוֹב

[Si] on a trouvé une femme, *on a trouvé un bonheur.*

Simple juxtaposition de deux phrases au qatal. Tournure peu fréquente, qui se prête bien à un énoncé de type proverbial.

2. **I Sam 16, 2** — וַיֹּאמֶר שְׁמוּאֵל אֵיךְ אֵלֵךְ וְשָׁמַע שָׁאוּל וַהֲרָגָנִי

Samuel dit : « Comment irai-je ? ***[Si] Saül [l']apprend*** [litt. *entend*], *il me tuera ».*

Il y a une pause après אֵלֵךְ, *j'irai.* Les verbes suivants sont tous les deux au w^eqatal. Le second verbe est un peu compliqué : il est composé d'un verbe qal, 3ème pers. du masc. sing. (הָרַג *il a tué*), auquel le waw conversif donne une valeur de futur : *il tuera.* Il est suivi d'un affixe נִי- (jusqu'à présent nous n'avons vu d'affixes qu'après les noms et les prépositions), dans lequel vous reconnaissez le pronom de 1ère pers. אֲנִי. On ne traduira pas ici « Saül entendra et me tuera » mais bien « si Saül entend », etc.

——— E5

• *Traduisez (toutes les phrases comportent une subordonnée de condition et une principale).*

1. אִם נֵצֵא מִמִּצְרַ֫יִם וְהָלַכְנוּ אֶל הַר־הָאֱלֹהִים
2. אִם־נָא מָצָ֫אתִי חֵן בְּעֵינֶ֫יךָ וְשָׁלַחְתָּ אֶת־עַמִּי אֶל־אֶ֫רֶץ כְּנַעַן
3. אִם תִּמְצְאוּ אֳנִיָּה תָּבֹ֫אוּ תַּרְשִׁ֫ישָׁה
4. אִם יֵשׁ בָּעִיר אֲנָשִׁים טוֹבִים דַּבֵּר אֲלֵיהֶם
5. אִם תִּרְצַח אֶת הָאִישׁ הַזֶּה וּבָאָה עָלֶ֫יךָ קְלָלָה
6. לוּ נָתְנוּ לִי כֶּסֶף נָתַתִּי לָהֶם זָהָב

VOCABULAIRE

caisse, coffre arche (renfermant les tables de la Loi)	*m./ f.*	אָרוֹן
maudit		אָרוּר, אֲרוּרָה אֲרוּרִים, אֲרוּרוֹת
béni		בָּרוּךְ, בְּרוּכָה בְּרוּכִים, בְּרוּכוֹת
bénédiction	*f.*	בְּרָכָה
lampe	*m.*	נֵר, נֵרוֹת
garçon, jeune homme, serviteur	*m.*	נַ֫עַר, נְעָרִים
malédiction	*f.*	קְלָלָה
si		אִם
si si… ne pas		לוּ לוּלֵי
encore		עוֹד
ne pas… encore		טֶ֫רֶם

être yiqtol : יִהְיֶה	הָיָה
trouver yiqtol : יִמְצָא	מָצָא
trouver grâce aux yeux de	מָצָא חֵן בְּעֵינֵי
s'avancer yiqtol : יִגַּשׁ	נָגַשׁ
travailler, servir, rendre un culte yiqtol : יַעֲבֹד	עָבַד
traverser, passer transgresser yiqtol : יַעֲבֹר	עָבַר
courir yiqtol : ירוּץ wayyiqtol : וַיָּ֫רָץ	רָץ (racine רוּץ)

Exercices corrigés

E1

- *À partir de ces verbes au yiqtol, formez un impératif masc. sing. et traduisez-le.*

1. תִּשְׁמַע > שְׁמַע *écoute*
2. תִּקְרָא > קְרָא *crie, appelle*
3. תַּעֲבֹד > עֲבֹד *travaille*
4. תֵּצֵא > צֵא *sors*
5. תִּקַּח > קַח *prends*
6. תֵּלֵךְ > לֵךְ *va*
7. תֵּרֵד > רֵד *descends*

- *Donnez la racine des impératifs suivants :*

1. קוּמוּ > קום
2. שׁוּבוּ > שׁוב
3. שְׁבוּ > ישׁב
4. צְאוּ > יצא
5. בֹּאוּ > בוא
6. תְּנוּ > נתן
7. שִׁמְעוּ > שׁמע
8. שִׂימוּ > שׂים

- *Traduisez :*

1. Gen 45, 4 : Joseph se fait reconnaître de ses frères

וַיֹּאמֶר יוֹסֵף אֶל־אֶחָיו גְּשׁוּ־נָא אֵלַי וַיִּגָּשׁוּ וַיֹּאמֶר אֲנִי יוֹסֵף אֲחִיכֶם

Joseph dit à ses frères : « Avancez donc vers moi ! » et ils avancèrent. Il leur dit : « Je suis Joseph, votre frère ».

2. Ex 10, 8 : Pharaon accepte que les Hébreux quittent l'Egypte

וַיֹּאמֶר אֲלֵיהֶם פַּרְעֹה לְכוּ עִבְדוּ אֶת־יְהוָה אֱלֹהֵיכֶם

Pharaon leur dit : « allez, servez l'Éternel votre Dieu ».

3. Amos 3, 1 : Amos s'adresse aux fils d'Israël

שִׁמְעוּ אֶת־הַדָּבָר הַזֶּה אֲשֶׁר דִּבֶּר יְהוָה עֲלֵיכֶם בְּנֵי יִשְׂרָאֵל

Écoutez cette parole que l'Éternel a dite contre vous, fils d'Israël.

E2

- *Conjuguez les verbes suivants.*

je me suis souvenu זָכַרְתִּי

	singulier		pluriel	
1ère masc. et fém.	זָכַרְתִּי	zå**k̲ar**ti	זָכַרְנוּ	zå**k̲ar**nu
2ème masc.	זָכַרְתָּ	zå**k̲ar**tå	זְכַרְתֶּם	z^{e}k̲artem
2ème fém.	זָכַרְתְּ	zåk̲art	זְכַרְתֶּן	z^{e}k̲arten
3ème masc.	זָכַר	zåk̲ar	זָכְרוּ	zåk̲^{e}ru
3ème fém.	זָכְרָה	zåk̲^{e}rå		

je me suis assis יָשַׁבְתִּי

	singulier		pluriel	
1ère masc. et fém.	יָשַׁבְתִּי	yå**šav**ti	יָשַׁבְנוּ	yå**šav**nu
2ème masc.	יָשַׁבְתָּ	yå**šav**tå	יְשַׁבְתֶּם	y^{e}**š**avtεm
2ème fém.	יָשַׁבְתְּ	yåšavt	יְשַׁבְתֶּן	y^{e}šavtεn
3ème masc.	יָשַׁב	yåšav	יָשְׁבוּ	yåš^{e}vu
3ème fém.	יָשְׁבָה	yåš^{e}vå		

j'ai marché הָלַכְתִּי

	singulier		pluriel	
1ère masc. et fém.	הָלַכְתִּי	hå**laḵ**ti	הָלַכְנוּ	hå**laḵ**nu
2ème masc.	הָלַכְתָּ	hå**laḵ**tå	הֲלַכְתֶּם	h^{a}laḵtεm
2ème fém.	הָלַכְתְּ	hålaḵt	הֲלַכְתֶּן	h^{a}laḵtεn
3ème masc.	הָלַךְ	hålaḵ	הָלְכוּ	hål^{e}ḵu
3ème fém.	הָלְכָה	hål^{e}ḵå		

j'ai couru רַצְתִּי

	singulier		pluriel	
1ère masc. et fém.	רַצְתִּי	**raṣ**ti	רַצְנוּ	**raṣ**nu
2ème masc.	רַצְתָּ	**raṣ**tå	רַצְתֶּם	raṣtεm
2ème fém.	רַצְתְּ	raṣt	רַצְתֶּן	raṣtεn
3ème masc.	רָץ	raṣ	רָצוּ	**rå**ṣu
3ème fém.	רָצָה	**ra**ṣå		

• *Mettez au singulier, en gardant la même personne.*

1. אֲכַלְתֶּם > אָכַלְתָּ
2. שָׁמַעְנוּ > שָׁמַעְתִּי
3. כְּתַבְתֶּן > כָּתַבְתְּ
4. (f.) נָתְנוּ > נָתְנָה
5. (m.) שָׁרוּ > שָׁר

• *Reliez les qatal (à droite) aux yiqtol correspondants (à gauche).*

קַמְתְּ ← תָּקוּם
הָלַכְתְּ ← תֵּלְכִי
יָצָאנוּ ← נֵצֵא
אָכְלוּ ← יֹאכְלוּ
שָׂם ← יָשִׂים
עָמַדְנוּ ← נַעֲמֹד
שָׁכְבוּ ← יִשְׁכְּבוּ

• *Parmi ces formes de qatal, distinguez les verbes qal et les verbes piʕel.*

Qal : 1.קְרָאתֶם 2.שָׁלְחוּ 4.יָדַעְתָּ 5.מָצָאנוּ 9.אֲמַרְתֶּם 11.פָּתְחוּ

Piʕel : 3. שִׁלְּחוּ 6. לִמְּדוּ 8. בִּקַּשְׁתִּי 10. פִּתְּחוּ

E3

• *Mettez ces participes au féminin singulier :*

1. הֹלֵךְ > הֹלֶכֶת
2. יֹשְׁבִים > יֹשֶׁבֶת
3. שֹׁכֵב > שֹׁכֶבֶת
4. נֹתְנוֹת > נֹתֶנֶת
5. שֹׁמֵעַ > שֹׁמַעַת
6. פֹּתֵחַ > פֹּתַחַת
7. יֹצְאִים > יֹצֵאת
8. שָׁרִים > שָׁרָה
9. בָּאוֹת > בָּאָה
10. שָׁבוֹת > שָׁבָה

• *Les participes suivants sont-ils au qal ou au piʕel ?*

Qal : 2. כֹּתְבִים 3. מֹכֵר 6. שֹׁפְטִים

Piʕel 1. מְבַקְשִׁים 4. מְכַבֵּד 5. מְשַׂמֵּחַ

• *Reliez les wayyiqtol (à droite) aux participes correspondants (à gauche). Attention, un même verbe peut figurer à plusieurs personnes.*

וַיֵּלֶךְ ← הֹלֵךְ
וַיִּמְצָא ← מוֹצֵא
וַיִּפְגַּע ← פֹּגֵעַ
וַיֵּלְכוּ ← הֹלְכִים
וַיָּבֹאוּ ← בָּאִים
וַתֹּאכַלְנָה ← אֹכְלוֹת
וַתִּתְּנוּ ← נֹתְנִים
וַיִּמְצְאוּ ← מֹצְאִים

E4

• *Traduisez :*

1. וַיֵּרֶד הַכְּנַעֲנִי הַיֹּשֵׁב בָּהָר הַהוּא.

Le Cananéen qui habitait cette montagne descendit.

2. וַיַּרְא וְהִנֵּה הָעָם יֹצֵא מִן הָעִיר

Il vit que le peuple sortait de la ville.

3. וַתֹּאמֶר שָׂרָה כָּל־הַשֹּׁמֵעַ יִצְחַק־לִי.

Sarah dit : quiconque (litt. *tout celui qui*) *entendra [cela] rira de moi.*

4. וַיָּבֹאוּ אֵלָיו וְהוּא שֹׁכֵב בִּמְקוֹמוֹ וַיֹּאמְרוּ לוֹ הַאַתָּה אַבְרָהָם וַיֹּאמֶר אָנִי.

Ils vinrent vers lui. Il était couché à sa place. Ils lui dirent : « Es-tu Abraham ? » et il dit « oui ».

E5

• *Traduisez (toutes les phrases comportent une subordonnée de condition et une principale).*

1. אִם נֵצֵא מִמִּצְרַיִם וְהָלַכְנוּ אֶל הַר־הָאֱלֹהִים

Si nous sortons d'Égypte, nous irons vers la montagne de Dieu.

2. אִם־נָא מָצָאתִי חֵן בְּעֵינֶיךָ וְשָׁלַחְתָּ אֶת־עַמִּי אֶל־אֶרֶץ כְּנַעַן

Si donc j'ai trouvé grâce à tes yeux, tu enverras mon peuple vers le pays de Canaan.

3. אִם תִּמְצְאוּ אֳנִיָּה תָּבֹאוּ תַּרְשִׁישָׁה

Si vous trouvez un bateau, vous viendrez à Tarshish.

4. אִם יֵשׁ בָּעִיר אֲנָשִׁים טוֹבִים דַּבֵּר אֲלֵיהֶם

S'il y a dans la ville des hommes bons, parle-leur.

5. אִם תִּרְצַח אֶת הָאִישׁ הַזֶּה וּבָאָה עָלֶיךָ קְלָלָה

Si tu tues cet homme, une malédiction viendra sur toi.

6. לוּ נָתְנוּ לִי כֶּסֶף נָתַתִּי לָהֶם זָהָב

S'ils me donnaient/ m'avaient donné de l'argent, je leur donnerais/ aurais donné de l'or.

Pas à pas dans le texte biblique

I Samuel 3, 1-9

Ce texte relate la vocation de Samuel. Celui-ci, encore tout jeune, assiste le prêtre Eli au temple de Silo. Le narrateur précise d'emblée que les révélations sont rares à cette époque, ce qui explique pourquoi Samuel ne comprend pas tout de suite qui l'appelle pendant la nuit.

1. וְהַנַּעַר שְׁמוּאֵל מְשָׁרֵת אֶת־יְהוָה לִפְנֵי עֵלִי
וּדְבַר־יְהוָה הָיָה יָקָר בַּיָּמִים הָהֵם אֵין חָזוֹן נִפְרָץ׃

2. וַיְהִי בַּיּוֹם הַהוּא וְעֵלִי שֹׁכֵב בִּמְקוֹמוֹ
וְעֵינָו הֵחֵלּוּ כֵהוֹת לֹא יוּכַל לִרְאוֹת׃

3. וְנֵר אֱלֹהִים טֶרֶם יִכְבֶּה וּשְׁמוּאֵל שֹׁכֵב
בְּהֵיכַל יְהוָה אֲשֶׁר־שָׁם אֲרוֹן אֱלֹהִים׃

4. וַיִּקְרָא יְהוָה אֶל־שְׁמוּאֵל וַיֹּאמֶר הִנֵּנִי׃

5. וַיָּרָץ אֶל־עֵלִי וַיֹּאמֶר הִנְנִי כִּי־קָרָאתָ לִּי
וַיֹּאמֶר לֹא־קָרָאתִי שׁוּב שְׁכָב וַיֵּלֶךְ וַיִּשְׁכָּב׃

6. וַיֹּסֶף יְהוָה קְרֹא עוֹד שְׁמוּאֵל וַיָּקָם שְׁמוּאֵל
וַיֵּלֶךְ אֶל־עֵלִי וַיֹּאמֶר הִנְנִי כִּי קָרָאתָ לִי
וַיֹּאמֶר לֹא־קָרָאתִי בְנִי שׁוּב שְׁכָב ׃

7. וּשְׁמוּאֵל טֶרֶם יָדַע אֶת־יְהוָה
וְטֶרֶם יִגָּלֶה אֵלָיו דְּבַר־יְהוָה׃

8. וַיֹּסֶף יְהוָה קְרֹא־שְׁמוּאֵל בַּשְּׁלִשִׁית וַיָּקָם
וַיֵּלֶךְ אֶל־עֵלִי וַיֹּאמֶר הִנְנִי כִּי קָרָאתָ לִי
וַיָּבֶן עֵלִי כִּי יְהוָה קֹרֵא לַנָּעַר ׃

9. וַיֹּאמֶר עֵלִי לִשְׁמוּאֵל לֵךְ שְׁכָב וְהָיָה אִם־יִקְרָא אֵלֶיךָ
וְאָמַרְתָּ דַּבֵּר יְהוָה כִּי שֹׁמֵעַ עַבְדֶּךָ
וַיֵּלֶךְ שְׁמוּאֵל וַיִּשְׁכַּב בִּמְקוֹמוֹ׃

➢ Verset 1

וְהַנַּעַר שְׁמוּאֵל מְשָׁרֵת אֶת־יְהוָה לִפְנֵי עֵלִי
וּדְבַר־יְהוָה הָיָה יָקָר בַּיָּמִים הָהֵם אֵין חָזוֹן נִפְרָץ׃

• Ce verset comporte trois phrases nominales : elles posent l'arrière-plan sur lequel va se dérouler le récit. C'est l'occasion de revenir sur la phrase nominale (ci-dessus p. 120-123) et d'en préciser les différentes structures possibles. Les crochets indiquent les constituants facultatifs. Dans le prédicat, le mot encadré est l'élément indispensable ; les autres sont des compléments divers.

prédicat	[copule]	sujet	[négation]	
מְשָׁרֵת אֶת־יְהוָה לִפְנֵי עֵלִי		וְהַנַּעַר שְׁמוּאֵל		.1
יָקָר בַּיָּמִים הָהֵם	הָיָה	וּדְבַר־יְהוָה		.2
נִפְרָץ		חָזוֹן	אֵין	.3

- une phrase nominale comporte en général deux constituants : un **sujet** (nom, pronom personnel indépendant, infinitif) et un **prédicat non verbal** (nom, participe, adjectif, nom avec préposition, etc.). Cette structure de base est illustrée par la première phrase. Le sujet est composé du nom נַעַר *jeune homme*, précédé de la conjonction de coordination waw et de l'article défini, et suivi du prénom שְׁמוּאֵל en apposition : *et le jeune homme Samuel = et le jeune Samuel.* Le prédicat (מְשָׁרֵת) est le participe d'un verbe piʕel signifiant *servir*. La traduction d'une telle phrase varie en fonction du contexte : *le jeune Samuel* **sert** ou ***servait*** *l'Éternel devant Éli.*

- la seconde phrase comporte également un sujet (דְּבַר־יְהוָה *la parole de l'Éternel*) et un prédicat, constitué d'un adjectif (יָקָר *précieux, rare*) et d'un complément de temps. La phrase דְּבַר־יְהוָה יָקָר pourrait, comme la précédente, se traduire par *la parole de l'Éternel* ***est*** ou ***était*** *précieuse en ces jours-là* : aussi ajoute-t-on le verbe *être* au qatal (הָיָה), pour préciser qu'il s'agit bien d'un passé. Les grammairiens nomment **copule** ce verbe qui a pour seule fonction de donner une indication temporelle. Si l'on voulait dire *la parole* ***sera*** *précieuse*, on introduirait le verbe *être* au yiqtol ; pour *la parole* ***est*** *précieuse*, on aurait juste le sujet et le prédicat. Cette précision temporelle nous permet de revenir en arrière et de choisir à coup sûr la traduction par l'imparfait : *et le jeune Samuel* ***servait***.

- la troisième phrase comporte également un sujet (חָזוֹן, masc., *vision prophétique*) et un prédicat (נִפְרָץ *répandu*). L'adjonction d'une copule précisant le temps n'est pas nécessaire, puisque sa présence dans la phrase précédente met tout le texte au passé ; avec la négation, on traduira donc : *la vision prophétique n'était pas répandue.*

- si l'on écrit sans ponctuation *et la parole de l'Eternel était rare en ces jours-là la vision prophétique n'était pas répandue*, on hésitera sur le complément de temps *en ces jours-là* : porte-t-il sur la première ou sur la seconde partie de la phrase ? Les ṭeʕamim, qui sont l'équivalent de notre ponctuation, ne laissent pas place à l'ambiguïté puisque הָהֵ֑ם est surmonté d'un accent **disjonctif** qui le sépare de ce qui vient après lui. Le complément porte donc sur la première partie.

TRADUCTION : *Et le jeune Samuel servait l'Éternel devant Éli. La parole de l'Éternel était rare en ces jours-là ; la vision prophétique n'était pas répandue.*

➢ Verset 2

וַיְהִי֙ בַּיּ֣וֹם הַה֔וּא וְעֵלִ֖י שֹׁכֵ֣ב בִּמְקֹמ֑וֹ
וְעֵינָו֙ הֵחֵ֣לּוּ כֵה֔וֹת לֹ֥א יוּכַ֖ל לִרְאֽוֹת׃

- וַיְהִי [wayᵉhi] est le wayyiqtol du verbe הָיָה *être* (nous reviendrons sur sa formation à la leçon 10). Cette forme signifie *et ce fut = et il arriva que*. Nous l'avons déjà rencontrée dans le texte de Jonas (ci-dessus p. 217), et avons souligné à cette occasion que le wayyiqtol est tellement associé à la narration qu'un livre peut commencer par une telle forme, alors qu'en principe elle exprime la succession. Ici, après les phrases nominales du premier verset, on marque avec ce וַיְהִי que la narration commence. Cet usage est particulièrement fréquent lorsque la phrase commence par un complément circonstanciel de temps. L'hébreu biblique ne dit pas : *après ces événements, Dieu éprouva Abraham* mais *et ce fut après ces événements et Dieu éprouva Abraham.*

Il en est de même ici : *il arriva, ce jour-là...* Mais le verbe wayyiqtol suivant, qui exprime le début de l'action proprement dite (וַיִּקְרָא), ne viendra qu'au verset 4. Les versets 2 et 3 installent le décor.

Pas de difficulté pour וְעֵלִי שֹׁכֵב בִּמְקֹמוֹ : c'est encore une phrase nominale (le prédicat, שֹׁכֵב, est un participe), à traduire à l'imparfait comme les précédentes.

- La seconde partie du verset est plus difficile. Quelques mots sont identifiables : d'abord עֵינָו, *ses yeux*. Remarquez la graphie défective, sans le yod. Elle est rare : en général on a עֵינָיו. Ensuite, après la négation לֹא, vous trouvez le verbe *pouvoir*, au yiqtol, 3ème pers. du masculin singulier : יוּכַל (conjugaison de ce verbe ci-dessus p. 185). Dans ce contexte au passé, le yiqtol a sa valeur aspectuelle de durée/répétition et se traduit par un imparfait. Nous laissons de côté les autres éléments du verset, qui nécessiteraient des explications trop longues.

Relisez le verset en hébreu : vous constatez que les différentes propositions sont presque toutes liées les unes aux autres par le waw. La traduction en français évitera, sous peine de lourdeur, de reprendre chaque waw.

TRADUCTION : *Ce jour-là, Éli était couché à sa place ; ses yeux commençaient à s'affaiblir, il ne pouvait plus voir.*

➢ **Verset 3**

וְנֵ֤ר אֱלֹהִים֙ טֶ֣רֶם יִכְבֶּ֔ה וּשְׁמוּאֵ֖ל שֹׁכֵ֑ב
בְּהֵיכַ֣ל יְהוָ֔ה אֲשֶׁר־שָׁ֖ם אֲר֥וֹן אֱלֹהִֽים׃

• Vous devez à présent avoir acquis le réflexe, en voyant וְנֵר, d'enlever la conjonction de coordination. Le mot נֵר, masc., signifie *lampe.* Il est suivi d'un autre nom, il s'agit donc d'un état construit : *la lampe de Dieu* (il s'agit de la lampe sacrée qui brûlait dans le sanctuaire).

Analysons à présent le verbe יִכְבֶּה. C'est un yiqtol (voyez le préfixe de personne), au masculin singulier. Pour le chercher efficacement dans le dictionnaire, vous devez en trouver la racine et le schème. Il ne peut pas être au piʕel (le préfixe serait vocalisé shewa). La vocalisation [i] vous invite à y voir un qal, bien que la voyelle thématique ne soit ni [o] ni [a]. Il existe en effet une catégorie de racines faibles que nous n'avons pas encore étudiée, et qui a un ségol comme voyelle thématique : les racines terminées par yod (= lamed-yod). Ce yod disparaît au yiqtol ; le hé final de יִכְבֶּה n'a d'autre fonction que de noter la voyelle [ɛ]. Conclusion : la racine est כבי (orthographiée כבה dans de nombreux dictionnaires), et le schème est le qal. Le verbe כָּבָה signifie *être éteint.*

L'adverbe טֶרֶם, *ne pas... encore* est toujours suivi du yiqtol. Comme au v. précédent, celui-ci a une valeur aspectuelle de durée dans le passé.

TRADUCTION : *(Et) la lumière de Dieu n'était pas encore éteinte.*

• Dans la seconde partie du verset, presque tous les éléments vous sont connus. Seuls deux mots vous manquent.

אֱלֹהִים	אֲרוֹן	שָׁם	אֲשֶׁר־	יְהוָה	הֵיכַל	בְּ	שֹׁכֵב	וּשְׁמוּאֵל
Dieu	*??*	*là*	*que*	*de l'Éternel*	*??*	*dans*	*couché [était]*	*et Samuel*

Le premier mot inconnu, הֵיכַל (mot d'origine sumérienne emprunté en hébreu par l'intermédiaire de l'akkadien), signifie *sanctuaire.* Le second,

אָרוֹן, désigne, en Ex 25, 16 l'arche d'alliance renfermant les tables de la Loi. Avant que David ne la transfère à Jérusalem (II Sam 6, 1-8), cette arche se trouvait à l'intérieur du sanctuaire de Silo, où se déroule notre récit.

La relative est une phrase nominale, dont le sujet est l'état construit אֲרוֹן אֱלֹהִים, et le prédicat l'adverbe שָׁם : littéralement, *le sanctuaire de l'Eternel, que là [était] l'arche de Dieu.*

TRADUCTION : *Et Samuel était couché dans le sanctuaire de l'Éternel, là où se trouvait l'arche de Dieu.*

➢ Verset 4

וַיִּקְרָא יְהוָה אֶל־שְׁמוּאֵל וַיֹּאמֶר הִנֵּנִי׃

• Quasiment rien de nouveau dans ce verset, que vous pouvez traduire immédiatement. Remarquez simplement que הִנֵּה, *voici,* se fléchit : הִנְנִי *me voici,* הִנְּךָ *te voici,* הִנָּם *les voici.* Vous trouverez la forme הִנְנִי au verset suivant ; ici, c'est la pause qui fait réapparaître la voyelle primitive sous le nun, הִנֵּנִי.

TRADUCTION : *L'Éternel appela Samuel et il répondit « me voici ».*

➢ Verset 5

וַיָּרָץ אֶל־עֵלִי וַיֹּאמֶר הִנְנִי כִּי־קָרָאתָ לִּי
וַיֹּאמֶר לֹא־קָרָאתִי שׁוּב שְׁכָב וַיֵּלֶךְ וַיִּשְׁכָּב׃

Lisez d'abord la totalité du verset et repérez les wayyiqtol qui commencent chacun une nouvelle proposition. Il y en a cinq. Seul le premier, וַיָּרָץ, est nouveau pour vous. Waw conversif, yod de 3ème personne, vocalisation qameṣ : si le verbe est au qal, la racine est nécessairement רוץ (ci-dessus p. 201-202). Le verbe signifie *courir.* Mais attention, puisque c'est un ʕayin-waw, vous savez que le second qameṣ se lit [o] : [wayyåroṣ] comme וַיָּקָם [wayyåqom].

Le mot כִּי, que nous avons déjà rencontré à plusieurs reprises dans les textes précédents, signifie ici *parce que.* Il est suivi du verbe קָרָא *crier, appeler,* au qatal, 2ème personne du masculin singulier. Samuel, qui a cru qu'Éli l'appelait, répond : *me voici, puisque tu m'as appelé.*

• La réponse d'Éli est constituée de trois verbes. Le premier au qatal, 1ère pers. du singulier : לֹא קָרָאתִי, *je n'ai pas appelé.* Dans les deux suivants, vous reconnaissez les impératifs étudiés dans cette leçon (שְׁכָב *couche-toi,*

p. 228) et la précédente (שׁוּב *retourne*, p. 204). L'hébreu coordonne beaucoup, il juxtapose aussi là où le français subordonne : en français, on écrirait plutôt *retourne te coucher*.

• Samuel obéit : et là encore, l'hébreu coordonne au lieu de subordonner, וַיֵּלֶךְ וַיִּשְׁכָּב *il alla et se coucha*. Remarquez l'alternance des allophones (cf. ci-dessus p. 78) : le dagesh léger du kaf de וַיִּשְׁכָּב disparaît à l'impératif שְׁכָב puisqu'on n'est plus après syllabe fermée.

TRADUCTION : *Il courut vers Éli et dit : « Me voici, puisque tu m'as appelé ». Il répondit : « Je n'ai pas appelé, retourne te coucher », et il alla se coucher.*

➢ Verset 6

וַיֹּסֶף יְהוָה קְרֹא עוֹד שְׁמוּאֵל וַיָּקָם שְׁמוּאֵל
וַיֵּלֶךְ אֶל־עֵלִי וַיֹּאמֶר הִנְנִי כִּי קָרָאתָ לִי
וַיֹּאמֶר לֹא־קָרָאתִי בְנִי שׁוּב שְׁכָב׃

• Ce verset commence par un verbe au wayyiqtol. La première question que vous devez vous poser avant d'ouvrir le dictionnaire est celle du schème. Ce verbe est-il au qal ? La voyelle du préfixe est [o], et nous avons vu que les seuls verbes au qal ayant cette vocalisation sont les pé-alef (cf. וַיֹּאמֶר). Votre verbe ne commence pas par alef : ce n'est donc pas un qal. Ce n'est pas non plus un piʕel, donc c'est un schème que vous ignorez encore (le hifʕil). Il signifie *ajouter, continuer à, recommencer à*. Il est suivi du verbe קְרָא à l'infinitif et de l'adverbe עוֹד, *encore*.

• À partir de וַיָּקָם, aucun mot qui n'ait déjà été vu. Remarquez l'absence du dagesh léger dans בְנִי : ce mot est en effet lié au précédent par un accent conjonctif, et קָרָאתִי est terminé par une syllabe ouverte.

TRADUCTION : *L'Éternel continua à appeler encore Samuel. Samuel se leva et alla vers Éli et il dit : « Me voici, puisque tu m'as appelé ». Il répondit : « Je n'ai pas appelé, mon fils. Retourne te coucher ».*

➢ **Verset 7**

וּשְׁמוּאֵל טֶרֶם יָדַע אֶת־יְהוָה וְטֶרֶם יִגָּלֶה אֵלָיו דְּבַר־יְהוָה׃

• Ici encore, vous connaissez presque tous les mots. טֶרֶם a été vu au v. 3. Nous avons dit qu'il était toujours suivi du yiqtol : il est donc surprenant de lire, juste après lui, יָדַע, qui est évidemment un qatal. Cependant, pour un verbe pé-yod, la différence entre qatal (יָדַע) et yiqtol

(יֵדַע) ne s'exprime que par la vocalisation : on peut donc supposer une erreur de vocalisation ici. En tout cas, le sens est clair. Le second טֶרֶם est suivi du yiqtol attendu (יִגָּלֶה). Comme au v. précédent, vous devez, pour en identifier le schème, regarder la vocalisation. Celle du préfixe de personne, [i], pourrait vous faire penser à un qal, mais le qameṣ qui se trouve sous le gimel et le dagesh fort excluent cette possibilité. Là encore, il s'agit d'un autre schème que qal ou piʕel (c'est un nifʕal). Le verbe signifie *être révélé*, il est au masculin singulier et son sujet est l'état construit qui le suit immédiatement.

TRADUCTION : *Or Samuel ne connaissait pas encore l'Éternel, et la parole de l'Éternel ne s'était pas encore révélée à lui.*

➢ Verset 8

וַיֹּסֶף יְהוָה קְרֹא־שְׁמוּאֵל בַּשְּׁלִשִׁית וַיָּקָם וַיֵּלֶךְ אֶל־עֵלִי וַיֹּאמֶר
הִנְנִי כִּי קָרָאתָ לִי וַיָּבֶן עֵלִי כִּי יְהוָה קֹרֵא לַנָּעַר׃

• Ce long verset ressemble beaucoup au v. 6. Dans la première partie, le seul mot inconnu est בַּשְּׁלִשִׁית, *pour la troisième [fois]*.

• La seconde partie du verset (après l'atnaḥ) commence par un wayyiqtol, וַיָּבֶן. Deux consonnes radicales seulement, un qameṣ sous le préfixe, un ségol comme voyelle thématique : si le verbe est au qal, il ne peut s'agir que d'une racine ʕayin-yod (cf. ci-dessus p. 193 et 201). Vous cherchez donc בין dans le dictionnaire, qui vous indique le sens de *comprendre* pour le qal **et** pour le hifʕil. Or, le hifʕil a pour cette forme la même vocalisation que le qal. Il s'agit donc de l'un ou de l'autre (selon la grammaire ou le dictionnaire que vous consulterez, vous n'obtiendrez pas la même réponse), mais comme ils ont exactement la même signification, peu importe.

Ce verbe est suivi de כִּי, que nous avons rencontré plus haut avec le sens de *parce que*, mais qui sert aussi à introduire les complétives : *et Éli comprit que…* La phrase qui suit est une phrase nominale, dont le sujet est יְהוָה et le prédicat קֹרֵא, participe. Comme dans les cas précédents, une telle phrase est atemporelle. En français, il faudra l'imparfait pour la concordance des temps.

TRADUCTION : *L'Éternel recommença à appeler Samuel pour la troisième fois. Il se leva et alla vers Éli, et il dit : « Me voici, puisque tu m'as appelé ». Alors, Éli comprit que c'était l'Éternel qui appelait le jeune homme.*

➢ Verset 9

וַיֹּ֨אמֶר עֵלִ֥י לִשְׁמוּאֵל֮ לֵ֣ךְ שְׁכָב֒ וְהָיָ֗ה אִם־יִקְרָ֤א אֵלֶ֙יךָ֙
וְאָֽמַרְתָּ֔ דַּבֵּ֣ר יְהוָ֔ה כִּ֥י שֹׁמֵ֖עַ עַבְדֶּ֑ךָ וַיֵּ֣לֶךְ שְׁמוּאֵ֔ל וַיִּשְׁכַּ֖ב בִּמְקוֹמֽוֹ׃

- Trois wayyiqtol dans ce verset : וַיֹּאמֶר, וַיֵּלֶךְ, וַיִּשְׁכַּב. Vous pouvez déjà traduire : *Éli dit à Samuel (...) et Samuel alla et il se coucha à sa place.*

- Reste le contenu des paroles d'Éli. Elles commencent par deux impératifs juxtaposés – vous êtes habitués à cette tournure maintenant. Elles continuent par וְהָיָה. Cette forme est symétrique du וַיְהִי rencontré au verset 2. Nous avions expliqué que la forme וַיְהִי, wayyiqtol du verbe *être*, signifiait *et il arriva, et ce fut.* וְהָיָה est le w^e^qatal du même verbe : il se traduit donc par *ce sera, il arrivera* – quand il se traduit. En effet, de même que וַיְהִי sert à « installer » la narration au passé, le w^e^qatal vous prévient en quelque sorte que ce qui va suivre est au futur.

- וְהָיָה est suivi d'une subordonnée conditionnelle commençant par אִם, suivi d'un yiqtol (voir ci-dessus p. 243). Vous savez que dans ce cas le verbe de la principale peut être soit au yiqtol, soit, plus fréquemment, au w^e^qatal : c'est bien sûr וְאָמַרְתָּ *tu diras*, qui remplit cette fonction.

Revenons sur la subordonnée elle-même : le verbe a déjà été employé à plusieurs reprises dans les versets précédents, mais il était toujours suivi de la préposition -לְ. Ici, il est suivi de אֶל, mais ces prépositions synonymes sont interchangeables dans ce cas.

- Nous sommes toujours dans le discours d'Éli, mais le verbe וְאָמַרְתָּ introduit à nouveau un discours direct : les paroles que Samuel devra prononcer si Dieu l'appelle. Il n'est pas rare, dans les textes bibliques, de trouver du discours à l'intérieur d'un discours, parfois sur plusieurs « étages », par exemple *Alors Dieu* **dit** *« tu* **diras** *aux fils d'Israël : 'ainsi a* **parlé** *Dieu : vous ne ferez pas telle chose'. »*

Que doit dire Samuel si Dieu l'appelle encore une fois ? Vous reconnaissez l'impératif du verbe *parler*, דַּבֵּר, suivi du tétragramme : *Parle, Éternel !* Le כִּי n'introduit pas une complétive, il a ici son sens causal et est suivi d'une phrase nominale dont le prédicat est le participe שֹׁמֵעַ et le sujet le mot עַבְדֶּךָ, *ton serviteur* (nous avons vu dans le texte de l'Exode עַבְדּוֹ, *son serviteur*). Cette phrase nominale se traduit par un présent, car nous sommes dans du discours direct.

TRADUCTION : *Éli dit à Samuel : « Va te coucher, et s'il t'appelle, tu diras : 'parle, Éternel, car ton serviteur écoute' ». Et Samuel alla se coucher.*

Leçon 10

LE VERBE (VII)

RACINES LAMED-YOD : QAL ET PIʕEL

LES VERBES STATIFS

LE PRONOM PERSONNEL COMPLÉMENT DU VERBE

T1. Les racines lamed-yod (= lamed-hé) : le qal

Les racines que la plupart des grammaires nomment **lamed-hé** sont en réalité des **lamed-yod**. Il est très rare (une dizaine d'exemples, et toujours dans des formes archaïques) que le yod final d'une racine se maintienne comme semi-consonne [y] dans les formes verbales conjuguées. Soit la semi-consonne devient une voyelle – le plus souvent [i], plus rarement [e] – soit elle disparaît purement et simplement. Prenons l'exemple du verbe *être éteint*, rencontré dans le texte de Samuel. Sa racine est **כבי** (KBY). Fabriquons-en le qatal sur le modèle du verbe entier :

racine		forme primitive du qatal		forme hébraïque
ŠMR, *garder*	→	*ŠaMaRa	→	ŠåMaR, *il a gardé*
KBY, *être éteint*	→	*KåB̲aYa > *KåB̲ā	→	KåVå, *il est éteint*

Le groupe [aya] ne se maintient pas, mais évolue vers [ā] puis [å]. Pour écrire [kava] en hébreu non vocalisé, on utilise la mère de lecture ה : כבה. Lorsque les Massorètes ont vocalisé le texte biblique, ils ont conservé la mère de lecture et placé un qameṣ dans la 2ème syllabe : כָּבָה. Or, les trois consonnes de la racine étant en général fournies par la 3ème pers. du masc. sing. du qatal, **les grammairiens ont considéré ce hé comme 3ème consonne radicale,** et ont en conséquence nommé ces verbes des **lamed-hé**. Cette appellation crée une confusion avec les « vrais » lamed-hé, ceux dont la 3ème consonne est un hé étymologique (cf. p. 145). C'est pourquoi nous parlerons de verbes **lamed-yod**, alors que les grammaires courantes utilisent presque toutes le terme lamed-hé. De même, la plupart des dictionnaires, qui ont pour entrée le qatal, 3ème pers. du masc. sing. (et non la racine consonantique), donnent le verbe avec hé.

P1

1. Racines lamed-yod, schème qal, qatal

בָּנָה *construire* (racine בני)

	singulier		pluriel	
1ère masc. et fém.	בָּנִ֫יתִי	bå**ni**ṯi	בָּנִ֫ינוּ	bå**ni**nu
2ème masc.	בָּנִ֫יתָ	bå**ni**ṯå	בְּנִיתֶם	bᵉniṯɛm
2ème fém.	בָּנִית	bånit	בְּנִיתֶן	bᵉniṯɛn
3ème masc.	בָּנָה	bånå	בָּנוּ	bånu
3ème fém.	בָּנְתָה	bånᵉṯå		

Remarques :

- Partout où le verbe entier a une voyelle [a] (שָׁמַ֫רְתִּי, etc.), le verbe lamed-yod a une voyelle [i] : בָּנִ֫יתִי, etc. Le yod est à la fois la mère de lecture et le 3ème élément de la racine, semi-consonne [y] devenue voyelle [i] devant les suffixes commençant par une consonne.

- À la 3ème pers. du plur., le yod disparaît. Le résultat ressemble beaucoup à une forme provenant d'une racine ʕayin-waw/ʕayin-yod : comparez בָּנוּ֫, *ils ont construit* (racine בני) et קָ֫מוּ, *ils se sont levés* (racine קום). Cependant, on les distingue par l'accent tonique, indiqué ici par le signe [˂] et dans la Bible par les ṭᵉʕamim : seuls les verbes accentués sur la dernière syllabe proviennent de racines lamed-yod.

- La 3ème pers. du fém. sing. a été formée, dans un premier temps, au moyen de la finale [t] : le fém. de בנה [BNH = bånå] devait donc être בנת [BNT = bånåṯ]. Mais cette forme, que l'on trouve dans les inscriptions et parfois même dans la Bible, était atypique par rapport aux autres formes de 3ème pers. du fém. sing. du qatal, qui sont **toutes** terminées par [å] : par analogie avec שָׁמְרָה [såm^{e}rå], on a donc ajouté au fém. [bånåt] une voyelle [å], marquée par la mère de lecture hé, et l'ajout de ce suffixe accentué a provoqué la réduction de la voyelle précédente à shewa mobile : [bånåt] + [å] > [bån^{e}ṯå], בָּנְתָה, qui se trouve ainsi avoir la même structure que les formes provenant de verbes entiers, type שָׁמְרָה. En présence d'une telle forme, vous vous demanderez peut-être si le taw est un suffixe de fém. ou la 3ème consonne de la racine. Il s'agit presque toujours de la marque de fém., car l'hébreu possède **très peu** de verbes à 3ème consonne taw.

- Qatal du verbe הָיָה *être* : il suit la conjugaison lamed-yod.

	singulier		**pluriel**	
1ère masc. et fém.	הָיִיתִי	hå**yi**ṯi	הָיִינוּ	hå**yi**nu
2ème masc.	הָיִיתָ	hå**yi**ṯå	הֱיִיתֶם	h^{e}yiṯɛm
2ème fém.	הָיִית	håyiṯ	הֱיִיתֶן	h^{e}yiṯɛn
3ème masc.	הָיָה	håyå	הָיוּ	håyu
3ème fém.	הָיְתָה	håy^{e}ṯå		

Bien que leur 2ème radicale soit yod, les verbes *être*, הָיָה (racine היי) et *vivre*, חָיָה (racine חיי) ne suivent pas la règle des ʕayin-yod : leur deuxième consonne n'est jamais réalisée [i], mais toujours [y]. En revanche, ils se comportent comme les autres **lamed-yod**. À la 3ème masc. sing., on trouve חַי *il a vécu* à côté de la forme attendue חָיָה.

2. Racines lamed-yod, schème qal, yiqtol

בָּנָה *construire*

	singulier		**pluriel**	
1ère masc. et fém.	אֶבְנֶה	ʔɛvnɛ	נִבְנֶה	nivnɛ
2ème masc.	תִּבְנֶה	tivnɛ	תִּבְנוּ	tivnu
2ème fém.	תִּבְנִי	tivni	תִּבְנֶינָה	tiv**ne**(y)nå
3ème masc.	יִבְנֶה	yivnɛ	יִבְנוּ	yivnu
3ème fém.	תִּבְנֶה	tivnɛ	תִּבְנֶינָה	tiv**ne**(y)nå

Comme pour le qatal, vous retrouvez la plupart des caractéristiques du verbe entier, avec en plus quelques particularités à expliciter :

- La voyelle thématique n'est ni [a] ni [o] mais [ɛ] (ségol). Nous ne transcrivons pas le hé final, qui est une mère de lecture.

- À la 2ème pers. du fém. sing. et aux 2ème et 3ème pers. du masc. plur., la voyelle thématique disparaît purement et simplement (au lieu de devenir shewa comme dans le verbe entier) : תִּבְנִי, תִּבְנוּ, יִבְנוּ . Les formes verbales ainsi obtenues ressemblent à celles qui proviennent des verbes pé-nun et assimilés. Lorsque le nun s'assimile et provoque un redoublement, la présence du dagesh fort garantit qu'il s'agit bien d'un pé-nun : comparez תִּתְּנוּ et תִּבְנוּ. En revanche, lorsqu'il n'y a pas de redoublement, on peut hésiter sur la racine à chercher dans le dictionnaire, mais nous avons vu (p. 180-181) que seuls trois verbes étaient concernés, alors que les verbes lamed-yod sont nombreux.

- Aux 2ème et 3ème pers. du féminin pluriel, le yod est présent dans la graphie mais ne se prononce pas.

- Comme pour le verbe entier (יִשְׁ|מֹר), la première syllabe du yiqtol est fermée par un shewa quiescent. Conséquence : si un verbe lamed-yod a comme 2ème consonne radicale une BeGaDKeFaT, celle-ci prend un dagesh léger au yiqtol : בָּכָה [bå<u>k</u>å] *il a pleuré* > יִבְכֶּה [yivkɛ] *il pleurera*, יִבְכּוּ [yivku] *ils pleureront*.

- Les verbes lamed-yod dont la 1ère consonne radicale est une gutturale prennent un ḥaṭef au lieu du shewa quiescent. Comme pour le verbe entier (ci-dessus p. 147), on a ḥaṭef ségol pour la 1ère pers. du sing. et ḥaṭef pataḥ partout ailleurs. Par ex., le verbe עָשָׂה *faire* : אֶעֱשֶׂה, *je ferai*, תַּעֲשֶׂה *tu feras* (masc.), תַּעֲשִׂי *tu feras* (fém.), נַעֲשֶׂה *nous ferons*, etc.

- Cette dernière règle ne s'applique ni à הָיָה, *être*, ni à חָיָה, *vivre*, dont les gutturales initiales prennent le shewa quiescent :

הָיָה, *être*

	singulier		pluriel	
1ère masc. et fém.	אֶהְיֶה	ʔɛhyɛ	נִהְיֶה	nihyɛ
2ème masc.	תִּהְיֶה	tihyɛ	תִּהְיוּ	tihyu
2ème fém.	תִּהְיִי	tihyi	תִּהְיֶינָה	tihyɛ(y)nå
3ème masc.	יִהְיֶה	yihyɛ	יִהְיוּ	yihyu
3ème fém.	תִּהְיֶה	tihyɛ	תִּהְיֶינָה	tihyɛ(y)nå

3. Racines lamed-yod, schème qal, impératif

בָּנָה, *construire*

	singulier		pluriel	
masc.	בְּנֵה	b^{e}ne	בְּנוּ	b^{e}nu
fém.	בְּנִי	b^{e}ni	בְּנֶינָה	b^{e}**ne**$^{(y)}$nå

עָשָׂה, *faire*

	singulier		pluriel	
masc.	עֲשֵׂה	ʕ^{a}śe	עֲשׂוּ	ʕ^{a}śu
fém.	עֲשִׂי	ʕ^{a}śi	עֲשֶׂינָה	ʕ^{a}**śe**$^{(y)}$nå

Pour le verbe *être* : הֱיֵה *sois* (masc.), הֲיִי *sois* (fém.), הֱיוּ *soyez.*

4. Racines lamed-yod, schème qal, wayyiqtol

Au wayyiqtol, l'accent tonique se déplace souvent vers la **première syllabe** du verbe. Dans le cas des lamed-yod, ce déplacement de l'accent cause la chute de la voyelle finale : c'est ce que l'on nomme une **apocope** (apocope = chute d'une ou plusieurs syllabes à la fin du mot. Derrière ce terme savant se cache une réalité que vous connaissez bien : *télé, ciné, resto, prof,* sont des formes apocopées). Le groupe de 2 consonnes en finale ainsi créé est parfois dissocié par une voyelle d'anaptyxe (= d'appui) : *wayyivn > wayyiven. Exemples :

יִבְנֶה	→	וַיִּבֶן
yiv**nɛ**, *il construira*	> *wayyivn	> way**yi**ven, *il construisit*
יִשְׁתֶּה	→	וַיֵּשְׁתְּ
yiš**tɛ**, *il boira*		> way**yešt**, *il but*
יִרְאֶה	→	וַיַּרְא
yirʔɛ, *il verra*		> way**yar**$^{(ʔ)}$, *il vit*
יַעֲשֶׂה	→	וַיַּעַשׂ
yaʕa**śɛ**, *il fera*		> waya**ʕa**ś, *il fit*
יִהְיֶה	→	וַיְהִי
yih**yɛ**, *il sera*		> way^{e}hi, *il fut*

On voit que les formes résultant de l'apocope varient quant aux vocalisations. L'important est de repérer la forme apocopée et d'en déduire qu'on est en présence d'une racine lamed-yod.

5. Racines lamed-yod, schème qal, participe

בָּנָה, *construire*

	singulier	pluriel
masc.	בֹּנֶה bonɛ	בֹּנִים bonim
fém.	בֹּנָה bonå	בֹּנוֹת bonot

Comme au yiqtol, le yod final disparaît complètement. Remarquez la finale de fém. sing., [-å] et non [-t] comme pour le verbe entier.

Il n'existe pas de participe pour les verbes *être* et *vivre*.

______ E1

- *Conjuguez au qatal les verbes suivants :*

  1. קָנִ֫יתִי *j'ai acquis* 2. רָאִ֫יתִי *j'ai vu* 3. עָלִ֫יתִי *je suis monté*

- *Conjuguez au yiqtol les verbes suivants :*

  1. אֶחְיֶה *je vivrai* 2. אֶרְאֶה *je verrai* 3. אֶעֱשֶׂה *je ferai*

- *Reliez les qatal (col. de droite) et les yiqtol correspondants (col. de gauche) :*

יִקְנֶה	בָּכָה
יִבְכֶּה	עֲשִׂיתֶם
תַּעֲשׂוּ	שָׁתִית
יִפְנוּ	עָשְׂתָה
תִּשְׁתִּי	קָנָה
תַּעֲשֶׂה	פָּנוּ
נַעֲלֶה	עָלִ֫ינוּ

- *Donnez la racine des verbes suivants :*

  1. יַעֲנֶה 2. יִרְבֶּה 3. תֵּשֵׁב 4. נָרוּץ 5. תִּמְצָא 6. תִּפְנוּ 7. יִסַּע
  8. תַּעֲלוּ 9. תֵּרְדוּ 10. נִרְקֹד 11. תִּבְכִּי 12. יֹאבַד

______ T2. Les racines lamed-yod : le piʕel

Les choses se passent pour le piʕel comme pour le qal :

- au qatal, voyelle [i] au lieu de [a] : comparer נִסִּ֫יתִי [nissiti], *j'ai essayé*, à דִּבַּ֫רְתִּי [dib**bar**ti], *j'ai parlé* ; 3ème pers. du masc. sing., נִסָּה [nissâ] *il a essayé*, à comparer avec דִּבֵּר [dib**ber**] *il a parlé*, etc.

- au yiqtol, le thème est terminé par une voyelle [ɛ] :

אֲנַסֶּה [ʔ^anassɛ] *j'essaierai*

à comparer avec אֲדַבֵּר [ʔ^adabber] *je parlerai* ;

et aux personnes où la voyelle thématique disparaît :

יְנַסּוּ [y^enassu] *ils essaieront*

à comparer avec יְדַבְּרוּ [y^edabb^eru] *ils parleront.*

———— **P2**

1. Racines lamed-yod, schème piʕel, qatal

נִסָּה, *essayer, mettre à l'épreuve* (racine נסי)

	singulier		pluriel	
1ère masc. et fém.	נִסִּיתִי	nissiṯi	נִסִּינוּ	nissinu
2ème masc.	נִסִּיתָ	nissiṯå	נִסִּיתֶם	nissiṯɛm
2ème fém.	נִסִּית	nissiṯ	נִסִּיתֶן	nissiṯɛn
3ème masc.	נִסָּה	nisså	נִסּוּ	nissu
3ème fém.	נִסְּתָה	niss^eṯå		

- Vous retrouvez à la fois les caractéristiques du piʕel en général (redoublement de la 2ème radicale, voyelle ḥireq dans la première syllabe) et celles des lamed-yod vues en T1. Rien de nouveau donc, vous identifiez la forme en raisonnant ainsi : il y a un redoublement de la deuxième radicale, *donc* c'est un piʕel ; la troisième consonne est absente (ex. נִסּוּ), *donc* c'est un lamed-yod.

- À la 3ème pers. du fém. sing., notez la finale –ṯå, identique à celle du qal (voir l'explication historique p. 261). Vous la retrouverez pour tous les schèmes verbaux, c'est une caractéristique des racines lamed-yod en général.

- La racine du verbe *être* (היי) n'est pas attestée au piʕel. En revanche, ce schème existe pour la racine חיי, avec valeur factitive : חִיָּה signifie *il a fait vivre, il a rendu la vie, il a laissé en vie.* Sa conjugaison est conforme à celle du verbe type.

- Certains verbes ont comme voyelle thématique [e] au lieu de [i] : par ex., pour le verbe צִוָּה *ordonner, prescrire* (racine צוי) on trouve 29 occurrences de צִוִּיתִי [ṣiwwi^(y)ṯi] et 5 de צִוֵּיתִי [ṣiwwe^(y)ṯi].

2. Racines lamed-yod, schème piʕel, yiqtol

נִסָּה, *essayer, mettre à l'épreuve* (racine נסי)

	singulier		pluriel	
1ère masc. et fém.	אֲנַסֶּה	ʔanassɛ	נְנַסֶּה	nenassɛ
2ème masc.	תְּנַסֶּה	tenassɛ	תְּנַסּוּ	tenassu
2ème fém.	תְּנַסִּי	tenassi	תְּנַסֶּ֫ינָה	tenassɛ(y)nå
3ème masc.	יְנַסֶּה	yenassɛ	יְנַסּוּ	yenassu
3ème fém.	תְּנַסֶּה	tenassɛ	תְּנַסֶּ֫ינָה	tenassɛ(y)nå

3. Racines lamed-yod, schème piʕel, impératif

נִסָּה, *essayer, mettre à l'épreuve* (racine נסי)

	singulier		pluriel	
masc.	נַסֵּה	nassɛ	נַסּוּ	nassu
fém.	נַסִּי	nassi	נַסֶּ֫ינָה	nassɛ(y)nå

4. Racines lamed-yod, schème piʕel, wayyiqtol

On retrouve le phénomène d'apocope vu au qal. À cause de la chute du [ɛ], la seconde consonne radicale se retrouve en finale absolue et perd son dagesh fort (règle vue p. 81). Vous reconnaissez malgré tout le piʕel, grâce à la vocalisation shewa du préfixe.

יְכַלֶּה → וַיְכַל

yekallɛ, *il terminera* > wayekal, *il termina*

יְצַוֶּה → וַיְצַו

yeṣawwɛ, *il ordonnera* > wayeṣaw, *il ordonna*

5. Racines lamed-yod, schème piʕel, participe

נִסָּה, *essayer, mettre à l'épreuve* (racine נסי)

	singulier		pluriel	
masc.	מְנַסֶּה	menassɛ	מְנַסִּים	menassim
fém.	מְנַסָּה	menasså	מְנַסּוֹת	menassot

——— E2

- *Conjuguez au qatal les verbes suivants :*

1. גִּלִּיתִי *j'ai découvert* 2. שִׁנִּיתִי *j'ai transformé*

- *Conjuguez au yiqtol les verbes suivants :*

1. אֲצַוֶּה *j'ordonnerai* 2. אֲחַיֶּה *je ferai vivre*

- *Les verbes suivants sont-ils au qal ou au piʕel ? Ils ont tous une racine lamed-yod, mais sont à diverses formes (qatal, yiqtol, wayyiqtol, participe, impératif).*

1. קָנִינוּ 2. רְאִיתֶם 3. גִּלִּיתֶם 4. יִרְבּוּ 5. יְנַקֶּה 6. יְכַסּוּ 7. תִּשְׁתּוּ
8. וַיִּבֶן 9. וַיְכַל 10. עֹשֶׂה 11. מְגַלֶּה 12. פְּרֵי 13. עֲשׂוּ 14. פַּנּוּ

——— T3. Les verbes statifs

➢ La différence entre verbes actifs et verbes statifs ne concerne que le qal. Les verbes statifs se distinguent par leur **signification** (ils expriment un état : *être vieux, être lourd, aimer*...), leur **morphologie** (en particulier au participe) et leur **syntaxe**.

➢ Les verbes statifs expriment :

- des qualités : *être bon, être grand, être petit, être lourd, être pur...*
- des états physiques : *avoir faim, avoir soif, dormir...*
- des états mentaux *: aimer, haïr, craindre...*

Vous en trouverez la liste complète dans les grammaires. Aux catégories mentionnées ci-dessus s'ajoutent quelques verbes isolés : *pouvoir, mourir, habiter...*

➢ Certains verbes actifs par le sens et la morphologie sont parfois traités **syntaxiquement** comme des statifs.

——— P3

- **Morphologie des verbes statifs**

Les verbes statifs se distinguent des verbes actifs au **participe** et à la **3ème personne du masculin singulier du qatal**. Les autres personnes du qatal sont identiques à celles que vous avez apprises à la leçon 7 ; de même au yiqtol, pour lequel la voyelle thématique est presque toujours [a], car la plupart des verbes statifs sont intransitifs.

- **Participe** : pour le verbe **actif,** le schème de participe est **qotel** (cf. ci-dessus p. 234), avec un fém. en [-t]. Pour le verbe **statif,** le schème est soit **qatel,** soit (plus rarement) **qatol** ; le fém. est en [-å].

כָּבֵד, *être lourd*

	singulier		pluriel	
masc.	כָּבֵד	kaved	כְּבֵדִים	kᵉvedim
fém.	כְּבֵדָה	kᵉvedå	כְּבֵדוֹת	kᵉvedot

יָכֹל, *être capable de, pouvoir*

	singulier		pluriel	
masc.	יָכֹל	yåkol	יְכֹלִים	yᵉkolim
fém.	יְכֹלָה	yᵉkolå	יְכֹלוֹת	yᵉkolot

Cependant, les frontières entre statifs et actifs sont poreuses, et il arrive que des verbes statifs à l'origine aient un participe de schème **qotel**. Ainsi, le verbe *aimer*, אָהֵב, fait au participe אֹהֵב et non אָהֵב.

- **Qatal** : à la 3ème pers. du masc. sing., on trouve soit une voyelle [a] comme pour les verbes d'action, soit une voyelle [e] : par ex., le verbe *habiter* a comme 3ème pers. du qatal שָׁכַן et שָׁכֵן. Les autres formes sont celles que vous connaissez pour les verbes actifs, שָׁכַנְתָּ, שָׁכְנוּ, etc.

- **Syntaxe des verbes statifs**

Nous avons souligné p. 117 la ressemblance entre les suffixes marquant la personne au qatal et les pronoms personnels indépendants. Cela est lié à l'origine même du qatal. Si l'on considère les données akkadiennes, on voit en effet que le qatal a pour origine des phrases nominales, constituées d'un adjectif verbal et d'un pronom personnel. En hébreu : soit le verbe כָּבֵד, *être lourd.* La forme de qatal, 2ème pers. du masc. sing., כָּבַדְתָּ [kåva**d**tå] est l'exact équivalent de la phrase nominale כָּבֵד אַתָּה [kåved ʔattå] *tu es lourd.* Il s'ensuit qu'un verbe statif au qatal est à traduire, très souvent, par un **présent (ou un imparfait)** :

- זָקַנְתִּי, *je suis/j'étais vieux* (plus rarement *j'ai été vieux*)
- גָּדַלְתָּ, *tu es/tu étais grand* (plus rarement *tu as été grand*)
- אָהֲבָה, *elle aime/aimait* (plus rarement *elle a aimé*)

Exemple : en Gen 22 est relaté l'épisode du sacrifice d'Isaac. Voici ce que Dieu demande à Abraham :

קַח־נָא אֶת־בִּנְךָ אֶת־יְחִידְךָ אֲשֶׁר־אָהַבְתָּ אֶת־יִצְחָק

Isaac OBJ **tu aimes** que ton unique OBJ ton fils OBJ donc prends

= *Prends donc ton fils, ton unique, [celui] que* ***tu aimes****, Isaac.*

On peut supposer – en simplifiant beaucoup les données – que cette forme verbale à suffixes, qui exprimait un **état** et non un temps, **coexistait** en sémitique ancien avec un **accompli** employé pour le passé et un **inaccompli** employé pour le présent et le futur[1]. En hébreu, en arabe, et dans d'autres langues nord-ouest sémitiques, il y a eu à un certain moment une réorganisation du système verbal : **la forme ancienne d'inaccompli** a disparu et **la forme ancienne d'accompli** a été employée pour marquer l'inaccompli (c'est celle que vous connaissez en hébreu sous le nom de yiqtol). Il manquait de ce fait une forme verbale exprimant l'accompli : la forme de statif, type כָּבַדְתָּ *tu es lourd*, a comblé ce vide et s'est peu à peu étendue aux verbes d'action avec un sens de passé ponctuel et révolu. Comme nous ne nous situons pas dans une perspective historique, nous avons d'abord présenté le qatal avec sa valeur temporelle, qui est de loin la plus fréquente : שָׁמַרְתָּ *tu as gardé*. Les verbes exprimant un état ont, quant à eux, gardé la valeur ancienne du statif (statif < état) : אָהַבְתָּ, *tu aimes*.

Lorsque le qatal d'un verbe statif est employé dans la sphère du passé, il faut généralement le traduire par un imparfait, car l'état qu'il exprime implique une certaine **durée**. Mais on trouve aussi des verbes statifs à valeur d'accompli non duratif, exactement comme les actifs.

En résumé : le qatal d'un verbe statif se traduit soit par un présent, soit par un imparfait ; plus rarement par un passé simple. Selon le contexte, אָהֲבָה se traduira donc par *elle aime* ou *elle aimait*. Pour dire *elle aima, elle a aimé*, on utilise de préférence le wayyiqtol.

Certains verbes, actifs par leur morphologie mais exprimant un **état d'âme** (*espérer, avoir confiance, mépriser…*), sont parfois traités du point de vue syntaxique comme des statifs. Ainsi, יָדַע, *savoir*, n'a rien d'un statif dans sa morphologie (son participe est de schème **qotel**,

---

[1] Il existe des divergences d'opinion sur le nombre de formes à préfixes dans le système primitif du proto-sémitique : une, deux ou trois. Dans le cadre de ce manuel de langue biblique, nous ne pouvons entrer dans le détail de toutes les hypothèses sur ce système et sur son évolution en hébreu. Le lecteur intéressé par la question trouvera un résumé des principales positions dans l'ouvrage de J.-C Haelewyck (v. ci-dessous la bibliographie), p. 124-129 et 173-182.

יָדַע), mais יָדַעְתִּי signifie *je sais* (dans un contexte passé, *je savais*), plutôt que *j'ai su*. Nous avons déjà évoqué p. 205-206 l'échange entre Dieu et Caïn après le meurtre d'Abel. À la question *où est Abel ton frère*, Caïn répond : ***je ne sais pas*** *; suis-je le gardien de mon frère ?* Voici le verset (Gen 4, 9) dans son intégralité :

וַיֹּאמֶר יְהוָה אֶל־קַיִן אֵי הֶבֶל אָחִיךָ וַיֹּאמֶר לֹא יָדַעְתִּי הֲשֹׁמֵר אָחִי אָנֹכִי

Cet usage du qatal avec un sens de présent s'observe aussi pour des verbes **performatifs**, c'est-à-dire ayant la propriété de réaliser l'action qu'ils expriment : *je promets*, *je déclare* sont des verbes performatifs, car en même temps qu'on les énonce on accomplit l'action de promettre ou de déclarer. Dans certains cas donc, des formes comme אָמַרְתִּי et צִוִּיתִי devront être traduites par *je dis* et *j'ordonne* (et non par *j'ai dit* ou *j'ai ordonné*), bien que ces verbes ne soient nullement statifs.

E3

• *Traduisez à l'aide du vocabulaire de la p. 274 :*

1. וַיֹּאמְרוּ אֶל שְׁמוּאֵל אַתָּה זָקַנְתָּ
2. מָה אָהַבְתִּי תוֹרָתֶךָ (Ps 119, 97) — מָה = *comme* (exclamatif)
3. אֱלֹהַי גָּדַלְתָּ (Ps 104, 1)
4. אֶת־הָאֱלֹהִים אֲנִי יָרֵא (Gen 42, 18)

T4. Le pronom personnel complément du verbe

Vous connaissez les pronoms personnels indépendants (cf. leçon 5). Dans ce chapitre, nous étudierons les pronoms personnels compléments d'objet des verbes transitifs (*il* **me** *voit, je* **le** *prends*, etc.).

➢ Pour exprimer le pronom personnel complément d'objet du verbe, on utilise le plus souvent des **affixes** comparables à ceux qui ont été vus dans la flexion des noms et des prépositions. Comparez les formes suivantes (le tableau se lit de droite à gauche) :

ta maison	בֵּיתְךָ	<	*maison*	בַּיִת
pour toi	לְךָ	<	*pour*	לְ-
il te bénira	יְבָרֶכְךָ	<	*il bénira*	יְבָרֵךְ

➢ On peut aussi utiliser la particule אֵת fléchie. La base de flexion de אֵת est אֹת- (graphie pleine אוֹת-). Exemple : יְבָרֵךְ אוֹתְךָ *il te bénira.*

P4

1. Tableau des affixes verbaux

Pronom COD	Forme de l'affixe	**Exemples** (les verbes ne sont pas tous au même temps ni à la même personne)
1ère sing.	־ַנִי, ־ֵנִי -**a**ni, -**e**ni	שָׁמַר *il a gardé* > שְׁמָרַנִי [š^{e}må**ra**ni] *il m'a gardé(e)* יַהֲרֹג *il tuera* > יַהַרְגֵנִי, *il me tuera*
2ème masc. sing.	־ךָ -k̲å	יַעַבְדוּ *ils serviront, rendront un culte* יַעַבְדוּךָ *ils te serviront* [yaʕav**du**k̲å]
2ème fém. sing.	־ךְ -k̲	נָתַתִּי *j'ai donné* > נְתַתִּיךְ *je t'ai donnée* [n^{e}tåttik̲]
3ème masc. sing.	־ו, ־וֹ, ־הוּ -w, -o, -hu	רָאִיתִי *j'ai vu* > רְאִיתִיו [r^{e}ʔit̲iw] *je l'ai vu* לְקַדֵּשׁ *pour sanctifier* > לְקַדְּשׁוֹ [l^{e}qadd^{e}šo] *pour le sanctifier* וַיְקַדֵּשׁ *il a sanctifié* > וַיְקַדְּשֵׁהוּ *il l'a sanctifié* [way^{e}qadd^{e}**še**hu]
3ème fém. sing.	־ָהּ, ־ֶהָ -åh, -ɛhå	וַיִּקַּח *il a pris* > וַיִּקָּחֶהָ [wayyiqqa**ḥɛ**hå] *il l'a prise*
1ère plur.	־נוּ -nu	עֲנֵה *réponds !* (transitif en hébreu) עֲנֵנוּ [ʕa**ne**nu] *réponds-nous !*
2ème masc. plur.	־כֶם -k̲ɛm	בֵּרַכְנוּ *nous avons béni* בֵּרַכְנוּכֶם [berak̲nuk̲ɛm] *nous vous avons bénis*
2ème fém. plur	־כֶן -k̲ɛm	בֵּרַכְנוּ *nous avons béni* בֵּרַכְנוּכֶן [berak̲nuk̲ɛn] *nous vous avons bénies*
3ème masc. plur.	־ָם, ־ֵם -åm, -em poét. : ־מוֹ	וְכָתַבְתָּ *tu écriras* (w^{e}qatal) וּכְתַבְתָּם *tu les écriras* [uk̲t̲avtåm] אָשִׂים *je placerai* אֲשִׂימֵם *je les placerai* [ʔ^{a}śimem] יֹאכַל *il mangera* יֹאכְלֵמוֹ *il les mangera* [yo$^{(ʔ)}$k̲**le**mo]
3ème fém. plur.	־ָן, ־ֵן -ån, -en	קִבֵּץ *il a rassemblé* קִבְּצָן *il les a rassemblées* [qibb^{e}ṣån]

Remarques :

- Les affixes du verbe sont très proches de ceux utilisés pour le nom au singulier et la préposition. La seule différence significative est à la 1ère personne du singulier : derrière le nom et la préposition, on a toujours ־ִי (סוּסִי, *mon cheval*), et derrière le verbe, toujours ־נִי.

- L'affixe de 2ème personne du masculin singulier est parfois écrit en graphie pleine : ־כָה au lieu de ־ךָ.

- L'ajout de l'affixe entraîne souvent des changements dans l'accentuation et la vocalisation du verbe. Dans שְׁמָרַנִי, *il m'a gardé(e)*, le qameṣ de la première syllabe de שָׁמַר passe à shewa mobile : [šåmar] > [š^{e}marani] ; dans יַהַרְגֵנִי, c'est la voyelle thématique [o] du yiqtol qui disparaît : [yah^{a}rog̱] > [yahar**g**eni].

- Certains affixes s'accolent directement au verbe (ex. ־כֶם) ; pour d'autres, une **voyelle de liaison** apparaît entre verbe et affixe. Ex. שְׁמָרַנִי [š^{e}marani] *il m'a gardé(e)*, וַיְקַדְּשֵׁהוּ [way^{e}qadd^{e}šehu] *il le sanctifia.*

- Pour certaines personnes, nous avons indiqué des variantes. Elles ne sont pas interchangeables. Ainsi, pour la 3ème pers. du masc. sing., on trouve presque toujours ־ו [-w] derrière la finale de qatal -ṯi, (ex. רְאִיתִיו), mais ־וֹ [-o] derrière un verbe à l'infinitif (לְקַדְּשׁוֹ) et ־הוּ [-hu] après un yiqtol ou wayyiqtol (וַיְקַדְּשֵׁהוּ). De même, la voyelle de liaison n'est pas un effet du hasard. Vous trouverez le détail des différentes possibilités dans les grammaires. Il n'est pas nécessaire de chercher à tout mémoriser : l'important est d'identifier l'affixe pour pouvoir chercher le verbe dans le dictionnaire. Si nous devions rendre compte de toutes les variations, il faudrait prendre chaque personne à part. Lorsque vous aurez rencontré de nombreuses formes, vous vous rendrez compte par vous-même des régularités et des variations.

- Lorsque le verbe est au qatal, 2ème ou 3ème pers du fém. sing., des éléments disparus en hébreu (mais qui étaient présents en sémitique) réapparaissent devant l'affixe. *Tu as donné* (fém.) se dit נָתַתְּ [nåtatt], mais si cette forme verbale se trouve munie d'un affixe, le [i] qui marquait primitivement le fém. sing. réapparaît : נְתַתִּיהוּ [n^{e}tattihu] *tu* (fém.) *l'as donné.* Seul le contexte vous permet de faire la différence avec un verbe à la 1ère personne, mais les formes de 2ème personne du féminin singulier avec affixe sont beaucoup plus rares que les formes de 1ère personne du singulier avec affixe.

Concernant la 3ème personne du féminin singulier, c'est la finale primitive –t̲ (cf. ci-dessus p. 261) qui réapparaît. On a donc אָכְלָה [ʔåk̲^{e}lå] *elle a mangé*, mais אֲכָלַתְהוּ [ʔ^{a}k̲å**lat̲**^{e}hu] *elle l'a mangé.*

2. Insertion d'un nun « énergique »

Au yiqtol et à l'impératif, il arrive qu'un nun soit intercalé entre le verbe et certains affixes. Ce nun avait sans doute, à l'origine, une valeur énergique, mais elle n'est plus sentie en hébreu biblique. Ces formes apparaissent souvent – mais pas seulement – à la pause.

On trouve ce nun, avec dagesh fort, devant les affixes de 3ème pers. du masc. sing. (ֶנּוּ-), et du fém. sing. (ֶנָּה-), ainsi qu'à la 2ème pers. du masc. sing. Dans ce dernier cas, le nun s'assimile et l'affixe n'est plus ךָ- [-k̲å] mais ךָּ- [-kkå] < *[nkå], avec dagesh fort. Exemples :

- pour *il le gardera*, on trouve, à côté de יִשְׁמְרֵהוּ [yišm^{e}**re**hu] la forme énergique יִשְׁמְרֶנּוּ [yišm^{e}**re**nnu] Le dagesh vous permet de distinguer cette finale de celle de 1ère pers. du masc. plur. נוּ-.
- dans le texte de la Genèse étudié ci-dessus p. 196, nous avons trouvé אֶתְּנֶנָּה, *je la donnerai.*
- pour *je te verrai*, on trouve en 2 Rois 3, 14, la forme אֶרְאֶךָּ [ʔɛrʔɛkkå] qui correspond à אֶרְאֶה *je verrai* + נ (*n* énergique) + ךָ- ([-k̲å], affixe de 2ème personne du masculin singulier).

3. Le pronom personnel COD introduit par אֵת

La particule אֵת introduit le complément d'objet direct lorsque celui-ci est défini. Mais on utilise aussi אֵת, fléchi comme les prépositions, pour former des pronoms personnels compléments d'objet direct. La base de flexion est -אֹת [ʔot̲-] (ou, avec la graphie pleine, -אוֹת), sauf aux 2èmes personnes du pluriel et dans certains cas 3èmes personnes du pluriel, où l'on a -אֶת. Voici la flexion de -אֵת :

	singulier		pluriel	
1ère masc. et fém.	אֹתִי	*me, moi*	אֹתָנוּ	*nous*
2ème masc.	אֹתְךָ	*te, toi*	אֶתְכֶם	*vous*
2ème fém.	אֹתָךְ	*te, toi*	אֶתְכֶן	*vous*
3ème masc.	אֹתוֹ	*le*	אֹתָם ou אֶתְהֶם	*les*
3ème fém.	אֹתָהּ	*elle*	אֹתָן ou אֶתְהֶן	*les*

Du point de vue du **sens**, il n'y a pas de différence entre -אֶת fléchi et les affixes : *il te bénira* peut aussi bien se dire יְבָרֵךְ אֹתְךָ que יְבָרֶכְךָ. En revanche, les deux constructions ne sont pas équivalentes du point de vue **syntaxique**. L'affixe est, de par sa nature même, indéplaçable ; si l'on veut mettre le pronom en relief en le plaçant en tête, on est donc obligé de recourir au pronom détaché : אֹתְךָ יְבָרֵךְ *c'est toi qu'il bénira.*

——— E4

- *Traduisez (1ère ligne : verbes au yiqtol et wayyiqtol. 2ème ligne : verbes au qatal).*

1. אֲבָרֶכְךָ 2. יִמְצָאֻהוּ 3. תִּתְּנוֹ 4. וַיִּקָּחֵהוּ 5. תְּכַבְּדֵנִי 6. יִתְּנֶנּוּ
7. מְצָאתִיו 8. זְכַרְתָּנִי 9. עָשָׂהוּ 10. צִוָּנוּ 11. אֲכָלוּהוּ

- *Réécrivez les formes suivantes en remplaçant l'affixe par -אֶת fléchi.*

Exemple : מְצָאתִיו > מָצָאתִי אֹתוֹ

1. יַהַרְגֵנִי 2. יַעַבְדוּךָ 3. יִקָּחֵהוּ 4. אֶתְּנֶנָּה 5. אֲשִׂימֵם 6. זְכָרָנוּ
7. עֲבַדְתָּנִי 8. רְאִיתִיהָ

****

VOCABULAIRE

ordonner, prescrire yiqtol : יְצַוֶּה	צִוָּה	aimer yiqtol : יֶאֱהַב	אָהַב
voir yiqtol : יִרְאֶה wayyiqtol : וַיַּרְא	רָאָה	être / devenir grand yiqtol : יִגְדַּל	גָּדַל
mort base de flexion : -מוֹת	*m.* מָוֶת	être / devenir vieux yiqtol : יִזְקַן	זָקֵן
souffle, personne, âme, vie	*f.* נֶפֶשׁ נְפָשׁוֹת	vivre yiqtol : יִחְיֶה	חָיָה, חַי
maintenant	עַתָּה	savoir, connaître yiqtol : יֵדַע	יָדַע
		craindre, vénérer yiqtol : יִירָא	יָרֵא

Exercices corrigés

E1

• *Conjuguez au qatal les verbes suivants :*

je suis monté עָלִ֫יתִי .3   *j'ai vu* רָאִ֫יתִי .2   *j'ai acquis* קָנִ֫יתִי .1.

j'ai acquis קָנִ֫יתִי

	singulier		pluriel	
1ère masc. et fém.	קָנִ֫יתִי	qå**ni**t̲i	קָנִ֫ינוּ	qå**ni**nu
2ème masc.	קָנִ֫יתָ	qå**ni**t̲å	קְנִיתֶם	q^{e}nit̲ɛm
2ème fém.	קָנִית	qå**nit̲**	קְנִיתֶן	q^{e}nit̲ɛn
3ème masc.	קָנָה	qånå	קָנוּ	qånu
3ème fém.	קָנְתָה	qån^{e}t̲å		

j'ai vu רָאִ֫יתִי

	singulier		pluriel	
1ère masc. et fém.	רָאִ֫יתִי	rå**ʔi**t̲i	רָאִ֫ינוּ	rå**ʔi**nu
2ème masc.	רָאִ֫יתָ	rå**ʔi**t̲å	רְאִיתֶם	r^{e}ʔit̲ɛm
2ème fém.	רָאִית	rå**ʔit̲**	רְאִיתֶן	r^{e}ʔit̲ɛn
3ème masc.	רָאָה	råʔå	רָאוּ	råʔu
3ème fém.	רָאֲתָה	råʔ^{a}t̲å		

je suis monté עָלִ֫יתִי

	singulier		pluriel	
1ère masc. et fém.	עָלִ֫יתִי	ʕå**li**t̲i	עָלִ֫ינוּ	ʕå**li**nu
2ème masc.	עָלִ֫יתָ	ʕå**li**t̲å	עֲלִיתֶם	ʕ^{a}lit̲ɛm
2ème fém.	עָלִית	ʕå**lit̲**	עֲלִיתֶן	ʕ^{a}lit̲ɛn
3ème masc.	עָלָה	ʕålå	עָלוּ	ʕålu
3ème fém.	עָלְתָה	ʕål^{e}t̲å		

• *Conjuguez au yiqtol les verbes suivants :*

je ferai אֶעֱשֶׂה .3   *je verrai* אֶרְאֶה .2   *je vivrai* אֶחְיֶה .1.

je vivrai אֶחְיֶה

	singulier		pluriel	
1ère masc. et fém.	אֶחְיֶה	ʔɛḥyɛ	נִחְיֶה	niḥyɛ
2ème masc.	תִּחְיֶה	tiḥyɛ	תִּחְיוּ	tiḥyu
2ème fém.	תִּחְיִי	tiḥyi	תִּחְיֶינָה	tiḥ**yɛ**$^{(y)}$nå
3ème masc.	יִחְיֶה	yiḥyɛ	יִחְיוּ	yiḥyu
3ème fém.	תִּחְיֶה	tiḥyɛ	תִּחְיֶינָה	tiḥ**yɛ**$^{(y)}$nå

je verrai אֶרְאֶה

	singulier		pluriel	
1ère masc. et fém.	אֶרְאֶה	ʔɛrʔɛ	נִרְאֶה	nirʔɛ
2ème masc.	תִּרְאֶה	tirʔɛ	תִּרְאוּ	tirʔu
2ème fém.	תִּרְאִי	tirʔi	תִּרְאֶינָה	tir**ʔɛ**$^{(y)}$nå
3ème masc.	יִרְאֶה	yirʔɛ	יִרְאוּ	yirʔu
3ème fém.	תִּרְאֶה	tirʔɛ	תִּרְאֶינָה	tir**ʔɛ**$^{(y)}$nå

je ferai אֶעֱשֶׂה

	singulier		pluriel	
1ère masc. et fém.	אֶעֱשֶׂה	ʔɛʕ^{e}śɛ	נַעֲשֶׂה	naʕ^{a}śɛ
2ème masc.	תַּעֲשֶׂה	taʕ^{a}śɛ	תַּעֲשׂוּ	taʕ^{a}śu
2ème fém.	תַּעֲשִׂי	taʕ^{a}śi	תַּעֲשֶׂינָה	taʕ^{a}**śɛ**$^{(y)}$nå
3ème masc.	יַעֲשֶׂה	yaʕ^{a}śɛ	יַעֲשׂוּ	yaʕ^{a}śu
3ème fém.	תַּעֲשֶׂה	taʕ^{a}śɛ	תַּעֲשֶׂינָה	taʕ^{a}**śɛ**$^{(y)}$nå

- *Reliez les qatal (col. de droite) et les yiqtol correspondants (col. de gauche) :*

יִבְכֶּה	בָּכָה
תַּעֲשׂוּ	עֲשִׂיתֶם
תִּשְׁתִּי	שָׁתִית
תַּעֲשֶׂה	עָשְׂתָה
יִקְנֶה	קָנָה
יִפְנוּ	פָּנוּ
נַעֲלֶה	עָלִינוּ

• *Donnez la racine des verbes suivants :*

1. יַעֲנֶה ← עני
2. יִרְבֶּה ← רבי
3. תֵּשֵׁב ← ישב
4. נָרוּץ ← רוץ
5. תִּמְצָא ← מצא
6. תִּפְנוּ ← פני
7. יִסַּע ← נסע
8. תַּעֲלוּ ← עלי
9. תֵּרְדוּ ← ירד
10. נִרְקֹד ← רקד
11. תִּבְכִּי ← בכי
12. יֹאבַד ← אבד

——— E2

• *Conjuguez au qatal les verbes suivants :*

1. גִּלִּ֫יתִי *j'ai découvert* 2. שִׁנִּ֫יתִי *j'ai transformé*

j'ai découvert גִּלִּ֫יתִי

	singulier		pluriel	
1ère masc. et fém.	גִּלִּ֫יתִי	gil**li**ṯi	גִּלִּ֫ינוּ	gil**li**nu
2ème masc.	גִּלִּ֫יתָ	gil**li**ṯå	גִּלִּיתֶם	gilliṯɛm
2ème fém.	גִּלִּית	gilliṯ	גִּלִּיתֶן	gilliṯɛn
3ème masc.	גִּלָּה	gillå	גִּלּוּ	gillu
3ème fém.	גִּלְּתָה	gill^{e}ṯå		

j'ai transformé שִׁנִּ֫יתִי

	singulier		pluriel	
1ère masc. et fém.	שִׁנִּ֫יתִי	šin**ni**ṯi	שִׁנִּ֫ינוּ	šin**ni**nu
2ème masc.	שִׁנִּ֫יתָ	šin**ni**ṯå	שִׁנִּיתֶם	šinniṯɛm
2ème fém.	שִׁנִּית	šinniṯ	שִׁנִּיתֶן	šinniṯɛn
3ème masc.	שִׁנָּה	šinnå	שִׁנּוּ	šinnu
3ème fém.	שִׁנְּתָה	šinn^{e}ṯå		

• *Conjuguez au yiqtol les verbes suivants :*

1. אֲצַוֶּה *j'ordonnerai* 2. אֲחַיֶּה *je ferai vivre*

j'ordonnerai אֲצַוֶּה

	singulier		pluriel	
1ère masc. et fém.	אֲצַוֶּה	ʔaṣawwɛ	נְצַוֶּה	n^{e}ṣawwɛ
2ème masc.	תְּצַוֶּה	t^{e}ṣawwɛ	תְּצַוּוּ	t^{e}ṣawwu
2ème fém.	תְּצַוִּי	t^{e}ṣawwi	תְּצַוֶּינָה	t^{e}ṣawwɛ$^{(y)}$nå
3ème masc.	יְצַוֶּה	y^{e}ṣawwɛ	תְּצַוּוּ	y^{e}ṣawwu
3ème fém.	תְּצַוֶּה	t^{e}ṣawwɛ	תְּצַוֶּינָה	t^{e}ṣawwɛ$^{(y)}$nå

je ferai vivre אֲחַיֶּה

	singulier		pluriel	
1ère masc. et fém.	אֲחַיֶּה	ʔ^{a}ḥayyɛ	נְחַיֶּה	n^{e}ḥayyɛ
2ème masc.	תְּחַיֶּה	t^{e}ḥayyɛ	תְּחַיּוּ	t^{e}ḥayyu
2ème fém.	תְּחַיִּי	t^{e}ḥayyi	תְּחַיֶּינָה	t^{e}ḥayyɛ$^{(y)}$nå
3ème masc.	יְחַיֶּה	y^{e}ḥayyɛ	תְּחַיּוּ	y^{e}ḥayyu
3ème fém.	תְּחַיֶּה	t^{e}ḥayyɛ	תְּחַיֶּינָה	t^{e}ḥayyɛ$^{(y)}$nå

- *Les verbes suivants sont-ils au qal ou au piʕel ? Ils ont tous une racine lamed-yod, mais sont à diverses formes (qatal, yiqtol, wayyiqtol, participe, impératif).*

1. קָנִינוּ 2 . רְאִיתֶם 3. גִּלִּיתֶם 4. יִרְבּוּ 5. יְנַקֶּה 6. יְכַסּוּ 7. תִּשְׁתּוּ
8. וַיִּבֶן 9. וַיְכַל 10. עָשָׂה 11. מְגַלֶּה 12. פְּרוּ 13. עֲשׂוּ 14. פַּנּוּ

Verbes au qal :

1. קָנִינוּ 2 .רְאִיתֶם 4. יִרְבּוּ 7. תִּשְׁתּוּ 8 וַיִּבֶן 10. עָשָׂה 12. פְּרוּ
13. עֲשׂוּ :

Verbes au piʕel :

3. גִּלִּיתֶם 5. יְנַקֶּה 6. יְכַסּוּ 9. וַיְכַל 11. מְגַלֶּה 14. פַּנּוּ

E3

- *Traduisez à l'aide du vocabulaire p. 274 :*

1. וַיֹּאמְרוּ אֶל שְׁמוּאֵל אַתָּה זָקַנְתָּ — *Ils dirent à Samuel : « tu es vieux ».*
2. מָה אָהַבְתִּי תוֹרָתֶךָ — (Ps 119, 97) *Comme j'aime ta loi !*
3. אֱלֹהַי גָּדַלְתָּ — (Ps 104, 1) *Mon Dieu, tu es grand.*
4. אֶת־הָאֱלֹהִים אֲנִי יָרֵא — (Gen 42, 18) *C'est Dieu que je crains.*

——— E4

• *Traduisez*

1. אֲבָרֶכְךָ *je te bénirai* 2. יִמְצָאֵהוּ *il le trouvera* . תִּתְּנוֹ *tu le donneras*

4. וַיִּקָּחֵהוּ *il le prit* 5. תְּכַבְּדֵנִי *tu m'honoreras* 6. יִתְּנֶנּוּ *il le donnera*

7. מְצָאתִיו *je l'ai trouvé* 8. זְכַרְתָּנִי *tu t'es souvenu de moi* 9. עָשָׂהוּ *il l'a fait*

11. צִוָּנוּ *il nous a ordonné* 12. אֲכָלוּהוּ *ils l'ont mangé*

• *Réécrivez les formes suivantes en remplaçant l'affixe par* -אֶת *fléchi. Exemple :*
מָצָאתִי אֹתוֹ < מְצָאתִיו

1. יַהַרְגֵנִי ← יַהֲרֹג אֹתִי
2. יַעַבְדוּךָ ← יַעַבְדוּ אֹתְךָ
3. יִקָּחֵהוּ ← יִקַּח אֹתוֹ
4. אֶתְּנֶנָּה ← אֶתֵּן אֹתָהּ
5. אֲשִׂימֵם ← אָשִׂים אֹתָם
6. זְכָרָנוּ ← זָכַר אֹתָנוּ
7. עֲבַדְתָּנִי ← עָבַדְתָּ אֹתִי
8. רְאִיתִיהָ ← רָאִיתִי אֹתָהּ

Pas à pas dans le texte biblique

Genèse 27, 1-22

Ce texte se situe juste avant celui que nous avons étudié à la leçon 8 (l'échelle de Jacob). Ici, Jacob est encore dans sa famille et, avec la complicité de sa mère Rébecca, détourne à son profit la bénédiction paternelle réservée au fils aîné.

1. וַיְהִי֙ כִּֽי־זָקֵ֣ן יִצְחָ֔ק וַתִּכְהֶ֥יןָ עֵינָ֖יו מֵרְאֹ֑ת וַיִּקְרָ֞א אֶת־עֵשָׂ֣ו
אֶת־עֵשָׂ֣ו בְּנ֣וֹ הַגָּדֹ֗ל וַיֹּ֤אמֶר אֵלָיו֙ בְּנִ֔י וַיֹּ֥אמֶר אֵלָ֖יו הִנֵּֽנִי׃

2. וַיֹּ֕אמֶר הִנֵּה־נָ֖א זָקַ֑נְתִּי לֹ֥א יָדַ֖עְתִּי י֥וֹם מוֹתִֽי׃

3. וְעַתָּה֙ שָׂא־נָ֣א כֵלֶ֔יךָ תֶּלְיְךָ֖ וְקַשְׁתֶּ֑ךָ וְצֵא֙ הַשָּׂדֶ֔ה
וְצ֥וּדָה לִּ֖י צידה׃ צָֽיִד ק

4. וַעֲשֵׂה־לִ֨י מַטְעַמִּ֜ים כַּאֲשֶׁ֥ר אָהַ֛בְתִּי וְהָבִ֥יאָה לִּ֖י
וְאֹכֵ֑לָה בַּעֲב֛וּר תְּבָרֶכְךָ֥ נַפְשִׁ֖י בְּטֶ֥רֶם אָמֽוּת׃

5. וְרִבְקָ֣ה שֹׁמַ֔עַת בְּדַבֵּ֣ר יִצְחָ֔ק אֶל־עֵשָׂ֖ו בְּנ֑וֹ וַיֵּ֤לֶךְ עֵשָׂו֙
הַשָּׂדֶ֔ה לָצ֥וּד צַ֖יִד לְהָבִֽיא׃

6. וְרִבְקָה֙ אָֽמְרָ֔ה אֶל־יַעֲקֹ֥ב בְּנָ֖הּ לֵאמֹ֑ר הִנֵּ֤ה שָׁמַ֙עְתִּי֙
אֶת־אָבִ֔יךָ מְדַבֵּ֛ר אֶל־עֵשָׂ֥ו אָחִ֖יךָ לֵאמֹֽר׃

7. הָבִ֨יאָה לִּ֥י צַ֛יִד וַעֲשֵׂה־לִ֥י מַטְעַמִּ֖ים וְאֹכֵ֑לָה
וַאֲבָרֶכְכָ֛ה לִפְנֵ֥י יְהוָ֖ה לִפְנֵ֥י מוֹתִֽי׃

8. וְעַתָּ֥ה בְנִ֖י שְׁמַ֣ע בְּקֹלִ֑י לַאֲשֶׁ֥ר אֲנִ֖י מְצַוָּ֥ה אֹתָֽךְ׃

9. לֶךְ־נָא֙ אֶל־הַצֹּ֔אן וְקַח־לִ֣י מִשָּׁ֗ם שְׁנֵ֛י גְּדָיֵ֥י עִזִּ֖ים טֹבִ֑ים
וְאֶעֱשֶׂ֨ה אֹתָ֧ם מַטְעַמִּ֛ים לְאָבִ֖יךָ כַּאֲשֶׁ֥ר אָהֵֽב׃

10. וְהֵבֵאתָ֥ לְאָבִ֖יךָ וְאָכָ֑ל בַּעֲבֻ֛ר אֲשֶׁ֥ר יְבָרֶכְךָ֖ לִפְנֵ֥י מוֹתֽוֹ׃

11. וַיֹּ֣אמֶר יַעֲקֹ֔ב אֶל־רִבְקָ֖ה אִמּ֑וֹ הֵ֣ן עֵשָׂ֤ו אָחִי֙ אִ֣ישׁ שָׂעִ֔ר
וְאָנֹכִ֖י אִ֥ישׁ חָלָֽק׃

12. אוּלַ֤י יְמֻשֵּׁ֙נִי֙ אָבִ֔י וְהָיִ֥יתִי בְעֵינָ֖יו כִּמְתַעְתֵּ֑עַ
וְהֵבֵאתִ֥י עָלַ֛י קְלָלָ֖ה וְלֹ֥א בְרָכָֽה :

[...]

17. וַתִּתֵּ֧ן אֶת־הַמַּטְעַמִּ֛ים וְאֶת־הַלֶּ֖חֶם אֲשֶׁ֣ר עָשָׂ֑תָה
בְּיַ֖ד יַעֲקֹ֥ב בְּנָֽהּ :

18. וַיָּבֹ֥א אֶל־אָבִ֖יו וַיֹּ֣אמֶר אָבִ֑י וַיֹּ֣אמֶר הִנֶּ֔נִּי מִ֥י אַתָּ֖ה בְּנִֽי :

19. וַיֹּ֨אמֶר יַעֲקֹ֜ב אֶל־אָבִ֗יו אָנֹכִי֙ עֵשָׂ֣ו בְּכֹרֶ֔ךָ
עָשִׂ֕יתִי כַּאֲשֶׁ֥ר דִּבַּ֖רְתָּ אֵלָ֑י [...]

22. וַיִּגַּ֥שׁ יַעֲקֹ֛ב אֶל־יִצְחָ֥ק אָבִ֖יו וַיְמֻשֵּׁ֑הוּ
וַיֹּ֗אמֶר הַקֹּל֙ ק֣וֹל יַעֲקֹ֔ב וְהַיָּדַ֖יִם יְדֵ֥י עֵשָֽׂו :

➢ **Verset 1**

וַֽיְהִי֙ כִּֽי־זָקֵ֣ן יִצְחָ֔ק וַתִּכְהֶ֥יןָ עֵינָ֖יו מֵרְאֹ֑ת וַיִּקְרָ֞א אֶת־עֵשָׂ֣ו
בְּנ֣וֹ הַגָּדֹ֗ל וַיֹּ֤אמֶר אֵלָיו֙ בְּנִ֔י וַיֹּ֥אמֶר אֵלָ֖יו הִנֵּֽנִי :

• L'atnaḥ divise le verset en deux parties qui commencent toutes deux par un verbe au wayyiqtol : וַיְהִי et וַיִּקְרָא.

וַיְהִי est le wayyiqtol du verbe הָיָה, *être* : remarquez l'apocope (ci-dessus p. 263). Il est suivi d'un autre wayyiqtol, וַתִּכְהֶיןָ, orthographié de façon défective : vous attendriez וַתִּכְהֶינָה. La mère de lecture manquante n'est pas restituée par les Massorètes, qui se contentent de mettre un qameṣ dans le nun final. Cependant, à la différence de וַיְהִי, **il n'y a pas d'apocope** dans וַתִּכְהֶיןָ : dans le cas de וַיְהִי, la dernière voyelle (ɛ) a **disparu** de la prononciation, dans le cas de וַתִּכְהֶיןָ le [a] est bel et bien **prononcé** mais **non noté** par une mère de lecture.

Si vous enlevez le waw conversif, le préfixe –תִּ et le suffixe de féminin pluriel –ןָ, la racine apparaît : כהי, racine lamed-yod/lamed-hé (qatal : כָּהָה, *faiblir*). Le verbe est au qal : voir la conjugaison type ci-dessus p. 261. Cette forme verbale appelle un sujet féminin pluriel, que vous trouvez dans עֵינָיו (rappelons que, comme de nombreuses parties du corps doubles, le mot עַיִן *œil* est du féminin). Notez dans עֵינָיו l'affixe possessif de 3ème pers. du masculin singulier, [-åw] vu à la leçon 8, ci-dessus p. 209.

Le mot מֵרְאֹת vous est partiellement connu : de par sa vocalisation, vous identifiez le מֵ initial comme la préposition מִן (cf. p. 70), et nous avons déjà rencontré plusieurs fois רָאָה *voir.* רְאֹת est un infinitif, formation que nous n'avons pas encore expliquée. La préposition מִן, qui signifie la séparation et l'éloignement, a pour sens premier *hors de, loin de,* mais peut aussi prendre un sens temporel (*depuis*), ou encore exprimer la cause ou la conséquence. Lorsqu'elle est suivie, comme ici, de l'infinitif, elle exprime une conséquence positive ou **négative** : *ses yeux s'affaiblirent* ***au point de ne pas*** *voir.* Le texte indique qu'Isaac est devenu aveugle, ce qui est essentiel pour la suite du récit ; nous avons rencontré p. 253-254 un énoncé similaire à propos d'Éli le prêtre, avec les mots עֵינָו et כֵּהוֹת (adjectif féminin pluriel, même racine que וַתִּכְהֶיןָ).

• Revenons sur la première partie de ce début de verset. Dans le texte de Samuel illustrant la leçon 9, nous avons rencontré la structure

[way^{e}hi]	+	complément circonstanciel de temps	+	wayyiqtol
וַיְהִי	+	בַּיּוֹם הַהוּא	+	וַיִּקְרָא יְהוָה
il arriva	+	*en ce jour-là*	+	*[et] Dieu appela*

= *Ce jour-là, Dieu appela....*

La même construction peut être employée avec, au lieu du complément circonstanciel, une subordonnée de temps comportant un verbe conjugué. Cette construction, fréquente en prose, est celle que nous avons ici :

[way^{e}hi]	+	subordonnée de temps	+	wayyiqtol
וַיְהִי	+	כִּי זָקֵן יִצְחָק	+	וַתִּכְהֶיןָ עֵינָיו
il arriva	+	*lorsqu'Isaac fut vieux*	+	*[et] ses yeux s'affaiblirent*

= *Lorsqu'Isaac fut devenu vieux, ses yeux s'affaiblirent.*

Le verbe זָקֵן est au qatal : c'est un verbe **statif**, avec vocalisation [e] au lieu de [a] dans la seconde syllabe (ci-dessus p. 268).

• À partir de וַיִּקְרָא et jusqu'à la fin du verset, vous avez déjà rencontré au moins une fois chacun des mots. Le syntagme בְּנוֹ הַגָּדֹל, *son grand fils,* nous permet de revoir la règle selon laquelle un nom avec affixe possessif équivaut syntaxiquement à un nom avec article : c'est pourquoi l'adjectif גָּדֹל est précédé de l'article défini (ci-dessus p. 69).

TRADUCTION : *Lorsqu'Isaac fut devenu vieux, ses yeux faiblirent au point de ne plus voir. Il appela Esaü, son fils aîné, et lui dit « Mon fils ! » Il dit : « Me voici ».*

➢ **Verset 2**

וַיֹּ֕אמֶר הִנֵּה־נָ֖א זָקַ֑נְתִּי לֹ֥א יָדַ֖עְתִּי י֥וֹם מוֹתִֽי׃

• Le verbe וַיֹּאמֶר, qui a pour sujet (non exprimé) Isaac, introduit un discours direct qui se poursuit jusqu'à la fin du verset 4. Isaac commence par la tournure הִנֵּה־נָא. L'interjection נָא ajoute toujours une nuance de prière (généralement faible) à l'énoncé dans lequel elle se trouve. Nous l'avons déjà rencontrée dans des questions ou après des verbes à l'impératif. La tournure הִנֵּה־נָא, *voici je te prie*, attire l'attention sur ce qui va être dit et annonce une demande (pour laquelle on sollicite par avance, au moyen de נָא, la bienveillance de l'auditeur) ; elle n'a pas d'équivalent exact en français. La demande d'Isaac sera formulée au verset suivant.

Le verbe statif זָקַנְתִּי, qui est au qatal, 1ère personne du singulier, doit être traduit par un présent : *je suis vieux* (ci-dessus p. 268).

• Il en est de même pour יָדַעְתִּי, qui est ici **traité comme un statif** (ci-dessus p. 269-270).

Dans מוֹתִי, vous trouvez, une fois enlevé l'affixe possessif de 1ère personne du singulier, מוֹת– qui est l'état construit et la base de flexion de מָוֶת *mort*.

TRADUCTION : *Il dit : « Vois-tu, je suis vieux, je ne sais pas le jour de ma mort ».*

➢ **Verset 3**

וְעַתָּה֙ שָׂא־נָ֣א כֵלֶ֔יךָ תֶּלְיְךָ֖ וְקַשְׁתֶּ֑ךָ וְצֵא֙ הַשָּׂדֶ֔ה וְצ֥וּדָה לִּ֖י צידה׃

• Avant d'étudier ce verset, remarquons que le dernier mot est sans vocalisation. Nous sommes en présence d'un qᵉré-kᵉtiv (ci-dessus p. 102-103), c'est-à-dire d'un mot dont la graphie consonantique צידה, [ṢYDH] ne correspond pas à la tradition orale [ṣayiḏ]. Dans ce cas, les Massorètes n'ont pas corrigé (il leur aurait fallu ôter la mère de lecture finale), mais ils ont indiqué en marge qu'il fallait lire צַיִד, [ṣayiḏ], qui se trouve d'ailleurs au verset 5. La lettre ק est mise pour קרי (qᵉré) *ce qu'il faut lire.*

• Le verset commence par וְעַתָּה, *et maintenant.* Le verbe שָׂא, vu p. 229, est l'impératif masculin singulier de נָשָׂא *lever, porter, prendre* ; cet impératif est suivi de l'interjection נָא, qui fait écho à celle du verset 2 et renforce l'impératif. Il est suivi de trois compléments d'objet direct, tous fléchis. En rapprochant כֵלֶיךָ de סוּסְךָ *ton cheval* et סוּסֶיךָ *tes chevaux*, vous constatez que sa vocalisation est identique à celle de la seconde forme :

כֵּלֶ֫יךָ est donc un mot pluriel, et ce pluriel est en –im. Or, nous avons vu dans le texte de Jonas le mot כֵּלִים *objets, ustensiles, armes*. De la même manière, vous pouvez rapprocher intuitivement קַשְׁתְּ֫ךָ de עַבְדֶּ֫ךָ (trouvé en I Sam 3, 10) : si la forme fléchie עַבְדֶּ֫ךָ correspond à un état absolu עֶ֫בֶד, alors la forme fléchie קַשְׁתְּ֫ךָ, qui a exactement la même structure, doit correspondre à קֶ֫שֶׁת, mot qui signifie *arc*. Esaü est un chasseur ; son père lui demande de prendre ses armes (כֵּלִים) et son arc (קֶ֫שֶׁת) ; le terme תֶּלְיְךָ, qui se trouve entre les deux autres, doit lui aussi faire partie de l'équipement d'un chasseur : il s'agit d'un hapax que l'on traduit en général par *carquois*.

- Coordonné au premier inpératif (שָׂא), le verbe צֵא est lui aussi un impératif qal, 2ème personne du masculin singulier. C'est une racine faible : la voyelle ṣéré vous permet d'établir avec certitude que la consonne manquante est le yod initial (cf. ci-dessus p. 229). Le verbe à chercher dans le dictionnaire est donc יָצָא *sortir*.

Le dagesh fort dans le שׂ de הַשָּׂדֶה vous indique que le ה initial est l'article défini. שָׂדֶה signifie *champ, campagne* ; ce complément de lieu n'est pas précédé d'une préposition, mais nous avons vu que celle-ci n'est pas obligatoire en hébreu (cf. p. 219 וַיֵּ֫רֶד יָפוֹ, *il descendit vers Jaffa*).

- צ֫וּדָה est également un impératif et signifie *chasse !* ; il s'agit d'un verbe ʕayin-waw (racine צוד), la forme d'impératif attendue serait donc צוּד. Nous sommes en présence d'un impératif « augmenté » (ci-dessus p. 230). צַיִד (même racine) signifie *gibier*.

TRADUCTION : *Et maintenant prends, je te prie, tes armes, ton carquois et ton arc ; sors vers les champs et chasse du gibier pour moi.*

➢ Verset 4

וַעֲשֵׂה־לִ֙י מַטְעַמִּ֔ים כַּאֲשֶׁ֥ר אָהַ֖בְתִּי וְהָבִ֣יאָה לִּ֑י וְאֹכֵ֑לָה
בַּעֲב֛וּר תְּבָרֶכְךָ֥ נַפְשִׁ֖י בְּטֶ֥רֶם אָמֽוּת :

- וַעֲשֵׂה-לִי : la conjonction de coordination n'a pas la vocalisation standard mais c'est normal : devant ḥaṭef pataḥ, וְ est impossible (ci-dessus p. 142). Dans עֲשֵׂה, vous reconnaissez l'impératif du verbe עָשָׂה *faire* (yiqtol : תַּעֲשֶׂה). Ici, le verbe a le sens de *préparer, cuisiner*.

מַטְעַמִּים : avant de chercher ce mot dans le dictionnaire, vous enlevez la finale de pluriel –im ; les noms étant, à la différence des verbes, classés non pas selon la racine mais dans l'ordre alphabétique de leur première consonne, vous n'avez pas besoin d'aller plus loin dans le découpage morphologique et de vous préoccuper de la racine. Soulignons cependant que מַטְעַמִּים possède la même racine (טעם, *goûter*) que le mot ṭeʕamim (ci-dessus p. 103-104) : les ṭeʕamim (טְעָמִים), accents conjonctifs et disjonctifs, sont ce qui donne du « goût », c'est-à-dire **du sens**, au texte biblique. מַטְעָם est de schème maqtål et signifie *une chose bonne au goût, un bon plat.* Il n'apparaît que dans ce chapitre et n'est pas attesté au singulier.

Composé de la préposition -כְּ, *comme*, et du relatif אֲשֶׁר, כַּאֲשֶׁר peut introduire, comme ici, une subordonnée de comparaison ; par ailleurs, cette conjonction a fréquemment un sens temporel (*quand, lorsque, comme*).

L'analyse de אָהַבְתִּי ne présente pas de difficulté : racine אהב, qal, 1ère personne du singulier du qatal. Cependant, ce qatal ne peut avoir ici une valeur de passé : Isaac demande à son fils de lui préparer quelque chose qu'il *aime.* אָהַב est en effet un verbe statif : son qatal a ici une valeur de présent, comme au verset précédent.

• וְהָבִיאָה-לִּי : encore un impératif masculin singulier avec finale –å, dont vous ne pouvez encore identifier le schème (il s'agit d'un hifʕil) mais dont la racine (בוא) vous est connue : c'est celle du verbe בָּא *venir,* que nous avons déjà rencontré plusieurs fois au qal. Le hifʕil הֵבִיא signifie *faire venir, apporter.*

וְאֹכֵלָה provient de אָכַל *manger,* au qal, mais la forme verbale vous est encore inconnue. Elle se traduit par *pour que je mange.*

Vous trouvez ensuite deux subordonnées. La première est introduite par בַּעֲבוּר *afin que* ; la seconde par בְּטֶרֶם *avant que.* Dans les deux cas, le verbe qui suit est au yiqtol, dont nous avons vu qu'il peut avoir une valeur modale ; à ce titre, il correspond ici au subjonctif du français. Analysons à présent les deux yiqtol.

- תְּבָרֶכְךָ comporte un pronom affixe de 2ème personne du masculin singulier, ךָ- ; תְּבָרֵךְ, verbe au piʕel (בֵּרֵךְ, *bénir*), à la 3ème personne du féminin singulier ou à la 2ème masculin singulier. Le mot נַפְשִׁי, qui se trouve juste après lui, est un féminin (נֶפֶשׁ = *souffle vital, vie, personne, âme*). Le verbe est donc au féminin singulier et נַפְשִׁי en est le sujet.
- אָמוּת, racine ʕayin waw, 1ère personne du singulier. מֵת signifie *mourir.*

TRADUCTION : *Ensuite, fais-moi de bons plats comme je [les] aime, et apporte [les] moi pour que je [les] mange, afin que mon âme te bénisse avant que je meure ».*

➤ **Verset 5**

וְרִבְקָה֙ שֹׁמַ֔עַת בְּדַבֵּ֣ר יִצְחָ֔ק אֶל־עֵשָׂ֖ו בְּנ֑וֹ
וַיֵּ֤לֶךְ עֵשָׂו֙ הַשָּׂדֶ֔ה לָצ֥וּד צַ֖יִד לְהָבִֽיא׃

• Dans la première partie de ce verset, presque tous les éléments vous sont connus. Remarquez le participe qal שֹׁמַעַת : sa vocalisation pataḥ est liée à la présence du ʕayin (ci-dessus p. 235). Du point de vue syntaxique, ce participe marque la simultanéité et la durée par rapport à l'action principale (au wayyiqtol) : וַיֹּאמֶר (*Isaac dit...*) au v. 2 ; וַיֵּלֶךְ (*Esaü partit*) au v. 5 : pendant ce temps, *Rébecca* **écoutait** (שֹׁמַעַת). Structure déjà rencontrée p. 237-238.

La seconde partie du verset reprend les paroles qui viennent d'être prononcées par Isaac.

Le verset 5 comporte trois infinitifs. Le premier, דַּבֵּר, est précédé de la préposition -בְּ, ce qui en fait l'équivalent d'une proposition temporelle ; les deux suivants, צוּד et הָבִיא, sont précédés de la préposition -לְ, *pour.*

TRADUCTION : *Rébecca écoutait tandis qu'Isaac parlait à son fils Esaü ; et Esaü alla dans les champs pour chasser du gibier pour [l'] apporter.*

➤ **Verset 6**

וְרִבְקָה֙ אָֽמְרָ֔ה אֶל־יַעֲקֹ֥ב בְּנָ֖הּ לֵאמֹ֑ר הִנֵּ֤ה שָׁמַ֙עְתִּי֙
אֶת־אָבִ֔יךָ מְדַבֵּ֛ר אֶל־עֵשָׂ֥ו אָחִ֖יךָ לֵאמֹֽר׃

Là encore, aucun mot nouveau. Remarquez :

- l'emploi de la forme qatal (אָמְרָה) qui interrompt la série des wayyiqtol précédents, et permet de mettre le sujet רִבְקָה en tête de phrase ;
- le mappiq dans בְּנָהּ, *son fils* ;
- l'emploi de l'infinitif לֵאמֹר, *pour dire*, qui introduit un discours direct (ci-dessus p. 217-218) ; notez qu'il se trouve deux fois dans le verset, la première pour introduire les paroles de Rébecca à Jacob, et la deuxième pour introduire les paroles d'Isaac, que Rébecca va répéter au verset 7. Chaque fois, l'infinitif לֵאמֹר suit un verbe signifiant *dire* ou *parler* : אָמְרָה, מְדַבֵּר.

- le qatal שָׁמַעְתִּי, verbe d'action dans un discours direct, se traduit par un passé.
- l'emploi du participe après un verbe signifiant *voir* ou *entendre* (cf. p. 238) : שָׁמַעְתִּי אֶת־אָבִיךָ מְדַבֵּר, *j'ai entendu ton père parler.*

TRADUCTION : *Et Rébecca dit à Jacob son fils : « Voici, j'ai entendu ton père parler à Esaü ton frère et lui dire :*

➢ **Verset 7**

הָבִיאָה לִּי צַיִד וַעֲשֵׂה־לִי מַטְעַמִּים וְאֹכֵלָה
וַאֲבָרֶכְכָה לִפְנֵי יְהוָה לִפְנֵי מוֹתִי׃

- Rébecca répète approximativement les paroles d'Isaac, vous retrouvez donc dans ce verset 7 des éléments des versets 3 et 4.
- Arrêtons-nous sur וַאֲבָרֶכְכָה, que vous découpez ainsi

וַ אֲבָרֶכְ כָה

Ce mot est constitué de la conjonction -וְ, d'une forme yiqtol à la 1ère personne du singulier (préfixe א), et d'un affixe כָה-. Explication :

אֲבָרֵךְ est un piʕel ; au verset 4, ce verbe apparaissait à la 3ème personne du féminin singulier (תְּבָרֶכְךָ).

Première question : le waw étant vocalisé וַ, s'agit-il d'un waw conversif ou de la simple conjonction de coordination ? Si c'est un waw conversif, il faut comprendre *j'ai béni* (wayyiqtol) ; si c'est la conjonction, *et je bénirai* (we+yiqtol). Rappelons que, dans un wayyiqtol, le waw conversif entraîne un **redoublement** de la consonne suivante. Cependant, un alef ne peut être redoublé ; dans ce cas, la voyelle précédente doit changer de timbre, pataḥ passant à qameṣ (ci-dessus p. 114). Comme on a ici וַ et non וָ, il ne peut s'agir du waw conversif. Mais si c'est la conjonction de coordination, pourquoi est-elle vocalisée pataḥ ? La règle qui s'applique ici est celle de l'impossibilité des deux shewas à l'initiale, puisque le ḥaṭef pataḥ est l'équivalent du shewa mobile (ci-dessus p. 170, וַעֲבָדִים).

Quant à l'affixe, il est écrit avec une mère de lecture (כָה-), ce qui est rare ; la graphie habituelle est celle que vous trouvez au v. 4, תְּבָרֶכְךָ.

- La préposition לִפְנֵי apparaît ensuite deux fois : la première avec son sens spatial (*devant*), la seconde avec son sens temporel (*avant*).

TRADUCTION : *« Apporte-moi du gibier et fais-moi de bons plats pour que je mange et que je te bénisse devant l'Éternel avant ma mort ».*

➢ **Verset 8**

וְעַתָּה בְנִי שְׁמַע בְּקֹלִי לַאֲשֶׁר אֲנִי מְצַוָּה אֹתָךְ׃

Après avoir répété les paroles d'Isaac, Rébecca s'adresse de nouveau à son fils Jacob.

- שְׁמַע est l'impératif masculin singulier de שָׁמַע. Le complément קוֹל *voix*, est introduit par la préposition -בְּ. L'expression *écouter la voix de* signifie *obéir à*.
- לַאֲשֶׁר est composé de la préposition -לְ et du relatif אֲשֶׁר : *pour ce que, concernant ce que…*
- מְצַוָּה : racine צוה, schème piʕel (notez le redoublement du waw, 2ème consonne de la racine), participe (marqué par le préfixe -מְ), féminin singulier. Le verbe צִוָּה *ordonner, commander*, est transitif.
- אֹתָךְ : pronom personnel, non pas affixé comme dans תְּבָרֶכְךָ, mais détaché. Il est à la pause ; c'est pourquoi on a une forme qui semble féminine, mais qui est en réalité la variante du masculin obligatoire à la pause (explication ci-dessus p. 160-161).

TRADUCTION : *« Et maintenant, mon fils, écoute ma voix pour ce que je vais t'ordonner ».*

➢ **Verset 9**

לֶךְ־נָא אֶל־הַצֹּאן וְקַח־לִי מִשָּׁם שְׁנֵי גְּדָיֵי עִזִּים טֹבִים
וְאֶעֱשֶׂה אֹתָם מַטְעַמִּים לְאָבִיךָ כַּאֲשֶׁר אָהֵב׃

- Les ordres annoncés par Rébecca au verset 8 sont donnés ici à l'impératif : לֵךְ (הָלַךְ *aller*) et קַח (לָקַח *prendre*). La formation de ce type d'impératif a été étudiée ci-dessus p. 229-230.

La vocalisation de מִשָּׁם, avec son dagesh fort, vous permet de décomposer le mot en מִן et שָׁם qui signifie *là, là-bas*.

Après מִשָּׁם, vous trouvez quatre mots dont seul le dernier, טֹבִים, a déjà été vu. Notez sa graphie défective, sans la mère de lecture waw. Il faut traduire *deux bons (= beaux) chevreaux*.

- La seconde partie du verset commence par un verbe au yiqtol facilement reconnaissable. Ici, pas d'ambiguïté dans la vocalisation du waw : אֶעֱשֶׂה est bien précédé de la conjonction de coordination. Il est suivi de deux COD : le pronom personnel אֹתָם, qui renvoie aux chevreaux, et מַטְעַמִּים. Cette construction est fréquente avec le verbe *faire* lorsqu'il a le sens de *construire, fabriquer, préparer…*.

Tous les autres mots ont déjà été vus ; remarquez la vocalisation du qatal אָהֵב, caractéristique des verbes statifs, et la traduction par un présent comme au verset 4.

TRADUCTION : *« Va, je te prie, vers le petit bétail et prends pour moi deux beaux chevreaux, et j'en ferai de bons plats pour ton père, comme il [les] aime ».*

➢ **Verset 10**

וְהֵבֵאתָ לְאָבִיךָ וְאָכָל בַּעֲבֻר אֲשֶׁר יְבָרֶכְךָ לִפְנֵי מוֹתוֹ :

• Commencez par la deuxième partie du verset, après l'atnaḥ. Tous les éléments vous sont connus. Notez que la conjonction בַּעֲבוּר, que nous avions vue au v. 4, a ici la forme בַּעֲבֻר אֲשֶׁר ; remarquez aussi la différence de graphie : בַּעֲבוּר (graphie pleine)/בַּעֲבֻר (graphie défective).

La conjonction בַּעֲבֻר אֲשֶׁר est suivie du yiqtol attendu : יְבָרֶכְךָ. Vous avez déjà vu ce verbe à la 3ème personne du féminin singulier (תְּבָרֶכְךָ, v. 4) et à la 1ère pers. (אֲבָרֶכְכָה, v. 7). Le voici à présent à la 3ème personne du masculin singulier. L'affixe a la graphie défective habituelle.

• La première partie du verset comporte trois mots.

לְאָבִיךָ est facilement identifiable.

וְאָכָל est au weqatal : on traduira par un futur.

וְהֵבֵאתָ est aussi au weqatal, 2ème personne du masculin singulier : même si nous n'avons pas encore vu le hifʿil, vous reconnaissez le verbe הֵבִיא, *faire venir, apporter*, déjà rencontré dans ce texte aux versets 4 (הָבִיאָה) et 5 (לְהָבִיא).

TRADUCTION : *« Et tu [les] apporteras à ton père et il [les] mangera, afin qu'il te bénisse avant sa mort ».*

➢ **Verset 11**

וַיֹּאמֶר יַעֲקֹב אֶל־רִבְקָה אִמּוֹ הֵן עֵשָׂו אָחִי אִישׁ שָׂעִר
וְאָנֹכִי אִישׁ חָלָק :

• הֵן, proche de הִנֵּה, est comme lui employé pour attirer l'attention de l'interlocuteur sur ce que l'on va dire. La traduction par *voici*, que nous adoptons faute de mieux, n'est guère satisfaisante ; les éléments qui correspondraient en français à cet emploi de הֵן (*dis donc, tiens, tu sais, oui mais*…) appartiennent à un registre trop oral.

- Remarquez le parallélisme des deux phrases nominales

prédicat	sujet
אִישׁ שָׂעִר	עֵשָׂו אָחִי
אִישׁ חָלָק	וְאָנֹכִי

שָׂעִר *velu* est le contraire de חָלָק *glabre.*

TRADUCTION : *Jacob dit à Rébecca sa mère : « voici, Esaü mon frère est un homme velu et moi je suis un homme glabre ».*

➢ **Verset 12**

אוּלַי יְמֻשֵּׁנִי אָבִי וְהָיִיתִי בְעֵינָיו כִּמְתַעְתֵּעַ
וְהֵבֵאתִי עָלַי קְלָלָה וְלֹא בְרָכָה׃

- אוּלַי signifie *peut-être.* Dans יְמֻשֵּׁנִי, verbe au yiqtol, 3ème pers. du masculin singulier, vous enlevez l'affixe de 1ère personne du singulier נִי- et la voyelle de liaison ; il vous reste -יְמֻשּׁ, dont la racine est משׁשׁ, *tâter, palper.* Ces racines dont les deux dernières consonnes sont identiques sont appelées géminées (ou ʕayin-ʕayin, ci-dessous leçon 14). Ce yiqtol est repris, comme à l'habitude en prose, par un weqatal : וְהָיִיתִי, *et je serai.*

  Dans כִּמְתַעְתֵּעַ, vous repérez la préposition -כְּ, *comme*, vocalisée -כִּ puisqu'il est impossible d'avoir deux shewas de suite en début de mot ; מְתַעְתֵּעַ, qui provient aussi d'une racine géminée (תעע), signifie *moqueur.*

- La seconde partie du verset commence par וְהֵבֵאתִי, verbe déjà vu à plusieurs reprises dans ce texte ; c'est un weqatal, 1ère pers. du singulier. Les autres mots ont déjà été rencontrés dans les leçons précédentes.

TRADUCTION : *« Peut-être mon père me palpera-t-il, et je serai à ses yeux comme un moqueur, et j'amènerai sur moi une malédiction et non une bénédiction ».*

Les versets suivants relatent la mise au point de la supercherie: Rébecca cuisine les chevreaux et place leurs peaux sur les mains et le cou de Jacob.

➢ **Verset 17**

וַתִּתֵּ֧ן אֶת־הַמַּטְעַמִּ֛ים וְאֶת־הַלֶּ֖חֶם אֲשֶׁ֣ר עָשָׂ֑תָה
בְּיַ֖ד יַעֲקֹ֥ב בְּנָֽהּ׃

• וַתִּתֵּן : wayyiqtol, verbe נָתַן, *donner, mettre.* Le sujet (non exprimé) est Rébecca.

לֶ֫חֶם signifie *pain.*

עָשָׂ֫תָה : il s'agit du verbe עָשָׂה, *faire*, au qatal, 3ème personne du féminin singulier (voir la conjugaison ci-dessus p. 261). Remarquez la forme pausale, עָשָׂתָה, au lieu de עָשְׂתָה. Le qatal marque l'action accomplie, terminée au moment de l'action principale (וַתִּתֵּן), il se traduit par un plus-que-parfait.

TRADUCTION : *Elle mit les plats et le pain qu'elle avait préparés dans la main de Jacob son fils.*

➢ **Verset 18**

וַיָּבֹ֥א אֶל־אָבִ֖יו וַיֹּ֣אמֶר אָבִ֑י וַיֹּ֣אמֶר הִנֶּ֔נִּי מִ֥י אַתָּ֖ה בְּנִֽי׃

TRADUCTION : *Il vint vers son père et dit « Mon père ! ». [Isaac] dit : « Me voici ; qui es-tu, mon fils ? »*

➢ **Verset 19**

וַיֹּ֨אמֶר יַעֲקֹ֜ב אֶל־אָבִ֗יו אָנֹכִי֙ עֵשָׂ֣ו בְּכֹרֶ֔ךָ
עָשִׂ֕יתִי כַּאֲשֶׁ֥ר דִּבַּ֖רְתָּ אֵלָ֑י [...]

• Un seul mot nouveau ici : בְּכֹרֶךָ. Vous repérez l'affixe possessif de 2ème personne du masculin singulier. Reste בְּכֹר : le -בְּ initial fait-il partie du mot ou est-ce une préposition ? Si vous avez un doute, essayez les deux possibilités dans le dictionnaire ! Il s'agit ici du mot בְּכֹר, *premier-né, aîné.* Ne le confondez pas avec le verbe בֵּרֵךְ *bénir* !

TRADUCTION : *Jacob dit à son père : « Je suis Esaü ton aîné, j'ai fait comme tu m'avais dit ».*

Isaac s'étonne qu'Esaü soit si vite revenu de la chasse ! Il veut s'assurer qu'il s'agit bien de lui :

➢ **Verset 22**

וַיִּגַּשׁ יַעֲקֹב אֶל־יִצְחָק אָבִיו וַיְמֻשֵּׁהוּ
וַיֹּאמֶר הַקֹּל קוֹל יַעֲקֹב וְהַיָּדַיִם יְדֵי עֵשָׂו׃

- Tous les éléments sont connus. Remarquez l'affixe de 3ème personne du masculin singulier dans יְמֻשֵּׁהוּ, à comparer à יְמֻשֵּׁנִי au verset 12. Notez aussi les états construits de la seconde partie du verset.

TRADUCTION : *Jacob s'avança vers Isaac son père ; [ce dernier] le palpa et dit : « La voix est la voix de Jacob et les mains sont les mains d'Esaü. »*

C'est ainsi que Jacob se fait attribuer, par ruse, la bénédiction de l'aîné ; Esaü avait déjà, en Gen 25, 29-34, « vendu » son droit d'aînesse pour un plat de lentilles. Un peu plus loin dans notre chapitre (Gen 27, 38), Esaü, désespéré supplie son père de le bénir tout de même. Nous avons expliqué ce verset dans le chapitre sur les phrases interrogatives, ci-dessus p. 206 :

הַבְרָכָה אַחַת הִוא לְךָ אָבִי

= *Est-ce que tu n'as qu'une seule bénédiction, mon père ?*

Leçon 11

LE VERBE (VIII)
INFINITIF QAL

SYNTAXE DE L'INFINITIF

LA SUBORDONNÉE DE TEMPS

L'UTILISATION DU DICTIONNAIRE

T1. Formation de l'infinitif qal

Il existe **pour tous les schèmes verbaux** deux formations d'infinitif, qui diffèrent par leurs emplois syntaxiques : l'infinitif **absolu** et l'infinitif **construit**.

Au qal, pour le verbe entier, le schème d'infinitif absolu est **qâtol** ; celui d'infinitif construit **q^{e}tol**. Malgré cette apparente ressemblance, les deux formes n'ont pas la même origine. Au piʕel, en revanche, les deux formes sont identiques (**qattel**, voir ci-dessus p. 111).

Pour les racines faibles, d'autres schèmes sont utilisés.

______ P1

1. Infinitif qal des verbes entiers

qatal	infinitif absolu	infinitif construit	yiqtol
שָׁמַר *garder*	שָׁמֹר, שָׁמוֹר šåmor	שְׁמֹר, (לִ)שְׁמוֹר š^{e}mor, (li)šmor	יִשְׁמֹר yišmor
לָמַד *étudier*	לָמֹד, לָמוֹד låmod	לְמֹד, (לִ)לְמוֹד l^{e}mod, (li)lmod	יִלְמַד yilmad

- Pour **l'infinitif absolu**, deux graphies sont possibles : la graphie pleine, avec la mère de lecture waw (שָׁמוֹר) ; et la graphie défective, sans la mère de lecture (שָׁמֹר). Ces deux graphies sont fréquentes. Pour **l'infinitif construit**, la graphie pleine type (לִ)שְׁמוֹר est attestée, mais rare. La graphie normale est (לִ)שְׁמֹר, sans waw.

- La forme d'infinitif construit de שָׁמַר est שְׁמֹר ([š^{e}mor], schème q^{e}tol). Mais pour bien le distinguer de l'inf. absolu [šåmor], nous le présentons avec la préposition -לְ, ici entre parenthèses. L'inf. construit est en effet souvent précédé de prépositions. שְׁמֹר signifie *garder*, לִשְׁמֹר *pour garder*, בִּשְׁמֹר *en gardant* (litt. : *au moment de garder*).

- Dans bien des cas, les voyelles de l'infinitif sont les mêmes que celles du yiqtol, ce qui en facilite la mémorisation ; c'est pourquoi nous faisons figurer le yiqtol dans le tableau. Cependant, au qal des verbes entiers, la voyelle de l'infinitif est toujours [o]. Il y a donc divergence lorsque le yiqtol est en [a] : comparez (li)lmod et yilmad. Seule exception, שָׁכַב, *être couché* : yiqtol יִשְׁכַּב [yiškav], inf. construit לִשְׁכַּב [liškav], mais infinitif absolu normal : שָׁכֹב, [šåkov].

- Infinitifs avec affixe : l'infinitif qal du verbe entier, qui a un schème **q^{e}tol**, prend souvent le schème **qotl-** devant les affixes : par ex., le verbe מָלַךְ *régner,* a un infinitif מְלֹךְ [m^{e}lok], mais, avec affixe, -מָלְכ [mọlk-], ex. בְּמָלְכוֹ [b^{e}mọlko] litt. **au moment de son régner = lorsqu'il régna.* La 1ère syllabe est fermée et non accentuée : s'applique donc ici la règle du qameṣ ḥaṭuf. Si une BeGaDKeFaT se trouve après le shewa quiescent, cette consonne ne prend pas, en règle générale, de dagesh léger, mais il y a quelques exceptions : comparer בְּשָׁכְבוֹ [b^{e}šọkvo], litt. *au moment de son coucher = lorsqu'il est couché,* et בְּשָׁכְבְּךָ [b^{e}šọkb^{e}kå], litt. *au moment de ton coucher = lorsque tu es couché.*

2. Infinitif qal des verbes comportant une gutturale

➢ verbes à **première** consonne gutturale

qatal	infinitif absolu	infinitif construit	yiqtol
הָרַג, *tuer*	הָרֹג	הֲרֹג, לַהֲרֹג	יַהֲרֹג
עָבַד, *travailler*	עָבֹד	עֲבֹד, לַעֲבֹד	יַעֲבֹד
חָשַׁב, *calculer*	חָשֹׁב	חֲשֹׁב, לַחְשֹׁב	יַחְשֹׁב
אָסַף, *ajouter* אָכַל, *manger*	אָסֹף אָכֹל	אֱסֹף, לֶאֱסֹף אֱכֹל, לֶאֱכֹל	יֶאֱסֹף יֹאכַל

• L'infinitif absolu a la vocalisation normale.

• Pour simplifier la présentation, nous ne mettons plus de parenthèses autour de la préposition de l'inf. construit, mais il ne faut pas perdre de vue que celle-ci n'est pas forcément -לְ : on trouve aussi בַּהֲרֹג, כַּעֲבֹד, etc. לַהֲרֹג = *pour tuer*, בַּהֲרֹג = *au moment de tuer, en tuant*.

• Verbes commençant par ה et ע. Le schème d'infinitif construit comporte un shewa mobile sous la première consonne ; or, comme nous l'avons vu, ה et ע n'admettent pas le shewa mobile. Celui-ci est donc remplacé par un ḥaṭef pataḥ : הֲרֹג, עֲבֹד. Si l'infinitif est précédé d'une préposition, cette dernière prend une voyelle de même timbre (לַהֲרֹג, לַעֲבֹד). Comparez aux yiqtol correspondants.

• Verbes commençant par ח : si l'infinitif est précédé d'une préposition, cette dernière prend un pataḥ, mais à la différence du cas précédent le ח peut fermer la syllabe (= prendre un shewa quiescent) : on a donc לַחְשֹׁב, à comparer avec le yiqtol יַחְשֹׁב .

• Verbes commençant par א. Alef ne peut fermer la syllabe ; dans le cas d'un inf. construit précédé d'une préposition, on a donc ḥaṭef au lieu de shewa, mais à la différence des verbes commençant par ה et ע, il s'agit d'un ḥaṭef ségol. La préposition prend une voyelle de même timbre : comparez לֶאֱסֹף [lɛʔᵉsof] à לַהֲרֹג [lahᵃroḡ].

• Infinitif du verbe אָמַר *dire*. Sur le modèle de לֶאֱסֹף, on s'attendrait à לֶאֱמֹר* [*lɛʔᵉmor] mais, sans doute à cause de la grande fréquence de cet infinitif, les deux ségol se contractent en ṣéré : לֵאמֹר ([le⁽ʔ⁾mor], cf. le même phénomène phonétique dans וֵאלֹהִים, p. 195).

Cas particulier : pour le verbe אָהַב, *aimer*, on trouve à côté de la forme attendue (לֶ)אֱהֹב une forme à finale féminine (לְ)אַהֲבָה.

➤ verbes à **troisième** consonne gutturale

qatal	infinitif absolu	infinitif construit	yiqtol
קָרָא, *appeler*	קָרֹא	קְרֹא, לִקְרֹא	יִקְרָא
שָׁלַח, *envoyer*	שָׁלֹחַ	שְׁלֹחַ, לִשְׁלֹחַ	יִשְׁלַח
שָׁמַע, *entendre*	שָׁמֹעַ	שְׁמֹעַ, לִשְׁמֹעַ	יִשְׁמַע
גָּבַהּ, *être élevé*	גָּבֹהַּ	גְּבֹהַּ, לִגְבֹּהַּ	יִגְבַּהּ

Remarques :

- Verbes terminés par א : même formation que le verbe entier.
- Verbes terminés par ח et ע : même formation que le verbe entier, mais lorsque ces gutturales se trouvent en finale absolue après voyelle autre que [a], elles prennent un pataḥ furtif (ci-dessus p. 41). Vous avez donc : au qatal, שָׁלַח [šålaḥ], au yiqtol יִשְׁלַח [yišlaḥ], mais à l'infinitif absolu שָׁלֹחַ [šålo^{a}ḥ] et à l'infinitif construit לִשְׁלֹחַ [lišlo^{a}ḥ].
- Verbes terminés par הּ : comme l'indique le mappiq, il s'agit ici d'un hé étymologique, véritable consonne prononcée qui se comporte donc comme ח et ע. Les verbes de ce type sont très peu nombreux : les lamed-hé qui sont en réalité des lamed-yod (type עָשָׂה, *faire*), ont une autre manière de former leur infinitif.

3. Infinitif qal des verbes lamed-yod (= lamed-hé)

qatal	infinitif absolu	infinitif construit	yiqtol
בָּנָה, *construire*	בָּנֹה	בְּנוֹת, לִבְנוֹת	יִבְנֶה
עָשָׂה, *faire*	עָשֹׂה	עֲשׂוֹת, לַעֲשׂוֹת	יַעֲשֶׂה
הָיָה, *être*	הָיֹה	הֱיוֹת, לִהְיוֹת	יִהְיֶה

- L'infinitif absolu a la vocalisation normale : le hé sert de mère de lecture à la voyelle [o].
- Dans la forme d'inf. construit apparaît un suffixe [-oṯ] dont l'origine n'est pas claire. Dans le tableau, le suffixe est écrit en graphie pleine, **avec** la mère de lecture waw : לִבְנוֹת. La graphie défective (לִבְנֹת) est beaucoup plus rare. Les verbes lamed-yod étant très fréquents, il vous faut prêter une attention particulière à ces infinitifs construits en -oṯ, qui diffèrent à la fois du yiqtol et de l'infinitif absolu. En Gen 27, 1 (ci-dessus p. 282), nous avons trouvé מֵרְאֹת, infinitif construit de רָאָה, *voir*, précédé de la préposition מִן.

• En plus d'être des lamed-yod, les verbes comme עָשָׂה *faire* et הָיָה *être* commencent par des gutturales et sont donc concernés par les règles énoncées au paragraphe 2. Le verbe עָשָׂה se comporte de la manière attendue : (לַ)עֲשׂוֹת avec à l'initiale -עֲ (ḥaṭef pataḥ au lieu de shewa) et à la finale le suffixe -וֹת. En revanche, notez le comportement du ה dans הָיָה : il ne prend pas le shewa mobile, automatiquement remplacé par un ḥaṭef ségol (הֱיוֹת), mais lorsque la forme est précédée d'une préposition (לִהְיוֹת [lihyoṯ], בִּהְיוֹת [bihyoṯ]), le ה admet le shewa quiescent et ferme la syllabe. Idem pour חָיָה, *vivre* : לִחְיוֹת [liḥyoṯ].

• Ainsi, lorsque vous rencontrez un infinitif en -וֹת, votre premier réflexe doit être de songer à un lamed-yod : par exemple, רָאָה <רְאוֹת ; שָׁתָה < לִשְׁתּוֹת. Ces formes **pourraient** aussi venir de verbes à 3ème radicale ת : שָׁבַת (*cesser*, cf. שַׁבָּת *shabbat*) aura pour infinitif לִשְׁבּוֹת – au demeurant non attesté dans la Bible. Mais comme il existe en hébreu biblique de **très nombreux verbes lamed-yod** et très peu au contraire dont la 3ème consonne radicale est ת, les risques de confusion sont faibles.

4. Infinitif qal des verbes ʕayin-waw / ʕayin-yod

qatal	infinitif absolu	infinitif construit	yiqtol
קָם, *se lever*	קוֹם	לָקוּם	יָקוּם
שָׁב, *retourner*	שׁוֹב	לָשׁוּב	יָשׁוּב
מֵת, *mourir*	מוֹת	לָמוּת	יָמוּת
בָּא, *venir*	בּוֹא	לָבוֹא	יָבוֹא
דָּן, *juger*	דִּין	לָדִין	יָדִין
שָׂם, *placer*	שׂוֹם	לָשׂוּם	יָשִׂים

• Ces racines ont en 2ème position un élément semi-consonantique [w] ou [y] qui, lorsqu'il est présent, est réalisé comme une voyelle : [u] ou [o] pour [w], [i] pour [y]. C'est le cas au yiqtol et à l'impératif. À l'infinitif **absolu**, la voyelle est [o] pour les ʕayin-waw et, théoriquement, [i] pour les ʕayin-yod ; cependant, il y a très peu de racines ʕayin-yod en hébreu biblique, et encore moins de formes d'infinitif absolu. Le verbe ʕayin-yod le plus courant, שָׂם, *placer*, traité comme tel par les grammaires et les dictionnaires à cause de son yiqtol (יָשִׂים) et de son impératif (שִׂים), a comme infinitif absolu שׂוֹם, avec la voyelle caractéristique des ʕayin-waw ! À l'infinitif **construit**, la voyelle est en principe la même que celle du yiqtol et de l'impératif. Cependant, là encore, le verbe שָׂם fait exception.

5. Infinitif qal des verbes pé-yod et assimilés

Il ne sera question ici que des verbes dont le yod initial est un ancien waw (ci-dessus p. 184). Ceux dont le yod est étymologique sont peu nombreux et ne sont guère attestés à l'infinitif.

Les verbes dont le yod initial est un ancien waw se comportent de deux manières au yiqtol. Pour certains d'entre eux, le yod se maintient (type תִּישַׁן, *tu dormiras*) ; pour d'autres, le yod disparaît (type תֵּרֵד, *tu descendras*). Cette dichotomie se retrouve en général à l'infinitif.

qatal	inf. absolu	infinitif construit	yiqtol (1è et 3è pers.)
יָשֵׁן, *dormir*	יָשׁוֹן	לִישׁוֹן	אִישַׁן, יִישַׁן
יָסַד, *fonder*	יָסוֹד	לִיסוֹד	אִיסַד, יִיסַד
יָרַד, *descendre*	יָרֹד	רֶדֶת, לָרֶדֶת	אֵרֵד, יֵרֵד
יָשַׁב, *être assis*	יָשֹׁב	שֶׁבֶת, לָשֶׁבֶת	אֵשֵׁב, יֵשֵׁב
יָדַע, *savoir*	יָדֹעַ	דַּעַת, לָדַעַת	אֵדַע, יֵדַע
יָצָא, *sortir*	יָצֹא	צֵאת, לָצֵאת	אֵצֵא, יֵצֵא
הָלַךְ, *aller*	הָלֹךְ	לֶכֶת, לָלֶכֶת	אֵלֵךְ, יֵלֵךְ

- Les deux premières lignes illustrent le cas des verbes dont le yod est un ancien waw, mais se maintient au yiqtol et à l'infinitif. Ils sont peu nombreux, et on n'en trouve aucun à l'infinitif absolu : יָשֹׁן et יָסֹד ne sont pas attestés dans la Bible. Leur racine est facile à identifier : face à לִיסוֹד, vous savez qu'il s'agit d'une racine יסד.

- Les quatre lignes suivantes illustrent le cas des verbes dont le yod disparaît au yiqtol (ci-dessus p. 184-185). Rappelons que c'est pour faciliter la lecture que nous n'avons pas mis entre parenthèses la préposition de l'infinitif construit, mais que celle-ci n'est jamais obligatoire ; לָשֶׁבֶת signifie ***pour*** *être assis*, mais il peut y avoir une autre préposition (בְּשֶׁבֶת, *en étant assis*) ou pas de préposition du tout (טוֹב שֶׁבֶת, *il est bon d'être assis* – v. ci-dessous le chapitre sur la syntaxe de l'infinitif).

• On sait que pour ces racines le yiqtol a été refait **analogiquement** à partir de l'impératif, ce qui explique l'absence du yod (dans יֵרֵד *il descendra*, le yod est **le préfixe** de 3ème personne ; pour éviter toute confusion, nous indiquons aussi la 1ère personne, où l'absence du yod de la racine apparaît au premier coup d'oeil). Il en est de même pour l'infinitif construit : le yod n'y apparaît pas, mais on a en revanche ajouté une finale féminine –t, peut-être parce que les infinitifs réduits à deux consonnes apparaissaient comme trop brefs à côté de ceux des verbes entiers. On a donc רֶ֫דֶת *descendre*, שֶׁ֫בֶת *être assis*, etc. : notez le maintien de l'accent sur la 1ère syllabe. Dans דַּ֫עַת *savoir*, le schème est le même, avec [a] au lieu de [ɛ] à cause du ע. Dans צֵאת *sortir*, même phénomène phonétique que pour לֵאמֹר et וֵאלֹהִים ; צֶ֫אֶת* [*ṣɛʔɛṯ] > צֵאת [ṣe(ʔ)ṯ].

• Le verbe הָלַךְ *marcher, aller*, est assimilé aux pé-yod ; nous l'avons déjà vu pour le yiqtol (יֵלֵךְ) et l'impératif (לֵךְ). L'infinitif construit est donc, logiquement, לֶ֫כֶת.

• Cas particulier : pour le verbe יָרֵא, *craindre*, on trouve à côté de la forme attendue לִירוֹא une forme à finale féminine יִרְאָה.

6. Infinitif qal des verbes pé-nun et assimilés

qatal	inf. absolu	infinitif construit	yiqtol
נָקַם, *se venger*	נָקֹם	נְקֹם, לִנְקֹם	יִקֹּם
נָחַל, *recevoir en héritage*	נָחֹל	נְחֹל, לִנְחֹל	יִנְחַל
נָתַן, *donner*	נָתֹן	תֵּת, לָתֵת	יִתֵּן
נָגַשׁ, *avancer*	נָגֹשׁ	גֶּ֫שֶׁת, לָגֶ֫שֶׁת	יִגַּשׁ
נָגַע, *toucher*	נָגֹעַ	נְגֹעַ, לִנְגֹּעַ גַּ֫עַת, לָגַ֫עַת	יִגַּע
נָשָׂא, *porter*	נָשֹׂא	נְשֹׂא, לִנְשֹׂא שְׂאֵת, לָשְׂאֵת	יִשָּׂא
לָקַח, *prendre*	לָקֹחַ	קַ֫חַת, לָקַ֫חַת	יִקַּח

• Les deux premières lignes présentent des verbes dont le nun ne s'assimile pas. Ils se comportent exactement comme le verbe entier et sont faciles à trouver dans le dictionnaire.

• Les deux lignes suivantes (נָתַן, נָגַשׁ) montrent des formations d'inf. construits très proches de celles que nous venons de voir pour les pé-yod. Là encore, il s'agit de formations analogiques : l'impératif de נָתַן est תֵּן, il n'est donc pas étonnant que son infinitif soit תֵּת sur le modèle de רֶדֶת < רֵד ; la formation « normale », נְתֹן, n'apparaît qu'une seule fois en hébreu biblique. Remarquez que dans לָתֵת il ne reste plus qu'**une seule** consonne de la racine : le premier taw (לָתֵת).

• Certains verbes pé-nun présentent à l'infinitif construit les deux modes de formation que nous venons d'illustrer. נָגַע *toucher* et נָשָׂא *porter* ont tantôt la formation type « verbe entier », avec maintien du nun (נְשֹׂא et נְגֹעַ, comme שְׁמֹר), soit la formation type « pé-yod », avec disparition du nun et ajout d'un suffixe –t : גַּעַת *toucher* (racine נגע), comme דַּעַת *savoir* (racine ידע) et שְׂאֵת *lever* (racine נשא), comme צֵאת *sortir* (racine יצא). Quand le nun se maintient, vous n'avez pas de mal à identifier la racine et à trouver le verbe dans le dictionnaire. Mais si le nun disparaît, vous pouvez hésiter entre deux possibilités : face à un inf. construit לָטַּעַת, vous êtes sûr que le ת final est un suffixe et que la 1ère consonne est absente, mais **rien ne vous indique** qu'il s'agisse d'une racine נטע plutôt que d'une racine יטע. Il vous faut donc vérifier les deux hypothèses dans le dictionnaire.

• À la dernière ligne du tableau figure לָקַח, *prendre*, dont nous avons déjà souligné l'analogie avec les pé-nun, et en particulier avec נָתַן, *donner* : ci-dessus p. 180. Son impératif étant קַח, il n'est pas étonnant de lui voir un infinitif קַחַת (dans לָקַחַת *pour prendre*, le ל initial est évidemment la préposition). Là encore, vous pourriez croire qu'il s'agit d'un verbe pé-yod (cf. ci-dessus לָדַעַת, infinitif de יָדַע). Mais le verbe *prendre* est suffisamment fréquent pour que vous rattachiez קַחַת à לָקַח. C'est par ailleurs le seul verbe commençant par ל qui se comporte ainsi.

——— E1

• *Distinguez les infinitifs absolus et les infinitifs construits. Attention : il n'y a pas forcément de préposition devant les infinitifs construits ; ce qui compte est le schème. Soyez très attentifs aux vocalisations.*

1. רָאֹה 2. לִמְצֹא 3. אָכֹל 4. לֶאֱכֹל 5. יָצֹא 6. שָׁמֹעַ 7. שְׁמֹעַ
8. עֲלוֹת 9. עָלֹה 10. זָכֹר 11. בָּכֹה 12. רְקוֹד

- *Entraînement à la recherche dans le dictionnaire : donnez la racine des infinitifs suivants, puis mettez le verbe au qatal (3ème personne du masculin singulier).*

Exemple : לִדְרֹשׁ > ד.ר.שׁ > דָּרַשׁ

1. לַעֲקֹר 2. לִפְרוֹץ 3. לִבְכּוֹת 4. לִקְרֹעַ 5. לִהְיוֹת 6. לַעֲמֹד 7. לִפְתֹּחַ

——— T2. Syntaxe de l'infinitif absolu

L'infinitif **absolu** ne peut ni être précédé d'une préposition, ni suivi d'un affixe. Il s'emploie surtout à côté d'un verbe conjugué **de même racine et** (presque toujours) **de même schème**, tournure emphatique qui permet d'exprimer diverses nuances.

Exemple : רָאֹה רָאִיתִי (Ex 3, 7), litt. *voir j'ai vu = certes, j'ai vu.* L'infinitif absolu peut également être employé seul, avec valeur d'impératif ou pour continuer un verbe conjugué.

——— P2

1. Infinitif absolu + verbe conjugué

- Examinons l'expression יָצֹא אֵצֵא (II Sam 18, 2). On a d'abord l'infinitif absolu יָצֹא *sortir*, puis le yiqtol 1ère pers. du sing., אֵצֵא *je sortirai.* En présentant d'abord l'idée verbale sans aucune marque de personne ou de temps, le locuteur attire l'attention sur elle. Cependant, ce n'est pas l'infinitif absolu qui est par lui-même emphatique, mais bien la répétition : on peut traduire par *oui, je veux sortir, il faut que je sorte*, etc.

- L'insistance liée à cette tournure peut porter sur l'action verbale elle-même, mais aussi et surtout sur sa modalité : dans une phrase affirmative, c'est l'affirmation qui se trouve soulignée, dans une phrase interrogative c'est l'interrogation qui est renforcée par la présence de l'infinitif absolu. De par son caractère emphatique, parfois solennel, cette formule se trouve surtout dans les dialogues et les textes de loi.

- La plupart du temps, l'infinitif précède le verbe conjugué, mais il peut aussi être placé après lui.

Exemples :

a. ***Affirmation***

- מוֹת תָּמוּת (Gen 2, 17), litt. *mourir tu mourras = tu mourras certainement* (si tu manges le fruit de l'arbre de la connaissance).
- לֹא יָמוּת (...) חָיֹה יִחְיֶה (Ez 18, 9), *il ne mourra pas, [mais] il vivra.*
- יֵצֵא יָצוֹא (II Rois 5, 11), *il va sûrement sortir.* Ici, l'infinitif **suit** la forme conjuguée.

b. ***Nuance*** **pouvoir** ***ou*** **devoir**

- שׂוֹם תָּשִׂים עָלֶיךָ מֶלֶךְ (Deut 17, 15), *placer tu placeras = tu pourras placer sur toi un roi.* La nuance *pouvoir* est induite par le contexte (la phrase commence par *si tu veux établir un roi*), et par le fait que la royauté est relativement mal vue dans certains textes bibliques (cf. I Sam 8). Il n'y a donc pas lieu de comprendre *tu* ***devras*** *placer sur toi un roi.*
- זָכֹר תִּזְכֹּר אֵת אֲשֶׁר עָשָׂה יְהוָה אֱלֹהֶיךָ לְפַרְעֹה וּלְכָל־מִצְרָיִם (Deut 7, 18), *souvenir tu te souviendras =* ***tu dois te souvenir*** *de ce qu'a fait l'Éternel ton Dieu à Pharaon et à toute l'Égypte.*

c. ***Doute***

- הֲמָלֹךְ תִּמְלֹךְ עָלֵינוּ (Gen 37, 8), litt. *est-ce que-régner tu régnera(i)s sur nous ?* Phrase dite par les frères de Joseph après que celui-ci eut raconté avoir vu en rêve leurs gerbes s'inclinant devant la sienne. Les frères sont indignés : *crois-tu vraiment que tu vas régner sur nous ?* L'emphase porte ici sur la question (*est-ce que* ***vraiment****...*) et non sur l'action de régner ; cas fréquent dans les questions rhétoriques.

d. ***Dans des subordonnées conditionnelles***

- אִם נָתֹן תִּתֵּן אֶת־הָעָם הַזֶּה בְּיָדִי (Nb 21, 2), litt. *si donner tu donnes = si vraiment tu livres ce peuple dans ma main...*
- אִם שָׁמֹעַ תִּשְׁמְעוּ אֶל־מִצְוֹתַי (Deut 11, 13), litt. *si écouter vous écoutez = si vous obéissez bien à mes commandements...*

2. Infinitif absolu employé comme impératif

Cet emploi rappelle celui de l'infinitif français (*conserver au frais, ne pas laisser à la portée des enfants*) ; cependant, il est impossible dans une phrase négative, pour laquelle on aura לֹא + yiqtol. En lui-même, il n'est pas plus emphatique que l'impératif, mais on le trouve pour des ordres plus solennels, plus durables : il n'est donc pas surprenant de le trouver dans des textes de loi. Parfois, il peut avoir une valeur de futur injonctif : *tu te souviendras* (= *tu dois te souvenir*) plutôt que *souviens-toi*. Exemples :

- הָלוֹךְ וְדִבַּרְתָּ אֶל־דָּוִד (II Sam 24, 12), litt. ***aller*** *et tu diras* = ***va*** *dire à David.* Le verbe est à l'infinitif absolu et non à l'impératif qui aurait la forme לֵךְ. Il est suivi d'un w^eqatal.
- זָכוֹר אֶת־הַיּוֹם הַזֶּה (Ex 13, 3), *se souvenir* (= *tu te souviendras* ou *vous vous souviendrez*) *de ce jour.* Le verbe est à l'infinitif absolu, non à l'impératif qui aurait au singulier la forme זְכֹר.

3. Infinitif absolu placé après un verbe d'une autre racine

• L'infinitif explicite la manière dont est accomplie l'action principale ; il peut même avoir un rôle quasi-adverbial. Exemples :

- וַיַּעַשׂ כֵּן הָלֹךְ עָרוֹם (Is 20, 2). Le verbe principal est au wayyiqtol : וַיַּעַשׂ, *il fit* (cf. ci-dessus p. 263). Il est suivi de l'adverbe כֵּן, *ainsi.* Puis on a l'infinitif absolu du verbe הָלֹךְ, et enfin l'adjectif עָרוֹם, *nu.* Ce que l'on pourrait traduire par : *il agit ainsi, en marchant nu.*
- וַיֵּלֶךְ הָלוֹךְ וְאָכֹל (Juges 14, 9). Le verbe principal est au wayyiqtol : וַיֵּלֶךְ, *il marcha.* Il est suivi de deux infinitifs absolus coordonnés par la conjonction -וְ. Notez au passage la divergence de graphie : pleine pour le premier verbe, défective pour le second. Traduction littérale : *il marcha, en marchant et mangeant.* L'infinitif הָלוֹךְ exprime ici la continuité : *il marcha tout en mangeant.*
- וְשָׁאַלְתָּ הֵיטֵב (Deut 13, 15). Le verbe וְשָׁאַלְתָּ est au w^eqatal, suivi d'un infinitif absolu qui n'est pas un qal (il n'a pas le schème qåtol) mais un hifʕil, et qui signifie *bien faire, bien agir.* Littéralement, on a quelque chose comme *tu interrogeras en faisant bien* : l'infinitif est ici l'équivalent d'un adverbe, *tu interrogeras soigneusement.*

• L'infinitif absolu peut être coordonné à une forme verbale conjuguée dont il est l'équivalent (penser à l'infinitif de narration en français : *et grenouilles de se plaindre*). C'est un trait que l'on trouve surtout dans les textes tardifs. Exemple :

- אֶת־כָּל־זֶה רָאִיתִי וְנָתוֹן אֶת־לִבִּי (Eccl 8, 9). *J'ai vu tout cela et j'ai donné mon cœur* (לִבִּי)...: Le verbe רָאִיתִי, au qatal, est repris par l'infinitif absolu נָתוֹן.

E2

• *Traduire :*

1. יָשֹׁב אֵשֵׁב עִם הַמֶּלֶךְ לֶאֱכֹל לֶחֶם. (*avec :* עִם)
2. מִכֹּל עֵץ הַגָּן אָכֹל תֹּאכֵל. (*arbre du jardin :* עֵץ הַגָּן)
3. נָתוֹן נִתֵּן לוֹ כֶּסֶף וְזָהָב.
4. אִם שָׁמֹעַ תִּשְׁמַע בְּקוֹלִי אֶהְיֶה לְךָ לֵאלֹהִים.
   (*écouter la voix de, obéir à :* שָׁמַע בְּקוֹל
   je deviendrai pour toi un Dieu אֶהְיֶה לְךָ לֵאלֹהִים)
5. שָׁמוֹר אֶת־יוֹם הַשַּׁבָּת לְקַדְּשׁוֹ. (*garder, observer* : שָׁמַר)
6. זָכוֹר אֶת־הַדָּבָר אֲשֶׁר צִוָּה מֹשֶׁה. (*commander, ordonner* : צִוָּה)
7. לְמַד הֵיטֵב.

T3. Syntaxe de l'infinitif construit

Comme l'infinitif absolu, l'infinitif construit est un nom verbal, mais il est beaucoup moins limité dans son emploi. Ainsi, il peut être précédé d'une préposition (ex. לִשְׁמוֹר *pour garder,* אַחֲרֵי בּוֹא *après être venu*), ou suivi d'affixes : בּוֹאִי, litt. *mon venir* = *ma venue.* Il peut aussi être le sujet d'une phrase nominale, le complément d'un nom, etc. Ses emplois sont assez proches de ceux de l'infinitif français.

P3

1. L'infinitif construit suivi d'affixes

• Nous avons expliqué p. 294 les modifications de schème entraînées par la présence d'affixes. À la 1ère personne du singulier, il y a de plus une distribution complémentaire des formes d'affixe : -i (ִי-) si l'affixe représente le **sujet** du verbe et -eni (ֵנִי-), s'il en est le **complément**. Le premier cas est beaucoup plus fréquent que le second. Exemples :

- אַחַר דַּבְּרִי (Job, 21, 3). La préposition אַחַר, *après*, est suivie de l'inf. דַּבֵּר *parler.* L'affixe est placé derrière cet infinitif comme il le serait après un nom ; mais alors qu'avec un nom il a valeur de possessif

(יָדִי *ma main*), il exprime ici le **sujet** du verbe à l'inf. En d'autres termes, [dabbᵉri] = **après* **mon** *parler* = *après que* ***j'aurai*** *parlé*.

- לְבַקְשֵׁנִי (I Sam 27, 1). L'infinitif בַּקֵּשׁ, *chercher*, est précédé de la préposition -לְ et suivi de l'affixe -**eni** (-ֵנִי). La forme de ce dernier indique qu'il s'agit d'un COD : [lᵉḇaqqᵉ**šeni**] signifie *pour* ***me*** *chercher* et non *pour que* ***je*** *cherche*, qui aurait nécessité l'emploi de l'affixe -ִי : [baqqᵉši].

• Aux autres personnes, il n'y a pas de différence **morphologique** entre l'affixe « sujet » et l'affixe « complément ». Si le verbe est **intransitif**, l'affixe en est forcément le sujet ; si le verbe est **transitif**, l'affixe peut en être soit le sujet soit le complément ; le contexte permet quasiment toujours de faire la différence. Exemples :

- יְהוָה יִשְׁמוֹר צֵאתְךָ וּבוֹאֶךָ (Ps 121, 8). *(Que) l'Éternel protège tes allées et venues (*litt. : *ton sortir et ton venir*). Les deux verbes sont intransitifs : l'affixe est donc le sujet.

- אַחֲרֵי אָכְלוֹ לֶחֶם וְאַחֲרֵי שְׁתוֹתוֹ (I Rois 13, 23). *Après qu'il eut mangé du pain et après qu'il eut bu…* La préposition אַחֲרֵי *après*, est suivie de l'infinitif construit אָכְלוֹ [ʔǫḵlo] ; la présence du COD לֶחֶם *du pain*, confirme que l'affixe -וֹ représente le sujet de l'infinitif : **après* *son* *manger du pain* = *après qu'il eut mangé du pain*. L'infinitif שְׁתוֹתוֹ (remarquer la finale -וֹת de l'infinitif) vient du verbe שָׁתָה *boire*. Bien qu'il n'y ait pas de complément indiquant ce qui a été bu, la symétrie avec ce qui précède et le bon sens impliquent **après lui-avoir bu* = *après qu'****il*** *eut bu* et non **après avoir bu-lui*= *après* ***l'****avoir bu*).

- עַל שָׁאוּל כְּשָׁמְעוֹ אֶת־הַדְּבָרִים הָאֵלֶּה (I Sam 11, 6) […] *sur Saül dès qu'il entendit ces paroles*. L'infinitif שָׁמְעוֹ [šǫmʕo] est précédé de la préposition -כְּ, signifiant *comme, dès que*. Comme dans l'exemple précédent, l'infinitif est suivi d'un COD, clairement identifiable grâce au אֶת. L'affixe renvoie donc à Dieu, sujet de la proposition principale (la phrase intégrale est *l'esprit de Dieu tomba sur Saül dès qu'il entendit ces paroles)*.

הַדְּבָרִים הָאֵלֶּה	אֶת־	כְּשָׁמְעוֹ
ces paroles	*OBJ*	*lui – entendre – comme*

- וְעָשׂוּ אֶת־בִּגְדֵי אַהֲרֹן לְקַדְּשׁוֹ לְכַהֲנוֹ־לִי (Ex 28, 3). *Et ils feront les vêtements d'Aharon pour le sanctifier pour qu'il soit prêtre pour moi.* Le verbe וְעָשׂוּ (wᵉqatal) *ils feront*, a pour COD l'état construit אֶת־בִּגְדֵי

אַהֲרֹן *les vêtements d'Aharon.* Les deux infinitifs construits qui suivent sont au piʕel. לְקַדְּשׁ signifie *pour sanctifier.* Si l'affixe וֹ- renvoie au sujet comme dans les deux exemples qui précèdent, il faut comprendre *pour qu'**il*** (c'est-à-dire *Aharon*) *sanctifie* : mais qu'il sanctifie quoi ? Tout le contexte du passage (la fabrication des vêtements du grand-prêtre) montre bien, au contraire, que c'est Aharon qui doit être sanctifié : il faut donc voir le וֹ- comme le COD et traduire *pour **le** sanctifier.* L'infinitif לְכַהֲנוֹ est quant à lui dérivé du nom כֹּהֵן *prêtre* : le verbe כִּהֵן signifie *agir comme un prêtre, exercer la fonction de prêtre.* Nulle part dans la Bible il n'a la valeur factitive, possible au piʕel, de *rendre prêtre.* C'est donc un verbe **intransitif,** et le וֹ- ne peut donc indiquer cette fois que le sujet : non pas *pour **le** rendre prêtre, pour faire de lui un prêtre* (sur le même plan que *pour le sanctifier*), mais *pour qu'**il** soit prêtre.* Les deux infinitifs sont construits de la même manière, mais l'affixe n'y a pas la même fonction : COD dans לְקַדְּשׁוֹ, sujet dans לְכַהֲנוֹ.

2. L'infinitif construit et les prépositions

• Comme on vient de le voir dans plusieurs des exemples qui précèdent, il est fréquent que l'infinitif construit soit régi par une préposition. Exemples :

- לִפְנֵי בוֹא שָׁאוּל litt. *avant le venir* (à l'inf.) *de Saül,* pour *avant que Saül ne vienne.*
- וַתָּקָם חַנָּה אַחֲרֵי אָכְלָה, *Hanna se leva après avoir mangé,* litt. : *après son manger.* Attention au qameṣ ḥaṭuf dans le premier mot (wattåqǫm, cf. ci-dessus p. 202) et dans l'infinitif avec affixe (ʔǫḵlå).
- כֵּן עָשָׂה עַד בּוֹא הַמֶּלֶךְ, *il fit ainsi jusqu'à ce que le roi arrive,* litt. *jusqu'à l'arriver du roi.*

• L'infinitif peut en particulier se construire avec les prépositions monoconsonantiques -לְ ,-כְּ ,-בְּ, et -מִ. C'est avec -לְ qu'il apparaît le plus souvent.

- בְּצֵאת יִשְׂרָאֵל מִמִּצְרָיִם (Ps 114, 1), litt. *au sortir d'Israël d'Égypte* = *quand Israël sortit d'Égypte.* יִשְׂרָאֵל est le sujet (comme l'affixe de לְכַהֲנוֹ dans l'exemple ci-dessus). Cette tournure équivaut à une subordonnée de temps.

- כִּשְׁמֹעַ עֵשָׂו אֶת־דִּבְרֵי אָבִיו (Gen 27, 34), litt. *comme-entendre Esaü les paroles de son père, = dès qu'Esaü entendit les paroles de son père.*

- וַיֵּרֶד יְהוָה לִרְאֹת אֶת־הָעִיר (Gen 27, 5), *Et l'Éternel descendit* **pour** *voir la ville.*

- וְשָׁמְרוּ בְנֵי־יִשְׂרָאֵל אֶת־הַשַּׁבָּת לַעֲשׂוֹת אֶת־הַשַּׁבָּת (Ex 31, 16), *les enfants d'Israël observeront le shabbat,* ***en pratiquant*** [litt. *pour faire*] *le shabbat.* Ici, le sens *pour* de la préposition -לְ s'est un peu affaibli : l'infinitif exprime une action qui explique ou précise la précédente, et se traduit souvent en français par *en* + gérondif (*en pratiquant, en faisant*). Tournure assez fréquente.

- וַיְדַבֵּר אֱלֹהִים אֶל־נֹחַ לֵאמֹר (Gen 8, 15), *Dieu parla à Noé,* ***en disant****...* Même utilisation de l'infinitif que dans l'exemple précédent ; mais le verbe לֵאמֹר, *en disant* (qu'on traduit parfois par *en ces termes* pour éviter la répétition « il parla en disant ») sert simplement à introduire un discours direct, avec une fonction équivalente à celle des deux-points dans notre ponctuation. À ce titre, il est extrêmement fréquent : plus de 900 occurrences.

- וַיְמַהֵר פַּרְעֹה לִקְרֹא לְמֹשֶׁה (Ex 10, 16), *et Pharaon se hâta* ***d'appeler*** *Moïse.* Ici, le sens premier de la préposition -לְ a à peu près disparu ; elle sert simplement à introduire l'infinitif après un verbe (cf. en anglais *I want* ***to*** *go*). On trouve ces infinitifs après les verbes signifiant *vouloir, pouvoir, commencer, continuer, cesser, se dépêcher,* etc.

- שֹׁמֵר יָדוֹ מֵעֲשׂוֹת כָּל־רָע (Is 56, 2), *gardant sa main* ***de faire*** *aucun* [litt. *tout*] *mal.* La préposition מִן exprime l'éloignement : elle introduit l'infinitif après les verbes signifiant *se garder de, en avoir assez de, empêcher de,* etc. ; elle peut également signifier *pour ne pas.*

3. Autres emplois de l'infinitif construit

- Sujet de la phrase nominale : exemple,

הֱיוֹת הָאָדָם לְבַדּוֹ	לֹא־טוֹב
seul l'homme être	*bon NEG*

= *il n'est pas bon que l'homme soit seul* (Gen 2, 18). Il faut comprendre la construction ainsi : **être l'homme tout seul - n'[est] pas bon.* L'infinitif הֱיוֹת est le sujet de la phrase nominale.

- Complément d'un nom :

- מִיּוֹם הֱיוֹתָם עַל־הָאֲדָמָה עַד הַיּוֹם הַזֶּה (Ex 10, 6), [...] *depuis le jour où ils ont été sur la terre jusqu'à aujourd'hui.* הֱיוֹתָם est l'inf. construit du verbe *être* (cf. הֱיוֹת dans l'exemple précédent), avec l'affixe de 3ème masc. plur. [-âm] représentant le sujet. L'infinitif ne marquant ni le temps ni l'aspect (הֱיוֹתָם = **eux être*), la traduction par un passé (*depuis le jour où* **ils ont été**) tient compte du contexte de ce verset.

- עֵת סְפוֹד וְעֵת רְקוֹד (Eccl 3, 4), *un temps* [pour] *être en deuil et un temps* [pour] *danser.* Cet énoncé conclut une série de versets similaires, dans lesquels l'Ecclésiaste développe l'idée qu'il y a « un temps pour tout » : un temps pour naître et un temps pour mourir, etc. (voir ci-dessous p. 319s). Ici, au verset 4, il n'utilise pas la préposition -לְ. C'est donc, littéralement, *un temps « de danser » = de danse* (et non *un temps* **pour** *danser* : on aurait eu עֵת לִרְקוֹד).

E3

- *Traduire :*

1. וַיָּשָׁב יוֹסֵף מִצְרַיְמָה אַחֲרֵי קָבְרוֹ אֶת־אָבִיו. (*enterrer :* קָבַר)
2. וַיֵּצֵא שָׁאוּל מִירוּשָׁלַםִ לָלֶכֶת אֶל־הָהָר.
3. שָׁמַעְתִּי אֶת־דָּוִד בִּהְיוֹתוֹ בְּמִדְבַּר יְהוּדָה. (*Juda :* יְהוּדָה)
4. חָלִילָה לִי מֵעֲשׂוֹת אֶת־הַדָּבָר הַזֶּה.
(*Dieu me garde de..., plaise à Dieu que je ne…* חָלִילָה לִי מִ־)
5. וַיְדַבֵּר יְהוָה אֶל־מֹשֶׁה לֵאמֹר אֲנִי יְהוָה.
6. וַיָּבֹאוּ כָּל־הָעַמִּים לִשְׁמֹעַ אֶת־חָכְמַת שְׁלֹמֹה. (*sagesse :* חָכְמָה)
7. וַיֵּשְׁבוּ לֶאֱכָל לֶחֶם.
8. בָּרוּךְ אַתָּה בְּבֹאֶךָ וּבָרוּךְ אַתָּה בְּצֵאתֶךָ. (*béni sois-tu :* בָּרוּךְ אַתָּה)

T4. La subordonnée de temps

La relation temporelle entre deux membres de phrase peut être exprimée par :

- Un infinitif précédé d'une préposition ;
- Une subordonnée introduite par une conjonction ;
- La simple coordination de deux propositions.

——— P4

- **La structure préposition + infinitif**

Nous en avons déjà vu quelques exemples au paragraphe P3. L'infinitif précédé de -בְּ *au moment où, quand*, de -כְּ *comme, dès que,* est extrêmement fréquent dans les textes narratifs. Il se trouve aussi après d'autres prépositions telles que לִפְנֵי *avant*, אַחֲרֵי *après*, עַד *jusqu'à*. Très souvent, le syntagme préposition + infinitif est précédé de וַיְהִי *ce fut, il arriva*, qui relie la phrase à celle qui précède.

Si la principale est au passé, son verbe est en général un wayyiqtol (ex. 1-4) ; si ce dernier est impossible (notamment en raison de la présence d'une négation) il est remplacé par le qatal (ex. 5). Si le verbe de la principale est au futur, il est en général au w^{e}qatal (ex. 6) ; on privilégie en effet les formes qui permettent de relier la principale à ce qui précède, le waw étant alors « conversif » en même temps que conjonctif.

1. II Sam 1, 2 וַיְהִי בְּבֹאוֹ אֶל־דָּוִד וַיִּפֹּל אַרְצָה

En arrivant vers David, il tomba à terre.

L'infinitif בּוֹא est précédé de -בְּ et suivi d'un affixe qui est forcément le sujet puisque בּוֹא *venir, arriver*, est intransitif. Il n'y a pas lieu de traduire le וַיְהִי initial : sa fonction est de relier l'infinitif à ce qui précède. Litt. : **et ce fut lors de l'arriver de lui vers David [et] il tomba à terre.*

2. I Sam 9, 26 וַיְהִי כַּעֲלוֹת הַשַּׁחַר וַיִּקְרָא שְׁמוּאֵל אֶל־שָׁאוּל

Comme l'aube montait, Samuel appela Saül.

L'infinitif עֲלוֹת (de עָלָה *monter*) est précédé de la préposition -כַּ, dont la voyelle prend le même timbre que le ḥaṭef qui suit. שַׁחַר signifie *aube*. Ici encore, l'infinitif est introduit par וַיְהִי, ce qui permet d'avoir la suite de verbes wayyiqtol habituelle dans les récits.

3. II Rois 6, 30 וַיְהִי כִשְׁמֹעַ הַמֶּלֶךְ אֶת־דִּבְרֵי הָאִשָּׁה וַיִּקְרַע אֶת־בְּגָדָיו

Dès que le roi entendit les paroles de la femme, il déchira ses vêtements.

Toujours la même structure : d'abord וַיְהִי, puis l'infinitif (שְׁמֹעַ) précédé de la prép. -כְּ et suivi d'un sujet (הַמֶּלֶךְ) puis d'un COD (אֶת־דִּבְרֵי הָאִשָּׁה), enfin la principale au wayyiqtol (וַיִּקְרַע אֶת־בְּגָדָיו). Ne confondez pas וַיִּקְרַע, de קָרַע *déchirer*, et וַיִּקְרָא, de קָרָא *appeler*.

4. I Rois 13, 31 וַיְהִי אַחֲרֵי קָבְרוֹ אֹתוֹ וַיֹּאמֶר אֶל־בָּנָיו

Après l'avoir enterré, il dit à ses fils…

L'infinitif קָבְרוֹ ([qǫvro] – attention au qameṣ ḥaṭuf) est précédé de la préposition אַחֲרֵי, *après que.* Comme il y a un complément exprimé (אֹתוֹ, cf. p. 273), l'affixe est forcément le sujet : אַחֲרֵי קָבְרוֹ אֹתוֹ *après qu'il l'eut enterré.*

5. Exode 34, 29

וַיְהִי בְּרֶדֶת מֹשֶׁה מֵהַר סִינַי (...) וּמֹשֶׁה לֹא יָדַע

Lorsque Moïse descendit du mont Sinaï (…), Moïse ne savait pas…

Ici, le verbe principal n'est pas au wayyiqtol : à cause de la négation, on a le qatal יָדַע. Litt. : **et ce fut au moment du descendre de Moïse…*

6. I Sam 10, 4

וִיהִי כְּבֹאֲךָ שָׁם הָעִיר וּפָגַעְתָּ חֶבֶל נְבִיאִים

Lorsque tu arriveras là-bas, à la ville, tu rencontreras une bande de prophètes.

Dans la subordonnée, remarquez le complément de lieu הָעִיר, sans préposition (ci-dessus p. 219). Le verbe principal וּפָגַעְתָּ, *tu rencontreras*, est au w^{e}qatal, puisque l'on veut exprimer le **futur.** Il est donc logique que ce ne soit pas וַיְהִי (*ce fut*) qui introduit la subordonnée mais וִיהִי (*et ce sera*) composé de -וְ conjonction de coordination suivie du yiqtol יְהִי. Il ne s'agit pas du waw conversif : voyez la vocalisation וִיהִי, [wi$^{(y)}$hi] < *[w^{e}y^{e}hi], à ne pas confondre avec וַיְהִי [way^{e}hi], *et ce fut* (cf. l'exemple précédent). L'infinitif ne marquant pas le temps, sa traduction varie selon le verbe principal : ici au futur (*tu arriveras*), dans les exemples précédents au passé.

- **La structure conjonction + verbe conjugué**

La conjonction la plus fréquente est כַּאֲשֶׁר *comme, lorsque, après que.* On trouve également כִּי *lorsque,* אַחֲרֵי אֲשֶׁר *après que,* עַד אֲשֶׁר *jusqu'à ce que, avant que.* Exemples :

1. Gen 32, 3 וַיֹּאמֶר יַעֲקֹב כַּאֲשֶׁר רָאָם

Jacob dit, quand il les vit…

Dans cet exemple, la principale וַיֹּאמֶר יַעֲקֹב est en tête. Le verbe de la subordonnée (introduite par כַּאֲשֶׁר) est constitué du qatal רָאָה et de l'affixe de 3ème pers. du masc. plur., qui en est le COD : *il les vit.*

2. Gen 29,10

וַיְהִי כַּאֲשֶׁר רָאָה יַעֲקֹב אֶת־רָחֵל וַיִּגַּשׁ יַעֲקֹב

Lorsque Jacob vit Rachel, Jacob s'avança.

Ici, la subordonnée est en tête : c'est le cas le plus fréquent. Elle est précédée de וַיְהִי, ce qui est presque toujours le cas quand כַּאֲשֶׁר a un sens temporel (il signifie aussi *comme*, au sens comparatif). L'ordre des mots dans la subordonnée est l'ordre normal : la présence de כַּאֲשֶׁר fait passer le sujet derrière le verbe (רָאָה יַעֲקֹב). Le verbe principal, וַיִּגַּשׁ, est au wayyiqtol. Le sujet (Jacob) est présent dans la subordonnée et répété dans la principale.

3. Gen 12, 12

וְהָיָה כִּי יִרְאוּ אֹתָךְ הַמִּצְרִים וְאָמְרוּ אִשְׁתּוֹ זֹאת

Lorsque les Égyptiens te verront, ils diront « c'est sa femme ».

Abraham s'adresse à Sarah (אֹתָךְ = 2ème pers. du fém. sing.). La subordonnée de temps est introduite par כִּי, suivi d'un yiqtol (יִרְאוּ), puisque c'est un événement **futur** qui est envisagé. Le verbe de la principale (וְאָמְרוּ) est au weqatal, équivalent du futur.

La subordonnée est précédée de וְהָיָה *ce sera, il arrivera*, qui joue exactement le même rôle que וַיְהִי dans les récits au passé : il relie la phrase à celle qui précède et « installe » en quelque sorte le futur, qui est le temps des deux verbes suivants (יִרְאוּ et וְאָמְרוּ), de même que וַיְהִי assure la continuité d'un récit au passé. Litt. : *et ce sera quand les Égyptiens te verront [et] ils diront.*

אִשְׁתּוֹ זֹאת est une phrase nominale dont le sujet est le démonstratif זֹאת (*celle-ci [est] sa femme*). -אֵשֶׁת est la forme de flexion de אִשָּׁה, *femme.* L'ordre des mots met l'accent sur le prédicat אִשְׁתּוֹ.

4. Lév 25, 2

כִּי תָבֹאוּ אֶל-הָאָרֶץ אֲשֶׁר אֲנִי נֹתֵן לָכֶם
וְשָׁבְתָה הָאָרֶץ שַׁבָּת לַיהוָה

Quand vous entrerez dans la terre que je vous donne,
la terre observera un shabbat pour l'Éternel.

Il s'agit de l'année sabbatique : tous les sept ans, la terre promise doit rester en jachère. Nous sommes devant un énoncé de type juridique. De nombreuses lois du Lév et du Deut commencent ainsi : *lorsque vous entrerez dans le pays / lorsque vous partirez en guerre / lorsque vous achèterez un esclave, vous devrez* .. On est à la lisière entre proposition temporelle (*lorsque vous achèterez*) et conditionnelle (*si vous achetez*). Dans ce cas, le mot introducteur est כִּי.

Le verbe de la subordonnée est au yiqtol, puisqu'il s'agit d'un événement à venir. Le verbe principal est au weqatal : וְשָׁבְתָה, de שָׁבַת *cesser, se reposer.*

Remarquez la tournure וְשָׁבְתָה הָאָרֶץ שַׁבָּת, litt. *la terre shabbatisera un shabbat*. Nous avons rencontré des expressions similaires (COD de la même racine que le verbe) aux p. 151 et 226.

5. I Sam 30, 4

וַיִּבְכּוּ עַד אֲשֶׁר אֵין בָּהֶם כֹּחַ לִבְכּוֹת

Ils pleurèrent jusqu'à ce qu'ils n'aient plus la force de pleurer.

Le verbe בָּכָה *pleurer* apparaît deux fois dans ce verset : dans la principale, au wayyiqtol (וַיִּבְכּוּ), et dans la subordonnée, à l'infinitif construit (לִבְכּוֹת).

כֹּחַ signifie *force*. La subordonnée introduite par עַד אֲשֶׁר *jusqu'à ce que*, est une phrase nominale. Litt. *: jusqu'à ce qu'il n'y ait pas en eux la force de pleurer.*

- **La relation temporelle exprimée par la simple coordination**

L'hébreu biblique préfère la coordination à la subordination : vous avez pu le constater à travers les textes étudiés. Dans bien des cas, vous trouverez en hébreu un énoncé tel que *il finit de parler et il me donna du pain*, pour lequel il vaudra mieux éviter de calquer le français sur la structure hébraïque et traduire *après avoir fini de parler, il me donna du pain.*

Si nous devions rendre cette dernière phrase en hébreu biblique, nous aurions trois possibilités, représentées chacune par un nombre à peu près équivalent d'exemples bibliques. Deux d'entre elles viennent d'être vues ; la troisième consiste à simplement coordonner les deux propositions.

Le verbe *finir* est un verbe de schème piʕel : qatal כִּלָּה, infinitif construit כַּלּוֹת, wayyiqtol וַיְכַל. Voici les trois possibilités :

a. Structure avec infinitif construit (ci-dessus p. 304s)

(וַיְהִי) כְּכַלֹּתוֹ לְדַבֵּר וַיִּתֵּן לִי לֶחֶם

du pain | à moi | il donna | de parler | comme-finir-lui | (et ce fut)

b. Structure avec verbe conjugué (ci-dessus p. 310s)

(וַיְהִי) כַּאֲשֶׁר כִּלָּה לְדַבֵּר וַיִּתֵּן לִי לֶחֶם

du pain | à moi | il donna | de parler | quand il eut fini | (et ce fut)

c. Structure avec coordination des deux prépositions

וַיְכַל לְדַבֵּר וַיִּתֵּן לִי לֶחֶם

du pain | à moi | [et] il donna | de parler | [et] il finit

Les exemples de la troisième structure sont trop nombreux et variés pour que nous puissions tous les faire figurer ici ; vous les découvrirez au fur et à mesure de vos lectures. Vous pouvez vous reporter à la grammaire de Joüon (§ 166) pour le détail de tous les temps possibles dans la principale et dans la subordonnée, selon que l'on veut exprimer la simultanéité, l'antériorité ou la succession. Ce qu'il faut retenir ici, c'est que la **succession** de deux propositions **coordonnées** par waw (qui, bien souvent, est aussi un waw conversif) peut exprimer ce que nous rendrions en français par **une subordonnée de temps**.

E4

• *Traduire :*

1. מַה תִּתֶּן־לִי כַּאֲשֶׁר תָּבוֹא אֵלַי ?
2. וַיְהִי כִּי יָצְאוּ בְּנֵי יִשְׂרָאֵל מִמִּצְרַיִם וַיֵּלְכוּ אֶל הַר הָאֱלֹהִים.
3. וְהָיָה כִּי יָבֹאוּ אֲבוֹתֵיכֶם וְשָׁמַעְתִּי בְּקוֹלָם.
4. וַיִּבְנוּ עָרִים וַיֵּשְׁבוּ בָּהֶן.
5. וַיָּבֹאוּ הַמַּלְאָכִים סְדֹמָה וְלוֹט יֹשֵׁב בְּבֵיתוֹ.

(*Sodome* סְדֹם *Loth* לוֹט)

T5. Utilisation du dictionnaire

Vous possédez à présent des bases suffisantes pour pouvoir utiliser les dictionnaires d'hébreu biblique. Pour que votre recherche soit efficace, il vaut mieux commencer par une analyse morphologique du mot à trouver. Si c'est un nom ou un adjectif, on écarte tous les morphèmes qui peuvent se trouver avant ou après lui : prépositions monoconsonantiques, article défini, suffixes de pluriel, affixes marquant la possession, etc. Nous avons fait ces exercices à la leçon 3. S'il s'agit d'un verbe, il faut en repérer la racine et le schème (revoir notamment les exercices sur les racines faibles à la leçon 7).

Nous vous conseillons de travailler d'abord avec le lexique de cet ouvrage, puis avec le dictionnaire de P. Reymond ; lorsque vous serez bien entraîné à cette activité, vous pourrez utiliser des dictionnaires plus complets tels que le Koehler/Baumgartner (ci-dessous KB) ou le Brown/Driver/Briggs (ci-dessous BDB). Pour les références complètes de ces ouvrages, reportez-vous à la bibliographie en fin d'ouvrage.

P5

- **La recherche des formes verbales**

Tous les dictionnaires d'hébreu biblique classent les verbes **à leur racine**. Il vous faut donc identifier cette dernière, ce qui implique d'interpréter correctement les données : si la vocalisation est celle d'un qal, mais que la 2ème consonne comporte un dagesh, vous devez vérifier s'il s'agit du dagesh léger obligatoire dans une BeGaDKeFaT ; s'il manque une consonne faible, vous devez pouvoir la restituer, etc.

Les schèmes verbaux sont en général classés dans l'ordre suivant : qal, nifʕal, piʕel, puʕal, hifʕil, hufʕal, hitpaʕel (seules les caractéristiques morphologiques du qal et du piʕel ont été vues jusqu'à présent). Dans le BDB, le hitpaʕel est classé avant le hifʕil.

Exemple : pour traduire יְלַמְּדוּ, vous enlevez les marques de personne et de nombre, ce qui donne une racine למד. Voici comment se présente pour ce verbe la notice du dictionnaire de Reymond (nous résumons entre crochets ce que nous ne recopions pas).

למד
qal : [liste des formes qal attestées dans la Bible] : *apprendre*.
pi : [liste des formes piʕel attestées dans la Bible] : *enseigner*.

Puisque יְלַמְּדוּ est un piʕel, il s'agit du verbe *enseigner*.

- **La recherche des noms et des adjectifs**

La plupart des dictionnaires récents les classent **dans l'ordre alphabétique de leur première consonne**, que celle-ci soit la première consonne de la racine ou du schème ; mais d'autres les classent comme les verbes, **à la première consonne de la racine**. La première méthode est évidemment plus conviviale, puisqu'elle vous évite de devoir connaître tous les schèmes nominaux, qui sont beaucoup plus nombreux que les schèmes verbaux.

Par exemple, le mot מָקוֹם *lieu* a la même racine que le verbe קוּם, *se lever, se dresser* ; le -מ initial fait partie du schème. Le dictionnaire de Reymond, comme son modèle KB, classe ce mot à la lettre מ ; on le trouve entre מִקְוֶה et מָקוֹר. En revanche, le BDB le classe à ק, première consonne de la racine. Sous קוּם, on trouvera donc, dans le BDB, non seulement les différents schèmes verbaux attestés pour cette racine, mais aussi les substantifs dérivés : מָקוֹם *lieu*, קוֹמָה *taille, stature*, יְקוּם *ce qui existe* et תְּקוּמָה *fermeté*.

Cette organisation du lexique fait certes ressortir le lien entre les mots dérivés d'une même racine, mais elle oblige l'étudiant à dégager cette racine avant même d'ouvrir le dictionnaire - ce qui n'est pas toujours commode, notamment dans le cas de racines à consonnes faibles. Bien que le BDB soit un bon ouvrage, nous vous conseillons donc de ne pas l'utiliser au tout début. Comme beaucoup d'outils de travail rédigés au XIXe s., il est pensé pour des utilisateurs dont les auteurs supposent qu'ils ont d'excellentes connaissances grammaticales...

- **Racines homonymes**

Les dictionnaires d'hébreu biblique reposent non seulement sur l'état des connaissances étymologiques au moment de leur rédaction, mais aussi sur certains partis pris de leurs auteurs. Prenons par exemple le mot מִדְבָּר *désert*, constitué d'un schème miqtâl et d'une racine דבר. Or, vous avez aussi une racine דבר dans le verbe דִּבֵּר *parler* et le substantif דָּבָר *parole, chose* (schème qâtâl). Y aurait-il une relation étymologique entre le *désert* et la *parole* ? L'idée selon laquelle Dieu se révèle et **s'exprime** souvent dans des lieux **désertiques** (le Sinaï, etc) relève de l'interprétation ; rapprocher ainsi *désert* et *parole* est intéressant et significatif du point de vue exégétique, mais relève davantage de l'association d'idées chère à la psychanalyse que d'une rigoureuse philologie.

Si vous cherchez dans le BDB, vous trouverez une seule racine דבר, à laquelle est assignée le sens très vague de *s'en aller* ; les auteurs parviennent ainsi, non sans quelques acrobaties sémantiques dont ils sont conscients, à relier les différents mots apparemment dérivés de cette racine dans plusieurs langues sémitiques : מִדְבָּר *désert* et דָּבָר *parole* sont rattachés à cette racine unique et apparaissent sous דבר.

En revanche, dans le dictionnaire KB, deux racines sont nettement séparées et considérées comme homonymes : I דבר, *se détourner*, d'où vient le mot מִדְבָּר (classé à מ); et II דבר *parler*, à laquelle on rattache דָּבָר *parole, chose* (classé à ד).

VOCABULAIRE

vêtement forme de flexion : -בִּגְד	*m.* בֶּ֫גֶד, בְּגָדִים
temps fixé, moment	זְמָן
Juda : 1. fils de Jacob 2. tribu de Juda 3. royaume de Juda	יְהוּדָה
égyptien	מִצְרִי, מִצְרִית מִצְרִים, מִצְרִיֹּת
temps, époque, saison, moment	*f.* עֵת
comme (comparaison), selon, lorsque, parce que	כַּאֲשֶׁר

être perdu	אָבַד
perdre	אִבֵּד
pleurer yiqtol : יִבְכֶּה	בָּכָה
tuer yiqtol : יַהֲרֹג	הָרַג
mourir yiqtol : יָמוּת	מֵת (racine מות)
planter yiqtol : יִטַּע	נָטַע
faire une brèche yiqtol : יִפְרֹץ	פָּרַץ
enterrer yiqtol : יִקְבֹּר	קָבַר
placer, poser, mettre, établir yiqtol : יָשִׂים	שָׂם (racine שׂים)
cesser, se reposer yiqtol : יִשְׁבֹּת	שָׁבַת

Exercices corrigés

E1

• *Distinguez les infinitifs absolus et les infinitifs construits.*

Infinitifs absolus :

1. רָאֹה 3. אָכֹל 5. יָצֹא 6. שָׁמֹעַ 9. עָלֹה 10. זָכֹר 11. בָּכֹה

Infinitifs construits :

2. לִמְצֹא 4. לֶאֱכֹל 7. שְׁמֹעַ 8. עֲלוֹת 12. רְקוֹד

• *Donnez la racine des infinitifs suivants, puis mettez le verbe au qatal*

Infinitif	Racine	Qatal, 3ème masc.
לַעֲקֹר	ע.ק.ר	עָקַר
לִפְרוֹץ	פ.ר.ץ	פָּרַץ
לִבְכּוֹת	ב.כ.י (ב.כ.ה)	בָּכָה
לִקְרֹעַ	ק.ר.ע	קָרַע
לִהְיוֹת	ה.י.י (ה.י.ה)	הָיָה
לַעֲמֹד	ע.מ.ד	עָמַד
לִפְתֹּחַ	פ.ת.ח	פָּתַח

E2

• *Traduire (les infinitifs sont encadrés).*

1. יָשֹׁב אֵשֵׁב עִם הַמֶּלֶךְ. *Je dois m'asseoir* (litt. *s'asseoir je m'assiérai) avec le roi*

2. מִכֹּל עֵץ הַגָּן אָכֹל תֹּאכֵל.
De tout arbre du jardin tu pourras/ devras manger (litt. *manger tu mangeras).*

3. נָתוֹן נִתֵּן לוֹ כֶּסֶף וְזָהָב.
Nous lui donnerons certainement (donner nous lui donnerons) de l'argent et de l'or.

4. אִם שָׁמֹעַ תִּשְׁמַע בְּקוֹלִי אֶהְיֶה לְךָ לֵאלֹהִים.
Si tu écoutes bien ma voix (= si tu m'obéis), je serai pour toi un Dieu.

5. שָׁמוֹר אֶת־יוֹם הַשַּׁבָּת לְקַדְּשׁוֹ.
Tu observeras/ observe (litt. *Observer) le jour du shabbat pour le sanctifier.*

6. זָכוֹר אֶת־הַדָּבָר אֲשֶׁר צִוָּה מֹשֶׁה .
Tu te souviendras/ souviens-toi (litt. *Se souvenir) de la chose que t'a ordonnée Moïse.*

7. לְמַד הֵיטֵב. *Apprends bien* (litt. *: apprends en faisant bien).*

E3

• *Traduire (les infinitifs sont encadrés) :*

1. וַיָּשָׁב יוֹסֵף מִצְרַיְמָה אַחֲרֵי קָבְרוֹ אֶת־אָבִיו.

Joseph revint en Égypte après avoir enterré son père.

2. וַיֵּצֵא שָׁאוּל מִירוּשָׁלַםִ לָלֶכֶת אֶל־הָהָר.

Saül sortit de Jérusalem pour aller vers la montagne.

3. רָאִיתִי אֶת־דָּוִד בִּהְיוֹתוֹ בְּמִדְבַּר יְהוּדָה.

J'ai vu David quand il était dans le désert de Juda.

4. חָלִילָה לִּי מֵעֲשׂוֹת אֶת־הַדָּבָר הַזֶּה. *À Dieu ne plaise que je fasse cette chose.*

5. וַיְדַבֵּר יְהוָה אֶל־מֹשֶׁה לֵאמֹר אֲנִי יְהוָה.

*Dieu parla à Moïse en ces termes [*litt. *en disant] : je suis l'Éternel.*

6. וַיָּבֹאוּ כָּל־הָעַמִּים לִשְׁמֹעַ אֶת־חָכְמַת שְׁלֹמֹה.

Tous les peuples vinrent pour entendre la sagesse de Salomon.

7. וַיֵּשְׁבוּ לֶאֱכָל לֶחֶם. *Ils s'assirent pour manger du pain.*

8. בָּרוּךְ אַתָּה בְּבֹאֶךָ וּבָרוּךְ אַתָּה בְּצֵאתֶךָ.

Béni sois-tu quand tu viens (= quand tu entres) et béni sois-tu quand tu sors.

E4

• *Traduire :*

1. מַה תִּתֶּן־לִי כַּאֲשֶׁר תָּבוֹא אֵלַי ?

Que me donneras-tu lorsque tu viendras vers moi ?

2. וַיְהִי כִּי יָצְאוּ בְּנֵי יִשְׂרָאֵל מִמִּצְרַיִם וַיֵּלְכוּ אֶל הַר הָאֱלֹהִים.

[Et ce fut] Lorsque les fils d'Israël sortirent d'Égypte, ils marchèrent vers la montagne de Dieu.

3. וְהָיָה כִּי יָבֹאוּ אֲבוֹתֵיכֶם וְשָׁמַעְתִּי בְּקוֹלָם.

[Et ce sera] Lorsque tes pères viendront, j'écouterai leur voix.

4. וַיִּבְנוּ עָרִים וַיֵּשְׁבוּ בָּהֶן.

*Après avoir construit des villes, ils s'y installèrent (*litt. *: ils construisirent des villes et ils s'assirent dans elles).*

5. וַיָּבֹאוּ הַמַּלְאָכִים סְדֹמָה וְלוֹט יֹשֵׁב בְּבֵיתוֹ.

Les anges arrivèrent à Sodome alors que Loth était assis dans sa maison (litt. et Loth étant assis...).

Pas à pas dans le texte biblique

Ecclésiaste 3, 1-8

L'Ecclésiaste (en hébreu Qohelet) est un texte philosophique critiquant la sagesse traditionnelle telle qu'elle s'exprime, par exemple, dans les Proverbes. Il a sans doute été composé vers le 3ème siècle avant l'ère chrétienne. Le chapitre 3 commence par une méditation sur les différents temps de l'action humaine. Ce superbe texte est aussi… un excellent exercice d'application sur l'infinitif construit !

1. לַכֹּל זְמָן וְעֵת לְכָל־חֵפֶץ תַּחַת הַשָּׁמָיִם׃

2. עֵת לָלֶדֶת וְעֵת לָמוּת
עֵת לָטַעַת וְעֵת לַעֲקוֹר נָטוּעַ׃

3. עֵת לַהֲרוֹג וְעֵת לִרְפּוֹא
עֵת לִפְרוֹץ וְעֵת לִבְנוֹת׃

4. עֵת לִבְכּוֹת וְעֵת לִשְׂחוֹק
עֵת סְפוֹד וְעֵת רְקוֹד׃

5. עֵת לְהַשְׁלִיךְ אֲבָנִים וְעֵת כְּנוֹס אֲבָנִים
עֵת לַחֲבוֹק וְעֵת לִרְחֹק מֵחַבֵּק׃

6. עֵת לְבַקֵּשׁ וְעֵת לְאַבֵּד
עֵת לִשְׁמוֹר וְעֵת לְהַשְׁלִיךְ׃

7. עֵת לִקְרוֹעַ וְעֵת לִתְפּוֹר
עֵת לַחֲשׁוֹת וְעֵת לְדַבֵּר׃

8. עֵת לֶאֱהֹב וְעֵת לִשְׂנֹא
עֵת מִלְחָמָה וְעֵת שָׁלוֹם׃

Avant de lire les explications grammaticales qui vont suivre, nous vous invitons à travailler vous-même ce texte à partir du verset 2. Essayez de repérer, d'analyser et de chercher dans le lexique tous les verbes qal et piʕel à l'infinitif.

➢ **Verset 1**

לַכֹּל זְמָן וְעֵת לְכָל־חֵפֶץ תַּחַת הַשָּׁמָיִם׃

• La première phrase, délimitée par l'atnaḥ, est très brève. C'est une phrase nominale qui s'analyse ainsi

לַכֹּל   זְמָן

un moment [est] à tout

= il y a un moment pour tout

זְמָן est un emprunt araméen qui apparaît dans les textes tardifs (Ecclésiaste, Esther, Néhémie) et qui signifie *moment, temps.*

La seconde partie du verset est parallèle à la première, avec un chiasme :

לַכֹּל   זְמָן

וְעֵת   לְכָל־חֵפֶץ

עֵת signifie *temps* ; חֵפֶץ *désir* (cf. le verbe חָפֵץ *désirer*, Ps. 115 ci-dessus p. 129) voit sa signification s'affaiblir dans la langue tardive et est employé avec le sens d'*objet, chose.* תַּחַת est une préposition : *sous.*

TRADUCTION : *Il y a pour tout un moment, et un temps pour toute chose sous le ciel.*

➢ **Verset 2**

עֵת לָלֶדֶת וְעֵת לָמוּת   עֵת לָטַעַת וְעֵת לַעֲקוֹר נָטוּעַ׃

• Ici commence une série de parallélismes qui se poursuit jusqu'au v. 8. Chaque verset comporte deux parties dont la structure est à chaque fois la même : le mot עֵת *temps,* et un infinitif construit, presque toujours avec la préposition -ל. Analysons les quatre infinitifs :

- לָלֶדֶת : la place de l'accent tonique et le suffixe ֶת vous permettent de reconnaître l'infinitif construit qal d'un verbe pé-yod (ci-dessus p. 298-299) : il vous faut chercher dans le dictionnaire la racine ילד, au qal : יָלַד . Ce verbe signifie *enfanter.*

- לָמוּת : les racines ʕayin-waw sont faciles à repérer à l'infinitif qal puisque le waw est visible. Vous cherchez dans le dictionnaire la racine מות, qui au qal signifie *mourir* (qatal, 3ème pers. masc. sing. : מֵת).

- לָטַעַת : nous avons vu (ci-dessus p. 300) qu'avec une telle accentuation, et un suffixe ת–, vous avez le choix entre deux possibilités : soit le verbe est un pé-yod (comme ci-dessus) soit c'est un pé-nun qui subit l'analogie des pé-yod. Une indication vous est donnée par le dernier mot, נָטוּעַ, de schème qâtul (schème des participes passifs, cf. ci-dessus p. 32). La présence du nun (נָטוּעַ) vous permet de résoudre la difficulté : la racine est נטע. Au qal, le verbe נָטַע signifie *planter* ; נָטוּעַ, participe passif, *planté*, avec pataḥ furtif sous le ʕayin.

- לַעֲקוֹר : infinitif qal d'un verbe à première radicale ע, d'où la vocalisation de la préposition (ci-dessus p. 295). עָקַר signifie *arracher*.

TRADUCTION : *Un temps pour enfanter et un temps pour mourir ; un temps pour planter et un temps pour arracher [ce qui a été] planté.*

➢ **Verset 3**

עֵת לַהֲרוֹג וְעֵת לִרְפּוֹא   עֵת לִפְרוֹץ וְעֵת לִבְנוֹת׃

• Même structure que précédemment. Comparez la vocalisation de לַהֲרוֹג à celle de לַעֲקוֹר au verset 2. לִרְפּוֹא et לִפְרוֹץ ont la vocalisation normale pour les verbes entiers. Le dernier infinitif, לִבְנוֹת, présente la finale caractéristique des racines lamed-yod. Vous chercherez donc les racines הרג (au qal : הָרַג *tuer*) ; רפא (au qal : רָפָא, *guérir*) ; פרץ (au qal : פָּרַץ *faire une brèche*) ; et בני (au qal : בָּנָה *construire*).

Remarque : le verbe רָפָא *guérir* se retrouve dans le prénom רְפָאֵל, *Raphaël = Dieu guérit.*

TRADUCTION : *Un temps pour tuer et un temps pour guérir ; un temps pour démolir et un temps pour construire.*

➢ **Verset 4**

עֵת לִבְכּוֹת וְעֵת לִשְׂחוֹק   עֵת סְפוֹד וְעֵת רְקוֹד׃

• Encore quatre infinitifs qal, mais dans la seconde partie du verset, l'auteur introduit une légère variation rythmique en ne mettant pas la préposition -ל devant les infinitifs construits.

לִבְכּוֹת > בָּכָה, *pleurer* ; לִשְׂחוֹק > שָׂחַק, *rire* ; סְפוֹד > סָפַד, *pratiquer les rites du deuil* ; רְקוֹד > רָקַד, *danser.*

TRADUCTION : *Un temps pour pleurer et un temps pour rire ; un temps de deuil et un temps de danse.*

➢ **Verset 5**

עֵת לְהַשְׁלִיךְ אֲבָנִים וְעֵת כְּנוֹס אֲבָנִים
עֵת לַחֲבוֹק וְעֵת לִרְחֹק מֵחַבֵּק׃

• Le premier infinitif, לְהַשְׁלִיךְ *jeter*, n'est ni un qal ni un piʕel mais un hifʕil. Il a pour complément אֲבָנִים, pluriel de אֶבֶן *pierre.*

Le second infinitif, כְּנוֹס, est un qal. Il n'est pas précédé d'une préposition. כָּנַס signifie *rassembler, amasser* (cf. en hébreu moderne le mot כְּנֶסֶת, *assemblée, parlement*).

לַחֲבוֹק > חָבַק, *embrasser* ; לִרְחֹק > רָחַק, *être éloigné*. Ce verbe se construit avec la préposition מִן, qui régit un autre infinitif (חַבֵּק). On remarque que la première occurrence du verbe est au qal (חֲבוֹק), la seconde au piʕel (חַבֵּק) mais la signification est la même.

TRADUCTION : *Un temps pour jeter des pierres et un temps pour ramasser des pierres ; un temps pour embrasser et un temps pour s'abstenir d'embrasser.*

➢ **Verset 6**

עֵת לְבַקֵּשׁ וְעֵת לְאַבֵּד　　　עֵת לִשְׁמוֹר וְעֵת לְהַשְׁלִיךְ׃

- Les deux premiers verbes sont des piʕel : לְבַקֵּשׁ > בִּקֵּשׁ, *chercher* ; לְאַבֵּד > אִבֵּד, *perdre*. Le troisième vous est connu ; le quatrième a été vu dans le verset précédent.

TRADUCTION : *Un temps pour chercher et un temps pour perdre ; un temps pour garder et un temps pour jeter.*

➢ **Verset 7**

עֵת לִקְרוֹעַ וְעֵת לִתְפּוֹר　　　עֵת לַחֲשׁוֹת וְעֵת לְדַבֵּר׃

- לִקְרוֹעַ > קָרַע *déchirer* ; לִתְפּוֹר > תָּפַר *coudre* ; לַחֲשׁוֹת > חָשָׁה *se taire.*

TRADUCTION : *Un temps pour déchirer et un temps pour coudre ; un temps pour se taire et un temps pour parler.*

➢ **Verset 8**

עֵת לֶאֱהֹב וְעֵת לִשְׂנֹא　　　עֵת מִלְחָמָה וְעֵת שָׁלוֹם׃

- La première partie du verset comporte un verbe que vous connaissez déjà (לֶאֱהֹב > אָהַב, *aimer*) et son antonyme (לִשְׂנֹא> שָׂנֵא, *haïr*). Remarquez les graphies défectives, alors que dans les versets précédents les infinitifs étaient en général orthographiés avec la mère de lecture waw.

Le texte se clôt sur une rupture de rythme similaire à celle du v. 4, mais cette fois les deux termes opposés ne sont plus des verbes, mais des noms : מִלְחָמָה *guerre* et שָׁלוֹם *paix.*

TRADUCTION : *Un temps pour aimer et un temps pour haïr ; un temps de guerre et un temps de paix.*

Leçon 12

LE VERBE (IX)
LE HIFʕIL

LES MODES VOLITIFS. ORDRE ET DÉFENSE

LES NOMS DE NOMBRE

T1. Valeur sémantique et construction du hifʕil

Le hifʕil est un schème verbal actif dont la valeur fondamentale est causative : *faire que quelqu'un effectue telle action (ou soit dans tel état).* Ainsi, à un qal מָלַךְ [målak̲] *X a régné,* correspond un hifʕil הִמְלִיךְ [himlik̲] *Y a fait que X règne, Y a nommé X roi.* Ces verbes sont transitifs.

Le hifʕil a parfois une valeur **inchoative** ; ce terme signifie que le sujet reçoit la qualité exprimée par le verbe qal ou l'adjectif dont le hifʕil est dérivé. Ainsi, à שָׁמֵן [šåman] *il est gras,* correspond un hifʕil הִשְׁמִין [hišmin] *il a engraissé* (= *est devenu gras*). Ces verbes sont intransitifs.

Cette double valeur, causative/transitive et inchoative/intransitive, se retrouve dans les verbes français type *blanchir* : cf. *ils blanchissent des capitaux* (= **font devenir** *blancs*) ≠ *ses cheveux blanchissent* (= **deviennent** *blancs*).

Morphologiquement, le hifʕil du verbe entier est caractérisé par un préfixe -ה (au qatal, à l'infinitif et à l'impératif), et, dans la plupart des formes, par un infixe –i– inséré entre la deuxième et la troisième consonne radicale : הִמְלִיךְ.

________ **P1**

➢ À partir de verbes qal ou nifʕal (ci-dessous leçon 13), le schème hifʕil fournit des verbes actifs à valeur causative : on **fait faire à quelqu'un l'action** exprimée par le verbe qal ou nifʕal. En apparence, cette valeur rejoint l'une de celles du piʕel (ci-dessus p. 110), mais il est probable que le choix entre ces deux schèmes répondait, en hébreu biblique, à des exigences syntaxiques et sémantiques que nous ne pouvons pas toujours percevoir : c'est le problème des langues mortes. Dans certains cas d'ailleurs, il n'est pas vraiment possible de rendre en français la différence de signification entre un verbe piʕel et un verbe hifʕil de la même racine. Parfois, des nuances de sens sont perceptibles en fonction des compléments : ainsi, face à גָּדַל [gåd̲al] *être grand*, on a au piʕel גִּדֵּל [giddel] *faire être grand* et au hifʕil הִגְדִּיל [hiḡdil] *faire grandir*. La différence est ténue, cependant les emplois ne sont pas tout à fait les mêmes : on utilise le piʕel – גִּדֵּל – avec sens d'***élever*** *(des enfants)*, de ***faire pousser*** *(ses cheveux, des plantes)*, et le hifʕil – הִגְדִּיל – au sens d'***augmenter*** *(sa bienveillance, sa sagesse*, etc.). Le dictionnaire vous indiquera les diverses significations pour chacun des schèmes. Exemples (les variantes de formation seront expliquées ci-dessous) :

Verbe qal	Verbe hifʕil
מָלַךְ [målak̲] *il a régné*	הִמְלִיךְ [himlik̲] *il a fait régner, il a nommé roi*
קָרַב [qårav] *il s'est approché*	הִקְרִיב [hiqriv] *il a fait approcher, il a offert*
זָכַר [zåk̲ar] *il s'est souvenu*	הִזְכִּיר [hizkir] *il a rappelé*
אָכַל [ʔåk̲al] *il a mangé*	הֶאֱכִיל [hɛʔɛk̲il] *il a fait manger, il a nourri*

Ces verbes sont transitifs. Certains d'entre eux admettent même **deux** compléments d'objet direct. Soit le verbe הֶאֱכִיל [hɛʔɛk̲il] *il a fait manger*. À partir de הֶאֱכִילְךָ *il t'a fait manger, il t'a nourri*, et de הֶאֱכִיל אֶת הַלֶּחֶם, *il a fait manger le pain*, on peut avoir la combinaison des deux : הֶאֱכִילְךָ אֶת הַלֶּחֶם, *il t'a fait manger le pain.* Notons au passage que cette construction « à trois actants » (un sujet, deux COD), que les grammaires traditionnelles désignent par le terme de « double accusatif », est assez fréquente avec les verbes hifʕil mais qu'on la trouve aussi avec le piʕel et le qal, si le **sens** du verbe est causatif : *remplir* (des puits de terre), *former* (l'homme [avec] de la poussière), *construire* (un autel [avec] des pierres), etc.

➢ À partir de verbes qal, le schème hifʕil fournit aussi quelques verbes à valeur **déclarative**, actifs et transitifs. Exemples :

Verbe qal	Verbe hifʕil
צָדַק [ṣådaq] *il a été juste*	הִצְדִּיק [hiṣdiq] *il a déclaré juste, il a donné raison*
רָשַׁע [råšaʕ] *il a été coupable*	הִרְשִׁיעַ [hiršiªʕ] *il a déclaré coupable, il a condamné*

➢ Pour certains verbes, le hifʕil a le sens de « faire l'action de la manière exprimée par le qal ». On parle alors de ***hifʕil adverbial.***

Verbe qal	Verbe hifʕil
יָטַב [yåṭav] *il a été bon*	הֵיטִיב [he⁽ʸ⁾ṭiv] *il a agi de manière satisfaisante*
רָבָה [råḇå] *il a été/il était nombreux*	הִרְבָּה [hirbå] *il a multiplié (une action)*

Souvent, ces verbes sont suivis d'un infinitif construit : הֵיטִיב לִרְאוֹת signifie littéralement *il a bien fait l'action de voir*, c'est-à-dire *il a bien vu* ; הִרְבָּה לֶאֱכוֹל, *il a multiplié l'action de manger = il a beaucoup mangé.*

➢ Certains verbes hifʕil sont **dénominatifs**, c'est-à-dire tirés d'un nom (et non d'un verbe qal). Exemples :

Nom	Verbe hifʕil
מָטָר [måṭår] *pluie*	הִמְטִיר [himṭir] *il a fait pleuvoir*
יָמִין [yåmin] *côté droit, droite*	הֵימִין [he⁽ʸ⁾min] *il est allé vers la droite*
אֹזֶן [ʔozɛn] *oreille*	הֶאֱזִין [heʔɛzin] *il a prêté l'oreille, il a écouté*

➢ Enfin, certains hifʕil ont un aspect **inchoatif** : ils impliquent que le sujet reçoit la qualité exprimée par l'adjectif ou le verbe qal (en général, un statif) dont est dérivé le verbe hifʕil.

Verbe qal	Verbe hifʕil
שָׁמֵן [šåman] *(il est/ était) gras*	הִשְׁמִין [hišmin] *il est devenu gras, il a engraissé*
זָקֵן [zåqen] *(il est/ était) vieux*	הִזְקִין [hizqin] *il a vieilli*
לָבָן [låvån] *blanc*	הִלְבִּין [hilbin] *il est devenu blanc, il a blanchi*

Quelques verbes hifʕil ont **les deux** valeurs : causative/transitive et inchoative/intransitive. Ainsi, le הֶאֱרִיךְ [h^ɛ^ʔɛrik̲] (que nous avons vu en Ex 20, 11 ci-dessus p. 161) signifie *rendre long, allonger* : il est alors transitif et on peut le considérer comme le causatif correspondant au qal אָרַךְ [ʔårak̲] *être long* ; mais on le trouve aussi au sens de *devenir long, s'allonger*. Dans ce cas, il est intransitif et tiré de l'adjectif אָרֹךְ [ʔårok̲] *long*. On peut rapprocher ce cas de verbes français tels que *blanchir* ou *rallonger* (*rallonger un vêtement/ les jours rallongent*).

T2. Conjugaison hifʕil : le qatal

Le qatal du verbe entier est caractérisé par **un préfixe** -הִ à toutes les personnes, et par une **alternance de thème** qui vous rappellera celle qui a été vue pour le piʕel (p. 112) : un thème à voyelle –a (pataḥ), pour les 1ères et 2èmes pers. ; un autre thème commun aux 3èmes pers. Au hifʕil, ce thème de 3ème pers. est caractérisé par un infixe -i- intercalé entre la seconde et la troisième consonne de la racine.

La présence de gutturales et/ou de consonnes faibles entraîne des modifications par rapport au verbe entier.

P2

Notre modèle de verbe entier sera הִקְרִיב [hiqriv], *faire approcher, offrir.*

	singulier		pluriel	
1ère masc. et fém.	הִקְרַבְתִּי	[hiq**ravti**]	הִקְרַבְנוּ	[hiq**ravnu**]
2ème masc.	הִקְרַבְתָּ	[hiq**ravtå**]	הִקְרַבְתֶּם	[hiqravtɛm]
2ème fém.	הִקְרַבְתְּ	[hiqravt]	הִקְרַבְתֶּן	[hiqravtɛn]
3ème masc.	הִקְרִיב	[hiqriv]	הִקְרִיבוּ	[hiq**ri**vu]
3ème fém.	הִקְרִיבָה	[hiq**ri**vå]		

➢ L'accent tonique **demeure** sur la syllabe comportant l'infixe -i- : il n'y a donc pas, à la différence du qal et du piʕel, de shewa mobile aux 3èmes pers. du féminin singulier et du pluriel : la présence du shewa est en effet liée au **déplacement** de l'accent tonique (cf. p. 47).

➢ Vous constatez que la première consonne de la racine (dans notre exemple, le ק) est vocalisée d'un shewa quiescent ; la première syllabe est donc fermée, et si la deuxième consonne radicale est l'une des six BeGaDKeFaT, elle sera pourvue d'un **dagesh léger** : à זָכַר [zåkar] *il s'est souvenu* correspond donc הִזְכִּיר [hizkir] *il a fait se souvenir, il a rappelé.*

➢ Si la première consonne est une **gutturale**, nous retrouvons la modification phonétique envisagée ci-dessus p. 139 : la gutturale, qui « évite » en général le shewa quiescent, se trouve vocalisée d'un ḥaṭef ségol (après le waw conversif, d'un ḥaṭef pataḥ). Le préfixe -הִ, quant à lui, sera vocalisé comme la gutturale : ségol ou pataḥ.

- Pour un verbe commençant par א, on aura donc, à la 3ème personne du masculin singulier, הֶאֱכִיל [hɛʔᵉkil] *il a nourri,* et aux autres personnes הֶאֱכַ֫לְתִּי [hɛʔᵉ**kal**ti], הֶאֱכַ֫לְתָּ [hɛʔᵉ**kal**tå], etc.
- Idem pour un verbe commençant par ע : à la 3ème personne du masculin singulier, הֶעֱבִיד [hɛʕvid] *il a fait travailler, il a asservi*, et aux autres personnes הֶעֱבַ֫דְתִּי [hɛʕᵉ**vad**ti], הֶעֱבַ֫דְתָּ [hɛʕᵉ**vad**tå], etc.
- Comme ח « tolère » le shewa quiescent, on a deux possibilités : soit הֶחֱזִיק [hɛḥᵉziq] *fortifier,* soit (plus rarement) הֶחְשִׁיךְ [hɛḥšik] *obscurcir.*
- Certains verbes lamed-yod présentent à certaines formes seulement un préfixe vocalisé [ɛ] au lieu de [i] הֶרְאָה [hɛrʔå] *il a montré,* הֶגְלָה *il a déporté* (mais au pluriel הִגְלוּ, avec le ḥireq attendu).

Vous n'avez pas besoin de mémoriser tous ces cas de figure : l'important est de **reconnaître** le hifʕil. Il faut donc simplement retenir que

un qatal avec préfixe -הִ est nécessairement au hifʕil

ce qui vous permet d'identifier la racine et de chercher dans le dictionnaire.

➢ Racines **pé-nun** :

- Au qal נָפַל [nåfal] *il est tombé* correspond un hifʕil הִפִּיל [hippil] *il a fait tomber, il a jeté* : [hippil] < *[hinpil], avec **assimilation** du nun ; 1ère pers. הִפַּלְתִּי [hip**pal**ti]. Le seul autre cas pour lequel on a un dagesh fort est celui où la racine commence par יצ (cf. p. 329).

À retenir : si, au hifʕil, la consonne venant immédiatement après le préfixe -הִ comporte un dagesh, la racine est pé-nun ; si cette consonne est un **צ**, le verbe peut être pé-yod (très peu de cas).

Par ailleurs, vous pourriez hésiter sur une forme comme הִפַּלְתִּי [hip**pal**ti]. Si vous analysez -הִ comme la marque du schème hifʕil, vous en concluez que le dagesh fort est la trace d'un nun assimilé et que la racine est נפל : c'est l'analyse correcte. Or, une forme comme דִּבַּרְתִּי [dib**bar**ti] présente exactement la même vocalisation : dans le cas de דִּבַּרְתִּי, bien sûr, vous ne pouvez analyser la forme que comme un piʕel, parce que vous savez que le ד initial n'est pas une marque de schème. Mais si le verbe à analyser est הִלַּכְתִּי [hil**la<u>k</u>**ti], vous devez envisager deux hypothèses : soit le verbe est au hifʕil, donc le -הִ en est le préfixe, et dans ce cas le dagesh fort du ל marque une assimilation (racine נלך ?) ; soit le dagesh marque le redoublement propre au piʕel, et dans ce cas le ה fait partie de la racine, qui est הלך ; cette deuxième hypothèse est la bonne. L'exemple est un peu extrême, puique seuls deux verbes commençant par ה existent au piʕel : הִלֵּךְ [hille<u>k</u>] *aller et venir*, et הִלֵּל [hillel] *louer*. Mais il vous montre l'importance d'une analyse morphologique rigoureuse pour identifier la racine à partir du schème.

- Si la deuxième consonne radicale d'un verbe pé-nun est une gutturale, le nun ne peut s'assimiler à elle : on a alors des formes exactement identiques à celles du verbe entier. Ainsi, au qal נָחַל [nåḥal] *recevoir en possession,* correspond un hifʕil הִנְחִיל [hinḥil] *donner en possession,* **sans assimilation du nun**.

➢ Nous avons vu plus haut (p. 182-185) que, pour les racines **pé-yod**, les verbes se comportent différemment selon que (a) le yod initial est ancien, (b) qu'il est suivi d'un **צ**, ou (c) qu'il reflète un waw primitif. Ces distinctions se retrouvent au hifʕil.

• Si le yod est ancien, il se maintient et le préfixe -הּ est vocalisé ṣéré. Exemple : à יָנַק [yånaq] *téter,* correspond un hifʕil הֵינִיק [he(y)niq] *allaiter.* Ces verbes sont peu nombreux.

• Pour cinq verbes dont la racine commence par יצ, le י disparaît et le צ est redoublé. Ainsi, יָצַק [yåṣaq] *verser* a un hifʕil הִצִּיק [hiṣṣiq]. Dans ce cas, vous ne pouvez savoir si la racine est יצק ou נצק avant de chercher dans le dictionnaire. La racine יצא *sortir* n'est pas traitée ainsi car elle appartient à la 3ème catégorie (le yod reflète un waw primitif).

• Si le yod reflète un waw primitif, ce dernier **se maintient** au hifʕil sous la forme d'une voyelle [o]. Ainsi, au qal יָסַף [yåsaf] *ajouter,* correspond un hifʕil הוֹסִיף [hosif] *continuer à.* Étymologiquement, la racine de ce verbe est WSF : waw passe à yod quand il est à l'initiale, d'où le qal יָסַף [yåsaf], mais il se maintient dans les formes dérivées : [*hawsif] a donc donné, par réduction de la diphtongue *aw*, הוֹסִיף [hosif][1] ; aux autres pers., הוֹסַפְתִּי [ho**saf**ti], הוֹסַפְתָּ [ho**saf**tå], etc.

Le verbe pé-yod le plus courant au hifʕil est הוֹצִיא [hoṣiʔ] *faire sortir* (au qal : יָצָא *sortir*). Il se conjugue normalement, mais aux 1ères et 2èmes pers. son thème comporte, à cause du א final, une voyelle [e] et non [a]. On aura donc : הוֹצֵאתִי [hoṣe(ʔ)ti], הוֹצֵאתָ [hoṣe(ʔ)tå], etc.

À retenir : si, dans un hifʕil, la consonne venant immédiatement après le -הּ est yod ou waw, la racine est pé-yod. Si cette consonne est צ avec dagesh, la racine est le plus souvent pé-nun mais peut être pé-yod.

➢ Les racines **lamed-yod** (lamed-hé) se comportent comme au qal et au piʕel. Rappelons le principe général : si le yod final est suivi de quelque chose (un suffixe, etc.), il se maintient comme mère de lecture et la voyelle du thème est soit [i] soit [e] (ṣéré) ; là où le yod devrait se trouver en finale absolue, il disparaît et la voyelle finale est soit [å] soit [e] (ṣéré ou ségol). Voici la conjugaison du verbe hifʕil הִרְבָּה [hirbå] *multiplier,* (correspondant au qal רָבָה *se multiplier*).

[1] Évolution similaire pour la diphtongue *aw* du latin (notée *au*), devenue [o] en français : *auru(m)* (pron. [awrum]) > *or.*

	singulier	pluriel
1ère masc. et fém.	הִרְבֵּיתִי [hir**be**ṯi] הִרְבִּיתִי [hir**bi**ṯi]	הִרְבִּינוּ [hir**bi**nu]
2ème masc.	הִרְבֵּיתָ [hir**be**ṯå] הִרְבִּיתָ [hir**bi**ṯå]	הִרְבִּיתֶם [hirbiṯɛm]
2ème fém.	הִרְבֵּית [hir**beṯ**]	הִרְבִּיתֶן [hirbiṯɛn]
3ème masc.	הִרְבָּה [hirbå]	הִרְבּוּ [hirbu]
3ème fém.	הִרְבְּתָה [hirb^{e}ṯå]	

Il n'existe pas dans la Bible de verbe lamed-yod dont **toutes** les personnes soient attestées au hifʕil. Aussi notre tableau est-il théorique : nous y faisons en effet figurer deux possibilités pour les deux premières formes, alors qu'en réalité seuls הִרְבֵּיתִי [hir**be**ṯi] et הִרְבִּיתָ [hir**bi**ṯå] sont attestés. On a d'ailleurs, pour l'ensemble des verbes, presque toujours [e] à la 1ère pers. et [i] à la 2ème. Parfois deux vocalisations coexistent pour un même verbe : pour *tu as fait monter*, (racine עלי), on trouve 4 fois הֶעֱלִיתָ [hɛʕ^{e}**li**ṯå]et 1 fois הֶעֱלֵיתָ [hɛʕ^{e}**le**ṯå]. Quelle que soit la voyelle, au demeurant, la racine lamed-yod est identifiable et vous la trouverez sans difficulté dans le dictionnaire.

➤ Racines **ʕayin-waw** et **ʕayin-yod** : le waw ou le yod disparaissent. À la 3ème pers., le préfixe est vocalisé -הֵ. Ex. : הֵקִים [heqim] *il a fait se lever* (au qal : קָם), fém. הֵקִימָה [he**qi**må], plur. הֵקִימוּ [he**qi**mu]. Aux autres pers., on trouve deux séries de formes : soit avec une voyelle de liaison [o] précédant le suffixe : הֲקִימֹתִי [h^{a}qi**mo**ṯi], הֲקִימֹתָ [h^{a}qi**mo**ṯå], etc., soit sans voyelle de liaison הֵקַמְתִּי [he**qam**ti], הֵקַמְתָּ [he**qam**tå]. Les grammaires vous donneront le détail des formes.

> **À retenir** : un verbe hifʕil n'ayant plus que 2 consonnes radicales et dont le préfixe est -הֵ ou -הֲ a une racine ʕayin-waw ou ʕayin-yod.

E2

- *Conjuguez au qatal ces verbes hifʕil :*

1. הִסְתַּרְתִּי *j'ai caché* 2. הִלְבַּשְׁתִּי *j'ai vêtu* 3. הֶאֱמַנְתִּי *j'ai cru*
4. הוֹסַפְתִּי *j'ai continué*

- *Mettez au singulier ces formes de qatal, en gardant la même personne :*

1. הִכַּרְתֶּם 2. הֶעֱבַרְנוּ 3. הוֹצֵאתֶם 4. הֵבִינוּ (m.) 5. הִשְׁקוּ (f.)

- *Quel est le schème de ces verbes ? Qal, piʕel ou hifʕil ?*

1. קִדַּשְׁתֶּם 2. הֶאֱבַדְנוּ 3. אִבַּדְנוּ 4. הוֹשִׁיעַ 5. דָּרַכְתָּ 6. הִדְרַכְתָּ
7. גִּדְּלוּ 8. גָּדְלוּ 9. הִגְדִּילוּ 10. בָּכִיתִי 11. קִוִּיתִי 12. הִגְלֵיתִי

- *Donnez la racine des verbes suivants, qui sont tous des hifʕil :*

1. הִנַּעְתֶּם 2. הֵשִׁיבוּ 3. הוֹשִׁיבוּ 4. הִכֵּיתִי 5. הֶעֱלִינוּ 6. הִמְצִיאוּ
7. הֶחֱיֵיתִי 8. הִגְלִיתָ 9. הֲבִינוֹתֶם 10. הִשְׁקָתָה 11. הוֹדַעְתָּ

T3. Conjugaison hifʕil : autres formes

Pour le **verbe entier**, le yiqtol, l'infinitif construit et le participe ont le même thème : **-qtil**.

Au **yiqtol,** ce thème est précédé des préfixes de personne vocalisés pataḥ ; à l'**infinitif construit**, il est précédé d'un préfixe ha-. ; au **participe**, d'un préfixe ma-.

L'**infinitif absolu** et l'**impératif masculin singulier** ont le même thème, sans infixe et avec voyelle [e] : **-qtel**. C'est également la forme du thème quand le verbe est au wayyiqtol.

P3

➢ Au **yiqtol du verbe entier,** le thème **-qtil** est précédé des préfixes de personne vocalisés pataḥ. Dans les tableaux, nous écrivons l'infixe avec la mère de lecture yod, mais dans le texte biblique celle-ci est souvent omise : on trouve aussi bien יַקְרִבוּ que יַקְרִיבוּ. À la 2ème et à la 3ème fém. plur., l'infixe disparaît et la voyelle est [e] au lieu de [i].

L'**infinitif construit** a le même thème que le yiqtol, et un préfixe -ה.

	singulier		**pluriel**	
1ère masc. et fém.	אַקְרִיב	[ʔaqriv]	נַקְרִיב	[naqriv]
2ème masc.	תַּקְרִיב	[taqriv]	תַּקְרִיבוּ	[taq**ri**vu]
2ème fém.	תַּקְרִיבִי	[taq**ri**vi]	תַּקְרֵבְנָה	[taq**re**vnå]
3ème masc.	יַקְרִיב	[yaqriv]	יַקְרִיבוּ	[yaq**ri**vu]
3ème fém.	תַּקְרִיב	[taqriv]	תַּקְרֵבְנָה	[taq**re**vnå]
Infinitif construit :	(לְ)הַקְרִיב	(lᵉ)haqriv[2]		

[2] Rappelons que la préposition לְ est facultative ; nous l'ajoutons pour qu'il n'y ait pas de confusion avec l'infinitif absolu.

• Si la 2ème consonne radicale est une BeGaDKeFaT, elle reçoit le **dagesh léger** attendu après syllabe fermée : אַזְכִּיר [ʔazkir] *je rappellerai,* תַּלְבִּישׁ [talbiš] *tu vêtiras,* יַסְתִּיר [yastir] *il cachera,* etc.

• Si la 1ère consonne de la racine est une **gutturale**, elle est vocalisée ḥaṭef pataḥ : אַאֲכִיל [ʔaʔ^{a}k̲il] *je nourrirai,* תַּעֲבִיד [taʕ^{a}vid̲] *tu asserviras,* יַחֲזִיק [yaḥ^{a}ziq] *il saisira,* etc. Infinitif : לְהַאֲכִיל [l^{e}haʔ^{a}k̲il], לְהַעֲבִיד [l^{e}haʕ^{a}vid̲], לְהַחֲזִיק [l^{e}haḥ^{a}ziq], etc.

• Pour les **pé-nun**, on a les formes attendues, avec assimilation du nun : אַכִּיר [ʔakkir] *je reconnaîtrai* (racine נכר) ; תַּגִּיעַ [tag**gi**^{a}ʕ] *tu atteindras* (racine נגע) ; יַבִּיט [yabbiṭ] *il regardera* (racine נבט), etc. Infinitif : לְהַכִּיר [l^{e}hakkir], לְהַגִּיעַ [l^{e}hag**gi**^{a}ʕ], לְהַבִּיט [l^{e}habbiṭ].

• Pour les **pé-yod**, mêmes vocalisations qu'au qatal : אֵינִיק [ʔe$^{(y)}$niq] *j'allaiterai,* infinitif לְהֵינִיק [l^{e}he$^{(y)}$niq] ; אוֹצִיא [ʔoṣiʔ] *je ferai sortir,* תּוֹצִיא [toṣiʔ] *tu feras sortir,* יוֹצִיא [yoṣiʔ] *il fera sortir,* etc. ; inf. לְהוֹצִיא [l^{e}hoṣiʔ].

• Racines **lamed-yod** : le yod de la racine disparaît. La voyelle thématique, [ɛ] (ségol) disparaît aux pers. où il y a un suffixe. L'infixe –i– du hifʕil est également absent. Conjugaison yiqtol de הַרְבָּה [hirbå] *multiplier* :

	singulier	**pluriel**
1ère masc. et fém.	אַרְבֶּה [ʔarbɛ]	נַרְבֶּה [narbɛ]
2ème masc.	תַּרְבֶּה [tarbɛ]	תַּרְבּוּ [tarbu]
2ème fém.	תַּרְבִּי [tarbi]	תַּרְבֶּינָה [tar**be**$^{(y)}$nå]
3ème masc.	יַרְבֶּה [yarbɛ]	יַרְבּוּ [yarbu]
3ème fém.	תַּרְבֶּה [tarbɛ]	תַּרְבֶּינָה [tar**be**$^{(y)}$nå]
Infinitif construit :	לְהַרְבּוֹת [l^{e}harbot̲] (suffixe –ot̲ des infinitifs lamed-yod, cf. p. 296).	

Remarques sur les verbes lamed-yod :

1. L'absence de l'infixe –i– rend ces formes de yiqtol assez proches de celles du qal : elles ne s'en distinguent que par le préfixe. Comparez

יִרְבֶּה [yirbɛ] *il sera nombreux* (qal)

יַרְבֶּה [yarbɛ] *il multipliera* (hifʕil)

La voyelle du préfixe, [i] ou [a], est ici le seul critère permettant de distinguer les deux schèmes. Or, l'opposition [i]/[a] est neutralisée à certaines personnes si le verbe commence par une gutturale, puisque dans ce cas le préfixe est vocalisé [a] **au qal comme au hifʕil**. Comparez :

אֶעֱלֶה [ʔɛʕᵉlɛ] *je monterai* (qal) יַעֲלֶה [yaʕᵃlɛ] *il montera* (qal)
אַעֲלֶה [ʔaʕᵃlɛ] *je ferai monter* (hifʕil) יַעֲלֶה [yaʕᵃlɛ] *il fera monter* (hifʕil)

La vocalisation ségol propre à la 1ère pers., au qal, permet de distinguer les deux formes, mais à partir de la 2ème pers., seule la construction (intransitive au qal, transitive au hifʕil) marque la différence des deux schèmes.

2. Nous avons vu (ci-dessus p. 263) qu'au wayyiqtol, les verbes lamed-yod subissaient en général une **apocope** aux formes n'ayant pas de suffixe de pluriel. C'est le cas au hifʕil :

יַשְׁקֶה → וַיַּשְׁק
yaš**qɛ**, *il donnera à boire* > way**yašq**, *il donna à boire*

- Racines **ʕayin-waw/ʕayin-yod** : le waw ou le yod disparaissent. Les préfixes sont vocalisés qameṣ, sauf aux 2ème et 3ème pers. du féminin pluriel. L'infixe est présent à toutes les personnes. Conjugaison yiqtol de הֵקִים [heqim] *il a fait se lever, il a établi* :

	singulier	**pluriel**
1ère masc. et fém.	אָקִים [ʔåqim]	נָקִים [nåqim]
2ème masc.	תָּקִים [tåqim]	תָּקִימוּ [tå**qi**mu]
2ème fém.	תָּקִימִי [tå**qi**mi]	תְּקִימֶינָה [tᵉqi**mɛ**(y)nå]
3ème masc.	יָקִים [yåqim]	יָקִימוּ [yå**qi**mu]
3ème fém.	תָּקִים [tåqim]	תְּקִימֶינָה [tᵉqi**mɛ**(y)nå]
Infinitif construit :	(לְ)הָקִים (lᵉ)haqim	

À retenir : un verbe hifʕil dont le préfixe de personne est vocalisé qameṣ a une racine ʕayin-waw ou ʕayin-yod.

Remarque sur les verbes ʕayin-waw/ʕayin-yod. Au yiqtol et au wayyiqtol, il faut faire attention à la voyelle du thème : en effet, comme les préfixes de personne sont vocalisés qameṣ **au qal comme**

au hifʕil, c'est la voyelle du thème qui est, pour les verbes ʕayin-waw, le seul critère de distinction entre les deux schèmes. Comparez :

יָקוּם [yåqum] *il se lèvera*	וַיָּ֫קָם [wayyåqom] *il se leva*
יָקִים [yåqim] *il fera se lever*	וַיָּ֫קֶם [wayyåqqem] *il fit se lever*

Pour les racines ʕayin-yod, en revanche, il n'y a aucun moyen **morphologique** de faire la distinction entre qal et hifʕil. Une forme comme יָבִין [yåvin], racine בין, peut aussi bien être un qal (*il comprendra*) qu'un hifʕil (*il fera comprendre*). Cette ambiguïté concerne peu de verbes.

➢ Comme au piʕel, le **participe** a un préfixe -מ. Celui-ci peut être vocalisé [a], [o], ou [e]. Le thème est le même que celui du yiqtol.

- Verbes entiers : le préfixe est vocalisé [a].

	singulier	pluriel
masc.	מַקְרִיב [maqriv]	מַקְרִיבִים [maqrivim]
fém.	מַקְרֶ֫בֶת [maqrɛvɛṯ] מַקְרִיבָה [maqrivå]	מַקְרִיבוֹת [maqrivoṯ]

- Verbes à 1ère gutturale : le préfixe est vocalisé [a]. Ex. מַאֲכִיל [maʔ^{a}ḵil], מַעֲבִיד [maʕ^{a}viḏ], מַחֲזִיק [maḥ^{a}ziq], etc.

- Verbes pé-nun : le préfixe est vocalisé [a]. Exemples מַפִּיל [mappil] > racine נכר ; מַגִּ֫יעַ [mag**gi**^{a}ʕ] > racine נגע, etc.

- Verbes pé-yod dont le yod se maintient : le préfixe est vocalisé [e], comme au qatal et au yiqtol. Exemple מֵיטִיב [me$^{(y)}$ṭiv] > racine יטב, plur. מֵיטִיבִים.

- Verbes pé-yod dont le yod est un ancien waw : le préfixe est vocalisé [o], comme au qatal et au yiqtol. Ex. : מוֹצִיא [moṣiʔ] *faisant sortir*, cf. le qatal הוֹצִיא [hoṣiʔ] et le yiqtol יוֹצִיא [yoṣiʔ]. Fém. מוֹצִיאָה [moṣiʔå], masc. plur. מוֹצִיאִים [moṣiʔim], fém. plur. מוֹצִיאוֹת [moṣiʔoṯ].

- Verbes lamed-yod : [a]. Comme au yiqtol, absence de l'infixe –i–. Exemple : הֶרְאָה *faire voir, montrer*, régulier au participe :

	singulier	pluriel
masc.	מַרְאֶה [marʔɛ]	מַרְאִים [marʔim]
fém.	מַרְאָה [marʔå]	מַרְאוֹת [marʔoṯ]

• Verbes **ʕayin-waw** et **ʕayin-yod** : le préfixe est vocalisé [e] au masculin singulier, shewa mobile ailleurs. Participe de הֵקִים, *établir* :

	singulier	pluriel
masc.	מֵקִים [meqim]	מְקִימִים [meqimim]
fém.	מְקִימָה [meqimå]	מְקִימוֹת [meqimoṯ]

➤ Les formes d'**impératif** sont celles du yiqtol sans le préfixe de personne ; au masculin singulier, l'infixe disparaît. La forme de l'infinitif absolu est identique à celle de l'impératif masculin singulier.

	singulier	pluriel
2ème masc.	הַקְרֵב [haqrev]	הַקְרִיבוּ [haq**ri**vu]
2ème fém.	הַקְרִיבִי [haq**ri**vi]	הַקְרֵבְנָה [haq**rev**nå]
Infinitif absolu : הַקְרֵב haqrev		

➤ Ce thème est également celui du **wayyiqtol** au singulier :

יַקְרִיב [yaqriv] *il offrira* > וַיַּקְרֵב [wayyaqrev] *il offrit* ;

יָבִיא [yåviʔ] *il fera venir, il apportera* (racine בוא)

> impér. הָבֵא [håveʔ] *amène, apporte* > wayyiqtol וַיָּבֵא [wayyåveʔ] *il apporta,*

(à ne pas confondre avec le qal וַיָּבֹא [wayyåvoʔ], *il vint*).

——— E3

• *Conjuguez au yiqtol ces verbes hifʕil :*

1. אַסְתִּיר *je cacherai* 2. אַלְבִּישׁ *je vêtirai* 3. אַאֲמִין *je croirai*

4. אוֹסִיף *je continuerai*

• *Mettez au pluriel ces formes de yiqtol, en gardant la même personne :*

1. תַּגְדִּיל (m.) 2. אָרִים 3. יַפְשִׁיט 4. יָבִין 5. תַּגִּיד 6, תַּשְׁקֶה (m.)

• *Donnez la racine des verbes suivants, qui sont tous des hifʕil :*

1. יַכִּיר 2. אַשִּׂיג 3. אַחֲרִיב 4. תּוֹכִיחַ 5. יַשְׁכִּים 6. תָּכִין

7. תַּשְׁקֶה 8. נַכֵּה 9. אוֹדִיעַ 10. יָסִיר 11. יוֹרֶה 12. יַפְלִיא

• *Utilisez les règles des p. 331-333 pour reconstituer la racine trilittère de la forme wayyiqtol suivante (attestée 75 fois dans la Bible !) :* וַיַּךְ *il frappa.*

• *Classez ces formes verbales en qal / piʕel / hifʕil :*
- yiqtol et wayyiqtol

1. יְסַפֵּר 2. יַעֲבִיר 3. וַיַּבְדֵּל 4. תִּשְׁלַח 5. תָּבֹוֹאוּ 6. תָּבִיאוּ 7. וַיְקַדֵּשׁ 8. נִשְׁמַע 9. יוֹשִׁיעַ 10. וַיַּשְׁכֵּם 11. וַיְקַו 12. אֶרְאֶה 13. אַרְאֶה

- *qatal et w^e^qatal*

1. מָכַרְתִּי 2. הָיְתָה 3. הִסְתִּירָה 4. הֵבִיאָה 5. נִסִּיתִי 6. וְקָרָא 7. הִפִּיל 8. וְקִדַּשְׁתָּ 9. הֶאֱמִינוּ 10. הִבִּיטוּ 11. חִפְּשׂוּ

- *participe*

1. מַמְלִיךְ 2. נֹתֵן 3. מְאַבֵּד 4. מַאֲבִיד 5. אֹבֵד 6. מוֹשִׁיעַ 7. מְנַחֵם 8. עֹלֶה 9. מַעֲלֶה 10. מַגִּיעִים 11. מְסַפְּרִים

- *impératif*

1.הַקְהֵל 2.קוּם 3. הַעֲלִי 4.דַּבֵּר 5. הָפֵץ 6. לְכוּ 7. הוֹשַׁע

- *infinitif (construit et absolu)*

1. לִקְרֹא 2. לְחַבֵּק 3. לְהַשְׁלִיךְ 4. הָסֵר 5. פְּרֹץ 6.כַּבֵּד 7. הַכְבֵּד

T4. Les modes volitifs

Le mot *mode* ne doit pas vous induire en erreur. En grammaire française, on l'emploie pour caractériser un ensemble de formes verbales exprimant une certaine modalité de l'action, par exemple le subjonctif ou le conditionnel. En grammaire hébraïque, il s'agit plutôt de formes spécifiques employées pour donner un ordre, exprimer une *volonté* (d'où le terme de volitif). Vous connaissez déjà l'**impératif**, mode volitif de 2ème pers. Il existe aussi des formes exprimant la volonté pour la 1ère et la 3ème pers., mais ce sont des **variantes du yiqtol** qui n'existent pas pour tous les verbes ; c'est pourquoi nous ne les avons pas intégrées aux conjugaisons présentées jusqu'ici.

Les formes volitives de 1ère, 2ème et 3ème personne sont souvent suivies de la particule **נָא**, qui ajoute une nuance d'énergie ou de prière.

P4

1. Première personne

Le mode volitif de 1ère pers. est appelé **cohortatif**. Il est marqué morphologiquement par l'ajout d'une finale –å (ָה-) aux formes de yiqtol. Il ajoute à celles-ci une nuance qui renvoie à la volonté de celui qui parle *(j'ai l'intention de garder, je voudrais garder, puissé-je garder !* au plur. : *gardons !*) ou à celle de l'interlocuteur (*laisse-moi / laisse nous garder*).

	yiqtol	cohortatif
1ère personne du singulier	אֶשְׁמֹר ʔɛšmor *je garderai*	אֶשְׁמְרָה ʔɛšmᵉrå *je veux garder*
	אָשִׁיר ʔåšir *je chanterai*	אָשִׁירָה ʔåširå *je veux chanter*
	אֲדַבֵּר ʔᵃdabber *je parlerai*	אֲדַבְּרָה ʔᵃdabbᵉrå *je veux parler*
	אוֹדִיעַ ʔodiᵃʕ *je ferai savoir*	אוֹדִיעָה ʔodiʕå *je veux faire savoir*
1ère personne du pluriel	נַעֲבֹד naʕavod *nous servirons*	נַעַבְדָה naʕavᵉdå *servons !*
	נִשְׂמַח niśmaḥ *nous nous réjouirons*	נִשְׂמְחָה niśmᵉḥå *réjouissons-nous !*
	נֵלֵךְ nelek *nous irons*	נֵלְכָה nelᵉkå *allons !*

Exemples :

- אָגִילָה וְאֶשְׂמְחָה (Ps 31, 8). *Je veux crier de joie et me réjouir.*
  Les formes de yiqtol seraient אָגִיל et אֶשְׂמַח. Même expression à la 1ère plur. : נָגִילָה וְנִשְׂמְחָה (Ct 1, 4) : *soyons joyeux et réjouissons-nous !*
- לְכוּ וְנָשׁוּבָה אֶל יְהוָה (Osée 6, 1). *Allez, retournons vers l'Éternel !*
  L'impératif du verbe הָלַךְ *aller,* est souvent employé avant un autre volitif, impératif ou comme ici cohortatif : il est alors lexicalisé (= figé, sans référence au sens *marcher*) et a la valeur d'une interjection, comme le français *allons, allez.*
- אֲדַבְּרָה־נָּא אֶל הַמֶּלֶךְ (II Sam 14, 15). *Laissez-moi parler au roi !*
  Le dagesh fort de נָּא est euphonique.
- וַיֹּאמְרוּ בְנֵי־נְבִיאִים אֶל אֱלִישָׁע ... נֵלְכָה־נָּא עַד־הַיַּרְדֵּן ... וַיֹּאמֶר לְכוּ (II Rois 6, 1-2). *Les fils des prophètes dirent à Elisée : « Allons donc au Jourdain (…) et il répondit : « Allez ! ».*
  Notez le parallélisme des deux volitifs : le cohortatif נֵלְכָה *allons*, et l'impératif לְכוּ *allez.* À la différence de l'ex. précédent, לְכוּ n'est pas figé comme interjection mais a sa pleine valeur d'impératif.

On peut exprimer **syntaxiquement** un ordre à la 1ère pers. sans qu'il y ait **morphologiquement** cohortatif : l'ajout de la finale [–å] est en effet impossible pour les verbes lamed-yod ou les verbes avec affixes. Dans ce cas, la valeur cohortative ressort du contexte ; elle peut aussi être exprimée par la particule נָא ou des interjections.

- וַיֹּאמֶר מֹשֶׁה אָסֻרָה־נָּא וְאֶרְאֶה (Ex 3, 3). *Moïse dit : je veux m'écarter et je veux voir...*
  אָסֻרָה est un cohortatif ; le yiqtol serait אָסוּר, *je m'écarterai*. Le verbe coordonné וְאֶרְאֶה a aussi la valeur cohortative, mais, étant lamed-yod, il ne peut prendre la marque [-å] (on pourrait aussi comprendre : *je veux m'écarter* **pour voir**, cf. p. suivante).
- אֶעֱלֶה־נָּא וְאֶקְבְּרָה אֶת־אָבִי (Gen 50, 5). *Laisse-moi monter pour que j'enterre mon père.*
  Jacob s'adresse ici à Pharaon. Le verbe אֶעֱלֶה, lamed-yod, ne peut prendre la marque du cohortatif ; la modalité est indiquée par la particule נָא. Pour le second cohortatif, voir le paragraphe suivant.

Une forme de cohortatif reliée à une autre forme de volitif par la conjonction de coordination וְ- équivaut souvent à une subordonnée de cause ou de conséquence. Exemples :

- הָבִיאָה לִּי וְאֹכֵלָה (Gen 27, 4). *Apporte-moi [des mets] pour que je mange.*
  Cf. p. 285. L'impératif הָבִיאָה est suivi du cohortatif coordonné וְאֹכֵלָה, mais le sens n'est pas *apporte-moi et puissé-je manger.*
- לְכוּ וְנַפִּילָה גוֹרָלוֹת וְנֵדְעָה (Jonas 1, 7). *Allons, jetons les sorts pour que nous sachions...* (cf. p. 224).
  לְכוּ étant ici une interjection, le premier cohortatif doit être compris comme tel ; le second, וְנֵדְעָה, coordonné à וְנַפִּילָה, ne signifie pas *et sachons* mais *pour que nous sachions.*

2. Troisième personne

Le mode volitif de 3ère pers. est appelé **jussif**. Il ne peut être marqué morphologiquement qu'au **singulier** et pour certaines catégories de verbes. Alors que le cohortatif est marqué par un **allongement** de la forme yiqtol, le jussif est marqué par un **abrègement** de cette forme :

- au qal et au piʕel, pour les lamed-yod, par une apocope :
  יִחְיֶה [yiḥyɛ] *il vivra* > יְחִי [yᵉḥi] *qu'il vive !*
- au qal, pour les ʕayin-waw/ʕayin-yod, par un changement de la voyelle du thème. Verbes ʕayin-waw, [u] > [o] ; verbes ʕayin-yod, [i] > [e] :
  יָשׁוּב [yåšuv] *il reviendra* > יָשֹׁב [yåšov] *qu'il revienne !*
  יָשִׂים [yåśim] *il placera* > יָשֵׂם [yåśem] *qu'il place !*

- au hifʕil, pour tous les verbes, l'infixe –i– disparaît et est remplacé par une voyelle [e] :

תּוֹצִיא [toṣiʔ] *elle fera sortir* > תּוֹצֵא [toṣeʔ] *qu'elle fasse sortir !*

En dehors de ces cas, la valeur jussive est précisée par une particule ou une interjection ; parfois, elle découle du contexte. Ainsi, la bénédiction que les prêtres adressent au peuple d'Israël (Nb 6, 24)

יְבָרֶכְךָ יְהוָה וְיִשְׁמְרֶךָ (…)

Que l'Éternel te bénisse et te garde !

יִשָּׂא יְהוָה פָּנָיו אֵלֶיךָ וְיָשֵׂם לְךָ שָׁלוֹם

Que l'Éternel lève sa face vers toi et qu'il te donne la paix !

Les deux premiers verbes n'ont aucune marque morphologique de jussif (c'est impossible pour ces verbes), et יְבָרֶכְךָ יְהוָה pourrait signifier *l'Éternel te bénira* ; dans le contexte de la bénédiction, il vaut mieux comprendre *que l'Éternel te bénisse.* Même chose pour יִשָּׂא, *qu'il lève.* En revanche, le dernier verbe, יָשֵׂם, est **morphologiquement** au jussif.

Comme le cohortatif, le jussif peut être relié à un autre volitif par la conjonction -וְ, et on a alors l'équivalent d'une subordonnée de but :

- בֹּא אֵלֶיהָ וְתֵלֵד (Gen 30, 3). *Viens vers elle pour qu'elle ait un enfant.*
  L'expression בָּא אֶל *venir vers* signifie avoir des relations sexuelles avec une femme. Rébecca, stérile, demande à Jacob de s'unir à sa servante Bilha : l'enfant né de cette union sera considéré comme un fils de Rébecca. Cf. aussi l'épisode de Sarah et Agar (Gen 16, 2-3). Une loi similaire se trouve dans le code d'Hammourabi, § 145.
- שַׁלַּח אֶת־הָאֲנָשִׁים וְיַעַבְדוּ אֶת־יְהוָה אֱלֹהֵיהֶם (Ex 10, 7). *Renvoie les hommes pour qu'ils servent l'Éternel, leur Dieu.*
  Phrase adressée à Pharaon par ses serviteurs. שַׁלַּח est un impératif piʕel. Au plur. (יַעַבְדוּ), le jussif n'est pas distinct morphologiquement du yiqtol, mais la structure est la même que dans l'ex. précédent.

3. Deuxième personne

Rappelons ici que l'impératif est parfois « augmenté » d'une finale –å, orthographiée ָה- (ci-dessus p. 230). Cette finale ne doit pas être confondue avec celle du cohortatif. En effet, le yiqtol (נֵלֵךְ *nous irons*) et le cohortatif (נֵלְכָה *allons !*) sont **distincts du point de vue syntaxique et sémantique** et ne s'emploient pas l'un pour l'autre, alors qu'il n'y a **aucune différence de sens** entre l'impératif

« normal » (הָבֵא *apporte*) et sa forme augmentée (הָבִ֫יאָה), ancienne forme énergique qui n'est plus employée comme telle en hébreu biblique.

4. Expression de la défense

- *À la 1ère et à la 3ème personne*

Cohortatif et jussif sont précédés de la négation אַל. Exemples :

- אַל־אֶרְאֶה בְּמוֹת הַיָּלֶד (Gen 21, 16). *Puissé-je ne pas voir la mort de l'enfant !*
  מוֹת est l'état construit de מָוֶת *mort.* אֶרְאֶה est un cohortatif, mais sans marque morphologique, impossible pour un lamed-yod.
- וּבְיַד־אָדָם אַל־אֶפֹּ֫לָה (II Sam 24, 14). *Et puissé-je ne pas tomber par la main de l'homme !*
  Notez l'ordre des mots, qui met l'accent sur בְּיַד־אָדָם. אֶפֹּ֫לָה étant à la pause, l'accent tonique remonte : le [o] du yiqtol (אֶפֹּל [ʔɛp**p**[o]**l**]) s'abrège normalement au cohortatif (אֶפְּלָה [ʔɛpp[]**lå**]) mais réapparaît en syllabe accentuée : אֶפֹּ֫לָה [ʔɛp**p**[o]lå].
- אַל־יַ֫עַל כָּל־הָעָם (Jos 7, 3). *Que tout le peuple ne monte pas !*
  Remarquez l'apocope dans יַ֫עַל, marquant le jussif (yiqtol : יַעֲלֶה).
- אַל־יֵצֵא אִישׁ מִמְּקֹמוֹ בַּיּוֹם הַשְּׁבִיעִי (Ex 16, 29). *Que pas un homme ne sorte de chez lui [*litt. *de son lieu] le septième jour !*
  יֵצֵא pourrait être un yiqtol, mais la négation אַל oblige à le voir comme un jussif. לֹא יֵצֵא *il ne sortira pas* ; אַל־יֵצֵא *qu'il ne sorte pas.*

- *À la 2ème personne*

On ne peut mettre une négation avant un impératif. Pour exprimer une défense à la 2ème pers., on emploie le yiqtol.

Lorsque nous avons étudié les Dix commandements (ci-dessus p. 159s), nous avons trouvé des énoncés constitués de la négation לֹא suivie du yiqtol : לֹא תִּגְנֹב *tu ne voleras pas = tu ne dois pas voler.* Cette formule de défense, usuelle dans les lois, est préférée lorsqu'il s'agit d'interdire quelque chose de façon permanente.

Il est également possible de faire précéder le yiqtol de la négation אַל : dans ce cas, le plus souvent, l'interdiction est plus ponctuelle, plus spécifique, elle concerne l'action qui va être accomplie et non pas une action en général. Dans certains cas, le yiqtol se présente sous sa forme abrégée, comme les formes de jussif pour la 3ème personne. Exemples :

- אַל תִּירָא לֹא תָּמוּת (Juges 6, 23). *N'aie pas peur ! Tu ne mourras pas.*
- אַל־תֹּאכַל לֶחֶם וְאַל־תֵּשְׁתְּ מָיִם (I Rois 13, 22). *Ne mange pas de pain et ne bois pas d'eau.*

  Il s'agit d'une interdiction ponctuelle. Dieu interdit à l'homme auquel il s'adresse de manger dans la maison de Jéroboam. Comparez la prescription de Deut 16, 3 : לֹא תֹאכַל *tu ne dois pas manger [de pâte levée pendant la Pâque]*. Là, il s'agit d'une loi. תֵּשְׁתְּ est la forme apocopée du yiqtol תִּשְׁתֶּה [tištɛ].

E4

- *Traduisez, à l'aide du vocabulaire des leçons précédentes et ci-dessous p. 347.*

1. אֶתְּנָה לְךָ כֶּסֶף. 2 בֹּא וְאֶשְׁלְחָה אֹתְךָ אֶל הַמֶּלֶךְ. 3. אֶשְׁמְעָה אֶת קֹלְךָ. 4. נַשְׁלִיכָה אֶת הָאִישׁ הַזֶּה אֶל הַיָּם. 5. וַיֹּאמֶר אֱלֹהִים יְהִי אוֹר. 6. יְחִי הַמֶּלֶךְ וְאַל יָמֹת. 7. יְדַבֶּר נָא עַבְדְּךָ. 8. אַל תִּקְרַב אֵלַי. 9, אַל נָא תִקְבֹּר אֶת אָבִיךָ בְּמִצְרָיִם. 10. לְכוּ וְנַעֲלֶה אֶל הַר יְהוָה.

T5. Les noms de nombre

1. Nombres cardinaux :

- 1 et 2 :

	masculin		féminin	
1	אֶחָד	[ʔɛḥåd]	אַחַת	[ʔaḥaṯ]
2	שְׁנַיִם	[šᵉ**na**yim]	שְׁתַּיִם	[š**ta**yim]

- de 3 à 10 :

	masculin		féminin	
3	שָׁלֹשׁ	[šåloš]	שְׁלֹשָׁה	[šᵉlošå]
4	אַרְבַּע	[ʔarbaʕ]	אַרְבָּעָה	[ʔarbåʕå]
5	חָמֵשׁ	[ḥåmeš]	חֲמִשָּׁה	[ḥᵃmiššå]
6	שֵׁשׁ	[šeš]	שִׁשָּׁה	[šiššå]
7	שֶׁבַע	[**šɛ**vaʕ]	שִׁבְעָה	[šivʕå]
8	שְׁמֹנֶה	[šᵉmonɛ]	שְׁמֹנָה	[šᵉmonå]
9	תֵּשַׁע	[**te**šaʕ]	תִּשְׁעָה	[tišʕå]
10	עֶשֶׂר	[ʕɛśer]	עֲשָׂרָה	[ʕᵃśårå]

- de 11 à 19 :

	masculin	féminin
11	אַחַד עָשָׂר [ʔaḥaḏ ʕåśår]	אַחַת עֶשְׂרֵה [ʔaḥaṯ ʕɛśre]
12	שְׁנֵים עָשָׂר [š^{e}ne$^{(y)}$m ʕåśår]	שְׁתֵּים עֶשְׂרֵה [šte$^{(y)}$m ʕɛśre]
13	שְׁלֹשָׁה עָשָׂר [š^{e}lošå ʕåśår]	שְׁלֹשׁ עֶשְׂרֵה [š^{e}loš ʕɛśre]
14	אַרְבָּעָה עָשָׂר [ʔarbåʕå ʕåśår]	אַרְבַּע עֶשְׂרֵה [ʔarbaʕ ʕɛśre]
15	חֲמִשָּׁה עָשָׂר [ḥ^{a}miššå ʕåśår]	חֲמֵשׁ עֶשְׂרֵה [ḥ^{a}meš ʕɛśre]
16	שִׁשָּׁה עָשָׂר [šiššå ʕåśår]	שֵׁשׁ עֶשְׂרֵה [šeš ʕɛśre]
17	שִׁבְעָה עָשָׂר [šivʕå ʕåśår]	שְׁבַע עֶשְׂרֵה [š^{e}vaʕ ʕɛśre]
18	שְׁמֹנָה עָשָׂר [š^{e}monå ʕåśår]	שְׁמֹנֶה עֶשְׂרֵה [š^{e}monɛ ʕɛśre]
19	תִּשְׁעָה עָשָׂר [tišʕå ʕåśår]	תְּשַׁע עֶשְׂרֵה [t^{e}šaʕ ʕɛśre]

- Dizaines, centaines, milliers :

20 עֶשְׂרִים [ʕɛśrim]	60 שִׁשִּׁים [šiššim]	100 מֵאָה, מֵאוֹת [meʔå]
30 שְׁלֹשִׁים [š^{e}lošim]	70 שִׁבְעִים [šivʕim]	200 מָאתַיִם [må$^{(ʔ)}$**ta**yim]
40 אַרְבָּעִים [ʔarbåʕim]	80 שְׁמֹנִים [š^{e}monim]	1000 אֶלֶף, אֲלָפִים [**ʔɛ**lɛf]
50 חֲמִשִּׁים [ḥ^{a}miššim]	90 תִּשְׁעִים [tišʕim]	2000 אַלְפַּיִם [ʔal**pa**yim]

2. Nombres ordinaux

	masculin		féminin	
1er	רִאשׁוֹן	[ri$^{(ʔ)}$šon]	רִאשׁוֹנָה	[ri$^{(ʔ)}$šonå]
2ème	שֵׁנִי	[šeni]	שֵׁנִית	[šeniṯ]
3ème	שְׁלִישִׁי	[š^{e}liši]	שְׁלִישִׁית	[š^{e}lišiṯ]
4ème	רְבִיעִי	[r^{e}viʕi]	רְבִיעִית	[r^{e}viʕiṯ]
5ème	חֲמִישִׁי	[ḥ^{a}miši]	חֲמִישִׁית	[ḥ^{a}mišiṯ]
6ème	שִׁשִּׁי	[šišši]	שִׁשִּׁית	[šiššiṯ]
7ème	שְׁבִיעִי	[š^{e}viʕi]	שְׁבִיעִית	[š^{e}viʕiṯ]
8ème	שְׁמִינִי	[š^{e}mini]	שְׁמִינִית	[š^{e}miniṯ]
9ème	תְּשִׁיעִי	[t^{e}šiʕi]	תְּשִׁיעִית	[t^{e}šiʕiṯ]
10ème	עֲשִׂירִי	[ʕ^{a}śiri]	עֲשִׂירִית	[ʕ^{a}śiriṯ]

———— P5

1. Nombres cardinaux

➢ Le chiffre **1** (אֶחָד) se comporte syntaxiquement comme un adjectif : il se place après le nom qu'il accompagne et s'accorde avec lui en genre (fém. אַחַת). Ex. : מָקוֹם אֶחָד, *un (seul) lieu*, אִשָּׁה אַחַת, *une (seule) femme*. Il peut se mettre à l'**état construit** (אַחַד), ex. : עַל אַחַד הֶהָרִים, *sur l'une des montagnes*.

Le pluriel אֲחָדִים signifie *quelques* : יָמִים אֲחָדִים *quelques jours*.

➢ Le chiffre **2** (שְׁנַיִם, fém. שְׁתַּיִם) a, comme il se doit, une finale de duel (ci-dessus p. 66). Le plus souvent, il est à l'état construit : שְׁנֵי בָנִים *deux fils*, שְׁנֵי הַמַּלְאָכִים **les** *deux envoyés*, שְׁתֵּי בָנוֹת *deux filles*. À l'état absolu, on le trouve parfois postposé : יָמִים שְׁנַיִם *deux jours*, mais il se place en général **avant** le nom qu'il accompagne : שְׁנַיִם אֲנָשִׁים *deux hommes*.

➢ **De 3 à 10**, les noms de nombre **précèdent** en général le substantif qu'ils accompagnent. Ils présentent une particularité syntaxique que l'on retrouve en akkadien et en arabe, à savoir un **accord en chiasme** : s'ils se rapportent à un nom masculin, ils ont la forme féminine (marquée par la finale -å) ; inversement, ils ont la forme masculine (non marquée) s'ils se rapportent à un nom féminin. Exemples :

- שְׁלֹשָׁה אֲנָשִׁים *trois hommes* ; שִׁבְעָה פָּרִים *sept taureaux*.
- שֵׁשׁ בְּרָכוֹת *six bénédictions* ; שֶׁבַע פָּרוֹת *sept vaches*.

Lorsque le nombre précède le nom sur lequel il porte, il est très souvent à l'état construit, notamment lorsque ce nom est précédé de l'article -הַ, ou devant les mots « jours », « mois », « cent », « mille », etc. Exemples :

- עֲשֶׂרֶת הַדְּבָרִים **les** *dix paroles = les Dix commandements*. עֲשֶׂרֶת est l'état construit de עֲשָׂרָה.
- שְׁלֹשֶׁת הָאֲנָשִׁים **les** *trois hommes* : cf. שְׁלֹשָׁה אֲנָשִׁים *trois hommes*.
- שְׁמֹנַת יָמִים *huit jours* (cf. en français ***une huitaine de** jours*).
- כִּי שֵׁשֶׁת־יָמִים עָשָׂה יְהוָה אֶת־הַשָּׁמַיִם וְאֶת־הָאָרֶץ (Ex 20, 10) : *car **en six jours** l'Éternel a fait le ciel et la terre* (שֵׁשֶׁת־יָמִים, état construit, au lieu de שִׁשָּׁה יָמִים).

- שְׁלֹשׁ מֵאוֹת *trois cents.* מֵאָה (*cent*) est fém. : on a donc la forme **masculine** du nom de nombre, שָׁלֹשׁ, à l'état construit, שְׁלֹשׁ.
- חֲמֵשֶׁת אֲלָפִים *cinq mille.* אֶלֶף *mille* est masc. : on a donc la forme **féminine** du nom de nombre, חֲמִשָּׁה, à l'état construit, חֲמֵשֶׁת.

➢ **De 11 à 19**, les nombres sont composés de deux noms étroitement unis dont le premier exprime l'unité et le second la dizaine. Ex. : אַחַת עָשָׂר כּוֹכָבִים *onze étoiles* ; שֵׁשׁ עֶשְׂרֵה בָּנוֹת *seize filles.*

➢ Les dizaines correspondent au pluriel des unités :

אַרְבָּעִים *quarante* < אַרְבַּע *quatre*

➢ Pour 100 (מֵאָה) et 1000 (אֶלֶף), il existe, à côté des formes de pluriel, des formes de duel : מָאתַ֫יִם [må(ʔ)**ta**yim] = 200 et אַלְפַּ֫יִם [ʔal**pa**yim] = 2000.

➢ Pour les nombres entre 21 et 99, on unit les deux composants par la conjonction de coordination -וְ, en commençant le plus souvent par la dizaine : שְׁלֹשִׁים וּשְׁמֹנֶה *trente-huit* ; אַרְבָּעִים וַחֲמִשָּׁה *quarante-cinq.*

➢ Exemples de grands nombres, que vous trouverez en particulier dans la Genèse (chap. 5), les Nombres (chap. 1 et 2), Ezra (chap. 2) :

אֶלֶף מָאתַיִם עֶשְׂרִים וּשְׁנָיִם (Ezra 2, 12)
[et deux] [vingt] [deux cents] [mille] : 1222

שְׁנַיִם וּשְׁלֹשִׁים אֶלֶף וּמָאתָיִם (Nb 2, 21)
[et deux cents] [deux et trente mille] : 32200

חֲמִשָּׁה וְאַרְבָּעִים אֶלֶף וְשֵׁשׁ מֵאוֹת וַחֲמִשִּׁים (Nb 1, 25)
[et cinquante] [et six cents] [cinq et quarante mille] : 45650

2. Nombres ordinaux

Ce sont des adjectifs, placés obligatoirement **après** le nom auquel ils se rapportent. Ils n'existent que de *premier* jusqu'à *dixième* : à partir de *onzième*, on emploie les nombres cardinaux.

רִאשׁוֹן *premier* est tiré de רֹאשׁ *tête* ; les autres ordinaux se caractérisent par une finale –i (au féminin, –i*t*).

Nous avons vu ci-dessus que les adjectifs épithètes prenaient l'article lorsque le nom qu'ils qualifient est défini. On a donc הַמֶּ֫לֶךְ

הָרִאשׁוֹן *le premier roi* comme הַמֶּלֶךְ הַטּוֹב *le bon roi.* Cependant, avec יוֹם *jour*, il est fréquent de ne trouver l'article que devant l'ordinal, un peu comme dans un état construit : יוֹם הַשִּׁשִּׁי *le sixième jour.*

En revanche, si יוֹם est précédé d'une préposition, les Massorètes vocalisent toujours celle-ci **avec** article : בַּיּוֹם הַשְּׁבִיעִי *au septième jour*, לַיּוֹם הַשְּׁלִישִׁי *pour le troisième jour* ; on n'a jamais בְּיוֹם הַשְּׁבִיעִי ni לְיוֹם הַשְּׁבִיעִי.

3. Particularités des expressions contenant des noms de nombre

➢ אֶחָד *un* apparaît parfois dans des emplois où le français préférerait l'ordinal. Ainsi, en Gen 1, le récit de la création est rythmé par l'énumération des jours : יוֹם שֵׁנִי *deuxième jour*, יוֹם שְׁלִישִׁי *troisième jour*, etc. Mais le *premier jour* est appelé יוֹם אֶחָד et non יוֹם רִאשׁוֹן. De même, lorsque אֶחָד est opposé à שֵׁנִי (*le premier... le deuxième*). Exemple :

> וַיִּקַּח־לוֹ לֶמֶךְ שְׁתֵּי נָשִׁים שֵׁם הָאַחַת עָדָה וְשֵׁם הַשֵּׁנִית צִלָּה (Gen 4, 19), *Lemech prit pour lui deux femmes, le nom de la première était Ada et le nom de la deuxième était Tsilla.*
>
> Rappelons que נָשִׁים est le pluriel (irrégulier) de אִשָּׁה *femme* et que c'est un mot de genre **féminin**.

➢ Certains noms courants, utilisés pour des réalités très souvent comptées (*homme, personne, jour, nuit, an, mille*), se mettent **au pluriel s'ils sont précédés d'un nombre inférieur à 10**, et **au singulier s'ils sont précédés d'un nombre supérieur à 10**. Exemples :

- חָמֵשׁ שָׁנִים *cinq ans* mais עֶשְׂרִים שָׁנָה *vingt ans ;*
- שְׁלֹשָׁה אֲנָשִׁים *trois hommes* mais שְׁלֹשֶׁת אֲלָפִים אִישׁ *3000 hommes ;*
- שְׁמֹנַת יָמִים *huit jours* mais אַרְבָּעִים יוֹם וְאַרְבָּעִים לַיְלָה *quarante jours et quarante nuits.*

➢ Pour donner une date, on commence le cas échéant par l'année (dans les textes historiques), puis le mois, puis le jour ; on peut aussi donner le jour avant le mois. Les mois sont désignés au moyen de nombres ordinaux : *premier mois* (celui de la fête de Pâque), *septième mois...* c'est seulement après l'Exil de Babylone que l'on utilisera des **noms** de mois (*nissan, adar*, etc.), empruntés au babylonien. Exemples :

- Ag 1, 1 : בִּשְׁנַת שְׁתַּיִם לְדָרְיָוֶשׁ הַמֶּלֶךְ בַּחֹדֶשׁ הַשִּׁשִּׁי בְּיוֹם אֶחָד לַחֹדֶשׁ
En l'an deux du roi Darius, le sixième mois, le premier jour du mois.
Le mot שְׁנַת *année* est à l'état construit. חֹדֶשׁ signifie *mois.*
- Est 3, 13 : בִּשְׁלוֹשָׁה עָשָׂר לְחֹדֶשׁ שְׁנֵים עָשָׂר *Le treize du douzième mois.*
- Nb 28, 16 : וּבַחֹדֶשׁ הָרִאשׁוֹן בְּאַרְבָּעָה עָשָׂר יוֹם לַחֹדֶשׁ פֶּסַח לַיהוָה
Et au premier mois, le quatorzième jour du mois, [c'est] la Pâque pour l'Éternel.

➢ Pour donner un âge, on emploie -בֶּן (litt. *fils de*) au sens de *âgé de* ; on peut aussi utiliser l'expression *et les jours de X furent…* Exemples :

- וְנֹחַ בֶּן־שֵׁשׁ מֵאוֹת שָׁנָה (Gen 7, 6), *et Noé était âgé de 600 ans.*
- וְיִשְׁמָעֵאל בְּנוֹ בֶּן־שְׁלֹשׁ עֶשְׂרֵה שָׁנָה (Gen 17, 25), *et Ismaël son fils était âgé de 13 ans .*
- וַיִּהְיוּ יְמֵי־תֶרַח חָמֵשׁ שָׁנִים וּמָאתַיִם שָׁנָה וַיָּמָת תֶּרַח בְּחָרָן (Gen 11, 32), *les jours de Teraḥ furent de 205 ans et Teraḥ mourut à Ḥarran.* Remarquez la répétition du mot *année* après chaque nombre.
- וַיִּהְיוּ חַיֵּי שָׂרָה מֵאָה שָׁנָה וְעֶשְׂרִים שָׁנָה וְשֶׁבַע שָׁנִים (Gen 23, 1), *La vie de Sarah fut de 127 ans* (litt. : *100 ans et 20 ans et 7 ans*). Là encore, le mot שָׁנָה *année* est répété après chaque nombre, au singulier ou au pluriel selon qu'il est précédé d'un nombre inférieur ou supérieur à 10.

——— E5

- *Écrivez les nombres en toutes lettres :*

(.1) 10 עֲבָדִים. (.2) 6 דְּבָרִים (.3) 12 אַחִים. (.4) 4 יָדַיִם. (.5) 2 בְּרָכוֹת. (.6) 7 פָּרוֹת. (.7) 2 נְבִיאִים. (.8) בֶּן 20 שָׁנָה.

- *Traduisez ce texte (Gen 5, 7-8 et 27) :*

.7 וַיְחִי שֵׁת (Seth) אַחֲרֵי הוֹלִידוֹ אֶת־אֱנוֹשׁ (Enosh) שֶׁבַע שָׁנִים וּשְׁמֹנֶה מֵאוֹת שָׁנָה וַיּוֹלֶד* בָּנִים וּבָנוֹת : .8 וַיִּהְיוּ כָּל־יְמֵי־שֵׁת** שְׁתֵּים עֶשְׂרֵה שָׁנָה וּתְשַׁע מֵאוֹת שָׁנָה וַיָּמֹת : [...] .27 וַיִּהְיוּ כָּל־יְמֵי מְתוּשֶׁלַח (Mathusalem) תֵּשַׁע וְשִׁשִּׁים שָׁנָה וּתְשַׁע מֵאוֹת שָׁנָה וַיָּמֹת :

* וַיּוֹלֶד = *il engendra (racine* ילד*, schème hifʿil, wayyiqtol)*
** וַיִּהְיוּ כָּל־יְמֵי־שֵׁת = *tous les jours de Seth furent = Seth vécut en tout...*

VOCABULAIRE

lumière	*m.* אוֹר
nouvelle lune, mois	*m.* חֹדֶשׁ, חֳדָשִׁים
la Pâque	*m.* פֶּסַח
an, année	*f.* שָׁנָה, שָׁנִים

mettre au monde yiqtol : יֵלֵד	יָלַד
engendrer[3] yiqtol : יוֹלִיד	הוֹלִיד
toucher, atteindre yiqtol : יִגַּע	נָגַע
atteindre, arriver, parvenir yiqtol : יַגִּיעַ	הִגִּיעַ
	[נכה][4]
frapper yiqtol : יַכֶּה	הִכָּה
	[נכר]
reconnaître, connaitre yiqtol : יַכִּיר	הִכִּיר
tomber yiqtol : יִפֹּל	נָפַל
faire tomber yiqtol : יַפִּיל	הִפִּיל
lever, soulever, porter, yiqtol : יִשָּׂא	נָשָׂא
	[שׁלךְ]
lancer, jeter yiqtol : יַשְׁלִיךְ	הִשְׁלִיךְ

[3] Dans la presque totalité des occurrences, le qal יָלַד a pour sujet une femme (ex. fréquent : וַתֵּלֶד *elle mit au monde*), et le hifʿil הוֹלִיד a pour sujet un homme.

[4] Les racines entre crochets correspondent à des verbes n'existant pas au qal.

Exercices corrigés

E2

• *Conjuguez au qatal :*

1. הִסְתַּרְתִּי, הִסְתַּרְתָּ, הִסְתַּרְתְּ, הִסְתִּיר, הִסְתִּירָה, הִסְתַּרְנוּ, הִסְתַּרְתֶּם, הִסְתַּרְתֶּן, הִסְתִּירוּ.
2. הִלְבַּשְׁתִּי, הִלְבַּשְׁתָּ, הִלְבַּשְׁתְּ, הִלְבִּישׁ, הִלְבִּישָׁה, הִלְבַּשְׁנוּ, הִלְבַּשְׁתֶּם, הִלְבַּשְׁתֶּן, הִלְבִּישׁוּ.
3. הֶאֱמַנְתִּי, הֶאֱמַנְתָּ, הֶאֱמַנְתְּ, הֶאֱמִין, הֶאֱמִינָה, הֶאֱמַנּוּ, הֶאֱמַנְתֶּם, הֶאֱמַנְתֶּן, הֶאֱמִינוּ.
4. הוֹסַפְתִּי, הוֹסַפְתָּ, הוֹסַפְתְּ, הוֹסִיף, הוֹסִיפָה, הוֹסַפְנוּ, הוֹסַפְתֶּם, הוֹסַפְתֶּן, הוֹסִיפוּ.

• *Mettez au singulier ces formes de qatal, en gardant la même personne :*

1. הִכְרַתֶּם > הִכְרַתָּ 2. הֶעֱבַרְנוּ > הֶעֱבַרְתִּי 3. הוֹצֵאתֶם > הוֹצֵאתָ
4. הֵבִינוּ (m.) > הֵבִין 5. הִשְׁקוּ (f.) > הִשְׁקְתָה

• *Quel est le schème de ces verbes ? Qal, piʕel ou hifʕil ? :*

1. קִדַּשְׁתֶּם 2. הֶאֱבַדְנוּ 3. אִבַּדְנוּ 4. הוֹשִׁיעַ 5. דָּרַכְתָּ 6. הִדְרַכְתָּ
7. גִּדְּלוּ 8. גָּדְלוּ 9. הִגְדִּילוּ 10. בָּכִיתִי 11. קִוִּיתִי 12. הִגְלֵיתִי

qal : 5. דָּרַכְתָּ 8. גָּדְלוּ 10. בָּכִיתִי
piʕel 1. קִדַּשְׁתֶּם 3. אִבַּדְנוּ 7. גִּדְּלוּ 11. קִוִּיתִי
hifʕil : 2. הֶאֱבַדְנוּ 4. הוֹשִׁיעַ 6. הִדְרַכְתָּ 9. הִגְדִּילוּ 12. הִגְלֵיתִי

• *Donnez la racine des verbes suivants, qui sont tous des hifʕil :*

1. הִגַּעְתֶּם > נגע 2. הֵשִׁיבוּ > שׁוב 3. הוֹשִׁיבוּ > ישׁב 4. הִכֵּיתִי > נכי (נכה) 5. הֶעֱלִינוּ > עלי (עלה) 6. הִמְצִיאוּ > מצא 7. הֶחֱיֵיתִי > חיי (חיה) 8. הִגְלִיתָ > גלי (גלה) 9. הֲבִינוֹתֶם > בין 10. הִשְׁקְתָה > שׁקי (שׁקה) 11. הוֹדַעְתָּ > ידע.

N° 2 : הֵשִׁיבוּ. La vocalisation du préfixe indique que la consonne manquante est un yod ou un waw en 2ème position. Si vous n'avez jamais rencontré ce verbe, vous devez chercher dans le dictionnaire à שׁיב et שׁוב. Idem pour le n° 9 : vous ne pouvez savoir à l'avance si la racine est בין ou בון.

En revanche, pour le numéro 3 (הוֹשִׁיבוּ), la vocalisation [o] du préfixe vous indique sans doute possible une racine pé-yod, ישׁב.

Le verbe numéro 4 comporte deux consonnes faibles : le dagesh dans le כ résulte de l'assimilation du nun initial : la racine est donc נכי.

——— E3

- *Conjuguez au yiqtol ces verbes hifʕil :*

1. אַסְתִּיר, תַּסְתִּיר, תַּסְתִּירִי, יַסְתִּיר, תַּסְתִּיר, נַסְתִּיר, תַּסְתִּירוּ, תַּסְתֵּרְנָה, יַסְתִּירוּ, תַּסְתֵּרְנָה.
2. אַלְבִּישׁ, תַּלְבִּישׁ, תַּלְבִּישִׁי, יַלְבִּישׁ, תַּלְבִּישׁ, נַלְבִּישׁ, תַּלְבִּישׁוּ, תַּלְבֵּשְׁנָה, יַלְבִּישׁוּ, תַּלְבֵּשְׁנָה.
3. אַאֲמִין, תַּאֲמִין, תַּאֲמִינִי, יַאֲמִין, תַּאֲמִין, נַאֲמִין, תַּאֲמִינוּ, תַּאֲמֵנָה, יַאֲמִינוּ, תַּאֲמֵנָה.
4. אוֹסִיף, תּוֹסִיף, תּוֹסִיפִי, יוֹסִיף, תּוֹסִיף, נוֹסִיף, תּוֹסִיפוּ, תּוֹסֵפְנָה, יוֹסִיפוּ, תּוֹסֵפְנָה.

- *Mettez au pluriel ces formes de yiqtol, en gardant la même personne :*

1. תַּגְדִּיל (m.) > תַּגְדִּילוּ 2. אָרִים > נָרִים 3. יַפְשִׁיט > יַפְשִׁיטוּ
4. יָבִין > יָבִינוּ 5. תַּגִּיד (m.) > תַּגִּידוּ 6. תַּשְׁקֶה (m.) > תַּשְׁקוּ

- *Donnez la racine des verbes suivants, qui sont tous des hifʕil :*

1. יַכִּיר > נכר 2. אַשִּׂיג > נשׂג 3. אַחֲרִיב > חרב 4. תּוֹכִיחַ > יכח 5. יַשְׁכִּים > שׁכם 6. תָּכִין > כון 7. תַּשְׁקֶה > שׁקי (שׁקה)
8. נַכֶּה > נכי (נכה) 9. אוֹדִיעַ > ידע 10. יָסִיר > סור
11. יוֹרֶה > ירי (ירה). 12. יַפְלִיא > פלא

N° 8: נַכֶּה. Puisqu'il s'agit d'un yiqtol, ce verbe est forcément une 1ère pers. du pluriel, donc le nun initial est le préfixe de personne. Le dagesh fort dans le כ indique que la racine est pé-nun, la voyelle thématique [ɛ] qu'elle est lamed-yod.

N° 11 : יוֹרֶה. Le yod est le préfixe de 3ème pers. Racine pé-yod et lamed-yod (lamed-hé).

- *Utilisez les règles des p. 331-333 pour reconstituer la racine trilittère de la forme wayyiqtol suivante (attestée 75 fois dans la Bible !) :* וַיַּךְ *il frappa.*

C'est un wayyiqtol : donc ni le waw ni le yod ne font partie de la racine. La forme ne comporte donc plus qu'**une seule** consonne radicale : le ךְ.

La vocalisation pataḥ du préfixe exclut la possibilité d'une racine ʕayin-waw/ʕayin yod (si c'était le cas on aurait qameṣ) et d'une racine pé-yod (on aurait ḥolem). Sont vocalisés pataḥ les préfixes des verbes entiers, des verbes à 1ère gutturale et des pé-nun. Comme le verbe n'est pas entier (!) et qu'il ne comporte ni gutturale ni ר, il ne peut s'agir que d'une racine pé-nun. L'assimilation du nun au kaf n'est pas visible car, à de très rares exceptions près, une consonne ne peut prendre de dagesh fort en finale absolue.

Cela vous donne un verbe commençant par נ. Le kaf est la 2ème consonne radicale, puisque en 2ème position seuls waw et yod sont faibles ; or, nous avons montré que la vocalisation excluait une racine ʕayin-waw/ʕayin yod.

La racine commence donc par נכ. Or, la seule consonne qui puisse tomber en 3ème position - par apocope - est yod. La racine est donc נכי (dans beaucoup de dictionnaires, נכה). Ce verbe (qatal : הִכָּה) signifie *frapper*.

- *Classez ces formes verbales en qal / piʕel / hifʕil :*

- *yiqtol et wayyiqtol*

1. יְסַפֵּר 2. יַעֲבִיר 3. וַיַּבְדֵּל 4. תִּשְׁלַח 5. תָּבֹוא֫וּ 6. תָּבִ֫יאוּ 7. וַיְקַדֵּשׁ 8. נִשְׁמַע 9. יוֹשִׁיעַ 10. וַיַּשְׁכֵּם 11. וַיְקַו 12. אֶרְאֶה 13. אַרְאֶה

qal : 4. תִּשְׁלַח 5. תָּבֹ֫ואוּ 8. נִשְׁמַע 12. אֶרְאֶה
piʕel : 1. יְסַפֵּר 7. וַיְקַדֵּשׁ 11. וַיְקַו
hifʕil : 2. יַעֲבִיר 3. וַיַּבְדֵּל 6. תָּבִ֫יאוּ 9. יוֹשִׁיעַ 10. וַיַּשְׁכֵּם 13. אַרְאֶה

- *qatal et wᵉqatal*

1. מָכַ֫רְתִּי 2. הָיְתָה 3. הִסְתִּ֫ירָה 4. הֵבִ֫יאָה 5. נִסִּ֫יתִי 6. וְקָרָא 7. הִפִּיל 8. וְקִדַּשְׁתָּ 9. הֶאֱמִ֫ינוּ 10. הִבִּ֫יטוּ 11. חִפְּשׂוּ

qal : 1. מָכַ֫רְתִּי 2. הָיְתָה 6. וְקָרָא
piʕel : 5. נִסִּ֫יתִי 8. וְקִדַּשְׁתָּ 11. חִפְּשׂוּ
hifʕil : 3. הִסְתִּ֫ירָה 4. הֵבִיאָה 12. הִגְלֵ֫יתִי 7. הִפִּיל
9. הֶאֱמִ֫ינוּ 10. הִבִּ֫יטוּ

- *participe*

1. מַמְלִיךְ 2. נֹתֵן 3. מְאַבֵּד 4. מַאֲבִיד 5. אֹבֵד 6. מוֹשִׁיעַ
7. מְנַחֵם 8. עֹלֶה 9. מַעֲלֶה 10. מַגִּיעִים 11. מְסַפְּרִים

qal : 2. נֹתֵן 5. אֹבֵד 8. עֹלֶה
piʕel : 3. מְאַבֵּד 7. מְנַחֵם 11. מְסַפְּרִים
hifʕil : 1. מַמְלִיךְ 4. מַאֲבִיד 6. מוֹשִׁיעַ 9. מַעֲלֶה 10. מַגִּיעִים

- *impératif*

1. הַקְהֵל 2. קוּם 3. הַעֲלִי 4. דַּבֵּר 5. הָפֵץ 6. לְכוּ 7. הוֹשַׁע

qal : 5. קוּם 6. לְכוּ
piʕel : 4. דַּבֵּר
hifʕil : 1. הַקְהֵל 3. הַעֲלִי 5. הָפֵץ 7. הוֹשַׁע

- *infinitif (construit et absolu)*

1. לִקְרֹא 2. לְחַבֵּק 3. לְהַשְׁלִיךְ 4. הָסֵר 5. פְּרֹץ 6. כַּבֵּד 7. הַכְבֵּד

qal :	1. לִקְרֹא 5. פְּרֹץ
piʕel :	2. לְחַבֵּק 6. כַּבֵּד
hifʕil :	3. לְהַשְׁלִיךְ 4. הָסֵר 7. הַכְבֵּד

——— E4

• *Traduisez, à l'aide du vocabulaire des leçons précédentes et de la p. 347.*

1. אֶתְּנָה לְךָ כֶּסֶף. 2 בֹּא וְאֶשְׁלָחֲךָ אֹתְךָ אֶל הַמֶּלֶךְ. 3. אֶשְׁמְעָה אֶת קֹלֵךְ. 4. נַשְׁלִיכָה אֶת הָאִישׁ הַזֶּה אֶל הַיָּם. 5. וַיֹּאמֶר אֱלֹהִים יְהִי אוֹר. 6. יְחִי הַמֶּלֶךְ וְאַל יָמֹת. 7. יְדַבֶּר נָא עַבְדְּךָ. 8. אַל תִּקְרַב אֵלָי. 9. אַל נָא תִקְבְּרֵנִי אֶת אָבִיךָ בְּמִצְרָיִם. 10. לְכוּ וְנַעֲלֶה אֶל הַר יְהוָה.

1. Je veux te donner de l'argent. 2. Viens, pour que je t'envoie vers le roi. 3. Je veux écouter / puissé-je écouter ta voix. 4. Jetons cet homme à la mer. 5. Et Dieu dit : « que la lumière soit ! ». 6. Que vive le roi et qu'il ne meure pas ! 7. Que ton serviteur parle ! 8. Ne t'approche pas de moi. 9. S'il te plaît (נָא), n'enterre pas ton père en Égypte. 10. Allez, montons vers la montagne de l'Éternel !

——— E5

• *Écrivez les nombres en toutes lettres :*

1. עֲשָׂרָה עֲבָדִים. 2. שִׁשָּׁה דְּבָרִים. 3. שְׁנֵים עָשָׂר אַחִים. 4. אַרְבַּע יָדַיִם.
5. שְׁתֵּי בְּרָכוֹת. 6. שֶׁבַע פָּרוֹת. 7. שְׁנֵי נְבִיאִים. 8. בֶּן עֶשְׂרִים שָׁנָה.

• *Traduisez ce texte (Gen 5, 7-8 et 27) :*

7. וַיְחִי שֵׁת (Seth) אַחֲרֵי הוֹלִידוֹ אֶת־אֱנוֹשׁ (Enosh) שֶׁבַע שָׁנִים וּשְׁמֹנֶה מֵאוֹת שָׁנָה וַיּוֹלֶד בָּנִים וּבָנוֹת׃ 8. וַיִּהְיוּ כָּל־יְמֵי־שֵׁת שְׁתֵּים עֶשְׂרֵה שָׁנָה וּתְשַׁע מֵאוֹת שָׁנָה וַיָּמֹת׃ [...] 27. וַיִּהְיוּ כָּל־יְמֵי מְתוּשֶׁלַח (Mathusalem) תֵּשַׁע וְשִׁשִּׁים שָׁנָה וּתְשַׁע מֵאוֹת שָׁנָה וַיָּמֹת׃

7. Après avoir engendré Enosh, Seth vécut 807 ans [*litt.* 7 ans et 800 ans] et il engendra des fils et des filles. **8.** Seth vécut en tout 912 ans [*litt.* 12 ans et 900 ans] puis il mourut. [...] **27.** Mathusalem vécut en tout 969 ans [*litt.* 9 et 60 ans et 900 ans] puis il mourut.

Pas à pas dans le texte biblique

Isaïe 5, 1-7

Ce texte appartient au genre littéraire de la parabole. Pour adresser ses reproches aux Judéens, le prophète commence par raconter l'histoire d'une vigne désobéissante. L'auditeur est pris par le conte, jusqu'à ce qu'il s'aperçoive que c'est lui qui est visé. La difficulté de ce beau texte en est le vocabulaire : de nombreux mots nouveaux, dont certains sont rares, voire attestés dans ce seul passage. Ils ne figurent donc pas dans le lexique en fin d'ouvrage.

1. אָשִׁירָה נָּא לִידִידִי שִׁירַת דּוֹדִי לְכַרְמוֹ
כֶּרֶם הָיָה לִידִידִי בְּקֶרֶן בֶּן־שָׁמֶן :
2. וַיְעַזְּקֵהוּ וַיְסַקְּלֵהוּ וַיִּטָּעֵהוּ שֹׂרֵק
וַיִּבֶן מִגְדָּל בְּתוֹכוֹ וְגַם־יֶקֶב חָצֵב בּוֹ
וַיְקַו לַעֲשׂוֹת עֲנָבִים וַיַּעַשׂ בְּאֻשִׁים :
3. וְעַתָּה יוֹשֵׁב יְרוּשָׁלִַם וְאִישׁ יְהוּדָה
שִׁפְטוּ־נָא בֵּינִי וּבֵין כַּרְמִי :
4. מַה־לַּעֲשׂוֹת עוֹד לְכַרְמִי וְלֹא עָשִׂיתִי בּוֹ
מַדּוּעַ קִוֵּיתִי לַעֲשׂוֹת עֲנָבִים וַיַּעַשׂ בְּאֻשִׁים :
5. וְעַתָּה אוֹדִיעָה־נָּא אֶתְכֶם אֵת אֲשֶׁר־אֲנִי עֹשֶׂה לְכַרְמִי
הָסֵר מְשׂוּכָּתוֹ וְהָיָה לְבָעֵר
פָּרֹץ גְּדֵרוֹ וְהָיָה לְמִרְמָס :
6. וַאֲשִׁיתֵהוּ בָתָה לֹא יִזָּמֵר וְלֹא יֵעָדֵר וְעָלָה שָׁמִיר וָשָׁיִת
וְעַל הֶעָבִים אֲצַוֶּה מֵהַמְטִיר עָלָיו מָטָר:
7. כִּי כֶרֶם יְהוָה צְבָאוֹת בֵּית יִשְׂרָאֵל
וְאִישׁ יְהוּדָה נְטַע שַׁעֲשׁוּעָיו
וַיְקַו לְמִשְׁפָּט וְהִנֵּה מִשְׂפָּח לִצְדָקָה וְהִנֵּה צְעָקָה :

➤ **Verset 1**

אָשִׁירָה נָּא לִידִידִי שִׁירַת דּוֹדִי לְכַרְמוֹ
כֶּרֶם הָיָה לִידִידִי בְּקֶרֶן בֶּן־שָׁמֶן :

- Dans la 1ère partie du verset, tous les éléments sont analysables, même si aucun mot ne vous est familier.

- אָשִׁ֫ירָה est un cohortatif, dont vous identifiez sans difficulté la racine ʕayin-yod שׁיר : le verbe שָׁר (qal) signifie *chanter*.

- שִׁירַת דּוֹדִי : finale –aṯ = état construit d'un mot terminé par -â. Le mot שִׁירָה, même racine que le verbe שָׁר, signifie *chant*. Pour דּוֹדִי, vous enlevez l'affixe : דּוֹד signifie *bien-aimé*.

- pour לְכַרְמוֹ, vous enlevez la préposition et l'affixe : la forme d'état absolu correspondant à כַּרְמ- est כֶּ֫רֶם *vigne*, nom ségolé (cf. p. 39) qui apparaît dans la seconde partie du verset. La vigne symbolise parfois Israël (cf. Osée 10, 1) ou la bien-aimée (Ct 8, 12) ; c'est un mot masculin, comme le prouve l'accord avec הָיָה.

- לִידִידִי, cf. p. 141 (לִיהוּדָה). Sans la prép. -לְ, le mot est יְדִידִי : en enlevant l'affixe possessif, vous obtenez יְדִיד, dont l'état absolu est יָדִיד *ami, bien-aimé*, synonyme de דּוֹד. Les deux mots sont employés côte à côte pour éviter la répétition et pour des raisons rythmiques.

• Dans la seconde partie du verset, notez la construction : verbe *être* + préposition -לְ, à rapprocher des phrases nominales exprimant la possession vues p. 120. *Une vigne était à mon ami = mon ami avait une vigne*. Pour בְּקֶ֫רֶן, il suffit d'ôter la préposition ; קֶ֫רֶן signifie *corne*, d'où *rayon* (du soleil)[1], et ici *éperon de montagne, coteau*. Notez l'assonance avec כֶּ֫רֶם. L'expression בֶּן־שָׁמֶן, état construit constitué de בֵּן *fils* et שֶׁ֫מֶן *graisse*, signifie *fertile*. שָׁמֶן, forme pausale de שֶׁ֫מֶן, à cause du silluq marquant la fin du v.

TRADUCTION : *Je veux chanter pour mon ami le chant de mon bien-aimé sur sa vigne : mon ami avait une vigne, sur un coteau fertile.*

➢ Verset 2

וַיְעַזְּקֵ֣הוּ וַֽיְסַקְּלֵ֗הוּ וַיִּטָּעֵ֙הוּ֙ שֹׂרֵ֔ק
וַיִּ֤בֶן מִגְדָּל֙ בְּתוֹכ֔וֹ וְגַם־יֶ֖קֶב חָצֵ֣ב בּ֑וֹ
וַיְקַ֛ו לַעֲשׂ֥וֹת עֲנָבִ֖ים וַיַּ֥עַשׂ בְּאֻשִֽׁים׃

• Le récit suit les règles de la prose narrative : les actions successives du propriétaire de la vigne sont exprimées par une série de wayyiqtol.

• Les deux premiers verbes sont identiques : ce sont des piʕel, avec un affixe 3ème masc. sing. הוּ- (cf. p. 271), qui renvoie à כֶּ֫רֶם, mot masc. Le verbe עִזֵּק est un hapax signifiant *piocher, retourner la terre* ; סִקֵּל signifie

---

[1] Ce double sens explique que, en Ex 34, 29, Jérôme ait traduit le verbe « rayonner » (*le visage de Moïse rayonnait*) par *facies* **cornuta** : d'où les petites **cornes** sur la tête du Moïse de Michel-Ange.

enlever les pierres. Le verbe suivant, וַיִּטָּעֵהוּ, se décompose de la même manière, mais c'est un qal (vocalisation ḥireq du préfixe). Le dagesh fort du ט provient de l'assimilation du nun initial de la racine : נָטַע, *planter*.

שֹׂרֵק [śoreq]. Le point gauche du śin se confond avec le ḥolem. Ce mot désigne une variété de raisin rouge, de qualité supérieure. Notez la construction du verbe avec 2 COD (cf. p. 324-325) : וַיִּטָּעֵהוּ *il le planta*, וַיִּטַּע שֹׂרֵק *il planta du raisin rouge*, וַיִּטָּעֵהוּ שֹׂרֵק *il le planta [de] raisin rouge*.

Pour trouver la racine du wayyiqtol וַיִּבֶן il vous faut appliquer la méthode vue p. 186-187 :

- le verbe est à la 3ème personne du masculin singulier.
- la voyelle du préfixe est ḥireq, donc la racine ne peut être ʕayin-waw ou ʕayin-yod (on aurait une voyelle qameṣ).
- il n'y a pas de dagesh fort dans la consonne qui suit le préfixe, donc pas d'assimilation : ce n'est pas une racine pé-nun.

Conclusion : c'est une racine lamed-yod, avec apocope consécutive à la remontée de l'accent tonique.

Il s'agit donc du verbe בָּנָה *construire*, au wayyiqtol. Il est suivi de מִגְדָּל, que vous connaissez, et de בְּתוֹכוֹ : בְּתוֹךְ = *à l'intérieur de*.

Le verbe suivant, חָצֵב *il creusa* (au lieu de חָצַב), n'est pas au wayyiqtol mais au qatal : en effet, l'auteur a voulu mettre en relief le COD, יֶקֶב *pressoir, cuve de pressoir*, précédé de גַּם *même, aussi* : lorsqu'il n'est pas en tête de phrase, le verbe ne peut être au wayyiqtol.

- Pour trouver la racine de וַיְקַו, il vous faut raisonner ainsi : la vocalisation shewa du préfixe de pers. indique un piʕel ; dans ce cas, la consonne suivante (ק) est forcément la 1ère de la racine ; ו n'a pas le dagesh fort attendu au piʕel, mais c'est normal puisqu'il se trouve en finale absolue ; la consonne manquante est donc la 3ème, et c'est forcément un yod. Forme apocopée. Le qatal de ce verbe, qui signifie *espérer*, est קִוָּה [qiwwå]. Le sujet du verbe est encore l'ami, mais le sujet de l'infinitif לַעֲשׂוֹת est sans doute la vigne (à cause de la fin du v.). עֲנָבִים, *des raisins*.

Le dernier verbe du verset, וַיַּעַשׂ, est immédiatement identifiable : il s'agit du verbe עָשָׂה *faire*, au wayyiqtol. La forme est apocopée.

Il y a une forte opposition entre les nombreux mots (verbes et noms) décrivant les soins apportés à la vigne et la chute, brutale : וַיַּעַשׂ בְּאֻשִׁים (terme signifiant *des raisins acides, du verjus*). Deux mots seulement, qui font ressortir l'ingratitude de la vigne et la déception du propriétaire, qui ne voit pas ses efforts récompensés. C'est pourquoi nous donnons une valeur adversative au waw conversif de וַיַּעַשׂ.

TRADUCTION : *Il la piocha, en enleva les pierres, et la planta de raisin rouge ; puis il construisit une tour en son milieu et y creusa même une cuve. Il espéra qu'elle ferait des bons raisins, mais elle fit des raisins acides.*

➢ **Verset 3**

וְעַתָּ֛ה יוֹשֵׁ֥ב יְרוּשָׁלִַ֖ם וְאִ֣ישׁ יְהוּדָ֑ה
שִׁפְטוּ־נָ֕א בֵּינִ֖י וּבֵ֥ין כַּרְמִֽי׃

• עַתָּה *maintenant* est suivi de deux états construits, dont vous connaissez tous les mots. Le participe יוֹשֵׁב a ici le sens d'*habitant*.

• שִׁפְטוּ pourrait vous faire penser à un piʕel (cf. דַּבְּרוּ), mais c'est impossible puisqu'il n'y a pas de dagesh fort. La présence de נָא vous invite à penser à un volitif : la finale וּ-, à un impératif. Dans ce cas le verbe est au qal (cf. p. 228). שָׁפַט signifie *juger*. Avec cet impératif, les auditeurs, habitants de Juda et de Jérusalem, sont invités à prendre parti : ils écoutaient un récit et s'y trouvent brusquement impliqués.

La préposition בֵּין signifie *entre*. Pour dire *entre... et*, on répète la préposition : בֵּין... וּבֵין ,בֵּין... לְבֵין.

TRADUCTION : *Et maintenant, habitant de Jérusalem et homme de Juda, veuillez juger entre moi et ma vigne.*

➢ **Verset 4**

מַה־לַּעֲשׂ֥וֹת עוֹד֙ לְכַרְמִ֔י וְלֹ֥א עָשִׂ֖יתִי בּ֑וֹ
מַדּ֧וּעַ קִוֵּ֛יתִי לַעֲשׂ֥וֹת עֲנָבִ֖ים וַיַּ֥עַשׂ בְּאֻשִֽׁים׃

• Il s'agit de deux phrases interrogatives, introduites par מַה *quoi* et מַדּוּעַ *pourquoi*. La 2ème partie du v. reprend exactement les termes employés au v. 2, mais au lieu de la 3ème pers. וַיְקַו *il espéra*, on a la 1ère pers. קִוֵּיתִי *j'ai espéré* : le propriétaire de la vigne se substitue au narrateur et s'adresse directement aux auditeurs pour qu'ils jugent la vigne.

TRADUCTION : *Que faire encore pour ma vigne que je n'y aie [déjà] fait ? Pourquoi ai-je espéré qu'elle ferait de bons raisins alors qu'elle a fait des raisins acides ?*

➢ **Verset 5**

וְעַתָּה֙ אוֹדִֽיעָה־נָּ֣א אֶתְכֶ֔ם אֵ֛ת אֲשֶׁר־אֲנִ֥י עֹשֶׂ֖ה לְכַרְמִ֑י
הָסֵ֤ר מְשׂוּכָּתוֹ֙ וְהָיָ֣ה לְבָעֵ֔ר
פָּרֹ֥ץ גְּדֵר֖וֹ וְהָיָ֥ה לְמִרְמָֽס׃

• Dans la 1ère partie de ce v. (jusqu'à l'atnaḥ), tous les mots vous sont connus. אוֹדִיעָה (schème hifʕil, racine ידע) présente la finale caractéristique des cohortatifs. Comme souvent, le participe exprime un futur proche : אֲנִי עֹשֶׂה = *je vais faire.*

• Nous avons disposé la seconde partie du verset en deux lignes superposées pour faire apparaître le parallélisme de la structure. Le mot פָּרֹץ *faire une brèche*, a la vocalisation des infinitifs absolus qal (cf. p. 295), donc הָסֵר doit être aussi un inf. absolu. Le préfixe -ה et la vocalisation correspondent au hifʕil d'une racine ʕayin-waw ou ʕayin-yod (cf. p. 333) : il s'agit du verbe הֵסִיר (racine סור), *faire s'écarter > enlever.*

Chaque infinitif est suivi d'un COD fléchi, dont l'affixe possessif renvoie à la vigne. מְשׂוּכָּה, hapax, signifie *haie épineuse* ; גָּדֵר signifie *clôture.*

On a ensuite, dans les deux cas, le w^e^qatal וְהָיָה, à traduire soit par un futur (*enlever sa haie et elle sera [bonne] à brûler*) soit en soulignant la valeur consécutive du waw (*enlever sa haie pour qu'elle soit [bonne] à brûler*). Les deux וְהָיָה sont suivis d'un complément introduit par -לְ: בָּעֵר (infinitif) qui signifie *brûler* ou *être dévasté*, et מִרְמָס, *lieu que l'on piétine.*

TRADUCTION : *Et maintenant, laissez-moi vous faire connaître ce que je vais faire à ma vigne : enlever sa haie pour qu'elle soit bonne à brûler, faire une brèche dans sa clôture pour qu'elle devienne un lieu à piétiner.*

➢ Verset 6

וַאֲשִׁיתֵ֣הוּ בָתָ֗ה לֹ֤א יִזָּמֵר֙ וְלֹ֣א יֵעָדֵ֔ר וְעָלָ֥ה שָׁמִ֖יר וָשָׁ֑יִת
וְעַ֤ל הֶעָבִים֙ אֲצַוֶּ֔ה מֵהַמְטִ֥יר עָלָ֖יו מָטָֽר׃

• La première partie du verset comporte des mots rares et un schème verbal non encore étudié. Nous ne l'expliquerons donc pas en détail. Analysons simplement וַאֲשִׁיתֵהוּ :

- le verbe est à la 1ère personne du singulier ;
- il est pourvu d'un affixe de 3ème masc. sing., -הוּ ;
- Yiqtol ou wayyiqtol ? pour le savoir, il faut interpréter la vocalisation du ו. Le ו du wayyiqtol implique un redoublement de la consonne suivante ; comme le redoublement du א est impossible, on devrait avoir, si ce waw était conversif, une vocalisation וָ ; puisqu'on a וַ, **ce n'est pas** un waw conversif mais une conj. de coordination. Devant ḥatef pataḥ, le shewa est devenu pataḥ (cf. p. 142).
- pourquoi un ḥatef pataḥ sous le א ? Parce que l'ajout du suffixe -הוּ a provoqué un déplacement d'accent ; אָשִׁית est devenu -אֲשִׁית.
- la forme verbale est donc אָשִׁית, yiqtol à valeur de futur, coordonné par -וַ à ce qui précède.

Conclusion : il ne vous reste que deux inconnues avant d'ouvrir votre dictionnaire : la racine du verbe אָשִׁית est-elle ʕayin-waw ou ʕayin-yod ? et si elle est ʕayin-yod, est-ce un qal ou un hifʕil ?

Le dictionnaire vous donne la réponse : שִׁית, racine ʕayin-yod, n'existe qu'au qal (qatal : שָׁת) et signifie *mettre, placer, imposer, rendre.*

• La seconde partie du verset est plus simple. Dans הֶעָבִים, vous repérez la finale de pluriel et l'article défini (pour sa vocalisation cf. p. 69) : עָב signifie *nuage*. Le verbe צִוָּה (ici au yiqtol, 1ère personne du singulier) se construit avec עַל ; *ordonner à*. L'infinitif construit מֵהַמְטִיר est constitué de la préposition מִן, qui a ici le sens de *de ne pas* (cf. ci-dessus p. 282) et d'un infinitif hifʕil. מָטָר, *pluie* > הַמְטִיר *faire pleuvoir.*

TRADUCTION : *Je ferai d'elle un lieu dévasté, elle ne sera ni taillée ni sarclée, il y poussera des épines et des ronces ; et aux nuages, j'ordonnerai de ne pas faire tomber de pluie sur elle.*

La nature sauvage (ronces, broussailles) va réduire à néant les efforts évoqués au début du texte et la vigne sera détruite. Notez la subtile transition qui amène l'auditeur vers le véritable sens de la parabole : les premiers châtiments étaient réalisables par un homme, mais interdire aux nuages de pleuvoir relève de l'action divine ; avant même le verset suivant, on comprend donc que la vigne symbolise Israël et que le propriétaire en est Dieu.

➢ Verset 7

כִּי כֶרֶם יְהוָה צְבָאוֹת בֵּית יִשְׂרָאֵל
וְאִישׁ יְהוּדָה נְטַע שַׁעֲשׁוּעָיו
וַיְקַו לְמִשְׁפָּט וְהִנֵּה מִשְׂפָּח לִצְדָקָה וְהִנֵּה צְעָקָה׃

• כִּי *car* introduit l'explication de la parabole. Celle-ci tient en deux phrases nominales syntaxiquement parallèles avec chiasme :

בֵּית יִשְׂרָאֵל	כֶּרֶם יְהוָה צְבָאוֹת
[prédicat]	**[sujet]**
la maison d'Israël	*la vigne de Dieu tout-puissant*
la plantation qu'il désire	*l'homme de Juda*
[prédicat]	**[sujet]**
נְטַע שַׁעֲשׁוּעָיו	וְאִישׁ יְהוּדָה

- כֶ֫רֶם יְהוָה צְבָאוֹת : pas de dagesh léger dans le כ de כֶ֫רֶם, car le mot précédent, כִּי, est terminé par une syllabe ouverte et porte un accent conjonctif : on n'est donc pas en début de mot.

L'expression יְהוָה צְבָאוֹת [ʔ^{a}d̲onay ṣ^{e}vaʔot̲], qui revient environ 280 fois dans la Bible, signifie littéralement *YHWH des armées* et est susceptible de plusieurs interprétations :

a) צָבָא pris dans son sens littéral : il s'agirait alors du *Dieu des armées* en un sens militaire, comme en I Sam 17, 45 où l'expression est glosée par *Dieu des troupes d'Israël.* C'est ainsi que traduit Jérôme : *Dominus exercituum.*

b) צָבָא au sens d'armées célestes (astres, étoiles), sens qui apparaît par ex. en I Rois 22, 19, où l'armée des cieux siège à côté de Dieu.

c) צְבָאוֹת fonctionnant comme un adjectif : nous avons vu p. 71 que l'hébreu biblique, pauvre en adjectifs, emploie souvent un état construit dans lequel le second terme est l'épithète du premier. Dans ce cas, le pluriel signifierait non pas *armées* (sens concret) mais *puissance* (sens abstrait) : interprétation retenue par les Septante, qui traduisent par *pantokratōr*, tout-puissant.

- נְטַע שַׁעֲשׁוּעָיו : état construit composé de נֶ֫טַע *plant, plantation* (cf. ci-dessus נָטַע, *planter*) ; שַׁעֲשׁוּעִים, toujours au pluriel, *délices, plaisir.* נְטַע שַׁעֲשׁוּעָיו, *la plantation de ses délices = la plantation qu'il trouve délectable.*

• La fin du verset 7 poursuit l'analogie et conclut la parabole, avec un nouveau parallélisme : *il espérait* (וַיְקַו) … *et voici* (וְהִנֵּה)

לְמִשְׁפָּט וְהִנֵּה מִשְׂפָּח

↕ וַיְקַו

לִצְדָקָה וְהִנֵּה צְעָקָה

De même que le propriétaire de la vigne espérait (וַיְקַו, comme au v. 2) obtenir de bons raisins, Dieu espère le droit, מִשְׁפָּט. Remarquez la formation du mot מִשְׁפָּט *droit, justice* : racine שפט (cf. ci-dessus le verbe שָׁפַט *juger*) et schème miqtâl. Au lieu de מִשְׁפָּט, Dieu a reçu מִשְׂפָּח, un hapax dont l'origine et la signification sont incertaines (*violence ? désordre ? iniquité ?*) mais qui permet un jeu de sonorités avec מִשְׁפָּט. Idem pour צְדָקָה *justice* et צְעָקָה *cri.*

TRADUCTION : *Car la vigne de Dieu tout-puissant, c'est la maison d'Israël, et l'homme de Juda est la plantation qu'il désire. Il espérait le droit et voici l'injustice, la justice et voici le cri !*

Leçon 13

LE VERBE (X)
LE NIFʕAL

LE NOM ET LE GROUPE NOMINAL (III)
FLEXION DES SÉGOLÉS

LA PRÉPOSITION מִן

COMPARATIF ET SUPERLATIF

T1. Caractéristiques sémantiques et morphologiques du nifʕal

➢ Le nifʕal fournit des verbes intransitifs. Le sens premier est celui d'une forme **réfléchie,** le plus souvent à partir d'un qal :

Verbe qal	Verbe nifʕal
שָׁמַר [šåmar] *il a gardé*	נִשְׁמַר [nišmar] *il s'est gardé (de), il a pris garde*
פָּתַח [påtaḥ] *il a ouvert*	נִפְתַּח [niftaḥ] *il s'est ouvert*

➢ Le nifʕal sert également de **passif** au qal :

Verbe qal	Verbe nifʕal
קָבַר [qåvar] *il a enterré*	נִקְבַּר [niqbar] *il a été enterré*
שָׁמַע [šåmaʕ] *il a entendu*	נִשְׁמַע [nišmaʕ] *il a été entendu*

On peut comparer cette évolution d'un sens réfléchi vers un sens passif à ce qui se passe pour certaines constructions pronominales en français : cf. *il* **se voit** *dans la glace,* réfléchi ; *la tour* **se voit** *de loin,* passif.

➢ Le nifʕal a, dans certains cas, une valeur **moyenne,** comme en grec : le sujet est directement intéressé ou concerné par l'action.

Verbe qal	Verbe nifʕal
שָׁאַל [šåʔal] *il a questionné, demandé*	נִשְׁאַל [nišʔal] *il a présenté sa requête*

➢ Morphologiquement, le nifʕal du verbe entier est marqué par un préfixe -נ au qatal et au participe ; dans les autres formes, le נ s'assimile à la 1ère consonne de la racine, qui se trouve alors affectée d'un dagesh fort.

——— **P1**

1. Qatal et participe

➢ Au qatal, le nifʕal du verbe entier est **marqué par un préfixe** -נ, vocalisé [i] en général, ou [ɛ] devant gutturale. La voyelle du thème est un [a], qui se réduit à shewa mobile lorsque l'accent se déplace, comme au qal. Notre modèle de verbe entier est נִשְׁמַר *il s'est gardé.*

	singulier		pluriel	
1ère masc. et fém.	נִשְׁמַרְתִּי	[niš**mar**ti]	נִשְׁמַרְנוּ	[niš**mar**nu]
2ème masc.	נִשְׁמַרְתָּ	[niš**mar**tå]	נִשְׁמַרְתֶּם	[nišmartɛm]
2ème fém.	נִשְׁמַרְתְּ	[nišmart]	נִשְׁמַרְתֶּן	[nišmartɛn]
3ème masc.	נִשְׁמַר	[nišmar]	נִשְׁמְרוּ	[nišm^{e}ru]
3ème fém.	נִשְׁמְרָה	[nišm^{e}rå]		

➢ Au participe, la forme est la même qu'au qatal, mais avec une voyelle qameṣ qui se maintient en général au pluriel (ou passe à shewa si le verbe est terminé par א : on trouve נִמְצָאִים et נִמְצְאִים)

	singulier		pluriel	
masc.	נִשְׁמָר	[nišmår]	נִשְׁמָרִים	[nišmårim]
fém.	נִשְׁמֶ֫רֶת נִשְׁמְרָה	[niš**me**rɛt̲] [nišm^{e}rå]	נִשְׁמָרוֹת	[nišmårot̲]

➢ Pour les verbes commençant par une gutturale, le préfixe est vocalisé ségol et la gutturale prend soit un ḥatef ségol soit un shewa quiescent, selon sa capacité plus ou moins grande à fermer la syllabe. Ex. de qatal : נֶאֱכַל [nɛʔ^{e}k̲al] *il a été mangé* (aux autres personnes נֶאֱכַ֫לְתִּי [nɛʔ^{e}**k̲al**ti], נֶאֱכַ֫לְתָּ [nɛʔ^{e}**k̲al**tå], etc.) ; נֶחְשַׁב [nɛḥšav] *il a été considéré* ; נֶעְלַם [nɛʕlam] *il s'est caché*, etc. Même chose au participe : נֶאֱכָל [nɛʔ^{e}k̲ål], נֶחְשָׁב [nɛḥšåv], נֶעְלָם [nɛʕlåm], etc.

Certains verbes présentent des alternances dans le timbre de la voyelle du préfixe ; les dictionnaires et les concordances vous donneront le détail des formes. Ces alternances ne vous empêchent pas de reconnaître la racine et le schème. Ainsi, pour le qatal נַעֲשָׂה [naʕ^{a}śå] *il a été fait* (racine עשׂי, lamed-yod), on trouve un fém. sing. נֶעֶשְׂתָה [nɛʕɛś^{e}t̲å] et un masc. plur. נַעֲשׂוּ [naʕ^{a}śu] ; au participe masc. sing. נַעֲשֶׂה [naʕ^{a}śɛ], masc. plur. נַעֲשִׂים [naʕ^{a}śim].

2. Yiqtol, infinitif, impératif

➢ Au yiqtol, le nun caractéristique du nifʕal s'assimile à la consonne suivante, qui prend alors un dagesh fort :

[*yinšåmer] > [yiššåmer]

La vocalisation des préfixes est la même qu'au qal, mais pour certains verbes, la 1ère pers. du sing. est vocalisée [i] au lieu de [ɛ]. Les suffixes de fém. sing. et de masc. plur. entraînent les modifications habituelles.

	singulier		pluriel	
1ère masc. et fém.	אֶשָּׁמֵר	[ʔɛššåmer]	נִשָּׁמֵר	[niššåmer]
2ème masc.	תִּשָּׁמֵר	[tiššåmer]	תִּשָּׁמְרוּ	[tiššåm^{e}ru]
2ème fém.	תִּשָּׁמְרִי	[tiššåm^{e}ri]	תִּשָּׁמַ֫רְנָה	[tišš**åmar**nå]
3ème masc.	יִשָּׁמֵר	[yiššåmer]	יִשָּׁמְרוּ	[yiššåm^{e}ru]
3ème fém.	תִּשָּׁמֵר	[tiššåmer]	תִּשָּׁמַ֫רְנָה	[tišš**åmar**nå]

➢ L'impératif a le même thème que le yiqtol : -qåtel, avec pour la 1ère consonne le redoublement consécutif à l'assimilation du nun. Les préfixes de personne sont remplacés par ה (comparez la formation de l'impératif hifʕil ci-dessus p. 335).

	singulier	pluriel
2ème masc.	הִשָּׁמֵר [hiššåmer]	הִשָּׁמְרוּ [hiššåmᵉru]
2ème fém.	הִשָּׁמְרִי [hiššåmᵉri]	הִשָּׁמַרְנָה [hiššå**mar**nå]

➢ L'infinitif construit est semblable à l'impératif masc. sing. : (לְ)הִשָּׁמֵר [(lᵉ)hiššamer]. L'inf. absolu est rare : il a soit la même forme que l'inf. construit (הִשָּׁמֵר, parfois הִשָּׁמֹר), soit la forme נִשְׁמֹר [nišmor].

➢ Pour les verbes dont la racine commence par une gutturale ou un ר, le redoublement est impossible, et la voyelle du préfixe est [e] à toutes les personnes (cf. un processus phonétique similaire p. 114). Exemple : נֶאֱסַף [nɛʔᵋsaf] *il a été rassemblé, il s'est réuni.*

Yiqtol :

	singulier	pluriel
1ère masc. et fém.	אֵאָסֵף [ʔeʔåsef]	נֵאָסֵף [neʔåsef]
2ème masc.	תֵּאָסֵף [teʔåsef]	תֵּאָסְפוּ [teʔåsᵉfu]
2ème fém.	תֵּאָסְפִי [teʔåsᵉfi]	תֵּאָסַפְנָה [teʔå**saf**nå]
3ème masc.	יֵאָסֵף [yeʔåsef]	יֵאָסְפוּ [yeʔåsᵉfu]
3ème fém.	תֵּאָסֵף [teʔåsef]	תֵּאָסַפְנָה [teʔå**saf**nå]

Impératif et infinitif :

	singulier	pluriel
2ème masc.	הֵאָסֵף [heʔåsef]	הֵאָסְפוּ [heʔåsᵉfu]
2ème fém.	הֵאָסְפִי [heʔåsᵉfi]	הֵאָסַפְנָה [heʔå**saf**nå]
Infinitif construit הֵאָסֵף ; infinitif absolu הֵאָסֹף.		

Vous n'avez pas forcément besoin de mémoriser tous ces paradigmes : retenez juste ce qui est indispensable pour identifier le nifʕal. Comparons par exemple les formes יְחַלֵּק et יֵחָלֵק :

יְחַלֵּק [yᵉḥalleq] : vocalisation shewa du préfixe, dagesh fort dans la seconde radicale : c'est donc un piʕel, *il partagera.*

יֵחָלֵק [yeḥåleq] : thème -qåtel, vocalisation ṣéré du préfixe devant gutturale : c'est donc un nifʕal, *il sera divisé.*

E1

- *Conjuguez ces verbes au qatal :*

1. נִרְדַּמְתִּי *je me suis endormi* 2. נִמְכַּרְתִּי *j'ai été vendu*

- *Mettez au pluriel ces formes de participe nifʕal :*

1. נִכְתָּב 2. נֶאֱכֶלֶת 3. נִשְׁבָּר 4. נִקְבֶּרֶת

- *Conjuguez ces verbes au yiqtol, puis donnez-en l'infinitif construit :*

1. אֶכָּתֵב *je serai écrit* 2. אֶשָּׁבֵר *je serai brisé* 3. אֵאָכֵל *je serai mangé*

- *Classez ces formes de yiqtol selon le schème : qal, piʕel ou nifʕal.*

1. יְסַפֵּר 2. יִמָּצְאוּ 3. אֶקָּבֵר 4. אֶשְׁמַע 5. יִנָּבֵא 6. תֵּעָבֵד
7. תִּדְרְכוּ 8. יְקַדֵּשׁ 9. יִקָּדֵשׁ 10. יִקְדַּשׁ

T2. Conjugaison nifʕal des verbes à consonnes faibles

Il n'est pas nécessaire de donner les paradigmes complets correspondant à chaque cas de figure : vous les trouverez dans les tableaux de verbes. Les seules racines ayant un thème de nifʕal vraiment spécifique sont les ʕayin-waw/ʕayin-yod. Les autres racines à consonne faible (pé-nun, pé-yod, lamed-yod) subissent des modifications phono-morphologiques liées, non au schème nifʕal, mais au comportement de la consonne faible : leur conjugaison est donc conforme à celle des verbes entiers. L'essentiel des modifications a d'ailleurs été vu dans la leçon précédente, à propos du hifʕil.

P2

➢ Verbes à racine **pé-nun** : ex. נִתַּן *il a été donné* (au qal : נָתַן *il a donné*).

	qatal	participe	yiqtol , infinitif	
Verbe entier	נִשְׁמַר [nišmar]	נִשְׁמָר [nišmår]	יִשָּׁמֵר [yiššåmer]	הִשָּׁמֵר [hiššåmer]
Verbe pé-nun	נִתַּן *il a été donné* [nittan] < *[nintan]	נִתָּן [nittån]	יִנָּתֵן [yinnåten]	הִנָּתֵן [hinnåten]

Ces formes ne sont pas différentes de celles du verbe entier. Au qatal et au participe, le nun de la racine s'assimile à la consonne suivante ; au yiqtol et à l'infinitif, le nun du préfixe s'assimile à celui de la racine.

➢ Verbes à racine **pé-yod**

Des trois catégories de verbes à 1ère radicale yod, seuls existent au nifʕal ceux dont le yod est un ancien waw (ci-dessus p. 182). Ce waw se maintient sous forme vocalique [o] au qatal et au participe, et sous forme semi-consonantique [w] au yiqtol, à l'infinitif et à l'impératif. Ainsi, au qal יָלַד [yålad̲] *il a mis au monde,* correspond un nifʕal נוֹלַד [nolad̲] *il a été mis au monde, il est né.* Étymologiquement, la racine de ce verbe est WLD : le waw passe à yod quand il se trouve à l'initiale – d'où le qal יָלַד [yålad̲] et le substantif יֶלֶד [yɛlɛd̲] *enfant* – mais il se maintient au nifʕal. On a donc נוֹלַד [nolad̲] au qatal et נוֹלָד [nolåd̲] au participe ; au yiqtol, יִוָּלֵד [yiwwåled̲] et à l'infinitif הִוָּלֵד [hiwwåled̲]. Dans ces deux formes, le signe וָ ne note pas la voyelle [u], puisqu'il est vocalisé d'un qameṣ ; c'est le waw de la racine, redoublé en raison de l'assimilation du préfixe nun : *[yinwåled̲] > [yiwwåled̲].

➢ Verbes à racine **lamed-yod** :

Les racines **lamed-yod (= lamed-hé)** se comportent comme au qal, au piʕel et au hifʕil. Si le yod final est suivi d'un suffixe, il se maintient comme mère de lecture et la voyelle du thème est [e] (ṣéré), ou très rarement [i] ; là où le yod devrait se trouver en finale absolue, il disparaît et la voyelle finale est soit [å] soit [e]. Pour le verbe נִבְנָה [nivnå] *il a été construit* (au qal : בָּנָה *il a construit*) on aura donc :

Au qatal :

	singulier	pluriel
1ère masc. et fém.	נִבְנֵיתִי [niv**ne**$^{(y)}$t̲i]	נִבְנֵינוּ [niv**ni**nu]
2ème masc.	נִבְנֵיתָ [niv**ne**$^{(y)}$t̲å]	נִבְנֵיתֶם [nivne$^{(y)}$t̲ɛm]
2ème fém.	נִבְנֵית [nivne$^{(y)}$t̲]	נִבְנֵיתֶן [nivne$^{(y)}$t̲ɛn]
3ème masc.	נִבְנָה [nivnå]	נִבְנוּ [nivnu]
3ème fém.	נִבְנְתָה [nivn^{e}t̲å]	

Au participe :

	singulier	pluriel
masculin	נִבְנֶה [nivnɛ]	נִבְנִים [nivnim]
féminin	נִבְנֵית [nivne(y)t̲] נִבְנָה [nivnå]	נִבְנוֹת [nivnot̲]

Au yiqtol :

	singulier	pluriel
1ère masc. et fém.	אֶבָּנֶה [ʔɛbbånɛ]	נִבָּנֶה [nibbånɛ]
2ème masc.	תִּבָּנֶה [tibbånɛ]	תִּבָּנוּ [tibbånu]
2ème fém.	תִּבָּנִי [tibbåni]	תִּבָּנֶינָה [tibbå**nɛ**(y)nå]
3ème masc.	יִבָּנֶה [yibbånɛ]	יִבָּנוּ [yibbånu]
3ème fém.	תִּבָּנֶה [tibbånɛ]	תִּבָּנֶינָה [tibbå**nɛ**(y)nå]

À l'impératif :

	singulier	pluriel
2ème masc.	הִבָּנֵה [hibbåne]	הִבָּנוּ [hibbånu]
2ème fém.	הִבָּנִי [hibbåni]	הִבָּנֶינָה [hibbå**nɛ**(y)nå]

À l'infinitif construit : הִבָּנוֹת, avec la finale caractéristique des lamed-yod (cf. ci-dessus p. 293 et 296).

➢ Racines **ʕayin-waw** et **ʕayin-yod** :

Est concernée une petite quinzaine de verbes, qui sont parfois représentés par une seule forme ou une seule occurrence. Ce sont presque toujours des 3èmes pers. Notre verbe-type sera נָכוֹן *être fixe*.

Au qatal : 3ème masc. sing. נָכוֹן [nåk̲on], 3ème fém. sing. נָכוֹנָה, 3ème plur. נָכוֹנוּ. À la 1ère sing., la voyelle du thème est [u], et une voyelle de liaison [o], qui porte l'accent tonique, apparaît entre le thème et le suffixe : נְכוּנֹתִי [nᵉk̲u**no**ti]. De même à la 2ème pers. du masc. plur., נְכוֹנֹתֶם [nᵉk̲o**no**tɛm]. Les autres formes ne sont pas attestées.

Au yiqtol, le préfixe nun s'assimile à la première consonne radicale : 3ème masc. sing. יִכּוֹן [yikkon], 3ème fém. sing. תִּכּוֹן, 3ème plur. יִכֹּנוּ. Même chose à l'impératif et à l'infinitif construit : הִכּוֹן [hikkon].

E2

- *Conjuguez au qatal ces verbes nifʕal :*

1. נוֹתַרְתִּי *je suis resté, j'ai survécu* 2. נִגְלֵיתִי *j'ai été révélé*

- *Mettez au singulier ces formes de yiqtol, en gardant la même personne :*

1. יֵרָאוּ 2. תִּוָּלְדוּ 3. יִמֹּלוּ 4. יִמָּנוּ 5. נֵרָאֶה

- *Quel est le schème de ces participes ? Qal, piʕel ou nifʕal ?*

1. מְצַוֶּה 2. נֹתֵן 3. נִתָּן 4. נָבוֹן 5. מְשַׂמֵּחַ 6. נִרְאָה 7. נוֹסָף
8. יוֹסֵף 9. נִשָּׂא 10. נֹשֵׂא 11. נִבְזֶה

- *Donnez la racine des verbes nifʕal suivants (1ère ligne = qatal, 2ème ligne = yiqtol, 3ème ligne = infinitif) :*

1. נָפוֹצוּ 2. נוֹעַדְתִּי 3. נִבֵּאתָ 4. נָבוֹכָה 5. נִרְאוּ 6. נַעֲלֵיתָ
7. יִקָּנוּ 8. תִּסּוֹג 9. תִּנָּשֵׂא 10. יִגָּלֶה 11. יֵעָשֶׂה 12. יִוָּעֲצוּ
13. הֵעָשׂוֹת 14. הִוָּלֵד 15. הִמּוֹל 16. הֵרָאוֹת 17. הִנָּתֵן

T3. Flexion des noms ségolés

Un nom ségolé est un nom qui, en sémitique, présentait un schème **qVtl**, avec une seule voyelle (représentée par V). Ce schème **qVtl** est apparent dans les formes **fléchies** de l'hébreu, par exemple :

מַלְכִּי [malki] *mon roi* = [malk-] + [-i] : [*malk], schème **qatl**

סִפְרִי [sifri] *mon livre* = [sifr-] + [-i] : [*sifr], schème **qitl**

La phonologie de l'hébreu de Tibériade n'admet que très exceptionnellement des groupes de consonnes en position finale : dans les ex. ci-dessus, [lk] et [fr] ont été disjoints par l'insertion d'un ségol (voyelle dite d'anaptyxe, c'est-à-dire d'appui), ce qui donne מֶלֶךְ [**mɛ**lɛk̲] au lieu de [*malk], et סֵפֶר [**se**fɛr] au lieu de [*sifr]. Les noms proto-sémitiques de structure CVCC deviennent donc en hébreu CVCVC. Mais l'accent tonique reste sur la **syllabe unique d'origine** (*malk, *sifr) devenue en hébreu la **première syllabe** du mot (**mɛ**lɛk̲, **se**fɛr). Tous les ségolés se caractérisent par cette accentuation inhabituelle, ainsi que par la réapparition de la voyelle primitive dans la flexion. Pour plus de clarté, nous distinguerons :

- l'état absolu, forme du singulier sans affixes possessifs : c'est l'entrée du dictionnaire.
- l'état construit.
- la base de flexion, forme à laquelle se lient les affixes possessifs.

________ **P3.**

1. Ségolés à voyelle primitive [a]

Ce sont de loin les plus nombreux.

➢ Flexion du singulier. Ex. מֶ֫לֶךְ [**mɛlɛk̲**] *roi*, état construit מֶ֫לֶךְ [**mɛlɛk̲**], base de flexion -מַלְכּ [malk-]. Nous avons choisi comme exemple un mot dont la 3ème consonne appartient aux BeGaDKeFaT. Notez qu'elle est normalement spirantisée après le ségol [**mɛlɛk̲**] mais qu'elle redevient occlusive après syllabe fermée [malki].

possesseur	singulier	pluriel
1ère masc. et fém.	מַלְכִּי [malki]	מַלְכֵּ֫נוּ [malkenu]
2ème masc.	מַלְכְּךָ [malkekå]	מַלְכְּכֶם [malkek̲ɛm]
2ème fém.	מַלְכֵּךְ [malkek̲]	מַלְכְּכֶן [malkek̲ɛn]
3ème masc.	מַלְכּוֹ [malko]	מַלְכָּם [malkåm]
3ème fém.	מַלְכָּהּ [malkåh]	מַלְכָּן [malkån]

- Tout mot fléchi ayant cette structure morphologique est un ségolé. Il est donc facile de trouver l'état absolu, entrée du dictionnaire, à partir de la forme fléchie présente dans le texte biblique : כַּרְמִי vous renvoie forcément à כֶּ֫רֶם, אַרְצְךָ à אֶ֫רֶץ, נַפְשְׁכֶם à נֶ֫פֶשׁ, etc.

- La présence d'un ח ou d'un ע en 2ème ou 3ème position peut entraîner à l'état absolu un pataḥ au lieu d'un ségol. Exemples : פַּ֫חַד [**paḥad̲**] *peur* ; נַ֫עַר [**naʕar**] *jeune homme, serviteur* ; זֶ֫רַע [**zɛraʕ**], *semence* (cependant, לֶ֫חֶם [**lɛḥɛm**] *pain* ne subit pas cette modification). Ces noms se comportent exactement comme les autres ségolés, et font partie de cette catégorie **même lorsqu'ils ne comportent aucun ségol**, car c'est bien **l'accent tonique sur la première syllabe** – et non la vocalisation, tributaire des variations liées à l'environnement consonantique – qui est la véritable caractéristique des « ségolés ». Il faut donc bien voir que, même si la prononciation [a] de qameṣ et de pataḥ peut donner l'impression d'une identité apparente entre טַ֫עַם [**ṭaʕam**] *goût* et טָעַ֫ם [ṭå**ʕam**] *il a goûté*, il n'en est rien : c'est la **place de l'accent tonique** qui est ici pertinente, et qui différencie le schème nominal (ségolé) du schème verbal. Il convient donc, à l'oral, de bien accentuer les mots pour éviter toute confusion. De même, un mot comme מָ֫וֶת [**måvɛt**] *la mort* se rattache à la catégorie des ségolés, comme l'indique son accent tonique : le qameṣ initial est simplement le résultat de l'évolution **phonétique** du pataḥ au voisinage de la labiale [w].

La flexion des ségolés comportant un ח ou un ע en 2ème ou 3ème position est identique à celle de מֶ֫לֶךְ, à ceci près que ces gutturales ont comme d'habitude tendance à prendre un ḥatef au lieu du shewa quiescent : à מַלְכְּךָ [malk^{e}k̲å] *ton roi*, comparez זַרְעֲךָ [zarʕ^{a}k̲å] *ta semence* ; à מַלְכּוֹ [malko] *son roi*, comparez נַעֲרוֹ [naʕ^{a}ro] *son serviteur.*

• Lorsque la seconde consonne de la racine est un yod, la voyelle initiale demeure [a] et le yod amène une voyelle auxiliaire [i] : בַּ֫יִת [**b**ayit̲] *maison*, עַ֫יִן [ʕayin] *œil*, חַ֫יִל [**ḥ**ayil] *force.* A l'état construit, la diphtongue [ay] se réduit à [e], et le yod n'est plus qu'une mère de lecture : בֵּית [be$^{(y)}$t̲], עֵין [ʕe$^{(y)}$n], חֵיל [ḥe$^{(y)}$l]. À la différence des autres noms de schème qatl, la base d'état construit est aussi la base de flexion : בֵּיתִי *ma maison*, עֵינְךָ *ton œil*, חֵילוֹ *sa force.*

• En pause forte (fin de verset, atnaḥ, zaqef), un **qameṣ remplace le ségol initial** des ségolés à voyelle primitive [a], l'accent demeurant toujours, bien entendu, sur la première syllabe : on a שָׁ֫מֶשׁ [**šå**mɛš] au lieu de שֶׁ֫מֶשׁ *soleil*, אָ֫רֶץ [**ʔå**rɛṣ] au lieu de אֶ֫רֶץ *terre*, etc. מֶ֫לֶךְ *roi* fait exception à cette règle : même lorsqu'il est à la pause, il n'est jamais à la forme pausale[1].

➢ Flexion du pluriel. Le pluriel de מֶ֫לֶךְ est מְלָכִים [m^{e}låk̲im] : celui de דֶּ֫לֶת [**d**ɛlɛt̲] *porte*, est דְּלָתוֹת [d^{e}låt̲ot]. Le suffixe –im ou –ot̲ vient donc s'adjoindre à un schème q^{e}tal- (מְלָכ-, דְּלָת-), différent à la fois du schème d'état absolu singulier **q**ɛtɛl (מֶ֫לֶךְ, דֶּ֫לֶת) et de la base de flexion du singulier, qatl- (מַלְכ-, דַּלְת-).

Si le substantif commence par une gutturale, on a dans la première syllabe un ḥatef pataḥ au lieu du shewa mobile : אֶ֫רֶץ *terre* > אֲרָצוֹת ; חֶ֫דֶר *chambre* > חֲדָרִים ; עֶ֫בֶד *serviteur* > עֲבָדִים, etc.

La forme d'état construit plur. voit réapparaître la voyelle primitive [a] : מְלָכִים [m^{e}låk̲im] > état construit מַלְכֵי [malk̲e$^{(y)}$], דְּלָתוֹת [d^{e}låt̲ot̲]

---

[1] S. Fassberg a proposé une explication ingénieuse de cette particularité : dans certaines traditions orales, le qameṣ était prononcé [ọ]. Si מֶ֫לֶךְ avait été mis à la forme pausale (***må**lek̲), il aurait été lu [**mọ**lek̲], et serait ainsi devenu l'homonyme du dieu Moloch (cf. Lév 18, 21), dont le nom hébreu est מֹ֫לֶךְ [**mo**lek̲]. Les Massorètes ont peut-être voulu éviter la confusion avec ce dieu auquel on sacrifiait des enfants en les passant par le feu.

portes > état construit דַּלְתוֹת [dal̲to̲t̲]. Remarquez qu'à la différence de ce qui se passe pour le sing., [k] et [t] restent spirants bien qu'ils suivent une syllabe fermée ; cependant, certains mots présentent le dagesh léger attendu (voir le détail dans les grammaires).

Les ségolés ont donc **deux** bases de pluriel :

1. Pour l'état absolu, une base q^{e}tal-, à laquelle vient s'ajouter le suffixe, soit –im, soit –ot̲ ;
2. Pour l'état construit, une base qatle$^{(y)}$ ou qatlot̲.

La flexion des ségolés ayant –ot̲ comme suffixe de pluriel est simple : c'est à la base d'état construit, qatlot̲, que l'on adjoint les affixes possessifs (vus p. 210). On aura donc דַּלְתוֹתַי [dalt̲ot̲ay] *mes portes*, דַּלְתוֹתָיו [dalt̲ot̲åw] *ses portes*, דַּלְתוֹתֵיהֶם [dalt̲ot̲e$^{(y)}$hɛm] *leurs portes*.

Pour les ségolés ayant –im comme suffixe de pluriel, les deux bases sont utilisées dans la flexion : la base de l'état construit qatle$^{(y)}$ pour les 2èmes et les 3èmes pers. du pluriel ; et la base de l'état absolu q^{e}tal- pour toutes les autres. Flexion de מְלָכִים :

possesseur	singulier	pluriel
1ère masc. et fém.	מְלָכַי [m^{e}låk̲ay]	מְלָכֵינוּ [m^{e}lå**k̲e**$^{(y)}$nu]
2ème masc.	מְלָכֶיךָ [m^{e}lå**k̲e**$^{(y)}$k̲å]	מַלְכֵיכֶם [malk̲e$^{(y)}$k̲ɛm]
2ème fém.	מְלָכַיִךְ [m^{e}lå**k̲ay**ik̲]	מַלְכֵיכֶן [malk̲e$^{(y)}$k̲ɛn]
3ème masc.	מְלָכָיו [m^{e}låk̲åw]	מַלְכֵיהֶם [malk̲e$^{(y)}$hɛm]
3ème fém.	מְלָכֶיהָ [m^{e}lå**k̲ɛ**$^{(y)}$hå]	מַלְכֵיהֶן [malk̲e$^{(y)}$hɛn]

➤ Ségolés n'ayant pas de pluriel mais un duel : leur base de flexion est, à toutes les personnes, celle de l'état construit ; elle est identique à la base de flexion du sing. Ex. : רֶגֶל [**re**ḡɛl] *jambe, pied*, duel רַגְלַיִם.

	état absolu	état construit	base de flexion
singulier	רֶגֶל [**re**ḡɛl]	רֶגֶל [**re**ḡɛl]	-רַגְל [raḡl-] רַגְלִי *mon pied*, רַגְלְךָ *ton pied*, רַגְלוֹ *son pied*, רַגְלְכֶם *votre pied*, etc.
duel	רַגְלַיִם [raḡ**la**yim]	רַגְלֵי [raḡle$^{(y)}$]	-רַגְלֵי [raḡle$^{(y)}$-] רַגְלַי *mes pieds*, רַגְלֶיךָ *tes pieds* רַגְלָיו *ses pieds*, רַגְלֵיכֶם *vos pieds*, etc.

2. Ségolés à voyelle primitive [i]

➢ Exemples : שֶׁקֶל [šeqɛl] *sicle*, plur. שְׁקָלִים ; et סֵ֫פֶר [sefɛr] *livre*, plur. סְפָרִים. À l'état absolu, le premier de ces mots ne diffère en rien des ségolés à voyelle [a] : en effet, la voyelle primitive n'apparaît qu'à l'état construit plur. שִׁקְלֵי [šiqle$^{(y)}$], à comparer avec מַלְכֵי [malke$^{(y)}$]. Le second mot, סֵ֫פֶר, présente un ṣéré initial, ce qui est fréquent pour les ségolés à voyelle [i]. Son état construit pluriel est, comme prévu, סִפְרֵי [sifre$^{(y)}$].

➢ Cette question de la voyelle primitive a son importance lorsqu'il s'agit de diachronie, d'étymologie, de comparaison avec les autres langues sémitiques ; elle l'est moins pour l'étudiant en hébreu biblique, dont le but est, dans un premier temps, d'identifier l'état absolu pour pouvoir trouver le mot dans le dictionnaire. De ce point de vue, une forme comme סִפְרוֹ [sifro] vous permet, grâce à sa base CVCC (sifr-), de conclure sans doute possible que le mot est un ségolé. Au pluriel en revanche, il y a d'autres possibilités, car les mots de schèmes qåṭål et q^{e}ṭål présentent des formes de pluriel et d'état construit identiques à celles des ségolés. C'est ce qui apparaît dans le tableau suivant, dans lequel, pour simplifier, nous comparons seulement un ségolé – סֵ֫פֶר – au singulier et au pluriel, avec un nom de schème qåṭål – דָּבָר – au singulier et au pluriel.

	état absolu	**état construit**	**Formes fléchies**
singulier	סֵ֫פֶר [sefɛr]	סֵ֫פֶר [sefɛr]	-סִפְר [sifr-] סִפְרִי *mon livre,* סִפְרְךָ *ton livre,* סִפְרוֹ *son livre,* etc.
	דָּבָר [dåvår]	דְּבַר [d^{e}var]	-דְּבָר [d^{e}vår-] דְּבָרִי *ma parole,* דְּבָרְךָ *ta parole,* דְּבָרוֹ *sa parole,* etc.

	état absolu	état construit	Formes fléchies
pluriel	סְפָרִים [sᵉfårim]	סִפְרֵי [sifre⁽ʸ⁾]	-סִפְרֵי [sifre⁽ʸ⁾-] סְפָרַי *mes livres,* סְפָרֶיךָ *tes livres,* סְפָרָיו *ses livres,* סִפְרֵיכֶם *vos livres,* etc.
	דְּבָרִים [dᵉvårim]	דִּבְרֵי [divre⁽ʸ⁾]	-דִּבְרֵי [divre⁽ʸ⁾-] דְּבָרַי *mes paroles,* דְּבָרֶיךָ *tes paroles,* דְּבָרָיו *ses paroles,* דִּבְרֵיכֶם *vos paroles,* etc.

En d'autres termes, une forme comme כְּנָפָיו peut **théoriquement** renvoyer à un état absolu כֶּנֶף, כְּנָף, ou כָּנָף. Mais de telles ambiguïtés sont, assez rares en hébreu biblique, et le dictionnaire vous donnera la bonne solution (en l'occurrence, c'est כָּנָף *aile*).

3. Les ségolés à voyelle primitive [u]

Nous avons expliqué p. 202, à propos du qameṣ ḥaṭuf ou qatan, comment le [u] bref du sémitique est passé à [o] en hébreu. Si ce [o] est en syllabe ouverte et/ou accentuée, il est noté par ḥolem ; s'il est en syllabe fermée non accentuée, il est noté par qameṣ. Cette règle s'applique aux mots dont le schème est en proto-sémitique *qutl : le [u] passe à [o] en hébreu.

Ex. : קֹ֫דֶשׁ [**qo**d̲ɛš] *sainteté* ; גֹּ֫דֶל [**go**d̲ɛl] *grandeur* ; אֹ֫זֶן [**ʔo**zɛn] *oreille.* À l'état absolu et construit, le [o] est en syllabe ouverte et accentuée : on a donc ḥolem. Mais la base de flexion étant la forme monosyllabique du mot (cf. malki et sifri), le [o] des formes fléchies se trouve en syllabe **fermée et non accentuée** : la base de flexion de קֹ֫דֶשׁ [**qo**d̲ɛš] est qod̲š-, et ce [o] est noté par qameṣ ḥaṭuf : קָדְשִׁי [qǫd̲ši] *ma sainteté,* גָּדְלוֹ [gǫd̲lo], *sa grandeur,* אָזְנְךָ [ʔǫznᵉk̲å], *ton oreille.*

Si la seconde radicale est une gutturale, le shewa mobile est remplacé par un ḥatef de timbre [o] ou par une voyelle pleine : de פֹּ֫עַל [**po**ʕal] *action,* on aura פָּעֳלוֹ *son action,* פָּעָלְךָ *ton action.* Certaines traditions prononcent [pǫʕǫlo], [pǫʕǫlk̲å], et d'autres [paʕǫlo], [paʕǫlk̲å].

La formation normale de pluriel est la même que pour les autres ségolés : בֹּ֫קֶר [**bo**qɛr] *matin,* pluriel בְּקָרִים [bᵉqårim]. Si la première consonne est une gutturale, on a généralement ḥatef qameṣ au lieu de shewa mobile : חֹדֶשׁ [**ḥo**d̲ɛš] *mois,* pluriel חֳדָשִׁים [ḥ°d̲åšim]. Cependant אֹהֶל [**ʔo**hɛl] *tente* garde son ḥolem au pluriel : אֹהָלִים [ʔohålim], *des tentes.*

קֹדֶשׁ [**qo**d̲ɛš] *sainteté* a deux formes de plur., toutes deux prononcées [qodåšim] : avec ḥatef qameṣ (הַקֳּדָשִׁים) si l'article est présent, avec qameṣ (קָדָשִׁים) s'il ne l'est pas. Dans ce dernier cas, le qameṣ prononcé [o] en syllabe ouverte constitue une exception (vous trouverez des explications plus complètes dans les grammaires de référence).

Au duel : אֹזֶן [**ʔo**zɛn] *oreille* > אָזְנַיִם [ʔǫz**na**yim] *des oreilles.*

______ E3

• *Voici une série de noms fléchis. Distinguez d'abord les ségolés des non ségolés, puis donnez l'état absolu des ségolés.*

1. אַבְנוֹ 2. דַּרְכֵּךְ 3. גְּבוּלִי 4. יְמִינְךָ 5. חַסְדְּךָ 6. חֲצֵרוֹ 7. קִבְרִי
8. שִׂכְרְךָ 9. אָזְנְךָ 10. נַעֲרוֹ 11. קִרְבֵּנוּ. 12. מְשָׁלוֹ 13. נַפְשְׁךָ

• *Mettez au singulier les ségolés suivants :*

1. גְּבָרִים 2. גְּשָׁמִים 3. יְלָדִים 4. אֲרָצוֹת 5. בְּגָדִים 6. קֳדָשִׁים

________ T4. La préposition מִן

La préposition מִן exprime l'origine, la provenance, l'éloignement : *de, hors de, loin de.* Outre ce sens local, très fréquent, elle a un sens temporel (*depuis, après*) et causal. Elle introduit les compléments des verbes type *craindre, éviter, empêcher, être différent,* etc. Elle permet aussi d'exprimer le comparatif (voir ci-dessous T5).

Elle existe sous deux formes : מִן et -מִ. Dans le second cas, le nun est assimilé par la consonne du mot qui suit. Si cette assimilation est impossible, la préposition est vocalisée -מֵ (ci-dessus p. 70).

Elle peut se combiner avec le relatif (מֵאֲשֶׁר *de ce que*) ou avec d'autres prépositions : מֵאַחַר *de derrière,* מִבֵּין *d'entre,* מֵעַל *de sur,* מֵעִם *d'avec...*

La préposition מִן a une flexion particulière avec, pour certaines formes, une base avec deux מ.

——— P4

Flexion de la préposition מִן :

	singulier	pluriel
1ère masc. et fém.	מִמֶּנִּי [mimm**ɛ**nni]	מִמֶּנּוּ [mimm**ɛ**nnu]
2ème masc.	מִמְּךָ [mimᵉ<u>k</u>å]	מִכֶּם [mikkɛm]
2ème fém.	מִמֵּךְ [mimme<u>k</u>]	מִכֶּן [mikkɛn]
3ème masc.	מִמֶּנּוּ [mimm**ɛ**nnu]	מֵהֶם [mehɛm]
3ème fém.	מִמֶּנָּה [mimm**ɛ**nnåh]	מֵהֵנָּה, מֵהֶן [mehɛn(nå)]

Remarques :

- Les formes de 2ème et 3ème pers. du pluriel correspondent à מִן suivi des affixes habituels : devant ־כֶם/־כֶן, le nun s'assimile et produit un dagesh fort ; devant ־הֶם/־הֶן, le מ est vocalisé מֵ.
- Les autres formes présentent une base ־מִמּ.

——— E4

• *Traduisez (les mots non encore vus se trouvent dans le vocabulaire ci-dessous) :*

1. מְלָכִים יֵצְאוּ מִמְּךָ. 2. הִסְתִּיר אָבִי מִמֶּנִּי אֶת־הַדָּבָר הַזֶּה. 3. כָּל־עַמֵּי הָאָרֶץ יִירְאוּ מִכֶּם. 4. לֹא נוֹתַר מֵהֶם אִישׁ.

——— T5. Comparatif et superlatif

L'hébreu ne possède pas de forme morphologique particulière pour le comparatif et le superlatif ; c'est la syntaxe qui permet d'exprimer « plus que » ou « le plus ».

La préposition מִן exprimant la différence (*loin de* > *différent de*), elle prend, à côté d'un adjectif, le sens de « plus que » ou « trop pour ». On peut rapprocher cette évolution sémantique de celle de l'adverbe français *autrement* : il signifie « différemment », mais dans une phrase comme *c'est autrement difficile*, il a le sens de « plus ».

Le superlatif s'exprime au moyen de l'article ou d'un état construit.

———— P5

➢ Expression du comparatif : un adjectif ou un verbe est suivi de la préposition מִן, qui signifie selon le contexte « plus que » ou « trop pour ». Exemples :

- אָחִי הַגָּדוֹל מִמֶּנִּי (I Rois 2, 22) : *mon frère qui [est] plus grand que moi.*

  L'adjectif גָּדוֹל est précédé de l'article, car il s'accorde avec אָחִי, défini par l'affixe. Il n'y a pas d'adverbe équivalent à « plus » : c'est מִן, ici fléchi à la 1ère pers. du sing., qui introduit l'idée de comparaison.

- טוֹבָה חָכְמָה מִכְּלֵי קְרָב (Eccl 9, 18) : *mieux vaut* [litt. *est meilleure*] *la sagesse que les instruments de guerre.*

  Cet exemple et le suivant sont représentatifs des nombreux aphorismes que l'on trouve dans l'Ecclésiaste et le livre des Proverbes. Remarquez l'ordre des mots, qui met en relief l'adjectif טוֹבָה. L'état construit est constitué de כֵּלִים (*objets, ustensiles*, rencontré ci-dessus p. 222 dans le texte de Jonas) et קְרָב *combat, guerre.*

- לְכֶלֶב חַי הוּא טוֹב מִן הָאַרְיֵה הַמֵּת (Eccl 9, 4) : *chien vivant vaut mieux que lion mort.* (litt. : *quant à un chien vivant, il est meilleur que le lion mort*).

- וְיִשְׂרָאֵל אָהַב אֶת־יוֹסֵף מִכָּל בָּנָיו (Gen 37, 3) : *et Israël aimait Joseph [plus] que tous ses fils.*

- לֹא־אוּכַל אָנֹכִי לְבַדִּי לָשֵׂאת אֶת־כָּל־הָעָם הַזֶּה כִּי כָבֵד מִמֶּנִּי (Nb 11, 14) : *Je ne peux, à moi seul, porter tout ce peuple ; assurément il est trop lourd pour moi.*

  C'est Moïse qui parle. Ce verset vous permet de revoir le verbe יָכֹל (ci-dessus p. 185) et l'infinitif des pé-nun (לָשֵׂאת, ci-dessus p. 300). לְבַד signifie *seul*, il est ici fléchi à la 1ère pers. du sing. Le verbe statif כָּבֵד *être lourd*, est suivi de מִן. Moïse ne dit pas, évidemment, que le peuple est « plus lourd que » lui, mais « trop lourd pour » lui.

➢ Le superlatif est exprimé par divers modèles syntaxiques : adjectif précédé de l'article, état construit.

- הָעִיר הַקְּרוֹבָה (Deut 21, 3) : *la ville [la plus] proche.*

  Ici, le contexte joue un rôle, car הָעִיר הַקְּרוֹבָה peut tout aussi bien signifier *la ville proche* ; mais comme, dans le verset précédent, il est question de plusieurs villes, on en déduit la valeur de superlatif.

- הַיָּפָה בַּנָּשִׁים (Ct 1, 8) : *la plus belle des femmes.*

  Littéralement : *la belle parmi les femmes.* נָשִׁים est le pluriel de אִשָּׁה.

- גְּדֹלֵי הָעִיר (II Rois 10, 6) : *[les hommes] les plus importants de la ville.* Littéralement : *les grands de la ville = les plus grands dans la ville.* Ici, c'est l'état construit qui apporte la nuance de superlatif.

- שִׁיר הַשִּׁירִים (Ct 1, 1) : *le chant des chants = le plus beau chant.*
  שְׁמֵי הַשָּׁמַיִם (I Rois 8, 27) : *le ciel des ciels, la région la plus haute du ciel.*
  הֲבֵל הֲבָלִים (Eccl 1, 2) : *buée de buées, vanité de vanités = vanité suprême.*
  Dans ces trois exemples, c'est l'état construit à deux termes identiques, avec ou sans article, qui exprime le superlatif.

——— E5

- *Traduisez (les mots non encore vus figurent dans le vocabulaire ci-dessous) :*

1. קַח־נָא אֶת־נַפְשִׁי מִמֶּנִּי כִּי טוֹב מוֹתִי מֵחַיָּי. (Jonas 4, 3)
2. מַה־מָּתוֹק (*doux*) מִדְּבַשׁ ? (Juges 14, 18)
3. טוֹבִים דֹדֶיךָ (*tes caresses*) מִיָּיִן. (Ct 1, 2)
4. וַיָּבִיאוּ הַכֹּהֲנִים אֶת־אֲרוֹן בְּרִית יְהוָה אֶל קֹדֶשׁ הַקֳּדָשִׁים. (II Chron 5, 7)

****

VOCABULAIRE

vin	*m.*	יַיִן	cacher (hifʕil) racine [סתר]		הִסְתִּיר
royaume, règne	*f.*	מַלְכוּת	boire (qal) yiqtol : יִשְׁתֶּה		שָׁתָה
œil	*f.*	עַיִן, עֵינַיִם			
jambe, pied	*f.*	רֶגֶל, רַגְלַיִם	alliance	*f.*	בְּרִית
			miel	*m.*	דְּבַשׁ
sainteté	*m.*	קֹדֶשׁ, קֳדָשִׁים/ קֳדָשִׁים.	vie (toujours au plur.)	*m.*	חַיִּים

Exercices corrigés

E1

- *Conjuguez ces verbes au qatal :*

1. נִרְדַּמְתִּי *je me suis endormi* 2. נִמְכַּ֫רְתִּי *j'ai été vendu*

1. נִרְדַּ֫מְתִּי, נִרְדַּ֫מְתָּ, נִרְדַּ֫מְתְּ, נִרְדַּם, נִרְדְּמָה, נִרְדַּ֫מְנוּ, נִרְדַּמְתֶּם, נִרְדַּמְתֶּן, נִרְדְּמוּ.
2. נִמְכַּ֫רְתִּי, נִמְכַּ֫רְתָּ, נִמְכַּרְתְּ, נִמְכַּר, נִמְכְּרָה, נִמְכַּ֫רְנוּ, נִמְכַּרְתֶּם, נִמְכַּרְתֶּן, נִמְכְּרוּ.

- *Mettez au pluriel ces formes de participe nifʕal :*

1. נִכְתָּבִים 2. נֶאֱכָלוֹת 3. נִשְׁבָּרִים 4. נִקְבָּרוֹת

- *Conjuguez ces verbes au yiqtol :*

1. אֶכָּתֵב *je serai écrit* 2. אֶשָּׁבֵר *je serai brisé* 3. אֵאָכֵל *je serai mangé*

1. אֶכָּתֵב, תִּכָּתֵב, תִּכָּתְבִי, יִכָּתֵב, תִּכָּתֵב, נִכָּתֵב, תִּכָּתְבוּ, תִּכָּתַ֫בְנָה, יִכָּתְבוּ, תִּכָּתַ֫בְנָה.
2. אֶשָּׁבֵר, תִּשָּׁבֵר, תִּשָּׁבְרִי, יִשָּׁבֵר, תִּשָּׁבֵר, נִשָּׁבֵר, תִּשָּׁבְרוּ, תִּשָּׁבַ֫רְנָה, יִשָּׁבְרוּ, תִּשָּׁבַ֫רְנָה.
3. אֵאָכֵל, תֵּאָכֵל, תֵּאָכְלִי, יֵאָכֵל, תֵּאָכֵל, נֵאָכֵל, תֵּאָכְלוּ, תֵּאָכַ֫לְנָה, יֵאָכְלוּ, תֵּאָכַ֫לְנָה.

- *Classez ces formes de yiqtol selon le schème : qal, piʕel ou nifʕal.*

Qal 4. אֶשְׁמַע 7. תִּדְרְכוּ 10. יִקְדַּשׁ

Piʕel : 1. יְסַפֵּר 8. יְקַדֵּשׁ

Nifʕal 2. יִמָּצְאוּ 3. אֶקָּבֵר 5. יִנָּבֵא 6. תֵּעָבֵד 9. יִקָּדֵשׁ

E2

- *Conjuguez au qatal ces verbes nifʕal :*

1. נוֹתַ֫רְתִּי *je suis resté, j'ai survécu* 2. נִגְלֵ֫יתִי *.j'ai été révélé*

1. נוֹתַ֫רְתִּי, נוֹתַ֫רְתָּ, נוֹתַ֫רְתְּ, נוֹתַר, נוֹתְרָה, נוֹתַ֫רְנוּ, נוֹתַרְתֶּם, נוֹתַרְתֶּן, נוֹתְרוּ.
2. נִגְלֵ֫יתִי, נִגְלֵ֫יתָ, נִגְלֵית, נִגְלָה, נִגְלְתָה, נִגְלֵ֫ינוּ, נִגְלֵיתֶם, נִגְלֵיתֶן, נִגְלוּ.

- *Mettez au singulier ces formes de yiqtol, en gardant la même personne :*

1. יֵרָאוּ > יֵרָאֶה 2. תִּוָּלְדוּ > תִּוָּלֵד 3. יִמּוֹלוּ > יִמּוֹל 4. יִמָּנוּ > יִמָּנֶה
5. נֵרָאֶה > אֵרָאֶה

- *Quel est le schème de ces participes ? Qal, piʕel ou nifʕal ?*

Qal 2. נֹתֵן 8. יוֹסֵף 10. נֹשֵׂא

Piʕel 1. מְצַוֶּה 5. מְשַׂמֵּחַ

Nifʕal 3. נִתָּן 4. נָבוֹן 6. נִרְאָה 7. נוֹסָף 9. נִשָּׂא 11. נִבְזֶה

- *Donnez la racine des verbes nifʕal suivants :*

1. נָפוֹצוּ > פוץ 2. נוֹעַדְתִּי > יעד 3. נִבֵּאתָ > נבא 4. נָבוֹכָה > בוך

5. נִרְאוּ > ראי 6. נַעֲלֵיתָ > עלי

Qatal : pour identifier la racine, regardez la vocalisation du préfixe -נ. Si c'est qameṣ (n°s 1 et 4), votre verbe est ʕayin-waw ou ʕayin-yod ; si c'est וֹ (n° 2), il est pé-yod ; si c'est la vocalisation normale [i] et que la consonne suivante est munie d'un dagesh fort (n° 3), il est pé-nun ; s'il n'y a pas de dagesh (n° 5), la consonne suivant immédiatement le préfixe est forcément la première de la racine. Quand il s'agit d'une racine lamed-yod (n°s 5 et 6), le préfixe -נ a la vocalisation normale ; au n°6, il présente le ḥatef attendu, dans la mesure où le ע ne peut fermer la syllabe (= être vocalisé d'un shewa quiescent).

7. יִקָּנוּ > קני 8. תִּסּוֹג > סוג 9. תִּנָּשֵׂא > נשא 10. יִגָּלֶה > גלי

11. יֵעָשֶׂה > עשׂי 12. יִוָּעֲצוּ > יעץ

Yiqtol : là encore, vous remarquez que les verbes lamed-yod (n°s 7, 10, 11) ont leur préfixe vocalisé comme celui du verbe entier : [i] dans le cas général, [e] devant gutturale. Les pé-nun (n° 9) se comportent tout à fait normalement, les trois consonnes de la racine sont visibles. Pour les pé-yod (n° 12), le waw primitif réapparaît, avec le dagesh fort provenant de l'assimilation du préfixe nun. Enfin, les ʕayin-waw (n° 8) sont repérables à leur schème atypique.

13. הֵעָשׂוֹת > עשׂי 14. הִוָּלֵד > ילד 15. הִמּוֹל > מול

16. הֵרָאוֹת > ראי 17. הִנָּתֵן > נתן

Infinitif : mêmes remarques que pour le yiqtol. Pour les n°s 13 et 16, le suffixe caractéristique וֹת- (présent quel que soit le schème verbal) signale les racines lamed-yod ; le nun n'étant assimilable ni par le ע ni par le ר, le préfixe ה est vocalisé ṣéré dans les deux cas.

——— E3

- *Voici une série de noms fléchis. Distinguez d'abord les ségolés des non ségolés, puis donnez l'état absolu des ségolés.*

1. אַבְנוֹ 2. דַּרְכֵּךְ 3. ~~גְּבוּלִי~~ 4. ~~יְמִינְךָ~~ 5. חַסְדְּךָ 6. ~~חֲצֵרוֹ~~ 7. קִבְרִי

8. ~~שְׂכָרְךָ~~ 9. אָזְנֵךְ 10. נַעֲרוֹ 11. קִרְבֵּנוּ 12. ~~מְשָׁלוֹ~~ 13. נַפְשְׁךָ

1. אַבְנוֹ < אֶ֫בֶן 2. דַּרְכֵּךְ < דֶּ֫רֶךְ 5. חַסְדְּךָ < חֶ֫סֶד 7. קִבְרִי <
קֶ֫בֶר 9. אָזְנְךָ < אֹ֫זֶן 10. נַעֲרוֹ < נַ֫עַר 11. קִרְבֵּנוּ < קֶ֫רֶב
13. נַפְשְׁךָ < נֶ֫פֶשׁ

• *Mettez au singulier les ségolés suivants :*

1. גְּבָרִים < גֶּ֫בֶר 2. גְּשָׁמִים < גֶּ֫שֶׁם 3. יְלָדִים < יֶ֫לֶד
4. אֲרָצוֹת < אֶ֫רֶץ 5. בְּגָדִים < בֶּ֫גֶד 6. קֳדָשִׁים < קֹ֫דֶשׁ

E4

• *Traduisez :*

1. מְלָכִים יֵצְאוּ מִמֵּךְ. *Des rois sortiront de toi.*

2. הִסְתִּיר אָבִי מִמֶּ֫נִּי אֶת־הַדָּבָר הַזֶּה. *Mon père m'a caché cette chose.*

3. כָּל־עַמֵּי הָאָ֫רֶץ יִירְאוּ מִכֶּם. *Tous les peuples de la terre auront peur de vous.*

4. לֹא נוֹתַר מֵהֶם אִישׁ.
Il n'est resté personne d'entre eux [litt. *il n'est pas resté d'eux un (seul) homme*]

E5

• *Traduisez :*

1. קַח־נָא אֶת־נַפְשִׁי מִמֶּ֫נִּי כִּי טוֹב מוֹתִי מֵחַיָּי. (Jonas 4, 3)
Prends donc mon souffle vital de moi car meilleure est ma mort que ma vie.
= Veuille me prendre mon souffle vital, car ma mort est préférable à ma vie.

2. מַה־מָּתוֹק מִדְּבַשׁ ? (Juges 14, 18) *Qu'est-ce qui est plus doux que le miel ?*

3. טוֹבִים דֹּדֶ֫יךָ (*tes caresses*) מִיָּ֫יִן. (Ct 1, 2) *Tes caresses sont meilleures que le vin.*

4. וַיָּבִ֫יאוּ הַכֹּהֲנִים אֶת־אֲרוֹן בְּרִית יְהוָה אֶל קֹ֫דֶשׁ הַקֳּדָשִׁים. (II Chron 5, 7)
Les prêtres apportèrent l'arche d'alliance de l'Eternel au Saint des Saints.

Pas à pas dans le texte biblique

Esther 3, 8-15

Le livre d'Esther, qui a des allures de conte populaire, avec suspense et rebondissements, et dans lequel le nom de Dieu n'apparaît jamais, a bien failli ne pas entrer dans le canon biblique. Il a sans doute été rédigé au début du IIe s. avant l'ère chrétienne. Bien que l'auteur cherche à imiter la syntaxe biblique classique, l'ouvrage comporte de nombreuses caractéristiques de langue tardive.

8. וַיֹּאמֶר הָמָן לַמֶּלֶךְ אֲחַשְׁוֵרוֹשׁ יֶשְׁנוֹ עַם־אֶחָד מְפֻזָּר וּמְפֹרָד
בֵּין הָעַמִּים בְּכֹל מְדִינוֹת מַלְכוּתֶךָ וְדָתֵיהֶם שֹׁנוֹת מִכָּל־עָם
וְאֶת־דָּתֵי הַמֶּלֶךְ אֵינָם עֹשִׂים וְלַמֶּלֶךְ אֵין־שֹׁוֶה לְהַנִּיחָם :

9. אִם־עַל־הַמֶּלֶךְ טוֹב יִכָּתֵב לְאַבְּדָם וַעֲשֶׂרֶת אֲלָפִים כִּכַּר־כֶּסֶף
אֶשְׁקוֹל עַל־יְדֵי עֹשֵׂי הַמְּלָאכָה לְהָבִיא אֶל־גִּנְזֵי הַמֶּלֶךְ :

10. וַיָּסַר הַמֶּלֶךְ אֶת־טַבַּעְתּוֹ מֵעַל יָדוֹ וַיִּתְּנָהּ לְהָמָן בֶּן־הַמְּדָתָא
הָאֲגָגִי צֹרֵר הַיְּהוּדִים :

11. וַיֹּאמֶר הַמֶּלֶךְ לְהָמָן הַכֶּסֶף נָתוּן לָךְ וְהָעָם לַעֲשׂוֹת בּוֹ כַּטּוֹב
בְּעֵינֶיךָ :

12. וַיִּקָּרְאוּ סֹפְרֵי הַמֶּלֶךְ בַּחֹדֶשׁ הָרִאשׁוֹן בִּשְׁלוֹשָׁה עָשָׂר יוֹם בּוֹ
וַיִּכָּתֵב כְּכָל־אֲשֶׁר־צִוָּה הָמָן אֶל אֲחַשְׁדַּרְפְּנֵי־הַמֶּלֶךְ וְאֶל־הַפַּחוֹת
אֲשֶׁר עַל־מְדִינָה וּמְדִינָה וְאֶל־שָׂרֵי עַם וָעָם מְדִינָה וּמְדִינָה
כִּכְתָבָהּ וְעַם וָעָם כִּלְשׁוֹנוֹ בְּשֵׁם הַמֶּלֶךְ אֲחַשְׁוֵרֹשׁ נִכְתָּב וְנֶחְתָּם
בְּטַבַּעַת הַמֶּלֶךְ :

13. וְנִשְׁלוֹחַ סְפָרִים בְּיַד הָרָצִים אֶל־כָּל־מְדִינוֹת הַמֶּלֶךְ
לְהַשְׁמִיד לַהֲרֹג וּלְאַבֵּד אֶת־כָּל־הַיְּהוּדִים מִנַּעַר וְעַד־זָקֵן טַף
וְנָשִׁים בְּיוֹם אֶחָד בִּשְׁלוֹשָׁה עָשָׂר לְחֹדֶשׁ שְׁנֵים־עָשָׂר הוּא־חֹדֶשׁ
אֲדָר וּשְׁלָלָם לָבוֹז:

14. [...]

15. הָרָצִים יָצְאוּ דְחוּפִים בִּדְבַר הַמֶּלֶךְ וְהַדָּת נִתְּנָה בְּשׁוּשַׁן
הַבִּירָה וְהַמֶּלֶךְ וְהָמָן יָשְׁבוּ לִשְׁתּוֹת וְהָעִיר שׁוּשָׁן נָבוֹכָה :

➢ Verset 8

וַיֹּאמֶר הָמָן לַמֶּלֶךְ אֲחַשְׁוֵרוֹשׁ יֶשְׁנוֹ עַם־אֶחָד מְפֻזָּר וּמְפֹרָד בֵּין הָעַמִּים
בְּכֹל מְדִינוֹת מַלְכוּתֶךָ וְדָתֵיהֶם שֹׁנוֹת מִכָּל־עָם וְאֶת־דָּתֵי הַמֶּלֶךְ אֵינָם
עֹשִׂים וְלַמֶּלֶךְ אֵין־שֹׁוֶה לְהַנִּיחָם׃

• Ce long verset met en scène deux personnages : le roi Assuérus (אֲחַשְׁוֵרוֹשׁ) et son premier ministre Haman. Aḥashverosh correspond au nom perse du roi que les Grecs appellent Xerxès (486-464 avant l'è. c.).

וַיֹּאמֶר. Remarquez le wayyiqtol : l'auteur d'Esther, qui imite la prose classique, utilise abondamment cette forme typique de la narration (mais comparez le verset 15). Le discours d'Haman commence par יֶשְׁנוֹ, où vous reconnaissez יֵשׁ *il y a* : la forme est fléchie, c'est un emploi rare, faites comme s'il y avait יֵשׁ.

• Vous ne pouvez encore analyser מְפֻזָּר et מְפֹרָד qui sont des participes puʕal, et qui signifient respectivement *dispersé* et *séparé*.

מְדִינוֹת מַלְכוּתֶךָ, état construit. מְדִינוֹת est le plur. de מְדִינָה, *province* ; מַלְכוּתֶךָ, accentué sur l'avant-dernière syllabe à cause de l'atnaḥ, *ton royaume* (מַלְכוּת, même racine que מֶלֶךְ).

• וְדָתֵיהֶם : conj. de coordination suivie d'un mot fléchi au pluriel (identifiable par le yod). Au sing., דָּת, emprunté au perse dāta qui signifie *loi*. L'hébreu possède pourtant de nombreux termes pour désigner la loi ! mais ici, le but est précisément d'opposer les lois perses aux lois du peuple « séparé ». En hébreu postbiblique, le mot prend le sens de *religion*.

שֹׁנוֹת מִכָּל־עָם : prédicat de la phrase nominale dont דָּתֵיהֶם est le sujet. La finale –oṯ est une marque de fém. plur. : au masc. sing., שֹׁנֶה (cf. p. 264). שָׁנָה = *être différent* ; son complément est introduit par la prép. מִן.

וְאֶת־דָּתֵי הַמֶּלֶךְ אֵינָם עֹשִׂים : vous connaissez tous les mots.

• וְלַמֶּלֶךְ אֵין־שֹׁוֶה לְהַנִּיחָם : 2 mots inconnus. שֹׁוֶה est le participe masc. sing. du verbe שָׁוָה *être égal, équivalent ;* avec la prép. -לְ, *avoir de la valeur pour quelqu'un, convenir*. Dans לְהַנִּיחָם, vous reconnaissez, une fois enlevé l'affixe ָם-, un infinitif hifʕil construit avec la prép. -לְ. הַנִּיחַ signifie *laisser en repos*. Traduction littérale : *et pour le roi il ne vaut rien de les laisser tranquilles.*

TRADUCTION : *Haman dit au roi Assuérus : « Il y a un peuple dispersé et séparé au milieu des peuples dans toutes les provinces de ton royaume, et leurs lois sont différentes de [celles de] tout peuple ; les lois royales, ils ne les pratiquent pas, et le roi n'a aucun intérêt à les laisser tranquilles.*

➢ Verset 9

אִם־עַל־הַמֶּלֶךְ טוֹב יִכָּתֵב לְאַבְּדָם וַעֲשֶׂרֶת אֲלָפִים כִּכַּר־כֶּסֶף אֶשְׁקוֹל עַל־יְדֵי עֹשֵׂי הַמְּלָאכָה לְהָבִיא אֶל־גִּנְזֵי הַמֶּלֶךְ׃

• La 1ère phrase commence par une subordonnée conditionnelle introduite par אִם (ci-dessus p. 241). *Si c'est bon pour le roi = si le roi le juge bon.* On s'attendrait à trouver אֶל (*pour*) plutôt que עַל (*sur*), mais cette confusion entre certaines prépositions est caractéristique des textes tardifs.

La principale, יִכָּתֵב לְאַבְּדָם, comprend un verbe que vous pouvez facilement analyser : יִכָּתֵב, racine כתב, schème nifʕal. Le verbe n'a pas de sujet, il faut le traduire comme un impersonnel. À cause du contexte, il est clair que ce yiqtol a une valeur de jussif : *qu'il soit écrit* ou *qu'on écrive.*

לְאַבְּדָם : infinitif construit, piʕel (dagesh fort dans le בּ), affixe de 3ème masc. plur. ־ָם. אִבֵּד = *faire périr.*

• עֲשֶׂרֶת אֲלָפִים : pour ce nombre, cf. p. 344. Le nom qui suit, כִּכַּר, désigne quelque chose de rond : parfois une miche de pain, souvent, comme ici, une pièce d'argent ou d'or. Le syntagme עֲשֶׂרֶת אֲלָפִים כִּכַּר־כֶּסֶף est le COD du verbe אֶשְׁקוֹל : placé avant le verbe, il est mis en relief. שָׁקַל signifie *peser*, ici avec le sens de *compter, payer.*

עַל יְדֵי עֹשֵׂי הַמְּלָאכָה : עַל יְדֵי, litt. *sur les mains de = entre les mains de.* עֹשֵׂי הַמְּלָאכָה, état construit. Cette fois, le 1er terme est un participe. Litt. *les faiseurs du travail = les fonctionnaires.*

לְהָבִיא : infinitif construit du verbe הֵבִיא *apporter* (hifʕil).

אֶל־גִּנְזֵי הַמֶּלֶךְ : à partir de la forme d'état construit גִּנְזֵי, vous pouvez hésiter sur le singulier : גֶּנֶז, גָּנָז, גִּנָז ? La Bible ne vous donne pas la solution, le mot n'existe qu'au pluriel. C'est également un emprunt perse. Il signifie *trésors.*

TRADUCTION : *Si le roi le juge bon, qu'on écrive pour les faire périr et je pèserai dix mille pièces d'argent entre les mains des fonctionnaires pour [les] apporter au trésor du roi.*

➢ Verset 10

וַיָּסַר הַמֶּלֶךְ אֶת־טַבַּעְתּוֹ מֵעַל יָדוֹ וַיִּתְּנָהּ לְהָמָן בֶּן־הַמְּדָתָא הָאֲגָגִי צֹרֵר הַיְּהוּדִים׃

• וַיָּסַר est une forme irrégulière. Il est certain que la racine de ce verbe comporte les consonnes ס et ר, mais quelle est la consonne manquante ? Et quel est le schème verbal ? Sur ce dernier point, la vocalisation qameṣ du préfixe vous donne des informations. Des quatre schèmes que vous connaissez (qal, piʕel, hifʕil, nifʕal), seuls le qal et le hifʕil sont susceptibles d'une telle vocalisation. Et dans les deux cas, elle correspond à une racine ʕayin-waw : סור, attestée au qal (סָר *s'écarter*, intransitif) et au hifʕil (הֵסִיר *faire s'écarter, enlever*, transitif). Le verbe étant suivi d'un COD (אֶת־טַבַּעְתּוֹ), il faut choisir le hifʕil, transitif. Mais c'est bien cette raison **syntaxique** (présence d'un COD) qui vous permet de trancher, et non la voyelle thématique [a] de וַיָּסַר. En effet, la voyelle thématique d'un wayyiqtol permet en principe de différencier le qal (וַיָּקָם [wayyåqom] *il se leva*) du hifʕil (וַיָּקֶם [wayyåqqem] *il fit se lever*) ; mais le ר, comme les gutturales, entraîne dans les deux cas une voyelle [a], neutralisant ainsi la différence entre les deux schèmes. וַיָּסַר peut donc correspondre au qal (*il s'écarta*) ou comme ici au hifʕil (*il enleva*).

טַבַּעַת signifie *anneau* : il s'agit ici d'une bague portant le sceau avec lequel étaient cachetés les ordres royaux (cf. v. 12). Remarquez la préposition combinée מֵעַל : *le roi ôta son anneau* **de sur** *sa main.*

- Dans וַיִּתְּנָהּ, le mappiq vous indique que le hé final est un affixe. Ce fém. sing. renvoie à טַבַּעַת (fém. puisque terminé par –ṯ). אֲגָגִי est un gentilice signifiant *de la famille d'Agag* : sur ce personnage, cf. I Sam 15. Par Agag, Haman est un descendant d'Amaleq, considéré par la tradition juive comme l'ennemi éternel d'Israël (lire Exode 17).

La vocalisation de צֹרֵר vous indique un participe qal. צָרַר signifie *traiter avec hostilité, se conduire en ennemi.*

Comment traduire יְהוּדִים ici ? Comme אֲגָגִי, יְהוּדִי [yehuḏi] est un gentilice : *descendant de Yehuda (Juda).* יְהוּדִי désigne donc d'abord *un homme* **de la tribu** *de Juda*, tout comme רְאוּבֵנִי signifie *un homme* **de la tribu** *de Ruben.* À la mort de Salomon, une querelle de succession aboutit à la formation de deux royaumes. Le royaume de Juda, avec pour capitale Jérusalem, réunit les tribus de Juda et Benjamin ; les autres tribus constituent le royaume d'Israël (capitale Samarie). À partir de ce moment, יְהוּדִי signifie aussi *homme* **du royaume** *de Juda,* **judéen** ; au fém. יְהוּדִית, il désigne *la [langue] judéenne*, c'est-à-dire l'hébreu[1]. Vaincu par l'Assyrie, le royaume d'Israël disparaît en 720. Il ne reste plus alors, de tous les descendants de Jacob, que des יְהוּדִים, c'est-à-dire des Judéens.

D'autre part, le mot *juif* n'est rien d'autre que l'évolution phonétique du latin *judaeus*, qui traduit יְהוּדִי. Donc, ni en hébreu (יְהוּדִי)

---

[1] יְהוּדִית est aussi un prénom : Judith.

ni en latin (judaeus) il n'y a de différence entre *judéen* et *juif* alors qu'en français on est obligé de choisir une traduction. Mais à partir de quel moment peut-on historiquement parler de juifs au lieu de judéens ? Il semble ne pas y avoir de total consensus parmi les historiens francophones. Puisque *judéen* renvoie à une réalité politique et *juif* à une religion, on peut garder le terme de Judéens tant qu'il existe une Judée – donc jusqu'à l'époque romaine. D'un autre côté, les paroles mêmes d'Haman semblent ici définir le peuple « séparé » à partir de critères religieux. C'est pourquoi nous traduisons, malgré l'anachronisme que cela constitue sans doute, par « juif », comme le font la TOB, Dhorme et Meschonnic.

TRADUCTION : *Le roi ôta son anneau de sa main et le donna à Haman fils de Hammedata l'Agagite, ennemi des juifs.*

➢ Verset 11

וַיֹּ֤אמֶר הַמֶּ֙לֶךְ֙ לְהָמָ֔ן הַכֶּ֖סֶף נָת֣וּן לָ֑ךְ וְהָעָ֕ם לַעֲשׂ֥וֹת בּ֖וֹ כַּטּ֥וֹב בְּעֵינֶֽיךָ׃

• L'atnaḥ est sous le mot לָ֑ךְ et entraîne la forme pausale (ci-dessus p. 160-161). Dans cette première partie du verset, le seul mot que nous n'ayons pas encore rencontré est נָתוּן, mais vous en identifiez la racine (נתן) et le schème (påʕul ou qåtul, cf. leçon 15). נָתוּן = *donné*.

לַעֲשׂוֹת est l'infinitif construit de עָשָׂה *faire* (ci-dessus p. 296-297) ; dans בּוֹ, -בּ a la valeur instrumentale *avec*.

כַּטּוֹב s'analyse ainsi : préposition -כְּ + art. -הַ + טוֹב : *comme le bon* = *selon ce qui est bien*. עֵינֶ֫יךָ, forme fléchie de עֵינַ֫יִם *yeux*.

TRADUCTION : *Le roi dit à Haman : « L'argent t'est donné, ainsi que le peuple, pour en faire ce qui te plaira* [litt. *selon ce qui est bien à tes yeux*] *».*

➢ Verset 12

וַיִּקָּרְאוּ֩ סֹפְרֵ֨י הַמֶּ֜לֶךְ בַּחֹ֣דֶשׁ הָרִאשׁ֗וֹן בִּשְׁלוֹשָׁ֨ה עָשָׂ֣ר יוֹם֮ בּוֹ֒ וַיִּכָּתֵ֣ב
כְּֽכָל־אֲשֶׁר־צִוָּ֣ה הָ֠מָן אֶ֣ל אֲחַשְׁדַּרְפְּנֵֽי־הַ֠מֶּלֶךְ וְאֶל־הַפַּחוֹת֩ אֲשֶׁ֨ר עַל־מְדִינָ֜ה
וּמְדִינָ֗ה וְאֶל־שָׂרֵי֙ עַ֣ם וָעָ֔ם מְדִינָ֤ה וּמְדִינָה֙ כִּכְתָבָ֔הּ וְעַ֥ם וָעָ֖ם כִּלְשׁוֹנ֑וֹ בְּשֵׁ֨ם
הַמֶּ֤לֶךְ אֲחַשְׁוֵרֹשׁ֙ נִכְתָּ֔ב וְנֶחְתָּ֖ם בְּטַבַּ֥עַת הַמֶּֽלֶךְ׃

• Avec sa longueur et ses répétitions, ce verset rend bien la lourdeur de l'administration perse ! L'atnaḥ est sous le mot כִּלְשׁוֹנוֹ (avant-dernière ligne) : il divise le verset en deux parties mais celles-ci ne sont pas forcément de même longueur. Avant cet atnaḥ, vous avez deux wayyiqtol (וַיִּקָּרְאוּ puis וַיִּכָּתֵב) qui débutent chacun une phrase.

• וַיִּקָּרְאוּ : racine קרא, schème nifʕal : *ils furent appelés.*

סֹפְרֵי הַמֶּלֶךְ, état construit, est le sujet de ce verbe. סֹפֵר (schème de participe qal) = *scribe, secrétaire*, à rapprocher de סֵפֶר *lettre*, au v. 13.

Pour la date, vous avez d'abord une expression contenant un nombre ordinal (בַּחֹדֶשׁ הָרִאשׁוֹן, *le premier mois*), puis une expression avec un nombre cardinal, בִּשְׁלוֹשָׁה עָשָׂר יוֹם (pas d'ordinal au-dessus de 10, cf. p. 344). בּוֹ renvoie à חֹדֶשׁ : *le 1er mois, le treizième jour* **en lui** = *de ce mois.*

• וַיִּכָּתֵב : un autre verbe au nifʕal (cf. le v. précédent). Il est, là encore, employé impersonnellement : *il fut écrit > on écrivit.*

צִוָּה est à l'accompli, il marque donc une antériorité par rapport au verbe principal וַיִּכָּתֵב : = *on* **écrivit** *selon tout ce qu'***avait ordonné** *Haman.*

אֲחַשְׁדַּרְפְּנֵי, du vieux-perse ḫšaçapāva, que le grec a également emprunté (les *satrapes*, fonctionnaires de l'administration perse). Il est à l'état construit. פַּחוֹת est emprunté à l'akkadien : *les gouverneurs.* Un peu plus loin, vous trouvez encore un mot du même champ sémantique : שָׂרֵי, état construit de שָׂרִים *chefs.*

מְדִינָה וּמְדִינָה : la répétition exprime le distributif : *chaque province.* Idem pour עַם וָעָם *chaque peuple.* Comparez les 3 expressions coordonnées :

aux satrapes du roi (état construit)	אֶל אֲחַשְׁדַּרְפְּנֵי־הַמֶּלֶךְ
et aux gouverneurs qui [sont] sur chaque province (relative)	וְאֶל־הַפַּחוֹת אֲשֶׁר עַל־מְדִינָה וּמְדִינָה
et aux chefs de chaque peuple (état construit)	וְאֶל־שָׂרֵי עַם וָעָם

כִּכְתָבָהּ et כִּלְשׁוֹנוֹ ont la même structure : prép. -כְּ + mot commençant par shewa (d'où la vocalisation -כִּ , cf. p. 141) + affixe 3ème fém. sing. כְּתָב signifie *écriture* et לָשׁוֹן *langue.* L'empire achéménide (auquel le 1er v. du livre d'Esther attribue 127 provinces) constituait un immense ensemble multiethnique et plurilingue. La chancellerie impériale utilisait le vieux-perse et l'araméen comme langues de communication, mais ici l'ordre d'Haman est transmis à chaque peuple dans sa langue.

• Après l'atnaḥ, une seconde phrase plus courte dont les verbes sont des participes nifʕal : נִכְתָּב *écrit* et נֶחְתָּם *scellé.* Notez la vocalisation du -נ devant gutturale (ci-dessus p. 361). Le -בְּ de בְּטַבַּעַת a le sens instrumental.

TRADUCTION : *Les scribes royaux furent convoqués le premier mois, au treizième jour du mois, et on écrivit, conformément à tout ce qu'avait ordonné Haman, aux satrapes du roi, aux gouverneurs de chaque province, et aux chefs de chaque peuple ; chaque province selon son écriture et chaque peuple selon sa langue. Au nom du roi Assuérus, l'ordre était écrit et scellé avec l'anneau du roi.*

➢ Verset 13

וְנִשְׁלוֹחַ סְפָרִים בְּיַד הָרָצִים אֶל־כָּל־מְדִינוֹת הַמֶּלֶךְ לְהַשְׁמִיד לַהֲרֹג וּלְאַבֵּד
אֶת־כָּל־הַיְּהוּדִים מִנַּעַר וְעַד־זָקֵן טַף וְנָשִׁים בְּיוֹם אֶחָד בִּשְׁלוֹשָׁה עָשָׂר לְחֹדֶשׁ
שְׁנֵים־עָשָׂר הוּא־חֹדֶשׁ אֲדָר וּשְׁלָלָם לָבוֹז׃

- Le premier mot est un infinitif absolu nifʕal (שָׁלַח = *envoyer*, נִשְׁלַח = *être envoyé*). Le recours à l'infinitif absolu pour continuer un verbe précédent est un trait de langue tardive.

סְפָרִים est le pluriel de סֵפֶר *chose écrite, lettre, livre.* La traduction par *missive* (H. Meschonnic) corrrespond bien à l'étymologie de ce mot, emprunté à l'akkadien šipru, *envoi, mission.*

רָצִים est le participe masc. plur. du verbe רָץ (racine רוץ) *courir* : רָצִים désigne des *courriers.* L'article est vocalisé qameṣ parce que le ר qui suit ne peut prendre le dagesh fort. בְּיַד est à comprendre ici au sens figuré (non *par la main de* mais *par l'intermédiaire de*).

לְהַשְׁמִיד לַהֲרֹג וּלְאַבֵּד : trois infinitifs construits avec la préposition -לְ, qui a ici le sens de *pour.* Le premier, לְהַשְׁמִיד, est un infinitif hifʕil qui signifie *exterminer* (entrée du dictionnaire שׁמד, mais il n'existe pas de qal pour cette racine). לַהֲרֹג est un infinitif qal, reconnaissable à sa voyelle thématique [o] ; הָרַג signifie *tuer.* Le dernier infinitif a été vu au v. 9.

מִנַּעַר וְעַד־זָקֵן טַף וְנָשִׁים : le dagesh fort dans le נ de מִנַּעַר vous indique que vous avez affaire à la préposition מִן. Le mot à chercher dans le dictionnaire est donc נַעַר, ségolé, *jeune homme.* La préposition עַד signifie *jusqu'à.* זָקֵן = *âgé, vieux* ; טַף est un singulier collectif désignant *les petits enfants.* Le dernier mot vous est connu (ci-dessus p. 345).

- בְּיוֹם אֶחָד בִּשְׁלוֹשָׁה עָשָׂר לְחֹדֶשׁ שְׁנֵים־עָשָׂר הוּא־חֹדֶשׁ אֲדָר : vous connaissez tous les mots sauf le dernier. Chaque syntagme nominal est introduit par une préposition :
  - בְּיוֹם אֶחָד *: en un seul jour.*
  - בִּשְׁלוֹשָׁה עָשָׂר *: le treize.*
  - לְחֹדֶשׁ שְׁנֵים־עָשָׂר *: du 12ème mois.* Même remarque que ci-dessus : pas d'ordinal au dessus-de 10. La préposition -לְ exprime ici l'appartenance : le 13 *du* douzième mois.

Quant aux trois mots suivants, ils forment une phrase nominale dont le sujet est le pronom de 3ème pers. masc. sing., הוּא, et le prédicat un état construit : חֹדֶשׁ אֲדָר, *le mois d'Adar.* Avant l'Exil de Babylone, il est exceptionnel que les mois soient désignés par des noms : on dit *le premier mois, le septième mois*, etc. Après l'Exil, la Judée adopte les noms babyloniens, qui sont depuis ce temps restés en usage dans le calendrier hébraïque. Comme cet usage est encore récent au moment de la rédaction du livre d'Esther, l'auteur donne les deux désignations.

• וּשְׁלָלָם לָבוֹז : analyse de וּשְׁלָלָם : וּ est la conjonction de coordination, sous forme vocalique devant consonne vocalisée shewa (cf. p. 170) ; et ָם– l'affixe possessif de 3ème masc. plur. שָׁלָל signifie *butin.*

L'infinitif לָבוֹז provient d'une racine dite géminée (בזז) et signifie *pour piller.*

TRADUCTION : *Et des missives furent envoyées, par l'intermédiaire des courriers, vers toutes les provinces du roi, pour exterminer, tuer et faire périr tous les juifs, du jeune jusqu'au vieux, petits enfants et femmes, en un seul jour, le treize du douzième mois qui est le mois d'Adar, et pour piller leurs biens.*

➢ Verset 15

הָרָצִים יָצְאוּ דְחוּפִים בִּדְבַר הַמֶּלֶךְ וְהַדָּת נִתְּנָה בְּשׁוּשַׁן הַבִּירָה וְהַמֶּלֶךְ וְהָמָן יָשְׁבוּ לִשְׁתּוֹת וְהָעִיר שׁוּשָׁן נָבוֹכָה׃

• Observez les quatre verbes de ce verset : יָצְאוּ, נִתְּנָה, יָשְׁבוּ, נָבוֹכָה. Ce sont tous des qatal, coordonnés par וְ. Syntaxiquement, ce verset est beaucoup plus proche de l'hébreu mishnique que de l'hébreu biblique classique, qui aurait utilisé une série de wayyiqtol.

הָרָצִים יָצְאוּ דְחוּפִים בִּדְבַר הַמֶּלֶךְ : דְחוּפִים signifie *pressés.* דָּבָר a ici le sens d'*ordre* (la parole du roi ayant force de loi).

וְהַדָּת נִתְּנָה בְּשׁוּשַׁן הַבִּירָה : dans נִתְּנָה, vous reconnaissez le nifʕal correspondant au qal נָתַן *donner* (ci-dessus p. 363). שׁוּשַׁן signifie Suse ; בִּירָה, mot emprunté à l'akkadien birtu, signifie *citadelle.*

וְהַמֶּלֶךְ וְהָמָן יָשְׁבוּ לִשְׁתּוֹת : le seul mot inconnu est לִשְׁתּוֹת. Comme יָשַׁב *s'asseoir* est intransitif, לִשְׁתּוֹת ne peut être un COD ; le -לְ du début a donc toutes les chances d'être une préposition, qui introduit soit un nom soit un verbe à l'infinitif. Les inf. en –o̱t correspondent presque toujours à des verbes lamed-yod : שָׁתָה signifie *boire.*

וְהָעִיר שׁוּשָׁן נָבוֹכָה : seul le dernier mot vous est inconnu mais nous avons vu ce type de forme dans cette leçon : il s'agit du nifʕal d'une racine ʕayin-waw (בוך, attestée seulement au nifʕal). נָבוֹךְ = *être consterné.*

TRADUCTION : *Les courriers sortirent en hâte sur l'ordre du roi, et la loi fut donnée dans Suse la citadelle. Puis le roi et Haman s'assirent pour boire, et la ville de Suse fut consternée.*

Leçon 14

LE VERBE (XI)

LE HITPAʕEL

PIʕEL ET HITPAʕEL DES RACINES ʕAYIN-WAW/YOD

LES RACINES GÉMINÉES (I) : FORMES VERBALES

LES COMPLÉTIVES

T1. Caractéristiques sémantiques et morphologiques du hitpaʕel

➢ Le hitpaʕel est la forme **réfléchie** du piʕel, comme le nifʕal est la forme réfléchie du qal. Il forme des verbes intransitifs.

Verbe piʕel	Verbe hitpaʕel
קִדֵּשׁ [qiddeš] *il a sanctifié*	הִתְקַדֵּשׁ [hitqaddeš] *il s'est sanctifié*
חִזֵּק [ḥizzeq] *il a fortifié*	הִתְחַזֵּק [hitḥazzeq] *il s'est renforcé, il s'est montré fort*
גִּלַּח [gillaḥ] *il a rasé*	הִתְגַּלַּח [hitgallaḥ] *il s'est rasé*

➢ Certains verbes hitpaʕel ont une valeur réciproque : ex. הִתְרָאוּ *ils se sont vus l'un l'autre* (au qal : רָאוּ *ils ont vu).*

➢ Assez fréquemment, le hitpaʕel apporte à la racine (surtout à partir d'un verbe statif ou d'un adjectif) une nuance *se montrer, faire preuve de* : ex. הִתְגַּדֵּל *manifester sa grandeur* (cf. גָּדַל *être grand*), הִתְחַכֵּם *faire preuve de sagesse ou d'habileté* (cf. חָכָם *sage, habile*).

➢ Comme le nifʕal, le hitpaʕel est parfois employé come passif, mais cette évolution est surtout caractéristique de l'hébreu postbiblique.

➢ Le hitpaʕel présente, comme le piʕel, un redoublement de la seconde consonne radicale. Dans l'ensemble, sa conjugaison est très proche de celle du piʕel.

———— P1

1. Le hitpaʕel du verbe entier

➢ Au qatal, le hitpaʕel est marqué par un préfixe -הִתְ, suivi d'un thème pour lequel on observe les mêmes alternances qu'au piʕel (ci-dessus p. 112-113) :

- pour les personnes dont le suffixe commence par une consonne, on a un thème [-qat**tal**-] accentué sur la deuxième syllabe ;
- pour les personnes dont le suffixe est vocalique, on a un thème [-qatt^e^l-], non accentué ;
- à la 3ère personne du masc. sing., on trouve en général un thème [qat**tel**], dont le [e] passe à [a] dans certaines circonstances (présence d'une gutturale, pause, etc.)

Notre verbe-type sera הִתְקַשֵּׁר *conspirer* (racine קשׁר, au qal קָשַׁר *lier*).

	singulier	pluriel
1ère masc. et fém.	הִתְקַשַּׁרְתִּי [hiṯqaš**šar**ti]	הִתְקַשַּׁרְנוּ [hiṯqaš**šar**nu]
2ème masc.	הִתְקַשַּׁרְתָּ [hiṯqaš**šar**tå]	הִתְקַשַּׁרְתֶּם [hiṯqaššartɛm]
2ème fém.	הִתְקַשַּׁרְתְּ [hiṯqaš**šar**t]	הִתְקַשַּׁרְתֶּן [hiṯqaššartɛn]
3ème masc.	הִתְקַשֵּׁר [hiṯqaš**šer**]	הִתְקַשְּׁרוּ [hiṯqašš^e^ru]
3ème fém.	הִתְקַשְּׁרָה [hiṯqašš^e^rå]	

➢ Le participe est marqué par un préfixe -מִתְ.

	singulier	pluriel
masc.	מִתְקַשֵּׁר [miṯqaššer]	מִתְקַשְּׁרִים [miṯqašš^e^rim]
fém.	מִתְקַשֶּׁרֶת [miṯqaššɛrɛṯ]	מִתְקַשְּׁרוֹת [miṯqašš^e^roṯ]

➢ Au yiqtol, le ת caractéristique du hitpaʕel est précédé des préfixes de personnes, vocalisés comme au qal et au nifʕal.

	singulier	pluriel
1ère masc. et fém.	אֶתְקַשֵּׁר [ʔɛt̲qaššer]	נִתְקַשֵּׁר [nit̲qaššer]
2ème masc.	תִּתְקַשֵּׁר [tit̲qaššer]	תִּתְקַשְּׁרוּ [tit̲qaššᵉru]
2ème fém.	תִּתְקַשְּׁרִי [tit̲qaššᵉri]	תִּתְקַשֵּׁרְנָה [tit̲qaš**šer**nå]
3ème masc.	יִתְקַשֵּׁר [yit̲qaššer]	יִתְקַשְּׁרוּ [yit̲qaššᵉru]
3ème fém.	תִּתְקַשֵּׁר [tit̲qaššer]	תִּתְקַשֵּׁרְנָה [tit̲qaš**šer**nå]

➢ L'impératif a le même thème que le yiqtol et le participe. Le préfixe est -הִתְ.

	singulier	pluriel
2ème masc.	הִתְקַשֵּׁר [hit̲qaššer]	הִתְקַשְּׁרוּ [hit̲qaššᵉru]
2ème fém.	הִתְקַשְּׁרִי [hit̲qaššᵉri]	הִתְקַשֵּׁרְנָה [hit̲qaš**šer**nå]

➢ L'infinitif construit est semblable à l'impératif masc. sing. : (לְ)הִתְקַשֵּׁר [(lᵉ)hit̲qaššer].

2. Le hitpaʕel des verbes commençant par une dentale ou une sifflante

➢ Lorsque la racine du verbe commence par une dentale (ד [d], ת [t], ט [ṭ]), le ת du préfixe **s'assimile** à cette consonne. Exemples :

- [*hit̲dabber] > [hiddabber] הִדַּבֵּר, *il s'est adressé à* (cf. piʕel דִּבֵּר, *il a parlé*)
- [*hit̲ṭamme(ʔ)] > [hiṭṭamme(ʔ)] הִטַּמֵּא, *il s'est rendu impur* (cf. piʕel טִמֵּא, *il a rendu impur*)

➢ L'hébreu évite les groupes [ts] ou [tš]. C'est pourquoi, lorsque la racine du verbe commence par ס/שׂ [s], שׁ [š] ou צ [ṣ], il se produit une **métathèse** (= inversion de consonnes). Exemples :

- [*hi[ts]atter] > [hi[st]atter] הִסְתַּתֵּר, *il s'est caché* (racine סתר, cf. le verbe hifʕil הִסְתִּיר, *il a caché*)
- [*hi[tš]abbaḥ] > [hi[št]abbaḥ] הִשְׁתַּבַּח, *il s'est glorifié* (racine שׁבח, cf. le piʕel שִׁבַּח, *il a loué*)
- [*hi[tṣ]addeq] > [hiṣṭaddeq] הִצְטַדֵּק, *il s'est justifié* (racine צדק, cf. le verbe qal צָדַק, *il a été juste*). Dans ce cas, la **métathèse** s'accompagne

d'une **assimilation** : au voisinage de צ [ṣ], ת [t] est remplacé par ט [ṭ]. En effet, dans le système phonologique du proto-sémitique, l'articulation de [ṭ] était plus proche de [ṣ] que ne l'était celle de [t]. L'orthographe hébraïque en garde le souvenir.

➢ Cas particulier : le verbe הִשְׁתַּחֲוָה [hištaḥ^{a}wå] *il s'est prosterné.* Ce verbe fréquent a longtemps été considéré comme le hitpaʕel d'une racine commençant par שׁ. À la lumière des informations apportées par l'ougaritique, on préfère y voir aujourd'hui une forme dérivée d'une racine חוי, le שׁ et le ת étant des marques de schème (schème attesté en akkadien mais non en hébreu). Ce verbe lamed-yod existe :

- au qatal : הִשְׁתַּחֲוֵיתִי *je me suis prosterné,* הִשְׁתַּחֲוִיתָ *tu t'es prosterné* ;
- au yiqtol : יִשְׁתַּחֲוֶה [yištaḥ^{a}wɛ], plur. יִשְׁתַּחֲוּוּ [yištaḥ^{a}wu] ;
- au wayyiqtol : וַיִּשְׁתַּחוּ [wayyištaḥu] *il se prosterna,* avec apocope ;
- à l'infinitif : הִשְׁתַּחֲוֹת [hištaḥ^{a}woṯ], remarquer la finale caractéristique des infinitifs lamed-yod ;
- à l'impératif : הִשְׁתַּחֲווּ [hištaḥ^{a}wu] *prosternez-vous !*
- au participe : מִשְׁתַּחֲוֶה [mištaḥ^{a}wɛ], plur. מִשְׁתַּחֲוִים [mištaḥ^{a}wim].

E1

- *Conjuguez ces verbes au qatal :*

  1.הִתְהַלַּכְתִּי *je me suis promené* 2.הִתְחַפַּשְׂתִּי *je me suis déguisé*

- *Mettez au féminin ces formes de participe hitpaʕel :*

  1.מִתְאַמֵּץ 2.מִתְכַּפְּרִים 3.מִתְחַבֵּר 4.מִתְהַלְּכִים

- *Conjuguez ces verbes au yiqtol, puis donnez-en l'infinitif construit :*

  1. אֶתְחַזֵּק *je me montrerai fort* 2. אֶתְעַלֵּם *je me cacherai*

- *Donnez la racine des verbes suivants :*

  1.הִתְפַּלַּלְתִּי 2.הִטַּהֵר 3.הִתְחַתֵּן 4.לְהִתְגַּלּוֹת 5. מִשְׁתַּגֵּעַ

T2. Piʕel et hitpaʕel des racines ʕayin-waw/ʕayin-yod

À partir de la racine קדשׁ *être saint,* vous savez former le piʕel קִדֵּשׁ [qiddeš] *il a sanctifié,* et le hitpaʕel הִתְקַדֵּשׁ [hiṯqaddeš] *il s'est sanctifié.* Si l'on vous demandait de fabriquer les mêmes formes verbales à partir de la racine כון *placer, fixer*, vous obtiendriez par analogie le piʕel כִּוֵּן [kiwwen] et le hitpaʕel הִתְכַּוֵּן [hitkawwen]. Ces formes existent, mais seulement en hébreu postbiblique ; en hébreu biblique, à part quelques exceptions qui ne figurent que dans les livres les plus tardifs, le mode de formation de ces deux schèmes est différent.

En effet, le piʕel qui correspond à la racine כון [KWN] est en hébreu biblique כּוֹנֵן [konen] *il a fondé*. En d'autres termes, la 1ère consonne radicale est suivie d'un [o] long, généralement noté par וֹ (ou en graphie défective, par un simple ḥolem), et la 3ème consonne apparaît deux fois de suite ; le dagesh fort caractéristique du piʕel est quant à lui absent. On pourrait donc nommer ce schème le **polel**, comme le font un certain nombre de grammaires. Mais ce schème n'existe pas de façon autonome : il n'est attesté que pour les racines ʕayin-waw, ʕayin-yod, et géminées. La distribution des formes est complémentaire : pour les verbes entiers, piʕel ; pour les verbes ʕayin-waw, ʕayin-yod et géminées polel. C'est pourquoi nous conservons l'appellation piʕel, de manière à souligner que le polel n'est pas en hébreu un schème à part entière d'utilisation libre.

De la même manière, le hitpaʕel (hitpolel) correspondant à la racine כון sera הִתְכּוֹנֵן [hitkonen] *il s'est préparé.*

P2

Dans la mesure où כּוֹנֵן = קִדֵּשׁ et où הִתְכּוֹנֵן = הִתְקַדֵּשׁ, il n'y a aucune difficulté pour conjuguer ces verbes :

- au qatal : כּוֹנַ֫נְתִּי, כּוֹנַ֫נְתָּ, כּוֹנַנְתְּ, כּוֹנֵן, כּוֹנְנָה...
  הִתְכּוֹנַ֫נְתִּי, הִתְכּוֹנַ֫נְתָּ, הִתְכּוֹנַנְתְּ, הִתְכּוֹנֵן, הִתְכּוֹנְנָה...
- au yiqtol : אֲכוֹנֵן, תְּכוֹנֵן, תְּכוֹנְנִי, יְכוֹנֵן, תְּכוֹנֵן...
  אֶתְכּוֹנֵן, תִּתְכּוֹנֵן, תִּתְכּוֹנְנִי, יִתְכּוֹנֵן, תִּתְכּוֹנֵן...
- au participe et à l'infinitif : מְכוֹנֵן, מְכוֹנֶ֫נֶת, לְכוֹנֵן...
  מִתְכּוֹנֵן, מִתְכּוֹנֶ֫נֶת, לְהִתְכּוֹנֵן...

Devant des formes comme לְרוֹמֵם [lᵉromem] *relever* ou יִתְבּוֹנֵן [yitbonen] *il fera attention*, vous avez donc, dans l'état actuel de vos connaissances, une certitude : ce sont des racines soit ʕayin-waw, soit ʕayin-yod. Vous chercherez donc לְרוֹמֵם à ר et יִתְבּוֹנֵן à ב. La seule l'occasion de le dire, le choix entre ʕayin-waw et ʕayin-yod comporte une part d'arbitraire : d'ailleurs, dans le dictionnaire de Koehler et Baumgartner, il y a une entrée בון, avec un renvoi vers בין.

______ E2

• *Voici une série de verbes piʕel et hitpaʕel, à différentes formes (qatal, yiqtol, participe, infinitif). Repérez ceux qui ont une racine ʕayin-waw ou ʕayin-yod.*

1. יְקוֹמֵם 2. יִתְלוֹנֵן 3. לְסַפֵּר 4. לְעוֹרֵר 5. מִתְנַשֵּׂא 6. הִתְבֹּשְׁשׁוּ
7. יִתְקַבְּצוּ 8. יִתְחַתֵּן 9. יִתְחוֹלֵל

______ T3. Les racines géminées

Les racines géminées, que l'on nomme également ʕayin-ʕayin, sont des racines dont la seconde et la troisième consonne sont identiques : חמם, סבב, קלל, etc. Historiquement, il s'agit de racines à deux consonnes (= biconsonantiques).

Les racines géminées peuvent se présenter dans trois états. Par exemple, à partir de la racine חמם *être chaud*, on peut avoir :

- un état **biconsonantique avec redoublement** de la 2ème consonne au moyen du dagesh fort : ex. חַמָּה [ḥammå] *chaude* ;
- un état **biconsonantique sans redoublement** : ex. חַם [ḥam] *il a été chaud*, verbe qal ;
- un état **triconsonantique** : ex. הִתְחַמֵּם [hiṯḥammem] *il s'est réchauffé*, verbe hitpaʕel.

______ P3.

Comme toujours, le but recherché n'est pas de vous présenter tout le détail des formes verbales (vous les trouverez dans les grammaires) mais de vous aider à en identifier la racine pour pouvoir chercher dans le dictionnaire. Or, les verbes à racines géminées présentent parfois des formes influencées par l'araméen, ou ayant subi l'analogie de verbes à racine ʕayin-waw. Comment les reconnaître ?

• Lorsque la racine géminée est à l'état triconsonantique, il n'est pas difficile de l'identifier.

Exemples de verbes qal :

בָּזַז *il a pillé* > racine בזז

צֹרֵר *ennemi* (participe, cf. ci-dessus Est 3, 10) > racine צרר

סָבְבוּ *ils ont entouré* > racine סבב.

Exemples de verbes piʕel et hitpaʕel :

חִלֵּל *il a profané* > racine חלל

יִתְפַּלֵּל *il priera* > racine פלל

Cependant, à quelques exceptions près, les racines géminées « préfèrent » le polel au piʕel et le hitpolel au hitpaʕel. Or, nous avons vu (ci-dessus p. 390), que ce mode de formation était aussi celui des racines ʕayin-waw. Dans ce cas, à quoi rattacher une forme telle que יְפֹצֵץ ? À פוץ *se disperser* ou פצץ à *briser* ? Les deux racines existent, mais seule la seconde est attestée au polel. Dans ce cas, vous devez envisager les deux possibilités et les vérifier dans le dictionnaire.

• Lorsque la racine géminée est à l'état biconsonantique, le risque de la confondre avec d'autres racines faibles (pé-nun, pé-yod, ʕayin-waw) est un peu plus grand. Dans les tableaux ci-dessous, nous rassemblons quelques formes caractéristiques provenant de racines géminées et nous les comparons avec d'autres verbes à racines faibles.

1. Au qal :

Racine	Qatal, 1ère pers. du sing.	Remarques
גנן	גַּנּוֹתִי [gannoṯi] *j'ai protégé*	La racine géminée est identifiable (dagesh fort dans la 2ème radicale) ; voyelle de liaison [o] avant le suffixe.
רצץ	רַצּוֹתִי [raṣṣoṯi] *j'ai maltraité*	
ארר	אָרוֹתִי [ʔåroṯi] *j'ai maudit*	Le ר ne peut être redoublé. Par compensation, la 1ère voyelle est vocalisée qameṣ au lieu de pataḥ.
דקק	דַּק [daq] *il a broyé*	Pas de risque de confusion avec des verbes provenant de racines ʕayin-waw ou ʕayin-yod : ils sont vocalisés qameṣ (קום > קָם, שׁיר > שָׁר).
חמם	חַם [ḥam] *il est chaud*	
מרר	מַר [mar] *il est amer*	

Racine	Yiqtol, 2ème et 3ème pers. du sing.	Remarques
בזז	תָּבוֹז [tåvoz], *tu pilleras* (Nous avons vu ce verbe à l'infinitif en Esther 3, 13 : לָבוֹז)	Cette forme ne peut provenir d'une racine ʕayin-waw, qui aurait [u] pour voyelle thématique : תָּבוּז [tåvuz] >, *tu mépriseras,* racine בוז. Le seul verbe ʕayin-waw ayant [o] comme voyelle thématique est בָּא *venir* (אָבוֹא, יָבוֹא), à cause du א.
חגג	תָּחֹג [tåḥog], *tu fêteras*	Même remarque : la voyelle thématique [o], notée comme ici par un simple ḥolem ou comme dans l'ex. précédent en graphie pleine, vous indique qu'il s'agit d'une racine géminée.
רעע	יֵרַע [yeraʕ], *il sera mauvais*	À ne pas confondre avec une forme provenant d'un verbe pé-yod type יֵדַע [yedaʕ] *il saura.* La vocalisation [e] du préfixe (et non [å] comme dans les autres cas) est celle des verbes statifs.
דלל	יִדַּל [yiddal], *il sera pauvre*	Vous pourriez partir dans une direction erronée en prenant le dagesh fort pour la trace d'un nun assimilé (cf. leçon 7, יִסַּע > נסע). On a ici une forme influencée par l'araméen : le redoublement « remonte » en quelque sorte de la seconde radicale à la première.
תמם	יִתֹּם [yittom], *il sera complet*	Même remarque : en apparence, יִתֹּם [yittom] ressemble beaucoup à יִפֹּל [yippol] *il tombera*, racine נפל. Mais ici, le redoublement du ת est dû à l'influence araméenne, et n'a rien à voir avec l'assimilation d'un nun.

2. Au hifʕil :

Racine	Qatal, 1ère / 3ème pers. du sing.	Remarques
חלל	הֵחֵל [heḥel] *il a commencé* הַחִלֹּתִי [haḥilloṯi] *j'ai commencé*	Cette vocalisation est caractéristique du hifʕil des racines géminées. À la 1ère pers., remarquez le dagesh fort dans le ל et la voyelle de liaison, accentuée.
פרר	הֵפֵר [hefer] *il a rompu (un accord)*	Même remarque. Une fois que vous connaissez cette forme, vous pouvez retrouver les autres : participe מֵפֵר, infinitif הָפֵר, yiqtol יָפֵר, etc. Cf. le hifʕil des racines ʕayin-waw, ci-dessus p. 333.

3. Au nifʕal :

Racine	Qatal, 3ème pers. du sing.	Remarques
קלל סבב	נָקַל [nåqal] *il a été léger* נָסַב [nåsav] *il a tourné*	Vocalisation caractéristique du nifʕal des racines géminées (peu de verbes attestés).
מסס	נָמֵס [nåmes] *il a fondu*	La voyelle [e] s'explique sans doute par le fait qu'on a vocalisé ce qatal comme s'il s'agissait d'un verbe entier statif (נָמֵס = כָּבֵד, cf. p. 268)
Racine	**Yiqtol, 3ème pers. du sing.**	**Remarques**
קלל מסס	יִקַּל [yiqqal] *il sera léger* יִמַּס [yimmas] *il sera fondu*	Il est difficile de reconnaître ici un nifʕal ! Ces formes, rares, ont sans doute été refaites par analogie.

——— E3

• *Tous les verbes suivants ont des racines géminées. Donnez-en la racine, le schème (qal, hifʕil ou nifʕal), et la forme (qatal, yiqtol).*

1. זָמַם 2. תָּמוֹד 3. הֵעֵז 4. נָסַב 5. הֵסֵב 6. תֵּמַר 7. שַׁמְּמוּ 8. יִסֹּב 9. גַּלֹּתִי

T4. Les complétives

Les verbes transitifs signifiant *voir, entendre, savoir, croire, dire, penser, comprendre*, etc., peuvent être suivis de propositions complétives (= qui ont la fonction de complément d'objet). Ces propositions sont généralement introduites par la conjonction כִּי ; après le verbe *voir*, on trouve également וְהִנֵּה suivi d'un participe (cf. ci-dessus p. 193).

P4

Exemples de complétives :

1. Ex 18, 11

עַתָּה יָדַעְתִּי כִּי־גָדוֹל יְהוָה מִכָּל־הָאֱלֹהִים

Maintenant, je sais que l'Éternel est plus grand que tous les dieux.

C'est Jéthro, beau-père de Moïse et prêtre de Madian, qui prononce cette phrase. La proposition complétive est introduite par כִּי. Cet exemple nous permet également de revoir l'emploi du qatal avec valeur de présent (cf. p. 269) et le comparatif (cf. p. 373s). Notez l'emploi de אֱלֹהִים, « les dieux » : à la différence du Tétragramme, אֱלֹהִים ne désigne pas forcément le Dieu unique.

2. II Sam 12, 19

וַיַּרְא דָּוִד כִּי עֲבָדָיו מִתְלַחֲשִׁים וַיָּבֶן דָּוִד כִּי מֵת הַיָּלֶד

David vit que ses serviteurs murmuraient et David comprit que l'enfant était mort.

וַיַּרְא *il vit* et וַיָּבֶן *il comprit* sont suivis de complétives introduites par כִּי. Les verbes de ces complétives sont au participe (cf. ci-dessus la syntaxe du participe, p. 236s). Remarquez le hitpaʕel מִתְלַחֲשִׁים (racine לחשׁ), et le hifʕil וַיָּבֶן.

3. Ex 3, 4 וַיַּרְא יְהוָה כִּי סָר לִרְאוֹת

L'Éternel vit qu'il s'était écarté pour voir.

Le verbe de la subordonnée est au qatal, il marque donc l'antériorité par rapport au verbe principal.

4. Gen 1, 4 וַיַּרְא אֱלֹהִים אֶת־הָאוֹר כִּי־טוֹב

Dieu vit que la lumière était bonne.

Tournure assez fréquente avec le verbe *voir* : le sujet de la complétive est placé dans la principale où il a la fonction de COD, litt. : *Dieu vit la lumière qu'elle était bonne.*

5. Gen 6, 12 וַיַּרְא אֱלֹהִים אֶת־הָאָרֶץ וְהִנֵּה נִשְׁחָתָה

Dieu vit que la terre s'était corrompue.

Même structure, avec וְהִנֵּה, litt. : *Dieu vit la terre qu'elle s'était corrompue.* נִשְׁחָתָה, nifʕal (racine שחת) est à la forme pausale : ailleurs qu'à la pause, on aurait נִשְׁחֲתָה.

______ E4

- *Traduisez :*

1. וַיֵּדַע נֹחַ כִּי־קַלּוּ הַמַּיִם מֵעַל הָאָרֶץ. (Gen 8, 11)
2. וַיַּרְא וְהִנֵּה גְמַלִּים בָּאִים. (Gen 24, 63)
3. וַיָּבֶן עֵלִי *(Eli)* כִּי יְהוָה קֹרֵא לַנָּעַר. (I Sam 3, 8)
4. וַיִּרְאוּ אֲחֵי־יוֹסֵף כִּי־מֵת אֲבִיהֶם. (Gen 50, 15)

****

VOCABULAIRE

fille	בַּת, בָּנוֹת *f.*	se prosterner (hitpaʕel)	[חוי] הִשְׁתַּחֲוָה
chameau	גָּמָל, *m.* גְּמַלִּים	commencer (hifʕil)	[חלל] הֵחֵל
chemin, route	דֶּרֶךְ *f.* דְּרָכִים	passer la nuit (qal)	[לין] לָן
bonté, bienveillance, fidélité, grâce ; au plur. : actions bienveillantes	חֶסֶד, *m.* חֲסָדִים	visiter, observer, passer en revue, recenser, punir, commander. (qal)	פָּקַד
enfant	יֶלֶד *m.* יְלָדִים	enterrer (qal) être enterré (nifʕal)	קָבַר נִקְבַּר
champ, campagne, territoire	שָׂדֶה *m.* שָׂדִים/ שָׂדוֹת	être léger, insignifiant (qal) maudire (piʕel)	[קלל] קַל קִלֵּל
		rester (nifʕal)	[שאר] נִשְׁאַר

Exercices corrigés

E1

- *Conjuguez ces verbes au qatal :*

1. הִתְהַלַּ֫כְתִּי *je me suis promené* 2. הִתְחַפַּ֫שְׂתִּי *je me suis déguisé*

1. הִתְהַלַּ֫כְתִּי, הִתְהַלַּ֫כְתָּ, הִתְהַלַּכְתְּ, הִתְהַלֵּךְ, הִתְהַלְּכָה, הִתְהַלַּ֫כְנוּ, הִתְהַלַּכְתֶּם, הִתְהַלַּכְתֶּן, הִתְהַלְּכוּ.

2. הִתְחַפַּ֫שְׂתִּי, הִתְחַפַּ֫שְׂתָּ, הִתְחַפַּשְׂתְּ, הִתְחַפֵּשׂ, הִתְחַפְּשָׂה, הִתְחַפַּ֫שְׂנוּ, הִתְחַפַּשְׂתֶּם, הִתְחַפַּשְׂתֶּן, הִתְחַפְּשׂוּ.

- *Mettez au féminin ces formes de participe hitpaʕel :*

1. מִתְאַמֵּץ > מִתְאַמֶּ֫צֶת 2. מִתְכַּפְּרִים > מִתְכַּפְּרוֹת 3. מִתְחַבֵּר> מִתְחַבֶּ֫רֶת
4. מִתְהַלְּכִים > מִתְהַלְּכוֹת

- *Conjuguez ces verbes au yiqtol, puis donnez-en l'infinitif construit :*

1. אֶתְחַזֵּק *je me montrerai fort* 2 אֶתְעַלֵּם *je me cacherai*

1. אֶתְחַזֵּק, תִּתְחַזֵּק, תִּתְחַזְּקִי, יִתְחַזֵּק, תִּתְחַזֵּק, נִתְחַזֵּק, תִּתְחַזְּקוּ, תִּתְחַזֵּ֫קְנָה, יִתְחַזְּקוּ, תִּתְחַזֵּ֫קְנָה. לְהִתְחַזֵּק

2. אֶתְעַלֵּם, תִּתְעַלֵּם, תִּתְעַלְּמִי, יִתְעַלֵּם, תִּתְעַלֵּם, נִתְעַלֵּם, תִּתְעַלְּמוּ, תִּתְעַלֵּ֫מְנָה, יִתְעַלְּמוּ, תִּתְעַלֵּ֫מְנָה. לְהִתְעַלֵּם

- *Donnez la racine des verbes suivants :*

1. הִתְפַּלַּ֫לְתִּי > פלל 2. הִטַּהֵר > טהר 3. הִתְחַתֵּן > חתן
4. לְהִתְגַּלּוֹת > גלה 5. מִשְׁתַּגֵּ֫עַ > שגע

E2

- *Voici une série de verbes piʕel et hitpaʕel, à différentes formes (qatal, yiqtol, participe, infinitif). Repérez ceux qui ont une racine ʕayin-waw ou ʕayin-yod.*

1. יְקוֹמֵם 2. יִתְלוֹנֵן 4. לְעוֹרֵר 6. הִתְבּוֹשְׁשׁוּ 9. יִתְחוֹלֵל

E3

• *Tous les verbes suivants ont des racines géminées. Donnez-en la racine, le schème (qal, hifʕil ou nifʕal), et la forme (qatal, yiqtol).*

1. זָמַם 2. תָּמוֹד 3. הֵעֵז 4. נָסַב 5. הֵסֵב 6. תֵּמַר 7. שָׁמְמוּ 8. יָסֹב
9. גַּלֹּתִי

	Racine	Schème	Forme	Personne
זָמַם	זמם	qal	qatal	3ème masc. sing.
תָּמוֹד	מדד	qal	yiqtol	2ème masc. sing. ou 3ème fém. sing.
הֵעֵז	עזז	hifʕil	qatal	3ème masc. sing.
נָסַב	סבב	nifʕal	qatal	3ème masc. sing.
הֵסֵב	סבב	hifʕil	qatal	3ème masc. sing.
תֵּמַר	מרר	hifʕil	yiqtol	2ème masc. sing. ou 3ème fém. sing.
שָׁמְמוּ	שׁמם	qal	qatal	3ème masc. plur.
יָסֹב	סבב	qal	yiqtol	3ème masc. sing.
גַּלֹּתִי	גלל	qal	qatal	1ème sing.

E4

• *Traduisez :*

1. וַיֵּדַע נֹחַ כִּי־קַלּוּ הַמַּיִם מֵעַל הָאָרֶץ. (Gen 8, 11)
Noé sut que les eaux avaient baissé de sur la terre.

2. וַיַּרְא וְהִנֵּה גְמַלִּים בָּאִים. (Gen 24, 63)
Il vit que des chameaux venaient.

3. וַיָּבֶן עֵלִי *(Eli)* כִּי יְהוָה קֹרֵא לַנָּעַר. (I Sam 3, 8)
Eli comprit que l'Eternel appelait le jeune homme.

4. וַיִּרְאוּ אֲחֵי־יוֹסֵף כִּי־מֵת אֲבִיהֶם. (Gen 50, 15)
Les frères de Joseph virent que leur père était mort.

Pas à pas dans le texte biblique

Ruth 1, 3-21

Ce bref livre (4 chapitres) raconte l'histoire de Ruth, femme moavite qui, à la mort de son mari suit à Bethléem sa belle-mère judéenne Naomi et lui reste fidèle envers et contre tout. En vertu de la loi du lévirat, elle épouse un parent de Naomi, Booz, et devient l'ancêtre du roi David. Comme Esther et Qohelet, ce livre fait partie des Écrits (כְּתוּבִים), plus précisément des « Cinq Rouleaux », alors que dans le canon de la Septante – et donc celui de l'Ancien Testament – il est placé après le livre des Juges, en raison d'une allusion à cette période dans le premier verset.

3. וַיָּמָת אֱלִימֶלֶךְ אִישׁ נָעֳמִי וַתִּשָּׁאֵר הִיא וּשְׁנֵי בָנֶיהָ :

4. וַיִּשְׂאוּ לָהֶם נָשִׁים מֹאֲבִיּוֹת שֵׁם הָאַחַת עָרְפָּה וְשֵׁם הַשֵּׁנִית
רוּת וַיֵּשְׁבוּ שָׁם כְּעֶשֶׂר שָׁנִים :

5. וַיָּמוּתוּ גַם־שְׁנֵיהֶם מַחְלוֹן וְכִלְיוֹן וַתִּשָּׁאֵר הָאִשָּׁה מִשְּׁנֵי
יְלָדֶיהָ וּמֵאִישָׁהּ :

6. וַתָּקָם הִיא וְכַלֹּתֶיהָ וַתָּשָׁב מִשְּׂדֵי מוֹאָב כִּי שָׁמְעָה בִּשְׂדֵה
מוֹאָב כִּי־פָקַד יְהוָה אֶת־עַמּוֹ לָתֵת לָהֶם לָחֶם:

7. וַתֵּצֵא מִן־הַמָּקוֹם אֲשֶׁר הָיְתָה־שָׁמָּה וּשְׁתֵּי כַלֹּתֶיהָ עִמָּהּ
וַתֵּלַכְנָה בַדֶּרֶךְ לָשׁוּב אֶל־אֶרֶץ יְהוּדָה :

8. וַתֹּאמֶר נָעֳמִי לִשְׁתֵּי כַלֹּתֶיהָ לֵכְנָה שֹּׁבְנָה אִשָּׁה לְבֵית אִמָּהּ
יעשה יְהוָה עִמָּכֶם חֶסֶד כַּאֲשֶׁר עֲשִׂיתֶם עִם־הַמֵּתִים וְעִמָּדִי: יַעַשׂ
ק

[...]

11. וַתֹּאמֶר נָעֳמִי שֹׁבְנָה בְנֹתַי לָמָּה תֵלַכְנָה עִמִּי הַעוֹד לִי
בָנִים בְּמֵעַי וְהָיוּ לָכֶם לַאֲנָשִׁים :

[...]

14. וַתִּשֶּׂנָה קוֹלָן וַתִּבְכֶּינָה עוֹד וַתִּשַּׁק עָרְפָּה לַחֲמוֹתָהּ וְרוּת
דָּבְקָה בָּהּ :

15. וַתֹּאמֶר הִנֵּה שָׁבָה יְבִמְתֵּךְ אֶל־עַמָּהּ וְאֶל־אֱלֹהֶיהָ שׁוּבִי
אַחֲרֵי יְבִמְתֵּךְ׃

16. וַתֹּאמֶר רוּת אַל־תִּפְגְּעִי־בִי לְעָזְבֵךְ לָשׁוּב מֵאַחֲרָיִךְ כִּי
אֶל־אֲשֶׁר תֵּלְכִי אֵלֵךְ וּבַאֲשֶׁר תָּלִינִי אָלִין עַמֵּךְ עַמִּי
וֵאלֹהַיִךְ אֱלֹהָי׃

17. בַּאֲשֶׁר תָּמוּתִי אָמוּת וְשָׁם אֶקָּבֵר כֹּה יַעֲשֶׂה יְהוָה לִי וְכֹה
יֹסִיף כִּי הַמָּוֶת יַפְרִיד בֵּינִי וּבֵינֵךְ׃

18. וַתֵּרֶא כִּי־מִתְאַמֶּצֶת הִיא לָלֶכֶת אִתָּהּ וַתֶּחְדַּל לְדַבֵּר
אֵלֶיהָ׃

19. וַתֵּלַכְנָה שְׁתֵּיהֶם עַד־בֹּאָנָה בֵּית לָחֶם וַיְהִי כְּבֹאָנָה בֵּית
לֶחֶם וַתֵּהֹם כָּל־הָעִיר עֲלֵיהֶן וַתֹּאמַרְנָה הֲזֹאת נָעֳמִי׃

20. וַתֹּאמֶר אֲלֵיהֶן אַל־תִּקְרֶאנָה לִי נָעֳמִי קְרֶאןָ לִי מָרָא
כִּי־הֵמַר שַׁדַּי לִי מְאֹד׃

Ce texte vous permettra de revoir un certain nombre de mots de vocabulaire et de notions grammaticales vues dans les leçons précédentes. Les versets 1 et 2 présentent une famille de Bethléem : Elimelek (« mon Dieu est roi »), sa femme Naomi (« ma douceur ») et leurs deux fils Maḥlon et Kilyon. La famine les contraint à émigrer au pays de Moav.

➢ **Verset 3**

וַיָּמָת אֱלִימֶלֶךְ אִישׁ נָעֳמִי וַתִּשָּׁאֵר הִיא וּשְׁנֵי בָנֶיהָ׃

- Ce verset comporte deux verbes au wayyiqtol :

- וַיָּמָת : racine מות, qal, 3ème pers. du masc. sing. Son sujet est placé immédiatement après : Elimelek, mari de Naomi.

- וַתִּשָּׁאֵר : racine שאר, nifʕal, 3ème pers. du fém. sing. Là encore, le sujet, composé de deux éléments coordonnés, suit le verbe, mais ce dernier n'est accordé qu'avec l'élément le plus proche (הִיא, pronom de 3ème pers. du fém. sing., cf. p. 117). נִשְׁאַר signifie *rester.*

- אִישׁ apparaît plusieurs fois dans le texte, toujours avec le sens de *mari.*

- וּשְׁנֵי בָנֶיהָ : la conjonction de coordination a la forme וּ devant shewa mobile ; les ṭᵉʕamim unissent étroitement les deux termes de l'état construit, d'où l'absence de dagesh léger dans le ב de בָנֶיהָ.

TRADUCTION : *Puis Elimelek, le mari de Naomi, mourut ; et elle resta, elle et ses deux fils.*

➢ Verset 4

וַיִּשְׂאוּ לָהֶם נָשִׁים מֹאֲבִיּוֹת שֵׁם הָאַחַת עָרְפָּה וְשֵׁם הַשֵּׁנִית רוּת וַיֵּשְׁבוּ שָׁם כְּעֶשֶׂר שָׁנִים :

- וַיִּשְׂאוּ a été vu ci-dessus p. 181.
- מֹאֲבִיּוֹת est le fém. plur. de מֹאֲבִי, dans lequel vous reconnaissez la finale –i permettant de dériver des noms de peuples : מוֹאָב = Moav, מֹאֲבִי = *moavite* (cf. יְהוּדִי *judéen,* ci-dessus p. 382).
- שֵׁם הָאַחַת... שֵׁם הַשֵּׁנִית. La place de l'article permet de repérer les états construits : *le nom de la première, le nom de la seconde.* Remarquez la différence de vocalisation selon que l'article est ou non suivi d'une gutturale. Ces états construits sont les sujets de deux phrases nominales dont les prédicats sont constitués par les noms des deux femmes (Orpa, avec qameṣ en syllabe fermée atone, et Ruth).

שֵׁנִית, fém. de שֵׁנִי *deuxième* : cf. p. 345. À rapprocher de שְׁנֵי *deux* (masc.) et שְׁתֵּי *deux* (fém.) dans les versets suivants.

Ce mariage d'hommes judéens avec des femmes moavites peut surprendre : catégoriquement interdites en Deut 23, 4, de telles unions sont aussi critiquées par Ezra et Néhémie. Cette divergence entre le livre de Ruth et d'autres textes bibliques est diversement interprétée par les chercheurs : ceux qui pensent que le livre est d'époque monarchique y voient une façon de justifier les relations plutôt cordiales de David avec le roi de Moav (I Sam 22, 3-4), en les inscrivant dans un plan divin conçu de longue date ; ceux qui estiment que le livre a été rédigé à l'époque postexilique considèrent qu'il exprime une position universaliste, hostile à la condamnation des mariages mixtes par Ezra et Néhémie. Cette seconde opinion est aujourd'hui la plus répandue.

כְּעֶשֶׂר שָׁנִים : -כְּ *comme*, signifie ici *environ.* שָׁנִים, mot fém. comme l'indique l'accord avec עֶשֶׂר, est le pluriel de שָׁנָה, *année.*

TRADUCTION : *Ils prirent pour eux des femmes moavites – le nom de la première était Orpa et le nom de la seconde était Ruth – et ils habitèrent là-bas environ dix ans.*

➢ Verset 5

וַיָּמֻתוּ גַם־שְׁנֵיהֶם מַחְלוֹן וְכִלְיוֹן וַתִּשָּׁאֵר הָאִשָּׁה מִשְּׁנֵי יְלָדֶיהָ וּמֵאִישָׁהּ :

- Nous avons vu ci-dessus שְׁנֵי, à l'état construit ; il peut aussi se fléchir : שְׁנֵינוּ *nous deux*, שְׁנֵיכֶם *vous deux*, שְׁנֵיהֶם *eux deux*.
- יְלָדֶיהָ forme fléchie pluriel de יֶלֶד (voir ci-dessus p. 369).
- Attention à ne pas confondre אִשָּׁה *femme* et אִישָׁהּ *son mari* : la présence du yod et le mappiq permettent de faire la différence.
- Remarquez l'emploi de la préposition מִן: *elle resta [en vie]* **plus que** *ses deux enfants et son mari.*

TRADUCTION : *Ils moururent aussi tous les deux, Maḥlon et Kilyon, et la femme resta sans ses deux enfants et sans son mari.*

➢ **Verset 6**

וַתָּקָם הִיא וְכַלֹּתֶיהָ וַתָּשָׁב מִשְּׂדֵי מוֹאָב כִּי שָׁמְעָה בִּשְׂדֵה מוֹאָב כִּי־פָקַד יְהוָה אֶת־עַמּוֹ לָתֵת לָהֶם לָחֶם׃

- Deux verbes wayyiqtol, tous deux de racine ʕayin-waw, structurent le verset : וַתָּקָם *elle se leva* (racine קום), וַתָּשָׁב *elle revint* (racine שׁוב).

הִיא וְכַלֹּתֶיהָ est le sujet de וַתָּקָם ; là encore, le verbe est accordé avec le mot le plus proche. כַּלֹּתֶיהָ : pour en trouver le sing., cf. p. 210.

- Remarquez que l'expression *le territoire de Moav* apparaît avec deux graphies différentes : שְׂדֵי מוֹאָב, שְׂדֵה מוֹאָב. La graphie avec yod est archaïsante. שָׂדֶה signifie *champ* (cultivé ou non), *campagne, territoire.*
- כִּי apparaît deux fois dans le verset. La seconde fois, il suit le verbe שָׁמְעָה *elle entendit* : il introduit donc une complétive (dans cette leçon p. 396s). Le premier כִּי a un sens causal.

שָׁמְעָה et פָּקַד sont au qatal et marquent l'**antériorité** par rapport aux actions principales : *elle revint* (וַתָּשָׁב) … *car elle avait entendu* (שָׁמְעָה) *que l'Éternel avait visité* (פָּקַד).

לָתֵת : cf. ci-dessus p. 299. לָחֶם : forme pausale de לֶחֶם.

TRADUCTION : *Elle se leva, elle et ses belles-filles, pour revenir du territoire de Moav, car elle avait entendu dans le territoire de Moav que l'Éternel avait visité son peuple pour leur donner du pain.*

➢ **Verset 7**

וַתֵּצֵא מִן־הַמָּקוֹם אֲשֶׁר הָיְתָה־שָׁמָּה וּשְׁתֵּי כַלֹּתֶיהָ עִמָּהּ וַתֵּלַכְנָה בַדֶּרֶךְ לָשׁוּב אֶל־אֶרֶץ יְהוּדָה׃

- Remarquez la structure de la relative :

הָיְתָה־שָׁמָּה		אֲשֶׁר	מִן־הַמָּקוֹם	וַתֵּצֵא
là-bas	*elle était*	*que*	*de l'endroit*	*elle sortit*

שָׁמָּה = l'adverbe שָׁם *là-bas*. Le suffixe ־ָה, qui indique en général la direction (ci-dessus p. 172), n'a pas de valeur particulière ici.

TRADUCTION : *Elle partit de l'endroit où elle avait été, ses deux belles-filles avec elle, et elles se mirent en chemin pour s'en retourner vers le pays de Juda.*

➢ **Verset 8**

וַתֹּאמֶר נָעֳמִי לִשְׁתֵּי כַלֹּתֶיהָ לֵכְנָה שֹּׁבְנָה אִשָּׁה לְבֵית אִמָּהּ יעשה יְהוָה עִמָּכֶם חֶסֶד כַּאֲשֶׁר עֲשִׂיתֶם עִם־הַמֵּתִים וְעִמָּדִי׃

• לֵכְנָה שֹּׁבְנָה : impératifs, 3ème pers. du fém. plur. Nous avons déjà rencontré des structures avec deux impératifs juxtaposés.

• Comme אִישׁ (ci-dessus p. 222), אִשָּׁה peut avoir une valeur distributive : *chacune*.

• Dans le texte reproduit p. 400, יעשה n'est pas vocalisé, mais on a en marge יַעַשׂ et la lettre ק. Il s'agit d'un qᵉré/kᵉtiv (ci-dessus p. 102s) : la tradition orale (qᵉré, signalée par la lettre ק) donne un jussif, יַעַשׂ *qu'il fasse*, alors que le texte consonantique a le yiqtol, יעשה *il fera*.

• Le mot חֶסֶד (ségolé, plus de 250 occurrences dans la Bible) « ne trouve aucun correspondant adéquat dans nos langues indo-européennes », note Ph. Reymond dans son dictionnaire, p. 133. En témoigne la variété des traductions. Dhorme : *que Iahvé use de bienveillance*, la TOB : *que le Seigneur agisse avec fidélité*, Meschonnic : *que mon Seigneur ait pour vous de la bonté*.
חֶסֶד [ḥesed̲] signifie *bonté*, *bienveillance*. Dieu agit avec חֶסֶד envers l'homme : le mot est parfois traduit par *grâce*, mais n'a que peu à voir avec le sens chrétien de ce mot. Le terme englobant aussi la notion de fidélité, l'homme peut lui-même faire preuve de חֶסֶד vis-à-vis de Dieu ou vis-à-vis d'autres êtres humains. L'adjectif חָסִיד signifie d'ailleurs *fidèle*, et prendra en hébreu postbiblique le sens de *pieux* avant de désigner les tenants d'un mouvement mystique né en Pologne au XVIIIe siècle : le hassidisme.

• עִמָּכֶם et עֲשִׂיתֶם : il arrive, surtout dans les livres bibliques les plus tardifs, que la forme masculine des suffixes et affixes soit employée là où l'on attendrait le féminin. Pourtant, les impératifs du début sont bien au fém., et il est évident que le discours s'adresse aux deux belles-filles.

• Pour *avec moi*, on trouve à peu près autant d'occurrences de עִמָּדִי, comme ici, que de la forme attendue עִמִּי.

TRADUCTION : *Naomi dit à ses deux belles-filles : « allez, retournez chacune à la maison de sa mère ! Puisse l'Éternel agir avec bonté avec vous, comme vous l'avez fait avec les morts et avec moi ».*

[Naomi continue à bénir ses belles-filles (v. 9), mais celles-ci pleurent et refusent de la quitter (v. 10). Naomi reprend donc son discours.]

➢ **Verset 11**

וַתֹּ֤אמֶר נָעֳמִי֙ שֹׁ֣בְנָה בְנֹתַ֔י לָ֥מָּה תֵלַ֖כְנָה עִמִּ֑י הַֽעֽוֹד־לִ֤י בָנִים֙ בְּמֵעַ֔י וְהָי֥וּ לָכֶ֖ם לַאֲנָשִֽׁים׃

- Le seul mot du verset que nous n'ayons encore jamais rencontré est מֵעַי. Sa finale vous indique un mot fléchi dont l'état absolu pluriel est מֵעִים. Le singulier n'est pas attesté : מֵעִים signifie *entrailles, ventre.*

- La construction de הָיָה *être* avec deux compléments précédés de la préposition -לְ est fréquente : תִּהְיוּ לִי לְעָם (Lév 26, 12), *vous serez pour moi un peuple* ; ici וְהָיוּ לָכֶם לַאֲנָשִׁים *et ils seraient pour vous des maris.* La question rhétorique de Naomi, introduite par –הֲ (vocalisé –הַ devant gutturale), fait allusion à la loi du lévirat, telle qu'elle est formulée en Deut 25, 5 et suiv. : « Quand des frères habitent ensemble et que l'un d'eux vient à mourir sans avoir de fils, la femme du mort ne peut appartenir à un homme étranger. Son beau-frère (...) la prendra pour sa femme (...). Et il faudra que le premier-né qu'elle enfantera perpétue le nom du frère qui est mort »[1]. Cf. aussi Gen 38, 8-9.

TRADUCTION : *Naomi dit : « retournez, mes filles ! Pourquoi viendriez-vous avec moi ? Est-ce que j'ai encore des fils dans mon ventre qui seraient pour vous des maris ? ».*

➢ **Verset 14**

וַתִּשֶּׂ֣נָה קוֹלָ֔ן וַתִּבְכֶּ֖ינָה ע֑וֹד וַתִּשַּׁ֤ק עָרְפָּה֙ לַחֲמוֹתָ֔הּ וְר֖וּת דָּ֥בְקָה בָּֽהּ׃

- Le premier mot pose un problème orthographique. La vocalisation indique un verbe qal, 3ème fém. plur. Le dagesh fort du שׂ permet d'identifier la première consonne de la racine : נ. Mais la 3ème consonne, א, a disparu de la prononciation et de l'orthographe : on attendrait וַתִּשֶּׂאנָה, qui se trouve d'ailleurs au v. 9 (qatal : נָשָׂא) : *elles élevèrent* (קוֹלָן, *leur voix*).

- וַתִּבְכֶּינָה est en revanche facile à analyser : racine בכי, qal, wayyiqtol, 3ème pers. du fém. plur. (au qatal : בָּכָה) : *elles pleurèrent.*

---

[1] Traduction Dhorme, éd. de la Pléiade, Gallimard.

וַתִּשַּׁק : racine נשק, qal, wayyiqtol, 3ème pers. du fém. sing. (au qatal : נָשַׁק). Ce verbe signifie *embrasser* et son complément est ici introduit par la préposition -לְ. חָמוֹת signifie *belle-mère.*

- Le dernier verbe, דָּבְקָה, n'est pas au wayyiqtol : il est impossible d'employer une forme convertie ailleurs qu'en début de phrase. Or, on a ici une opposition entre les deux brus, et le narrateur a mis en relief le nom de Ruth en le plaçant en tête de phrase.

TRADUCTION : *Elles élevèrent la voix et elles pleurèrent encore, puis Orpa embrassa sa belle-mère ; mais Ruth s'attacha à elle.*

➢ **Verset 15**

וַתֹּאמֶר הִנֵּה שָׁבָה יְבִמְתֵּךְ אֶל־עַמָּהּ וְאֶל־אֱלֹהֶיהָ שׁוּבִי אַחֲרֵי יְבִמְתֵּךְ׃

- Tous les mots de ce verset ont été vus, sauf יְבָמָה *belle-soeur.*

TRADUCTION : *Elle dit : « Voici que ta belle-sœur est retournée vers son peuple et vers ses dieux. Retourne derrière ta belle-sœur ! »*

➢ **Verset 16**

וַתֹּאמֶר רוּת אַל־תִּפְגְּעִי־בִי לְעָזְבֵךְ לָשׁוּב מֵאַחֲרָיִךְ כִּי אֶל־אֲשֶׁר תֵּלְכִי אֵלֵךְ
וּבַאֲשֶׁר תָּלִינִי אָלִין עַמֵּךְ עַמִּי וֵאלֹהַיִךְ אֱלֹהָי׃

- Les premières paroles de Ruth sont une déclaration de fidélité à Naomi. Nous avons vu (ci-dessus p. 340) l'expression de la défense, avec la négation אַל suivie du yiqtol. תִּפְגְּעִי : verbe entier (qatal : פָּגַע). Il signifie *tomber sur, rencontrer* ; ici, *faire pression, insister.*

Les deux infinitifs construits qui suivent (לָשׁוּב, לְעָזְבֵךְ) développent תִּפְגְּעִי : *ne fais pas pression pour te quitter = pour que je te quitte.*

מֵאַחֲרָיִךְ , litt. *de derrière toi, = loin de toi.*

À la fin, deux phrases nominales d'autant plus expressives que sujet et prédicat sont identiques.

TRADUCTION : *Ruth dit : « Ne fais pas pression sur moi pour que je te quitte et que je retourne loin de toi, car où tu iras j'irai et où tu passeras la nuit je passerai la nuit ; ton peuple est mon peuple et ton Dieu est mon Dieu ».*

➢ **Verset 17**

בַּאֲשֶׁר תָּמוּתִי אָמוּת וְשָׁם אֶקָּבֵר כֹּה יַעֲשֶׂה יְהוָה לִי וְכֹה יֹסִיף כִּי הַמָּוֶת יַפְרִיד
בֵּינִי וּבֵינֵךְ׃

- אֶקָּבֵר : racine קבר, nifʕal, yiqtol, 1ère pers. du sing.
- כֹּה יַעֲשֶׂה יְהוָה לִי וְכֹה יֹסִיף, *que l'Éternel me fasse ceci et ajoute cela :* il s'agit d'une formule d'imprécation par laquelle on attire sur soi le châtiment divin si on fait (ou si on ne fait pas) telle ou telle chose. Le sens est : *que Dieu me punisse ! assurément la mort nous séparera = que Dieu me punisse si ce n'est pas la mort qui nous sépare.*
- יַפְרִיד : racine פרד, hifʕil, yiqtol, 3ème masc. sing. הִפְרִיד = *séparer.* Rappelons la construction de la préposition בֵּין : בֵּינִי וּבֵינֶךָ, *entre moi et toi.*

TRADUCTION : *« Là où tu mourras, je mourrai et là je serai enterrée. Que l'Éternel me fasse ceci et ajoute cela, si ce n'est pas la mort qui me sépare de toi ».*

➢ **Verset 18**

וַתֵּרֶא כִּי־מִתְאַמֶּצֶת הִיא לָלֶכֶת אִתָּהּ וַתֶּחְדַּל לְדַבֵּר אֵלֶיהָ׃

- וַתֵּרֶא : racine ראי, qal, wayyiqtol, 3ème fém. sing. : *elle vit*, sujet (non exprimé) Naomi ; le verbe est suivi d'une complétive introduite par כִּי et dont le verbe est au participe (ci-dessus p. 396).

  מִתְאַמֶּצֶת : racine אמץ, hitpaʕel, participe fém. sing. הִתְאַמֵּץ = *être déterminé, s'obstiner à.*
- אִתָּהּ : il s'agit de la préposition אֵת *avec* (synonyme de עִם mais moins fréquente), à ne pas confondre avec la particule אֵת introduisant le COD. Cette dernière se fléchit sur une base -אֹת [ʔot̠-] alors que אֵת *avec* se fléchit sur une base -אִתּ [ʔitt-]. אִתָּהּ = *avec elle.*
- וַתֶּחְדַּל : racine חדל, qal (avec vocalisation ségol du préfixe à cause du ח), wayyiqtol, 3ème pers. du fém. sing. חָדַל signifie *cesser.*

TRADUCTION : *Elle vit qu'elle s'obstinait à aller avec elle et elle cessa de lui parler.*

➢ **Verset 19**

וַתֵּלַכְנָה שְׁתֵּיהֶם עַד־בּוֹאָנָה בֵּית לָחֶם וַיְהִי כְּבוֹאָנָה בֵּית לֶחֶם וַתֵּהֹם כָּל־הָעִיר עֲלֵיהֶן וַתֹּאמַרְנָה הֲזֹאת נָעֳמִי׃

- שְׁתֵּיהֶם : comme au v. 8, finale de masc. au lieu du fém. attendu (שְׁתֵּיהֶן).

  בֹּאָנָה, racine בוא, qal, infinitif construit : *leur arrivée.*
- La forme וַתֵּהֹם pose une difficulté d'analyse. Il s'agit d'un nifʕal, mais la racine est-elle הום *trembler, pousser des cris* (racine ʕayin-waw) ou

bien המם *être en émoi, être excité* (racine géminée) ? Les dictionnaires et les concordances donnent les deux possibilités.

- וַתֹּאמַרְנָה : le sujet n'est pas exprimé mais on comprend qu'il s'agit des femmes de la ville (le verbe est au féminin pluriel).

TRADUCTION : *Elles marchèrent toutes deux jusqu'à ce qu'elles arrivent à Bethléem. Lorsqu'elles arrivèrent à Bethléem toute la ville fut en émoi à leur sujet, et [les femmes] dirent : « est-ce que c'est Naomi ? »*

➤ **Verset 20**

וַתֹּאמֶר אֲלֵיהֶן אַל־תִּקְרֶאנָה לִי נָעֳמִי קְרֶאןָ לִי מָרָא כִּי־הֵמַר שַׁדַּי לִי מְאֹד׃

- אַל־תִּקְרֶאנָה לִי נָעֳמִי קְרֶאןָ לִי מָרָא : remarquez la différence de construction entre la défense (אַל + yiqtol) et l'ordre (impératif : קְרֶאןָ, en graphie défective, sans la mère de lecture pour marquer la voyelle finale). Le texte joue sur les prénoms : נָעֳמִי signifie *ma douceur, mon délice* et מָרָא *amère* (racine : מרר).

הֵמַר, racine מרר, hif'il (ci-dessus p. 395) : *rendre amer, causer de l'amertume.*

- שַׁדַּי [šadday] est un nom divin archaïque, que l'on trouve dans les plus anciens passages de la Bible (les bénédictions de Jacob en Gen 49, 15 ; les oracles de Bil'am en Nb 24, 4, etc.). La Septante le traduit souvent par *tout-puissant*, Jérôme par *omnipotens*. Il s'agit sans doute d'un nom emprunté très anciennement à l'environnement cananéen, et que l'on peut rapprocher du mot akkadien šadū, *montagne*. Ce nom typique de l'époque patriarcale était tombé en désuétude à l'époque de la rédaction du livre de Ruth : c'est un archaïsme.

TRADUCTION : *Elle leur dit : « Ne m'appelez pas Naomi [mon délice], appelez-moi Mara [Amère], car le Tout-Puissant m'a rendue amère à l'extrême. »*

Leçon 15

LE VERBE (XII)

FORMES PASSIVES

FLEXION DES NOMS À RACINE GÉMINÉE

DÉTERMINATION ET INDÉTERMINATION

CASUS PENDENS

T1. Les formes passives : puʕal, hofʕal, passif du qal

Nous avons rencontré dans les leçons précédentes deux schèmes réfléchis pouvant avoir des emplois passifs : le nifʕal et, plus rarement, le hitpaʕel. Ces schèmes verbaux sont, **à l'origine, des réfléchis** ayant **éventuellement** pris, au fur et à mesure de l'évolution de la langue, un sens passif. Mais l'hébreu possède aussi des passifs dits **internes**. Contrairement au nifʕal et au hitpaʕel, ces schèmes de passifs internes sont de « vrais » passifs ; ils n'ont aucune autre valeur sémantique et, à de très rares exceptions près, n'existent que si la forme active correspondante existe aussi. Ils ont la même structure morphologique que les actifs auxquels ils correspondent, sans adjonction de préfixes, et ne s'en distinguent que par les voyelles, d'où l'appellation de « passifs internes ». Ces passifs, qui sont tous intransitifs, correspondent aux trois formes actives que vous connaissez : piʕel, hifʕil, et qal.

P1

➢ Le puʕal

C'est le **passif interne du piʕel**, et il présente les mêmes caractéristiques morphologiques que lui, à savoir : pour toutes les formes, un redoublement de la deuxième consonne de la racine ; au participe, un préfixe -מְ ; au yiqtol, des préfixes vocalisés shewa mobile.

Le thème, **puʕal** ou **quttal** est le même pour le qatal, le yiqtol et le participe. Le [a] de la syllabe finale est noté par un pataḥ, sauf au participe où il est noté par un qameṣ qui se maintient au pluriel comme pour les participes nifʕal (cf. p. 361).

Il n'existe ni impératif ni infinitif puʕal, à l'exception d'un seul exemple en Gen 40, 15. Étant donné la relative rareté des verbes puʕal, nous ne donnons pas de paradigmes complets mais seulement quelques formes glanées dans la Bible.

	Racine	Forme	Verbe piʕel (actif)	Verbe puʕal (passif)
1.	ספר	qatal, 3ème masc. sing.	סִפֵּר [sipper] *il a raconté*	סֻפַּר [suppar] *il a été raconté*
2.	שׁלח	qatal, 1ère sing.	שִׁלַּחְתִּי [ši**llaḥ**ti] *j'ai envoyé*	שֻׁלַּחְתִּי [šu**llaḥ**ti] *j'ai été envoyé*
3.	עני	qatal, 1ère sing.	עִנֵּיתִי [ʕi**nne**(y)ti] *j'ai maltraité*	עֻנֵּיתִי [ʕu**nne**(y)ti] *j'ai été maltraité*
4.	הלל	yiqtol, 3ème masc. sing.	יְהַלֵּל [y^{e}hallel] *il louera, célébrera*	יְהֻלַּל [y^{e}hullal] *il sera loué, célébré*
5.	בקשׁ	yiqtol, 3ème masc. sing.	יְבַקֵּשׁ [y^{e}vaqqeš] *il cherchera*	יְבֻקַּשׁ [y^{e}vuqqaš] *il sera cherché*
6.	ברך	yiqtol, 3ème masc. sing.	יְבָרֵךְ [y^{e}vårek] *il bénira*	יְבֹרַךְ [y^{e}vorak] *il sera béni*
7.	כבד	participe, masc. sing.	מְכַבֵּד [m^{e}kabbed] *honorant*	מְכֻבָּד [m^{e}kubbåd] *honoré*
8.	פזר	participe, masc. sing.	מְפַזֵּר [m^{e}fazzer] *dispersant*	מְפֻזָּר [m^{e}fuzzår] *dispersé*
9.	קדשׁ	participe, masc. plur.	מְקַדְּשִׁים [m^{e}qadd^{e}šim] *sanctifiant*	מְקֻדָּשִׁים [m^{e}quddåšim] *sanctifiés*

Remarques :

- Lignes 1-2, 4-5, 7-8. Au qatal, yiqtol et participe, le puʕal se forme à partir du piʕel correspondant par modification vocalique :

  סִפֵּר [sipper] *il a raconté* > סֻפַּר [suppar] *il a été raconté*

תְּחַלֵּק [tᵉḥalleq] *elle partagera* > תְּחֻלַּק [tᵉḥullaq] *elle sera partagée*
מְפַזֵּר [mᵉfazzer] *dispersant* > מְפֻזָּר [mᵉfuzzår] *dispersé* (cf. p. 380)

• Ligne 3. Le fait que la racine soit lamed-yod n'empêche pas de reconnaître le puʕal, puisque la voyelle [u] caractéristique se trouve bien dans la 1ère syllabe : עִנֵּיתִי [ʕinne(y)ṯi] > עֻנֵּיתִי [ʕunne(y)ṯi].

• Ligne 6 : le ר de ברך ne peut prendre le redoublement caractéristique du piʕel/puʕal. La voyelle précédente se trouve par conséquent modifiée : le [u] caractéristique du passif devient [o], noté par ḥolem.

Comparez יְבֻקַּשׁ [yᵉvuqqaš] *il sera cherché*
et יְבֹרַךְ [yᵉvorak̲] *il sera béni.*

• Ligne 9 : le qameṣ se maintient au pluriel, comme pour les participes nifʕal : מְקֻדָּשִׁים [mᵉquddåšim] *sanctifiés.*

➢ Le hofʕal

C'est le passif interne du hifʕil : comme lui, il présente un préfixe -ה au qatal et un préfixe -מ au participe.

La première voyelle du thème est à l'origine un [u] bref, qui en hébreu se maintient généralement **au participe**, mais passe le plus souvent à [o] dans les autres formes verbales. Conformément à la règle phonétique sur l'évolution vers [o] des [u] brefs du sémitique, ce [o] est noté par un qameṣ ḥaṭuf (= qameṣ qatan).

Dans certains verbes comportant une consonne faible, ce [u] bref s'allonge : il est alors noté par la mère de lecture waw.

Il n'existe pas d'impératif hofʕal, et les infinitifs sont très rares.

	Racine	Forme	Verbe hifʕil (actif)	Verbe hofʕal (passif)
1.	מלך	qatal, 3ème masc. sing.	הִמְלִיךְ [himlik̲] *il a nommé roi*	הָמְלַךְ [hǫmlak̲] *il a été nommé roi*
2.	שלך	qatal, 2ème masc. sing.	הִשְׁלַכְתָּ [hišla**k̲**tå] *tu as jeté*	הָשְׁלַכְתָּ [hǫšla**k̲**tå] *tu as été jeté*
3.	גלי	qatal, 3ème plur.	הִגְלוּ [hiḡlu] *ils ont déporté*	הָגְלוּ [hǫḡlu] *ils ont été déportés*
4.	שכב	participe masc. sing.	מַשְׁכִּיב [maškiv] *couchant (qn)*	מֻשְׁכָּב [muškåv] *étendu, couché*
5.	פקד	participe masc. plur.	מַפְקִידִים [mafqid̲im] *chargeant (qn) d'une fonction*	מֻפְקָדִים [mufqåd̲im] *préposés*
6.	עמד	yiqtol, 3ème masc. sing.	יַעֲמִיד [yaʕᵃmid̲] *il mettra debout*	יָעֳמַד [yǫʕᵒmad̲] *il sera mis debout*

	Racine	Forme	Verbe hifʕil (actif)	Verbe hofʕal (passif)
7.	ירד	qatal, 3ème masc. sing.	הוֹרִיד [horiḏ] *il a fait descendre*	הוּרַד [huraḏ] *on l'a fait descendre*
8.	מות	yiqtol, 3ème masc. sing.	יָמִית [yåmiṯ] *il fera mourir*	יוּמַת [yumaṯ] *il sera mis à mort*
9.	בוא	yiqtol, 3ème masc. sing.	יָבִיא [yåvi(ʔ)] *il apportera*	יוּבָא [yuvå(ʔ)] *il sera apporté*
10.	חלל	qatal, 3ème masc. sing.	הֵחֵל [heḥel] *il a commencé*	הוּחַל [huḥal] *il a été commencé*
11.	נכה	qatal, 3ème masc. sing.	הִכָּה [hikkå] *il a frappé*	הֻכָּה [hukkå] *il a été frappé*

Remarques :

- Lignes 1-3. Au qatal, le hofʕal se forme à partir du hifʕil correspondant par modification des voyelles :
  הִמְלִיךְ [himliḵ] *il a nommé roi* > הָמְלַךְ [họmlaḵ] *il a été nommé roi.*

- Lignes 4 et 5. Les participes conservent en général le [u] originel :
  מַשְׁכִּיב [maškiv] *couchant (qn)* > מֻשְׁכָּב [muškåv] *couché.*

- Ligne 6. Au yiqtol, la voyelle des préfixes est en général [ọ].

- Lignes 7 à 9. Les verbes pé-yod ont un [u] orthographié וּ, qui résulte du [u] bref primitif associé au [w] étymologique (cf. p. 334) :
  actif (hifʕil) : [*hawrid], *il a fait descendre* > horiḏ הוֹרִיד
  passif (hofʕal) : [*huwrad], *on l'a fait descendre* > hūraḏ הוּרַד

Le [u] des verbes pé-yod dont le yod est un ancien waw est toujours écrit avec la mère de lecture waw, puisque celle-ci notait en principe les voyelles longues. Par analogie, cette graphie pleine s'est étendue aux racines ʕayin-waw et géminées (lignes 8-10).

- Ligne 11 : pour les racines pé-nun, la voyelle [u] se maintient partout (= elle ne passe jamais à [o]), et elle est **toujours** notée qibbuṣ : il n'y a en effet pas d'autre graphie possible pour [u] bref en syllabe fermée. Vous reconnaîtrez facilement ces racines :

הֻכָּה [huk-kå] *il a été frappé* = racine נכה

DONC הֻגַּשׁ [hug-gaš] *il a été offert* = racine נגשׁ

Conclusion : le seul cas **ambigu** est celui des hofʕal dont le [u] est **noté par la mère de lecture waw,** car leur racine peut être soit pé-yod (הוּרַד > ירד), soit ʕayin-waw (הוּקַם > קום), soit géminée (הוּחַל > חלל).

➢ Le passif interne du qal

Le qal possédait lui aussi un passif interne, mais ses formes étaient **ambiguës** : en effet, à la suite de modifications vocaliques propres à l'hébreu, son qatal avait la forme puʕal (comme le passif interne du piʕel, cf. p. 410) et son yiqtol la forme yufʕal (comme le passif interne du hifʕil, cf. p. 411) ! Le passif interne du qal est alors tombé en désuétude et a été peu à peu remplacé par le nifʕal, schème originellement réfléchi (leç. 12). Cependant, quelques formes atypiques sont analysées comme des survivances de cet ancien passif interne du qal.

1. Ex 3, 2

וַיַּרְא וְהִנֵּה הַסְּנֶה בֹּעֵר בָּאֵשׁ וְהַסְּנֶה אֵינֶנּוּ אֻכָּל

Il vit que le buisson brûlait dans le feu et que le buisson n'était pas consumé.

La forme אֻכָּל [ʔukkål] pose problème. La négation אֵין ne peut précéder qu'un participe ; or, le participe serait מְאֻכָּל [*meʔukkål], avec préfixe, et non [ʔukkål]. De plus, le puʕal est un passif automatique qui requiert l'existence d'une forme active correspondante : or, אכל n'est pas attesté au piʕel. On en conclut qu'il s'agit ici de l'ancien passif du qal, de schème puʕal/quttal, au participe : אָכַל *il a mangé* > אֻכַּל *il a été mangé, consumé*, ici à la forme pausale אֻכָּל.

2. Gen 3, 23

וַיְשַׁלְּחֵהוּ יְהוָה אֱלֹהִים מִגַּן־עֵדֶן לַעֲבֹד אֶת־הָאֲדָמָה אֲשֶׁר לֻקַּח מִשָּׁם

L'Éternel Dieu le renvoya du jardin d'Eden pour travailler la terre d'où il avait été pris.

וַיְשַׁלְּחֵהוּ : racine שׁלח, schème piʕel, wayyiqtol, affixe de 3ème masc. sing. ־הוּ désignant Adam (évoqué au v. précédent) : *et il le renvoya.* גַּן־עֵדֶן *jardin d'Eden* : c'est toujours ainsi qu'est nommé dans la Bible hébraïque le paradis terrestre (cf. Gen 2, 8) : *paradis* est un mot grec d'origine persane signifiant *verger*. Dans la relative, on a לֻקַּח [luqqaḥ], dont la vocalisation fait penser à un passif de piʕel. Cependant, il n'existe pas de piʕel pour la racine לקח ; de plus, le sens ici correspond bien à un passif du qal (לָקַח *il a pris* > לֻקַּח *il a été pris*).

➢ Le paʕul

À la différence des trois formes dont nous venons de parler, le paʕul **n'est pas et n'a jamais été une conjugaison complète** : c'est le schème de participe passif qal. כֹּתֵב *écrivant* a pour passif כָּתוּב *écrit.*

Comme les autres participes, le paʕul varie en genre et nombre, mais non en personne.

	singulier			pluriel		
masc.	כָּתוּב	kå<u>t</u>uv	*écrit*	כְּתוּבִים	k^e<u>t</u>uvim	*écrits*
fém.	כְּתוּבָה	k^e<u>t</u>uvå	*écrite*	כְּתוּבוֹת	k^e<u>t</u>uvo<u>t</u>	*écrites*

KB classe ces participes dans la liste des formes qal du verbe, après le participe actif : ce n'est pas une entrée autonome du dictionnaire.

Pour le verbe *bénir*, le paʕul בָּרוּךְ [båru<u>k</u>] *béni* est beaucoup plus fréquent que le puʕal מְבֹרָךְ [m^evorå<u>k</u>], qui correspond au piʕel מְבָרֵךְ [m^evåre<u>k</u>], *bénissant*. Pourtant, la racine ברך n'existe pas au qal. Dans ce cas, il faut sans doute supposer l'influence de אָרוּר [ʔårur] *maudit*.

______ E1

- *Dans cette série de formes verbales (qatal, participe, yiqtol), isolez les formes puʕal et donnez-en la racine.*

1. חִבֵּר 2. חֻבַּר 3. סֻקַּל 4. סִקֵּל 5. מְקֻבֶּצֶת 6. מְשֻׁלֶּשֶׁת 7. מְדַבֶּרֶת
8. מְפֹרָד 9. יְדֻבַּר 10. יְדַכֵּא 11. יְדֻכָּא 12. תְּבָרֵךְ 13. תְּבֹרַךְ

- *Dans cette série de formes verbales (qatal, participe, yiqtol), isolez les formes hofʕal et donnez-en la racine (note : le qameṣ ḥaṭuf n'est pas indiqué typographiquement).*

1. הִרְבָּה 2. הָגְלָה 3. הוּקַם 4. הֻגַּד 5. מַחֲרִיבוֹת 6. מָחֳרָבוֹת 7. מוּכָן
8. מוֹצִיאִים 9. מוּצָאִים 10. מֻגָּשׁ 11. יַחֲרִים 12. יָחֳרַם

________ T2. Flexion de certains noms à racines géminées

Les racines géminées ou ʕayin-ʕayin (= dont la seconde et la troisième consonnes radicales sont identiques) peuvent, bien sûr, être croisées avec des **schèmes nominaux**. Parmi ces derniers, ceux qui ne comportent qu'une voyelle brève (a, i, u) produisent des noms et des adjectifs dont la base de flexion est différente de l'état absolu, ce qui peut poser un problème pour la recherche dans le dictionnaire.

________ P2

1. Schème à voyelle primitive [a]

Cas général : la voyelle [a] est notée par pataḥ. À l'état absolu du nom, ou au masculin singulier de l'adjectif, on a la consonne simple (non géminée). Exemples : כַּף [kaf] *paume*, racine כפף ; חַג [ḥag̱] *fête*, racine חגג ; רַב [rav] *nombreux*, racine רבב ; קַל [qal] *léger*, racine קלל.

Lorsque la consonne finale est un ם, on a qameṣ au lieu de pataḥ ; parfois, les deux graphies coexistent. Exemples : יָם [yåm] *mer* ; חָם [ḥåm] *chaud* ; עַם [ʕam] et עָם [ʕåm] *peuple*.

Les formes fléchies du nom, le féminin et le pluriel des adjectifs voient réapparaître la consonne géminée (= redoublée), sous la forme d'un dagesh fort : כַּפִּי [kappi] *ma paume* ; חַגִּים [ḥaggim] *fêtes* ; רַבָּה [rabbå] *nombreuse* ; קַלִּים [qallim] *légers* ; עַמּוֹ [ʕammo] *son peuple*.

Si la consonne qui devrait être géminée ne peut l'être, la voyelle précédente devient qameṣ au lieu de pataḥ : הָרִים [hårim] *montagnes* ; שָׂרָה [sårå] *princesse*, racine שׂרר ; רָעָה [raʕa] *mauvaise*, racine רעע, à comparer avec רַבָּה [rabbå] *nombreuse*, racine רבב.

On voit ainsi la différence entre יָדוֹ [yådo] *sa main* (< יָד [yåd]), et עַמּוֹ [ʕammo] *son peuple* (< עָם [ʕåm]) : le dagesh fort apparaît si la racine est géminée. À l'état absolu, cette différence est neutralisée (עָם, יָד) : vous ne pouvez savoir *a priori* si la racine est géminée.

2. Schème à voyelle primitive [i]

À l'état absolu du nom, le [i] bref du sémitique passe à [e], mais réapparaît, ainsi que la consonne géminée, dans les formes fléchies.

Exemples : אֵם [ʔem] *mère* > אִמְּךָ [ʔimm^{e}kå] *ta mère* ; לֵב [lev] *cœur* > לִבִּי [libbi] *mon coeur* ; חֵן [ḥen] *grâce* > חִנּוֹ [ḥinno] *sa grâce*.

Examinons les mots בֵּן [ben] *fils* et לֵב [lev] *cœur* : à l'état absolu, ils semblent identiques, mais la racine de בֵּן n'est pas géminée : on a donc בְּנִי [b^{e}ni] *mon fils* alors qu'on a לִבִּי [libbi] *mon cœur*. Vous ne pouvez pas **prédire** la flexion d'un mot dont vous ne connaissez pas la racine ; mais, inversement, vous pouvez **trouver l'état absolu** à partir de la forme fléchie. Par ex., צִלּוֹ [ṣillo] *son ombre*, se fléchit comme לִבּוֹ [libbo] *son coeur*, donc son état absolu est צֵל, comme לֵב, et sa racine est forcément géminée.

3. Schème à voyelle primitive [u]

À l'état absolu du nom, le [u] du sémitique passe à [o] ; mais les formes fléchies ont la consonne géminée et la voyelle primitive [u].

Exemples : חֹק [ḥoq] *loi* > חֻקִּים [ḥuqqim] *lois* ; כֹּל [kol] *tout* > כֻּלּוֹ [kullo] *lui tout entier* ; עֹז [ʕoz] *force* > עֻזּוֹ [ʕuzzo] *sa force*.

E2

• *Parmi ces noms et adjectifs au fém., repérez ceux dont la racine est géminée.*

1. רַכָּה 2. חַמָּה 3. שָׁנָה 4. מָרָה 5. מָנָה 6. דַּקָּה 7. רָעָה

• *Donnez la forme d'état absolu correspondant à ces formes fléchies, qui proviennent toutes de racines géminées.*

1. אִמּוֹ 2. חִצִּי 3. רֻבְּכֶם 4. כֻּלָּנוּ 5. שַׂרְכֶם 6. עַמֵּנוּ

T3. Détermination et indétermination

Nous avons déjà évoqué la question de la vocalisation de l'article défini (leç. 3), l'emploi de אֵת devant le COD déterminé (leç. 4), et l'usage de l'article comme démonstratif (leç. 7). Nous ne rappellerons donc que quelques cas particuliers pour lesquels l'emploi de l'article peut sembler problématique à un francophone. La principale difficulté à laquelle se heurte une étude exhaustive de l'article en hébreu biblique est que sa présence après préposition – du fait de l'élision du -ה – n'est décelable **que par la vocalisation** ; or, les Massorètes ont tendance à vocaliser les prépositions monoconsonantiques comme si elles étaient suivies de l'article, sans forcément tenir compte du sens. Par ex., en Qoh 1, 6 on trouve אֶל־דָּרוֹם *vers le sud.* Si l'article était présent, il serait forcément noté par un ה : on est donc sûr de son **absence**. Mais, en Qoh 11, 3 on a בַּדָּרוֹם *au sud* : ici, la **présence** de l'article n'est garantie que par la vocalisation. On ne peut donc rien en déduire sur l'emploi de l'article après préposition à l'époque de Qoh.

P3

➢ L'emploi de l'article défini n'est pas le même en prose et en poésie, qui en fait un usage beaucoup plus souple. De plus on constate, dans les textes poétiques les plus anciens, que l'article est absent là où il serait attendu en prose : עָם ***le** peuple*, אֶרֶץ ***le** pays.* C'est pourquoi on considère l'article comme une innovation qui s'est développée assez tardivement en hébreu, d'autant plus qu'il n'existe pas dans des langues plus anciennes telles que l'akkadien et l'ougaritique.

➢ L'article défini est impossible devant les noms propres de personnes, de villes, de pays. Lorsqu'un nom de personne ou de lieu (fleuve, montagne, ville...) a l'article défini, c'est toujours un nom commun à l'origine, devenu un nom propre : הַיְאֹר [hayᵉʔor] *le Nil*, emprunté à l'égyptien **yrw** *rivière* ; הַכַּרְמֶל [hakkarmɛl] *le [mont] Carmel* (כַּרְמֶל = *verger*) ; הַגִּבְעָה [haggivʕå] *Guivéa*, nom de localité (גִּבְעָה = *colline*) ; הַבַּעַל [habbaʕal] *Baal*, (בַּעַל = *maître*).

Elohim, qui est aussi un nom commun à l'origine (nous l'avons rencontré au sens de *dieux*), peut prendre l'article : on trouve aussi bien הָאֱלֹהִים que אֱלֹהִים, sans qu'il y ait de nuance particulière. La forme sans article est plus fréquente dans le Pentateuque.

➢ L'article figure devant certains noms d'objets usuels (livre, outils...) ou locaux (puits, grotte...), même s'il n'en a jamais été question auparavant dans le texte. On traduit en général, dans ce cas, par *un certain*. Nous en avons vu un exemple en Gen 28, 11 (ci-dessus p. 192). Cf. également Ex 3, 2 : וַיֵּרָא מַלְאַךְ יְהוָה אֵלָיו [...] מִתּוֹךְ הַסְּנֶה, *l'ange de l'Eternel lui apparut de l'intérieur d'un buisson*.

T4. *Casus pendens*

« Souvent un nom ou un pronom est placé en tête de la phrase d'une façon indépendante de la proposition qui suit, dans laquelle il est *repris* à l'aide d'un pronom rétrospectif. Le nom est ainsi comme suspendu, d'où l'appellation de *casus pendens* ». Telle est la description que donne Joüon (§ 156) d'un phénomène pour lequel la linguistique moderne emploie les termes de **thème/propos** ou de **topique/commentaire**. Le thème, ou topique, est ce dont on dit quelque chose ; le propos, ou commentaire, ce que l'on en dit. Ces notions permettent d'intégrer la perspective de l'énonciation à l'analyse classique en sujet/prédicat.

Dans une phrase comme *David boit son café sans sucre*, le sujet *David* est aussi le thème (topique) de la phrase : celle-ci est en quelque sorte « neutre » et, à l'oral, n'aurait pas d'intonation particulière. Mais si l'on souhaite mettre l'accent sur un autre élément que le sujet, on thématise cet élément en procédant à une **dislocation**, c'est-à-dire en le déplaçant en tête de l'énoncé, de telle sorte que le reste de la phrase s'organise autour de lui ; un pronom de reprise est alors nécessaire. Ex. : *son café, David le boit sans sucre*. En français, de telles phrases s'accompagnent à l'oral d'un changement dans l'intonation. En hébreu biblique, ce type de phrase est fréquent, dans les dialogues, les proverbes, mais aussi les textes narratifs et législatifs. Nous en avons vu un ex. en Gen 28, 13 (p. 196) : *la terre sur laquelle tu es couché, je te la donnerai.*

P4

Le nom peut être thématisé (mis en *casus pendens*) quelle que soit sa fonction : COD, complément d'un nom, d'une préposition, sujet. Nous encadrons l'élément thématisé (le *casus pendens*) et le pronom de rappel.

1. Complément d'objet direct

- Ex 1, 22 כָּל־הַבֵּן הַיִּלּוֹד הַיְאֹרָה תַּשְׁלִיכֻהוּ

Tout garçon nouveau-né, jetez-le au Nil !

La phrase canonique serait : *jetez tout garçon dans le Nil.* Mais elle devient plus expressive si on met l'accent sur le COD, placé en *casus pendens* et repris par l'affixe הוּ– : תַּשְׁלִיכֻהוּ, *jetez-le*.

תַּשְׁלִיכֻהוּ : le yiqtol est ici l'équivalent d'un impératif. Notez la graphie défective du suffixe de pluriel avant l'affixe : תַּשְׁלִיכֻהוּ.

Dans יִלּוֹד, vous reconnaissez la racine ילד *mettre au monde* (cf. aussi יֶלֶד *enfant*). Il a pour schème qittol et signifie « né ».

הַיְאֹרָה : הַיְאֹר *le Nil* (ci-dessus p. 417), avec le hé de direction.

- Jér 36, 14 הַמְּגִלָּה אֲשֶׁר קָרָאתָ בָּהּ בְּאָזְנֵי הָעָם קָחֶנָּה בְּיָדְךָ

Le rouleau sur lequel tu as lu aux oreilles du peuple, prends-le dans ta main.

Le COD contient le mot מְגִלָּה [m^{e}gillå] *rouleau* (racine géminée גלל, schème maqtelå, c'est-à-dire que le מ ne fait pas partie de la racine mais du schème) ; il est suivi d'une relative.

קַח, impératif du verbe לָקַח, est suivi de l'affixe dans sa forme énergique avec nun épenthétique (cf. p. 273).

2. Complément d'un autre nom

- Ps 11, 4 יְהוָה בַּשָּׁמַיִם כִּסְאוֹ

L'Éternel a son trône dans le ciel (litt. : *L'Éternel, dans le ciel est son trône*).

La phrase canonique serait : כִּסֵּא יְהוָה בַּשָּׁמַיִם. Le 2ème terme de l'état const., יְהוָה, est déplacé en tête et repris par l'affixe וֹ-.

- Gen 17, 4 אֲנִי הִנֵּה בְרִיתִי אִתָּךְ

Pour moi, voici mon alliance avec toi.

C'est Dieu qui parle. L'emphase est évidente. Le dernier mot est la préposition אֵת *avec* (à ne pas confondre avec le אֵת qui introduit le COD). Il est à la pause, d'où אִתָּךְ au lieu de אִתְּךָ.

- Gen 9, 6 שֹׁפֵךְ דַּם הָאָדָם בָּאָדָם דָּמוֹ יִשָּׁפֵךְ
כִּי בְּצֶלֶם אֱלֹהִים עָשָׂה אֶת־הָאָדָם

Celui qui verse le sang de l'homme, par l'homme son sang sera versé ;
car à l'image de Dieu il a fait l'homme.

Phrase adressée à Noé et ses fils après le Déluge. Lisez-la à haute voix pour en apprécier les allitérations (répétition de la syllabe [dam] et jeu de mots entre אָדָם *homme* et דָּם *sang*).

3. Complément d'une préposition

- Ps 125, 2

יְרוּשָׁלַםִ הָרִים סָבִיב לָהּ וַיהוָה סָבִיב לְעַמּוֹ מֵעַתָּה וְעַד־עוֹלָם

Jérusalem, des montagnes l'entourent ; et l'Éternel entoure son peuple, dès maintenant et pour toujours.

Parallélisme entre Dieu protecteur de son peuple et les montagnes qui défendent Jérusalem. סָבִיב לְ signifie *autour de.*

4. Sujet

- Gen 3,12 הָאִשָּׁה אֲשֶׁר נָתַתָּה עִמָּדִי הִוא נָתְנָה־לִּי מִן־הָעֵץ

La femme que tu as mise avec moi, c'est elle qui m'a donné de l'arbre.

Adam cherche à rejeter la faute sur Ève, d'où l'emphase sur le sujet, repris par le pronom de 3ème fém. sing. הִוא (pour la graphie, v. p. 117). Graphie pleine de נָתַתָּה *tu as donné* (au lieu de נָתַתְּ) assez fréquente pour ce verbe en particulier. Notez la répétition du verbe נָתַן, qui souligne l'enchaînement des circonstances : Dieu a donné une femme à Adam, puis la femme lui a donné un fruit. Adam, lui, n'apparaît dans la phrase que comme complément (לִי, עִמָּדִי), pas comme sujet : il n'a rien fait !

E4

- *Traduisez :*

1. וַאֲנִי הִנְנִי מֵקִים אֶת־בְּרִיתִי אִתְּכֶם. (Gen 9, 9)

2. וַיֹּאמֶר אֱלֹהִים אֶל־אַבְרָהָם שָׂרַי אִשְׁתְּךָ
לֹא־תִקְרָא אֶת־שְׁמָהּ שָׂרָי כִּי שָׂרָה שְׁמָהּ. (Gen 17, 4)

[Après une négation, כִּי prend le sens de *mais, au contraire.*]

3. הַמִּטָּה אֲשֶׁר־עָלִיתָ שָּׁם לֹא־תֵרֵד מִמֶּנָּה כִּי־מוֹת תָּמוּת. (II Rois 1, 16)

Exceptionnellement, le vocabulaire se trouve APRÈS les exercices corrigés, p. 421.

Exercices corrigés

E1

• *Dans cette série de formes verbales (qatal, participe, yiqtol), isolez les formes puʕal et donnez-en la racine.*

2. חֻבַּר > חבר   3. סֻקַּל > סקל   5. מְקֻבֶּצֶת > קבץ   6. מְשֻׁלֶּשֶׁת > שלש
8. מְפֹרָד > פרד   9. יְדֻבַּר > דבר   11. יְדֻכָּא > דכא   13. תְּבֹרַךְ > ברך

• *Dans cette série de formes verbales (qatal, participe, yiqtol), isolez les formes hofʕal et donnez-en la racine.*

2. הָגְלָה > גלי   3. הוּקַם > קום   4. הֻגַּד > נגד   6. מָחֳרָבוֹת > חרב
7. מוּכָן > כון   9. מוּצָאִים > יצא   10. מֻגָּשׁ > נגש   12. יָחֳרַם > חרם

E2

• *Parmi ces noms et adjectifs au féminin, repérez ceux dont la racine est géminée.*

1. רַכָּה   2. חַמָּה   3. שָׁנָה   4. מָרָה   5. מָנָה   6. דַּקָּה   7. רָעָה

Sont évidemment de racines géminées les noms et adjectifs comportant un dagesh fort : 1. רַכָּה 2. חַמָּה 6. דַּקָּה.
Pour ceux qui ne comportent pas de dagesh fort, il faut vérifier la nature de la seconde consonne radicale. L'absence de dagesh fort n'est pas incompatible avec une racine géminée si la seconde consonne est une gutturale ou un reš : la vocalisation qameṣ (מָרָה) au lieu de pataḥ (חַמָּה) compense alors l'absence du redoublement. Il s'agit du n° 4, מָרָה (racine מרר) et du n° 7, רָעָה (racine רעע).
Enfin, שָׁנָה et מָנָה, qui n'ont pas de dagesh fort alors qu'il est possible dans le נ, ne peuvent pas provenir de racines géminées.

• *Donnez la forme d'état absolu correspondant à ces formes fléchies, qui proviennent toutes de racines géminées :*

1. אִמּוֹ > אֵם   2. חִצִּי > חֵץ   3. רֻבְּכֶם > רֹב   4. כֻּלָּנוּ > כֹּל   5. שַׂרְכֶם > שַׂר   6. עַמֵּנוּ > עַם ou עָם

E4

• *Traduisez :*

1. וַאֲנִי הִנְנִי מֵקִים אֶת־בְּרִיתִי אִתְּכֶם. (Gen 9, 9)

Moi, je vais établir mon alliance avec vous.

Le pronom אֲנִי est placé en *casus pendens*. Nous ne traduisons pas הִנְנִי pour éviter le calque « voici que je vais établir ». Le participe a une valeur de futur proche.

2. וַיֹּאמֶר אֱלֹהִים אֶל־אַבְרָהָם שָׂרַי אִשְׁתְּךָ
לֹא־תִקְרָא אֶת־שְׁמָהּ שָׂרָי כִּי שָׂרָה שְׁמָהּ. (Gen 17, 4)

Dieu dit à Abraham : Saray ta femme, tu ne dois plus l'appeler du nom de Saray, mais c'est Sara son nom.

C'est שָׂרַי et son apposition אִשְׁתְּךָ qui forment l'élément thématisé et placé en tête de phrase. Le pronom de reprise est le -åh de שְׁמָהּ *son nom*. Notez la présence du mappiq.

3. הַמִּטָּה אֲשֶׁר־עָלִיתָ שָּׁם לֹא־תֵרֵד מִמֶּנָּה כִּי־מוֹת תָּמוּת.

Le lit sur lequel tu es monté, tu n'en redescendras pas, car tu vas mourir.

Le pronom de reprise est l'affixe de מִמֶּנָּה, qui renvoie au *casus pendens* הַמִּטָּה *le lit.* Remarquez la tournure d'insistance à la fin : מוֹת תָּמוּת, avec infinitif absolu, *mourir tu mourras.*

****

VOCABULAIRE

loi	*m.* חֹק, חֻקִּים	louer, célébrer yiqtol : יְהַלֵּל	הִלֵּל
Nil	יְאֹר		
		être plein de (verbe transitif). Yiqt. : יִמְלָא	מָלֵא
trône	כִּסֵּא, כִּסְאוֹת	verser (yiqt. יִשְׁפֹּךְ) être versé (yiqt. יִשָּׁפֵךְ)	שָׁפַךְ נִשְׁפַּךְ
rouleau	*f.* מְגִלָּה	feu	*m.* אֵשׁ
lit, litière	*f.* מִטָּה, מִטּוֹת		
buisson d'épines (=le « buisson ardent »)	*m.* סְנֶה	jardin jardin d'Eden, « paradis »	*m.* גַּן, גַּנִּים גַּן עֵדֶן
image, statue	צֶלֶם		
nombreux	רַב, רַבָּה, רַבִּים, רַבּוֹת	sang	*m.* דָּם, דָּמִים

Pas à pas dans le texte biblique

Ezéchiel 37, 1-14

Ezéchiel est un prophète à part. Célèbre pour ses visions (cf. le chap. 1), sujet à des expériences extatiques et des transes, il représente une perspective eschatologique qui annonce le développement ultérieur de la littérature apocalyptique. La critique biblique est divisée au sujet du livre : certains le considèrent comme authentique et contemporain des événements décrits (chute de Jérusalem, déportation à Babylone au tout début du VIe s.), d'autres pensent qu'un noyau primitif de cette époque, rédigé par Ezéchiel, a été ensuite remanié et augmenté par des rédacteurs installés à Babylone, dans le cadre d'une possible restauration religieuse et nationale. Le chap. 37 relate une vision annonçant le retour définitif des Judéens sur la terre dont ils ont été exilés.

1. הָיְתָה עָלַי יַד־יְהוָה וַיּוֹצִאֵנִי בְרוּחַ יְהוָה וַיְנִיחֵנִי בְּתוֹךְ הַבִּקְעָה
וְהִיא מְלֵאָה עֲצָמוֹת ׃

2. וְהֶעֱבִירַנִי עֲלֵיהֶם סָבִיב | סָבִיב וְהִנֵּה רַבּוֹת מְאֹד עַל־פְּנֵי הַבִּקְעָה
וְהִנֵּה יְבֵשׁוֹת מְאֹד ׃

3. וַיֹּאמֶר אֵלַי בֶּן־אָדָם הֲתִחְיֶינָה הָעֲצָמוֹת הָאֵלֶּה וָאֹמַר אֲדֹנָי יְהוִה
אַתָּה יָדָעְתָּ ׃

4. וַיֹּאמֶר אֵלַי הִנָּבֵא עַל־הָעֲצָמוֹת הָאֵלֶּה וְאָמַרְתָּ אֲלֵיהֶם הָעֲצָמוֹת
הַיְבֵשׁוֹת שִׁמְעוּ דְּבַר־יְהוָה ׃

5. כֹּה אָמַר אֲדֹנָי יְהוִה לָעֲצָמוֹת הָאֵלֶּה הִנֵּה אֲנִי מֵבִיא בָכֶם רוּחַ וִחְיִיתֶם ׃

6. וְנָתַתִּי עֲלֵיכֶם גִּדִים וְהַעֲלֵתִי עֲלֵיכֶם בָּשָׂר וְקָרַמְתִּי עֲלֵיכֶם עוֹר
וְנָתַתִּי בָכֶם רוּחַ וִחְיִיתֶם וִידַעְתֶּם כִּי־אֲנִי יְהוָה ׃

7. וְנִבֵּאתִי כַּאֲשֶׁר צֻוֵּיתִי וַיְהִי־קוֹל כְּהִנָּבְאִי וְהִנֵּה־רַעַשׁ וַתִּקְרְבוּ עֲצָמוֹת
עֶצֶם אֶל־עַצְמוֹ ׃

8. וְרָאִיתִי וְהִנֵּה־עֲלֵיהֶם גִּדִים וּבָשָׂר עָלָה וַיִּקְרַם עֲלֵיהֶם עוֹר
מִלְמָעְלָה וְרוּחַ אֵין בָּהֶם ׃

9. וַיֹּאמֶר אֵלַי הִנָּבֵא אֶל־הָרוּחַ הִנָּבֵא בֶן־אָדָם וְאָמַרְתָּ אֶל־הָרוּחַ
כֹּה־אָמַר אֲדֹנָי יְהוִה מֵאַרְבַּע רוּחוֹת בֹּאִי הָרוּחַ וּפְחִי בַּהֲרוּגִים הָאֵלֶּה
וְיִחְיוּ ׃

10. וְהִנַּבֵּאתִי כַּאֲשֶׁר צִוָּנִי וַתָּבוֹא בָהֶם הָרוּחַ וַיִּחְיוּ וַיַּעַמְדוּ
עַל־רַגְלֵיהֶם חַיִל גָּדוֹל מְאֹד־מְאֹד :

11. וַיֹּאמֶר אֵלַי בֶּן־אָדָם הָעֲצָמוֹת הָאֵלֶּה כָּל־בֵּית יִשְׂרָאֵל הֵמָּה הִנֵּה
אֹמְרִים יָבְשׁוּ עַצְמוֹתֵינוּ וְאָבְדָה תִקְוָתֵנוּ נִגְזַרְנוּ לָנוּ :

12. לָכֵן הִנָּבֵא וְאָמַרְתָּ אֲלֵיהֶם כֹּה־אָמַר אֲדֹנָי יְהוִה הִנֵּה אֲנִי פֹתֵחַ
אֶת־קִבְרוֹתֵיכֶם וְהַעֲלֵיתִי אֶתְכֶם מִקִּבְרוֹתֵיכֶם עַמִּי וְהֵבֵאתִי אֶתְכֶם
אֶל־אַדְמַת יִשְׂרָאֵל :

13. וִידַעְתֶּם כִּי־אֲנִי יְהוָה בְּפִתְחִי אֶת־קִבְרוֹתֵיכֶם וּבְהַעֲלוֹתִי אֶתְכֶם
מִקִּבְרוֹתֵיכֶם עַמִּי :

14. וְנָתַתִּי רוּחִי בָכֶם וִחְיִיתֶם וְהִנַּחְתִּי אֶתְכֶם עַל־אַדְמַתְכֶם וִידַעְתֶּם
כִּי־אֲנִי יְהוָה דִּבַּרְתִּי וְעָשִׂיתִי נְאֻם־יְהוָה :

➢ **Verset 1**

הָיְתָה עָלַי יַד־יְהוָה וַיּוֹצִאֵנִי בְרוּחַ יְהוָה וַיְנִיחֵנִי בְּתוֹךְ הַבִּקְעָה
וְהִיא מְלֵאָה עֲצָמוֹת :

- L'emploi des formes verbales est conforme aux règles de la prose classique : un **qatal** (הָיְתָה), repris par deux **wayyiqtol** (וַיּוֹצִאֵנִי et וַיְנִיחֵנִי), enfin une phrase nominale (sujet הִיא, prédicat מְלֵאָה עֲצָמוֹת) qui apporte des éléments de description et que l'on traduira par l'imparfait.

- L'expression הָיְתָה עָלַי יַד־יְהוָה est à comprendre dans le sens d'une inspiration prophétique.

וַיּוֹצִאֵנִי : racine יצא, hifʕil, 3ème masc. sing. L'affixe נִי– *moi* est relié au verbe par une voyelle de liaison [e]. וַיְנִיחֵנִי : Même formation. Le schème est forcément un hifʕil, à cause de l'infixe. Comparez la graphie pleine וַיְ[נִ]יחֵנִי à la graphie défective du verbe précédent וַיּוֹ[צִ]אֵנִי. הֵנִיחַ = *laisser, déposer* (racine נוח).

רוּחַ, que l'on trouve dès Gen 1, 2, est très fréquent dans la Bible et signifie *souffle, air, vent, esprit.* Cette polysémie pose un problème ici : la traduction par *esprit* (Dhorme, TOB, Segond, Rabbinat) convient bien au v. 1, mais dans les versets suivants on peut traduire par *souffle.* Dhorme et Segond gardent partout *esprit*, alors que la TOB choisit *souffle* à partir du v. 5.

בְּתוֹךְ הַבִּקְעָה : il est question de cette vallée (בִּקְעָה) en Ez 3, 22.

- עֲצָמוֹת : pluriel du ségolé עֶצֶם *os*, COD du verbe statif (et transitif) מָלֵא *être plein de.*

TRADUCTION : *La main de l'Éternel fut sur moi, et il me fit sortir par l'esprit de l'Éternel puis me déposa dans la vallée : elle était pleine d'ossements.*

➢ Verset 2

וְהֶעֱבִירַנִי עֲלֵיהֶם סָבִיב ׀ סָבִיב וְהִנֵּה רַבּוֹת מְאֹד עַל־פְּנֵי הַבִּקְעָה וְהִנֵּה יְבֵשׁוֹת מְאֹד׃

- וְהֶעֱבִירַנִי : même affixe qu'au v. précédent, voyelle de liaison [a], hifʕil. On attendrait plutôt un wayyiqtol, mais c'est un qatal (הֶעֱבִיר *il fit passer*, racine עבר) précédé de la conjonction de coordination.

עֲלֵיהֶם : nous avons déjà vu dans le texte de Ruth la tendance à employer, dans la flexion des prépositions, les affixes masc. plutôt que fém. L'accord des adjectifs רַבּוֹת et יְבֵשׁוֹת montre que עֲצָמוֹת est du fém.

סָבִיב *autour* (racine géminée סבב) est répété : סָבִיב סָבִיב = *tout autour*. La barre verticale entre les deux mots, que l'on nomme paseq, est sans doute là pour éviter qu'un des deux סָבִיב ne soit oublié par le scribe.

- On a ensuite 2 phrases nominales introduites par וְהִנֵּה, dont les prédicats sont רַבּוֹת, f. pl. de רַב *nombreux*, et יְבֵשׁוֹת, f. pl. de יָבֵשׁ *sec*.

TRADUCTION : *Et il me fit passer au-dessus d'eux, tout autour ; ils étaient très nombreux à la surface de la vallée, et complètement desséchés.*

➢ Verset 3

וַיֹּאמֶר אֵלַי בֶּן־אָדָם הֲתִחְיֶינָה הָעֲצָמוֹת הָאֵלֶּה וָאֹמַר אֲדֹנָי יְהוִה אַתָּה יָדָעְתָּ׃

- בֶּן־אָדָם, *fils d'homme*, est une expression favorite d'Ezéchiel, qui l'emploie des dizaines de fois.

הֲתִחְיֶינָה : la forme verbale est précédée de l'interrogatif -הֲ (p. 205-206). Le yiqtol a ici une valeur modale : ***peuvent-ils** (re)vivre* ?

- אֲדֹנָי יְהוִה [ʔ^{a}d̲onây ʔ^{e}lohim]. La vocalisation du tétragramme n'est pas celle que nous avons rencontrée jusqu'à présent. Les voyelles de יְהוִה correspondent au q^{e}ré אֱלֹהִים (ʔ^{e}lohim), shewa puis ḥireq, alors que la vocalisation habituelle יְהוָה correspond au q^{e}ré אֲדֹנָי (ʔ^{a}d̲onây), shewa puis qameṣ. אֲדֹנָי יְהוִה se lit *Adonay Elohim*. אֲדֹנָי, qui sert de q^{e}ré au k^{e}tiv יְהוָה, est, comme ʔ^{e}lohim, un pluriel de majesté, réservé à Dieu.

אַתָּה יָדָעְתָּ : emploi du qatal de יָדַע, cf. leçon 10. L'insertion du pronom sujet introduit une emphase : « **c'est toi** qui [le] sais ».

TRADUCTION : *Il me dit : « Fils d'homme, ces ossements peuvent-ils revivre ? » Je répondis : « Éternel Dieu, c'est toi qui le sais ! »*

➢ **Verset 4**

וַיֹּ֣אמֶר אֵלַ֔י הִנָּבֵ֖א עַל־הָעֲצָמ֣וֹת הָאֵ֑לֶּה וְאָמַרְתָּ֣ אֲלֵיהֶ֗ם הָעֲצָמוֹת֙ הַיְבֵשׁ֔וֹת שִׁמְע֖וּ דְּבַר־יְהוָֽה׃

• הִנָּבֵא : racine נבא, schème nifʕal, impératif. נִבָּא signifie *prophétiser*. Cet impératif est suivi d'un w^eqatal, tournure fréquente (v. p. 114).

TRADUCTION : *Il me dit : « Prophétise sur ces ossements, et dis-leur : ossements desséchés, écoutez la parole de l'Éternel !*

➢ **Verset 5**

כֹּ֤ה אָמַר֙ אֲדֹנָ֣י יְהוִ֔ה לָעֲצָמ֖וֹת הָאֵ֑לֶּה הִנֵּ֨ה אֲנִ֜י מֵבִ֥יא בָכֶ֛ם ר֖וּחַ וִחְיִיתֶֽם׃

• L'expression כֹּה אָמַר יְהוָה (chez Ezéchiel, préférence pour כֹּה אָמַר אֲדֹנָי יְהוִה) est extrêmement fréquente, surtout chez les prophètes : plusieurs centaines d'occurrences. Elle introduit un discours divin.

• מֵבִיא : racine בוא, hifʕil, participe masc. sing. Le participe est à traduire ici comme un futur proche plutôt que comme un présent.

וִחְיִיתֶם : w^eqatal = futur. Le verbe est placé en fin de verset, juste après רוּחַ : dès qu'apparaît le souffle divin, la vie est possible.

TRADUCTION : *Ainsi a parlé l'Éternel Dieu à ces ossements : je vais faire venir sur vous un esprit et vous vivrez.*

➢ **Verset 6**

וְנָתַתִּי֩ עֲלֵיכֶ֨ם גִּדִ֜ים וְהַעֲלֵתִ֧י עֲלֵיכֶ֣ם בָּשָׂ֗ר וְקָרַמְתִּ֤י עֲלֵיכֶם֙ ע֔וֹר וְנָתַתִּ֥י בָכֶ֛ם ר֖וּחַ וִחְיִיתֶ֑ם וִידַעְתֶּ֖ם כִּֽי־אֲנִ֥י יְהוָֽה׃

• Le discours aux ossements s'achève avec ce verset : comme וִחְיִיתֶם, dernier mot du v. 5, tous les verbes sont au w^eqatal. Nous les avons tous déjà rencontrés, sauf קָרַם, verbe rare qui signifie *couvrir superficiellement*.

Ce v. développe le précédent, en s'attachant au détail de la renaissance des ossements : dans l'ordre, de l'intérieur vers l'extérieur, גִּדִים *les nerfs*, בָּשָׂר *la chair*, עוֹר *la peau* (à rapprocher de Job 10, 11). Remarquez à nouveau la proximité entre רוּחַ *souffle, esprit* et וִחְיִיתֶם *vous vivrez*.

• וִידַעְתֶּם כִּי־אֲנִי יְהוָה : la complétive est introduite par כִּי. Ici encore, il s'agit d'une expression fréquente chez Ezéchiel.

TRADUCTION : *Je mettrai sur vous des nerfs, je ferai monter sur vous de la chair, je vous recouvrirai de peau, je mettrai en vous un esprit, et vous vivrez ; et vous saurez que je suis l'Éternel. »*

➢ **Verset 7**

וְנִבֵּאתִי כַּאֲשֶׁר צֻוֵּיתִי וַיְהִי־קוֹל כְּהִנָּבְאִי וְהִנֵּה־רַעַשׁ וַתִּקְרְבוּ עֲצָמוֹת עֶצֶם אֶל־עַצְמוֹ׃

- וְנִבֵּאתִי : le prophète reprend son récit par un verbe au qatal. Nous avons vu ce verbe à l'impér. au v. 4. Le dagesh fort dans le בּ provient de l'assimilation du nun initial : [*ninbe(ʾ)ṯi] > [nibbe(ʾ)ṯi]. La vocalisation ṣéré (נִבֵּאתִי) au lieu de pataḥ (נִשְׁמַּרְתִּי) est habituelle pour les verbes terminés par א. Un peu plus loin, autre forme du même verbe : כְּהִנָּבְאִי, inf. construit avec la prép. -כְּ, suivi de l'affixe ־ִי : *alors que je prophétisais.*

כַּאֲשֶׁר a ici le sens de *comme.* צֻוֵּיתִי : racine צוי, puʕal. צִוִּיתִי *j'ai ordonné* ; צֻוֵּיתִי, passif, *j'ai reçu un ordre.*

- Il sera difficile de rendre en français וַתִּקְרְבוּ עֲצָמוֹת עֶצֶם אֶל־עַצְמוֹ, litt. *et les os se rapprochèrent, un os vers son os.*

TRADUCTION : *Et je prophétisai comme j'en avais reçu l'ordre ; il y eut un bruit tandis que je prophétisais, et tout à coup un grondement, et les os se rapprochèrent les uns des autres.*

➢ **Verset 8**

וְרָאִיתִי וְהִנֵּה־עֲלֵיהֶם גִּדִים וּבָשָׂר עָלָה וַיִּקְרַם עֲלֵיהֶם עוֹר מִלְמָעְלָה וְרוּחַ אֵין בָּהֶם׃

- Tous les mots ont été vus (cf. le v. 6), sauf מִלְמַעְלָה, composé de מִן + -לְ + מַעְלָה, *dessus* (à rapprocher de עַל *sur*).
- וְרָאִיתִי וְהִנֵּה־עֲלֵיהֶם גִּדִים : complétive introduite par וְהִנֵּה.

TRADUCTION : *Et je vis qu'il y avait sur eux des nerfs ; de la chair monta, puis de la peau les couvrit par-dessus ; mais d'esprit, il n'y en avait pas en eux.*

➢ **Verset 9**

וַיֹּאמֶר אֵלַי הִנָּבֵא אֶל־הָרוּחַ הִנָּבֵא בֶן־אָדָם וְאָמַרְתָּ אֶל־הָרוּחַ כֹּה־אָמַר אֲדֹנָי יְהוִה מֵאַרְבַּע רוּחוֹת בֹּאִי הָרוּחַ וּפְחִי בַּהֲרוּגִים הָאֵלֶּה וְיִחְיוּ׃

- Jeu sur les significations de רוּחַ : הִנָּבֵא אֶל־הָרוּחַ, *prophétise au souffle (à l'esprit ?)* / מֵאַרְבַּע רוּחוֹת *des quatre vents* (= *des quatre points cardinaux*). Notez aussi les discours emboîtés les uns dans les autres : *il me dit* (וַיֹּאמֶר) : « *Dis* (וְאָמַרְתָּ) : "*ainsi a dit* (אָמַר) *l'Éternel*" :… ».
- בֹּאִי et פְּחִי, impératifs fém. sing., accordés avec רוּחַ. פְּחִי, racine נפח, *souffler.* Ce verbe est celui qu'emploie Gen 2, 7 (וַיִּפַּח), lorsque Dieu fait pénétrer le souffle vital dans les narines de l'homme qu'il vient de créer.

הֲרוּגִים est un paʕul : הָרַג *il a tué* > הָרוּג *tué.*

Venant après les impératifs, le yiqtol יִחְיוּ a une valeur de jussif : *qu'ils vivent* ! ou bien, en donnant au waw la valeur d'une conjonction de subordination, *pour qu'il vivent.* Cependant, la TOB traduit *et ils vivront.*

TRADUCTION : *Il me dit : « Prophétise à l'attention de l'esprit, prophétise, fils d'homme, et dis à l'esprit : ainsi a parlé l'Éternel Dieu : des quatre vents, viens, esprit, et souffle sur ces morts, pour qu'ils vivent. »*

➢ Verset 10

וְהִנַּבֵּאתִי כַּאֲשֶׁר צִוָּנִי וַתָּבוֹא בָהֶם הָרוּחַ וַיִּחְיוּ וַיַּעַמְדוּ עַל־רַגְלֵיהֶם חַיִל גָּדוֹל מְאֹד־מְאֹד׃

• Comme au v. 7, le prophète obéit immédiatement. Quelques variantes de formulation : הִנַּבֵּאתִי, hitpaʕel au lieu du nifʕal נִבֵּאתִי ; צִוָּנִי, verbe actif avec affixe, [ṣiwwå] + [-ni] *il m'a ordonné*, au lieu du puʕal צֻוֵּיתִי *j'ai reçu l'ordre.* הִנַּבֵּאתִי est bien un hitpaʕel, malgré l'absence du [t] caractéristique, assimilé au nun de la racine : [hitnab**be**(ʔ)ṯi] > hinnab**be**(ʔ)ṯi. Cette assimilation est rare. On a par ex., au yiqtol, la forme normale יִתְנַבֵּא.

• Dès que les ossements ont été touchés par le souffle divin, ils reprennent une allure humaine (*ils se mirent debout sur leurs pieds*).

TRADUCTION : *Je prophétisai comme il me l'avait ordonné, et l'esprit vint en eux, ils devinrent vivants ; et ils se dressèrent sur leurs pieds, armée très très nombreuse.*

➢ Verset 11

וַיֹּאמֶר אֵלַי בֶּן־אָדָם הָעֲצָמוֹת הָאֵלֶּה כָּל־בֵּית יִשְׂרָאֵל הֵמָּה הִנֵּה אֹמְרִים יָבְשׁוּ עַצְמוֹתֵינוּ וְאָבְדָה תִקְוָתֵנוּ נִגְזַרְנוּ לָנוּ׃

• Comme dans le texte d'Isaïe étudié à la leçon 12, la parabole est expliquée par une phrase nominale.

הֵמָּה	כָּל־בֵּית יִשְׂרָאֵל	הָעֲצָמוֹת הָאֵלֶּה
copule	**prédicat**	**sujet**

• On a ensuite trois phrases, dont les deux premières ont une structure parallèle : יָבְשׁוּ עַצְמוֹתֵינוּ / אָבְדָה תִקְוָתֵנוּ } verbe qatal suivi d'un sujet constitué par un nom fléchi

תִּקְוָתֵנוּ : forme fléchie de תִּקְוָה *espoir.* Le ת initial fait partie du schème (tiqtål). La racine, קוי, a déjà été vue avec le verbe קִוָּה *espérer* (Is 5, 2 et 4). הַתִּקְוָה [hattiqvå] *l'Espoir,* est le titre de l'hymne israélien. Les paroles, composées au XIXᵉ s., comportent plusieurs références bibliques, dont un écho direct de notre chapitre, lu comme une promesse de retour des exilés : עוֹד לֹא אָבְדָה תִקְוָתֵנוּ *notre espoir n'a pas encore disparu.*

Déchéance physique (*nos os sont secs*) et morale (*notre espoir a disparu*) : le peuple exilé a l'impression d'être condamné à une mort certaine > נִגְזַרְנוּ (racine גזר, nifʕal, qatal, 1ère plur.) signifie *nous avons été mis en pièces.*

לָנוּ est un usage assez fréquent de la prép. -לְ que nous n'avons pas encore eu l'occasion de rencontrer et que l'on peut appeler le **datif étendu**. L'affixe doit être à la même pers. que le verbe. On ajoute ainsi une valeur réfléchie à certains verbes intransitifs. Ex. : Gen 12, 1 לֶךְ־לְךָ *va t'en* (litt. *va pour toi*) ; Gen 22, 5 שְׁבוּ לָכֶם *asseyez-vous.* Si le verbe est, comme ici, un réfléchi, on renforce cette nuance : הִשָּׁמְרוּ־לָכֶם *gardez-vous* (cf. latin *cave tibi*), נִגְזַרְנוּ לָנוּ *c'en est fait de nous.*

TRADUCTION : *Il me dit : « Fils d'homme, ces ossements, c'est toute la maison d'Israël. Ils disent : nos os sont secs, notre espoir a disparu, c'en est fait de nous !*

➢ **Verset 12**

לָכֵן הִנָּבֵא וְאָמַרְתָּ אֲלֵיהֶם כֹּה־אָמַר אֲדֹנָי יְהוִה הִנֵּה אֲנִי פֹתֵחַ אֶת־קִבְרוֹתֵיכֶם וְהַעֲלֵיתִי אֶתְכֶם מִקִּבְרוֹתֵיכֶם עַמִּי וְהֵבֵאתִי אֶתְכֶם אֶל־אַדְמַת יִשְׂרָאֵל׃

- לָכֵן signifie *c'est pourquoi* et introduit les mêmes formules qu'au v. 9.

Comme au v. 5, le discours divin proprement dit commence par הִנֵּה, suivi d'une phrase nominale : comme il s'agit d'un discours direct, il faut traduire par le présent ou le futur proche.

פֹּתֵחַ : participe qal. Pataḥ furtif à cause du ח.

קִבְרוֹתֵיכֶם : après avoir enlevé l'affixe כֶם-, le yod, et le suffixe de pluriel וֹת-, il reste קִבְר ; or, devant une base monosyllabique de ce genre, il faut penser à un ségolé. קֶבֶר signifie *tombe* (cf. נִקְבַּר *être enterré*, p. 407) : dans ce texte, l'exil est mis sur le même plan que la mort.

עַמִּי : remarquez la mise en relief de ce mot, à la pause.

Ce v. (et l'ensemble du passage) est interprété par la tradition juive à la fois comme une promesse de retour sur la terre d'Israël (les tombes représentent l'exil), et comme une preuve de la résurrection des morts à l'époque messianique. Rappelons que cette dernière croyance est une idée pharisienne, à laquelle s'opposaient les Sadducéens. Mais, une fois l'idée adoptée, la tradition rabbinique a cherché dans la Bible des textes pouvant être interprétés en ce sens : ce verset en fait évidemment partie.

TRADUCTION : *C'est pourquoi prophétise et dis-leur : « Ainsi a parlé l'Éternel Dieu : je vais ouvrir vos tombes, je vous ferai remonter de vos tombes, ô mon peuple, et je vous ramènerai sur le sol d'Israël.*

➢ Verset 13

וִידַעְתֶּם כִּי־אֲנִי יְהוָה בְּפִתְחִי אֶת־קִבְרוֹתֵיכֶם וּבְהַעֲלוֹתִי אֶתְכֶם מִקִּבְרוֹתֵיכֶם עַמִּי׃

- Aucun mot nouveau dans ce verset. Les infinitifs construits sont les équivalents d'une subordonnée temporelle (ci-dessus p. 309):

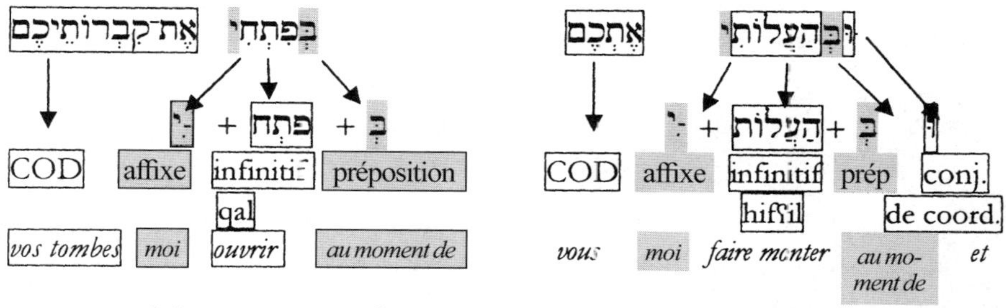

= *quand j'ouvrirai vos tombes* = *et quand je vous ferai monter*

הַעֲלוֹת est un infinitif construit hifʕil : la finale וֹת- vous indique une racine lamed-yod (עלי). Ne pas confondre cette forme d'infinitif הַעֲלוֹתִי [haʕ^{a}lo<u>t</u>**i**] *faire monter* dans laquelle on a **la finale -o<u>t</u> + l'affixe -i,** avec le même verbe au **qatal,** הַעֲלֵיתִי [haʕ^{a}**le**$^{(y)}$<u>t</u>i] *j'ai fait monter* (ci-dessus v. 12) dans lequel la finale –<u>t</u>i est le **suffixe de 1ère pers. du sing**.

TRADUCTION : *Et vous saurez que je suis l'Éternel quand j'ouvrirai vos tombes et quand je vous ferai monter de vos tombes, ô mon peuple.*

➢ Verset 14

וְנָתַתִּי רוּחִי בָכֶם וִחְיִיתֶם וְהִנַּחְתִּי אֶתְכֶם עַל־אַדְמַתְכֶם וִידַעְתֶּם כִּי־אֲנִי יְהוָה
דִּבַּרְתִּי וְעָשִׂיתִי נְאֻם־יְהוָה׃

- Tous les mots vous sont connus. La phrase repose sur trois verbes au w^{e}qatal, déjà employés dans d'autres versets.
- De וִידַעְתֶּם dépend une complétive introduite par כִּי et dont les verbes sont דִּבַּרְתִּי et עָשִׂיתִי, formule qui revient 3 autres fois chez Ez.

נְאֻם־יְהוָה : cette formule figée, technique, sert d'introduction et plus souvent de conclusion à un discours prophétique. Elle est extrêmement fréquente (360 occurrences).

TRADUCTION : *Je mettrai mon esprit en vous et vous vivrez, je vous déposerai sur votre sol et vous saurez que c'est moi, l'Éternel, qui ai parlé et agi ; oracle de l'Éternel. »*

Lexique hébreu-français

א

אָב [ʔåv], état cstr. et base de flexion אֲבִי, pl. אָבוֹת, m. : *père.*

אבד
qal אָבַד [ʔåvad], yiqt. יֹאבַד, *être perdu, errer.*
pi. אִבֵּד [ʔibbed], yiqt. יְאַבֵּד, *perdre, détruire.*

אֶבֶן [ʔɛvɛn], pl. אֲבָנִים, f. : *pierre.*

אַבְרָהָם [ʔavråhåm], *Abraham* (avant Gen 17, 5, il se nomme אַבְרָם, Avram).

אָדוֹן [ʔadon], pl. אֲדֹנִים, m. : *maître, seigneur.*
אֲדֹנָי [ʔadonåy], *Adonaï*, pl. de majesté, l'un des noms de Dieu (litt. *mes seigneurs*) ; sert de lecture de substitution au tétragramme יהוה, YHWH.

אָדָם [ʔådåm], seult au sing. *homme, être humain, Adam.*

אֲדָמָה [ʔadåmå], état cstr. אַדְמַת, pl. אֲדָמוֹת, f. : *sol, poussière du sol, terre.*

אהב
qal אָהַב [ʔåhav], yiqt. יֶאֱהַב : *aimer.*

אָהוּב [ʔåhuv], f. s. אֲהוּבָה : *aimé.*

אַהֲרוֹן [ʔåharon], *Aharon.*

אוֹר [ʔor]. pl. אוֹרִים, m. : *lumière.*

אֹזֶן [ʔozɛn], duel אָזְנַיִם [ʔǫznayim], f. : *oreille.*

אָח [ʔåḥ], état cstr. et base de flexion אֲחִי, pl. אַחִים, m. : *frère.*

אֶחָד [ʔɛḥad], f. s. אַחַת, m. pl. אֲחָדִים **1.** *un,* chiffre cardinal ; **2.** *un seul* ; **3.** *premier.*

אַחֵר [ʔåḥer], f. s. אַחֶרֶת, m. pl. אֲחֵרִים, f. pl. אֲחֵרוֹת : *autre, différent, étranger.*

אַחַר [ʔåḥar], prép., *derrière, après.* Existe aussi sous la forme אַחֲרֵי [ʔåḥare(y)], qui est par ailleurs base de flexion : אַחֲרָיו, *derrière lui.*

אֲחַשְׁדַּרְפְּנִים [ʔåḥaršdarpenim], tjs pl., *satrapes.*

אֲחַשְׁוֵרוֹשׁ [ʔaḥašweroš], *Assuérus.*

אֵי [ʔe(y)], base de flexion אַיֵּה [ʔayye], *où ?*

אֵיךְ [ʔe(y)k], *comment ?*

אִישׁ [ʔiš], pl. אֲנָשִׁים, m. : **1.** *homme.* **2.** *mari.* **3.** *on.* **4.** *chacun.*

אכל
qal אָכַל [ʔåkal], yiqt. יֹאכַל *manger.*
hif. הֶאֱכִיל [hɛʔekil], yiqt. יַאֲכִיל *nourrir.*

אַל [ʔal], nég. de la défense : אַל תֹּאכַל *ne mange pas.*

אֶל [ʔɛl], prép. : *vers, en direction de, à.*

אֵלֶּה, v. זֶה

אֱלֹהִים [ʔelohim], pl. de אֱלוֹהַּ (*Dieu*, forme poét. attestée surtout dans Job) **1.** *Dieu.* **2.** *dieux.*

אִם [ʔim], conj. de subordination, introduit les conditionnelles : *si.*

אֵם [ʔem], base de flexion אִמּ- , f. : *mère.*

אָמָה [ʔåmå], f. : *esclave, servante*

אמן
nif. נֶאֱמַן [nɛʔeman], yiqt. יֵאָמֵן. **1.** *être solide, stable.* **2.** *être digne de confiance.*
hif. הֶאֱמִין [hɛʔemin], yiqt. יַאֲמִין. **1.** *croire.* **2.** *avoir confiance.*

אמר
qal אָמַר [ʔåmar], yiqtol יֹאמַר, wayyiqtol וַיֹּאמֶר, *dire.* L'inf. לֵאמֹר introduit le discours direct.

אֲנַחְנוּ [ʔanaḥnu], pron. pers. indép. : *nous.*

אֲנִי [ʔ^{a}ni], pron. pers. indép. : *je, moi.*

אֳנִיָּה [ʔ^{o}niyyå], pl. **אֳנִיּוֹת**, f. : *bateau.*

אָנֹכִי [ʔånoḵi], pron. pers. indép. : *je, moi.*

אַף [ʔåf], base de flexion **אַפּ-**, duel **אַפַּיִם** [ʔap**pa**yim], f. : *nez, narine, colère.*

אָרוֹן [ʔåron], m./f. : *caisse, coffre, arche (renfermant les tables de la Loi).*

אָרוּר, f. s. **אֲרוּרָה** : *maudit.*

ארך
qal אָרַךְ [ʔåraḵ] : *être long, s'allonger*
hif. הֶאֱרִיךְ [hɛʔ^{e}riḵ] : **1.** *rallonger, devenir plus long.* **2.** *rendre plus long.*

אֶרֶץ [**ʔɛ**rɛṣ], base de flexion **אַרְצ-**, pl. **אֲרָצוֹת**, f. : *terre, pays.*

אֵשׁ [ʔeš], f. : *feu.*

אִשָּׁה [ʔiššå], état cstr. **אֵשֶׁת**, base de flex. **אִשְׁתּ-**, pl. **נָשִׁים**, f. : **1.** *femme.* **2.** *chacune.*

אֲשֶׁר [ʔ^{a}šɛr], pronom relatif : *qui, que.*

אֵת [ʔet], base de flexion **אֹת-**, particule introduisant le COD déterminé.

אֵת [ʔet], prép., base de flexion **אִתּ-** : *avec.*

אַתָּה [ʔattå], pron. pers. indép. : *tu, toi* (m).

ב

בְּ- [b^e], *dans, à* (sans mvt) *; en, au moment de ; avec, au moyen de.*

בֶּגֶד [**bɛ**ḡɛd], base de flexion **בִּגְד-**, pl. **בְּגָדִים**, m. : *vêtement.*

בוא
qal בָּא [bå$^{(ʔ)}$], yiqt. **יָבוֹא**, **1.** *venir.* **2.** *entrer.* **3.** *se coucher [soleil].*
hif. הֵבִיא [hevi$^{(ʔ)}$], yiqt. **יָבִיא**, *faire venir, apporter.*
hof. הוּבָא [huva$^{(ʔ)}$], *être apporté.*

בחר
qal בָּחַר [båḥar], yiqt. **יִבְחַר** : *choisir.* Se construit avec **-בְּ**.

בין
qal : qatal non att., yiqt. **יָבִין**. **1.** *percevoir.* **2.** *comprendre.*
hif. הֵבִין [hevin], yiqt. **יָבִין**, wayyiqt. **וַיָּבֶן**. **1.** *comprendre.* **2.** *faire comprendre.*

בֵּין [be$^{(y)}$n], prép. : *entre.* Se fléchit. **בֵּינִי וּבֵין כַּרְמִי** : *entre moi et ma vigne* ; **בֵּין מַיִם לָמָיִם** : *entre les eaux.*

בַּיִת [**ba**yiṯ], état cstr. **בֵּית**, pl. **בָּתִּים**, m. : *maison, famille, temple.*

בכי
qal בָּכָה [båḵå], yiqt. **יִבְכֶּה**, *pleurer.*

בְּכֹר [b^{e}ḵor], pl. **בְּכֹרוֹת**, m. : *premier-né.*

בֵּן [ben], pl. **בָּנִים**, état cstr. pl. **בְּנֵי**, m. : **1.** *fils.* **2.** *âgé de :* **בֶּן שָׁנָה**, *âgé d'un an.*

בני
qal בָּנָה [bånå], yiqt. **יִבְנֶה**, *construire.*
nif. נִבְנָה [nivnå], yiqt. **יִבָּנֶה**, *être construit.*

בַּעַל [**ba**ʕal], pl. **בְּעָלִים**, m. : *propriétaire, maître, mari, Baal.*

בִּקְעָה [biqʕå], f. : *vallée, plaine.*

בקשׁ
pi. בִּקֵּשׁ [biqqeš], yiqt. **יְבַקֵּשׁ**, *chercher.*

ברא
qal בָּרָא [bårå$^{(ʔ)}$], yiqt. **יִבְרָא**, *créer.*

בָּרוּךְ, f. s. **בְּרוּכָה**, m. pl. **בְּרוּכִים** : *béni.*

בְּרִית [b^{e}riṯ], f. : *alliance.*

ברך
pi. בֵּרֵךְ [bereḵ], yiqt. **יְבָרֵךְ**, *bénir.*

בְּרָכָה [b^{e}råḵå], état cstr. **בִּרְכַּת**, pl. **בְּרָכוֹת**, f. : *bénédiction.*

בָּשָׂר [båśår], m. : **1.** *chair.* **2.** *viande.*

בַּת [baṯ], forme de flexion **-בַּתּ**, pl. **בָּנוֹת**, f. : *fille.*

ג

גָּדֹל [gåd̲ol], f. s. גְּדֹלָה, m. pl. גְּדֹלִים f. pl. גְּדֹלוֹת : *grand.*

גדל

qal גָּדַל [gåd̲al], yiqt. יִגְדַּל, *grandir, être grand.*
pi. גִּדֵּל [giddel], yiqt. יְגַדֵּל. **1.** *élever (des enfants).* **2.** *faire pousser (des plantes).*
hif. הִגְדִּיל [hig̅dil], yiqt. יַגְדִּיל, *augmenter.*

גּוֹי [goy], pl. גּוֹיִם, m. : *peuple, nation.*

גּוֹרָל [gorål], pl. גּוֹרָלוֹת, m. : *sort.*

גִּיד [gid̲], pl. גִּדִים, m. : *tendon, nerf.*

גָּמָל [gåmål], pl. גְּמַלִּים, m. : *chameau.*

גַּן [gan], pl. גַּנִּים, m. : *jardin.* גַּן עֵדֶן : *jardin d'Eden* (Gen 2, 8), *paradis terrestre.*

גנב

qal גָּנַב [gånav], yiqt. יִגְנֹב, *voler, dérober.*

ד

דבר

pi. דִּבֶּר [dibber], yiqt. יְדַבֵּר, *parler, dire.*

דָּבָר [dåvår], pl. דְּבָרִים : *parole, chose.*

דְּבַשׁ [d^{e}vaš] : *miel.*

דָּוִד [dåwid̲] : *David.*

דּוֹר [dor], pl. דּוֹרוֹת, m. : *génération.*

דֶּלֶת [**d**ɛlɛt̲], pl. דְּלָתוֹת, f. : *porte.*

דָּם [dåm], cstr. דַּם, pl. דָּמִים, m. : *sang.*

דֶּרֶךְ [**d**ɛrɛk̲], pl. דְּרָכִים, f. : *chemin, route.*

ה

הֲ- [h^{a}-] : *est-ce-que ?*

הוּא [hu$^{(?)}$], pron. pers. indép. : *il.* – הַהוּא, adj. démonstr. : *ce.*

הִיא [hi$^{(?)}$], pron. pers. indép. : *elle.* Souvent écrit הִוא. – הַהִיא adj. démonstr. : *cette.*

היה

qal הָיָה [håyå], yiqt. יִהְיֶה, wayyiqtol וַיְהִי. **1.** *être.* **2.** *devenir* **3.** *arriver, se produire.* **4.** Construit avec לְ- : תִּהְיוּ לִי לְעָם : *vous serez pour moi un peuple.*

הלך

qal הָלַךְ [hålak̲], yiqt. יֵלֵךְ, *marcher, aller.*

הלל

pi. הִלֵּל [hillel], yiqt. יְהַלֵּל, *louer, célébrer.* הַלְלוּ יָהּ [halelu-yå], *louez l'Éternel,* formule de conclusion de plusieurs Psaumes.

הֵם [hem], הֵמָּה [**hem**må], pron. pers. indép. : *ils.* – הָהֵם, adj. démonstr. : *ces.*

הִנֵּה [hinne] : **1.** *voici.* **2.** Renforce une affirmation, attire l'attention sur ce qu'on va dire. **3.** Introduit une complétive après les verbes type *voir.*

הַר [har], pl. הָרִים, m. : *montagne.*

הרג

qal הָרַג [hårag̲], yiqt. יַהֲרֹג : *tuer.*

הָרוּג [hårug̲], paʕul du précédent, *tué.*

ו

וְ- [w^{e}-] : *et, mais, afin que.* – Waw conversif : v. la leçon 4.

ז

זֶה, זֹאת [zɛ, zo$^{(?)}$t], pl. אֵלֶּה [ʔellɛ] : *celui-ci, celle-ci, ceux-ci ; ce, cette, ces.*

זָהָב [zåhåv], m. : *or.*

זכר

qal זָכַר [zåk̲ar], yiqt. יִזְכֹּר, *se souvenir.*
hif. הִזְכִּיר [hizkir], yiqt. יַזְכִּיר, *rappeler.*

זְמָן [z^{e}mån] : *temps fixé, moment.*

זָקֵן [zåqen], f. s. זְקֵנָה, m. pl. זְקֵנִים, f. pl. זְקֵנוֹת : *vieux, âgé.*

זקן
qal זָקֵן [zåken] ou זָקֵן, yiqt. יִזְקַן : *vieillir, être vieux.*

זֶ֫רַע [zɛraʕ], pl. זְרָעִים : **1.** *semence.* **2.** [tjs au sing.] : *descendance, postérité.*

ח

חבק
qal חָבַק [ḥåvaq], *embrasser.*
pi. חִבֵּק [ḥibbeq], *embrasser.*

חָדָשׁ [ḥådåš], f. s. חֲדָשָׁה, m. pl. חֲדָשִׁים , f. pl. חֲדָשׁוֹת : *nouveau.*

חֹ֫דֶשׁ [ḥodɛš], pl. חֳדָשִׁים : *nouvelle lune, mois.*

חוי
šafʕel + t (marque de réfléchi) :
הִשְׁתַּחֲוָה [hištaḥᵃwå], yiqt. יִשְׁתַּחֲוֶה : *se prosterner.*

חיה
qal חָיָה [ḥåyå], part. חַי, yiqt. יִחְיֶה, *vivre.*
pi. חִיָּה [ḥiyyå], yiqt. יְחַיֶּה, *faire vivre.*

חַ֫יִּים [**ḥå**yyim], tjs pl., m. : *vie.*

חַ֫יִל [**ḥå**yil], état cstr. חֵיל, m. : **1.** *force, vigueur.* **2.** *valeur.* **3.** *armée.*

חָכְמָה [ḥọkmå], pl. חָכְמוֹת, f. : *sagesse.*

חֲלוֹם [ḥᵃlom], pl. חֲלוֹמוֹת, m. : *rêve.*

חָלִילָה [ḥalilå], f. : *chose profane,* s'emploie dans l'expression -חָלִילָה לִי מִ, *loin de moi de…, plaise à Dieu que je ne…*

חלל
pi. חִלֵּל [ḥillel], yiqt. יְחַלֵּל, *profaner.*
hif. הֵחֵל [heḥel], yiqt. יָחֵל, *commencer.*

חלם
qal חָלַם [ḥålam], yiqt. יַחֲלֹם, *rêver.*

חמד
qal חָמַד [ḥåmad], yiqt. יַחְמֹד, *désirer, convoiter.*

חֲמוֹר [ḥᵃmor], pl. חֲמוֹרִים, m. : *âne.*

חֶ֫סֶד [hɛsɛd], base de flexion -חַסְדְּ, pl. חֲסָדִים, m. : **1.** *bonté.* **2.** *bienveillance.* **3.** *fidélité.* **4.** *grâce.* **5.** pl., *actions bienveillantes.*

חפץ
qal חָפֵץ [ḥåfeṣ], yiqt. יַחְפֹּץ, *avoir plaisir, vouloir.*

חֹק [ḥoq], pl. חֻקִּים, m. : *loi, règle, prescription.*

חשׁי
qal חָשָׁה [ḥåšå] : *se taire.*

ט

טהר
qal טָהֵר [ṭåher], yiqt. יִטְהַר : *être pur.*
pi. טִהֵר [ṭiher], yiqt. יְטַהֵר : *purifier, déclarer pur.*
hitp הִטַּהֵר [hiṭṭaher] : *se purifier.*

טוֹב [ṭov], f. s. טוֹבָה, m. pl. טוֹבִים f. pl. טוֹבוֹת : *bon, agréable, beau, utile.*

טוּב [ṭuv]), m. *bonnes/meilleures choses, bonté, bonheur.*

טמא
pi. טִמֵּא [ṭimmeʔ], yiqt. יְטַמֵּא, *rendre impur ; déclarer impur.*
hitp הִטַּמֵּא [hiṭammeʔ], *se rendre impur.*

טֶ֫רֶם [ṭerem] : *ne.... pas encore.* בְּטֶ֫רֶם : *avant que.*

י

יְאֹר [yeʔor], *le Nil.*

יבשׁ
qal יָבֵשׁ [yaveš], yiqt. יִיבַשׁ, *être sec, s'assécher..*

יָבֵשׁ [yaveš], f. s. יְבֵשָׁה, m. pl. יְבֵשִׁים, f. pl. יְבֵשׁוֹת : *sec, desséché.*

יָד [yåd], duel יָדַ֫יִם, f. : *main, côté, puissance.* עַל־יַד *à côté de.* בְּיַד *par l'intermédiaire de.*

ידע
qal יָדַע [yådaʕ], yiqt. יֵדַע, *savoir, connaître, avoir des relations sexuelles avec qn.*
hif. הוֹדִיעַ [hodiᵃʕ], yiqt. יוֹדִיעַ, *faire savoir, informer, enseigner.*

יְהוּדָה [yᵉhudå], *Juda :* **1.** *4ème fils de Jacob et Léa.* **2.** *tribu de Juda.* **3.** *royaume de Juda.*

יְהוּדִי [yᵉhudi], f. s. יְהוּדִית, m. pl. יְהוּדִים
1. *De la tribu/du royaume de Juda, judéen.* **2.** *Juif.*

יהוה [YHWH], nom de Dieu en quatre lettres ou tétragramme. Dans la lecture juive traditionnelle, il est réalisé le plus souvent sous la forme du qᵉré יְהוָה [ʔᵃdonåy], *mon Seigneur* ; lorsqu'il est précédé de אֲדֹנָי écrit en toutes lettres, il est lu avec le qᵉré יֱהוִה [ʔᵉlohim].

יוֹם [yom], pl. יָמִים, m. : *jour.*

יוֹסֵף [yosef] : *Joseph.*

יַיִן [yayin], m. : *vin.*

יכל
qal יָכֹל [yåkol], yiqt. יוּכַל : *pouvoir.*

ילד
qal יָלַד [yålad], yiqt. יֵלֵד : *enfanter* (sujet fém.).
nif. נוֹלַד [nolad], yiqt. יִוָּלֵד : *naître.*
hif. הוֹלִיד [holid], yiqt. יוֹלִיד : *engendrer* (sujet masc.).

יֶלֶד [yɛlɛd], base de flexion -יַלְדְּ, pl. יְלָדִים, m. : *enfant, garçon.*

יָם [yåm], pl. יַמִּים, m. : *mer.*

יסף
qal יָסַף [yåsaf] : *ajouter.*
hif. הוֹסִיף [hosif], yiqt. יוֹסִיף : *continuer à.*

יַעֲקֹב [yaʕᵃqov] : *Jacob.*

יָפֶה [yåfɛ], f. s. יָפָה, m. pl. יָפִים, f. pl. יָפוֹת : *beau.*

יצא
qal יָצָא [yåṣå(ʔ)], yiqt. יֵצֵא : *sortir, partir.*
hif. הוֹצִיא [hoṣi(ʔ)], yiqt. יוֹצִיא : *faire sortir.*

יִצְחָק [yiṣhåq] : *Isaac.*

ירא
qal יָרֵא [yåre(ʔ)], yiqt. יִירָא : *craindre, vénérer.*

יִרְאָה [yir(ʔ)å], f. : *crainte.*

ירד
qal יָרַד [yårad], yiqt. יֵרֵד, *descendre.*
hif. הוֹרִיד [horid], yiqt. יוֹרִיד, *faire descendre, enlever.*
hof. הוּרַד [hurad], *être descendu.*

יְרוּשָׁלַםִ [yᵉrušålayim] : *Jérusalem.*

יֵשׁ [yeš] : *il y a.*

ישב
qal יָשַׁב [yåšav], yiqt. יֵשֵׁב : *s'asseoir, être assis, s'installer, résider, habiter.*

ישן
qal יָשֵׁן [yåšen], yiqt. יִישַׁן : *dormir.*

כ

-כְּ [kᵉ-] : **1.** *comme.* **2.** *environ.* **3.** Avec inf. constr., équivaut à une subordonnée de temps.

כַּאֲשֶׁר [kaʔᵃšɛr] : **1.** *comme, selon, de même que.* **2.** *lorsque.* **3.** *dans la mesure où, parce que.*

כָּבוֹד [kåvod], *honneur, respect, gloire.*

כבד
qal כָּבֵד [kåved], yiqt. יִכְבַּד, *être lourd, peser.*
pi. כִּבֵּד [kibbed], yiqt. יְכַבֵּד *honorer.*

כֹּה [ko] : *ainsi.*

כֹּהֵן [kohen], pl. כֹּהֲנִים, m. : *prêtre.*

כֹּחַ [koᵃḥ], m. : *force*

כִּי [ki], **1.** *assurément.* **2.** *que* (introduit les complétives après les verbes *dire, savoir,* etc.). **3.** *parce que.* **4.** *si.* **5.** *quand.* **6.** *mais (après négation).*

כֹּל [kol] : *totalité, tout.* Employé comme adj., -כָּל [kǫl], *tout* (invariable).

כְּלִי [k^eli], pl. כֵּלִים, m. : *objet, ustensile, outil, arme.*

כנס
qal כָּנַס [kånas] : *assembler, rassembler.*

כְּנַעֲנִי [k^enaʕ^ani], f. s. כְּנַעֲנִית, m. pl. כְּנַעֲנִים : *cananéen.*

כִּסֵּא [kisse(ʔ)], pl. כִּסְאוֹת : *trône.*

כֶּ֫סֶף [**ke**sef], base de flex. כַּסְפּ-, m. : *argent.*

כֶּ֫רֶם [**ke**rem], base de flexion כַּרְמ-, pl. כְּרָמִים, m. : *vigne.*

כתב
qal כָּתַב [kåtav], yiqt. יִכְתֹּב, *écrire.*
nif. נִכְתַּב [niktav], yiqt. יִכָּתֵב, *être écrit.*

ל

לְ- [l^e], prép. : *vers, à* (avec mvt), *en direction de, pour.*

לֹא [lo(ʔ)], négation : *non, ne... pas.* Se place avant le mot sur lequel il porte.
הֲל(וֹ)א [h^alo(ʔ)] : *est-ce-que... ne pas.*

לֵאמֹר > אָמַר

לֵב [lev], base de flexion לִבּ-, m. : *cœur.*

לוּ [lu], conj. de subordination : **1.** *si seulement* (dans les souhaits). **2.** *si* (lorsque l'hypothèse est considérée comme non réalisable) : לוּ חָכְמוּ, *s'ils étaient sages.*

לוֹט [loṭ] : *Loth,* neveu d'Abraham.

לוּלֵי [lule(y)], *si...ne pas.*

לֶ֫חֶם [**le**ḥem], m. : *pain.*

לַ֫יְלָה [**lay**lå], pl. לֵילוֹת, m. : *nuit.*

לין
qal לָן [lån], yiqt. יָלִין, wayyiqtol וַיָּ֫לֶן, *passer la nuit.*

למד
qal לָמַד [låmad], yiqt. יִלְמַד : *apprendre.*
pi. לִמֵּד [limmed], yiqt. יְלַמֵּד *enseigner.*

לָ֫מָּה [**lam**må] : *pourquoi ?*

לְמַ֫עַן [l^emaʕan] : *pour, pour que.*

לִפְנֵי [lifne(y)], voir פָּנִים.

לקח
qal לָקַח [låqaḥ], yiqt. יִקַּח, *prendre.*

מ

מְאֹד [meʔod] : *très, beaucoup.* בְּכָל־נַפְשְׁךָ וּבְכָל־מְאֹדֶךָ., *de toute ton âme et de tout ton pouvoir.*

מֵאַיִן [meʔayin] : *d'où ?*

מִגְדָּל [migdål], m. : *tour.*

מְגִלָּה [m^egillå], f. : *rouleau.*

מִדְבָּר [midbår], m. : *désert.*

מְדִינָה [m^edinå], pl. מְדִינוֹת, f. : *province.*

מָה [må] : *quoi ? comment ?* exclam., *comme !*

מִי [mi] : *qui ?*

מות
qal מֵת [met], yiqt. יָמוּת, wayyiqtol וַיָּ֫מָת, *mourir.*

מָ֫וֶת [**ma**wet], état cstr. מוֹת, m. : *la mort.*

מִטָּה [miṭṭå], f. : *lit, litière.*

מַ֫יִם [**ma**yim], pas de sing., m. : *eau.*

מלא
qal מָלֵא [måle(ʔ)], yiqt. יִמְלָא, *être plein de.*
pi. מִלֵּא [mille(ʔ)], yiqt. יְמַלֵּא, *remplir.*

מַלְאָךְ [malʔåk], état cstr. מַלְאַךְ, pl. מַלְאָכִים, m. : *messager, envoyé, ange.*

מְלָאכָה [m^elå(ʔ)kå], f. : *travail.* – עֹשֵׂי הַמְּלָאכָה *les fonctionnaires.*

מִלְחָמָה [milḥåmå], état cstr. מִלְחֶמֶת, pl. מִלְחָמוֹת, f. : *guerre, combat.*

מלך
qal מָלַךְ [målak], yiqt. יִמְלֹךְ, *régner.*
hif. הִמְלִיךְ [himlik], yiqt. יַמְלִיךְ *nommer roi.*

מֶ֫לֶךְ **[mɛlɛk̲]**, base de flexion sing. מַלְכּ-, pl. מְלָכִים, m. : *roi.*

מַלְכָּה [malkå], état cstr. מַלְכַּת, pl. מְלָכוֹת, f. : *reine.*

מַלְכוּת [malk̲ut̲], f. : *royauté, royaume.*

מִן [min], (variantes : מִ- ou מֵ-), prép. indiquant la provenance. **1.** *de, hors de, venant de, loin de.* **2.** *depuis, après.* **3.** *à cause de.* **4.** introduit le compl. du comparatif.

מַעֲשֶׂה [maʕᵃśɛ], pl. מַעֲשִׂים, m. : *action, œuvre, ouvrage.*

מצא
qal מָצָא [måṣå(ʔ)], yiqt. יִמְצָא, *trouver.* מָצָא חֵן בְּעֵינֵי־, *trouver grâce aux yeux de.*

מִצְוָה [miṣwå], pl. מִצְוֹת, f. : *commandement, ordre, précepte.*

מִצְרִי [miṣri], f. s. מִצְרִית, m. pl. מִצְרִים, f. pl. מִצְרִיֹּת : *égyptien.*

מִצְרַ֫יִם : *Égypte.*

מָקוֹם [måqom], pl. מְקוֹמוֹת, m. : *lieu, endroit, place.*

מֹשֶׁה [mošɛ] : *Moïse.*

מָתַי [måtay] : *quand ?*

נ

נָא [nå(ʔ)] : Particule déprécative (= ajoute une nuance de prière ou de légère insistance). **1.** Renforce un impératif ou un autre mode volitif : קַח־נָא : *prends donc,* נֵלְכָה־נָּא : *allons donc !* **2.** Souligne une question : אֱלֹהֵיהֶם אַיֵּה־נָא : *où donc est leur Dieu ?* **3.** Dans une conditionnelle : אִם־נָא מָצָאתִי חֵן בְּעֵינֶיךָ : *si donc j'ai trouvé grâce à tes yeux.*

נבא
nif. נִבָּא [nibbå(ʔ)], yiqt. יִנָּבֵא, *prophétiser.*
hitp. הִנַּבֵּאתִי [hinnabbe(ʔ)ti] yiqt. יִתְנַבֵּא, *prophétiser.*

נָבִיא [nåvi(ʔ)], pl. נְבִיאִים, m. : *prophète.*

נגד
hif. הִגִּיד [higgid̲], *annoncer, raconter, dire.*

נגע
qal נָגַע [någ̲aʕ], *toucher, frapper.*
hif. הִגִּיעַ [higgiᵃʕ], *atteindre, arriver.*

נגשׁ
qal נָגַשׁ [någ̲aš], *s'avancer.*
hif. הִגִּישׁ [higgiš], *amener, apporter.*

נהג
qal נָהַג [nåhag̲], *conduire, mener.*

נוח
qal נָח [nåḥ], yiqt. יָנוּחַ, wayyiqtol וַיָּ֫נַח, *se reposer.*
hif הֵנִיחַ [heniᵃḥ] ou הִנִּיחַ [hinniᵃḥ], yiqt. יַנִּיחַ, *déposer.*

נֹחַ [noᵃḥ] : *Noé.*

נחם
pi. נִחַם [niḥam], yiqt. יְנַחֵם : *consoler.*

נָטוּעַ [nåṭuᵃʕ] : *planté.*

נטע
qal נָטַע [nåṭaʕ], yiqt. יִטַּע, *planter.*

נכה
hif. הִכָּה [hikkå], yiqt. יַכֶּה , wayyiqt. וַיַּךְ : *frapper.*

נכר
hif. הִכִּיר [hikkir], yiqt. יַכִּיר : *reconnaître.*

נסי
pi. נִסָּה [nisså], yiqt. יְנַסֶּה, *essayer, éprouver, mettre à l'épreuve.*

נַ֫עַר [naʕar], pl. נְעָרִים, m. : *garçon, jeune homme, serviteur.*

נפל
qal נָפַל [nåfal], yiqt. יִפֹּל, *tomber.*
hif. הִפִּיל [hippil], yiqt יַפִּיל, *faire tomber, jeter.* – הִפִּיל גּוֹרָל, *tirer au sort.*

נֶ֫פֶשׁ **[nɛfɛš]**, pl. נְפָשׁוֹת, f. : *souffle, personne, âme, vie.*

נֵר [ner], pl. נֵרוֹת, m. : *lampe.*

נשא
qal **נָשָׂא** [nåśå(ʔ)], yiqt. **יִשָּׂא**, *porter, lever, soulever emporter, prendre, épouser une femme.*

נתן
qal **נָתַן** [nåtan], *donner, placer, mettre.*
nif. **נִתַּן** [nittan], *être donné, placé.*

ס

סָבִיב [såviv] : *autour.* **סָבִיב לְ-** : *autour de.*

סור
qal **סָר** [sår], yiqt. **יָסוּר**, *s'écarter.*
hif. **הֵסִיר** [hesir], yiqt. **יָסִיר**, *enlever.*

סוּס [sus], pl. **סוּסִים**, m. : *cheval.*

סִינַי [sinay] : *Sinaï.*

סְנֶה [sᵉnɛ] : *buisson d'épines* (Ex 3, 2) = *le « buisson ardent ».*

ספד
qal **סָפַד** [såfad̲], yiqt. **יִסְפֹּד** : *pratiquer les rites du deuil, se lamenter.*

ספר
qal **סָפַר** [såfar], yiqt. **יִסְפֹּר**, *compter.*
pi. **סִפֵּר** [sipper], yiqt. **יְסַפֵּר**, *raconter.*

סֵפֶר [sefɛr], pl. **סְפָרִים**, m. : *lettre, document, livre (rouleau).*

סֹפֵר [sofer], pl. **סֹפְרִים**, m. : *scribe, secrétaire.*

סתר
nif. **נִסְתַּר** [nistar], yiqt. **יִסָּתֵר**, *se cacher, être caché.*
hif. **הִסְתִּיר** [histir], yiqt. **יַסְתִּיר**, *cacher.*
hitp **הִסְתַּתֵּר** [histatter], *se tenir caché.*

ע

עבד
qal **עָבַד** [ʕåvad̲], yiqt. **יַעֲבֹד** : **1.** *travailler.* **2.** *servir (quelqu'un)* **3.** *adorer, rendre un culte.*

עֶבֶד [ʕɛvɛd̲], base de flexion **עַבְד-**, pl. **עֲבָדִים**, m. : *serviteur, esclave*

עבר
qal **עָבַר** [ʕåvar], yiqt. **יַעֲבֹר** **1.** *passer, traverser.* **2.** *transgresser.*

עִבְרִי [ʕivri], f. s. **עִבְרִיָּה**, m. pl. **עִבְרִים**, f. pl. **עִבְרִיּוֹת** : *hébreu.*

עֵד [ʕed̲], pl. **עֵדִים**, m. : *témoin.*

עוֹד [ʕod̲] : *encore.*

עוֹלָם [ʕolåm], pl. **עוֹלָמִים**, m. : *temps très long, éternité* ; **לְעוֹלָם**, *pour toujours.* V. aussi **עַתָּה**.

עוֹר [ʕor̲], m. : *peau.*

עַיִן [ʕayin], base de flexion **עֵין-**, duel **עֵינַיִם**, f. : *œil.*

עִיר [ʕir], pl. **עָרִים**, f. : *ville*

עלי
qal **עָלָה** [ʕålå], yiqt. **יַעֲלֶה**, *monter.*
hif. **הֶעֱלָה** [hɛʕᵉlå], yiqt. **יַעֲלֶה**, *faire monter.*

עַם [ʕam], pl. **עַמִּים**, m. : *peuple*

עִם [ʕim], prép. : *avec.*

עמד
qal **עָמַד** [ʕåmad̲], yiqt. **יַעֲמֹד**, *être debout.*

עני
qal **עָנָה** [ʕånå], yiqt. **יַעֲנֶה**, *répondre.*

עֵץ [ʕeṣ], pl. **עֵצִים**, m. : *arbre, bois.*

עֶצֶם [ʕɛṣem], base de flexion **עַצְמ-**, pl. **עֲצָמוֹת**, m. : *os, ossement.*

עקר
qal **עָקַר** [ʕåqar], yiqt. **יַעֲקֹר**, *arracher.*

עֵשָׂו [ʕeśåw] : *Esaü.*

עשי
qal **עָשָׂה** [ʕåśå], yiqt. **יַעֲשֶׂה**, *faire, créer.*

עֵת [ʕet̲] : *temps, époque, saison, moment.*

עַתָּה [ʕattå] : *maintenant.*
מֵעַתָּה וְעַד־עוֹלָם , *à partir de maintenant et pour toujours.*

פ

פגע

qal פָּגַע [pågaʕ], yiqt. יִפְגַּע : **1.** *rencontrer, tomber sur.* **2.** *insister.*

פֶּה [pɛ], m. : *bouche.*

פָּנִים [pånim], tjs pl., m. : *face, visage.* – Avec prép. : לִפְנֵי, *devant, avant* ; מִפְּנֵי, *à cause de* ; עַל־פְּנֵי , *à cause de.*

פֶּסַח [pɛsaḥ] : *la Pâque.*

פקד

qal פָּקַד [påqad̲], yiqt. יִפְקֹד **1.** *visiter.* **2.** *observer.* **3.** *passer en revue, recenser.* **4.** *punir.* **5.** *commander.*

פַּרְעֹה[parʕo] :*Pharaon.*

פרץ

qal פָּרַץ [påraṣ], yiqt. יִפְרֹץ : **1.** *faire une brèche.* **2.** *faire irruption, détruire.* **3.** *se répandre.*

פתח

qal פָּתַח [påtaḥ], yiqt. ,יִפְתַּח *ouvrir.*

צ

צֹאן [ṣo(ʔ)n], m. : *petit bétail*

צָבָא [ṣåvå(ʔ)], pl. צְבָאוֹת, m. : **1.** *armée, troupes.* **2.** *armée céleste.* **3.** *service militaire.* **4.** יְהוָה צְבָאוֹת = *Dieu des armées, Dieu tout-puissant.*

צוי

pi. צִוָּה [ṣiwwå], yiqt. יְצַוֶּה, *commander, ordonner.*

pu. צֻוָּה [ṣuwwå], yiqt. יְצֻוֶּה, *recevoir un ordre.*

צחק

qal צָחַק [ṣåḥaq], yiqt. יִצְחַק, *rire.*

צֶלֶם [ṣɛlɛm] : *image, statue.*

ק

קבר

qal קָבַר [qåvar], yiqt. יִקְבֹּר : *enterrer.*
nif. נִקְבַּר [niqbar], yiqt. יִקָּבֵר, *être enterré.*

קָדוֹשׁ [qåd̲oš], fém. sing. קְדוֹשָׁה, m. pl. קְדוֹשִׁים, f. pl. קְדוֹשׁוֹת : *saint.*

קדשׁ

qal קָדַשׁ [qådaš], yiqt. יִקְדַּשׁ, *être saint, être mis à part, consacré.*
pi. קִדֵּשׁ [qiddeš], yiqt. יְקַדֵּשׁ, *consacrer, considérer comme saint.*

קֹדֶשׁ [qodɛš], base de flexion קָדְשׁ-, pl. קֳדָשִׁים et קָדָשִׁים: *sainteté, chose sainte.*

קוי

pi. קִוָּה [qiwwå], yiqt. יְקַוֶּה : *espérer.*

קום

qal קָם [qåm], yiqt. יָקוּם, wayyiqtol וַיָּקָם, *se lever.*
hif. הֵקִים [heqim], yiqt. יָקִים, *faire se lever, établir, instituer.*

קוֹל [qol], pl. קוֹלוֹת, m. : *voix, son, bruit.*

קָטָן [qaṭan], f. s. קְטַנָּה, m. pl. קְטַנִּים f. pl. קְטַנּוֹת : *petit.*

קלל

qal קַל [qal], yiqt. יֵקַל, *être léger, insignifiant.*
pi. קִלֵּל [qillel], yiqt. יְקַלֵּל, *maudire.*

קְלָלָה [qᵉlålå], pl. קְלָלוֹת, f. : *malédiction.*

קני

qal קָנָה [qånå], yiqt. יִקְנֶה, *acquérir, acheter, créer.*

קרא

qal קָרָא [qårå(ʔ)], yiqt. יִקְרָא : **1.** *crier.* **2.** *appeler* (קָרָא לְ-,קָרָא אֶל). **3.** *nommer.* **4.** *lire.*

קרב

qal קָרַב [qårav], yiqt. יִקְרַב, *s'approcher.*
hif. הִקְרִיב [hiqriv], yiqt. יַקְרִיב, *faire s'approcher, offrir (en sacrifice).*

קרע

qal קָרַע [qåraʕ], yiqt. יִקְרַע, *déchirer.*

ר

ראי
qal רָאָה [råʔå], yiqt. יִרְאֶה : *voir.*
nif. נִרְאָה [nirʔå], yiqt. יֵרָאֶה : *se faire voir, se montrer, apparaître, se révéler.*
hif. הֶרְאָה [herʔå], yiqt. יַרְאֶה : *faire voir, montrer.*

רֹאשׁ [ro(ʔ)š], pl. רָאשִׁים m. : *tête, sommet.*

רִאשׁוֹן [ri(ʔ)šon], f. s. רִאשׁוֹנָה : *premier.*

רֵאשִׁית [re(ʔ)šiṯ], f. : *commencement* ; בְּרֵאשִׁית, *au commencement.*

רַב [rav], f. s. רַבָּה, m. pl. רַבִּים, f. pl. רַבּוֹת : *nombreux.*

רִבְקָה [rivqå] : *Rébecca.*

רֶגֶל [rɛḡɛl], duel רַגְלַיִם, f. : *pied, jambe.*

רדם
nif. נִרְדַּם [nirdam], yiqt. יֵרָדֵם, *s'endormir.*

רוּחַ [ruaḥ], pl. רוּחוֹת, f. et m. : *vent, souffle, esprit.*

רוץ
qal רָץ [råṣ], yiqt. יָרוּץ, wayyiqtol וַיָּרָץ, *courir.*

רחק
qal רָחַק [råḥaq], yiqt. יִרְחַק : *être loin, s'éloigner.*

רֵעַ [reaʕ], pl. רֵעִים, m. : *voisin, ami, compagnon, autre.* – וַיֹּאמְרוּ אִישׁ אֶל רֵעֵהוּ, *ils se dirent l'un à l'autre.*

רָעָה [råʕå], pl. רָעוֹת, f. : *malheur, mal, méchanceté.*

רפא
qal רָפָא [råfå(ʔ)], yiqt. יִרְפָּא : *guérir.*

רקד
qal רָקַד [råqaḏ], yiqt. יִרְקֹד : *sauter, danser.*

שׂ

שָׂדֶה [śåḏɛ], pl. שָׂדוֹת, état cstr. pl. שְׂדֵי et שְׂדוֹת, m. : **1.** *champ.* **2.** *campagne.* **3.** *territoire (d'une tribu, etc).*

שׂחק
qal שָׂחַק [śåḥaq], yiqt. יִשְׂחַק : *rire, se moquer.*

שׂים
qal שָׂם [śåm], yiqt. יָשִׂים, wayyiqtol וַיָּשֶׂם, *placer, mettre, poser.*

שָׂכָר [śåḵår], m. : *salaire, récompense, prix.*

שׂנא
qal שָׂנֵא [śåne(ʔ)], yiqt. יִשְׂנָא : *haïr.*

שַׂר [śar], pl. שָׂרִים : *prince ; chef.*

שׁ

שֶׁ- [šɛ-], pronom relatif : *qui, que.*

שָׁאוּל [šåʔul] : *Saül.*

שׁאר
nif. נִשְׁאַר [nišʔar], yiqt. יִשָּׁאֵר, *rester.*

שׁבת
qal שָׁבַת [šåvaṯ], yiqt. יִשְׁבֹּת : *cesser [de travailler], se reposer.*

שׁוב
qal שָׁב [šåv], yiqt. יָשׁוּב, wayyiqtol וַיָּשָׁב, *revenir, retourner.*

שׁוֹר [šor], m. : *bœuf.*

שׁיר
qal שָׁר [šår], yiqt. יָשִׁיר, *chanter.*

שִׁיר [šir], pl. שִׁירִים, m. : *chant.*

שׁכב
qal שָׁכַב [šåḵav], yiqt. יִשְׁכַּב, *être couché, se coucher.*

שָׁלוֹם [šålom], m. : *prospérité, bien-être, paix.*

שלח

qal שָׁלַח [šålaḥ], yiqt. יִשְׁלַח *envoyer.*
nif. נִשְׁלַח [nišlaḥ], yiqt. יִשָּׁלַח : *être envoyé.*
pi. שִׁלַּח [šillaḥ], yiqt. יְשַׁלַּח, *envoyer, renvoyer.*

שלך

hif. הִשְׁלִיךְ [hišlik], yiqt. יַשְׁלִיךְ, *jeter.*

שְׁלֹמֹה [š^e^lomo] : *Salomon.*

שָׁם [šåm] : *là, là-bas.*

שֵׁם [šem], pl. שֵׁמוֹת, m. : *nom.*

שָׁמַיִם [šå**ma**yim], pas de sing., m. : *ciel.*

שמע

qal שָׁמַע [šåmaʕ], yiqt. יִשְׁמַע : **1.** *entendre.* **2.** *écouter.* **3.** שָׁמַע לְקוֹל / בְּקוֹל , *obéir à.*

שמר

qal שָׁמַר [šåmar], yiqt. יִשְׁמֹר, *garder ; observer [un commandement].*

שֶׁמֶשׁ [šɛmɛš], m. et f. : *soleil.*

שָׁנָה [šånå], pl. שָׁנִים, f. : *année, an.*

שפט

qal שָׁפַט [šåfaṭ], yiqt. יִשְׁפֹּט : *juger.*

שפך

qal שָׁפַךְ [šåfak], yiqt. יִשְׁפֹּךְ : *verser.*
nif. נִשְׁפַּךְ [nišpak], yiqt. יִשָּׁפֵךְ : *être versé.*

שַׁרְבִיט [šarviṭ], m. : *sceptre.*

שתי

qal שָׁתָה [šåṯå], yiqt. יִשְׁתֶּה, *boire.*

ת

תָּוֶךְ [tåwɛk], état cstr. תּוֹךְ : *milieu.* S'emploie surtout pour former des prép. composées : בְּתוֹךְ *à l'intérieur de,* מִתּוֹךְ *de l'intérieur de.*

תּוֹרָה [torå], pl. תּוֹרוֹת, f. : *enseignement, instruction, loi.*

תַּחַת [taḥat], prép., **1.** *sous.* **2.** *à la place de.*

תפר

qal תָּפַר [tåfar], yiqt. יִתְפֹּר, *coudre.*

תִּקְוָה [tiqwå], f. : *espoir.*

****

Liste des livres bibliques cités

Gen = Genèse
Ex = Exode
Lév = Lévitique
Nb = Nombres
Deut = Deutéronome

Jos = Josué
Jg = Juges
I et II Sam = 1er et 2ème livres de Samuel
I et II Rois = 1er et 2ème livre des Rois

Is = Isaïe
Jér = Jérémie
Ez = Ezéchiel
Am = Amos
Os = Osée
Ag = Aggée
Mal = Malachie

Ps = Psaumes
Ct = Osée
Eccl/Qoh = Ecclésiaste / Qohelet
Est = Esther
I Chron = 1er livre des Chroniques

Bibliographie

1. Bible hébraïque

- *Biblia Hebraica Stuttgartensia* (éd. Kittel), Deutsche Bibelgesellschaft.
  Texte massorétique corrigé et notes massorétiques. Noms des chapitres en latin, numérotation en chiffres arabes.

- תורה נביאים וכתובים, ed. N. H. Snaith, The British and Foreign Bible Society, 2001.
  Fondée sur l'édition précédente, sans les notes massorétiques ni l'apparat critique.

- תורה נביאים וכתובים, Koren Publishers, Jérusalem.
  Texte massorétique sans notes. Noms des chapitres et numérotation des versets en hébreu.

2. Grammaires

- P. JOÜON, *Grammaire de l'hébreu biblique*, Rome, Institut Biblique Pontifical, 1923 ; trad. anglaise et mise à jour par T. Muraoka, 1996.
  Un peu difficile pour un débutant, car très complète et détaillée, mais indispensable par la suite. Une traduction anglaise, due à T. Muraoka, est parue en 1996 chez le même éditeur : elle actualise les références bibliographiques et prend en compte des données linguistiques nouvelles (ougaritique, rouleaux de la mer Morte, inscriptions, etc.).

- *GESENIUS' Hebrew Grammar*, ed. and enlarged by (...) E. KAUTSCH, revised (...) by A. E. COWLEY.
  Grammaire de référence. En anglais.

- J. LETTINGA, *Grammaire de l'hébreu biblique*, Brill, 1999.
  Plus brève, moins détaillée, mais pratique pour les débutants.

- J. BLAU, *A Grammar of Biblical Hebrew*, Harrassowitz, coll. Porta Linguarum Orientalium, Band 12, 1993.

3. Dictionnaires

- Ph. REYMOND, *Dictionnaire d'hébreu et d'araméen bibliques*, Paris, Cerf/SFB, 1991.
  Version abrégée du suivant. Les exigences de format et de prix font qu'il est loin d'être complet (peu de références et d'exemples), mais sa typographie et sa simplicité en font un excellent ouvrage pour les débutants. Consulter le site www.editionsducerf.fr.

• L. KOEHLER & W. BAUMGARTNER, *The Hebrew and Aramaic Lexicon of the Old Testament*, Leiden, Brill, 1994.

Dictionnaire de référence, en 5 volumes. Hébreu/anglais (traduit de l'allemand). Existe en version cédérom. Consulter le site www.brill.nl.

4. Tableaux de verbes

• S. BARKALI, *Luaḥ happᵉʕalim haššålem,* Jerusalem, R. Mass, 1963.

• A. TARMON & E. UVAL, *Hebrew Verb Tables,* Jerusalem, Tamir, 1978.

5. Histoire de la langue hébraïque

• M. HADAS-LEBEL, *L'hébreu : 3000 ans d'histoire*, Paris, Albin Michel, 1992.

• ssS. KESSLER-MESGUICH, *La langue des Sages, matériaux pour une étude linguistique de l'hébreu de la Mishna*, Paris-Louvain, Peeters, 2002

• A. SÁENZ-BADILLOS, *A History of the Hebrew Language,* Cambridge University Press, 1993.

6. Langues sémitiques

• J.-C. HAELEWYCK, *Grammaire comparée des langues sémitiques*, Bruxelles, Éditions Safran, 2006.

• J. HUEHNERGARD, « Afro-asiatic », in WOODARD R. D. (ed.), *The Cambridge Encyclopedia of the World's Ancient Languages*, Cambridge University Press, 2004, p. 138-159.

7. Critique biblique, histoire biblique

• T. RÖMER *et al.* (éd.), *Introduction à l'Ancien Testament*, Genève, Labor et Fides, 2004.

• P. BORDREUIL, F. BRIQUEL-CHATONNET, *Le temps de la Bible,* Paris, Fayard, 2000.

Table des matières

Achevé d'imprimer en France sur les presses de la SEPEC
Dépôt légal : Décembre 2010